中国生物技术产业

发展报告

周光召

二〇〇二年十二月

Annual Report on Bioindustry in China : 2018

中国生物产业发展报告2018

国家发展和改革委员会创新和高技术发展司
中　国　生　物　工　程　学　会　编写

化学工业出版社
·北京·

本书由国家发展和改革委员会创新和高技术发展司与中国生物工程学会编写，是《中国生物产业发展报告》系列图书的第 17 本。

全书包括 7 篇，共 47 章，从生物产业发展概述、生物产业发展现状与趋势分析、生物技术发展前沿与热点分析、生物产业投融资分析、生物专利分析、国家生物产业基地年度发展报告、重点行业协（学）会发展报告等多个角度对中国生物产业状况进行了透视和分析，对中国生物产业发展战略进行了认真深入的思考与讨论。

本书可供生物产业的开发、生产、销售、管理人员以及政府有关职能部门工作人员阅读参考。

图书在版编目（CIP）数据

中国生物产业发展报告 2018/国家发展和改革委员会创新和高技术发展司，中国生物工程学会编写. —北京：化学工业出版社，2019.8
ISBN 978-7-122-34547-9

Ⅰ.①中… Ⅱ.①国…②中… Ⅲ.①生物技术产业-研究报告-中国-2018 Ⅳ.①F426.7

中国版本图书馆 CIP 数据核字（2019）第 091583 号

责任编辑：郑 莹 陈小滔 胡晓丹 王 琰　　文字编辑：孙凤英
责任校对：王素芹　　装帧设计：韩 飞

出版发行：化学工业出版社（北京市东城区青年湖南街 13 号 邮政编码 100011）
印　　刷：北京京华铭诚工贸有限公司
装　　订：三河市振勇印装有限公司
787mm×1092mm 1/16 印张 30¼ 彩插 1 字数 512 千字
2019 年 8 月北京第 1 版第 1 次印刷

购书咨询：010-64518888　　售后服务：010-64518899
网　　址：http://www.cip.com.cn
凡购买本书，如有缺损质量问题，本社销售中心负责调换。

定　　价：128.00 元

《中国生物产业发展报告2018》编委会

目　录

生物产业发展概述

生物产业发展现状与趋势分析

生物制造

生物环保

生物服务

生物技术发展前沿与热点分析

生物产业投融资分析

生物专利分析

国家生物产业基地年度发展报告

重点行业协（学）会发展报告

生物产业发展概述

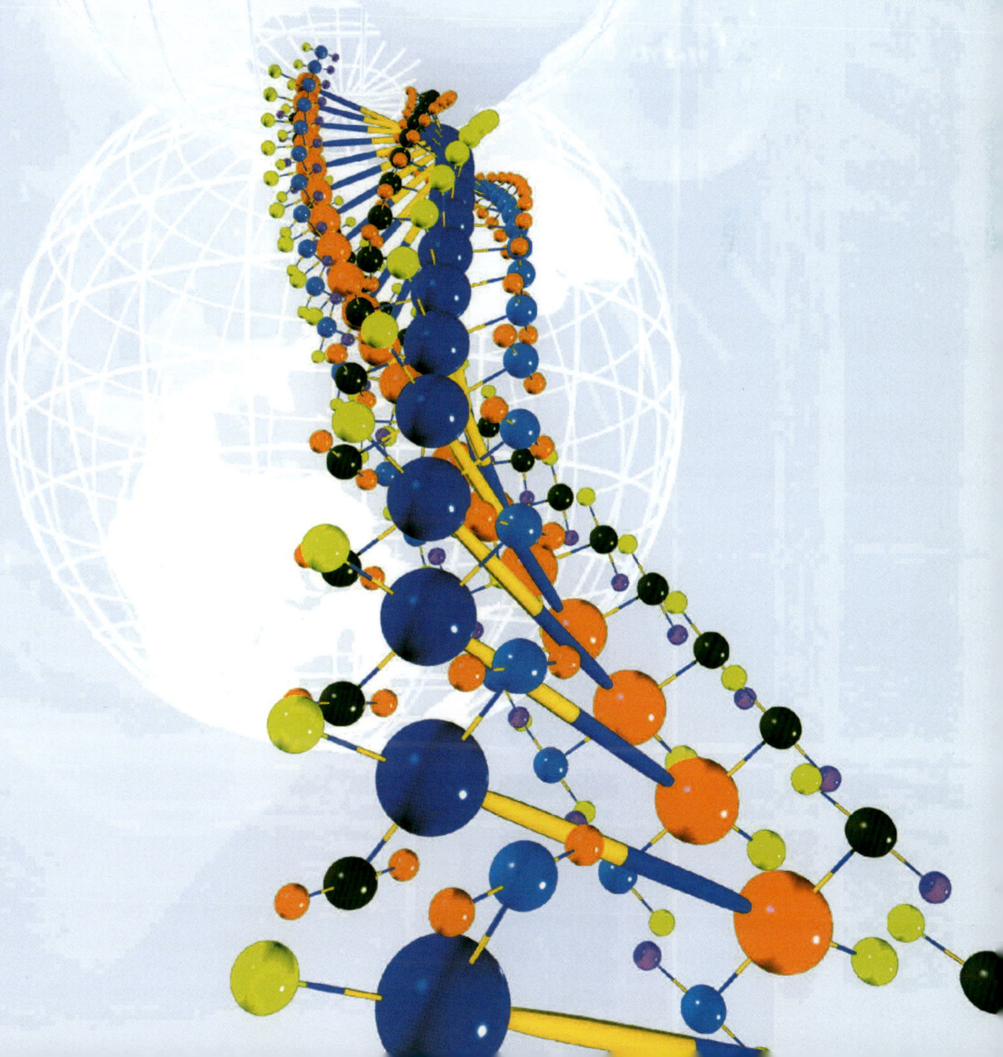

生物产业高质量发展势头强劲
——2018 年生物产业发展形势分析与发展建议

2018 年，我国生物产业以制度改革和技术创新为双轮驱动，展现出蓬勃发展的良好态势。今后及未来一段时期，面对中美经贸摩擦等国际环境的深刻变化，以及生物伦理冲突等新问题和新挑战，我国要持续在供给端发力，不断优化生物经济发展环境，大力促进培育国内市场，开创生物经济发展新局面。

一、生物产业提质增效成果显著

2018 年，我国生物经济发展亮点频现，产业规模再创新高，创新产品不断涌现，在资本寒冬中仍受市场关注和青睐，互联网、人工智能与生物产业加速融合，总体可以概括为“三提升、一融合”。

（一）产业规模效益进一步提升

2018 年，生物产业继续呈现稳步增长态势，预计产业规模达到近 5 万亿元。医药工业规模以上企业主营业务收入和利润同比分别增长 13.34%和 10.82%，其中“基因工程药物和疫苗制造”与“医疗仪器设备及器械制造”的上述指标更是分别达到 34.4%和 24.1%。生物质能产业规模继续快速增长，截至 11 月月底，生物质发电总装机容量约 1728 万千瓦，较 2017 年增长约 16%；生物质成型燃料产量约 1500 万吨，同比增长约 23%。生物种业呈持续稳步发展态势，缺乏种业龙头企业的局面得到扭转。

（二）产业创新水平持续提升

我国生物领域创新能力呈现整体迸发态势。一是新药研发呈现爆发式增长。前三季度，生物医药上市公司研发投入 249.32 亿元，与 2017 年全年投入基本持平，1～11 月生物医药领域专利授权 74 617 件，比 2017 年全年提高 3.68%。全年有 8 个一类新药获批上市，相比 2016 年（4 个）、2017 年（1 个）实现跨越式提高。一系列重大疾病新药取得关键进展，国内首个 PD-1 抗体药（特瑞普利单抗）获批上市，安罗替尼等分子靶向抗肿瘤药物获批上市，抗阿尔茨海默症新药（甘露寡糖二酸）提交上市申请。二是生物医学创新产品不断涌现。世界首台全自动干细胞诱导培养设备与全球日生产能力最强的基因测序仪成功面世，超导核磁、PET-CT 一体机、骨科手术机器人、植入式脑神经刺激器等一批高端医疗器械产品已达到国际领先水平。三是生物种业选育速度明显加快，品种审定数量呈现“井喷”，通过国审的玉米和水稻品种同比增长 201.8％和 50.6％，国家首个生物育种产业创新中心成立。

（三）社会资本投入和并购热度不断提升

在资本市场寒冬瑟瑟的背景下，生物板块却热度依然。医药资本市场的并购融资不断升温，整体投融资数量稳中有升。全年生物医药产业融资金额及案例数分别为 704.5 亿元和 639 件，同比提高 101.7％和 13.1％，单个项目平均融资额上涨 78％。资本投向更趋于技术创新，集中投入生物医药新品种和新治疗手段的研发。国内生物领域优势企业利用资本优势与行业知识优势，在国内外的兼并重组中极度活跃，促进形成更加合理的行业集中度，积极拓展国际市场，竞争实力显著增强。

（四）生物经济与数字经济加快融合

生物科技与大数据呈现双浪潮叠加态势，生物技术与信息技术交融互织，新产品、新模式不断涌现，进一步落地于医学应用中。疾病相关生命体征信息与基因数据不断关联，人类生命的奥秘被进一步数字化。以基于大数据和人工智能的精准药物设计为核心的原创候选新药发现关键技术体系日趋成熟，大幅度提高新药研发和筛选效率。人工智能辅助诊断产品开始走向临床，影像信息等医学数据实现远程诊疗，一方面提高基层医院的诊断能力，另一方面帮助医生提高诊断效率。《关于促进“互联网＋医疗健康”发展的意见》《互联网诊疗管理办法（试行）》等政策的发布实施，为促进生物经济与数字经济融合发展营造了良好环境。

二、生物产业未来发展有关政策建议

当前，生物产业正处于大有可为的战略机遇期，预计未来生物医药产业规模将继续保持快速增长，环境友好的生物基材料发展势头将得以进一步巩固，种业市场中自主创新生物工程品种的产业化将明显加快。为迎接生物经济新时代面临的新机遇、新挑战，要以习近平新时代中国特色社会主义思想为指导，落实中央经济工作会议精神，在关键核心技术创新上取得重大突破，为我国经济发展增添新的动能与优势，建议重点开展以下工作。

（一）制定产业发展总体战略，强化国家布局顶层设计

一是加快研究制定出台国家层面的生物经济发展战略，明确近中远期发展的重点方向和突破口，研究制定技术创新与产业发展路线图。二是强调目标导向，围绕生物资源开发、利用、生产、分配、交换、消费等，加快布局适应生物经济时代的前瞻性制度框架。

（二）稳妥应对中美经贸摩擦，提高关键核心技术水平

一是梳理符合生物技术发展前沿、符合国家发展战略需求、亟需攻克的关键技术，加大生物技术领域的资源投入。二是推动基因检测、免疫细胞治疗、第三方影像中心、中药标准化、生物基材料、生物新能源等新技术和新模式应用推广，创新产品尽快得到更多市场空间。三是鼓励和支持国内企业拓展国际合作，更大力度吸引优秀人才、团队和企业来华创业和投资，积极打造全球生物经济新高地。

（三）加快体制改革制度建设，创造产业发展有利环境

一是对新药在自主定价、纳入医保、专利补偿制度等方面给予合理的支持和鼓励，加强创新型医疗器械应用和装备升级的政策引导，保障行业创新的可持续性。二是加快人类遗传资源管理立法，赋予人类遗传资源管理更高的法律位阶。三是在医疗器械等招标采购时，遵循同质同价原则，支持我国相关生物产业创新发展。

（四）开展伦理安全制度研究，降低技术滥用负面影响

抓紧开展伦理风险防控、生物安全等重大问题的前瞻性研究，构建具有较强适应性和针对性的生物经济法律体系、适应国情的生物技术伦理风险防控体系和自主可控的生物安全防范体系。加强生物技术科普宣传和创造，建立健全公众参与的重大问题争论协商协调机制，营造有利于生物经济发展的良好人文社会环境。

生物产业发展现状与趋势分析

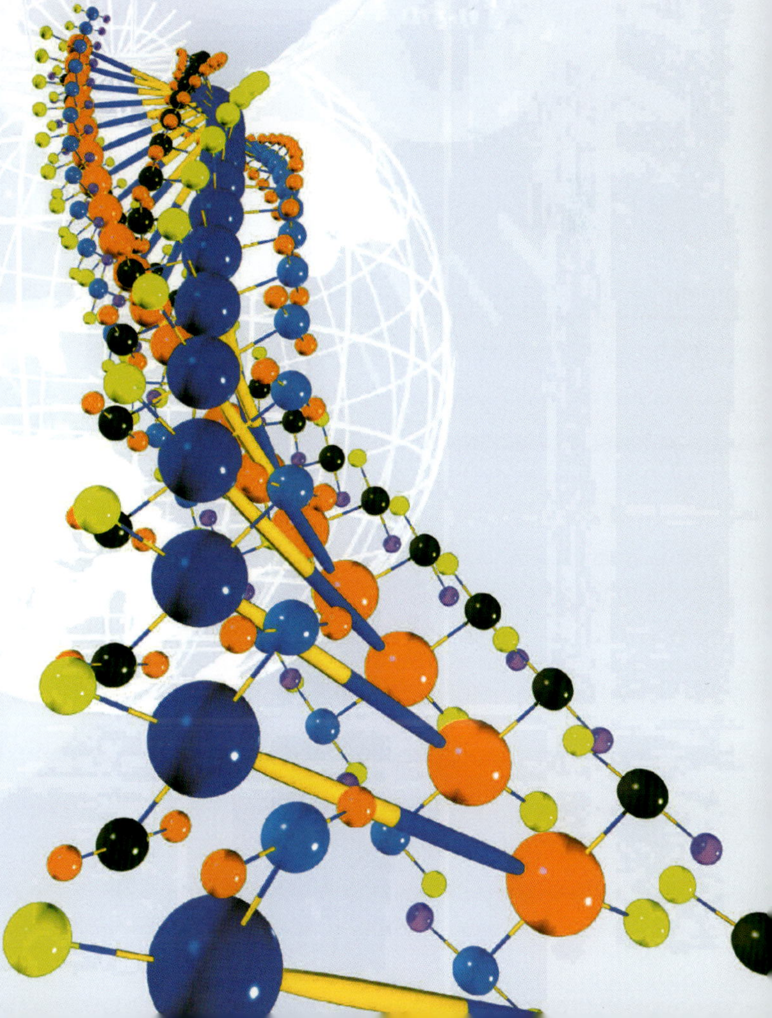

生物医药

2018年度生物医药产业发展态势分析

一、全球生物医药产业发展态势

(一) 全球生物医药市场分析

1. 全球药市：保持稳定增长

生物医药行业是全球经济的重要组成部分，随着世界人口总量的持续增长和社会老龄化程度的不断提高，全球医药行业持续增长。2017年全球药品销售额已达到1.2万亿美元左右。

(1) 处方药市场　据IMS报道，2017年全球处方药市场规模为7740亿美元，预计2017～2022年的年复合增长率（CAGR）为6.5%，到2022年，处方药市场将第一次超过万亿美元水平，预计达到1.06万亿美元。CAGR超过器械领域的5.1%。

从生产来源讲，处方药包括原研药和仿制药，从临床用药角度来讲，处方药包括常见病用药和罕见病用药。

仿制药在2017～2022年每年占整体处方药市场规模均在10%～11%，CAGR为6.0%，市场规模将从2017年的840亿美元增长到2022年的1120亿美元。

罕见病用药在2017～2022年的CAGR为11.2%，市场规模将从2017年的1230亿美元增长到2090亿美元。

2017年全球医疗器械市场规模为4030亿美元，到2022年，全球医疗器械市场规模预计将达到5220亿美元，2016～2022年的CAGR为5.1%。

(2) 生物药和化学药　从生物药和化学药的角度来看，2017～2022年生物药占整体市场的比重稳步上升并趋于平缓，将从2017年的26%增加到2022年的30%；同时，生物药前100名产品占整体生物药的比重从2016年的49%增加到2022年的52%。

(3) 治疗领域细分市场　从治疗领域来看，从前十个市场规模最大的领域（表 2-1）可见，抗肿瘤药领域仍是最大市场，而抗病毒药领域未来几年呈现负增长，免疫抑制剂领域 CAGR 达到 14.6%，是所有领域里增速最快的。

表 2-1　市场规模居前十位的领域

2017 年排名	治疗领域	2016～2022 年 CAGR/%	2022 年预计销售额/亿美元	全球市场占比/%
1	抗肿瘤药	12.7	1922	17.5
2	抗糖尿病药	4.8	579	5.3
3	抗风湿病药	0.6	554	5.0
4	抗病毒药	−2.1	428	3.9
5	疫苗	4.2	353	3.2
6	支气管扩张药	1.0	301	2.7
7	感觉器官用药	5.8	283	2.6
8	免疫抑制剂	14.6	263	2.4
9	抗高血压药	−0.2	244	2.2
10	抗凝血药	8.6	232	2.1

数据来源：药渡数据。

2. 全球制药巨头与重磅药物

美国《制药经理人》(《Pharmaceutical Executive》) 按各公司 2016 年全球处方药销售额排名列出了 2017 年度全球制药公司 50 强（表 2-2）。从各家公司的前三大畅销药可见有些公司在某些治疗领域有较深的关注和运作，如罗氏公司主要产品集中于肿瘤治疗领域，吉利德公司聚焦于病毒感染，诺和诺德公司专注于糖尿病治疗领域，新基公司主要聚焦在多发性骨髓瘤和银屑病等罕见病领域。

表 2-2　2017 年全球 20 大制药企业

2017 年排名	2016 年排名	国家	公司	全球销售额/亿美元	R&D 费用/亿美元
1	1	美国	Pfizer(辉瑞)	459.06	78.41
2	2	瑞士	Novartis(诺华)	415.54	79.16
3	3	瑞士	Roche(罗氏)	395.52	87.17
4	4	美国	Merck & Co(默沙东)	355.63	97.60

续表

2017年排名	2016年排名	国家	公司	全球销售额/亿美元	R&D费用/亿美元
5	5	法国	Sanofi(赛诺菲)	341.74	57.22
6	7	美国	Johnson&Johnson(强生)	316.71	69.67
7	6	美国	Gilead Sciences(吉利德)	299.92	39.25
8	8	英国	GlaxoSmithKline(葛兰素史克)	277.75	46.97
9	10	美国	AbbVie(艾伯维)	252.99	41.50
10	11	美国	Amgen(安进)	218.92	37.55
11	9	英国	AstaZeneca(阿斯利康)	209.67	56.31
12	12	美国	Allergan(艾尔建)	185.97	28.45
13	13	以色列	Teva(梯瓦)	184.62	21.11
14	17	美国	Bristol-Myers Squibb(百时美-施贵宝)	181.63	44.05
15	15	美国	Eli Lilly(礼来)	171.73	49.28
16	16	德国	Bayer(拜耳)	168.86	30.83
17	14	丹麦	Novo Nordisk(诺和诺德)	166.10	21.64
18	19	德国	Boehringeringelheim(勃林格殷格翰)	133.16	31.75
19	18	日本	Takeda(武田)	127.73	29.24
20	23	美国	Celgene(新基)	111.14	27.62

数据来源：Pharm Exec's Top 50 Companies 2017。

辉瑞公司卫冕冠军，诺华公司居亚军位置，排在3～5位的分别是罗氏公司、默沙东公司和赛诺菲公司。

2017年全球TOP20畅销药品排名（表2-3）中，罗氏公司、辉瑞公司、强生公司分别有3个产品进入TOP20。吉利德公司的丙肝治疗药Harvoni（索非布韦＋雷迪帕韦，ledipasvir/sofosbuvir）销售下降显著，降幅达51.8%，位次也迅速下跌。Revlimid（来那度胺）快速上升至第3位，自2005年上市以来，保持高增长态势。

2017年有11个生物制品进入全球畅销药TOP20，有7个进入TOP10，较2016年少一个，主要是Prevnar 7/Prevnar 13和Lantus跌出前十。

表 2-3　2017 年全球 20 大畅销品牌药

排名 2017 年（2016 年）	商品名	中文通用名	销售额/亿美元	公司名称	主要适应证
1(1)	Humira	阿达木单抗	189.08	艾伯维	自身免疫疾病
2(2)	Enbrel	依那西普	85.84	安进/辉瑞/武田	自身免疫疾病
3(6)	Revlimid	来那度胺	81.87	新基	多发性骨髓瘤
4(4)	Remicade	英夫利西单抗	77.34	强生/默沙东/三菱田边	自身免疫疾病
5(5)	Rituxan	利妥昔单抗	75.08	罗氏	非霍奇金淋巴瘤
6(8)	Herceptin	曲妥珠单抗	71.28	罗氏	乳腺癌
7(7)	Avastin	贝伐珠单抗	67.96	罗氏	肿瘤
8(11)	Xarelto	利伐沙班	61.51	强生/拜耳	抗凝血
9(16)	Opdivo	纳武单抗	60.48	百时美施贵宝	肺癌、黑色素瘤等
10(12)	Eylea	阿柏西普	59.29	拜耳/再生元/参天	黄斑变性
11(10)	Prevnar 7/Prevnar 13	肺炎球菌疫苗	56.01	辉瑞	链球菌肺炎
12(13)	Lyrica	普瑞巴林	52.90	辉瑞	抗癫痫药
13(9)	Lantus	甘精胰岛素	51.16	赛诺菲	糖尿病
14(24)	Eliquis	阿哌沙班	48.72	百时美施贵宝	抗凝血
15(14)	Neulasta	聚乙二醇化非格司亭	47.98	安进	中性白细胞减少
16(33)	Imbruvica	伊布替尼	44.66	艾伯维/强生	淋巴瘤、白血病等
17(3)	Harvoni	索非布韦+雷迪帕韦	43.70	吉利德	慢性丙型肝炎
18(20)	Tecfidera	富马酸二甲酯	42.15	百健	多发性硬化症
19(15)	Seretida/Advair	氟替卡松+沙美特罗	40.33	葛兰素史克	抗哮喘药
20(28)	Stelara	乌司奴单抗	40.11	强生	银屑病

数据来源：Informa 生命科学智库。

3. 全球医药并购

2017 年全球生物制药并购交易金额总计约为 775 亿美元（表 2-4），交易数量为 167 笔。无论是金额还是数量，均创近 5 年的历史新低。

表 2-4　2013～2017 年全球生物制药并购总览

年份	交易金额/亿美元	交易数量/笔
2017	775	167
2016	1044	203
2015	1889	290
2014	2193	229
2013	795	226

数据来源：药渡数据。

2017 年最大的一笔并购是强生公司以 300 亿美元收购 Actelion，第二大笔并购是吉利德公司以 119 亿美元收购 Kite Pharma，后续未见大手笔的并购发生。而愿意出资进行大宗并购的收购方，瞄准的多是罕见病及肿瘤治疗领域的潜力公司和产品，这也显示出罕见病、肿瘤、神经系统疾病等仍是全球生物制药聚焦的热点领域。2017 年全球生物制药并购交易 TOP10 见表 2-5。

表 2-5　2017 年全球生物制药并购交易 TOP10

交易宣布日期	收购方	标的	交易状态	交易金额/亿美元
1 月	强生	Actelion	已完成	300
1 月	武田	ARIAD Pharmaceuticals	已完成	52
1 月	Ipsen	Merrimack's commercial & manufacturing infrastructure for Onivyde	已完成	10.3
4 月	Fresenius	Akorn	进行中	43
4 月	Sawai Pharmaceutical	Generic pharmaceuticals business of Upsher-Smith Laboratories	已完成	10.5
7 月	Mitsubishi Tanabe Pharma	NeuroDerm	已完成	11
8 月	吉利德	Kite Pharma	已完成	119
8 月	百时美-施贵宝	IFM Therapeutics	已完成	23.2
10 月	诺华	Advanced Accelerator Applications	进行中	39
11 月	上海医药集团(Shanghai Pharmaceuticals Holding)	Cardinal Health's China business	已完成	12

数据来源：药渡数据。

2017 年，全球制药巨头对于并购普遍持观望和审慎的态度，并购动力不足，主要原因包括：美国特朗普政府税收改革的不确定性，使得美国大型制药企业在并购策略和资金上受到限制；英国脱欧和 EMA 总部迁址也给全球医药市场带来了隐忧和不确定性；生物技术股高估值提高了大规模并购的风险等等，诸多因素都阻碍了 2017 年规模较大的并购交易的开展。

但是随着美国税改明朗及政府对生物制药行业的支持、某些治疗领域药物研发竞争日益加剧、扩充产品管线以维持盈利意愿强烈以及全球范围内大量资本的涌入，预计生物制药并购交易将呈现上升趋势。

还应注意的是，越来越多的中国买家进入全球生物制药并购浪潮中。2017 年就有中国三胞集团以 8.2 亿美元收购 Dendreon Pharmaceuticals、5 家中国投资机构联合以 6.05 亿美元收购 SciClone Pharmaceuticals、复星医药以 11 亿美元收购 Gland Pharma 74%股权的交易完成交割、上海医药集团以 12 亿美元收购 Cardinal Health 的中国区业务实体等并购交易，并购海外企业也从侧面体现了中国医药企业实力的逐步增强，预计未来将有越来越多的中国企业融入并参与到全球医药市场的竞争中来。

4. 抗肿瘤药：保持较大增长

随着癌症发病率不断上升，世界抗肿瘤药物市场急速扩张，明显超过其他药物的增长。基于单克隆抗体的生物药已成为首选治疗各种癌症的药物，尤其是对于血液肿瘤（白血病）。各种癌症发病率的上升，日益流行的先进疗法（生物和靶向药物疗法），主要药物的专利期满以及商业化的仿制药物这几个因素推动了全球肿瘤药物市场的增长。

抗肿瘤药物在治疗和支持性护理方面的全球支出从 2013 年的 960 亿美元上升至 2017 年的 1330 亿美元（图 2-1）。持续集中在主要发达市场，其中美国、欧盟 5 国和日本所占比例从 2013 年的 72%增长到 2017 年的 74%。美国的支出从 2013 年的 380 亿美元增长到 2017 年的 610 亿美元，在全球支出中的占比从 39%上涨到 46%。

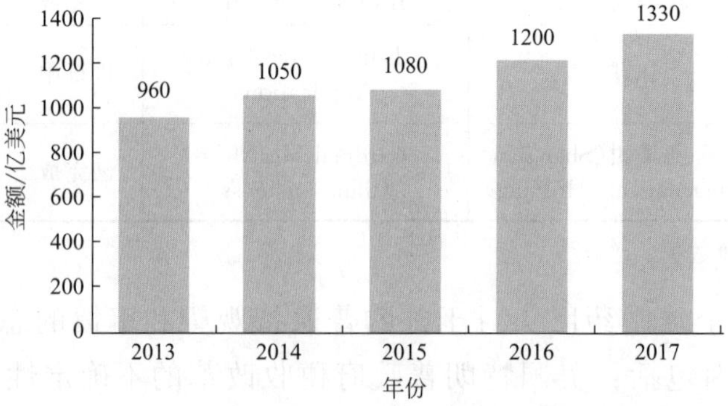

图 2-1　2013～2017 年全球抗肿瘤药物支出

数据来源：IQVIA Institute

2017 年上市的 14 个肿瘤治疗的新活性物质均为靶向治疗药物，其中超过一半获得了重大突破疗法认定。14 个药物中，有 10 个针对罕见病，可见越来越多的新型抗肿瘤药面向小规模患者群体。有 6 个是生物制剂，包括两个创新细胞疗法，axicabtagene ciloleucel 和 tisagenlecleucel。这两个是美国市场上首个嵌合抗原受体 CAR-T 细胞免疫疗法（表 2-6）。

表 2-6　2017 年美国新上市的肿瘤新活性物质（NAS）

<table>
<tr><th colspan="2">类型</th><th>药物名称</th><th>适应证</th><th>重大突破疗法</th><th>罕见病</th></tr>
<tr><td colspan="2" rowspan="9">非免疫肿瘤抑制剂</td><td>abemaciclib</td><td>乳腺癌</td><td>是</td><td>否</td></tr>
<tr><td>acalabrutinib</td><td>套细胞淋巴瘤</td><td>是</td><td>是</td></tr>
<tr><td>brigatinib</td><td>非小细胞肺癌</td><td>是</td><td>是</td></tr>
<tr><td>copanlisib</td><td>复发性滤泡性淋巴瘤</td><td>否</td><td>是</td></tr>
<tr><td>enasidenib</td><td>急性髓性白血病</td><td>否</td><td>是</td></tr>
<tr><td>midostaurin</td><td>急性髓性白血病</td><td>是</td><td>是</td></tr>
<tr><td>neratinib</td><td>HER2＋乳腺癌</td><td>否</td><td>否</td></tr>
<tr><td>niraparib</td><td>卵巢癌</td><td>是</td><td>是</td></tr>
<tr><td>ribociclib</td><td>乳腺癌</td><td>是</td><td>否</td></tr>
<tr><td rowspan="5">免疫肿瘤抑制剂</td><td rowspan="2">PD-L1</td><td>durvalumab</td><td>泌尿上皮癌</td><td>是</td><td>否</td></tr>
<tr><td>avelumab</td><td>梅克尔细胞癌</td><td>是</td><td>是</td></tr>
<tr><td>ADC</td><td>inotuzumab ozogamicin</td><td>急性 B 前体淋巴细胞白血病</td><td>是</td><td>是</td></tr>
<tr><td rowspan="2">CAR-T 疗法</td><td>axicabtagene ciloleucel</td><td>大 B 细胞型淋巴瘤</td><td>是</td><td>是</td></tr>
<tr><td>tisagenlecleucel</td><td>急性 B 前体淋巴细胞白血病</td><td>是</td><td>是</td></tr>
</table>

数据来源：IQVIA Institue。

抗肿瘤市场预计将持续增长（表 2-7），到 2022 年全球市场将达到 2000 亿美元，未来 5 年平均增速达到 10%～13%。

由于美国较早应用了新疗法，并且在未来 4 年，上市产品数量可观且具有较高的临床价值，由此，美国将引领全球肿瘤药物市场的增长。由于预算收紧以及卫生技术评估（HTA）在欧洲的广泛应用，限制了肿瘤治疗药物的支出，预计排名居前的欧洲市场增幅较缓。日本由于实施了控价机制，而且为了解决多适应证抗肿瘤药的复杂性问题，将进一步施以价格政策改革，因此其肿瘤治疗药物支出预计将放缓。预计未来 5 年最畅销的抗肿瘤药以生物药物为主（表 2-8）。

表 2-7 2018～2022 年全球肿瘤药物增长率预测

范围	2018～2022 年复合增长率/%	2022 年肿瘤药物支出/亿美元
全球	10～13	1800～2000
美国	12～15	900～1000
欧盟 5 国	10～13	400～450
日本	3～6	100～140
新兴药品市场	10～13	180～200
世界其他地区	9～12	240～260

数据来源：IQVIA Institute。

表 2-8 未来 5 年最畅销的抗肿瘤药物 TOP10 预测

排行	商品名	药品名	未来 5 年总销售额/亿美元	公司	适应证	类型
1	Revlimid	来那度胺	571	新基	多发性骨髓瘤等	小分子
2	Keytruda	派姆单抗	433	默沙东	黑色素瘤	单抗
3	Opdivo	纳武单抗	413	百时美施贵宝	肺癌等	单抗
4	Imbruvica	依鲁替尼	384	艾伯维/强生	淋巴瘤等	小分子
5	Avastin	阿瓦斯汀	317	罗氏	结肠癌等多种癌症	单抗
6	Rituxan	美罗华	266	罗氏	白血病等	单抗
7	Ibrance	帕博西尼	261	辉瑞	乳腺癌等	小分子
8	Herceptin	赫赛汀	260	罗氏	乳腺癌等多种癌症	单抗
9	Perjeta	帕妥珠单抗	177	罗氏	乳腺癌	单抗
10	Darzalex	达雷木单抗	175	强生	多发性骨髓瘤	单抗

数据来源：新康界。

5. 抗体药物：继续迅猛增长

经过 30 年的发展，截至 2017 年上半年，FDA 累计批准上市了 70 余种抗体药物。2014 年以来，抗体药物进入爆发阶段，短短三年多的时间有超过 30 个抗体药物获批上市。2016 年是 FDA 监管批准的“小年”，批准了抗体药物 7 个。2017 年抗体药物研发继续迅猛增长，FDA 批准上市的抗体药物有 10 种（表 2-9）。

截至 2017 年 12 月 1 日，总共有 9 个抗体药物在美国或欧洲进入了监管审查阶段（表 2-10）。

表 2-9　2017 年 FDA 批准上市的抗体药物

抗体名称	商品名	公司	靶点	获批适应证	批准日
brodalumab	Siliq/Lumicef/Kyntheum	Valeant	IL-17RA	银屑病	2017-2-15
avelumab	Bavencio	默克，辉瑞	PD-L1	Merkel 细胞癌	2017-3-23
dupilumab	Dupixent	再生元，赛诺菲	IL-4Rα	特应性皮炎	2017-3-28
ocrelizumab	Ocrevus	罗氏	CD20	多发性硬化	2017-3-29
durvalumab	Imfinzi	阿斯利康	PD-L1	膀胱癌	2017-5-1
sarilumab	Kevzara	再生元，赛诺菲	IR-6R	类风湿性关节炎	2017-5-22
guselkumab	Tremfya	强生	IL-23 P19	银屑病	2017-7-13
inotuzumab ozogamicin	Besponsa	辉瑞	CD22	急性淋巴细胞白血病	2017-8-17
benralizumab	Fasenra	阿斯利康	IL-5R	哮喘	2017-11-14
emicizumab	Hemlibra	罗氏	Factor Ⅸa，Ⅹ	血友病 A	2017-11-16

数据来源：药渡数据。

表 2-10　2017 年在美国或欧洲进入监管审查阶段抗体药物

抗体名称	商品名	靶点	适应证	EMA 状态	FDA 状态
ibalizumab	待定	CD4	HIV 感染	NA	审查中
burosumab	待定	FGF23	X-连锁低磷血症	审查中	审查中
tildrakizumab	待定	IL-23	银屑病	审查中	审查中
caplacizumab	待定	血管型血友病因子	获得性血栓性血小板减少性紫癜	审查中	NA
erenumab	Aimovig	CGRP 受体	预防偏头痛	审查中	审查中
fremanezumab	待定	CGRP	预防偏头痛	NA	审查中
galcanezumab	待定	CGRP	预防偏头痛	审查中	审查中
romosozumab	Evenity	硬骨素	绝经后妇女骨质疏松症导致的骨折风险增加	NA	审查中
mogamuluzumab	Poteligeo	CCR4	皮肤 T 细胞淋巴瘤	审查中	NA

数据来源：药渡数据。

进入后期临床阶段的非癌症适应证抗体药物有 26 个（表 2-11）。

表 2-11　2017 年进入后期临床阶段的非癌症适应证抗体药物

抗体名称	靶点	临床阶段	适应证	研发公司
crizanlizumab	CD62	3 期	镰状细胞贫血症	Novartis
roledumab	Rh D	2/3 期	溶血性疾病	LFB Group
lanadelumab	血浆激肽释放酶	3 期	遗传性血管性水肿病	Shire
NEOD001	淀粉样蛋白	3 期	原发性全身性淀粉样变性	Prothena
OMS721	MASP-2	3 期	非典型溶血尿毒综合征	Omeros
ravulizumab	C5	3 期	阵发性睡眠性血红蛋白尿症，非典型溶血尿毒综合征	Alexion
tezepelumab	胸腺基质淋巴细胞生成素	3 期	严重的失控性哮喘	AstraZeneca/MedImmune
tralokinumab	IL-13	3 期	特应性皮炎	AstraZeneca/MedImmune
risankizumab	IL-23 P19	3 期	银屑病，克罗恩病	Boehringer Ingelheim/AbbVie
anifrolumab	IFNαβω 受体 1	3 期	系统性红斑狼疮	AstraZeneca/MedImmune
etrolizumab	α4-β7/αE-β7 整合素受体	3 期	溃疡性结肠炎，克罗恩病	Genentech
SHP-647	黏膜地址素细胞黏附分子	3 期	溃疡性结肠炎，克罗恩病	Shire
olokizumab	IL-6	3 期	类风湿性关节炎	R-Pharm
inebilizumab	CD19	2/3 期	视神经脊髓炎和视神经脊髓炎疾病谱	AstraZeneca/MedImmune
satralizumab	IL-6R	3 期	视神经脊髓炎和视神经脊髓炎疾病谱	Chugai/Roche
emapalumab	IFNγ	2/3 期	原发性噬血细胞症	NovImmune SA
PRO-140，PA14	CCR5	2/3 期	HIV 感染	CytoDyn
aducanumab	β 淀粉样蛋白	3 期	阿尔兹海默病	Biogen
crenezumab	β 淀粉样蛋白	3 期	阿尔兹海默病	Genentech
gantenerumab	β 淀粉样蛋白	3 期	阿尔兹海默病	Roche
eptinezumab	CGRP	3 期	预防偏头痛	Alder Bio
fasinumab	NGF	3 期	膝关节或髋关节骨性关节炎引起的疼痛，慢性腰痛	Regeneron

续表

抗体名称	靶点	临床阶段	适应证	研发公司
tanezumab	NGF	3 期	膝关节或髋关节骨性关节炎引起的疼痛，慢性腰痛，骨转移引起的癌症疼痛	Pfizer/Eli Lily
teprotumumab	IGF-1R	3 期	甲状腺相关眼病	Horizon
lampalizumab	补体因子 D	3 期	与老年性黄斑变性相关的萎缩	Genentech
brolucizumab	VEGF-A	3 期	新生血管性老年性黄斑变性	Novartis

数据来源：药渡数据。

进入后期临床阶段的癌症适应证抗体药物有 28 个（表 2-12）。

表 2-12　2017 年进入后期临床阶段的癌症适应证抗体药物

抗体名称	靶点	临床阶段	适应证	研发公司
I-131-BCB，Iomab-B	CD45	3 期	AML 患者造血干细胞移植前骨髓的消融	Actinium
isatuximab	CD38	3 期	多发性骨髓瘤	Sanofi
ublituximab	CD20	3 期	CLL，非霍奇金淋巴瘤，多发性硬化症	TG Therapeutics
moxetumomab pasudotox	CD22	3 期	毛细胞白血病	AstraZeneca/MedImmune
XMAB-5574	CD19	2/3 期	弥漫性大 B 细胞淋巴瘤	MorphoSys
utomilumab	CD137	3 期	弥漫性大 B 细胞淋巴瘤	Pfizer
polatuzumab vedotin	CD79b	3 期	弥漫性大 B 细胞淋巴瘤	Roche
oportuzumab monatox	EpCAM	3 期	膀胱癌	Viventia Bio
enfortumab vedotin	Nectin4	关键 2 期	尿路上皮癌	Seattle Genetics
camrelizumab	PD-1	2/3 期	肝癌，食管癌	江苏恒瑞
margetuximab	HER2	3 期	乳腺癌	MacroGenics
(vic-)trastuzumab duocarmazine	HER2	3 期	乳腺癌	Synthon Biopharmaceuticals BV
sacituzumab govitecan	TROP-2	3 期	三阴性乳腺癌	Immunomedics
glembatumumab vedotin	gpNMB	关键 2 期	GpNMB 阳性乳腺癌，黑色素瘤	Celldex

续表

抗体名称	靶点	临床阶段	适应证	研发公司
DS-8201	HER2	关键 2 期	HER2 阳性的胃或胃食管交界腺癌	Dallchi Sankyo
andecaliximab	MMP9	3 期	胃或胃食管交界腺癌	Gilead
depatuxizumab mafodotin	EGFR	2b/3	脚趾母细胞瘤	AbbVie
tremelimumab	CTLA-4	3 期	非小细胞肺癌，头颈部癌，尿路上皮癌，肝癌	AstraZeneca/MedImmune
ractumomab	NGcGM3	3 期	非小细胞肺癌	Recombio SL
cemiplimab	PD-1	3 期	皮肤鳞状细胞癌，非小细胞肺癌，宫颈癌	Regeneron
Ibi308	PD-1	3 期	鳞状非小细胞肺癌	苏州信达
BGB-A317	PD-1	3 期	非小细胞肺癌	百济神州
rovalpituzumab tesirine	DLL3	3 期	小细胞肺癌	AbbVie
mirvetuximab soravtansine	叶酸受体 1	3 期	上皮性卵巢癌，腹膜癌，输卵管癌	ImmunoGen
BCD-100	PD-1	2/3 期	黑色素瘤	Biocad
PDR001	PD-1	3 期	黑色素瘤	Novartis
L19IL2/L19TNF	纤联蛋白结构域 B	3 期	黑色素瘤	Philogen SpA
carotuximab	Endoglin	3 期	软组织肉瘤，血管肉瘤，肾细胞癌，湿性年龄相关性黄斑变性	Tracon

数据来源：药渡数据。

从适应证的分布来看，虽然聚集于肿瘤和免疫疾病两大领域的研发仍占多数，但是其他疾病领域的研发项目比例有所提高，其中最为明显的是神经系统疾病，主要是阿尔兹海默病和偏头痛。其他疾病领域如眼科疾病、血液疾病等，制药企业也有了更多的布局和考量。

此外，在结构改造、筛选方法方面不断有所突破，主要体现在两个方面：一是抗体结构的改造［如双特异性抗体、抗体药物偶联物（ADC）和小型化抗体等］，二是新的抗体筛选方法开发（主要是人源化小鼠的逐渐普及和基于单个 B 细胞的抗体筛选方法的逐步成熟）。

热门研发靶点方面，肿瘤免疫检测点抑制剂一枝独秀，早期的开发主要是针对 CTLA-4、PD-1、PD-L1 等免疫检测点的单药治疗，通过阻止癌细胞对机体自身T细胞的抑制，恢复T细胞的肿瘤杀伤作用，取得了不错的效果。目前，主流的研发思路是以这些免疫检查点抑制剂为中心，探索与其他药物联合治疗的方案。除了基于PD-1/PD-L1的联合用药之外，更多的免疫检测点正在成为抗体研发的热门靶点。Tim-3、LAG-3等靶点的单克隆抗体药物研发逐渐升温。

中国在抗体药物开发领域迅速崛起，研发度逐渐处于国际前沿，2017年国内共有5个单克隆抗体药物申报美国临床研究成功（表2-13）。

表2-13　国内申报美国临床试验成功的单抗药

序号	项目名称	药物描述	企业	申报成功时间
1	SHR-1316	抗PD-L1单克隆抗体	恒瑞医药	2017年1月
2	SHRA1403	抗c-met抗体药物偶联物(ADC)	恒瑞医药	2017年1月
3	LZM009	抗PD-L1单克隆抗体	丽珠单抗	2017年7月
4	HLX06	抗VEGFR2单克隆抗体	复宏汉霖	2017年9月
5	HLX10	抗PD-L1单克隆抗体	复宏汉霖	2017年9月

数据来源：药渡数据。

百济神州、科伦药业、誉衡药业等企业先后将自身的免疫检测点抑制剂项目授权给国外企业，反映出国内企业在单克隆抗体研发领域不仅渐出佳绩，而且研发实力得到了国际认可。

（二）全球生物医药研发

1. 全球医药研发投入稳定增长

全球医药行业研发费用保持稳定增长。据统计，2016年全球医药研发支出达到1570亿美元，同比增长5.9%。2017年全球医药研发支出为1625亿美元，同比增长3.5%，未来5年将保持2.4%的年均复合增长率，2022年总研发支出将达到1809亿美元。

2. 全球在研药物及研发型公司数量增长明显

在研药物数量增长提速。2014～2017年全球在研药物数量年均复合增长率高于2001～2013年。随着对人体病生理、药物靶点及作用机制理解的深入，全球在研药物数量增速逐渐加快。总体来看，2016年排名前25的药企共有3378个在研产品，葛兰素史克（GSK）以242个在研产品排名第一，诺华以240个在研产品排名第二。2017年排名前25的药企共有3488个在研产品，GSK和诺华依然排名前二，但次序发生变化（表2-14）。

表 2-14　按研发管线规模排序的全球前 25 大药企

2017 年排名	公司	2017 年在研产品数	2016 年在研产品数	2016 年排名
1	诺华	251	240	2
2	葛兰素史克	250	242	1
3	辉瑞	232	217	6
4	默克	229	223	5
5	强生	214	227	4
6	阿斯利康	213	231	3
7	罗氏	206	211	7
8	赛诺菲	193	199	8
9	百时美-施贵宝	144	136	10
10	武田	141	137	9
11	礼来	126	124	11
12	艾尔建	122	119	12
13	拜耳	112	111	13
14	Daiichi Sankyo(第一三共)	105	102	14
15	Astellas Pharma(安斯泰来)	104	95	15
16	艾伯维	102	90	19
17	安进	94	91	18
18	Shire(夏尔)	93	57	28
19	勃林格殷格翰	88	88	20
20	Eisai(卫材)	87	88	21
21	Otsuka(大塚)	86	94	16
22	Teva(梯瓦)	82	92	17
23	新基	76	67	22
24	Valeant Pharmaceuticals(威朗)	72	59	26
25	Ligand	66	38	45

数据来源：Pharmaproject 数据库。

拥有研发管线的公司数量增长可观，其中过半为拥有 1～2 个在研品种的小公司，为研发创新释放积极信号。据统计，2016 年全球共有 3687 家公司拥有产品研发管线，同比增长 12.2%，其中仅拥有 1～2 个在研品种的公司数量为 2084 个，同比增长 13.0%。2017 年全球拥有在研产品的公司达

4003家，同比增长8.6%，其中仅拥有1～2个在研药品的公司数量为2257个，同比增长8.3%。可见近两年，小型研发型医药企业的增速基本与整体增速持平，大量小型企业进入研发领域为研发创新释放了积极信号。

3. 全球新药研发以抗肿瘤药和化学合成类药物为主，生物药增速较快

按治疗类别划分，2017年抗肿瘤药领域在研药物最多，单抗和基因治疗类增速较快。2017年，全球在研药物数量同比增长10.7%。除固定剂量复方剂、重组疫苗、消化道疾病和帕金森病的在研药物数量同比有所减少外，其他治疗领域的在研药品数量均实现增长。

按在研药品总数来看，抗肿瘤药在研药品总数仍然位居第一，在2016年高基数的基础上仍保持较快增长，增幅为15.4%。按在研药品数同比增速来看，单抗/其他和基因治疗类增速靠前，同比增速分别为36.3%和31.2%（表2-15）。

表2-15　2016～2017全球在研药物数量按治疗类别分布

治疗亚类	2016在研数/个	2017在研数/个	同比/%
帕金森病	321	318	−0.9
抗肿瘤，疫苗	306	332	8.5
重组类，其他	349	358	2.6
单抗，人源化	345	377	9.3
复方，其他	325	400	23.1
心血管疾病	375	408	8.8
止痛，其他	403	409	1.5
单抗，人源	412	414	0.5
生物仿制药	386	417	8.0
肌肉骨骼类	401	417	4.0
消化道疾病	424	422	−0.5
神经疾病	388	426	9.8
认知增强药	419	430	2.6
重组疫苗	469	437	−6.8
复方，固定剂量	473	457	−3.4
免疫抑制剂	437	478	9.4
抗病毒，其他	424	488	15.1
消炎	475	513	8.0

续表

治疗亚类	2016 在研数 /个	2017 在研数 /个	同比 /%
基因治疗	417	547	31.2
单抗，其他	432	589	36.3
眼科，其他	546	615	12.6
糖尿病	592	624	5.4
预防性疫苗，抗感染	729	848	16.3
抗肿瘤，免疫类	1597	2001	25.3
抗肿瘤，其他	2071	2231	7.7

数据来源：Pharmaproject 数据库。

按药物性质划分，2017 年在研药物中化学合成类药物数量最多，总数达 7855 个，同比增长 4.2%。相比之下，生物类在研药物增速加快，2017 年总数为 5539 个，同比增长 15.9%，占在研药物总数的 37.8%，与 2014 年 27.6%的占比相比，三年间增长迅速。前十大在研药物中，增速最快的是细胞类生物药物，增速为 67.6%（表 2-16）。

表 2-16　2016～2017 年全球在研药物数量按药物性质分布

治疗亚类	2016 在研数 /个	2017 在研数 /个	同比 /%
天然物，真菌	20	27	35.0
化药，合成，异构体	34	28	−17.6
天然物，动物	37	37	0.0
天然物	45	44	−2.2
天然物，细菌	43	45	4.7
化药，半合成	69	62	−10.1
生物药，核酸，非病毒载体	126	110	−12.7
生物药，其他	64	112	75.0
生物药，多肽，重组类	107	124	15.9
生物药，细胞类，异源	137	129	−5.8
生物药，核酸	97	130	34.0
生物药，菌体	108	135	25.0
生物药	143	181	26.6
天然物，植物	198	198	0.0

续表

治疗亚类	2016 在研数/个	2017 在研数/个	同比/%
生物药，多肽	178	226	27.0
生物药，细胞类，自体	214	251	17.3
化药，合成，核酸	301	323	7.3
生物药，核酸，病毒载体	297	329	10.8
生物药，细胞类	210	352	67.6
生物药，病毒颗粒	303	367	21.1
化药，合成，多肽	434	468	7.8
生物药，蛋白质	439	545	24.1
生物药，蛋白质，重组类	892	861	−3.5
生物药，蛋白质，抗体	1466	1687	15.1
化药，合成	7540	7855	4.2

4. 全球药物研发前景预测

(1) 政策环境向好　2017 年 FDA 新药审批数量达到历年高水平，如礼来公司的 Olumiant，Amicus 公司的 Migalastat，Sarepta 公司的 Exondys 51，诺华公司的 Kymriah，吉利德公司的 Yescarta 的批准上市，预示 FDA 对创新药和生物类似药、仿制药的审评趋于宽松，在基因疗法和免疫疗法药物审评上也会出台更为安全、高效的政策。此外，随着脱欧进程的开启，EMA 外迁，欧洲新药审评可能会有调整，但是目前依旧是积极乐观的。

(2) 越来越多的突破性药物或治疗方案正在获批临床　如上市的两款 CAR-T 疗法、上市的抗 PD-(L)1 抗体等，另外“联合用药”方案成为免疫疗法一个新的重要趋势，抗 PD-(L)1 抗体与 IDO 抑制剂、免疫检测点抑制剂等联合用药方案近 1000 例临床研究在开展。其中，Incyte 公司的 Echo-301 (IDO 抑制剂＋keytruda) 便是一个广受关注的临床研究。其他联合用药的临床研究还包括 MBG453＋PDR001，罗氏公司的 RG7876＋emactuzumab 等等。

(3) 升级版的免疫疗法　伊匹单抗为代表的第一代免疫检测点抑制剂单药临床方案不断暴露出局限性，美国肿瘤学年会中，“免疫疗法 2.0”被正式提出，“组合、精准、广谱”正在成为备受关注的趋势。

二、我国生物医药产业发展态势

2017 年是实施“十三五”规划、推进供给侧结构性改革的深化之年，在国家创新驱动发展战略的大力推动下，我国医药工业发展继续保持较快增速，在保供应、稳增长、调结构等方面发挥了重要作用。

(一) 医药产业现状

1. 医药工业稳步发展，增速保持前列

2017 年医药工业规模以上企业实现主营业务收入 29 826.0 亿元，同比增长 12.2%，增速较 2016 年提高 2.3 个百分点，实现两位数增长，位居工业全行业前列。医药工业增加值在整体工业所占比重达到 3.2%左右（图 2-2）。

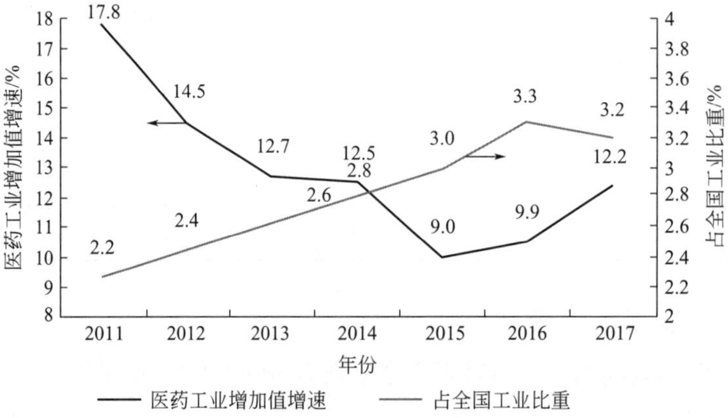

图 2-2　2011～2017 年医药工业增加值增速与占比情况

数据来源：国家统计局

（1）主营收入与利润总额均实现两位数增长　我国医药工业包括化学原料药制造业、化学药品制剂制造业、中药饮片加工制造业、中成药制造业、生物药品制造业、卫生材料及医药用品制造业、医疗仪器设备及器械制造业和制药机械制造业 8 个子行业。促进主营收入增速提高的主要因素有：

① 医疗机构、零售药店等药品终端购药金额稳定增加，增速高于 2016 年同期；

② 受原料药价格提高推动，化学药品原料药制造收入增幅较大；

③ 除医疗仪器设备及器械制造出现下降外，其他都有增长（表 2-17）。

2017 年医药工业规模以上企业实现利润总额 3519.7 亿元，同比增长 16.6%，较 2016 年增长 1.0%。利润总额增速高于主营业务收入，增速 4.4%，主营业务收入利润率增长 0.9%，国内医药上市公司整体净利润增速达 20%以上，显示行业整体盈利水平得到提高。促进行业盈利水平提高的主要因素有：

表 2-17　2017 年医药工业主营业务收入完成情况

行业	主营业务收入/亿元	同比/%	比重/%	2016 年增速/%
化学药品原料药制造	4991.7	14.7	16.7	8.4
化学药品制剂制造	8340.6	12.9	28.0	10.8
中药饮片加工	2165.3	16.7	7.3	12.7
中成药生产	5735.8	8.4	19.2	7.9
生物药品制造	3311.0	11.8	11.1	9.5
卫生材料及医药用品制造	2266.8	13.5	7.6	11.5
制药专用设备制造	186.7	7.7	0.6	3.5
医疗仪器设备及器械制造	2828.0	10.7	9.5	13.3
医药工业	29 826.0	12.2	100	9.9

数据来源：国家统计局 2016 年统计快报。

① 产品销售规模扩大，产品制造成本有所下降；

② 环保监管加强，原料药价格普遍上升；

③ 生物药品、化学药品制剂、中药饮片、卫生材料及医药用品制造等利润增速增幅较大（表 2-18）。

表 2-18　2017 年医药工业利润总额和利润率完成情况

行业	利润总额/亿元	同比/%	利润率/%	2016 年利润增速/%
化学药品原料药制造	436.1	13.7	8.7	25.9
化学药品制剂制造	1170.3	22.1	14.0	16.8
中药饮片加工	153.5	15.1	7.1	8.6
中成药制造	707.2	10.0	12.3	9.0
生物药品制造	499.0	26.8	15.1	11.4
卫生材料及医药用品制造	213.9	14.4	9.4	8.5
制药机械制造	14.7	−8.1	7.9	−13.3
医疗仪器设备及器械制造	325.1	6.9	11.5	32.3
医药工业	3519.7	16.6	11.8	15.6

数据来源：国家统计局 2016 年统计快报。

（2）资产投资活跃　2017 年 41 家医药企业登陆 A 股，创历年之最。上市新股总募资超过 200 亿元，亦达到历年最高值。此外还有约 30 个医药公司正在排队准备 IPO。医药领域兼并重组活跃，特别是一些上市公司，借助资本市场融资功能，通过并购实现快速增长。2017 年以上市公司为主体实施的兼并重组项目超过 200 起（含集团内部重组和境外并购），涉及金额近 500 亿元。规模较大的项目有四环医药 11 亿元收购弘和制药，贝达药业 4.8 亿元收购卡南吉医药等。

企业境外投资并购增多。一批企业通过境外并购，获取了产品、技术，搭建了进军国际市场的平台。2017 年医药领域境外并购总额近 50 亿美元，金额超 5 亿美元的并购项目有 3 起，分别是复星医药 10 亿美元控股印度 GLAND 公司，三胞集团 8.2 亿美元收购美国 Dendreon 公司，汉德资本联合人福医药 6.1 亿美元收购美国 RiteDose 公司。到 2017 年年底，已有 5 家国内企业在美国通过投资并购拥有了仿制药工厂，规模最大的人福医药投资的 EPIC Pharm 公司，为扩大我国制剂在欧美高端市场的销售创造了条件。2017 年 9 月，再鼎医药在美国纳斯达克上市，成为 2016 年以来第三家在美国上市的创新药研发企业，也标志着国内企业的创新能力得到国际资本市场的认可。

（3）医药工业百强企业引领产业发展　根据工业和信息化部《2017 年中国医药统计年报》和中国医药信息中心统计，2017 年度百强上榜企业延续了一贯的强劲增长动力，以主营业务收入 10.2%的增速突破 7500 亿元大关，虽然增速较 2016 年同期下降 0.9 个百分点，但增长趋势仍基本保持平稳。同时随着供给侧结构性改革持续发力，2017 年百强企业实现利润总额 1521.4 亿元，同比增长 15%，增速与 2016 年保持持平（2016 年为 15.1%），利润增速显著高于当年主营业务收入增速，反映出百强企业整体盈利水平提升，产业结构调整初见成效（图 2-3）。

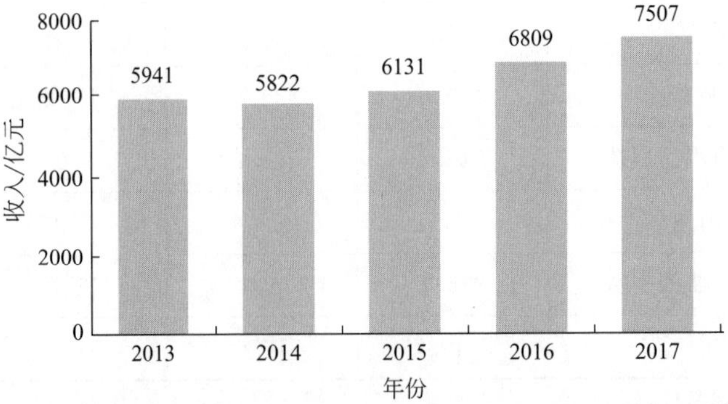

图 2-3　2013～2017 年百强药企主营业务收入总规模

数据来源：工业和信息化部《2017 年中国医药统计年报》

① 龙头带动迈向规模经济。“十三五”《医药工业发展规划指南》对百强企业提出了主营业务收入所占行业比重提高10个百分点的明确要求，并出台了一系列政策以利于企业规模化发展。2017年百强企业不负众望，主营业务收入占行业规模以上医药企业的比例达到25.2%，较2016年同期显著提升了2.2个百分点。同时，百强企业中有21家企业的主营业务收入突破了百亿规模，较2016年增多2家，规模化企业数稳定增长。而百强企业门槛也由2016年的24.4亿元提升至25.6亿元，小幅提升5%。在百强企业的龙头带动作用下，医药产业正逐步迈向规模经济（图2-4）。

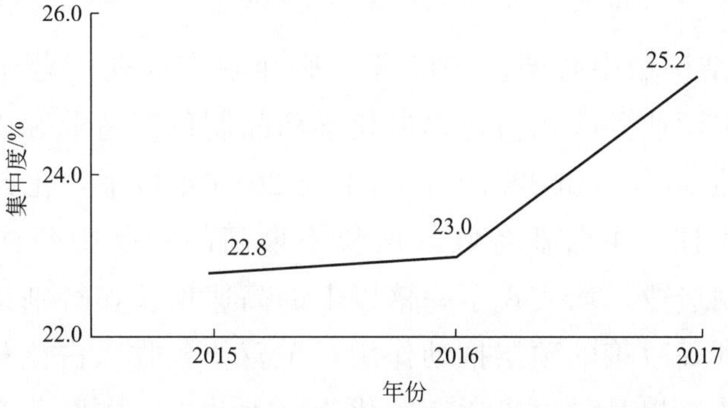

图2-4　2015～2017年百强企业占行业企业主营业务收入集中度

数据来源：工业和信息化部《2017年中国医药统计年报》

② 十强格局趋稳向好。2017年百强企业排名前十的格局呈现趋稳向好的态势。“趋稳”体现在十强企业与2016年完全相同，甚至座次也维持不变，以扬子江药业为首的十强企业将继续担当起行业的定海神针。而“向好”则反映在十强企业在保持体量巨大（合计主营业务规模为2391亿元，占百强企业总规模的比例高达31.9%）的基础上，仍保持了相对旺盛的增长活力，增速为8.2%，虽然较2016年同期增速有所下降，但仍发挥着行业带动作用（表2-19）。

表2-19　2017年度医药工业十强企业排名

排名	企业名称
1	扬子江药业集团有限公司
2	广州医药集团有限公司
3	修正药业集团股份有限公司
4	中国医药集团总公司
5	华润医药控股有限公司

续表

排名	企业名称
6	上海医药(集团)有限公司
7	拜耳医药保健有限公司
8	齐鲁制药有限公司
9	辉瑞制药有限公司
10	江西济民可信集团

数据来源：工业和信息化部《2017 年中国医药统计年报》。

③ 子行业结构稳中有调。2017 年百强企业在医药产业子行业的分布保持相对稳定，主营业务收入占比仍以化学药品制剂制造业和中成药制造业为主，占比分别达 66.1％和 22.7％，基本与 2016 年持平，化药制剂为当前医药产业的主要支柱。主营业务收入增长率最高的则是中药饮片加工业和生物、生化制品制造业，均实现了一倍以上的高速增长，特别是中药饮片加工业，受中医药利好政策的顶层推动作用，主营业务收入占比和上榜企业数均呈明显上升趋势，提升潜力正逐渐转化为巨大动力，中医药产业的前景值得期待（表 2-20）。

表 2-20　2017 年度百强企业医药产业子行业分布

子行业	2017 年占比/％	2017 年增速/％
化学药品原料药制造	6.4	11.8
化学药品制剂制造	66.1	9.6
中药饮片加工	1.9	161.5
中成药制造	22.7	6.1
生物药品制造	1.0	157.4
医疗器械制造	2.0	−9.2

数据来源：工业和信息化部《2017 年中国医药统计年报》。

④ 研发投入增加，但与全球领先药企仍有差距。2017 年百强企业在研发方面的总投入突破 300 亿元大关，达到了空前的 316 亿元，占主营业务收入的比例提升至 4.2％，较 2016 年提高了 0.6 个百分点。同时，百强企业中有 9 家企业的研发投入占比大于 10％，较 2016 年显著增多 6 家（表 2-21）。

表 2-21　2017 年医药工业研发投入前十强

企业名称	研发投入占比/%
先声药业有限公司	14.3
正大天晴药业集团股份有限公司	13.8
江苏恒瑞医药股份有限公司	12.7
康美药业股份有限公司	12.6
成都康弘药业集团股份有限公司	12.6
深圳信立泰药业股份有限公司	10.6
青峰医药集团有限公司	10.4
浙江海正医药股份有限公司	10.2
长春高新技术产业(集团)股份有限公司	10.1
安徽丰原集团有限公司	9.9

数据来源：工业和信息化部《2017 年中国医药统计年报》。

以百强企业为代表的中国制药产业在研发投入方面相较过去已有了长足进步，但与全球领先的制药企业相比仍有一定差距。医药工业百强企业身为行业的领军企业，正逐步加强在研发创新方面的投入，实现自身的高速发展，带动我国医药产业的加速升级转型。

2. *医药流通业发展势头良好*

2017 年，全国药品流通市场销售规模稳步增长，增速略有回落。统计显示，全国七大类医药商品销售总额 20 016 亿元，扣除不可比因素同比增长 8.4%，增速同比下降 2.0 个百分点。其中，药品零售市场 4003 亿元，扣除不可比因素同比增长 9.0%，增速同比下降 0.5 个百分点。

按销售品类分类，西药类销售居主导地位（表 2-22）。

表 2-22　2017 年全国药品流通市场销售品类占比

药品销售品类	占比/%
西药	73.2
中成药	15.0
中药材	3.1
医疗器材	4.7
化学试剂	1.2
玻璃仪器	0.1
其他	2.7

数据来源：商务部《2017 年度药品流通行业运行统计分析报告》。

据中国医药商业协会典型样本城市零售药店 2017 年品类销售统计，零售药销售额中药品类占 81.8%，其中尤其以化学药居首，占 39.9%(表 2-23)。

表 2-23　2017 年全国零售药销售额占比

类型	细分	占比/%
药品类（占比 81.8%）	化学药	39.9
	生物制品	7.8
	中成药	27.1
	中药饮片	7.0
非药品类（占比 18.2%）	食品(含保健食品)	10.1
	医疗器械(含家庭护理)	5.7
	药妆品、日用品、其他商品	2.4

数据来源：商务部《2017 年度药品流通行业运行统计分析报告》。

从区域销售结构看，2017 年，全国六大区域销售额占全国销售总额的比重分别为：华东 37.3%，中南 24.8%，华北 16.3%，西南 12.7%，东北 4.6%，西北 4.3%。其中，华东、中南、华北三大区域销售额占到全国销售总额的 78.4%，同比上升 1.1%。三大经济区药品销售额占全国销售总额的比重分别为：京津冀经济区 13.9%，长江三角洲经济区 22.8%，珠江三角洲经济区 9.4%。

2017 年销售额居前 10 位的省市依次为：广东、北京、上海、江苏、浙江、山东、河南、安徽、四川、云南。上述省市销售额占全国销售总额的 65.3%，同比上升 1.1%（表 2-24）。

表 2-24　2017 年区域总销售统计

序号	地区	销售总额/万元	西药类销售占比/%	中成药类销售占比/%	中药材类销售占比/%
	全国合计	200 162 541	73.17	14.97	3.05
1	广东省	18 702 598	72.24	17.88	3.04
2	北京市	17 031 004	67.27	16.87	4.39
3	上海市	16 177 115	79.83	8.16	3.66
4	江苏省	14 882 591	75.21	17.06	1.53
5	浙江省	14 513 488	74.73	15.66	3.70
6	山东省	11 439 902	74.11	16.95	0.81
7	河南省	11 176 306	73.61	11.12	1.63

续表

序号	地区	销售总额/万元	西药类销售占比/%	中成药类销售占比/%	中药材类销售占比/%
8	安徽省	10 975 667	82.48	6.16	0.42
9	四川省	8 101 777	81.72	10.43	2.48
10	云南省	7 610 200	74.88	15.75	2.01
11	湖北省	7 523 394	77.38	10.79	1.19
12	湖南省	6 841 040	70.12	15.51	5.20
13	重庆市	6 820 411	47.71	27.83	17.22
14	河北省	5 439 688	76.06	12.88	3.11
15	天津市	5 306 277	48.13	17.68	0.65
16	辽宁省	4 273 159	76.06	20.24	1.03
17	陕西省	3 886 379	63.77	17.56	5.49
18	山西省	3 807 451	77.25	14.36	1.47
19	福建省	3 736 565	84.35	7.72	3.00
20	广西壮族自治区	3 329 441	76.79	15.12	2.49
21	江西省	2 836 262	68.20	22.34	2.00
22	黑龙江省	2 708 203	67.19	25.35	1.27
23	贵州省	2 530 016	64.44	20.86	2.89
24	吉林省	2 285 439	71.54	20.31	1.06
25	海南省	2 039 183	85.85	8.56	0.43
26	新疆维吾尔自治区	1 649 973	80.40	16.44	0.11
27	宁夏回族自治区	1 420 326	74.28	15.41	5.30
28	甘肃省	1 399 345	62.42	20.86	10.18
29	内蒙古自治区	920 349	82.65	10.41	0.82
30	西藏自治区	494 623	100.00	0.00	0.00
31	青海省	304 369	74.92	17.30	2.69

数据来源：商务部《2017年度药品流通行业运行统计分析报告》。

2017年，全国药品流通直报企业主营业务收入14 620亿元，扣除不可比因素同比增长9.0%，增速同比下降2.6%；利润总额363亿元，扣除不可比因素同比增长10.9%，增速与2016年持平。流通企业主营业务收入前10

强企业以中国医药集团总公司居首（表 2-25）。

表 2-25　2017 年度流通企业主营业务收入前 10 强企业

序号	企业名称
1	中国医药集团总公司
2	华润医药商业集团有限公司
3	上海医药集团股份有限公司
4	九州通医药集团有限公司
5	广州医药有限公司
6	中国医药健康产业股份有限公司
7	华东医药股份有限公司
8	南京医药股份有限公司
9	康德乐股份(香港)有限公司
10	重庆医药(集团)股份有限公司

数据来源：商务部《2017 年度药品流通行业运行统计分析报告》。

2017 年，药品批发企业销售增长有所放缓，药品零售企业连锁率进一步提高，医药电商开启资源整合的平台化发展之路，医药物流市场竞争明显加剧。未来几年，在政策驱动下药品流通行业发展进入结构调整期，资本成为改变药品流通行业格局的重要力量，医药电商发展模式也将日新月异，智慧供应链服务水平将不断提升。

3. 药品市场销售规模稳步增长

（1）总体表现　据 IMS Health 分析，2017 年全国药品市场销售规模稳步增长，但增速有所回落：2017 年中国整体药品市场终端销售总规模达 1.36 万亿元，同比增长 4.7%，增速较 2016 年的 7.9%下降了 3.2 个百分点，放缓明显。处方药市场规模达 11 569 亿元，占据了 85%的市场份额，销售同比增长 4.7%；非处方药的增速略高于处方药市场，同比增长 4.9%，与 2016 年相比，增长了 0.3%。

（2）渠道动态　从渠道贡献率来看，医院仍是医药市场的主流终端，占 68%的整体市场份额，与 2016 年相当。然而受到“十三五”期间医保控费、公立医院药品零差率、药占比限制、医保支付方式改革等新医改政策的影响，医院渠道在 2017 年的增速放缓明显，仅为 3.6%。

零售药店渠道贡献了 18%的份额，增速为 5.3%。其中城市药店（全国地级市及县级市零售药店）占零售市场的 76%，同比增长 4.8%，县药店增速略高于城市药店，达 7.0%。随着医药分家、分级诊疗等医改措施的进一步落地，从医院流出的大部分处方药在短期内将转移至基层医疗服务体系，而 2017 年实际流向零售药店的体量有限，专业药房是药店体系中承接处方药外流的主要获益者。

第三终端仍然保持了 14%的市场份额及较高的增速。其中社区卫生服务中心受益于医改政策和国家大力扶持等多重利好因素，增速达到两位数，远高于其他市场表现。

(3) 品类趋势　处方药市场中，中成药和全身性抗感染用药仍然是最大的品类，但增速较低。增长贡献最大的是心血管系统用药和消化及新陈代谢系统用药。中成药是受合理用药和控费政策影响最大的一类药品，其在医院的占比逐渐下降。

在医院的各类处方药中，抗肿瘤药和免疫调节剂是贡献增长最多的品类，同比增速 9%。而受合理用药的影响，全身抗感染类、中成药、医用溶液类增速最低。

在零售药店中，非处方药占到 50%的销售份额。感冒咳嗽依然是最大的非处方药产品品类，占据整体零售非处方药市场近三成的份额。零售处方药市场中，除了中成药以外，心血管系统用药在规模和增长贡献上均位于前列。

在第三终端市场中，处方药占据 82%的比重，在社区卫生服务中心的处方药市场中，慢性病西药市场约占 44%的销售比重，中成药和抗生素则占到 43%。

(4) 区域特征　在全国各城市层级中，六线城市药品市场的增速最快，为 6.4%，一线城市增速明显放缓，低于市场平均水平。零售药店和第三终端渠道在一、二线城市的增速较快。2017 年，城市药店数量超过了 27 万家，占全国零售药店总数的 61%，从销售比重看，占据了全国零售药店药品销售额的 73%。城市药店中，处方药的销售占比高于非处方药，而在县药店中则相反。

(5) 竞争态势　医院市场中，跨国企业产品的销售比例占 24.3%，比 2016 年回升了 1.2%，销售同比增长 9.2%，远高于本土产品 1.9%的增速。零售市场中，跨国产品的销售比例呈下降态势，从 2016 年的 26.6%降至 2017 年的 26.2%，销售同比增长 4.0%，低于本土企业（5.8%）。在社区卫生服务中心渠道，本土产品占 75%的销售份额且是增长的主要来源。

在大型医院中，排名前十的集团中有 4 家是跨国企业，辉瑞集团摘得两大主渠道药品销售双第一的桂冠（表 2-26）。

表 2-26　2017 年主要渠道药品销售排名前十的集团

排名	大型医院	城市医院
1	辉瑞集团(跨国企业)	辉瑞集团(跨国企业)
2	扬子江药业	广药集团
3	阿斯利康(跨国企业)	拜耳先灵(跨国企业)
4	恒瑞医药	东阿阿胶
5	齐鲁制药	华润三九
6	赛诺菲(跨国企业)	阿斯利康(跨国企业)
7	复星药业	云南白药
8	正大天晴	太极集团
9	四环医药	赛诺菲(跨国企业)
10	拜耳(跨国企业)	北京同仁堂

数据来源：《2017 年中国医药市场全景解读》，IQVIA。

4. 医药进出口较快增长

2017 年，我国医药贸易受到了贸易摩擦上升、国际产业竞争、部分新兴经济体支付能力下降等不利因素的影响。与此同时，全球经济总体呈新一轮复苏，医药贸易国际市场需求企稳回升，我国医药出口结构进一步优化，企业国际化步伐加快，新的发展动能正在形成，医药贸易发展形势总体向好（表 2-27）。

表 2-27　2017 年我国医药贸易进出口统计

商品名称	进口额/亿美元	进口额同比/%	出口额/亿美元	出口额同比/%	顺差/亿美元	顺差同比/亿美元
总计	**558.8**	**16.3**	**608.0**	**9.4**	**49.2**	**−34.6**
中药类	**15.6**	**26.1**	**36.4**	**2.1**	**20.8**	**−10.6**
提取物	6.1	16.0	20.1	4.3	14.0	0
中成药	3.7	14.4	2.5	11.0	−1.18	−22.2
中药材及饮片	2.6	29.7	11.4	−2.2	8.8	−8.9
保健品	3.2	69.5	2.4	−3.4	−0.8	−239.3
西药类	**339.6**	**19.6**	**354.6**	**12.6**	**14.9**	**−51.8**
西药原料	87.2	14.3	291.2	13.7	204.0	13.5
西成药	171.6	21.7	34.6	8.3	−137.0	−25.6

续表

商品名称	进口额/亿美元	进口额同比/%	出口额/亿美元	出口额同比/%	顺差/亿美元	顺差同比/亿美元
生化药	80.8	21.5	28.8	7.4	−52.0	−31.0
医疗器械类	**203.6**	**10.6**	**217.0**	**5.8**	**13.5**	**−35.9**
医用敷料	3.7	9.2	24.3	3.0	20.6	1.9
一次性耗材	29.3	11.3	36.1	9.5	6.8	2.6
医院诊断与治疗	146.3	9.6	94.0	4.1	−52.3	21.1
保健康复用品	16.5	12.1	54.3	6.3	37.8	4.0
口腔设备与材料	7.8	26.8	8.3	17.0	0.6	−43.3

数据来源：中国海关数据。

根据海关进出口数据，2017年医药产品出口额为608.0亿美元，扭转了2016年同比下降1.8%的局面，同比增长9.4%，增幅达到近5年最高值。其中，原料药出口291.2亿美元，同比增长13.7%。制剂出口34.6亿美元，也扭转了2016年同比下降0.2%的局面，同比增长8.3%，制剂对欧盟、美国市场出口继续保持较快增长。

西药类产品出口额较快增长的因素为国内百强医药企业积极开拓欧美发达国家制剂市场。到2017年年底，通过欧美GMP现场检查的国内制剂工厂已经达到80家左右。2017年共有十余家企业的30多个品种获得美国仿制药批件，国内企业累计获得的欧美仿制药批件数量已经近200个。2017年6月，国家食品药品监督管理总局正式加入了国际人用药品注册技术要求协调组织（ICH），对促进我国药品质量体系与国际接轨、加快医药工业国际化步伐具有重要意义。

随着新药研发水平的提高，我国开展国际注册的新药增多。到2017年年底，已有累计近百个新药开展针对欧美市场的临床研究，包括化药、中药和生物药。临床进度靠前的品种见表2-28。

表2-28　2017年国内企业在美国开展新药临床研究的重点品种

序号	产品	公司	适应证
1	SHR-1210	恒瑞医药	非鳞状非小细胞肺癌、晚期食管癌
2	STP705	苏州圣诺	增生性瘢痕
3	AT-101	亚盛医药	慢性淋巴细胞白血病
4	康柏西普注射液	康弘药业	湿性年龄相关性黄斑变性（wAMD）

续表

序号	产品	公司	适应证
5	BGB-3111	百济神州	华氏巨球蛋白血症
6	海泽麦布(HS-25)	浙江海正	原发性高胆固醇血症
7	光敏剂 HPPH	浙江海正	食道癌、非小细胞癌
8	沃利替尼	和记黄埔	乳头状肾细胞癌
9	复方丹参滴丸	天士力	冠心病、心绞痛
10	血脂康胶囊	山东绿叶	天然调脂药物
11	桂枝茯苓胶囊	康缘药业	女性内分泌紊乱
12	扶正化瘀胶囊	上海现代中医药	丙型肝炎
13	连花清瘟胶囊	以岭药业	治感冒抗流感
14	虎杖苷注射液	海王生物	心血管疾病
15	注射用利培酮缓释微球	山东绿叶	躁郁症、精神分裂症
16	注射用醋酸戈舍瑞林缓释微球	山东绿叶	前列腺癌
17	贝格司亭	健能隆	促白细胞生长

信息来源：CPEA 协会统计。

（二）医药研发创新情况

1．医药研发创新环境

（1）医药创新投入持续增长　一是国家继续加大对医药创新的支持力度，2017 年通过“重大新药创制”科技重大专项等多项国家科技计划，对医药创新项目予以支持。二是地方政府大力引进科技人才和科技项目，对落地项目给予大量配套资金支持。三是企业层面涌现出了一批研发投入大、研发强度高的企业，根据上市公司年报，恒瑞、复星、海正等企业研发投入达到了销售收入的 10%左右。四是大量行业外资本、PE/VC 基金将创新型医药企业作为投资重点，一批“双创”企业顺利融资，有效推动了一些高风险、长周期的创新药研究，如创新药研发企业天境生物于 2017 年 3 月一次性获得了超过 10 亿元的融资。

（2）医药创新利好政策相继出台　2017 年国家相继出台多项利好政策，鼓励创新药研发。尤其是药品上市许可持有人（MAH）制度推进，药品注册优先审评审批等政策的实施成为药品研发的重要推动力，一些具有明显临床价值的创新药、专利到期药、国内首仿药等纳入优先审评。

（3）优先审批品种　截至 2017 年年底，共计 431 个受理号被纳入优先审评品种名单。其中，国产药品有 245 个受理号，新药 104 个，仿制药 132 个；化药 1 类新药为 49 个，包含 24 个品种，不乏儿童用药、丙肝乙肝、艾滋病等临床急需药物。

（4）新药申请大幅增长　2017 年，CDE 承办的 1 类化药数量达到 200 余个，同比增加 42％；新受理 112 个 1.1 化药分子新药申请，其中 104 个临床申请，8 个上市申请。处于新药上市申请（NDA）阶段的 1 类化药有 9 个、1 类生物药有 2 个，适应证涉及心脑血管、肿瘤、HIV、感染等多个热门领域（表 2-29）。

表 2-29　到 2017 年年底申报生产的化学、生物创新药

序号	药品名称	企业名称	适应证
1	磷酸瑞格列汀片	恒瑞医药	高血糖
2	聚乙二醇洛塞那肽注射液	豪森药业	高血糖
3	甲磺酸氟马替尼片	江苏豪森药业	肿瘤
4	氨氯地平叶酸片	深圳奥萨制药	高血压
5	苯烯莫德乳膏	广东中昊药业	自身免疫性疾病
6	丹诺瑞韦钠片	歌礼药业	丙肝
7	呋喹替尼胶囊	和记黄埔	肿瘤
8	盐酸安罗替尼胶囊	正大天晴药业	肿瘤
9	注射用艾博卫泰	前沿生物药业	艾滋病
10	注射用艾普拉唑钠	丽珠集团	十二指肠溃疡
11	抗 PD-1 单抗注射液	信达生物	肿瘤

数据来源：CFDA。

2. 药品注册审批情况

2017 年，国家药审中心完成审评审批的注册申请共 9680 件（以受理号计，下同），其中完成审评的注册申请 8773 件，完成直接行政审批（无需技术审评，下同）的注册申请 907 件。排队等待审评的注册申请已由 2015 年 9 月高峰时的近 22 000 件降至 4000 件（不含完成审评因申报资料缺陷等待申请人回复补充资料的注册申请），中药、化药、生物制品各类注册申请基本实现按法定时限审评审批，基本完成了国务院 44 号文件确定的解决药品注册申请积压的工作目标。2014～2017 年排队等待审评的注册申请数量变化情况见图 2-5。

药品批准生产上市情况：2017 年，总局批准上市药品 394 个（以药品批

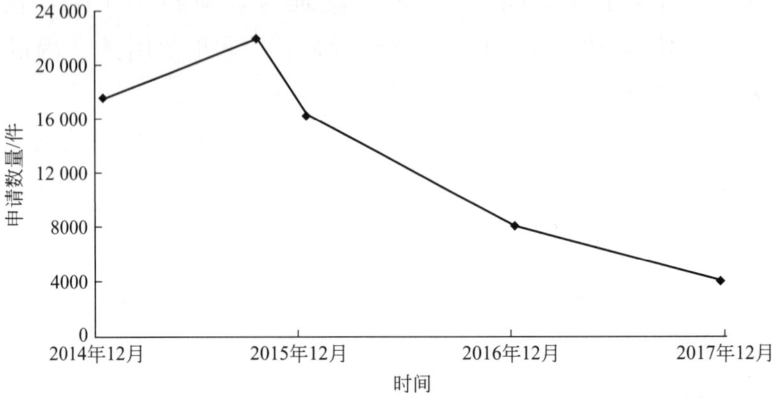

图 2-5　2014～2017 年排队等待审评的注册申请数量变化情况

数据来源：2017 年度药品审评报告

准文号计)，其中化学药品 369 个，中药民族药（以下简称中药）2 个，生物制品 23 个；国产药品 278 个，进口药品 116 个；国产药品中化学新药 28 个，中药新药 1 个，生物制品 10 个，化学仿制药 238 个，中药仿制药 1 个；纳入优先审评审批品种 53 个，占 13.5%。

(1) 化药注册申请审评完成情况　国家药审中心完成审评的化药注册申请 7729 件，其中完成化药 ANDA 4135 件，占化药审评完成量的 53%，基本解决了仿制药注册申请积压的问题。完成审评的化药各类注册申请批准情况见表 2-30。

表 2-30　2017 年完成审评的化药各类注册申请批准情况

申请类型	完成审评情况/件			
	建议批准	建议不批准	其他	合计
IND	481	7	54	542
验证性临床	419	92	85	596
NDA	113	35	88	236
ANDA	272	1487	2376	4135
补充申请	1366	17	49	1432
进口再注册	171	17	49	237
一致性评价	—			52
复审	—			156
合计	—			7386

数据来源：2017 年度药品审评报告。

（2）中药注册申请审评完成情况　完成审评的中药注册申请366件，其中完成IND申请62件，完成NDA 8件，完成ANDA 17件。完成审评的中药各类注册申请批准情况见表2-31。

表2-31　2017年完成审评的中药各类注册申请批准情况

申请类型	完成审评情况/件			
	建议批准	建议不批准	其他	合计
IND	36	6	20	62
NDA	1	0	7	8
ANDA	1	11	5	17
补充申请	106	31	83	220
进口再注册	6	17	7	30
复审	—			29
合计	—			366

数据来源：2017年度药品审评报告。

（3）生物制品注册申请审评完成情况　完成审评的生物制品注册申请共678件，其中完成预防用生物制品IND申请（预防用IND）62件，完成治疗用生物制品IND申请（治疗用IND）242件，完成预防用生物制品NDA（预防用NDA）15件，完成治疗用生物制品NDA（治疗用NDA）35件。完成审评的生物制品各类注册申请批准情况见表2-32。

表2-32　2017年完成审评的生物制品各类注册申请批准情况

申请类型	完成审评情况/件			
	建议批准	建议不批准	其他	合计
预防用IND	40	3	19	62
治疗用IND	187	12	43	242
预防用NDA	8	4	3	15
治疗用NDA	21	0	14	35
补充申请	218	11	59	288
进口再注册	25	0	4	29
复审	—			7
合计	—			678

数据来源：2017年度药品审评报告。

3. 药品注册受理情况

2017 年，国家药审中心接收新注册申请共 4837 件，其中需审评的注册申请 3783 件（含一致性评价注册申请 71 件），直接行政审批的注册申请 1054 件。化药注册申请受理量为 3870 件，占全部注册申请受理量的 80%，中药和生物制品注册申请分别为 335 件和 632 件。各类药品注册申请接收情况见图 2-6。

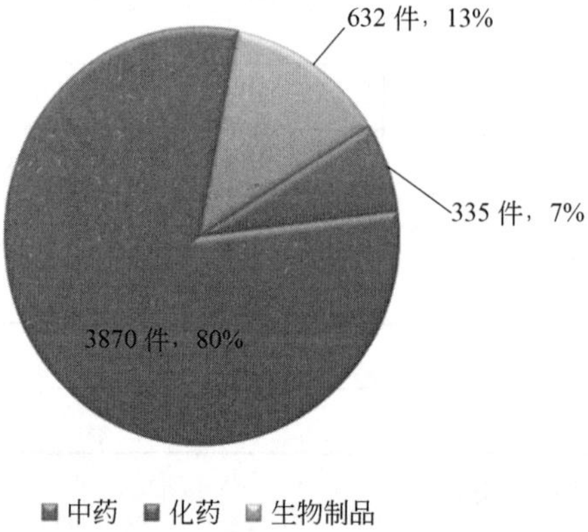

图 2-6　2017 年各类药品注册申请接收情况

数据来源：2017 年度药品审评报告

（1）化药注册申请受理情况　接收化药注册申请共 3870 件，其中接收 IND 申请 480 件，接收 NDA 75 件，接收 ANDA 548 件。化药各类注册申请接收情况详见图 2-7。

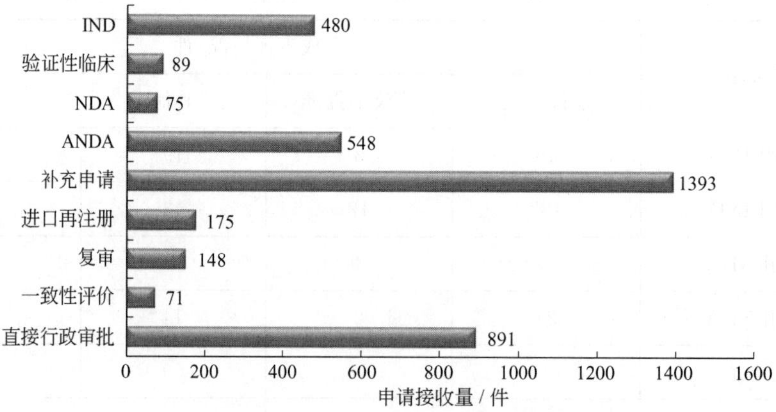

图 2-7　2017 年化药各类注册申请接收情况

数据来源：2017 年度药品审评报告

（2）中药注册申请受理情况　药审中心接收中药注册申请 335 件，其中接收中药 IND 申请 33 件，接收中药 NDA 1 件，接收中药 ANDA 7 件。中药各类注册申请接收情况见图 2-8。

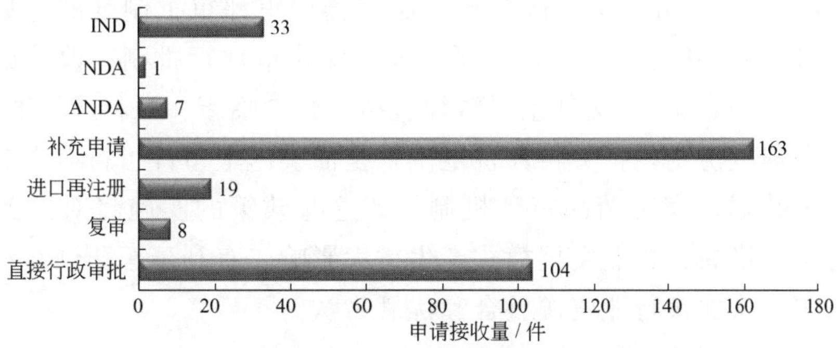

图 2-8　2017 年中药各类注册申请接收情况

数据来源：2017 年度药品审评报告

（3）生物制品注册申请受理情况　药审中心接收生物制品注册申请 632 件，其中接收生物制品 IND 申请 254 件，接收生物制品 NDA 50 件。生物制品各类注册申请接收情况见图 2-9。

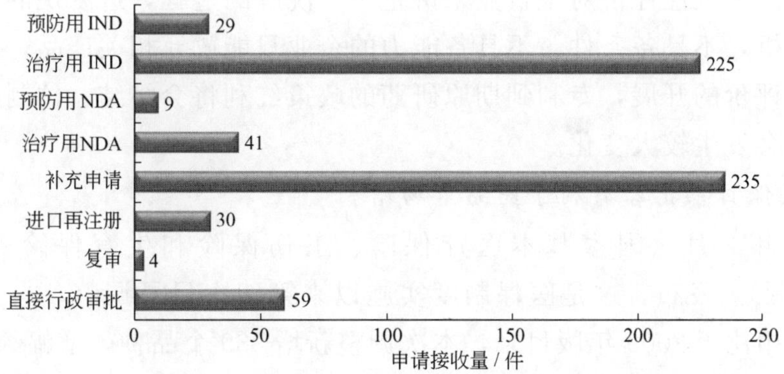

图 2-9　2017 年生物制品各类注册申请接收情况

数据来源：2017 年度药品审评报告

（三）医药政策环境

2017 年是医药政策大年，国家级发布文件涵盖了医药、医疗、医保以及流通四大领域下几乎所有的细分方向。而从颁布单位来看，涉及部门多，参与面广，为医药行业的政策制定提供了有力支持。纵观行业今年颁布的政策，主要目的分为三点，第一是控费，第二是解决看病贵的问题，第三是集中淘汰一部分落后企业。

企业层面上，技术开发能力强、转型升级快、产品附加值高、产品结构好的企业由于符合政策方向，将成为政策受益的主体。

1. 药监制度改革全面升级，促进产业结构深入调整

在 2015 年《国务院关于改革药品医疗器械审评审批制度的意见》基础上，2017 年 10 月中办、国办印发了《关于深化审评审批制度改革鼓励药品医疗器械创新的意见》。文件主要精神包括：减少临床、原料药等准入审批，保护创新和规范仿制，扩大再评价范围，全面实施上市许可持有人制度，接受境外临床数据，完善药品审评机制等。这些政策的实施将对医药产业结构、市场竞争格局、企业发展模式产生重大影响，有利于医药创新和更好满足临床需求，将加快行业资源整合和优胜劣汰。

2. 一致性评价促使仿制药市场洗牌

仿制药质量和疗效一致性评价工作已进入攻坚阶段，根据文件要求，289 种基本药物口服固体制剂应在 2018 年年底前完成一致性评价。通过 2016 年以来的工作，一致性评价相应制度建设已经全部完成，发布了一系列政策性文件和技术指导原则，分批次公布了参比制剂目录，开展了 BE 备案和申请受理，2017 年已有 40 多个一致性评价申请报到国家食品药品监督管理总局。一致性评价对全行业来讲是一个洗牌的过程，进度快的企业会抢得市场先机，不具备条件、不具备能力的企业只能放弃相关产品，同时，随着一致性评价的开展，专利到期原研药的政策红利将会终结，仿制药的市场竞争格局会发生较大变化。

3. 医保目录扩容有利于药品市场增长

2017 年 2 月《国家基本医疗保险、工伤保险和生育保险药品目录（2017 年版）》发布，这是医保制度实施以来第四次目录调整，与上一次时隔 8 年。相比于 2009 年版目录，本次调整新增 339 个品种，增幅约 15.4%，增补品种主要包括化学新药、重大疾病用药、中成药（民族药）和儿童药。作为本次目录调整的制度创新，2017 年 7 月，36 种新药经谈判确认价格后成功正式纳入医保目录。医保目录扩容将极大地促进新进目录药品销售增长，随着地方医保目录逐步调整到位，预计 2018 年市场效应会全面显现。

4. 公立医院改革全面推开，药物政策抑制购药金额增长

2017 年 4 月国家卫计委等七部门下发《关于全面推开公立医院综合改革工作的通知》，要求 2017 年 9 月 30 日前所有公立医院全部取消药品加成，到 2017 年年底前 4 批 200 个试点城市公立医院药占比总体下降到 30%左右，2017 年全国公立医院医疗费用平均增长幅度控制在 10%以下。这些政策的实施，对医疗机构购药金额增长会产生很大的抑制作用，同时随着取消药品

加成，一些补偿不到位的医院面临费用缺口，可能会通过二次议价、占用药品货款等方式将负担转嫁给医药企业，加重企业的经营负担。

5.“两票制”重塑药品经销模式

落实国务院医改办等八部门2016年年底联合下发的《在公立医疗机构药品采购中推行“两票制”的实施意见》，2017年31个省份出台了“两票制”实施方案，19个省份正式实施了“两票制”。根据“两票制”要求，药品生产企业到流通企业开一次发票，流通企业到医疗机构开一次发票，这将有利于规范药品流通秩序、压缩流通环节、净化流通环境，但同时，传统的新药代理模式难再持续，大量靠代理商销售药品的生产企业需尽快找到适宜的销售方式，同时要应对整体供应链成本上升、渠道配送商高度整合的新形势。

6. 环保监管加强改变原料药供求关系

近年来我国环保形势发生了很大变化，环保部门在制定出台更加严厉的监管政策的同时，加大了监督执法力度，2017年环保部连续开展中央环境保护督查。作为污染较大的行业，原料药制造业正在承受愈来愈大的环保高压。综合实力强的企业要投入大量资金加强环保治理，而一些管理不善、环保不达标的小企业则面临限产或停产。2017年8月，环保部等部门发布了《京津冀及周边地区2017～2018年秋冬季大气污染综合治理攻坚行动方案》，要求涉及VOCs排放工序的原料药生产企业采暖季原则上实施停产，“2+26”个城市的原料药生产受到很大影响。由于环保导致的原料药的减产改变了市场供求关系，长期供过于求、价格低迷的原料药出现了价格整体上涨的态势，部分产品出现了供应紧缺。

7. 产业升级调整促使固定资产投资转身

近年来为了达到《药品生产质量管理规范（2010年修订）》（以下简称新版药品GMP）2015年年底前完成认证的要求，大量制药企业于2011～2015年时限要求内进行新版药品GMP升级改造，同时也仍有部分企业在2016年限期停产后继续进行改造争取认证后复产，由此从一定程度上加大了制药制造业投资增长的动力。随着新版药品GMP认证工作接近尾声，由新版药品GMP改造项目拉动的制药制造业投资动力可能下滑。同时，食品药品监督管理总局加大药品监管力度，2017年加快推动仿制药质量和疗效一致性评价、中药注射剂再评价等一系列工作，以提升药品质量、淘汰低端产品，部分企业根据成本和企业战略选择放弃部分品种市场或延缓正在进行评价品种相关的项目建设等，可能影响相关项目的投资进度和规模。随着《中国制造2025》的规划与落实，各省正在积极推进工业互联网建设，智能化制造将成为下一轮降本提效、产业升级、结构调整的新起点，亦将推动资产投资的方向的转变。

（四）问题和展望

1. 存在的问题与影响因素

（1）自主创新能力待强化　一是产品以仿制为主，创新产品少。二是药品质量有待提升，大量已上市的化学仿制药尚不能做到与原研药质量一致，中成药质量标准体系亟待完善。三是产业化技术薄弱，行业内一些关键性、共性技术有待加快突破，新型制剂技术发展水平低。四是产品线亟待充实，一些针对重大疾病治疗的药物、罕见病药物、儿童用药、应对突发公共卫生事件特需药物匮乏。

（2）国际化发展水平待提高　医药产品出口结构有待改善。制剂出口比重较小，占出口总额的比例尚不足 6%，与印度相比差距较大，仅有印度制剂出口规模的 1/3 左右，面向欧美市场的高端制剂出口差距更大。2017 年印度获得美国 FDA 批准的 ANDAs 申请数量达 304 个，占 FDA 批准仿制药数量的 35%，而我国同期获批的 ANDAs 申请数量为 42 个，不足印度数量的 15%。

（3）环保治理水平待提升　化学原料药属污染物排放量较大的行业，正在承受愈来愈大的环保高压。综合实力强的企业要投入大量资金加强环保治理，而一些管理不善、环保不达标的小企业则面临限产或停产。由于环保导致的原料药的减产改变了市场供求关系，部分原料药和制剂产品出现了供应紧缺和价格暴涨。2018 年 1 月 1 日起，《环境保护税法》正式实施，医药企业环保经营成本将增加，“三废”污染治理能力需要不断提高。

2. 未来趋势展望

（1）产业规模保持较快增长　2018 年诸多因素有利于医药工业稳定增长：一是随着人口增长和老龄化，医疗机构诊疗人次、入院人数不断增加；二是居民购买力提高，医药消费升级；三是国家推进健康中国建设，财政医疗卫生投入增加；四是医保水平提高和医保目录扩容，有利于药品销售增长；五是原料药由于环保“去产能”导致的价格上涨还将持续；六是两票制全国推广实行。受上述因素影响，尽管面临医保控费、医疗机构降低药占比、减少辅助用药使用、药品采购二次议价等多重压力，预计 2018 年医药工业主营业务收入仍可以实现 10%～15%的增长。

（2）新产品上市增多　随着近年来全行业在医药创新方面持续投入，大量新药开发项目已接近完成临床研究，申报生产的新药和首仿药不断增多，因2015年临床试验数据核查放缓的一些项目也在重新启动，跨国制药公司专利药加快了中国注册的步伐，上述背景下，预计2018年获批上市的新产品（包括创新药和首仿药）数量会较2017年大幅增加，国内企业将会有一大批创新成果涌现。

（3）国际化进程加快　预计2018年医药工业国际化发展将取得更大的进步，一是通过欧美GMP检查的制剂工厂增多，在欧美注册上市的药品增多；二是面向高端市场的制剂销售大幅增长；三是有望实现首个国内企业生产的新药在美国获批（新分子实体或改良型新药），从而迈出发展制药强国坚实的一步；四是国内外技术交流合作增多，境外投资并购项目继续涌现。

（4）一批中小企业在竞争中脱颖而出　中小企业是当前我国医药工业创新发展的主要力量。在产业政策引导和“重大新药创制”等专项的带动下，医药领域涌现出了一大批创新型中小企业。以“千人计划”专家为代表，越来越多的海归学者回国成立创业公司。借助资本市场推动和新产品优势，很多中小企业将实现快速发展。预计2018年将有一些公司在新产品产业化方面取得成功，逐步迈向大中型企业行列。

（5）新兴产业发展迅速　生物药迎来投资高峰期，从事抗体药物、肿瘤免疫治疗药物、新型疫苗开发的企业增多，一批新的生产场地正在或即将投入建设，全球最新靶点的大分子药物国内企业都在开发过程中。新业态、新模式发展迅速，“互联网＋”在医疗健康领域广泛应用，大健康产品、健康大数据、研发外包和生产外包、基因检测、医药电商等业态经济总量逐步扩大。

（6）企业综合成本上升　企业面临成本上升的压力，主要体现在以下几个方面：一是“十二五”以来以GMP改造为核心的大规模固定资产致使企业制造费用提高、财务费用增加；二是研发成本提高，药品注册标准提高，开展一致性评价、临床试验成本提高，都将大幅增加企业研发支出；三是环保成本提高，环保税法实施，空气、水、土壤污染防治标准提高和监管加强，企业面临大幅环保投入的增加。

（7）抑制市场增速的因素依旧较多　一是一些规范性监管政策制约市场需求的效应逐步显现。医保控费和医疗机构控费、降低药占比和限制辅助用药使用等，会继续影响公立医疗机构购药金额增长。二是药品价格下降。新一轮招标在2016年进展滞后，药品中标价下降的影响将主要从2017年起开始体现，医保支付制度改革、二次议价和医联体及GPO集采等对药品价格抑制影响愈来愈大。三是企业成本上升。包括一致性评价、注册申请撤回等新增的研发成本，“两票制”规范流通秩序带来的财务成本、销售成本上升，以及各地应对雾霾、防止大气污染的环保监管强化，促使环保成本急剧上升。四是出口环境低迷。全球贸易保护主义现象“抬头”，医药国际化步伐阻力变大。五是药监部门在不断加强对医药全行业的监管力度，医院终端的带金销售、商业贿赂受到严厉查处，一致性评价工作的高投入与未来的不确定性，使得中小型制药企业因质量和合规问题而生存艰难，企业盈利能力的下降触发了行业内更多的兼并重组的出现，通过建立更大规模的经营实体来有效控制成本、提升产品质量、促进新产品研发和产业化并抵御企业经营中的风险，整个医药行业面临寒冬，并进入加速整合期。

（撰稿专家：吴圣曦　邹凌燕　杜会静）

癌症治疗药物的研发与产业现状

一、概述

1. 全球癌症的发病率及死亡率情况

2018 年 9 月 12 日，美国癌症学会发表了《2018 年全球癌症统计数据》报告。统计数据显示，2018 年，全球预计有 1810 万癌症新发病例和 960 万癌症死亡病例。其中，新增的 1810 万癌症病例中，亚洲占据近一半，960 万癌症死亡患者中，亚洲占近七成（表 2-33）。

表 2-33　全球各地区癌症发病率和死亡率的排名情况

发病率			死亡率		
名次	地区	比率/%	名次	地区	比率/%
1	亚洲	48.4	1	亚洲	57.3
2	欧洲	23.4	2	欧洲	20.3
3	美洲	21.0	3	美洲	14.4
4	非洲	5.8	4	非洲	7.3
5	大洋洲	1.4	5	大洋洲	0.7

数据来源：CA-Cancer J Clin。

从癌症发病率排名来看，肺癌是最常见的癌症，发病率和死亡率分别是 11.6%和 18.4%，也是男性癌症死亡的主要原因。在女性中，乳腺癌是最常诊断出的癌症，发病率达到了 11.6%，死亡率比发病率降低了 5 个百分点，为 6.6%（表 2-34）。

2. 我国癌症的发病率及死亡率情况

我国癌症发病率、死亡率均为全球第一：2018 年新增 380.4 万癌症患者、死亡病例 229.6 万。全球每新增 100 个癌症患者中，中国人占了 21 个；全球每死亡 100 个癌症患者中，中国人占了将近 24 个。平均每天有 6000 多人死于癌症，每分钟就有 5 人死于癌症。

表 2-34　全球癌症发病率和死亡率的前五名

发病率			死亡率		
名次	癌症名称	比率/%	名次	癌症名称	比率/%
1	肺癌	11.6	1	肺癌	18.4
2	乳腺癌	11.6	2	结直肠癌	9.2
3	结直肠癌	10.2	3	胃癌	8.2
4	前列腺癌	7.1	4	肝癌	8.2
5	胃癌	5.7	5	乳腺癌	6.6

数据来源：CA-Cancer J Clin。

从发病率来看，我国肺癌的发病率也是最高的。结直肠癌、肝癌、食管癌、胃癌等消化系统癌症仍占很大比例（表 2-35 和表 2-36）。

表 2-35　中国癌症发病率 TOP10

序号	类别	男性	女性
1	肺癌	肺癌	乳腺癌
2	乳腺癌	胃癌	肺癌
3	胃癌	肝癌	结直肠癌
4	结直肠癌	结直肠癌	甲状腺癌
5	肝癌	食管癌	胃癌
6	食管癌	前列腺癌	宫颈癌
7	甲状腺癌	膀胱癌	肝癌
8	宫颈癌	胰腺癌	食管癌
9	脑癌	脑癌	子宫癌
10	胰腺癌	淋巴瘤	脑癌

表 2-36　中国癌症死亡率 TOP10

序号	类别	男性	女性
1	肺癌	肺癌	肺癌
2	乳腺癌	肝癌	胃癌
3	胃癌	胃癌	肝癌
4	结直肠癌	食管癌	结直肠癌
5	肝癌	结直肠癌	乳腺癌
6	食管癌	胰腺癌	食管癌
7	甲状腺癌	脑癌	胰腺癌
8	宫颈癌	白血病	宫颈癌
9	脑癌	前列腺癌	脑癌
10	胰腺癌	淋巴瘤	卵巢癌

3. 治疗癌症的主要模式

从癌症治疗来看，根据治疗手段和模式，大致可以划分为以下三个阶段。

第一阶段：20 世纪 40 年代之前。该阶段主要以手术切除和放射治疗法作为治疗手段，但是缺陷是体内的癌细胞会有残留，复发率较高。

第二阶段：20 世纪 40～80 年代。该阶段主要以可抑制或破坏癌细胞 DNA 合成的化学小分子抗癌药物研发为主，此类药物可在短期内快速抑制肿瘤的增生和转移，甚至对晚期恶性肿瘤也有很好的控制作用，但其毒副作用非常大，会对患者健康细胞造成不可逆转的损伤。

第三阶段：20 世纪 90 年代至今。该阶段抗癌药物研发取得巨大突破和创新。1990 年伊始，靶向抗癌药物的研发迅速发展，1997 年第一个此类药物就通过了美国食品药品监督管理局（FDA）的批准上市。此外，免疫疗法以辅助性诊断的方式对癌症的治疗起到重要的辅助作用，近几年该疗法已成为抗癌药物研发的热点。

初步判断，靶向药物治疗和免疫疗法的抗癌阵容不断扩大，将成为抗癌治疗的中坚力量。

二、癌症治疗药物的市场规模

1. 全球癌症药物市场规模

全球抗癌药物市场规模连年保持快速增长。统计数据显示，2013～2017 年全球抗癌药物支出总额从 960 亿美元增长至 1330 亿美元，年复合增长率约 8.5%。另据 IMS 的预测，未来 5 年的平均增长率将达到 10%～13%，2022 年全球癌治疗药物市场将达到 2000 亿美元，2030 年以前全球癌症市场销售额将超 4000 亿美元（图 2-10）。

从集中度来看，全球抗癌药物市场主要集中在发达国家，欧美和日本所占的比例从 2013 年的 72%上升到 2017 年的 74%；其中美国最大，美国的抗癌药物市场支出从 2013 年的 380 亿美元增长到 2017 年的 610 亿美元，在全球总支出中的占比从 39%提升到 46%；包括中国、印度、俄罗斯等国家在内的医药新兴市场占全球的市场份额也在增长，2017 年达到 10%左右。

从增速来看，2017 年全球抗癌药物市场增速比 2016 年略为放缓，为 12.5%，但依然保持了两位数以上的增长；美国、日本等发达国家增速低于全球平均水平，分别为 12.1%和 6.1%；而中国、俄罗斯等新兴市场抗癌药物正在迅速增长，增速达到 15.9%，引领全球增长。

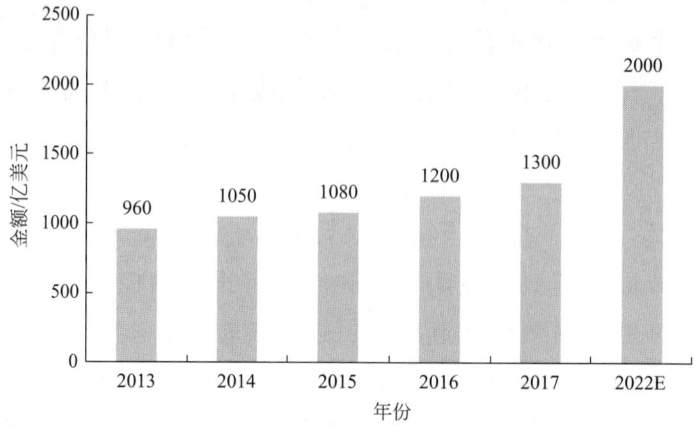

图 2-10　2013～2022 年全球抗肿瘤药物市场总额增长情况

数据来源：IQVIA Institute 前瞻产业研究院

从销售额来看，靶向小分子药保持领先。排名第一的小分子药物来那度胺主治多发性骨髓瘤、骨髓增生异常综合征和淋巴瘤等，2017 年实现销售额 81.87 亿美元；罗氏旗下“三剑客”利妥昔单抗、贝伐珠单抗、曲妥珠单抗占据榜单 2～4 位，分别实现销售额 75.67 亿美元、72.11 亿美元和 68.50 亿美元。

2. 我国癌症药物的市场规模

统计数据显示，2017 年中国癌症药物市场规模为 206 亿美元。预计 2018 年市场规模将达 234 亿美元，未来五年平均增长率保持在 12%左右，到 2020 年将超 300 亿美元，市场潜力巨大（图 2-11）。

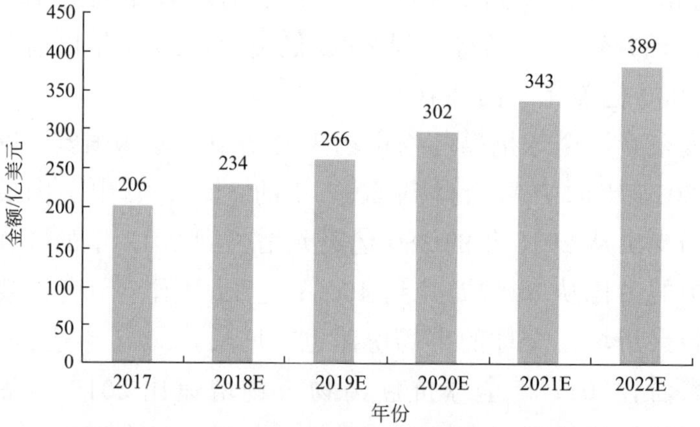

图 2-11　中国癌症药物市场规模预测

这主要基于对我国癌症发展趋势的判断。我国癌症中心的统计结果表明：

随着我国老龄化不断加快，未来我国癌症新增病例人数也将持续不断增长，癌症治疗药物市场规模与需求也会随之增大。

根据火石创造提供的最新数据显示：2018 年国内销售前十名的抗癌药物中国产药品只有 2 个，其余 8 个全部是进口药物，以罗氏公司最多，有 4 个药品进入了销售前十（表 2-37）。

表 2-37　2018 年国内销售排名前十的抗癌药

排名	产品名称	厂家	是否进口	2018 年销售额/万元
1	利妥昔单抗注射液	罗氏	进口	72 877
2	注射用紫杉醇脂质体	南京绿叶制药	国产	72 739
3	注射用曲妥珠单抗	罗氏	进口	65 559
4	贝伐珠单抗注射液	罗氏	进口	58 700
5	他克莫司胶囊	安斯泰来制药	进口	45 333
6	注射用奥沙利铂	赛诺菲	进口	44 800
7	醋酸戈舍瑞林缓释植入剂	阿斯利康	进口	39 702
8	卡培他滨片	罗氏	进口	39 073
9	注射用核糖核酸Ⅱ	吉林敖东药业延吉	国产	36 373
10	注射用胸腺法新	赛生	进口	28 830

数据来源：火石创造。

从销售额来看，罗氏公司的利妥昔单抗注射液拔得头筹，全年销售额达到了 7.28 亿元。国产药物中，南京绿叶制药公司生产的注射用紫杉醇脂质体以 7.27 亿元的销售额排名第二；另一个入围的国产药物是吉林敖东药业生产的注射用核糖核酸Ⅱ，排名第九，2018 年总销售额是 3.63 亿元。

三、已批准上市的癌症治疗药物

1. 全球批准上市的抗癌药物

目前，全球上市的抗癌药物共计 567 种，主要分类：靶向药物、血管抑制剂药物、干扰核酸生物合成的药物、核素药物、细胞治疗、其他药物、辅助药等等。这些药物治疗的适应证多达 425 种，其中：治疗乳腺癌的药物最多，共 107 种；有 103 种药物可以治疗多种癌症；治疗非小细胞肺癌的药物多达 65 种。

本文整理了现有 30 种以上抗癌药物的疾病，如图 2-12 所示。

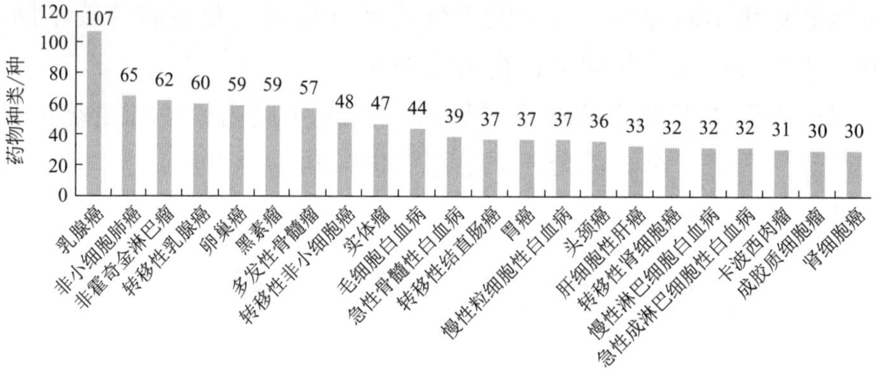

图 2-12 具有 30 种以上抗癌药物的疾病

数据来源：火石创造

从企业来看，美国辉瑞（Pfizer）是具有最多抗癌药物的公司，共有 27 种上市的药物，瑞士诺华（Novartis）和罗氏（Roche）两个公司紧随其后，分别有 22 个和 21 个抗癌药，全球具有 7 个以上抗癌药物的公司共计 27 家（见图 2-13）。

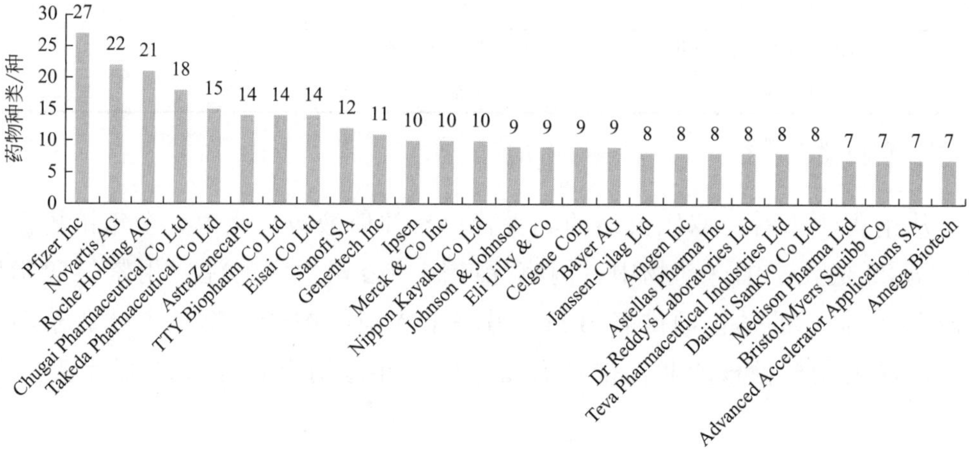

图 2-13 具有 7 种以上癌症治疗药物的企业

数据来源：火石创造

目前全球上市的抗癌药物作用靶点多达 280 个，其中排名前 20 的热门靶点见表 2-38。

表 2-38 上市抗癌药物排名前 20 的热门靶点

序号	靶点名称	药品数量
1	Interferon alpha 2 ligand	34
2	Interleukin-2 ligand	21

续表

序号	靶点名称	药品数量
3	Erbb2 tyrosine kinase receptor inhibitor	16
4	VEGF-2 receptor antagonist	15
5	Epidermal growth factor receptor antagonist	14
6	B-lymphocyte antigen CD20 inhibitor	14
7	Kit tyrosine kinase inhibitor	12
8	Topoisomerase Ⅱ inhibitor	11
9	VEGF-1 receptor antagonist	11
10	VEGF-3 receptor antagonist	11
11	Interferon alpha ligand modulator	11
12	GNRH receptor agonist	10
13	VEGF ligand inhibitor	9
14	DNA polymerase inhibitor	9
15	IL-2 receptor agonist	9
16	Somatostatin receptor agonist	8
17	VEGF receptor antagonist	8
18	Asparaginase stimulator	7
19	Protein tyrosine kinase inhibitor	7
20	Topoisomerase Ⅰ inhibitor	7

数据来源：火石创造。

2. 我国药企研发生产上市的抗癌药物

截至 2019 年 1 月，我国医药企业研发生产上市的抗癌药物共计 343 种，

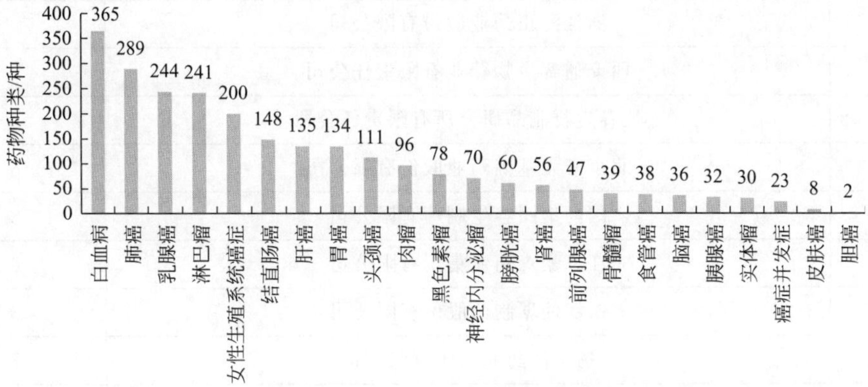

图 2-14　我国研发生产上市抗癌药物的治疗领域

数据来源：火石创造

其中化学药物250种（占72.8%），生物药物27种（占7.9%），中药66种（占19.3%）。主要治疗的疾病领域有白血病、肺癌、乳腺癌、淋巴瘤及肝癌等23个（图2-14）。

从企业来看，我国共有451家企业具有抗癌药物品种，其中，江苏恒瑞医药具有29种药物，排名全国第一，辰欣药业、江苏奥赛康药业、瀚晖制药以及北京双鹭药业位列全国前五。全国具有5种以上抗癌药物的企业有40家，具体见表2-39。

表2-39 我国具有5种以上抗癌药物的企业

序号	生产企业	药品数/种
1	江苏恒瑞医药股份有限公司	29
2	辰欣药业股份有限公司	18
3	江苏奥赛康药业股份有限公司	17
4	瀚晖制药有限公司	16
5	北京双鹭药业股份有限公司	15
6	齐鲁制药有限公司	15
7	天津金耀药业有限公司	14
8	山西普德药业有限公司	14
9	沈阳三生制药有限责任公司	12
10	山东罗欣药业集团股份有限公司	10
11	齐鲁制药(海南)有限公司	10
12	北京协和药厂	9
13	国药一心制药有限公司	9
14	浙江海正药业股份有限公司	9
15	西安迪赛生物药业有限责任公司	9
16	长春生物制品研究所有限责任公司	9
17	北京三元基因药业股份有限公司	8
18	国药集团容生制药有限公司	8
19	江苏豪森药业集团有限公司	8
20	浙江仙琚制药股份有限公司	8
21	扬子江药业集团有限公司	7
22	深圳万乐药业有限公司	7
23	通化茂祥制药有限公司	7

续表

序号	生产企业	药品数/种
24	上海上药信谊药厂有限公司	6
25	上海信谊天平药业有限公司	6
26	北京四环科宝制药有限公司	6
27	北京赛升药业股份有限公司	6
28	厦门特宝生物工程股份有限公司	6
29	哈尔滨三联药业股份有限公司	6
30	四川宝鉴堂药业有限公司	6
31	正大天晴药业集团股份有限公司	6
32	福州海王福药制药有限公司	6
33	辽宁卫星生物制品研究所(有限公司)	6
34	上海通用药业股份有限公司	5
35	南京新百药业有限公司	5
36	南京正大天晴制药有限公司	5
37	杭州民生药业有限公司	5
38	江苏天士力帝益药业有限公司	5
39	沈阳药大雷允上药业有限责任公司	5
40	辽宁天龙药业有限公司	5

数据来源：火石创造。

四、处于临床阶段的新药开发状况

当前，医药公司对抗癌药物的研发方向主要有：①加强布局研发治疗实体瘤的靶向药物；②利用免疫学、分子生物学以及遗传学等学科交叉研究方法筛选更多的癌症发展相关的作用靶点；③利用先进的基因筛选和 AI 智能技术，大规模合成筛选小分子化学药物；④从更多的天然植物中寻找可以抑制/消灭癌细胞的活性成分；⑤新技术的导入和应用：组合化学、结构生物学、计算机辅助设计、基因工程、DNA 芯片、药物基因组学（功能基因组学与药理学结合）等。

1. 全球处于临床阶段的抗癌药物

目前，全球有 700 多种抗癌药物处于临床试验阶段，利用国际临床注册查询网站（ClinicalTraials. gov），对处于临床阶段的癌症药物进行了初步统计。结果显示：①正在进行的癌症临床试验共 14 297 例；②处于临床Ⅰ期的试验共 3283 例；③处于临床Ⅱ期的试验共 4917 例；④处于临床Ⅲ期的试验共 1343 例；⑤处于临床早期和Ⅳ期的试验共 4754 例。随着诊断试剂和免疫疗法的快速发展，有 1/3 在研的抗癌药物选择了伴随诊断作为治疗指导，用该方法进行的临床试验效果更加合理和精准。

按区域分布来看，北美、欧洲和东亚是临床试验数量排名前三的地区。其中美国以 6850 例试验成为排名第一的国家，我国临床试验数量少于欧洲，排名第三（图 2-15）。

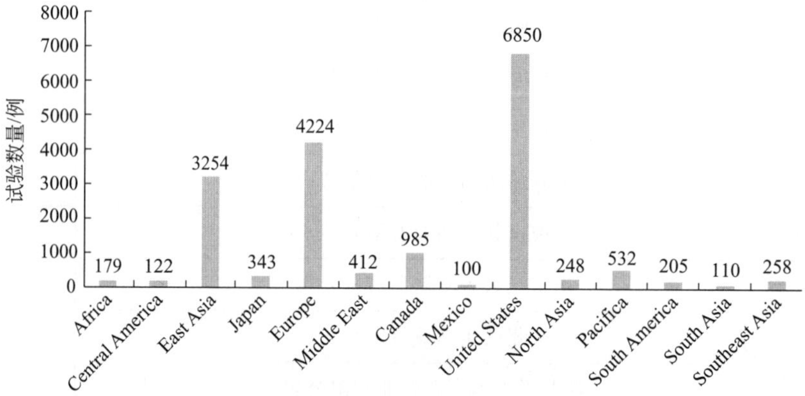

图 2-15　抗癌药物临床试验全球分布情况

数据来源：Clinical Traials. gov

按治疗领域来看，癌症相关的在研药品数量高达 607 个，排名第一；实体瘤以 357 个在研药物排名第二；晚期实体瘤药物有 354 个，排名第三。此外，乳腺癌、非小细胞肺癌、卵巢癌等仍是抗癌药物开发的重点领域，在研药物的热门前二十适应证如图 2-16 所示。

按试验数量来看，全球抗癌药物研发最多的机构/企业是美国国家癌症研究所（National Cancer Institute，NCI），有 48 个正在开发的新药，诺华和百时美施贵宝两个公司分别以 44 个和 32 个研发新药位列第二、三位。本文收集整理了全球在研抗癌药物数量排名前二十的机构/企业和新药数量，具体见图 2-17。

按药物靶点来看，CD19、Erbb2 酪氨酸激酶受体抑制剂最为集中，在研药物达到了 81 个和 56 个，EGFR 和 CD3 超过了 40 个。前二十名的热门抗癌治疗靶点具体情况见表 2-40。

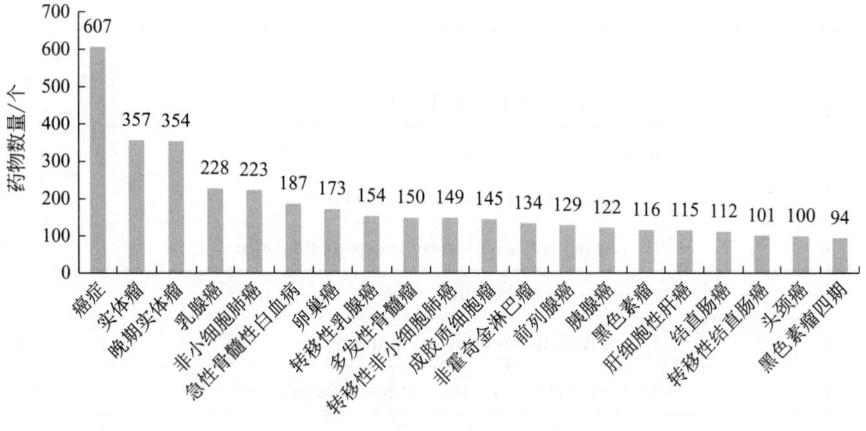

图 2-16 在研药物的热门前二十适应证

数据来源：火石创造

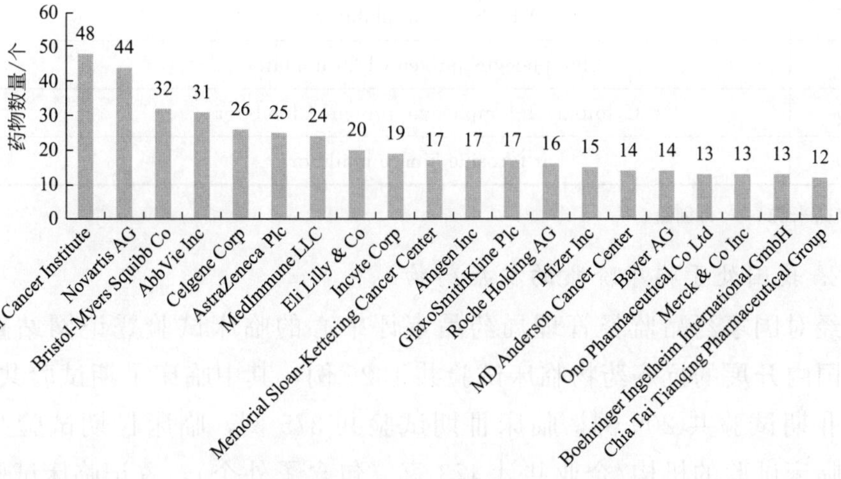

图 2-17 全球在研抗癌药物数量排名前二十的机构/企业

数据来源：火石创造

表 2-40 抗癌药物临床研究热门的前二十靶点

序号	靶点	在研药品数/个
1	B-lymphocyte antigen CD19 modulator	81
2	Erbb2 tyrosine kinase receptor inhibitor	56
3	Epidermal growth factor receptor antagonist	46
4	CD3 modulator	43
5	Programmed cell death protein 1 inhibitor	39
6	Programmed cell death ligand 1 inhibitor	39

续表

序号	靶点	在研药品数/个
7	Topoisomerase Ⅰ inhibitor	34
8	Erbb2 tyrosine kinase receptor modulator	33
9	VEGF-2 receptor antagonist	33
10	EGFR family tyrosine kinase receptor inhibitor	30
11	Hepatocyte growth factor receptor antagonist	29
12	APRIL receptor modulator	29
13	Epidermal growth factor receptor modulator	26
14	HLA class Ⅰ antigen A-2 alpha modulator	25
15	Flt3 tyrosine kinase inhibitor	24
16	VEGF receptor antagonist	24
17	VEGF ligand inhibitor	23
18	B-lymphocyte antigen CD20 inhibitor	23
19	Cytotoxic T-lymphocyte protein-4 inhibitor	23
20	Kit tyrosine kinase inhibitor	21

数据来源：火石创造。

2. 我国处于临床阶段的抗癌药物

经对国家药品监督管理局药品审评中心的临床试验登记网站查询，当前，国内开展的抗癌药物临床试验共 1326 例，其中临床Ⅰ期试验共 432 例，临床Ⅱ期试验共 209 例，临床Ⅲ期试验共 375 例，临床Ⅳ期试验共 24 例。登记临床试验的机构/企业共计 473 家（包含了外企），登记临床试验数量排名前三的企业分别是江苏恒瑞医药公司、上海恒瑞医药和正大天晴药业。本文整理了国内抗癌药物临床试验登记数量前二十的机构/企业，具体见表 2-41。

表 2-41　国内临床试验登记数量前二十的机构/企业

序号	登记单位名称	登记数量/例
1	江苏恒瑞医药股份有限公司	79
2	上海恒瑞医药有限公司	68
3	正大天晴药业集团股份有限公司	60
4	百时美施贵宝(中国)投资有限公司	31
5	百时美施贵宝公司	30
6	罗氏(中国)投资有限公司	30

续表

序号	登记单位名称	登记数量/例
7	西安杨森制药有限公司	27
8	齐鲁制药有限公司	27
9	北京诺华制药有限公司	26
10	上海罗氏制药有限公司北京办事处	23
11	拜耳医药保健有限公司	22
12	江苏豪森药业集团有限公司	22
13	辉瑞公司	22
14	和记黄埔医药(上海)有限公司	20
15	上海君实生物医药科技股份有限公司	17
16	嘉和生物药业有限公司	17
17	泰州君实生物医药科技有限公司	17
18	苏州君盟生物医药科技有限公司	17
19	辉瑞制药有限公司	17
20	阿斯利康投资(中国)有限公司	17

数据来源：火石创造。

我国药企正在开发289种抗癌药物，主要的研发作用靶点共计133个。企业重点开发热门靶点前三名分别是PD-1、CD20和EGFR，它们也是抗体药物开发的热门靶点（表2-42）。

表2-42　抗癌药物开发热门前二十的作用靶点

序号	靶点	在研药品数/个
1	PD-1	37
2	CD20	26
3	EGFR	19
4	PD-L1	18
5	Tubulin	17
6	EGFR (HER1/ERBB1)	15
7	HER2	14
8	Epidermal growth factor ligand	13
9	VEGF	13
10	ALK	9

续表

序号	靶点	在研药品数/个
11	AR	7
12	HER2 抗体偶联	7
13	CTLA4	6
14	KIT;PDGFR;ABL	6
15	VEGFR2	6
16	ABL	5
17	c-Met/HGFR	5
18	TOP2	5
19	Aromatase;ERs	4
20	PD-1	37

数据来源：火石创造。

国内研发抗癌药物治疗的疾病类型与全球重点关注的适应证有较大的差别。在我国，当前开发治疗肺癌药物的临床试验最多，共计 301 例，实体瘤和乳腺癌分别以 163 例和 159 例临床试验排名第二、三位（图 2-18）。

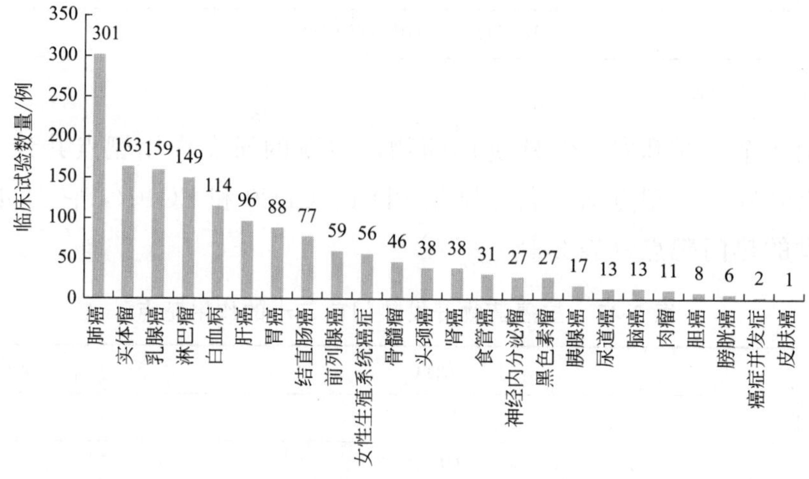

图 2-18　我国处于临床阶段抗癌药物治疗的适应证

数据来源：火石创造

五、我国出台一系列新政策，推进抗癌药物的研发与产业发展

1. 我国抗癌药物的自主创新能力较弱

近年来，我国在抗癌药物研发能力和水平方面都已有很大提高，并已有自主研发的药物上市。但总体上说，与发达国家一些大制药公司相比，仍有

很大差距。造成我国抗癌药研发生产落后的原因主要有以下几个方面。

第一，抗癌新药基础性研发不足。抗癌靶点的发现是新药研发的基础，可我国关于靶点的基础性研究显著落后于欧美等发达国家。从 20 世纪 90 年代起，国家开始重视医药产业的战略地位，通过“九五”“十五”“十一五”“十二五”“十三五”等规划对医药产业实施战略调整。尽管当前我国在原创抗癌化学药、单克隆抗体药、植物半合成药、基因治疗药、免疫检验点抑制剂等方面都已初有成效，然而这些成效仍赶不上国家快速发展的经济水平，我国的医药产业仍以生产仿制药为主，缺乏原创新药。

第二，抗癌新药研发高投入、高风险、周期长、收益不定，很多企业不愿意冒风险。即便投资了，也会因为专利保护不完善而被快速仿制，投入的资金无法带来应有的经济回报，久而久之便再无企业愿意投资。另外，我国药企“扎堆”仿制现象非常严重，例如 PD-(L)1 抗体药仿制的研发，国内已有 35 款该抗体处于 IND 或是临床开发等不同阶段，这必将造成药企间的激烈竞争，同时也会导致单一性药物产能过剩，既浪费资源又耽误了自主新药研发。

第三，药物研发的技术人员短缺。虽然近几年来，国家颁布了多个高端人才引进政策，也吸引了不少医药科技人员来国内开展研究，但仍无法满足新药研发的需求。因此我国仍需要加强相关领域核心技术人员的培养工作，尤其是临床医学、药学、免疫学等交叉学科的顶尖人才的培养尤为重要。

第四，国家政策在企业研发新药方面支持力度不够。药物研发的平台建设需要很高的投资成本，用于购买研发设备、聘用高端人才等。据医药咨询公司给出的数据显示：研发一个完全的创新药物至少需要 25 亿美金的支持，即使是一个生物仿制药也需要 2 亿～5 亿美金。如此巨大数额的资金需求，我国能够自筹的医药企业屈指可数。国家虽然也有一些科研项目的支持政策，但是更倾向于科研院所，而对于企业申请的项目，大多要求企业自筹一定比例的研发费用，这对于国内 70%的企业都是无法满足的。

第五，我国缺乏经验丰富且设备齐全的临床研究机构。创新药物的批准上市都需要临床试验研究的数据作为审评基础。临床研究机构的试验设备和研究人员的经验水平直接影响着临床研究数据的质量。根据 2018 年 1 月，中山大学张力教授和北京大学肿瘤医院沈琳教授共同发表的《中国肿瘤学Ⅰ期临床试验年度报告》内容显示：2017 年国内共进行了 180 项Ⅰ期肿瘤学临床试验，试验数量仅次于欧洲的 241 项，全球排名第二。然而，尽管Ⅰ期临床研究蓬勃发展，我国依旧缺乏经验丰富且设备齐全的研究机构，承接这

180 项Ⅰ期试验的机构只有 18 家，其中 5 家机构承接了 107 项试验项目（占比 59%），73%的试验集中在北京、上海或广州三个城市，导致临床试验研究的地理分布严重不平衡。此现象也反映了中国各地区医疗资源的差异。

2. 国家提出的抗癌新药审批上市新政策

为了快速促进我国抗癌新药研发的技术水平，提高临床研发数据的质量，加速药物的审批流程，推动抗癌新药上市和引进工作，从根本上解决药物短缺，无法满足国民健康需求的问题，我国政府近几年来颁布了多种政策和措施，加大了药品审批的改革力度。

2016 年 6 月，《国务院办公厅关于开展仿制药质量和疗效一致性评价的意见》出台，凡是 2007 年 10 月 1 日前批准上市并列入“国家基本药物目录”的化药仿制药须在 2018 年年底前完成一致性评价。这项举措有助于提升制药行业的发展水平，保证公众用药安全有效，降低医疗成本等。

2017 年中共中央办公厅、国务院办公厅印发《关于深化审评审批制度改革鼓励药品医疗器械创新的意见》，其中提出缩短国外新药进入中国的时间。

2017 年 7 月，包括 15 种肿瘤靶向药物在内的一批进口药被纳入《国家基本医疗保险、工伤保险和生育保险药品目录》并将大幅降价。

2018 年以来，药监局抓紧出台了一系列的加快抗癌新药上市的政策举措，也快速审批了一批抗癌新药，取得了积极的进展。采取的措施有：

一是取消进口化学药品的口岸检验，加强事中事后监管。境外新药在口岸通关以后，经销商可以尽快配送到医疗机构以及零售药店，缩短了进入我国市场的时间。

二是简化了境外新药的审批程序，允许申请人使用境外所取得的研究数据来直接申报药品上市。

三是优化了临床试验的审批程序。临床试验由批准制改为到期默认制，也就是说申请人自临床试验申请受理之日起，60 日内如果没有收到审评部门的否定意见，申请人可以开展临床试验。此举也是节约了临床试验的审评时间。

四是对临床急需的境外新药建立了专门的审评机制。药监局同国家卫健委组织遴选了第一批临床急需的 48 个品种，包括罕见病的治疗药品和治疗严重危及生命的部分药品，对于罕见病治疗药品的审批时间是三个月内审结，对于其他的急需的治疗药品是六个月内审结。

五是增加了药品审评的力量，采取政府购买服务的方式，面向社会招聘了高水平的人才，大幅提高了审评的效率。

六是进一步加强服务和指导。对于申报企业在抗癌药物的研发过程中遇到的问题，审评机构早期介入，全程指导，让企业少走弯路，加快研发进程。

通过采取上面一系列的措施，2018 年的抗癌新药的审批工作取得了积极的成效。从审批数量上来看，2018 年批准的抗癌新药 18 个，比 2017 年增长 157%；从审批的品种结构上来看，2018 年批准的抗癌新药占全年批准新药总数的 37.5%，显著高于往年；从审批速度来看，2018 年以前我国抗癌新药审批所用的时间平均是 24 个月，2018 年通过采取这一系列的措施和各方面的共同努力，现在国家抗癌新药的审批速度已经缩短了一半，平均 12 个月左右，与发达国家的审批速度日趋一致。从批准抗癌新药的临床价值来看，更加贴近临床用药的需求，2018 年批准的进口抗癌新药里，有众盼所归的九价宫颈癌疫苗以及治疗恶性肿瘤的抗体类药物，有新分子实体抗癌药物，也有人们俗称的 K 药（Keytruda）和 O 药（Opdivo）；批准国产的抗癌新药，有治疗非小细胞肺癌以及结肠癌等等，2018 年批准了 5 个我国自主创新的抗癌新药。这其中国内外高度关注的处于医药科技前沿的是 4 个 PD-1抗体类的药物，目前在国内都已经上市。

2019 年国家药监局将进一步完善相关药品进口审批的政策和技术要求，对于公众临床急需的抗癌新药，加快上市的进程；通过审评机构的早期介入、全程指导等方式，加快我国自主研发的抗癌新药和抗癌仿制药的审批，促进国产抗癌新药的及早上市；进一步加强药品的监管，加强现场检查、上市抽检以及不良反应监测，保障抗癌药品的质量安全。

（撰稿专家：汤黎娜　张俊祥）

2018 年度抗体产业发展报告

一、发展概况

（一）抗体药物获批加速，新技术、新靶点不断兴起

自 1986 年首个鼠源单克隆治疗性抗体 Muromonab 获批上市，过去 30 年全球抗体行业飞速发展，尤其是在 2014 年之后，随着细胞工程技术的提高，单抗药物以每年 10 个左右速度快速增加。截至 2018 年年底，全球已有 98 个抗体药物（包含已退市药物）获批上市。2018 年，全球共上市 14 个抗体药物，创历史新高（图 2-19）。

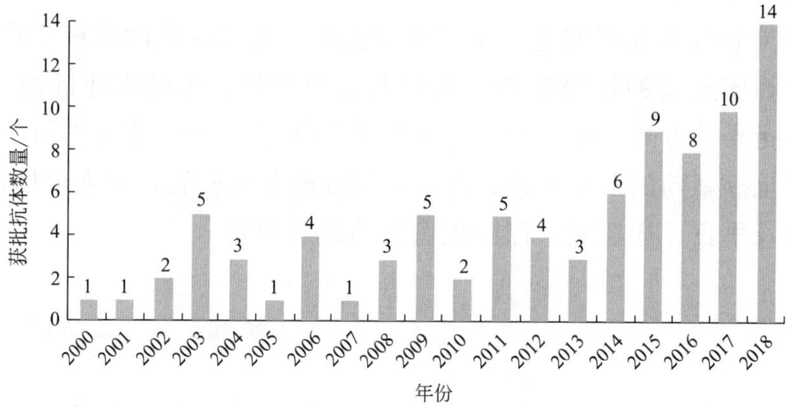

图 2-19　2000～2018 年抗体药物上市情况

数据来源：FDA、EMA、CFDA、PMDA，火石创造研究院

从已上市抗体药物类型来看，目前人源化及全人源单抗已经是抗体药物主流。另外，随着抗体制备新技术的发展，双特异抗体、抗体偶联药物、纳米抗体等新型抗体逐渐崭露头角。2018 年，抗体偶联药物 Lumoxiti（moxetumomab pasudotox-tdfk，阿斯利康）、全球首个纳米抗体药物 Cablivi（Caplacizumab，赛诺菲）相继上市，为抗体市场注入新的动力（表 2-43）。

表 2-43 全球上市抗体药物类型分布

抗体类型		数量/个
人源化程度	全人源	33
	人源化	36
	人鼠嵌合	11
	鼠源	8
抗体结构	单克隆抗体	80
	Fc 融合蛋白	9
	抗体偶联药物	5
	双特异性抗体	3
	纳米抗体	1

数据来源：火石创造。

从已上市药物的靶点分布来看，目前主要以比较热门的 PD-1/L1、CD20、VEGF/VEGFR、TNF-a 靶点为主，上市抗体药物达 5～8 个。不过，随着疾病机理研究的深入，抗体药物靶点也在不断丰富，近年来一些新靶点的出现也在悄然改变着传统抗体药物治疗领域格局。如用于治疗银屑病的药物靶点 IL-17、IL-12/IL-23，治疗多发性骨髓瘤的 CD38，治疗高血脂的 PCSK9 及 2018 年首次上市的 CGRP 抗体（表 2-44）。

表 2-44 已上市抗体药物靶点及上市抗体药物数量

靶点	上市抗体药物数量/个
PD-1/L1	8
CD20、VEGF/VEGFR	6
TNF-a	5
EGFR	4
IL-6R、IL-5、IL-2R、IL-2R、IL-17、HER2、CTLA-4、CGRP	3
PCSK9、IL-1、CD52、补体 C5、IL-23	2
整合素 α4β1、血小板糖蛋白Ⅱb/Ⅲa、细菌毒素、免疫球蛋白 G4、α4β7、TPO 受体、TcdB、RSVF、RANKL、PDGFR-α、PA、Ixa、IL-4R、IL-12/IL-23、IgE、GD2、FII、FGF23、CD52、CD38、CD33、CD319、CD30、CD3/EPCAM、CD3/CD19、CD3、CD22、CD2、CD11a、CCR4、BLyS	1

数据来源：火石创造。

（二）全球抗体市场超千亿美元，肿瘤、自身免疫仍是主要应用领域

随着抗体新药的不断上市，为抗体药物市场发展注入强劲动力，2017年，全球抗体药物市场规模达1100亿美元，2010～2017年的年复合增长率为10.9%，远远高于全球医药行业5%～6%的增速水平。抗体药物在全球生物制品市场中的占比也从1997年的2.5%上升至2017年的50.9%，成为现代生物制药行业中占比最大、增长最快的子行业（图2-20）。

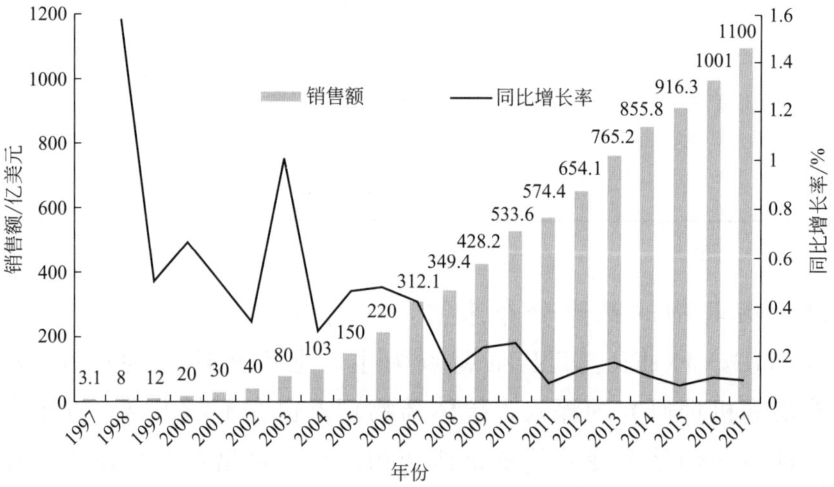

图2-20　全球抗体药物市场规模及增速

数据来源：Evaluate Pharma

从抗体药物治疗领域市场规模来看，以患者基数大、疾病机理研究成熟的肿瘤（包括实体瘤和非实体瘤）和免疫疾病（自身免疫疾病）为主，针对这两个疾病领域的抗体药物占据抗体市场规模的82%。随着人们对疾病了解的不断加深、抗体技术的不断进化，抗体药在心血管、神经系统疾病、痛风、感染和神经系统疾病等并非传统的抗体药适应证领域也慢慢渗透，是抗体药发展的新方向（图2-21）。

二、主要产品

我国抗体药物市场由国产和进口两个部分组成。截至2018年12月，我国共批准了12个国产抗体药物，其中8个为自主研发，4个为生物类似物。首个国产单抗药物注射用抗人T细胞CD3鼠单抗在1999年上市，距今已有约20年的历史。

2018年，我国有两款国产单抗获批上市——上海君实特瑞普利单抗和江

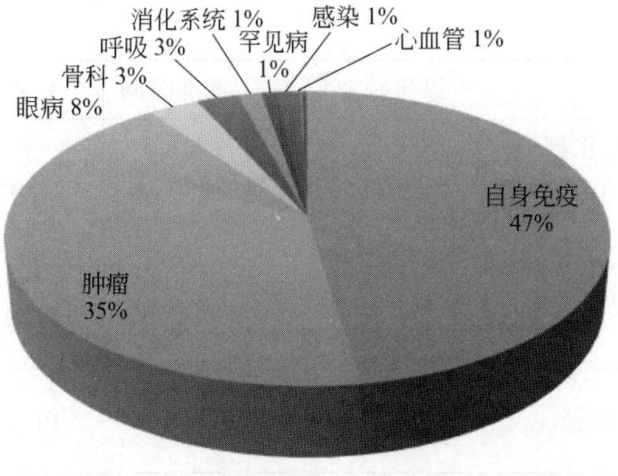

图 2-21 不同疾病领域抗体药物销售额占比（2017 年）

数据来源：IMS

苏信达信迪利单抗，两款药物均为 PD-1 单抗，与常年落后于跨国药企的情况不同，PD-1/L1 是国内企业少数能与国际水平接轨的领域。随着这两款产品的上市，国产单抗药物商业化进程加速（表 2-45）。

表 2-45 已上市国产抗体药物

商品名	产品名称	原研企业	批准时间	靶点	适应证
—	注射用抗人 T 细胞 CD3 鼠单抗	武汉生物制品研究所	1999 年	CD3	肾移植排斥
恩博克	抗人白介素-8 鼠单抗乳膏	大连亚维药业有限公司	2003 年	IL-8	银屑病、恶急性湿疹
益赛普	注射用重组人Ⅱ型肿瘤坏死因子受体-抗体融合蛋白	上海中信国健药业股份有限公司	2005 年	TNF	类风湿性关节炎、强直性脊柱炎
利卡汀	碘[^{131}I]美妥昔单抗注射液	成都华神生物技术有限责任公司	2006 年	CD147	原发性肝癌
唯美生	碘[^{131}I]肿瘤细胞核人鼠嵌合单抗注射液	上海美恩生物技术有限公司	2006 年	核蛋白	肝癌
泰欣生	尼妥珠单抗注射液	百泰生物药业有限公司	2008 年	EGFR	EGFR 阳性晚期鼻咽癌
健尼哌	达利珠单抗	上海中信国健药业股份有限公司	2011 年	CD25	器官移植排异
强克	注射用重组人Ⅱ型肿瘤坏死因子受体-抗体融合蛋白	上海赛金生物医药有限公司	2011 年	TNF	强直性脊柱炎、类风湿关节炎
朗沐	康柏西普眼用注射液	成都康弘药业集团股份有限公司	2013 年	VEGF	湿性黄斑变性

续表

商品名	产品名称	原研企业	批准时间	靶点	适应证
安佰诺	注射用重组人Ⅱ型肿瘤坏死因子受体-抗体融合蛋白	浙江海正药业股份有限公司	2015 年	TNF	类风湿性关节炎
拓益	特瑞普利单抗注射液	上海君实生物医药科技股份有限公司	2018 年	PD-1	黑色素瘤
达伯舒	信迪利单抗注射液	信达生物	2018 年	PD-1	经典型霍奇金淋巴瘤

资料来源：公开资料，火石创造研究院整理。

在进口药品方面，全球已上市的 98 个抗体中，目前我国已上市 23 个。随着《关于调整进口药品注册管理有关事项（征求意见稿）》《接受药品境外临床试验数据的技术指导原则》等政策的发布，在中国药品监管水平向全球化看齐的背景下，进口药品进入中国大大提速，2018 年共计有 9 个进口抗体药物在我国上市，其中罗氏用于血友病治疗的双特异抗体艾美赛珠单抗注射液（Emicizumab）相比全球首次上市时间（2017 年）仅相差约 1 年（表 2-46）。

表 2-46　2018 年国内上市的进口抗体药物

商品名	药物名称	公司	靶点	适应证
欣普尼	戈利木单抗	强生	TNF-α	强直性脊柱炎、类风湿关节炎
泰毕安	依达赛珠单抗	BI	PT	逆转达比加群的抗凝作用
欧狄沃	纳武利尤单抗	BMS	PD-1	非小细胞肺癌
可瑞达	帕博利珠单抗注射液	MSD	PD-1	黑色素瘤
艾力雅	阿柏西普	再生元/拜耳	VEGF	糖尿病性黄斑水肿
瑞百安	依洛尤单抗	安进	PCSK9	性高胆固醇血症
舒立瑞	依库珠单抗	Alexion	C5	阵发性睡眠障碍
帕捷特	帕托珠单抗注射液	罗氏	HER2/neu	乳腺癌
舒友立乐	艾美赛珠单抗注射液	罗氏	FⅨa/FⅩ	血友病

三、市场分析

（一）抗体市场规模飞速发展，但用药格局与主流市场明显不同

近年来随着抗体药物上市速度加快，多个单抗已过专利保护期，同时在

多个单抗陆续进入医保的利好刺激下，我国单抗药物迎来了高速增长期。经过10多年的发展，我国单抗产业市场规模已从2004年的5700万元跃升至2017年的115.65亿元，近五年的年均增长率达20.42%以上（图2-22）。

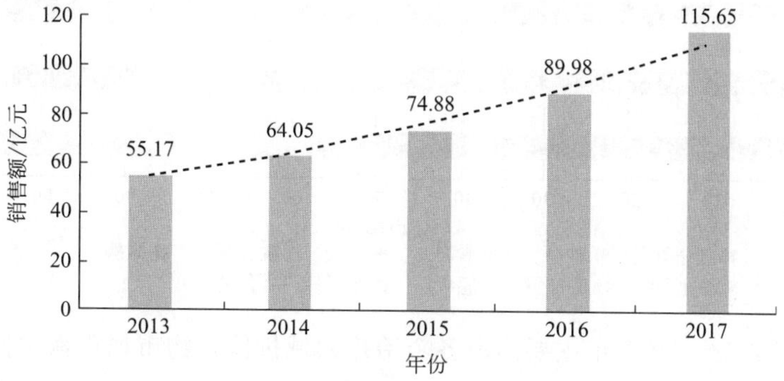

图2-22　抗体药物近五年增长趋势

资料来源：PDB，火石创造研究院

从各治疗领域看，国内的抗体药物主要以抗肿瘤为主，在2017年整体抗体药物的市场中占据74%的份额。另外随着成都康弘的康柏西普的上市，我国眼科技术有了快速发展，市场数据显示，虽然眼病抗体药物上市仅3个产品（其中阿柏西普在2018年刚上市），但已占据国内抗体药物市场的11%。

而在自身免疫领域，我国抗体药物仅占13%，远低于美国（57%）、德国（48%）的市场份额，同时也低于日本（34%）和韩国（29%）的市场占比，在自身免疫领域，我国抗体药物市场发展严重不足。其他有待成长的领域还包括骨科、心血管、呼吸等领域（图2-23）。

（二）国内抗体药物市场主要由外资主导

我国仅有12个国产单抗上市，而国内产品中又有3个为鼠源单抗，由于副作用较大，已基本退出市场。目前实现产业化和规模销售的品种仅中信国际的益赛普、百泰生物的泰欣生和成都康弘的朗沐等。根据近五年市场数据显示，目前进口抗体药物仍占主导地位，基本被进口产品垄断（图2-24）。

（三）未来抗体药物市场渗透率有待提高

2017年，全球医药市场销售额超过1万亿美元，抗体药物占据11.8%。从2014年起，中国成为全球第二大医药市场，但单抗药物市场份额（包括进口药物）仅占1%。与全球医药市场相比，我国抗体药物市场渗透率仍有较大的提升空间（表2-47）。

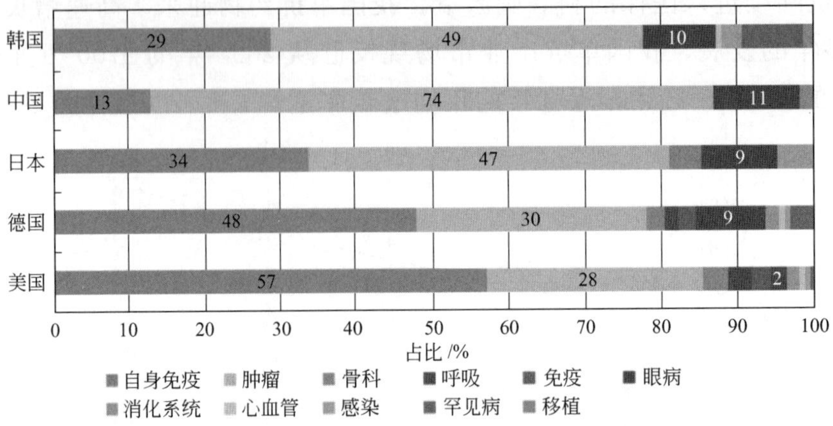

图 2-23　2017 年主要国家各个治疗领域抗体药物市场份额占比

资料来源：IMS，火石创造研究院

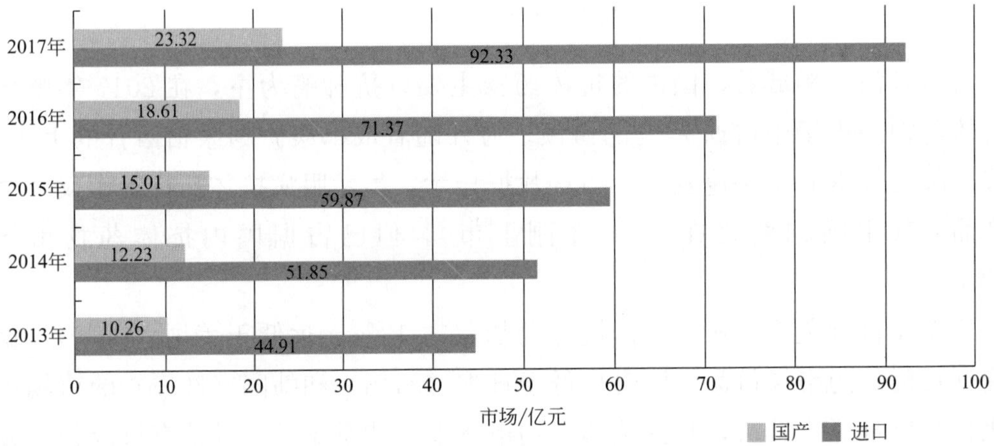

图 2-24　国产和进口抗体药物市场

资料来源：PDB，火石创造研究院

表 2-47　各国抗体药品市场情况（2017 年）

国家	2017 年有销售记录品种①	占本国生物药比例/%	占本国医药市场比例/%
美国	64	43.8	16.3
德国	59	51.3	16.6
日本	40	47.4	8.9
中国	13	11.1	1.0
韩国	20	24.9	3.1

① 按照相同活性计算，生物类似物与原研算一个品种。

资料来源：IMS，火石创造研究院。

四、研发动向

（一）抗体药物申报持续走高

近年来，伴随着政策的支持、资本的青睐以及大批海外人才归国，国内抗体药物研发和产业化迅速崛起，技术水平不断提高，产业规模日益扩大，抗体药物企业如雨后春笋般兴起。国内目前已有三百多家企业在抗体药物领域布局，共有近200家企业提交抗体药物申请。

截至2018年年底，CDE共受理抗体药物品种324个。2010年以后，我国抗体药物申报开始出现爆发性增长。2018年CDE新受理68个抗体药物(按品种计)，延续井喷态势（图2-25）。

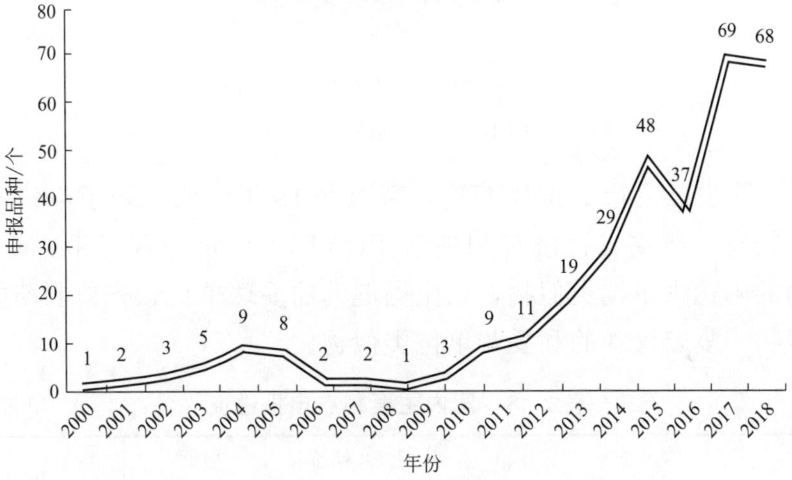

图2-25　2000～2018年国内抗体药物申报情况

数据来源：CDE，火石创造研究院

（二）热门靶点竞争激烈

由于抗体药物较为广阔的市场前景，吸引了国内大批企业的研发布局，不过，目前抗体药物成熟靶点较为有限，而国内抗体药物研发更是扎堆在VEGF(R)、TNFα、PD-(L)1、CD20、EGFR、HER2、RANKL等靶点，针对这些靶点的药物申报（包括Fc融合蛋白、抗体偶联、双特异性抗体）占所有抗体药物申报的68%。在抗体药物发展早期，受市场需求、支付能力、进口药物审批速度制约，开发同靶点药物和生物类似药风险更小，理论上可以降低成本从而降低药价，惠及国内患者（图2-26）。

（三）国产单抗将步入收获期

针对VEGF(R)、TNFα、PD-(L)1等热门靶点，国内企业申请进度如表

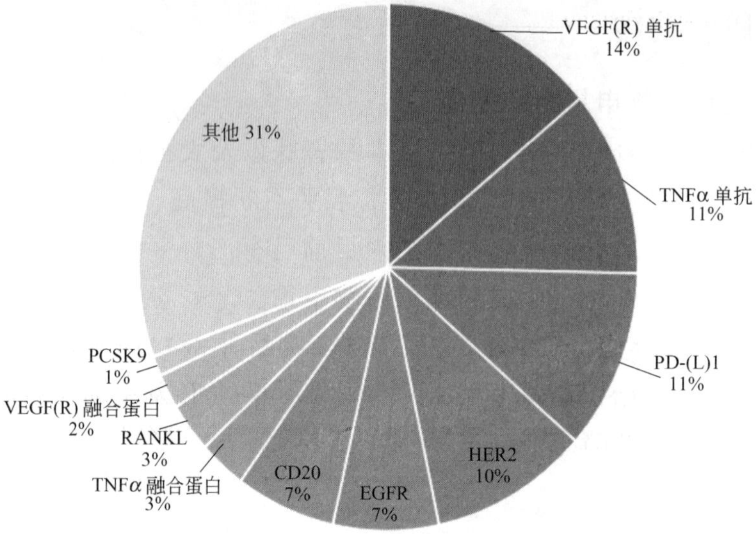

图 2-26 国内抗体药物申报靶点分布

数据来源：CDE、火石创造研究院，截至 2018 年

2-48 所示。除去已上市的抗体药物，截至 2018 年年底，处于申请上市阶段的抗体药物有：恒瑞、百济神州的抗 PD-(L)1 单抗、百奥泰、海正药业、信达生物的阿达木单抗类似物，三生国健的曲妥珠单抗、齐鲁制药的贝伐珠单抗类似物、复宏汉霖的利妥昔单抗类似物。

表 2-48 国内主要靶点申报进度 单位：个

靶点	BLA	Ⅲ期	Ⅰ/Ⅱ期临床/IND	撤回/不批准	已上市	总计
VEGF(R)单抗	1	10	34			45
VEGF(R)融合蛋白			6		1	7
TNFα 单抗	3	4	27	1		35
TNFα 融合蛋白		1	5	1	3	10
PD-(L)1 单抗	2	4	23		2	31
PD-(L)1 双特异性抗体			3			3
CD20 单抗	1	5	14	1		21
EGFR 单抗		2	17		1	20
EGFR 双抗			1			1
EGFR 抗体偶联			1			1
HER2 单抗	1	4	13			18

续表

靶点	BLA	Ⅲ期	Ⅰ/Ⅱ期临床/IND	撤回/不批准	已上市	总计
HER2 抗体偶联		1	10			11
HER2 双特异性抗体			3			3
RANKL 单抗			10			10
总计	10	26	170	3	5	214

数据来源：CDE、各公司官网、药物临床试验登记与公示平台。

另外，国内企业中以恒瑞、齐鲁、海正、嘉和生物、百奥泰生物等为代表已有约 30 个产品处于临床Ⅲ期（最高临床阶段，不含 BLA 品种），拥有这些产品中 VEGF、TNFα、CD20 等靶点处于Ⅲ期临床的药物不少于 5 家企业。如果这些抗体药物在 2～3 年都能够顺利进入市场，竞争格局将异常激烈。不过由于受我国医保支付制度等原因的影响，以抗体药为代表的新一代生物药的渗透率仍然很低，未来抗体药物市场仍需长期的市场培育，距离抗体成熟市场的形成仍需漫长的发展和市场洗牌。

（四）产业化布局提速

近年来，我国抗体生产企业纷纷加码抗体产能建设，从生产规模来看，我国已实现抗体药从基础研究到产业化生产的初步跨越阶段。根据各药企官网、招股说明书及部分公开信息，目前国内已有 10 家企业具有（或已在规划中）万升级别产能的生产设施，其中信达生物、百奥泰生物、三生国健分别以 81 000L、60 000L、30 000L 的产能规模位于前三。不过与国外巨头具有多条万升级别的生产线，目前国内药企多以百升级的中试生产线及千升级的商业生产线为主（表 2-49）。

表 2-49　国内部分抗体药企业生产规模统计数据（不完全统计）

企业	产能总规划规模	
	总规模	详细列表
三生国健药业	30 000L	2016 年 10 月已建成：6×5000L
上海复宏汉霖	12 700L+	200L、500L：中试生产车间
		原 2×2000L，2017 年 7 月新增 4×2000L
信达生物	81 000L	3×1000L
		预计 2019 年建造完成 6×3000L
		计划中：4×15 000L

续表

企业	产能总规划规模	
	总规模	详细列表
嘉和生物	14 750L+	临床Ⅰ～Ⅱ期样品生产:3×250L
		临床Ⅲ期及商业化生产:6(～8)×500L、2(～4)×2500L
百奥泰生物	60 000L	现已有 9500L,其余在规划建设中
华兰基因工程	10 000L	2016 年 7 月完成:10 000L 生产线
君实生物	28 900L	目前吴江生产基地:400L、1500L
		2018 年年底吴江生产基地:3000L
		2019 年年底前投产,上海临港生产基地:2×12 000L
丽珠单抗生物	2000L+	现有 500L 和 1500L,多个生物反应器正在建造中
兴盟生物	4200L	规划中:200L、2×2000L
康宁杰瑞	18 500L	4×250L，2×1000L
		Ⅰ期将完成:15 500L
上海复旦生物工程	2000L	2000L
泰州迈博太科药业	6700L	2×350L
		建造中:2×3000L
基石药业	10 000L	选址中:4×2000L,2×1000L
百济神州	24 000L	与广州凯得科技发展有限公司成立合资企业建造中
中山康方	3750L	250L
		一期:500L+1000L
		二期:2000L

五、重点领域

（一）肿瘤免疫抗体

肿瘤免疫抗体以免疫检查点抑制剂抗体（包括双特异性抗体、抗体偶联药物）为主线，同时包括新兴的免疫检查点激动剂抗体等。与传统小分子药物不同，在肿瘤免疫抗体这一新兴领域，国内企业与国外差距不是很大，国内不少传统医药企业、大批海归创新创业企业借助资本与技术优势迅速进入该领域。

PD-(L)1 抗体靶点机理成熟，目前已陷入白热化竞争，未来研发进度靠前、销售实力雄厚、国际化能力超前的公司有望拔得头筹。截至 2018 年年底，国内企业已有 38 个 PD-(L)1 单抗获 CDE 受理（国内企业 32 个，国外企业 6 个，包括已上市的 4 个品种），竞争异常激烈。国内企业中，君实生物、信达生物的抗体产品目前已获批上市，恒瑞医药、百济神州 PD-1 单抗已处于上市前最后冲刺阶段。另外，康宁杰瑞/思路迪 PD-L1 单域抗体 KN035、康方天成 AK105、恒瑞医药 PD-L1 单抗 SHR-1316、基石药业 CS1001 等已进入Ⅲ期临床（表 2-50）。

表 2-50　国内已上市和提交上市申请的 PD-1 抗体

公司	药品	申报上市日期	适应证	批准日期
BMS	纳武单抗	2017-11-1	非小细胞肺癌	2018-6-15
默沙东	帕博利珠单抗	2018-2-11	黑色素瘤	2018-7-25
君实	特瑞普利单抗	2018-3-20	黑色素瘤	2018-12-17
信达	信迪利单抗	2018-4-19	霍奇金淋巴瘤	2018-12-24
恒瑞	SHR-1210	2018-4-23	霍奇金淋巴瘤	—
百济神州	替雷利珠单抗注射液	2018-9-6	霍奇金淋巴瘤	—

数据来源：CDE，火石创造研究院。

值得注意的是，目前国内一些技术、资本雄厚的企业开始通过开发特色的 PD-1/PD-L1 抗体，走差异化道路或布局全球市场。如百济神州的 PD-1 抗体在 IgG4 的基础上进一步弱化 ADCC 接近零；迈博斯技术的创新点在于其免疫耐受破除技术，获得新表位的 PD-L1 抗体，同时具有 pH 依赖性的结合特点；康宁杰瑞的技术创新点在于采用了纳米抗体-Fc 融合蛋白，制成常温稳定的制剂，可皮下注射。此外，恒瑞医药的 SHR-1316、康宁杰瑞/思路迪的 KN035、百济神州的 BGB-A317、复宏汉霖的 HLX-10、丽珠单抗的 LZM-009、君实生物的 JS001 和迈博斯的 MSB2311 等已先后向 FDA 递交新药临床试验。另外，国内康方生物、康宁杰瑞、信达生物、友芝友等开始布局双特异性抗体，希望通过双抗技术克服 PD-1 单靶点肿瘤逃逸问题（表 2-51）。

表 2-51　国内在研的 PD-1/PD-L1 双特异性抗体

药品名称	靶点	公司	临床阶段
AK104	PD-1/CLTA4	中山康方	IND
KN046	PD-L1/CLTA4	康宁杰瑞	IND
SHR-1702	PD-L1/TGF-β	江苏恒瑞	IND

续表

药品名称	靶点	公司	临床阶段
AK112	PD-1/NA	中山康方	临床前
IBI318	PD-1/TAA	信达生物	IND
IBI315	PD-1/HER2	信达生物	临床前
IBI319	PD-1/TAA	信达生物	临床前
IBI322	PD-1/CD47	信达生物	临床前
IBI323	PD-1/LAG3	信达生物	临床前
Y111	PD-L1/CD3	友芝友	临床前

肿瘤免疫新靶点目前仍处于探索阶段，未来5年，肿瘤免疫治疗新靶点有望不断被验证。研发能力强、布局品种多、有能力同时开展多种适应证和组合用药临床试验的企业有望胜出。肿瘤免疫其他靶点中，除CD47（恒瑞、信达、宜明昂科）、OX40（信达生物）、4-1BB（天演药业，ADG106）目前已进入临床申报和临床阶段外，其他均处于早期临床前研究阶段。

（二）双特异性抗体

双特异性抗体（bi-specific antibody，BsAb）是含有两个特异性抗原结合位点的人工抗体，其中一个位点可与靶细胞表面抗原结合，另一个位点则可与载荷物（如效应细胞、分子等）结合。通过同时识别两个标靶，双特异性抗体可以作为一个媒介双重定向免疫效应细胞，如自然杀伤细胞和T细胞，加强对肿瘤细胞的杀伤功能。

双特异性抗体的同时结合2个不同表位的能力，能够起到特殊的生物学功能，如：①免疫细胞的招募和激活，通过同时靶向肿瘤和免疫细胞达到召集免疫细胞清除肿瘤细胞的目的；②受体共刺激或抑制，利用BsAb拮抗2种或多种信号传导配体，避免逃逸机制从而改善治疗效果，如CTLA4-PD-1，VEGF-PDGF等；③促进蛋白复合物形成，如罗氏Emicizumab同时结合凝血级联酶促反应中的凝血因子IXa和凝血因子X，桥连FIXa与FX，促进FXa的产生；④多价病毒中和等方式等。目前BsAb的临床开发主要集中于癌症和炎性疾病，主要作用机制是同时干涉病理生理过程的不同靶标，从而提高疗效。

作为新兴的抗体种类，双特异抗体被视为肿瘤和癌症治疗前瞻性备选药物，但在技术和产业化上仍存在一定的技术难点。随着生命科学基础与应用研究的飞速发展，BsAb的分子模式与制备技术也在不断演进，目前已发展出 30 多种双特异性抗体技术平台，国际主流的双特异抗体技术平台包括 DVD-Ig（艾伯维）、CrossMab（罗氏）、Duobody（GenMab）等。

国内企业中，拥有双特异性抗体技术平台的企业有友芝友的 Ybody、健能隆的 iTAB、康宁杰瑞 CRIB 技术平台、岸迈生物 FIT-Ig® 平台、天演药业的动态谨遵抗体技术 DPL、康众生物基于 BiTE（Bispecific T-cell engager）技术的纳米抗体双特异性抗体（nanoBiTE）等。截至 2018 年年底，国内已有 12 款双特异性抗体在 CDE 有相关申报记录（表 2-52）。

表 2-52　国内双特异性抗体申报情况

药品名称	靶点	企业名称	技术平台	承办日期
重组人血管内皮生长因子受体-抗体-人补体受体 1 融合蛋白注射液	VEGFR/CR1	信达生物	岸迈生物 FIT-Ig® 与 Adimab 公司、礼来达成合作协议	2015-04-21
注射用重组抗 HER2 和 CD3 人源化双特异性抗体	HER2/CD3	友芝友	YBODY®	2016-04-14
注射用重组抗 EpCAM 和 CD3 人鼠嵌合双特异性抗体	EpCAM/CD3	友芝友	YBODY®	2017-02-13
AK104 注射液	PD-1/CTLA-4	中山康方		2017-08-21
RC28-E 注射液	VEGFR/FGFR	荣昌生物		2017-08-24
重组抗 CD19m-CD3 抗体注射液	CD19/CD3	健能隆	ITab	2017-09-08
注射用重组人源化抗 HER2 双特异性抗体	HER2	康宁杰瑞	CRIB	2017-10-23
注射用重组人源化双功能单克隆抗体 MBS301	HER2	天广实		2018-04-26
重组人源化 PD-L1/CTLA-4 双特异性单域抗体 Fc 融合蛋白注射液	PD-L1/CTLA-4	康宁杰瑞	CRIB	2018-05-07
SHR-1702 注射液	PD-L1/TGF-β	江苏恒瑞		2018-07-20
EMB-01 注射液	EGFR/C-Met	上海岸迈	FIT-Ig®	2018-09-19
IBI318	PD-1/TAA	信达生物		2018-12-10

数据来源：CDE、火石创造研究院。

（三）抗体偶联药物

抗体偶联药物（ADC）通过靶向特定抗原，有效地渗透到肿瘤组织，并被肿瘤细胞吞噬进入溶酶体，释放效应分子，杀伤肿瘤细胞。其综合了抗体药物选择性强以及化疗药物活性高的优点，同时改善了前者疗效偏低和后者副作用偏大等缺陷，随着抗体偶联的设计逐步完善，ADC 药物已成为目前肿瘤研究的重点方向和研究热点之一，根据 Research & Markets 预测，未来 10 年，将有 7～10 个 ADC 新药上市，2024 年 ADC 市场规模可达 100 亿美元。

国际上，西雅图遗传学公司（Seattle Genetics）和 ImmunoGen 以及 Immunomedic 是 ADC 领域的先驱，AMBRX 公司也是其中的佼佼者。大型制药公司中，罗氏（基因泰克）借助 ImmunoGen 构建了最大的 ADC 研发管线，辉瑞、雅培从 Seattle Genetics 公司，礼来、诺华从 ImmunoGen 公司，默克从 Ambrx 公司分别引进 ADCs 药物开发技术。

国内目前并没有 ADC 产品上市，但已有多家企业布局，截至 2018 年年底，我国已有近 20 个 ADC 药物申报。不过除了百奥泰和烟台荣昌分别有产品进入临床Ⅲ期和Ⅱ期外，其余均是在早期阶段。

已申报抗体品种中恒瑞 SHR-A1201、海正/天广实重组抗 HER2 人源化单克隆抗体偶联美登素衍生物 DM1、上海医药/上海交联注射用重组抗 HER2 人源化单克隆抗体-MCC-DM1 偶联剂、三生国健注射用重组抗 HER2 人源化单抗-DM1 偶联物 4 个品种是按照 2 类申报，其余均是按照 1 类新药申报。值得注意的是百奥泰注射用重组人源化抗 HER2 单克隆抗体-美登素偶联物、浙江医药重组人源化抗 HER2 单抗-AS269 偶联注射液采用的是全新毒素（表 2-53）。

表 2-53　国内抗体偶联药物申报进度

药品名称	靶点	最高阶段	注册分类	毒素	企业名称
注射用 SHR-A1201	HER2	IND	2	美登素 DM1	江苏恒瑞
注射用重组人源化抗 HER2 单抗-MMAE 偶联剂	HER2	Ⅱ期	1	MMAE	烟台荣昌
注射用重组人源化抗 HER2 单克隆抗体-美登素偶联物	HER2	Ⅲ期	1	美登素 Batansine	百奥泰
重组人源化抗 HER2 单抗-AS269 偶联注射液	HER2	Ⅰ期	1	AS269	浙江医药
注射用 MRG003	EGFR	Ⅰ期	1	MMAE	美雅珂
注射用重组抗 HER2 人源化单克隆抗体-DM1	HER2	IND	1	美登素 DM1	齐鲁制药
注射用 SHR-A1403	c-Met	IND	1		江苏恒瑞

续表

药品名称	靶点	最高阶段	注册分类	毒素	企业名称
注射用重组抗 HER2 人源化单克隆抗体偶联美登素衍生物 DM1	HER2	IND	2	美登素 DM1	海正/天广实
注射用 TRS005	未知	IND	1		特瑞思
注射用 GB251	HER2	IND	1		嘉和生物
注射用重组抗 HER2 人源化单克隆抗体-MCC-DM1 偶联剂	HER2	IND	2	美登素 DM1	上海医药/上海交联
注射用重组抗 HER2 人源化单抗-DM1 偶联物	HER2	IND	2	美登素 DM1	三生国健
注射用 A166	HER2	IND	1		四川科伦博泰
注射用 MRG002	未知	IND	1		美雅珂
注射用重组人鼠嵌合抗 CD30 单克隆抗体-MCC-DM1 偶联剂	CD30	IND	1	美登素 DM1	上海交联药物
注射用重组抗人表皮生长因子受体人源化单克隆抗体偶联海兔毒素衍生物 DUO5	EGFR	IND	1	海兔毒素衍生物 DUO5	浙江海正/浙江昭华生物
重组 HER2 人源化单克隆抗体单甲基奥瑞他汀 F 偶联剂注射液	HER2	IND	1		复星医药

数据来源：CDE、火石创造研究院。

ADCs 的发展得益于单克隆抗体技术的发展与工艺的完善，同时 ADCs 的出现也给毒性天然产物的研究带来转机。目前关于 ADC 的研发，国内仍处于摸索阶段，也考验着药监部门的审评和监管能力。关于 ADC 企业成功要素上，拥有独家连接点技术、连接物-毒素组合、新靶点（如 DLL3）、非天然氨基酸剪辑技术等，在生产的均一性（DAR 分布）与血清的稳定性中存在优势，在研发方向上无有效药物的针对症的新靶点，或者热门单抗药的二线药物进行研究，并且靶点的生物学机制清晰的相关企业值得关注。

(四) 纳米抗体

纳米抗体（nanobody，Nb），即重链单域抗体 V_HH（variable domain of heavy chain of heavy-chainantibody）——骆驼体内存在着天然缺失轻链的重链抗体（heavy-chain antibody，HCAb），克隆其可变区 V_HH 而得到的只由一个重链可变区组成的单域抗体，是目前可以得到的具有完整功能的、稳定的、可结合抗原的最小单位。与普通抗体相比，纳米抗体具有更高的稳定性，能耐受一定的高温和 pH 值。同时由于其分子量较小，结构简单，因此免疫原性较低，组织穿透力较好，在生产中也易于在噬菌体、酵母等微生物中大量的表达，易于普及和应用。不过纳米抗体也具有半衰期较短等缺点，目前通常通过构建双特异性抗体、聚乙二醇化、与白蛋白结合或融合、与抗体的 Fc 融合等方法延长半衰期（图 2-27）。

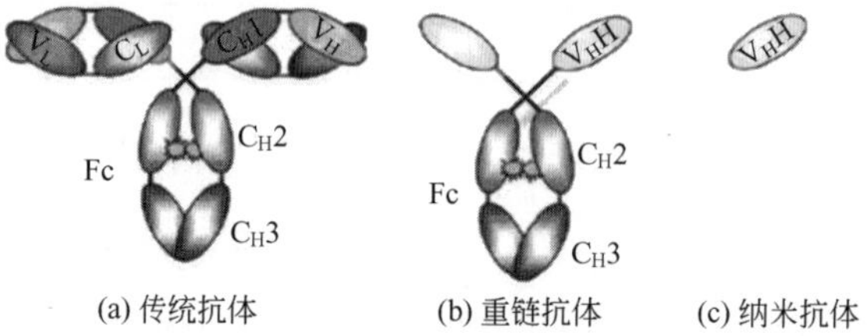

图 2-27　抗体结构示意

不过，目前纳米抗体行业才刚刚萌芽，全球仅有一个纳米抗体药物上市——Cablivi（Caplacizumab）。Caplacizumab 由比利时 Ablynx 公司开发，用于治疗成人获得性血栓性血小板紫癜（aTTP）。Ablynx 是全球纳米抗体龙头企业，具有成熟的毕赤酵母表达和纯化工艺，2018 年 1 月，赛诺菲以 39 亿欧元收购 Ablynx。

国内方面，康宁杰瑞率先申报靶向 PD-L1 的纳米抗体 KN035，并随后获得 FDA 批准临床研究。该药物常温稳定，更便于存储与使用。另外国内涉足纳米抗体的还有深圳普瑞金、苏州博生吉、南京传奇生物科技、康众生物、深圳市国创纳米抗体技术有限公司等。

（撰稿专家：李玉杰）

2018 年医学影像产业发展报告

一、概况

医学影像的概念指为了医疗或医学研究，对人体或人体某部分，以非侵入方式取得内部组织影像的技术与处理过程。基于产品类型对医学影像进行分类，主要包括：X 射线、超声成像、CT、MRI、核医学等。

医学影像是医疗器械重要的组成部分，在全球范围内，医学影像占据医疗器械市场的 10%左右。2015 年，全球医学影像市场规模为 372 亿美元，预计在 2020 年达到 476 亿美元，复合增长率在 5%左右（图 2-28）。

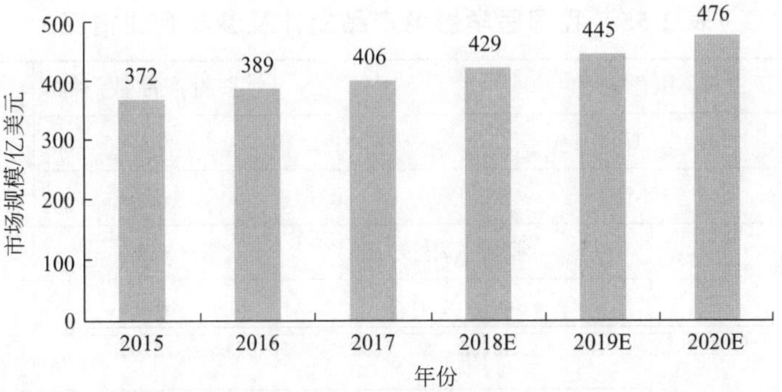

图 2-28　全球医学影像市场规模

全球医学影像产业集中度强，西门子、GE、飞利浦、东芝四家企业市场份额占据总市场份额的近 80%。全球龙头医疗影像企业都已经发展 100 年以上，其技术水平、市场布局和商业模式均远领先于我国企业。因此，我国在医学影像的发展上，面临着巨大的压力（表 2-54）。

表 2-54　全球重点医学影像企业市场情况

企业名称	简介	市场份额/%
西门子	德国西门子股份公司创立于 1847 年，是全球影像设备领域的领先企业	26.2
GE	美国通用电气公司创立于 1892 年，是世界上最大的提供技术和服务业务的跨国公司	25.3

续表

企业名称	简介	市场份额/%
飞利浦	飞利浦公司在全球28个国家有生产基地，在150个国家设有销售机构。2012年，飞利浦在苏州落成飞利浦医疗中国影像基地	13.1
东芝	东芝成立于1875年，经过百年的发展，已经拥有CT、X射线机、MRI（磁共振）、US（超声）、CL（生化分析仪器）等最前沿医用影像系列产品	12.8

二、主要产品

根据我国食品药品监督管理总局数据显示，截至2018年，我国医学影像产品获批上市且在售的产品共计2112种，共有645家企业参与医学影像设备的研发生产。根据数据显示，X射线和超声成像相关产品批件数量较多，且参与研发生产的企业共计达350多家，总体来讲X射线和超声成像我国已经可以基本实现国产可替代。但是对于CT、MRI、核医学等高端医学影像设备来说，由于其技术壁垒较高，我国产品批件数和参与企业数相对较少（表2-55）。

表2-55 我国医学影像产品批件及参与企业情况

医学影像		获批产品数/种	获批企业数/家
CT		73	25
MRI		82	25
X射线	常规X射线	359	130
	数字化X射线	480	129
核医学	PET	1	1
	PET-CT	8	5
	SPECT	4	3
	γ相机	3	3
超声成像	B超	108	51
	多普勒超声	172	62
医用光学设备		300	117
配套系统及耗材		473	248

尽管我国医学影像设备取得阶段性进展，但是对于重点产品来说，仍被进口产品垄断。但进口替代与分级诊疗将成为国产医疗器械的重要机会，助推国产影像技术水平快速提升。在国内医学影像设备市场中、X射线计算机

断层扫描（CT）、医用磁共振成像（MRI）和医用超声设备占据市场的前三甲，占比分别为22%、19%和17%。数字化X射线机（DR）、核医学成像设备在国内医学影像设备市场中的占比不低于10%。根据中国医疗设备数据发布大会显示，在这些产品中，国产设备占有率不足10%。总体来讲，在拥有巨大的国产可替代市场空间的情况下，我国企业也面临着巨大的技术和市场压力。当前国家推行分级诊疗政策和“首台套”政策，多地政府已在采购文件中提出限制采购进口产品，鼓励采购国产设备，将进一步提升高端进口医疗器械国产替代水平，基层市场需求扩容也有望助推国产影像设备市场快速增长（图2-29）。

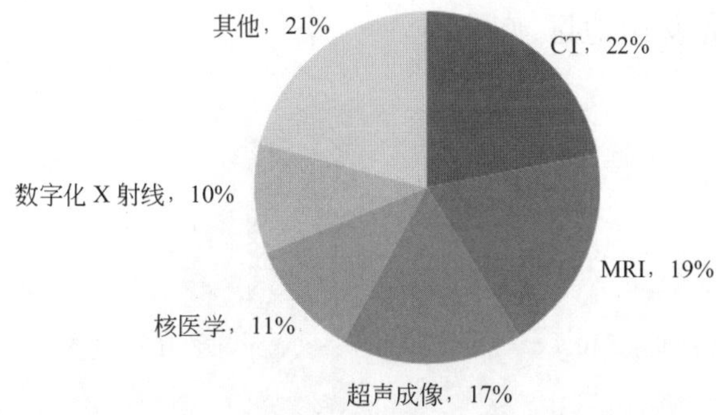

图2-29　我国医学影像设备市场分布

三、市场分析

（一）我国医学影像市场概况

医学影像是我国医疗器械最大的子行业，占比约为16%。2015年，我国医学影像市场规模为492亿元，预计2020年将达到1461亿元，预计复合增长率超过20%。相对国外龙头企业，我国医学影像发展起步晚，发展时间较短，目前无论在技术还是商业模式上，均处于跟随状态。但未来随着国家政策的扶持以及我国医学影像技术的不断突破和产业升级，将有望继续保持高速增长的良好态势，并实现从中低端市场向高端市场进口替代的愿景（图2-30）。

我国医学影像产业集聚明显，企业主要分布在北京（10%）、长三角（43%）、珠三角（22%）等发达地区。产业呈现集聚发展主要是因为医疗器械产品技术涉及光学、电磁学、机械学、材料学等众多学科，技术壁垒极高，因此对人才、资源和经济环境的依赖度相对较高，所以其主要分布在我

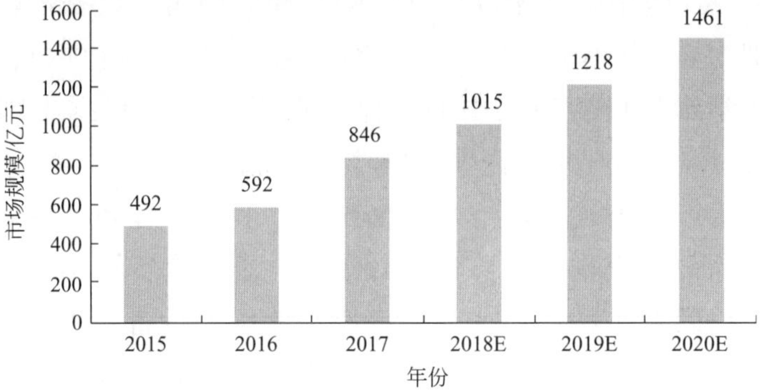

图 2-30　我国医学影像产业市场规模

国东南沿海等经济发达地区（图 2-31）。

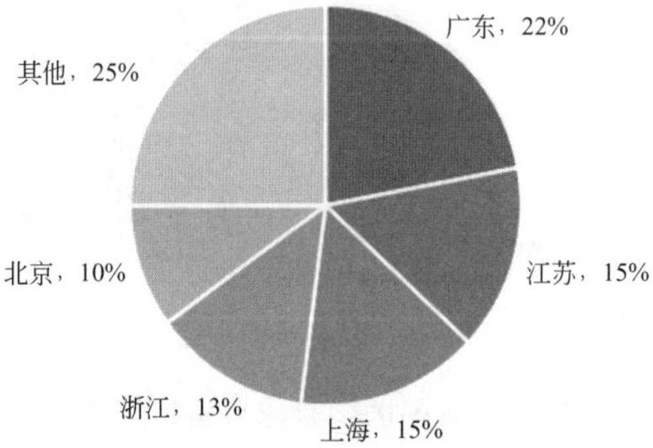

图 2-31　我国医学影像企业地域分布情况

（二）市场发展趋势

医学影像国产可替代速度将持续加快。国产设备在中低端领域已基本实现突破，竞争红海，而中高端产品由于核心元部件尚未实现完全自主研发和生产，与海外产品仍有较大代差，市场主要为 GE、飞利浦、西门子等公司所垄断。大型影像设备近年来进入了“技术静默期”，行业内并没有出现变革性突破，这给予国产品牌良好的契机来“追赶”欧美品牌。同时，我国在政策上积极鼓励医学影像进口替代。因此，总体来讲，我国企业虽面临巨大的发展压力，但是我国头部企业仍有机会凭借国家政策和市场扩容的良好契机，大力发展技术、逐步提升产品接受度及渗透率。

独立影像中心将采取合作模式，得到进一步发展。美国最大的影像中心 Alliance Healthcare Service 真正独立提供零售业务的中心 117 家中，与医院合作的有 82 家、与医生集团合作的有 28 家、真正独立提供零售业务的中心仅 7 家。因此，借鉴美国成熟的独立医疗影像市场发展案例，我国独立影像中心，应积极与医疗机构展开合作，凭借其引流效果，进一步扩大发展。

医学影像将会随着大数据和人工智能的技术进步，迎来变革式发展。未来，医学影像将会依托大数据、人工智能等技术的发展，产生以下四种演进：从大型设备向场景化、便携性演进；从诊断向诊断与治疗一体化演进；从形态学影像检查向形态＋功能演进；从信息化向云化、智能化演进。

四、研发动向

我国医学影像近几年有了突破性的进展，但是在核心工艺、核心材质上，仍远落后于发达国家。因此核心技术的突破将会是未来发展的主要方向。如CT扫描机探测器，拼接工艺要求极高、生产极为复杂，并且这些技术往往已经被国外龙头企业布下大量的“专利”壁垒；除此之外，对于探测器的材质要求也极高。这些均限制了我国医学影像的发展进程。因此，对于关键技术的突破，并在一定程度上实现“弯道超车”是我国医学影像未来发展的关键。

围绕医学影像的人工智能、大数据等技术，将会成为未来重要的发展方向。大数据和人工智能的发展对于未来医学影像的发展来讲，第一是提供数据分析，充当医生的眼睛；第二为社会厂商提供算法模型，使得影像设备更为智能化；第三为影像云提供影像智能分析能力及服务；第四为医药研发企业提供药效分析；第五为保险机构提供影像数据降低风险。总体来讲，基于医学影像的人工智能和大数据技术的开发，有望为医学影像带来变革式发展。

五、自主创新情况

我国自主开发的全球磁共振领域最高端的加速成像技术——光梭成像技术正式发布。2017年，联影医疗基于国内首台自主研发生产的3.0T磁共振的硬件基础上，经过长达三年的开发和检验，最终通过上海复旦大学附属中山医院、南京大学医学院附属鼓楼医院等多家大型三甲的临床认可。该技术的成功开发和临床应用，实现了磁共振领域中第三代超快速超高清的加速成像技术的突破，彻底打破了跨国公司对高端医疗设备的技术垄断，填补了国产高端医疗设备中扫描加速技术的空白，推进了国产高端医疗设备在全国各基层医院的普及。

正电子发射断层扫描及磁共振成像系统获批上市。PET/MR 是 PET 和 MRI 有机结合形成的一体化大型功能代谢与分子影像诊断设备，同时具备 PET 和 MRI 的检查功能，达到最大意义上的优势互补，在软组织分辨率、检查的无创性等方面相比 PET/CT 更有优势，是目前在细胞分子水平上进行人体功能代谢显像最先进的医学影像技术，也是国际公认的诊断和指导治疗各种恶性肿瘤、冠心病和脑部疾病的最佳方法之一。一体化 PET/MR 的注册上市，填补了我国高端医疗影像设备的空白，标志着我国在高端医疗影像设备领域乃至医疗设备领域具有自主研发实力及核心竞争力。

（撰稿专家：魏洪泽）

生物农业

2018年度生物种业产业发展报告

2018年我国农作物种业市值稳定在1200亿元以上，继续保持全球第二的地位，全国种子市场总规模约1222.12亿元，同比减少7.49亿元，降幅为0.61%。种业企业自主创新能力整体提升，企业品种选育速度明显加快，一批高产优质、多抗广适的国内优良品种加速推广；种子生产水平快速提高，基地向优势区域加快集中，种子质量稳步上升；种子企业在国内外的兼并重组极度活跃，竞争实力显著增强，50强企业的国内市场集中度达到35.8%，同比增加1.8个百分点，创历史新高。杂交水稻种子销售量前20强市场集中度超过60%，同比提升8.63%；杂交玉米种子销售量市场集中度占比基本持平略降，其他作物种子均有不同程度的提升。

一、生物种业企业发展明显加快

1. 种业资本市场持续活跃

现代种业发展基金、种业创新基金等多元化社会资本进入种业领域持续增长，业务逐步放大拓展，在推动种业企业整合重组、转型升级、机制创新等方面取得了明显成效。中国化工、隆平高科等依靠融资和自主发展分别进入国际种业第3和第8，为历史性重大突破。

2. 种业企业创新能力明显加强

企业不断加大科研的投入，企业前50强年研发投入能够达到13.8亿元，已经占到了销售收入的7.4%，接近国际上的研发投入。通过不断加大研发投入，企业的创新能力有了显著的提高，企业实力明显增强。以隆平高科为例，其发布的2018年第三季度报告公告显示，公司前三季度营业收入14.57亿元，同比增加15.7%。未来公司业绩仍有明显成长潜力，预计未来其以晶系水稻种的产品领先优势，在水稻制种收入方面增速可达20%以上的复合增速，市场占有率有快速提升机会；同时还可借助巴西项目开拓海外市场，有效调动资源服务国内市场，估算当前隆平及联创在国内玉米杂交种行业的市场占有率已达约7%，预期未来可达15%～20%的市场占有率。

3. 种业自主产品地位进一步巩固

国家主要农作物自主选育品种占比达到95%，做到了中国粮主要用中国种。在水稻、小麦、大豆、油菜等大宗作物用种上，我国已经实现了品种全部自主选育，玉米自主品种的面积占比达到90%以上，在蔬菜生产上，自主选育品种的市场份额达到87%以上，转基因抗虫棉花自主品种占96%以上。随着国家和省级品种审定绿色通道及联合体试验体系的逐步完善，品种审定步入快车道，品种审定数量呈现“井喷”。2018年通过国审的玉米品种516个，国审的水稻品种268个，同比分别增加了201.8%和50.6%。如果考虑省级审定品种数量，以玉米审定品种数量为例，2018年全国（国审+省审）审定玉米品种数量1820个，是2017年审定品种数量的2.01倍。

4. 种业企业商品种子销售额出现负增长

2018年全国持有效种子生产经营许可证的企业数量为5203家，同比增加887家，其中以繁制种为主的企业836家，同比增加408家；以销售为主的企业916家，同比增加394家。据农业农村部2018年10月统计报表，2017年商品种子销售额超过1亿元的种子企业138家，超过2亿元的48家，超过5亿元的12家，超过10亿元的3家。商品种子销售额前5名实现销售额67.27亿元，同比减少2.44亿元；前10名销售额98.65亿元，同比减少0.24亿元；前50名销售额207.64亿元，同比减少3.95亿元。

二、生物种业基础科研持续取得突破

我国种业基础科技依托国家转基因生物新品种培育重大专项、七大农作物育种重点研发计划专项等，在水稻、小麦、玉米、大豆、油菜、棉花、蔬菜等主要农作物上，围绕优异种质资源鉴定与利用、重要性状基因克隆与功能解析、育种技术与材料创新、重大品种选育、良种繁育与种子加工等重点内容开展科技创新，取得重要进展。

1. 种质资源精准鉴定与创新利用取得重要进展，为新品种选育及基础研究提供了重要物质基础

完成了1.5万余份水稻、小麦、玉米等作物种质资源在不同生态点的表型精准鉴定，初步筛选获得了1028份优异种质资源。利用水稻、大豆、棉花、油菜和蔬菜等作物全基因组重测序技术、小麦660KSNP基因芯片检测

技术等，完成了对6430份种质资源的基因型鉴定，初步发现了一批品种产量、品质和抗性等重要性状的关联位点。创制远缘杂交、地方品种导入系和优异新种质1417份，其中抗病、抗逆、优质等综合性状良好的优异新种质华矮01（小麦）、50026（玉米）、京河1号（大豆）、冀863（棉花）、高抗大白菜根肿病的DH系Y636-9等已被育种家利用。引进国外种质资源878份，并完成了主要农艺性状的初步鉴定评价。

2. 精细定位和克隆了一批重要性状的有利基因，为农作物分子定向设计育种提供了重要基因资源与路径

中国农业科学院作物科学研究所万建民院士团队研究阐明了自私基因在维持植物基因组的稳定性和促进新物种的形成中的分子机制，为解决籼粳杂种不育、野生稻种资源的利用提供了科学基础，研究结果2018年发表在*Science*杂志。中国科学院遗传与发育生物学研究所傅向东课题组在赤霉素信号传导途径调控植物氮肥高效利用研究方面取得重要进展，从分子水平阐明了“绿色革命”矮秆育种伴随氮肥利用效率低下的原因，并提出了明确的解决方案，研究结果2018年8月16日以封面文章形式在线发表于*Nature*杂志。扬州大学刘巧泉教授课题组克隆了控制稻米粒长基因*GS9*，证明通过导入*GS9*等位基因或基因编辑产生*GS9*缺失突变的方式，可在不影响水稻生长发育和产量的基础上，显著改良高产品种的粒形和外观品质，相关研究结果2018年发表在*Nature Communication*杂志。中国农业科学院作物科学研究所刘春明研究团队利用可以显著增厚水稻糊粉层*ta2*和*ta1*基因的等位变异，发现糊粉层增厚表型是由于一个DNA去甲基化酶基因*OsROS1*显性负突变产生，其糊粉层从野生型水稻的一层细胞增加到4～10层，使得糙米中多种营养物质显著提高，有望开拓禾本科作物营养品质育种新路径，相关研究成果2018年发表在*PNAS*杂志上。中国农业大学赖锦盛教授课题组利用第三代测序技术（PacBio单分子测序技术）和BioNano映射技术组装了高质量的玉米Mo17基因组，进而在基因组学层面解析了玉米杂种优势形成的原因，相关研究成果2018年发表于*Nature Genetics*。华中农业大学傅廷栋院士课题组发现了植物对磺酰脲类除草剂除靶标抗性和代谢耐性之外，还存在一种新的耐性机制，称之为“稳态耐性”，且稳态耐性存在于代谢耐性之中。这一研究成果为培育农作物强优势抗/耐除草剂新品种奠定了理论基础，相关研究结果2018年发表在*Autophagy*上。中国农业科学院深圳农业基因组研究所黄三文研究员实验室通过多重组学和代谢组学相结合的方式，全面解析了番茄风味的物质和遗传基础，揭示了番茄代谢组的驯化历

史，发现了重要的代谢途径和调控基因，为风味和品质改良绘制了育种路线图，相关研究成果 2018 年发表在 *Cell* 上。

3. 农作物基因编辑等关键育种技术取得明显突破，加速了农作物高效育种体系的构建与快速应用

农作物基因编辑等育种技术的开发加速了高效育种体系的构建与应用。杂优利用、细胞及染色体工程、航天诱变与重离子诱变、分子标记、全基因组选择等关键技术创制出高产、优质、抗病虫、抗逆、资源高效利用、适合机械化等突破性育种材料 1556 份。中国科学院遗传与发育生物学研究所高彩霞研究组利用 CRISPR/Cas9 对 uORF 进行编辑，显著提高了目标基因的翻译效率，在生菜及拟南芥中实现了对维生素 C 含量等重要性状的准确定量调控，该成果于 2018 年 8 月 6 日在线发表于 *Nature Biotechnology* 杂志。同时，高彩霞研究组利用 nCas9 融合 hAPOBEC3A（A3A）和 UGI，构成新的单碱基编辑系统 A3A-PBE，成功在小麦、水稻及马铃薯中实现比基于融合 rAPOBEC1 的 PBE 体系更加高效的C-T单碱基编辑，拓宽了植物单碱基编辑的范围，这一研究成果 2018 年 10 月 1 日在线发表于 *Nature Biotechnology* 杂志。北京市杂交小麦研究中心赵昌平团队在小麦杂交种制种技术研究上取得重要进展，大面积制种产量突破 300kg/亩（1 亩＝666.67m^2），为加快杂交小麦产业发展提供了重要技术支撑。

4. 一批优质高产多抗新品种脱颖而出，为保障国家粮食安全和促进农业绿色发展提供了强有力的科技支撑

2018 年度，由于国家实行了品种审定绿色通道机制，新品种审定速度和数量出现“井喷”效应，全年通过国家和省级审定的主要农作物新品种超过 3000 个，通过登记的各类小作物新品种 6000 多个，为繁荣种业发展提供了丰富的产品选择。

在水稻新品种中，晶两优 534 已推广约 350 万亩，荃优华占推广应用 195 万亩，龙粳 65 累计推广面积达到 208.7 万亩，绥粳 28 年累计推广面积达到 200.8 万亩。2018 年新审定的中科发 5 号具有高产、优质、多抗、分蘖强、灌浆速度快、适应性广等优点；天隆优 619 带有天然香味的三系杂交粳稻，达到国家《优质稻谷》标准 1 级；深两优 1173 平均增产 6.17%，高抗稻瘟病，优质 3 级；籼型常规早稻品种中组 143，平均亩产达到 678.46kg，已通过湖南、江西、安徽等省的引种备案；连粳 15 号具有早熟、优质、抗纹枯病、抗条纹叶枯病、抗黑条矮缩病等优点。

在小麦新品种中，鲁原 502 在山东省的年推广面积超过 1200 万亩；百

农4199在河南省的推广面积为304万亩；西农529推广面积200万亩。京麦179是我国北部冬麦区第一个国审的杂交小麦品种，该品种大穗大粒，丰产性突出，具有亩产700kg的产量潜力。新审定的航麦2566通过航天诱变与杂交选育相结合育成，突出特点为大穗大粒优质高产；济麦44为绿色强筋小麦品种，抗白粉病和条锈病；西农511综合抗病性好，在赤霉病、条锈病、纹枯病等病害发生较重的区域更能发挥其优势；洛麦26具有高产、抗病、抗倒伏等突出优点；轮选66抗倒伏性较好，耐后期高温。

在玉米新品种中，适宜全程机械化的强优势品种京农科728在黄淮海夏玉米区及河北、内蒙古、天津、北京等春玉米区已累计推广超过1000万亩，成为京津冀及山东主导品种之一，并实现大面积夏玉米籽粒机收，在河南、安徽等地也开始大面积示范，在黑龙江、内蒙古等地也有很好表现。早熟、耐密、抗倒伏强优势新品种敦玉213在黑龙江省推广面积由2017年的15万亩迅速上升到2018年的107.57万亩，并且在未来几年有望成为黑龙江省第一积温带下限到第二积温带上限地区的主栽品种。高产、多抗、强优势玉米杂交种鲁单1108累计推广面积180万亩，该品种在夏播区示范推广具有良好的上升势头。龙单90是黑龙江省第一批审定的适宜机械化收获的品种，2018年度示范推广20万亩。专用高淀粉玉米品种东农261籽粒淀粉含量为76.27%，属于一等高淀粉玉米品种。

在大豆和棉花新品种中，合农95、合农75推广面积均达到200万亩。合农91在新疆试验示范区的田间鉴定与实打验收，亩产达到423.77kg，创国内品种新高。黑科60为我国北部高寒区培育适宜种植的高产稳产、优质、抗逆、广适应性大豆新品种，属高蛋白类型。绥农51生产试验平均公顷产量2501.1kg，较对照品种北豆40增产8.0%，中抗灰斑，蛋白质含量39.15%，脂肪含量21.67%。新陆中82号棉花新品种推广面积60万亩。转基因抗虫中早熟三系杂交品种鲁杂2138，抗枯萎病，耐黄萎病，高抗棉铃虫。

在蔬菜新品种中，高产优质辣椒新品种湘辣712，2018年推广面积达11.6万亩；星秀、圆珠一号推广面积各6万亩；京春娃4号，中棵菜，抗黄萎病，推广面积5万亩以上。中甘628具有早熟、优质、耐枯萎病、适应性强等优点，推广面积5万亩以上；优松60具有早熟，花球洁白耐晒，株型直立、紧凑，适宜密植等特性，推广面积5万亩以上；高产优质黄瓜新品种津优365，商品性好、抗病性强（抗霜霉病、枯萎病，中抗白粉病、褐斑病）、适应性强、产量高（多点、多茬口产量比对照增产9.3%～15.7%）；

高产优质辣椒新品种软皮早秀高抗疫病，抗病毒病、炭疽病，耐低温寡日照能力强，易栽培。

预计 2019 年农作物种业总体发展趋势，种业市场仍然会保持 1200 亿元的档值，但以资本为纽带的兼并重组活动将十分明显，强者趋强，企业创新研发投入会持续加大，企业自主创新能力快速增长，专业企业分工合作将进一步凸显。随着国家生物技术政策的不断利好，一些前期基础较好的玉米、大豆等生物工程品种的产业化会明显加快，并释放强烈市场需求。

（撰稿专家：刘录祥）

2018年度生物饲料产业发展报告

一、概况

我国正处于动物产品数量与质量需求的快速增长期，饲料作为支撑我国畜牧业可持续健康发展的基础产业，其产量“十三五”期间一直居世界第一，2017年，我国工业饲料总产量达到2.2亿吨，同比增长6%，也提前完成了饲料行业“十三五”规划设定的目标。但我国饲料产业仍然面临着诸如饲料资源严重短缺、生产成本持续攀升、环保压力逐渐加大、食品安全要求越来越高的重大挑战。例如目前我国每年消耗的饲料总量为3.5亿吨左右，仍然有较大的缺口和发展空间。

在这种局势下，以生物科技为基础，利用基因工程、蛋白质工程和发酵工程等新型生物饲料技术，尤其是基因工程技术和高密度发酵工程技术的应用将为开发新饲料资源、减少抗生素使用、解决动物产品安全、提高肉蛋奶风味品质以及提升生态环境质量开辟崭新的研究领域和巨大的产业前景。顺应生物技术的发展趋势，以问题为导向，聚焦解决行业制约的瓶颈问题，既是生物饲料发展的契机和责任，也是提升我国饲料行业整体竞争力、实现生态强国的重要途径。

近年来，我国生物饲料产值以年均20%的速度递增，生物饲料的研发与应用发展迅猛，尤其是我国饲用酶制剂和微生态制剂在部分技术领域取得了领先地位，引领了产业的发展。同时微生物发酵饲料原料在饲料产业中的比例呈现线性增长的趋势，其价值已为行业广泛接受，生物发酵技术的应用不仅可以降解饲料中抗营养因子，改善适口性，而且通过微生物及其代谢产物的作用促进了动物肠道健康，同时有效提高了我国各类杂粕和糟渣资源的利用率和营养价值，挖掘了农副资源饲料化利用潜力，减少了对玉米和豆粕的依赖。目前，大部分大型农牧饲料和养殖企业已经自产和销售发酵饲料，如新希望集团、正大集团和双胞胎集团等。此外，抗菌肽、有机微量元素和植物提取物等技术的研发与应用也取得了较好的效果，特别是从2016年农业部逐渐禁用了9种动物用抗生素后，一些科研人员更加专注于抗生素替代品的研制，如在抗菌肽设计、机理与转基因表达研究上取得了重要突破，建立了坚实的材料与方法基础。

二、主要产品

随着我国生物饲料产业的快速发展，由生物饲料开发国家工程研究中心牵头，联合中国农业大学、中国农业科学院饲料研究所、浙江大学以及中国生物饲料产业创新战略联盟会员单位共同起草的生物饲料首个团体标准——《生物饲料产品分类》于2018年1月发布，这将对规范我国生物饲料产业发展起到重要的引领作用。未来随着生产技术的发展，生物饲料的生产效率和产品种类将得到提高和丰富，市场的需求量也将进一步扩大，生物饲料将在饲料市场中占据更加重要的地位。

通常来说，生物饲料种类主要包括饲用酶制剂、微生物饲料添加剂、功能性蛋白肽、功能性氨基酸、有机微量元素、植物与微生物提取物、益生元、发酵和酶解饲料以及其他生物技术相关产品。

《生物饲料产品分类》团体标准进一步明确了生物饲料的概念，即“使用农业部饲料原料目录和饲料添加剂品种目录等国家相关法规允许使用的饲料原料和添加剂，通过发酵工程、酶工程、蛋白质工程和基因工程等生物工程技术开发的饲料产品总称，包括发酵饲料、酶解饲料、菌酶协同发酵饲料和生物饲料添加剂等”。按照原料组成、菌种或酶制剂组成和原料营养特性将生物饲料分为4个主类、10个亚类、17个次亚类、50个小类和112个产品类别，基本涵盖了国内现有生物饲料相关产品（表2-56～表2-58）。

生物饲料添加剂仍以农业部发布的《饲料添加剂品种目录（2013）》相关产品为主，共计97种。主要包括微生物制剂产品34种；饲料用酶共13类产品，包括植酸酶、淀粉酶、蛋白酶及非淀粉多糖酶等；饲用功能性多糖和寡糖类产品9种，另外包括苜蓿提取物、杜仲叶提取物、淫羊藿提取物、紫苏籽提取物等植物提取物产品。农业部还逐步对《饲料添加剂品种目录（2013）》和《饲料原料目录》进行了修订，增加了部分酶制剂产品，如菠萝蛋白酶（源自菠萝）、木瓜蛋白酶（源自木瓜）、溶菌酶（源自鸡蛋清）、胃蛋白酶（源自猪、小牛、小羊、禽类的胃组织）和胰蛋白酶（源自猪或牛的胰腺）等。同时将部分微生物、寡糖和植物提取物产品扩大至犬猫等宠物饲料范围，如凝结芽孢杆菌、β-1,3-D-葡聚糖（源自酿酒酵母）、低聚壳聚糖、低聚异麦芽糖（IMO）和苜蓿提取物等。

表 2-56 发酵饲料产品分类

主类	亚类	次亚类	小类	产品类别
发酵饲料	发酵单一饲料	发酵蛋白饲料	发酵植物蛋白饲料	单菌种发酵植物蛋白饲料
				多菌种发酵植物蛋白饲料
			发酵动物蛋白饲料	单菌种发酵动物蛋白饲料
				多菌种发酵动物蛋白饲料
			微生物蛋白饲料	细菌类蛋白饲料
				酵母类蛋白饲料
				霉菌类蛋白饲料
				微型藻类蛋白饲料
				其他
		发酵能量饲料	发酵谷实类饲料	单菌种发酵谷实类饲料
				多菌种发酵谷实类饲料
			发酵糠麸类饲料	单菌种发酵糠麸类饲料
				多菌种发酵糠麸类饲料
			发酵块根块茎类饲料	单菌种发酵块根茎类饲料
				多菌种发酵块根茎类饲料
			发酵能量饲料	单菌种发酵其他能量饲料
				多菌种发酵其他能量饲料
		发酵粗饲料	发酵秸秆类饲料	单菌种发酵秸秆类饲料
				多菌种发酵秸秆类饲料
			发酵牧草类饲料	单菌种发酵牧草类饲料
				多菌种发酵牧草类饲料
			发酵果蔬渣类饲料	单菌种发酵果蔬渣类饲料
				多菌种发酵果蔬渣类饲料
			发酵其他粗饲料	单菌种发酵其他粗饲料
				多菌种发酵其他粗饲料
	发酵混合饲料	单菌种发酵混合饲料		
		多菌种发酵混合饲料		

表 2-57　酶解饲料产品分类

主类	亚类	次亚类	小类	产品类别
酶解饲料	酶解单一饲料	酶解蛋白饲料	酶解植物蛋白饲料	单酶酶解植物蛋白饲料
				多酶酶解植物蛋白饲料
			酶解动物蛋白饲料	单酶酶解动物蛋白饲料
				多酶酶解动物蛋白饲料
		酶解能量饲料	酶解谷实类饲料	单酶酶解谷实类饲料
				多酶酶解谷实类饲料
			酶解糠麸类饲料	单酶酶解糠麸类饲料
				多酶酶解糠麸类饲料
			酶解块根块茎类饲料	单酶酶解块根茎类饲料
				多酶酶解块根茎类饲料
			酶解其他能量饲料	单酶酶解其他能量饲料
				多酶酶解其他能量饲料
		酶解粗饲料	酶解秸秆类饲料	单酶酶解秸秆类饲料
				多酶酶解秸秆类饲料
			酶解牧草类饲料	单酶酶解牧草类饲料
				多酶酶解牧草类饲料
			酶解果树渣类饲料	单酶酶解果蔬渣类饲料
				多酶酶解果蔬渣类饲料
			酶解其他粗饲料	单酶酶解其他粗饲料
				多酶酶解其他粗饲料
	酶解混合饲料	单酶酶解混合饲料		
		多酶酶解混合饲料		

表 2-58　菌酶协同发酵饲料产品分类

主类	亚类	次亚类	小类
菌酶协同发酵饲料	菌酶协同发酵单一饲料	菌酶协同发酵蛋白饲料	菌酶协同发酵植物蛋白饲料
			菌酶协同发酵动物蛋白饲料
		菌酶协同发酵能量饲料	菌酶协同发酵谷实类饲料
			菌酶协同发酵糠麸类饲料
			菌酶协同发酵块根茎类饲料
			菌酶协同发酵其他能量饲料
		菌酶协同发酵粗饲料	菌酶协同发酵秸秆类饲料
			菌酶协同发酵牧草类饲料
			菌酶协同发酵果蔬渣类饲料
			菌酶协同发酵其他粗饲料
	菌酶协同发酵混合饲料		

三、市场分析

1. 生物饲料市场空间巨大

2017 年 2 月国家发展和改革委员会发布《战略性新兴产业重点产品和服务指导目录》，其中生物饲料作为生物农业产业的 6 大重点产品之一，引导全社会资源的投向，也成为饲料产业供给侧结构改革的重要突破口。其中提出生物发酵饲料、微生态制剂、酶制剂等产品作为重点产品大力推进。

我国是一个畜禽养殖和消费大国，随着规模化和集约化养殖程度的进一步提高，全国畜禽饲料产量也进一步提高。随着我国畜牧业和饲料产业的持续发展，我国饲料原料的供需矛盾日益突出，特别是蛋白饲料资源严重短缺。随着食物结构的改变和畜牧业规模化比例提高，到 2020 年以满足 16 亿人对畜禽产品需求为目标，饲料粮需求可能增加到 4 亿吨，将占粮食消费需求总量 45%以上。这对于耕地和水资源短缺的我国来说将是一个巨大的挑战，预计未来饲料产业与人争粮的矛盾将愈演愈烈。此外，我国非常规饲料资源丰富，种类多，全国有各类杂粕、糟渣资源近 2 亿吨，除棉粕、菜粕和花生粕等资源，其他糟渣类和鲜基物料的开发利用率低，有巨大的开发空间。

欧美一些国家微生物发酵饲料的使用比例已经超过 50%，德国液体饲喂普及率达到 30%以上，荷兰和芬兰规模化养猪场应用生物饲料饲喂达到 60%，而我国发酵饲料普及率很低，液体饲喂模式还在探索阶段。目前，我国生物发酵原料的价值已为行业广泛接受，从事生物饲料行业的企业数量在 1000 多家，2017 年发酵饲料产量 110 万吨，以发酵饲料在猪料、肉禽料、蛋禽料、水产料、反刍料和其他饲料中的用量分别以 5%、2%、5%、5%、10%和 5%保守估计，且按总量普及率 20%推测，2018 年发酵饲料产量可达 195 万吨。预计未来十年内，发酵饲料总量将达到饲料总量的 10%～20%，发酵饲料总量将达到 3000 万～6000 万吨，产值将达到 1000 亿元以上。

2. 生物饲料添加剂产量稳步增长

在微生物饲料添加剂方面，通过发酵方法积累并利用微生物中间代谢产物或者特殊代谢物生产微生物蛋白（饲料酵母等）、饲用氨基酸、酶制剂及抗生素、维生素等，并以此作为饲料添加剂添加到饲料中，补充营养、促进饲料营养物质吸收、提高生长性能。

据农业农村部发布报告《我国饲料行业发展现状与趋势》，2017 年饲料添加剂中矿物元素 498.4 万吨，占比 48%。氨基酸 234.8 万吨，占比 23%。维生素 127.4 万吨，占比 12%。微生物制剂 10.7 万吨，占比 1%。酶制剂 10.7 万吨，占比 1%。其中微生物和酶制剂的产量超过 20 万吨，增幅超过 20%。

四、研发动向

由于肠道组学的快速进展，国际上对生物饲料的研发，逐渐着重于肠道微生物及其作用机制、微生物代谢物及其机理研究、菌体的功能性状加强、新的菌种资源开发、饲料产品的保质期延长等方面。目前我国更关注饲用酶制剂、饲用微生物、生物活性寡肽和寡糖等制品的研究和生产，同时在生物饲料产品标准的制定、生物饲料检测和生物饲料检测平台构建等方面进行了研究和应用。

但生物饲料的意义不止于此。生物饲料及相关技术可以丰富饲料来源，提高利用效率，包括微生物蛋白资源的开发，利用发酵技术提高蛋白原料的品质和利用效率，如充分利用发酵技术对甘薯、木薯、甜菜等农副产品进行加工处理，充分挖掘农户资源和饲料化利用潜力。生物技术还可以提升饲料质量安全水平，研发具有抗氧化、抗应激等功能的新型产品，可让新型产品逐步替代药物和添加剂，提升饲料质量安全水平。生物饲料及相关技术还可以构建养殖体系的新型生产体系，针对不同畜种、不同地区，综合原料加工、饲料生产、养殖环境控制、养殖废弃物等环节的生物技术，在减抗、减排、减量等方面形成系统配套、可复制的综合技术模式，可最终构建植物生产、动物转化、微生物还原的生态还原系统，形成种养循环发展新模式。

从我国生物饲料相关论文发表和专利申请情况来看，目前从事生物饲料研究的机构及对生物饲料的关注度呈现增加趋势。微生物发酵是生物饲料的核心技术之一。具体来讲近期主要进展包括如下几个方面。

一是开发新型生物饲料添加剂。重点开发具有抗氧化、抗应激、分解霉菌毒素等特殊功能的新型酶制剂。例如这两年国内酶制剂厂家、专家学者对葡萄糖氧化酶的关注度非常高。开发具有耐酸、耐热等不同特点的微生物制剂，以及满足不同动物种类、不同生长阶段差异化需求的微生物制剂。另外，从我国养殖实际情况出发，在减少抗生素的同时，要加快抗生素替代品的研发，植物提取物研究正在取得进展，而通过基因工程技术对抗菌肽进行改造成为优势。

二是开发优质蛋白饲料资源。微生物生物质是微生物发酵后获得的菌体细胞、代谢产物及其残余培养基，也包括微生物发酵提取主要产物后的剩余物。利用微生物发酵技术，开发菌体蛋白也是缓减蛋白饲料资源短缺的有效途径。比如近年来首钢集团利用微生物技术处理尾气生产乙醇，发酵后的微生物变为菌体蛋白，是很好的饲料资源。

三是加强了生物发酵饲料安全性评价。在发酵饲料方面，通过生物发酵等技术促进农副资源饲料化利用，但发酵后产生了哪些有益物质，甚至是否产生有害物质，这些发酵生物饲料的安全性逐渐被人们所重视。通过优良菌株的发酵，能不能产生一些有益的东西，提高生物发酵饲料的安全性。同时，随着生物发酵饲料的发展，生物发酵饲料安全性评价逐渐被行业重视。内蒙古农大张和平教授对发酵前后的饲料进行单叠氮丙啶（propidium monoazide，PMA）处理及测序分析，可测定细菌和真菌有效活菌的菌群结构和多样性。结合样品的 pH 值、滴定酸度、水分、粗蛋白含量、乳酸菌菌数、霉菌数和大肠菌群数等发酵饲料质量评价的基础指标的检测，及霉菌毒素和挥发性盐基氮等项目的检测，可以有效评价发酵饲料的安全性。

五、自主创新情况

我国在饲用酶制剂、饲用微生物、抗生素替代品等生物饲料制剂的研发方面取得了较大成果。尤其是酶制剂的研究仍然保持领先水平，中国农业大学“半纤维素酶高效生产和应用关键技术”获得 2018 年国家科技进步二等奖。该项目技术可大大促进玉米、大豆等饲料原料的利用。此外，中国农科院在抗菌肽分子改良、作用机理与高效表达方面已取得重要进展，在国内率先建立了转基因抗菌肽创制的专有平台技术，突破了生产瓶颈，同时还开发了十余种特殊功能寡糖物质及寡糖衍生物等，针对不同动物的寡糖安全性、应用效果评价及作用机理的研究均成效显著，促进了饲用功能性寡糖产品的应用。该项目获得了 2018 年北京市科学技术进步一等奖。

（撰稿专家：杨培龙）

2018 年度生物农药产业发展报告

一、概况

建设生态文明是中华民族永续发展的千年大计，农业农村部等七部门联合印发《国家质量兴农战略规划（2018—2022 年）》提到，绿色防控代替化学防治，建设 300 个绿色防控示范县，主要农作物病虫绿色防控覆盖率达到 50％以上。生物防治作为绿色防控的重要手段，将在我国绿色农业发展中不可或缺，被提到更高的水平。最近农业农村部发布了《2019 年种植业工作要点》，绿色防控已被划为“两个重点”之一：调整农业投入结构，持续推进化肥农药减量增效，扩大果菜茶有机肥替代化肥试点和全程绿色防控替代化学防治试点，保持化肥农药使用量负增长，推动绿色发展。这些规划和工作要点，都迫切需要生物农药作为绿色防控重要的组成部分，为农业的可持续发展、农业生态环境保护、食品安全保障等提供物质基础和技术支撑。

1. 全球生物农药发展概述

生物农药在全球范围内仍呈现快速的增长态势，且增长速度远超于传统的化学农药。尽管现今全球农药市场以化学合成产品为主，但生物农药在 2017～2022 年的年复合增长率预计将达到 16％，显示出强大的增长潜力。2016 年生物农药占全球农药市场总额的 5％，预计 2022 年将达到 7％以上。美国在生物防治技术方面处于领先地位，美国环保署已成为生物农药监管的世界领导者，美国生物农药使用量的美元值已达到全球病虫害防治市场总额的 6％。美国生物农药市场在全球位列第一，并占据了全球市场总额的 1/3，美国市场占北美市场总额的 90％。美国生物防治方面，生物杀菌剂和杀虫剂占有举足轻重的地位。水果和蔬菜仍是生物农药使用量最大的种植领域。对于大田作物，种子处理是生物制品使用取得重大进展的领域。种子处理在全球都堪称是增长速度最快的细分市场，而美国市场更甚，预计到 2020 年销售总额将会增加 2 倍。

欧洲政府对于农药使用的法规约束，以及不断增长的可持续性农业需求，均推动了生物农药市场以及生物防治技术的发展。欧洲的部分地区应用覆盖率达到50%以上，温室病虫防治应用在80%以上。如荷兰80%以上的温室释放天敌昆虫和传粉昆虫，露地果园普遍采用性诱剂防治害虫；丹麦温室大棚的生物防治应用比例达到98%，主要使用苏云金杆菌、病毒、捕食螨、寄生蜂等生物制剂和天敌昆虫。

巴西使用化学农药50多年，而无限制的使用化学农药导致了药效大幅降低等一系列问题。目前，巴西农民对低毒农药的需求量日益增大，已经开始使用生物农药作为主要手段来对抗病害。据巴西生物防控协会数据，30年内，该国生物农药产量增长了4倍，生物农药防治行业近年增长率保持在16%～20%，是拉美国家生物农药的领先者。同时随着市场上对有机产品的不断扩大，生物防治产品的需求量将会越来越大。

日本是与美国和欧盟并列的全球三大有机食品的生产和消费的地区。日本政府近年来一直致力于提倡减农药、减化肥的生产方式，鼓励有机农业发展，注重生物防治技术的应用。在日本果园土壤有机质含量都在5%左右，有的甚至高达6.8%，而国内的果园有机质含量大都在1.0%以下。日本有机农业的根基是土壤管理制度，重视统防统治，以农业、生物、物理防治为主，化学防治为辅。

2. 我国生物农药发展概述

我国在2017年颁布新的《农药管理条例》，提出高毒农药将在5年内全部禁用。2018年，中央一号文件强调以“绿色发展”引领乡村振兴、力争到2020年化肥农药使用量实现负增长等都从政策和管理层面，鼓励和大力推广生物农药的发展，并从登记资料的要求上给予较为宽松的政策。

我国生物防治技术研究与应用近年来取得了长足的进步，松毛虫赤眼蜂、绿僵菌、增产菌及农用抗生素等研究与应用取得了可喜的成绩，目前天敌昆虫、微生物农药、植物源农药、复合生物防治等技术的研究也十分活跃。

重庆聚立信生物工程有限公司在重庆涪陵区白涛工业园区建成投产全球规模最大的真菌类生物农药生产基地。基地目前能满足机械化年生产3000t杀虫真菌农药，达产后可年产制剂2.8万吨，使我国成为真正能够规模化生产安全高效、无公害、无残留、无抗药性，广谱性杀虫真菌类生物农药的国家。

植物免疫蛋白阿泰灵的推广销售额2018年达1.2亿元人民币，已经成为生物农药的重要产品之一。

二、主要产品

截至 2017 年年底，我国登记农药产品总数为 38 248 个，其中生物化学农药、微生物农药和植物源农药登记产品数 1266 个，占比 3.3%，涉及 97 种有效成分（含不同菌株）；农用抗生素（国外不承认为生物农药）登记产品数 2415 个，占比 6.3%，涉及 13 种有效成分，两种合计占农药登记总数的 9.9%。国内生物农药制剂年产量和产值分别占整个农药总产量和总产值的 9%左右。

三、市场分析

在新形势下，国家绿色发展理念深入人心，将生态治理提升国家战略层面，生物农药在农业中仍然是一个非常新兴的市场，我国农业生产正开始从数量型向质量与安全型转变，生物农药已成为农药产业发展的大趋势，越来越多的资金投入到生物农药的研发中去，生物农药市场份额将继续扩大。

然而，就整个生物农药市场现状来看，还存在不少问题，一方面是生物农药企业规模小，农药产品研发周期长，科研资金投入少；部分生物农药产品使用技术性强、施用较为复杂等因素也使得生物农药在推广应用中遇到了难题和瓶颈。

1. 加快生物农药研发步伐

建立以企业为主体、科研院所为支撑、市场为导向、技术为核心、产学研相结合的生物农药科技创新体系。对企业自主研发的生物农药给予必要的支持，降低企业研发和生产成本。此外，要充分发挥政府引导作用，促进生物农药产业健康发展。鼓励从事生物农药生产的企业转型，推动骨干生物农药企业向大规模、多品种、国际化方向发展，提高与国际企业集团的抗衡能力和市场竞争力。

2. 以示范带动推广应用

建立生物农药示范区，助推产业发展。相关职能部门采取各种方式广泛宣传，以提高农民对生物农药在农业病虫害防治中作用的认识，提高农民拒绝高毒农药，自觉使用生物农药的意愿，从而促进我国生物农药提速发展。

四、研发动向

1. 植物免疫诱导技术

植物免疫诱导和激发子研究是近年绿色生态农药研究中新的增长点。近年来除了各种类型的蛋白激发子不断被发现外，激发子作用的分子靶标、分子机制研究亦不断深入，并主要集中在激发子受体、诱导免疫反应的信号通路，有关技术的突破将促进植物免疫诱抗剂的快速发展。

2. 昆虫信息素和诱剂

昆虫信息素和昆虫性诱剂近年来获得了巨大的发展，新技术与新产品不断涌现，昆虫信息素和昆虫性诱剂已经系列化和技术实用化，在生产实践中现已获得了广泛的应用与发展。

昆虫信息素只对同种间个体的昆虫起作用，具有不伤害天敌的特性，对人畜、野生动物、昆虫等通常无毒性问题。昆虫引诱剂给昆虫杀灭开辟了新的途径。中国农业科学院植物保护研究所吴孔明院士课题组利用分子生物学、化学生态学、合成学等方法，研发食物源诱集剂，提升害虫防控效率，如昆虫食诱剂核心产品防控棉田害虫的综合技术近年来进行了广泛地推广与应用。

五、自主创新情况

1. 绿色防控配套综合技术集成及应用研究

通过将土壤修复技术、植物免疫技术、昆虫信息素、微生物杀菌剂、植物源农药和天敌昆虫等相关技术，根据其作用优势与作用特点进行综合技术集成，针对我国主要农作物病虫害的发生发展特点，开展综合治理的研究与集成，根据我国农业生产的需求，研究适合我国农业生产的主要病虫害防控的综合技术集成体系和解决方案，为我国农业生产服务。采用棚室和土壤消毒技术、蔬菜健体栽培技术、熊蜂授粉技术、理化诱控技术、天敌昆虫控害技术等；通过采用该体系模式，减少化学农药使用，节水、节肥、病虫害减少，构建蔬菜高效生态健康种植技术体系发展迅速。

2. 生物农药发展机遇

随着“绿水青山就是金山银山”的理念深入人心，生物防治已经受到越来越广泛的关注与支持，机遇来源于认识，如提高农产品质量安全需要发展生物防治；农业可持续发展需要发展生物防治；贯彻绿色植保理念需要发展生物防治；社会对生物防治的认知性、积极性、主动性有一定的提高；这些有利的社会环境将极大地促进生物农药快速健康发展。

（撰稿专家：邱德文）

2018年度兽用疫苗产业发展报告

一、我国养殖业现状

党的十八大以来，我国高度重视“三农工作”，把解决三农问题纳入全党的重要议事议程；党的十九大明确提出了乡村振兴战略，加快实现农村农业现代化。乡村振兴，产业兴旺是重点，农畜牧业和种植业是我国农业生产的两大支柱，其中畜牧业在大农业中占有极高的比例，具有门类多、规模大、链条长的特点，对于乡村振兴起着基础和支撑作用，对于农村生态环境中也发挥着至关重要的作用；产业振兴的最大短板、最大空间都在畜牧业，畜牧业的发展还能刺激和带动种植业发展。我国是世界畜牧业大国，其中的养殖业是现代农业发展程度的重要标志。目前，我国是全球最大的猪肉生产和消费大国，生猪存栏超过世界总量的50%，禽肉产量也居世界第一，养殖业总产值在农业总产值中的占比约为30%。

就目前来看，我国虽是畜牧业大国，但不是畜牧业强国。随着我国畜牧业的快速发展，国家和地方政府对养殖业的发展高度重视，把养殖业作为提升经济效益的重要因素和重要指标，并逐渐成长为国民经济增长的支柱型产业。但在实际发展中，养殖业的发展仍存在一些亟待解决的问题，即动物疫病的爆发和流行与畜牧业的发展并生共存。由于集约化、规模化养殖水平不断提高，我国养殖业受地区经济发展不平衡、饲料价格、环境污染和动物疫病、多种养殖模式并存等多种因素影响，高致病性禽流感、口蹄疫等重大动物疫病在部分地区仍呈局部流行，布鲁氏菌病、狂犬病等人畜共患病呈上升趋势，尤其周边国家口蹄疫、禽流感、猪流行性腹泻、非洲猪瘟等疫情出现新病原新毒株，给家禽、生猪、肉羊产业带来巨大威胁，给居民消费习惯和养殖业造成巨大冲击，使得我国动物疫病防控面临巨大挑战。据相关数据显示，由于动物疫病的影响，动物产品减少已高达20%，从而造成直接损失、间接损失分别约300亿元/年、6000亿元/年，动物疫病已经成为阻滞我国养殖业发展的主要因素。动物疫苗作为最直接、最简单、最有效的养殖业疫病防控的手段，起着核心关键作用，同时对“三农”建设、食品安全、公共安全隐患等有着不可估量的影响。生物疫苗产业坚持不懈，积极克服养殖业发展遭遇的困难，在产品研发、工艺改进和生产销售等环节不断增强实力、勇于创新，为养殖业发展做出较大贡献。

二、兽药行业现状

巨大的养殖基数、瞬变的疫病形势、政策的扶持引导、科技的快速创新等因素的影响作用，让中国兽药行业保持了15年的高速连续增长。据统计数据显示，截至2017年兽药行业市场销售总额约473.11亿元，较2016年保持小幅上涨趋势。但回顾2018年，上半年猪价频频走低，下半年遭遇非洲猪瘟疫情，我国生猪市场遭到重创；而生猪市场作为兽药行业的最大需求之一，其市场低迷严重阻滞了兽药企业的发展。据数据分析，2018年，63%的兽药企业销量下降，大多下降幅度达到20%以上，部分企业下滑幅度甚至高达30%～40%，而仅有20%左右的企业实现收入的小幅增长，我国兽药行业销售总额在2018年总体大幅下跌。

2018年，我国兽药行业具体情况如下：**一是我国兽药行业内企业数量总体有所增加，产能过剩问题凸显。**从市场供给来看，以中国兽药协会所收集到的填报数据的企业数量为核算标准，2010年至今，我国兽药行业内企业数量总体有增加趋势。据报告数据统计，截至2017年，我国累计有1682家已填报数据的兽药企业中，山东、河南、江苏、河北、四川五大省份的兽药生产企业数量约占50%；2018年业内企业数量约在1701家。但是，企业数量增加的同时，行业却面临产能过剩的问题。近年来，中国养殖业规模有局部结构的调整（肉牛羊、家禽等），有限的市场吸纳能力、产业发展规划和政策相对滞后，造成多年来行业实际产能利用率低于30%，有些细分品种的产能利用率甚至低于10%，行业在供应端处于严重过剩状态。**二是动物疫苗行业的产业集中度及产品同质化程度普遍较高。**动物疫苗行业的工艺水平差距较小，通过革新工艺、研发自主产品，头部企业已经基本完成了产业布局，全球排名前20的企业，比如中牧、金宇等已经可以和国际动保企业实力竞争。2017年，根据中国兽药协会数据统计，销售额前十的动物疫苗生产企业的市场份额达到50%。在非洲猪瘟事件发生之前，集团企业均已呈现增长乏力的状态，新释放的市场空间也没有消除猪瘟、猪繁殖与呼吸综合征的严重影响，再加之，政府采购的门槛越来越高，猪瘟、猪繁殖与呼吸综合征疫苗不再纳入中央政府强制免疫补贴政策的变化，最终造成以生产销售猪疫苗为主的企业收入大大减少，而新型疫苗研制不畅，很多动物疫苗生产企业再次面临发展瓶颈，整个行业的快速增长、可持续发展受到严重影响。

三、新兽药注册情况

从2018年新兽药注册来看，国内新兽药注册数量增长，而进口新兽药数量大幅减少，且有以下特点：**一是**生药的比例明显下降，禽病疫苗的研发可能进入发展瓶颈期，猪病疫苗联苗和病毒载体重组疫苗、核酸疫苗、亚单位疫苗等已发展成为注册热点和科技攻关的难点；**二是**从新药研发和变更注册来看，宠物药品注册已进入蓬勃发展期。

1. 国内兽药注册

2018年，国产兽药共注册新兽药71个，较2017年同期相比增加6个，其中生物制品类30个，具体情况如表2-59所示。

表2-59　2018年获得批准注册的新兽药

序号	新兽药名称	研制单位	类别	新兽药注册证书号
1	禽流感DNA疫苗（H5亚型，pH5-GD）	中国农业科学院哈尔滨兽医研究所、华派生物工程集团有限公司、哈尔滨维科生物技术开发公司、上海海利生物技术股份有限公司、天津瑞普生物技术股份有限公司、山东信得动物疫苗有限公司	一类	（2018）新兽药证字26号
2	犬细小病毒胶体金检测试纸条	武汉中博生物股份有限公司	二类	（2018）新兽药证字8号
3	副猪嗜血杆菌病间接血凝试验抗原、阳性血清与阴性血清	中国农业科学院兰州兽医研究所、中农威特生物科技股份有限公司	二类	（2018）新兽药证字36号
4	鸡传染性支气管炎病毒ELISA抗体检测试剂盒	中国农业科学院哈尔滨兽医研究所、哈尔滨国生生物科技股份有限公司、哈尔滨维科生物技术开发公司	二类	（2018）新兽药证字44号
5	鸡传染性法氏囊病灭活疫苗（rVP2蛋白）	普莱柯生物工程股份有限公司、洛阳惠中生物技术有限公司、吉林和元生物工程股份有限公司	二类	（2018）新兽药证字47号
6	鸡传染性鼻炎（A型+B型+C型）三价灭活疫苗	北京市农林科学院、中国兽医药品监察所、乾元浩生物股份有限公司、北京信得威特科技有限公司、华派生物工程集团有限公司	二类	（2018）新兽药证字56号

续表

序号	新兽药名称	研制单位	类别	新兽药注册证书号
7	猪肺炎支原体ELISA抗体(sIgA)检测试剂盒	江苏省农业科学院兽医研究所、国家兽用生物制品工程技术研究中心、洛阳莱普生信息科技有限公司	三类	(2018)新兽药证字4号
8	副猪嗜血杆菌病三价灭活疫苗(4型H25株+5型H45株+12型H31株)	广东省农业科学院动物卫生研究所、中国农业科学院兰州兽医研究所、广东永顺生物制药股份有限公司、华派生物工程集团有限公司、云南生物制药有限公司、福州大北农生物技术有限公司、重庆澳龙生物制品有限公司	三类	(2018)新兽药证字9号
9	副猪嗜血杆菌病三价灭活疫苗(4型BJ02株+5型GS04株+13型HN02株)	北京生泰尔科技股份有限公司、北京华夏兴洋生物科技有限公司、武汉中博生物股份有限公司、上海创宏生物科技有限公司、生泰尔(内蒙古)科技有限公司	三类	(2018)新兽药证字10号
10	猪圆环病毒2型ELISA抗体检测试剂盒	洛阳普莱柯万泰生物技术有限公司、斯澳生物科技(苏州)有限公司、国家兽用药品工程技术研究中心	三类	(2018)新兽药证字11号
11	小反刍兽疫、山羊痘二联活疫苗(Clone9株+AV41株)	中国兽医药品监察所、北京中海生物科技有限公司、国药集团扬州威克生物工程有限公司、华派生物工程集团有限公司、天康生物股份有限公司、新疆畜牧科学院兽医研究所(新疆畜牧科学院动物临床医学研究中心)	三类	(2018)新兽药证字12号
12	鸡新城疫、传染性法氏囊病、病毒性关节炎三联灭活疫苗(La Sota株+B87株+S1133株)	哈尔滨国生生物科技股份有限公司、中国兽医药品监察所、天津瑞普生物技术股份有限公司、福建圣维生物科技有限公司、浙江正力安拓生物科技有限公司、肇庆大华农生物药品有限公司、哈药集团生物疫苗有限公司、吉林和元生物工程股份有限公司、乾元浩生物股份有限公司	三类	(2018)新兽药证字13号
13	鸡新城疫、传染性支气管炎二联活疫苗(La Sota株+QXL87株)	扬州大学、中崇信诺生物科技泰州有限公司、青岛易邦生物工程有限公司、乾元浩生物股份有限公司、中崇信诺生物制药泰州有限公司	三类	(2018)新兽药证字24号
14	重组禽流感病毒H5亚型灭活疫苗(H5N1,Re-6株,细胞源)	中国农业科学院哈尔滨兽医研究所、吉林冠界生物技术有限公司、哈尔滨维科生物技术开发公司	三类	(2018)新兽药证字25号
15	鸡新城疫灭活疫苗(La Sota株,605佐剂)	北京生泰尔科技股份有限公司、北京华夏兴洋生物科技有限公司	三类	(2018)新兽药证字34号

续表

序号	新兽药名称	研制单位	类别	新兽药注册证书号
16	猪繁殖与呼吸综合征嵌合病毒活疫苗(PC株)	武汉中博生物股份有限公司、中国兽医药品监察所、杭州佑本动物疫苗有限公司、扬州优邦生物药品有限公司	三类	(2018)新兽药证字35号
17	猪传染性胃肠炎、猪流行性腹泻二联活疫苗(SD/L株+LW/L株)	齐鲁动物保健品有限公司、山东省农业科学院畜牧兽医研究所、杭州佑本动物疫苗有限公司、洛阳惠中生物技术有限公司	三类	(2018)新兽药证字37号
18	猪伪狂犬病活疫苗(Bartha-K61株,传代细胞源)	广东永顺生物制药股份有限公司、北京时信成生物科技有限公司、云南生物制药有限公司、中崇信诺生物制药泰州有限公司、福建傲农生物科技集团股份有限公司、广州渔跃生物技术有限公司	三类	(2018)新兽药证字38号
19	水貂犬瘟热、病毒性肠炎二联活疫苗(JTM株+JLM株)	华威特(江苏)生物制药有限公司	三类	(2018)新兽药证字39号
20	鸭坦布苏病毒病活疫苗(FX2010-180P株)	中国农业科学院上海兽医研究所、吉林正业生物制品股份有限公司、青岛易邦生物工程有限公司、梅里亚动物保健有限公司、上海动健生物科技有限公司	三类	(2018)新兽药证字41号
21	重组新城疫病毒、禽流感病毒(H9亚型)二联灭活疫苗(A-Ⅶ株+WJ57株)	扬州大学、中崇信诺生物科技泰州有限公司、青岛易邦生物工程有限公司、天津瑞普生物技术股份有限公司、乾元浩生物股份有限公司	三类	(2018)新兽药证字42号
22	兔出血症病毒杆状病毒载体灭活疫苗(VP60株)	齐鲁动物保健品有限公司	三类	(2018)新兽药证字43号
23	猪圆环病毒2型、猪肺炎支原体二联灭活疫苗(SH株+HN0613株)	普莱柯生物工程股份有限公司、南京农业大学、乾元浩生物股份有限公司、江苏南农高科技股份有限公司、洛阳惠中生物技术有限公司	三类	(2018)新兽药证字45号
24	猪肺炎支原体灭活疫苗(NJ株)	江苏省农业科学院兽医研究所、南京天邦生物科技有限公司、上海海利生物技术股份有限公司、成都天邦生物制品有限公司、普莱柯生物工程股份有限公司	三类	(2018)新兽药证字46号
25	猪流行性腹泻病毒胶体金检测试纸条	洛阳普泰生物技术有限公司、国家兽用药品工程技术研究中心、河南农业大学	三类	(2018)新兽药证字48号

续表

序号	新兽药名称	研制单位	类别	新兽药注册证书号
26	猪萎缩性鼻炎灭活疫苗（TK-MB6株＋TK-MD8株）	天康生物股份有限公司、北京中海生物科技有限公司、天津瑞普生物技术股份有限公司、浙江诗华诺倍威生物技术有限公司、中国兽医药品监察所	三类	（2018）新兽药证字49号
27	鸡新城疫、传染性法氏囊病二联灭活疫苗（A-Ⅶ株＋S-VP2蛋白）	青岛易邦生物工程有限公司	三类	（2018）新兽药证字50号
28	犬细小病毒酶免疫层析检测试纸条	洛阳普泰生物技术有限公司、国家兽用药品工程技术研究中心、北京世纪元亨动物防疫技术有限公司、北京天之泰生物科技有限公司、中国农业科学院北京畜牧兽医研究所	三类	（2018）新兽药证字61号
29	口蹄疫O型病毒抗体胶体金检测试纸条	中国农业科学院兰州兽医研究所	三类	（2018）新兽药证字66号
30	猪口蹄疫O型、A型二价合成肽疫苗（多肽2700＋2800＋MM13）	申联生物医药（上海）股份有限公司、中国农业科学院兰州兽医研究所、中农威特生物科技股份有限公司	三类	（2018）新兽药证字71号

按照国内兽药种类进行分析。2018年，国内注册的71个新兽药中，二类和三类药物数量最多，分别为24个和35个，合计约占比例高达83%，均为我国研制的国外已批准生产，但未列入国家药典、兽药典或者国家法定药品标准的原料药及其制剂。二类新兽药中，化药13个、生药1个、诊断试剂4个、原料药6个；三类新兽药35个，具体包括化药4个、生药19个、诊断试剂5个、原料药1个、中兽药6个。此外，一类和四类药最少，均只有2个；五类药有8个。具体情况如图2-32所示。

按照国内兽药种类数量进行分析。2018年化药25个，生药22个，诊断试剂7个，原料药9个，中兽药8个。较2017年，新增加了对原料药的审批，原料药数量明显增加；化药数量升高，数量增加8.69%；生药数量降低，数量降低26.67%。诊断试剂升高，数量增加40%。具体情况如图2-33所示。

按照国内兽药的用途进行分析。兽药主要分为疫苗类、试剂抗原类及其他种类。2018年，疫苗类新兽药注册数量为22个，占比为31%；而试剂抗原类新兽药研制数量相对较少，仅为8个。

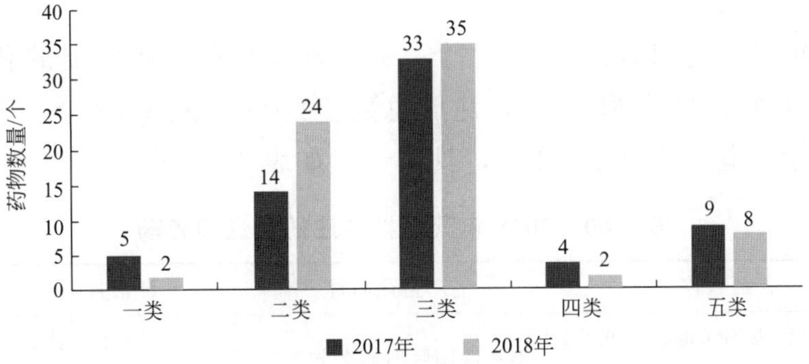

图 2-32 国内兽药种类分析

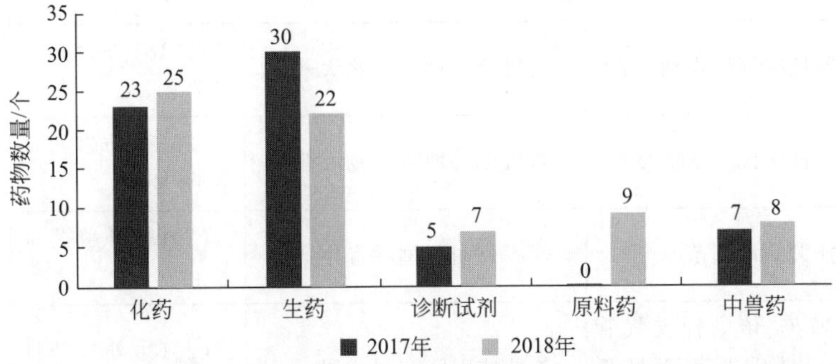

图 2-33 国内兽药种类数量对比分析

按照国内兽药被用对象进行分析。疫苗类新兽药中，畜类疫苗有 9 个新产品，主要是关于口蹄疫、副猪嗜血杆菌病、猪繁殖与呼吸综合征、猪流行性腹泻、伪狂犬、猪圆环、猪肺炎支原体和猪萎缩性鼻炎等方面疾病的疫苗；禽类疫苗有 10 个新产品（鸡相关产品有 9 个和鸭相关产品 1 个），主要是关于禽流感、新城疫、鸡传染性法氏囊和鸡传染性鼻炎等方面疾病的疫苗；其他动物有 3 个新产品，主要是关于兔、山羊等动物使用的疫苗。

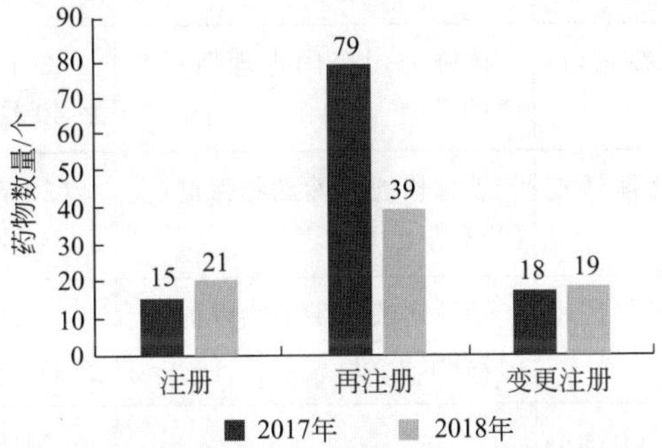

图 2-34 进口兽药数量对比分析

2. 进口兽药注册

2018 年批准进口兽药注册 79 个，其中新注册的、再注册的和变更注册的分别为 21 个、39 个和 19 个，注册总数较 2017 年减少 33 个，具体情况如图 2-34 所示。其中生药类 18 个，具体情况如表 2-60 所示。

表 2-60　2018 年获得批准注册的进口兽药

序号	兽药名称	生产企业名称	证书号	备注
1	犬瘟热、细小病毒病二联活疫苗	英特威国际有限公司	（2018）外兽药证字 2 号	再注册
2	猪萎缩性鼻炎灭活疫苗	硕腾公司	（2018）外兽药证字 3 号	再注册
3	鸡传染性喉气管炎活疫苗	西班牙海博莱生物大药厂	（2018）外兽药证字 7 号	再注册
4	鸡传染性法氏囊病活疫苗	西班牙海博莱生物大药厂	（2018）外兽药证字 13 号	再注册
5	猪伪狂犬病活疫苗	硕腾公司美国林肯生产厂	（2013）外兽药证字 44 号	变更注册
6	鸡新城疫、传染性支气管炎、传染性法氏囊病、呼肠孤病毒感染四联灭活疫苗	英特威国际有限公司	（2018）外兽药证字 25 号	再注册
7	鸡传染性法氏囊病复合冻干活疫苗（2512 株）	梅里亚有限公司美国精选大药厂	（2018）外兽药证字 35 号	再注册
8	猪伪狂犬病活疫苗（Bucharest 株）	硕腾公司美国林肯生产厂	（2018）外兽药证字 30 号	再注册
9	鸡痘活疫苗（M-92 株）	印度尼西亚美迪安有限公司	（2018）外兽药证字 30 号	再注册
10	鸡新城疫灭活疫苗（La Sota 株）	匈牙利诗华-费拉西亚兽医生物制品有限公司	（2018）外兽药证字 37 号	再注册
11	猪支原体肺炎灭活疫苗（P-5722-3 株，Ⅰ）	硕腾公司美国查理斯堡生产厂	（2018）外兽药证字 40 号	再注册
12	猪繁殖与呼吸综合征活疫苗	勃林格殷格翰动物保健（美国）有限公司	（2018）外兽药证字 41 号	再注册
13	猪圆环病毒 2 型杆状病毒载体灭活疫苗	勃林格殷格翰动物保健（美国）有限公司	（2018）外兽药证字 42 号	再注册
14	猪伪狂犬病活疫苗（Bartha K-61 株）	西班牙海博莱生物大药厂	（2018）外兽药证字 33 号	变更注册

续表

序号	兽药名称	生产企业名称	证书号	备注
15	犬钩端螺旋体病(犬型、黄疸出血型)二价灭活疫苗	英特威国际有限公司	(2018)外兽药证字 44 号	再注册
16	狂犬病灭活疫苗(VP12株)	法国维克有限公司	(2018)外兽药证字 45 号	再注册
17	鸡痘活疫苗	勃林格殷格翰动物保健有限公司意大利生产厂	(2017)外兽药证字 07 号	变更注册
18	禽病毒性关节炎油乳剂灭活疫苗	勃林格殷格翰动物保健有限公司意大利生产厂	(2015)外兽药证字 26 号	变更注册

按照进口兽药种类进行分析。2018 年，进口注册总量下降，疫苗、原料药和预混料数量下降，化药相对稳定。79 个获批准的进口兽药中，生药类 18 个，化药类 61 个。较 2017 年，检测试剂进口有所减少，生药类进口数量大幅降低，如图 2-35 所示。

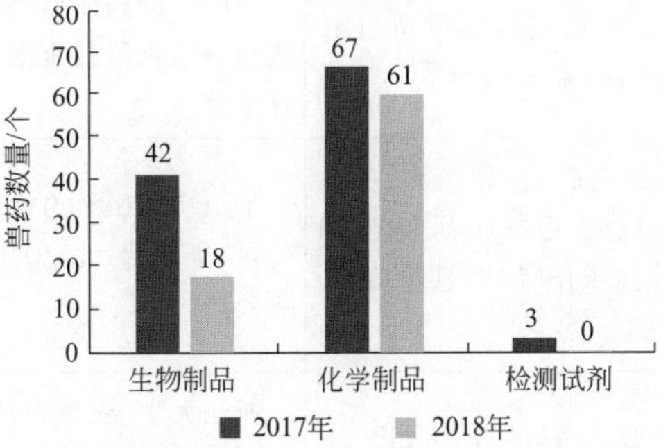

图 2-35 进口兽药种类对比分析

四、临床试验审批情况

截至 2018 年 12 月 30 日，农业农村部全年审批的生物制品临床试验数据共计 86 个，对其中获得的 84 个产品（如表 2-61 所示）的有效临床试验数据进行分析得出，猪类生物制品 32 个（灭活疫苗 18 个，活疫苗 8 个，基因工程疫苗 4 个，注射液 2 个），禽类生物制品 27 个（灭活疫苗 15 个，活疫苗 6 个，基因工程疫苗 5 个，注射液 1 个），牛羊类疫苗 8 个，宠物类疫苗 11 个，特种经济动物（兔、鱼、水貂）疫苗 6 个。与 2017 年相比，2018 年猪类、禽类、特种经济动物临床研究数据的数量是下降的，分别是猪类临床试验数据下降 5.71%，禽类临床试验数据下降 42.3%，特种经济动物临床试验数据下降 25%。牛羊类、宠物类临床试验数据上升明显，分别上升 33.33%、175%。如图 2-36 所示。

表 2-61　2018 年疫苗临床试验数据

序号	批件号	项目名称	申请单位	有效期限
1	2018001	猪伪狂犬病灭活疫苗（GD-gE-株）临床试验	华派生物工程集团有限公司、四川英博莱生物技术有限公司	2018-01-08～2019-01-07
2	2018002	猪圆环病毒 2 型重组杆状病毒亚单位疫苗（OKM 株）临床试验	江苏南农高科技股份有限公司、南京农业大学	2018-01-23～2019-01-22
3	2018003	猪支原体肺炎灭活疫苗（YB-Mhp 株）临床试验	青岛易邦生物工程有限公司	2018-01-23～2019-01-22
4	2018004	布鲁氏菌基因缺失活疫苗（BA0711 株）临床试验	中国农业大学、金河佑本生物制品有限公司、重庆澳龙生物制品有限公司、杭州佑本动物疫苗有限公司	2018-01-23～2019-01-22
5	2018005	猪流行性腹泻灭活疫苗（KB-4clone13 株）临床试验	中国兽医药品监察所、陕西诺威利华生物科技有限公司、北京农学院	2018-01-23～2019-01-22
6	2018006	牛病毒性腹泻/黏膜病、牛传染性鼻气管炎二联活疫苗（1 型，NM 株＋JSM 株，悬浮培养）临床试验	华威特（江苏）生物制药有限公司、华威特（北京）生物科技有限公司	2018-01-29～2019-01-28
7	2018007	猪伪狂犬病毒Ⅱ型 gE/TK 基因缺失灭活疫苗（HD/c 株）临床试验	浙江大学、成都天邦生物制品有限公司、上海海利生物技术股份有限公司、杭州佑本动物疫苗有限公司	2018-01-29～2019-01-28
8	2018008	草鱼嗜水气单胞菌败血症、铜绿假单胞菌赤皮病二联蜂胶灭活疫苗（GA201 株＋JP802 株）临床试验	中国水产科学研究院珠江水产研究所、肇庆大华农生物药品有限公司、广东大渔生物有限公司、广州普麟生物制品有限公司	2018-01-29～2019-01-28
9	2018009	鸭坦布苏病毒精制冻干卵黄抗体临床试验	广州格雷特生物科技有限公司	2018-02-11～2019-02-10
10	2018010	高致病性猪繁殖与呼吸综合征、猪瘟、猪伪狂犬病三联活疫苗（TJM-F92 株＋C 株＋ Bartha-K61 株，悬浮培养）临床试验	华威特（江苏）生物制药有限公司、中国兽医药品监察所	2018-02-11～2019-02-10

续表

序号	批件号	项目名称	申请单位	有效期限
11	2018011	猪圆环病毒2型重组杆状病毒、猪肺炎支原体二联灭活疫苗(TZ株+JS株)临床试验	华威特(江苏)生物制药有限公司	2018-02-11～2019-02-10
12	2018012	鸡新城疫、禽流感(H9亚型)、传染性法氏囊病三联灭活疫苗(Lasota株+XZ株+C1株)临床试验	河南农业大学、河南祺祥生物科技有限公司	2018-02-11～2019-02-10
13	2018013	猪伪狂犬病耐热保护剂活疫苗(Bartha-K61株,传代细胞源)临床试验	广东永顺生物制药股份有限公司	2018-02-11～2019-02-10
14	2018015	高致病性猪繁殖与呼吸综合征基因工程活疫苗(rN-NP49株)临床试验	中国农业科学院上海兽医研究所	2018-02-11～2019-02-10
15	2018016	猪细小病毒病灭活疫苗(L株,悬浮培养)临床试验	哈药集团生物疫苗有限公司、吉林特研生物技术有限责任公司	2018-02-11～2019-02-10
16	2018017	猫泛白细胞减少症、鼻气管炎、鼻结膜炎、狂犬病四联灭活疫苗(P12株+H13株+CC株+CVS-11株)临床试验	中国人民解放军军事医学科学院军事兽医研究所、辽宁益康生物股份有限公司、长春西诺生物科技有限公司、吉林嘉汇生物技术有限公司、武汉中博生物股份有限公司、吉林和元生物工程股份有限公司、浙江月明科技有限公司、哈尔滨元亨生物药业有限公司	2018-02-11～2019-02-10
17	2018018	猪脾转移因子注射液临床试验	派生特(福州)生物科技有限公司	2018-02-11～2019-02-10
18	2018019	猪传染性胃肠炎、猪流行性腹泻二联活疫苗(CT130株HX115株)、仔猪大肠杆菌病纤毛抗原三价亚单位疫苗(K88+K99+987P)临床试验	中国兽医药品监察所、北京生泰尔科技股份有限公司、北京华夏兴洋生物科技有限公司	2018-03-05～2019-03-04
19	2018020	奶牛乳房炎金黄色葡萄球菌三价灭活疫苗临床试验	内蒙古华希生物科技有限公司、北京麦迪理邦生物科技有限公司	2018-03-05～2019-03-04
20	2018021	犬瘟热病毒免疫球蛋白临床试验	天津瑞普生物技术股份有限公司、天津瑞普生物技术股份有限公司空港经济区分公司、瑞普(保定)生物药业有限公司	2018-03-05～2019-03-04

续表

序号	批件号	项目名称	申请单位	有效期限
21	2018022	犬瘟热、犬细小病毒病、犬腺病毒病、犬副流感四联活疫苗临床试验	北京大北农科技集团股份有限公司、北京科牧丰生物制药有限公司	2018-03-19～2019-03-18
22	2018023	水貂出血性肺炎、肺炎克雷伯杆菌病二联灭活疫苗(PADL12株+KPHDI1株)临床试验	山东农业大学、山东滨州沃华生物工程有限公司	2018-03-19～2019-03-18
23	2018024	猪圆环病毒2型基因工程亚单位疫苗(r*E. coli*-Cap株)临床试验	广东温氏大华农生物科技有限公司、镇江瑞华生物科技有限公司	2018-03-21～2019-03-20
24	2018025	猪圆环病毒2型杆状病毒载体、猪肺炎支原体二联灭活疫苗(HLS-1株+H株)临床试验	哈药集团生物疫苗有限公司	2018-03-21～2019-03-20
25	2018026	大菱鲆鳗弧菌病灭活疫苗(EIBVA1株)临床试验	华东理工大学、北京万牧源农业科技有限公司、上海纬胜海洋生物科技有限公司、广东永顺生物制药股份有限公司	2018-03-21～2019-03-21
26	2018027	猪瘟、猪伪狂犬病二联活疫苗(C株+SA215株)临床试验	中国兽医药品监察所、四川华神兽用生物制品有限公司、四川农业大学、北京大北农科技集团股份有限公司、天津瑞普生物技术股份有限公司	2018-03-21～2019-03-23
27	2018028	猪细小病毒病基因工程亚单位疫苗临床试验	长春西诺生物科技有限公司、青岛易邦生物工程有限公司	2018-03-21～2019-03-24
28	2018029	鸡马立克氏病病毒Ⅰ型重组活疫苗(RMD-2G2株)临床试验	中国农业科学院上海兽医研究所、梅里亚动物保健有限公司	2018-03-21～2019-03-25
29	2018030	绵羊肺炎支原体鹦鹉热衣原体病二联灭活疫苗临床试验	内蒙古华希生物科技有限公司、北京麦迪理邦生物科技有限公司	2018-03-21～2019-03-26
30	2018031	鸡大肠杆菌病、沙门氏菌病二联蜂胶灭活疫苗(BZ株+N株)临床试验	山东省农业科学院畜牧兽医研究所、山东华宏生物工程有限公司	2018-03-21～2019-03-28
31	2018032	山羊肺炎支原体鹦鹉热衣原体病二联灭活疫苗临床试验	内蒙古华希生物科技有限公司、北京麦迪理邦生物科技有限公司	2018-03-21～2019-03-20
32	2018033	猪链球菌、副猪嗜血杆菌、猪圆环病毒2型三联灭活疫苗(2型QH株+5型LZ株Cap蛋白)临床试验	山东省农业科学院畜牧兽医研究所、山东省农业科学院家禽研究所、山东滨州沃华生物工程有限公司、青岛蔚蓝生物制品有限公司	2018-03-21～2019-03-20

续表

序号	批件号	项目名称	申请单位	有效期限
33	2018034	Ⅰ群4型禽腺病毒精制卵黄抗体临床试验	青岛蔚蓝生物制品有限公司、重庆永健生物技术有限责任公司、青岛动保国家工程技术研究中心有限公司、青岛蔚蓝生物股份有限公司	2018-03-21～2019-03-20
34	2018035	重组犬α-干扰素临床试验	中国科学院微生物研究所、青岛动保国家工程技术研究中心有限公司、青岛蔚蓝生物制品有限公司、青岛蔚蓝生物股份有限公司	2018-03-05～2019-03-04
35	2018036	禽腺病毒病(4型)灭活疫苗(HN01株)临床试验	广州博恒生物科技有限公司、广东渔跃生物技术有限公司、广州渔跃生物技术有限公司、广东永顺生物制药股份有限公司	2018-03-05～2019-03-04
36	2018037	狂犬病灭活疫苗(JX08-45株,悬浮培养)临床试验	武汉中博生物股份有限公司、中国人民解放军军事医学科学院军事兽医研究所	2018-03-05～2019-03-04
37	2018038	鸡新城疫、禽流感(H9亚型)、传染性法氏囊病、禽腺病毒病(Ⅰ群4型)四联灭活疫苗(Lasota株BX13株＋BJQ902株＋DC株)临床试验	北京市农林科学院	2018-03-19～2019-03-18
38	2018039	鸡新城疫、禽流感(H9亚型)、Ⅰ群禽腺病毒(4型)三联灭活疫苗(Lasota株＋J1株＋YA14株)临床试验	北京中海生物科技有限公司、唐山怡安生物工程有限公司、中国兽医药品监察所	2018-03-21～2019-03-20
39	2018040	猪圆环病毒2型杆状病毒载体、猪细小病毒二联灭活疫苗(DBN01株HeB-1株)临床试验	北京大北农科技集团股份有限公司、福州大北农生物技术有限公司、南京天邦生物科技有限公司、北京科牧丰生物制药有限公司	2018-03-21～2019-03-20
40	2018041	鸡球虫病四价五株活疫苗(柔嫩艾美耳球虫PTSX株＋巨型艾美耳球虫PMSX株＋巨型艾美耳球虫PMSD株＋堆型艾美耳球虫PASX株＋毒害艾美耳球虫PNSX株)临床试验	山西农业大学山西兆益生物有限公司	2018-03-21～2019-03-20

续表

序号	批件号	项目名称	申请单位	有效期限
41	2018042	鸡球虫病三价四株活疫苗(柔嫩艾美耳球虫 PTSX 株+巨型艾美耳球虫 PMSX 株+巨型艾美耳球虫 PMSD 株+堆型艾美耳球虫 PASX 株)临床试验	山西农业大学、山西兆益生物有限公司	2018-03-21～2019-03-20
42	2018043	鸡法氏囊素注射液临床试验	派生特(福州)生物科技有限公司	2018-03-21～2019-03-20
43	2018044	猪细小病毒病灭活疫苗(HNAY 株)临床试验	河南农业大学、杭州佑本动物疫苗有限公司	2018-03-21～2019-03-20
44	2018046	牛口蹄疫病毒 O 型、A 型二价病毒样颗粒疫苗临床试验	中国农业科学院兰州兽医研究所、华派生物工程集团有限公司、中农威特生物科技股份有限公司、天津威特生物医药有限责任公司、四川英博莱生物技术有限公司	2018-03-21～2019-03-20
45	2018047	石斑鱼哈维氏弧菌病灭活疫苗(VHD 株)临床试验	广东海洋大学、广东永顺生物制药股份有限公司	2018-03-21～2019-03-20
46	2018048	猪细小病毒杆状病毒载体灭活疫苗(HP-SC-VP2 株)临床试验	中国兽医药品监察所、苏州世诺生物技术有限公司、华派生物工程集团有限公司	2018-03-21～2019-03-20
47	2018049	鸡传染性鼻炎三价灭活疫苗(A 型 YBICO01 株+B 型 YBIC02 株+C 型 YBIC03 株)临床试验	青岛易邦生物工程有限公司	2018-03-21～2019-03-20
48	2018050	鸭瘟、鸭坦布苏病毒病二联活疫苗(p60 株+WF120 株)临床试验	中国兽医药品监察所、齐鲁动物保健品有限公司	2018-05-30～2019-05-29
49	2018051	兔病毒性出血症病毒杆状病毒载体、多杀性巴氏杆菌病二联灭活疫苗(VP60 株+QLT-1 株)临床试验	齐鲁动物保健品有限公司	2018-05-30～2019-05-29
50	2018052	犬细小病毒犬血免疫球蛋白注射液临床试验	北京博莱得利生物技术有限责任公司、哈尔滨元亨生物药业有限公司、泰州博莱得利生物科技有限公司	2018-6-22～2019-6-21
51	2018053	犬瘟热、犬细小病毒病二联灭活疫苗(CDV-L 株+CPV-L 株)临床试验	中国农业大学、中国农业科学院北京畜牧兽医研究所、常州同泰生物药业科技股份有限公司	2018-6-22～2019-6-21

续表

序号	批件号	项目名称	申请单位	有效期限
52	2018054	猪圆环病毒2型基因工程亚单位疫苗临床试验	陕西诺威利华生物科技有限公司	2018-7-6～2019-7-5
53	2018055	猪圆环病毒2型、猪支原体肺炎二联灭活疫苗(亚单位+BJ)株临床试验	北京中海生物科技有限公司、安徽东方帝维生物制品股份有限公司	2018-7-6～2019-7-5
54	2018056	猪伪狂犬病基因缺失灭活疫苗(C1201/ΔgE株)临床试验	武汉中博生物股份有限公司、中国农业大学、上海创宏生物科技有限公司	2018-7-31～2019-7-30
55	2018057	猪伪狂犬病活疫苗(C株,悬浮培养)临床试验	武汉中博生物股份有限公司、上海创宏生物科技有限公司、福建圣维生物科技有限公司	2018-7-31～2019-7-30
56	2018058	鸡滑液囊支原体灭活疫苗(HN01株)临床试验	江苏省农业科学院兽医研究所、南京天邦生物科技有限公司	2018-7-31～2019-7-30
57	2018059	猪伪狂犬病病毒基因缺失灭活疫苗(LA-A株)临床试验	江苏省农业科学院动物免疫工程研究所、国家兽用生物制品工程技术研究中心、广西丽原生物股份有限公司、青岛蔚蓝生物制品有限公司	2018-7-31～2019-7-30
58	2018060	猪塞尼卡谷病毒灭活疫苗(SVV/FJ/001株)临床试验	中国农业科学院兰州兽医研究所、普莱柯生物工程股份有限公司、广东温氏大华农生物科技有限公司	2018-7-31～2019-7-30
59	2018061	猪瘟活疫苗(C株,ST细胞悬浮培养)临床试验	中国兽医药品监察所、齐鲁动物保健品有限公司	2018-8-28～2019-8-27
60	2018062	猪脾转移因子注射液临床试验	山东信得科技股份有限公司、天津瑞普生物技术股份有限公司、北京信得威特科技有限公司、天津瑞普生物技术股份有限公司空港经济区分公司	2018-8-28～2019-8-27
61	2018063	犬瘟热活疫苗(CDV-11株)临床试验	齐鲁动物保健品有限公司	2018-8-28～2019-8-27
62	2018064	鸡新城疫、禽流感(H9亚型)、禽腺病毒病(Ⅰ群4型)、传染性法氏囊病四联灭活疫苗(La sota株+TA株+C株+VP2蛋白)临床试验	青岛动保国家工程技术研究所有限公司、山东省农业科学院家禽研究所、青岛蔚蓝生物制品有限公司、豪威生物科技有限公司、江苏南农高科技股份有限公司	2018-8-28～2019-8-27

续表

序号	批件号	项目名称	申请单位	有效期限
63	2018065	水貂犬瘟热、病毒性肠炎二联活疫苗(CDV-11 株 ME-90 株)临床试验	齐鲁动物保健品有限公司	2018-8-28～2019-8-27
64	2018066	鸡新城疫、禽流感(H9 亚型)、传染性法氏囊病联灭活疫苗(N7a 株＋SZ 株＋rVP2 蛋白)临床试验	普莱柯生物工程股份有限公司、国药集团扬州威克生物工程有限公司	2018-10-9～2019-10-8
65	2018067	静注犬免疫球蛋白(pH4)临床试验	长春西诺生物科技有限公司	2018-10-9～2020-10-8
66	2018068	狂犬病 G 蛋白灭活疫苗(Adv5-BD06G 株)临床试验	军事科学院军事医学研究院军事兽医研究所、吉林正业生物制品股份有限公司、吉林嘉汇生物技术有限公司	2018-10-9～2020-10-8
67	2018069	猪圆环病毒 2 型、支原体肺炎二联灭活疫苗(Cap 蛋白＋HN0613 株)临床试验	普莱柯生物工程股份有限公司、斯澳生物科技(苏州)有限公司	2018-10-9～2020-10-8
68	2018070	猪伪狂犬病活疫苗(HN1201-R1 株)临床试验	普莱柯生物工程股份有限公司、洛阳惠中生物技术有限公司	2018-10-9～2020-10-8
69	2018071	猪圆环病毒 2 型病毒样颗粒灭活疫苗(KM-食用酵母源)临床试验	复旦大学、广东渔跃生物技术有限公司、北京康谷生物科技有限公司	2018-10-9～2020-10-8
70	2018072	牛支原体灭活疫苗(CO 株)临床试验	北京生泰尔科技股份有限公司、北京华夏兴洋生物科技有限公司、生泰尔(内蒙古)科技有限公司	2018-10-9～2020-10-8
71	2018073	鸡新城疫、禽流感(H9 亚型)、传染性法氏囊病、禽腺病毒(Ⅰ群，4 型)四联灭活疫苗(La Sota 株＋SD95 株＋VP2 蛋白＋SDC4 株)临床试验	山东信得科技股份有限公司、北京信得威特科技有限公司、山东信得动物疫苗有限公司	2018-11-7～2020-11-6
72	2018074	小鹅瘟病毒精制蛋黄抗体临床试验	山东滨州沃华生物工程有限公司	2018-11-7～2020-11-6
73	2018075	猪圆环病毒 2 型、猪支原体肺炎二联灭活疫苗(BL21/pET30a-ORF2 株＋Q 株)临床试验	山东省农业科学院畜牧兽医研究所、山东华宏生物工程有限公司、福建圣维生物科技有限公司	2018-11-7～2020-11-6
74	2018076	Ⅰ群 4 型禽腺病毒病精制蛋黄抗体临床试验	山东信得科技股份有限公司、山东信得动物疫苗有限公司	2018-11-7～2020-11-6

续表

序号	批件号	项目名称	申请单位	有效期限
75	2018077	鸡新城疫、禽流感（H9亚型）、禽腺病毒（4型）三联灭活疫苗（La Sota株＋F6株＋LC株）临床试验	齐鲁动物保健品有限公司	2018-12-5～2020-12-4
76	2018078	鸡新城疫、禽流感（H9亚型）、禽腺病毒（Ⅰ群4型）三联灭活疫苗（La Sota株＋WJ100株＋JH株）临床试验	扬州大学、国药集团扬州威克生物工程有限公司	2018-12-5～2020-12-4
77	2018079	鸡新城疫、禽流感（H9亚型）、禽腺病毒（Ⅰ群，4型）三联灭活疫苗（La Sota株＋cs株＋Ax25株）临床试验	北京生泰尔科技股份有限公司、北京华夏兴洋生物科技有限公司	2018-12-5～2020-12-4
78	2018080	鸡新城疫、传染性支气管炎、禽流感（H9亚型）、传染性法氏囊病四联灭活疫苗（La Sota株＋RPVA0406株＋TJ-4株＋RPVA0706株）临床试验	天津瑞普生物技术股份有限公司、天津瑞普生物技术股份有限公司空港经济区分公司、瑞普（保定）生物药业有限公司	2018-12-5～2020-12-4
79	2018081	犬瘟热病毒犬血免疫球蛋白注射液临床试验	北京博莱得利生物技术有限责任公司、北京大北农科技集团股份有限公司	2018-12-21～2020-12-20
80	2018082	鸭传染性浆膜炎活疫苗（1型GD12株）临床试验	广东省农业科学院动物卫生研究所、广东温氏大华农生物科技有限公司	2018-12-21～2020-12-20
81	2018083	鸡减蛋综合征基因工程亚单位疫苗（大肠杆菌源）临床试验	普莱柯生物工程股份有限公司、洛阳惠中生物技术有限公司	2018-12-21～2020-12-20
82	2018084	禽流感（H9亚型）病毒杆状病毒载体灭活疫苗（R9-SD株）临床试验	普莱柯生物工程股份有限公司、洛阳惠中生物技术有限公司	2018-12-21～2020-12-20
83	2018085	牛病毒性腹泻/黏膜病、牛传染性鼻气管炎二联亚单位疫苗（E2＋gD）临床试验	天康生物股份有限公司、浙江海隆生物科技有限公司	2018-12-21～2020-12-20
84	2018086	鸡球虫病四价活疫苗（柔嫩艾美耳球虫PTWH株＋巨型艾美耳球虫PMLW株＋堆型艾美耳球虫PATS株＋毒害艾美耳球虫PNLY株）临床试验	山东百和药业有限公司	2018-12-21～2020-12-20

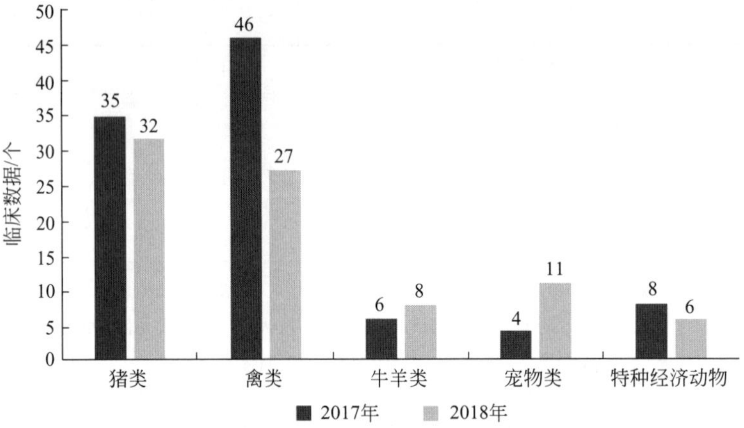

图 2-36　临床对比分析

猪类疫苗临床数据分析。猪类疫苗中，灭活疫苗和基因工程疫苗临床研究数量下降，活疫苗和注射液的临床研究数量上升，如图 2-37 所示。

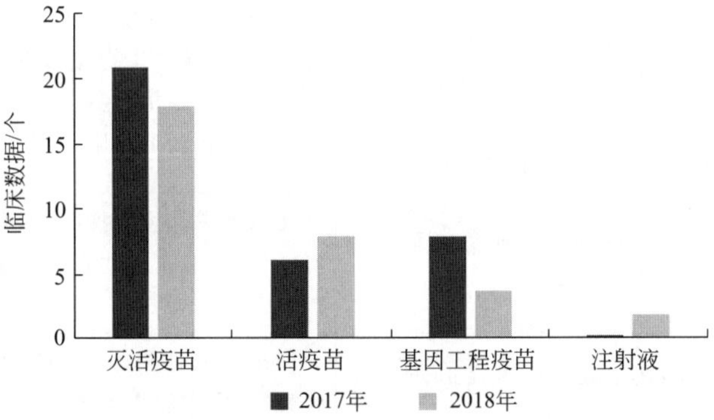

图 2-37　猪类疫苗临床数据对比分析

禽类疫苗临床数据分析。禽类疫苗中，灭活疫苗、活疫苗、基因工程疫苗临床研究数量下降，只有注射液临床研究数量上升，如图 2-38 所示。

五、行业存在的问题

(1) 政策支撑力度不足　兽用生物制品行业伴随着社会经济的发展而快速壮大，相对于行业的迅猛发展趋势，政府对行业的整体发展规划和扶持政策却显得单薄无力。尽管我国已经逐步制定和实施了若干有关技术创新的法规和政策措施，但仍存在法律法规较分散，针对中小型企业技术创新和技术进步的专业法规缺乏、相关技术创新的法律法规内容较空泛等问题。逐步形成粗放式的行业发展，市场发展秩序欠缺规范、产业结构有待调整、生物制

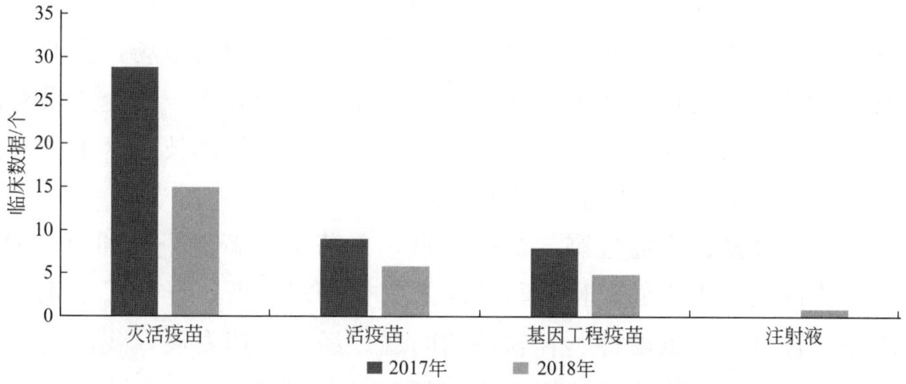

图 2-38　禽类疫苗临床数据对比分析

品质量良莠不齐、整个市场的竞争能力差等现象凸显。

（2）企业创新能力不足　据统计，全国具备新兽药研发能力的企业低于10％，多数兽用生物制品企业因政策法规不完善、体制不顺、渠道不畅、技术人员不足等因素的影响，只能成为简单的生产者，自我产品开发能力较差，现有的创新能力无法满足市场对新产品、新技术的真正需求，只得通过购买高校和科研机构的成果进行产品转化。由于体制原因，我国产学研分离，科研经费和科技人员过多地集中在国家的科研院所和高校，科技创新的成果普遍由经费获得多少、论文发表数量、参与者的学术地位的高低及获奖级别等确定，这种评价体系必定会侧重于成果的“学术价值”，而忽略了成果的“市场价值”，对市场需求的针对性、把握性不如企业，科研成果缺乏市场领先性及生产的可行性、针对性，既造成了资源的浪费，又影响了兽用生物制品行业的良性发展与创新能力的提升。

（3）新型疫苗研制滞后　我国动物疫苗品种数量繁多，尤其是猪用疫苗和禽用疫苗，而牛、羊、水产和宠物疫苗则不能满足市场需求，亟需新疫苗的研发。在疫苗应用中，应用较多的常规疫苗多为单苗，多价苗、连苗应用数量少，一针防多病的规划目标现在还不能达到。存在常规疫苗的改良较少，重组亚单位疫苗、合成肽疫苗、基因缺失疫苗、重组活载体疫苗、核酸疫苗等高新技术的新型疫苗更为缺乏的问题。2018 年，动物疫苗在禽流感核酸疫苗研究方面取得了重大技术突破，但由于资金投入不足、市场接纳度低等因素的影响，短期看，核酸疫苗对市场影响并不大。

（4）产品同质化趋势明显　中小型企业市场定位不够明确，产品跟风仿制，自我研发少，缺乏核心竞争力，加剧了企业间的竞争。面对有限的市场容量，一旦新的生物制品上市，企业之间往往竞相仿制，通过偷工减料、以次充好来降低生产成本从而获得竞争优势，这严重影响着兽用生物制品行业的发展。生物疫苗的同质化，使得大量同质化的产品涌向市场，企业采取打价格战的方式应对同行的竞争，这影响了企业的利润收入，使企业没有足够的资金投入到产品研发和品牌建设，长此以往，行业整体技术水平和产品质量难以提高，严重影响了行业的良性发展。

（5）企业过多，产能过剩 根据要求，兽药生产新建企业通过 GMP 验收后就能获得批准生产的资格，行业准入门槛相对较低，导致了个别企业存在重认证、轻执法、重硬件、轻软件的问题。经过快速发展，我国动物疫苗生产企业已经由 28 家迅速增长到 108 家，产品种类由 10 余种增至 400 余种。由于中小型企业的盲目发展，现阶段，我国动物疫苗生产企业数量已达市场饱和，利润的驱使让企业不断生产，以简单粗暴的方式抢占市场份额，最终造成行业产能过剩、产品供给超出市场需求、企业的产能利用率降低。

（6）假劣兽药屡禁不止 个别企业存在夸大宣传、误导养殖者使用，存在不符合生产条件和恶意造假、制售假劣疫苗、擅自扩大临床试验范围、非法销售中试产品及扩大适应证等违法行为，严重扰乱了市场秩序。**兽药生产方面，**个别企业存在产品质量意识薄弱，通过降低 GMP 规范组织生产、采用落后生产工艺、降低原辅材料质量、非法添加违禁药物、擅自增减有效成分含量、套用批准文号等方式降低生产成本来获得高额利润的问题；**兽药流通使用方面，**个别企业存在执行兽药 GSP 标准开展经营活动不严格、往来账目记录不完整等问题；**养殖使用环节方面，**存在违反使用假劣兽药、违禁药物，超剂量、超范围使用抗生素及其他抗菌药物，不执行休药期，违法使用激素类药物等行为，在饲料及饮用水中添加违禁物质等违法行为；**监管方面，**由于兽用疫苗监管力量和水平与对兽药监管工作的要求有一定差距，存在行政审核审批执行不严、“检打联动”机制不够完善、基础设施落后、“网格化”监管模式欠缺落实及畜牧兽医行政执法力度不够等问题，特别是基层，普遍处于人员缺少、方法方式有待创新的状况。

六、未来发展方向

（1）加强宏观调控和政策引导 兽用生物制品行业属于一个独立的产业，在产业政策扶持方面缺乏单独的政策引导，在享受到国家扶持政策方面依然有很大空间。无论是政府还是企业自身，都要结合现代农业发展要求，充分发挥政府宏观调控和政策引导的作用，科学制定产业发展规划，不断优化产业结构，积极淘汰落后工艺和过剩产能，推动社会资本有序有力进入生物产品行业。不断强化企业在市场中发挥的主体作用，积极鼓励企业进行兼并重组，实现优质资源共建共享，支持企业做大做强，从而不断强化科技创新能力，加快科研成果转化为生产力的速度，形成核心竞争力。

(2) 积极推进产学研融合发展 兽用生物制品行业是极具发展前途的高新技术产业，必然对科技创新的依赖性更强、要求更高。科技创新能力的提升，必须充分发挥企业的主体地位、市场的主导作用，以产学研的深度融合建立技术创新体系。目前，高校、科研机构与企业联合发展是动物疫苗产业化运作的常用策略。疫苗创新力量集中在高校院所和科研机构，通过技术转让的方式，将研究成果转让给疫苗生产企业，科研人员和科研机构顺理成章地成为动物疫苗研究的孵化器，与技术“入股”的形式资助企业开展创业活动，这有利于科技成果的转化，也能降低企业初始资金的投入及成长风险；疫苗的生产和推广则集中在各大公司，产学研相结合，能够加速研发单位与市场需求的结合，能有效应对科研、市场信息不对称的情况，对于高校、科研机构准确把握产业市场发展趋势及技术发展要求，增加了技术创新活动成功的可能性。高校院所、科研机构通过技术研究推广，还为高新技术产业的发展提供了人才和知识储备。产学研的结合促进了生产要素的重新整合，也为企业的制度创新和技术创新提供了基础，实现了企业生产要素的组合和互补。

(3) 建立企业研发中心 拥有雄厚经济实力、充足科技创新人员的龙头疫苗生产企业应加快建立高新技术产业研发中心，充分利用高校院所、科研单位提供的资源性、基础性、关键性疫苗创新技术，进一步强化创新能力，加快科技成果向现实生产力转化，进一步推动兽药研究向高新技术产业化方面发展。研制适销对路的新产品，对兽用生物制品领域中的重大技术、关键技术、共性技术和核心技术，开展科技攻关和产业化研究开发，增强企业竞争力，形成有自主知识产权的主导产品，进而发挥在生物制品行业的辐射带动作用，成为培养高水平科研人员、技术人员的基地。

(4) 强化生产质量控制 兽用生物制品企业严格按照GMP标准组织生产，遵循全员、全过程、全方位质量控制的原则，建立健全从原料到成品的质量控制体系。兽药监管部门采用疫苗侧重经营使用环节抽样、增强非法添加检测、跟踪抽检、摸底检验等方式加强检查力度；以重点监控、查处假兽药、撤销文号、吊销生产许可证等方式加大处理处罚力度。对存在质量安全风险的采取飞行检查措施，对违反兽药管理条例“情节严重的”给予严重处罚。生产质量控制不单单在一个过程、一个环节、一个工艺，无论是在生产、流通还是监管，各责任主体都要各尽其责，以强化企业的质量安全主体责任意识为基础，以重点部门、重点节点、重点环节监管为重点，促进先进质量控制技术的推广应用，提升企业产品质量与检验水平。

(5) 推动产业转型升级 借助“中国制造 2025”国家发展战略的有利契机，在实施行业准入中促进结构优化，推动兽用生物制品产业向科技化发展。不断强化企业自主创新能力，大力推进原始创新、集成创新和引进消化吸收再创新，推动产业链和价值链实现由低端向高端的转变。结合技术创新与商业模式发展优势，将产品升级、流程再造、行业品牌建设结合起来，引导企业不断运用和推广新材料、新技术、新工艺、新装备，提升生物制品研发新技术，重点培育一批重点企业、重点项目充分发挥高科技产业的支撑引领作用，实现从用户需求到产品供给的全链条智能化。深入推进生物制品行业供给侧结构性改革，推动去产能，从总量控制向结构优化转变，支持优势企业释放先进产能，提高产能利用率。坚持用法治化、市场化手段化解过剩产能，建立市场化调节产能长效机制。

七、非洲猪瘟对兽药行业的影响

非洲猪瘟是由非洲猪瘟病毒引起的，是具有高度接触传染性和广泛出血性的猪病毒病，死亡率高达 100%，虽然不是人畜共患病、对公共卫生没有危害，但却是一种具有毁灭性的动物传染病，成为养猪业的头号杀手，直接影响了我国社会、政治和经济。非洲猪瘟对养猪业的发展构成了生物安全威胁，同时也极大地影响着生物制品行业的发展。

(1) 猪类疫苗种类和数量减少，牛羊类、禽类疫苗增加 就目前状况来说，养猪业在畜牧业中所占的比例高达 50%，而猪肉在肉类消费中所占的比例在 60%以上。由于非洲猪瘟的极高病死率，非洲猪瘟疫情将对养猪从业者养殖的信心和补栏的意愿产生冲击，生猪数量减少，必然会增加对牛、羊肉等其他肉类的生产、消费。对猪肉的依赖性下降，最终产生的结果是牛羊类、禽类的疫苗生产市场需求大，生产企业增加。猪类疫苗的市场需求降低，生产企业因“利润中心”，可能选择降低或退出生产。

(2) 猪类疫苗的研发可能取得突破性进展 2018 年 8 月以来，非洲猪瘟对我国畜牧业的发展造成重大困扰，中国肉制品出口承受着较大冲击，损失之大之重一目了然。但目前，尚无疫苗可对非洲猪瘟疫情进行有效防控。在国际市场上，由于非洲猪瘟影响的广泛性，强化与西班牙食品与农业技术研究院动物健康研究中心（FAO/EU 非洲猪瘟参考实验室）、西班牙康普斯顿大学（OIE 非洲猪瘟参考实验室）、葡萄牙里斯本技术大学、波兰国家兽医研究所、肯尼亚国际家畜研究所的合作成为必然，强强联合的结果势必会带来研究成果的突破。在国内市场上，由于中国是猪肉生产、出口大国，要想减少非洲猪瘟带来的危害与损失，国内大专院校及科研机构就必定会选择依托欧盟第七框架计划“Evaluating and controlling the risk of African swine fever in the EU”、国家科技支撑计划“严重威胁的外来动物疫病免疫防控储备技术”以及虫媒传播动物疫病国际交流与合作平台的农业部“948”计划等项目，不断加强灭活疫苗、亚单位疫苗（包括重组蛋白、DNA 疫苗和载体疫苗）、减毒活疫苗及 ASF 基因工程亚单位疫苗的研究，从而实现对非洲猪瘟进行安全、有效、快速、准确诊断制剂的研发及储备，取得高新技术的突破，一劳永逸地解决非洲猪瘟问题，而不仅仅是“扑杀”。

（撰稿专家：冯力）

2018 年度生物肥料产业发展报告

一、概况

19 世纪末开始的根瘤菌工业化生产和农业应用以来，经过 100 多年的发展，使用生物肥料的国家已达 100 多个，生物肥料种类已达 10 种以上。全世界每年微生物菌剂的产量 500 万～800 万吨，生物有机肥 10 亿吨。

欧美发达国家生物肥料产业已有 100 多年的发展历史，选择了生物肥料服务于化肥低投入战略，美国、加拿大的化学肥料使用量分别是我国的 1/3 和 1/10。美国、巴西、澳大利亚、法国、德国根瘤菌生物肥料应用早、发展快。20 世纪初，西方一些国家开展了溶磷、解钾生物肥料的研究与推广应用。之后，印度、中国、东南亚等国家发展迅速。国际上重视发展抗病增产的生物肥料，迄今，欧盟、美国、加拿大、日本、澳洲、新西兰、英国已经注册的抗病增产生物肥料已达 270 种左右。

我国生物肥料的研究与应用始于 20 世纪 50 年代，经过 60 年的发展，取得了巨大成就。生物肥料，早期称作细菌肥料，发展重点非常明确，为作物提供更多有效养分、提高作物产量。生物肥料发展到今天经历了 4 个发展阶段。第一阶段，20 世纪 50～60 年代，以营养型的根瘤菌、联合固氮菌、自生固氮菌、解磷细菌、解钾细菌为主的生物肥料；第二阶段，1970～1980 年，营养型、抗生型生物肥料；第三阶段，1990～2000 年，多功能型生物肥料阶段，主要特点是营养型、促生型、拮抗型菌种联合使用的生物肥料；第四阶段，2000 年至今，新型多功能生物肥料阶段，包括营养、促生、抗病多功能菌肥，固氮菌、溶磷菌、解钾菌、促生菌、农药降解菌、拮抗菌、土壤修复菌组合的新型多功能生物肥。

二、主要产品

生物肥料产业的发展历程与我国农业发展、土肥水资源高效利用以及农业产品安全生产紧密相连，生物肥料产业展现了无可替代和雄踞生物产业之林的战略地位。

目前，我国生物肥料产量居世界第一，无论是企业数量、产品数量，还是产业规模都进入历史最好时期。1995 年企业 110 家、产品 4 类、产量仅 10 万吨，2018 年生物肥料企业发展到了 2050 家、产品 11 类、登记产品 6428 个、产量 1600 万吨（表 2-62）。生物肥料使用的菌种达到 170 多种，形成了根瘤菌剂、固氮菌剂、溶磷菌剂、硅酸盐菌剂、菌根菌剂、光合菌剂、有机物料腐熟剂、复合菌剂、土壤修复菌剂、生物有机肥、复合微生物肥料 11 类产品。累计应用面积超过 3 亿亩，预计到“十三五”末，年总产量达到 3000 万吨左右。生物肥料为我国农业节约化肥、粮食持续增产和保护农田生态环境发挥着重要作用。

表 2-62　我国历年生物肥料企业与产量情况①

年度	企业数量/家	总产/万吨	产品类型	登记产品数量/个
1995	110	10	4	—
1997	180	40	7	8
1999	280	90	8	59
2001	350	150	9	149
2003	450	200	11	286
2005	480	250	11	400
2006	500	500	11	498
2007	500	480	11	580
2008	500	520	11	650
2009	700	700	11	700
2010	800	800	11	850
2011	850	950	11	1650
2014	1000	1000	11	1650
2015	1000	1200	11	1670
2016	1100	1288	11	2000
2017	1200	1500	11	4000
2018	2050	1600	11	6428

① 部分数据来源于网络。

三、市场分析

随着化肥减施增效行动的开展和不断推进，农田土壤质量和地力不断提升，农田土壤污染的治理，必然加速我国生物肥料应用市场的不断扩展。

① 我国氮肥用量逐年增加，不仅消耗大量能源，而且引起地下水和江河湖泊污染，迫切需要减少氮肥的大量使用，固氮生物肥料是部分替代氮肥的最佳选择。

② 我国磷、钾矿资源匮乏，磷矿储量 151.98 亿吨，可开采 20 年；钾矿储量仅为 2.5 亿吨，自给率 20%；全国耕地 90%缺磷，80%缺钾，磷肥施入土壤 90%被固定。溶解磷、钾的高效生物肥料具有其他措施无可比拟的作用。

③ 经过近 40 年大量使用无机肥料，土壤退化严重，有机质减少，土壤板结，土壤盐渍化、荒漠化、酸化加重，单位面积农田产量下降。因此，使用改善和提升土壤质量的生物肥料，具有良好的应用前景。

④ 长期高投入、高产出以及高复种指数农业生产，导致了不易解决的土壤连作障碍、土传病害问题。当前，高效防治油菜、大豆、葵花、土豆、大棚蔬菜、棉花、大蒜、大姜、甜菜、西甜瓜等土传病害、连作障碍的生物肥料，应用市场广阔。

全国现有 18 亿亩耕地，每年需要固氮生物肥料 600 万吨、溶磷生物肥料 1500 万吨、解钾生物肥料 1500 万吨、促生增产生物肥料 1500 万吨、土传病害万吨、连作障碍防治 600 万吨、荒漠化修复生物肥料 500 万吨、土壤保水生物肥料 1000 万吨、秸秆原位还田腐解菌剂 250 万吨，每年生物肥料需要总量达 7450 万吨（表 2-63）。此外，每年进行有机肥生产需要发酵腐熟剂 1000 万～2000 万吨。

表 2-63 我国生物肥料市场规模

序号	生物肥料产品名称	使用面积/亿亩	使用量/(kg/亩)	需求量/(万吨/年)
1	固氮生物肥料	3	20	600
2	溶磷生物肥料	3	50	1500
3	解钾生物肥料	3	50	1500
4	促生增产生物肥料	3	50	1500
5	土传病害、连作障碍防治	3	20	600

续表

序号	生物肥料产品名称	使用面积/亿亩	使用量/(kg/亩)	需求量/(万吨/年)
6	荒漠化修复生物肥料	1	50	500
7	土壤保水生物肥料	2	50	1000
8	秸秆原位还田腐解菌剂	5	5	250
9	畜禽粪便腐熟剂	—	—	—
合计		23	—	7450

四、研发动向

根据我国农业生产、农田土壤环境存在和出现的急需解决的问题，有6个方面应该引起生物肥料行业的高度重视。

(1) 农田持续增产生物肥料 长期以来，菌种筛选一般不考虑菌种耐受化肥胁迫的能力，故而此类菌种难以适应高量、过量化肥施用的农田土壤环境，这种现状必须加紧改善，确保我国生物肥料的健康发展。

(2) 秸秆原位还田腐解菌剂 我国年产作物秸秆6.5亿～7.0亿吨，突破秸秆大规模、地表原位快速腐熟还田微生物技术，对于解决水稻、小麦、玉米秸秆高效腐解还田意义重大。

(3) 石油污染土壤治理生物肥料 中国是世界上最大的石油生产和消费大国，在石油的勘察、开采、运输、炼化、储存、石油污水灌溉过程中，引起大面积土壤污染，对土壤生态环境造成严重破坏。

(4) 重金属污染治理生物肥料 我国受重金属污染的土地约2000万公顷，140万公顷的污水灌区中，遭受重金属污染的土地占污水灌区面积的64.8%，经过畜禽粪便带入农业环境的重金属（铜、锰、镉、汞、砷等）约10万吨。

(5) 盐碱地治理生物肥料 我国有盐碱地15亿亩，盐湖周围盐碱土3.96亿亩以上，尚有大量滨海盐碱土分布，仅环渤海地区就有5000万亩。需要高效改良不同盐碱度土壤的各种生物肥料的开发与产业化。

(6) 营养型生物肥料产品升级 目前，一些生产企业使用的菌种资源不适应土壤的高含量养分胁迫环境。生物肥料产业迫切需要适应养分胁迫的高效根瘤菌、联合固氮菌、溶磷菌、解钾菌、促生增产菌等菌种资源，加速生物肥料产业升级换代。

五、自主创新情况

（1）荒漠化、沙漠化土壤修复生物肥料 我国政府对荒漠化治理非常重视，近些年经过生物肥料企业努力，荒漠化土壤改良的生物肥料产品开始生产和应用，但应用效果亟待提高。

（2）过量化肥导致土壤退化的修复型生物肥料 40 年大量、超量化肥的使用，导致农田生产力、化肥增产效益下降，产量严重依赖化肥投入。为了解决化肥导致的土壤退化问题，科研人员已经加强了此类生物肥料的研发，同时生物肥料企业积极推进产业化。

（3）盐碱地改良与增产型生物肥料 盐碱土壤突出问题是作物根系生长受到抑制、养分吸收受阻。所以，改善根系环境，降低根系盐害的生物肥料产品开发不断向前推进。盐碱地改良生物肥料技术已经由科研单位向企业转化，生产规模不大，亟待加强推广应用。

（4）秸秆原位还田腐解菌剂 经过政府资助，秸秆腐解菌剂进行了 10 余年的大面积应用。目前，国家发展和改革委员会、工业和信息化部大力资助秸秆还田生物技术的产业化。2018 年山东省为了推动秸秆还田，已经资助生物肥料企业大规模生产秸秆腐解菌剂。

（撰稿专家：范丙全）

2018 年度转基因作物育种产业发展报告

一、概况

国际农业生物技术应用服务组织（ISAAA）报告，2017 年全球转基因作物种植面积达 1.898 亿公顷，比 2016 年增加了 470 万公顷。有 24 个国家/地区种植转基因作物，另有 43 个国家/地区批准进口转基因作物作为食用、饲用或加工原料。转基因作物种植面积前五位的国家，美国、巴西、阿根廷、加拿大和印度的种植面积占全球 91.3%。美国依然是全球转基因作物种植面积最大的国家，达到 7500 万公顷，其中，玉米、棉花、大豆、油菜的平均采用率 94.5%。巴西种植面积持续增长达到 5020 万公顷，比 2016 年增加 110 万公顷，其中，大豆、玉米的采用率超过 90%。阿根廷转基因作物面积为 2360 万公顷，大豆、玉米、棉花的采用率超过 90%。加拿大种植面积为 1310 万公顷，比 2016 年增加 150 万公顷，其中，大豆、玉米、油菜和甜菜的平均采用率 95%。印度抗虫转基因棉花种植面积达到 1140 万公顷，比 2016 年增加 60 万公顷，采用率达到 93%。全球转基因作物产业化发展呈现出物种不断增多、产品类型多样化的特征，为消费者提供了更多的消费选择。抗虫-耐除草剂复合性状转基因作物的种植面积持续增长，已经占全球种植面积的 41%，转基因苜蓿、甜菜、木瓜、南瓜、茄子、马铃薯和苹果等相继实现产业化，高直链淀粉玉米、高含油量大豆等品质改良转基因作物进入商业化生产。

二、主要产品

抗虫、耐除草剂转基因作物依然是目前转基因作物的主要产品，其中耐除草剂转基因作物种植面积最大，2017 年占全球总种植面积的 47%。

转基因玉米：转基因玉米的种植面积占全球转基因作物总种植面积保持在 50%，占全球玉米种植面积的 32%。转基因玉米已经从第一代的单基因性状发展为第二代的多基因性状，抗旱、优质、专用的第三代转基因玉米产品已经陆续进入产业化或者产业化准备阶段。抗虫转基因玉米产品最多，如德国拜耳公司为代表的跨国企业研发的大面积推广的转化体 MON810（*cry1Ab*）、MON89034（*cry1A.105*、*cry2Ab2*）和 MON863（*cry3Bb1*）等；抗除草剂玉米有抗草甘膦除草剂玉米 NK603（*cp 4 epsps*）、MON832（*cp4 epsps*、*goxv247*）和 GA21（*mepsps*）等，抗虫和抗除草剂双抗转基因玉米产品，如 SmartStax、MON88017（*cp4 epsps*、*cry3Bb1*）、MON87411（*cp4 epsps*、*cry 3Bb 1*、*dvsnf7*）等。2018 年，陶氏杜邦与孟山都公司宣布，双方已达成新一代害虫防治技术许可协议，使孟山都 Corn Rootworm Ⅲ和 MON89034 这两个性状与 Corteva 的害虫防控性状复合，能够同时有效防控地上玉米螟和地下根虫。

转基因大豆： 转基因大豆是世界上转基因作物中推广时间最早、推广面积最大的转基因作物。目前世界上已经批准的大豆转化体有 40 个，包括耐除草剂、抗虫、高油酸等性状。抗虫、抗除草剂多基因叠加产品成为目前产业化的主导产品，其中包含基因最多的是 MON87751×MON87701×MON87708×MON89788，一共含有五个基因 *cp4 epsps*、*dmo*、*cry2Ab2*、*cry1Ac* 和 *cry1A.105*，该产品是四个转化体通过杂交之后获得的抗除草剂抗虫转基因大豆，2018 年在巴西获得批准种植。

转基因水稻： 针对水稻生产中飞虱和螟虫等严重危害，采用 RNAi 抗虫新策略，通过抑制昆虫关键基因来提高抗虫特性，并采用基因叠加的方法，研发同时抗水稻鳞翅目和半翅目害虫，以及同时抗虫和抗除草剂等复合性状的高产优质多抗转基因水稻新品系。利用基因编辑技术定向敲除金属转运蛋白基因 *OsNramp5*，研发出低镉恢复系、不育系和杂交稻组合，其中两优低镉 1 号稻谷镉含量仅为 0.02～0.08mg/kg，远低于对照品种的稻谷镉含量和国家 0.2mg/kg 限量标准值。相继研发成功具有营养保健的功能型水稻产品，如具有降血压功能的富含 γ-氨基丁酸水稻，ACEI 短肽高表达量水稻，以及可供糖尿病人食用的高抗性淀粉水稻。

转基因小麦： 由阿根廷科学研究理事会、利托瑞尔国立大学和塞雷斯生物技术公司共同研发的抗旱小麦，将来自向日葵的一个抗旱基因转入小麦，显著提高了转基因小麦的抗旱性，单产比普通小麦提高 10%以上，每公顷收入可提高 80～150 美元。中国利用来自大豆的一个 DREB 转录因子培育的转基因小麦，表现出抗旱节水和氮高效利用，具有较大的生产应用前景。随着来自苏麦 3 号的抗赤霉病基因的成功克隆，利用转基因、基因编辑等技术研发抗赤霉病转基因小麦的步伐将进一步加快，有望解决小麦抗赤霉病这一世界性难题。

三、市场分析

粮食安全始终关系社会稳定和国家自强。人们生活水平提高和人口数量增长将导致粮食消费持续增加。目前，我国粮食生产受耕地和水资源刚性制约，化肥和农药过量使用对生态环境改善的压力加大，未来我国粮食安全形势不容乐观，抗病虫、耐极端逆境（干旱、盐碱、高温、低温等）、资源高效利用等作物新品种需求迫切。随着我国经济进入高质量发展阶段，“十九大”提出“实施健康中国战略”，把人民健康放在优先发展的战略地位，未来对优质农产品以及具有保健功能的功能型作物产品需求将越来越大。

四、研发动向

在产品研发方面，利用多基因叠加技术培育抗病虫、抗除草剂等复合性状改良作物新品种是目前产品研发的主流之一，如针对不同害虫、不同杀虫机理、不同除草剂，研发多基因复合/叠加的转基因玉米，兼抗虫、抗除草剂和高油酸含量转基因大豆。抗旱、抗寒、耐盐碱等非生物逆境转基因作物，具有营养保健功能的高抗性淀粉等功能型品种，以及可用于生产医药产品的植物生物反应器的研发将成为未来生物技术产业发展的重要方向。

在技术研发方面，通过建立易操作的遗传转化和高效率再生技术体系开发不受基因型限制的转化技术是当前转化技术研究的重点之一。基因组编辑技术在作物品种改良方面已经取得突破性进展，新型Cas酶和核酸内切酶的发掘及其介导的基因编辑技术，不依赖于基因型的农作物基因编辑技术等新型编辑技术研发的国际竞争越加激烈。

五、自主创新情况

在基因挖掘方面，我国水稻基因组学研究居国际领先，小麦、玉米、大豆等基因组研究步入国际先进行列，已克隆4000多个控制抗病虫、抗逆、抗除草剂、产量、品质、资源高效利用等基因。2018年在水稻籼粳杂交种不育机制解析，“3000份水稻基因组计划”、小麦太谷核不育基因*Ms2*克隆等方面取得重大进展。

在转基因技术研发方面，利用 LbCpf1(RR) 突变体实现对水稻基因组的编辑，大大拓展了 Cpf1 在植物基因组中的编辑范围。针对同源重组介导的基因替换效率较低问题，首先利用 Cpf1 RNP 复合体率先证实了植物细胞中，RNA 可作为模板进行 DNA 同源重组修复，分别以 DNA 和 RNA 作为修复模板，在水稻中实现等位基因替换，并初步解析了基因编辑介导的同源重组修复机制。利用 CRISPR/Cas*9* 实现了高效氮吸收相关基因的等位基因替换，快速获得了高效氮吸收水稻新种质。CRISPR/Cas 介导的基因编辑新技术、新方法及相关技术体系建立，有望大大加快利用基因编辑定向创制农作物新种质进程。

产品研发方面，抗虫转基因玉米新品系高抗玉米螟，经过 3 年多点综合测试，表现出抗性稳定，综合农艺性状优良，已经进入安全证书申请阶段。多个抗除草剂转基因大豆新品系进入生产性试验阶段，田间测试结果显示，除草剂抗性稳定、产量达到国家区试对照标准或比区试对照增产，具备产业化条件。

（撰稿专家：马有志）

2018年度转基因动物育种产业发展报告

一、概况

动物转基因技术能够打破物种界限实现基因转移，拓宽遗传资源利用范围，更为精准、高效和可控。因此，转基因动物育种技术是传统育种技术的延伸、发展和新的突破。

自1982年美国获得首例转*GH*基因“超级鼠”之后，各国学者们制备出了各种不同用途的转基因动物，尤其是1997年克隆羊多莉面世之后，体细胞核移植成为大动物制备的主流方法。目前，全球转基因动物技术研发呈现如下态势。一是研究领域不断拓展，研究种类由小鼠、兔子等医学模式动物向直接食用的猪、牛、羊等农业动物拓展。二是转基因技术不断发展，先后出现了显微注射、精子载体法、RNA干扰、基因打靶、病毒载体等相关转基因技术，尤其是近几年来ZFN、TALEN、CRISPR/Cas9和SGN等基因组编辑技术的飞跃发展，转基因动物的制备变得更安全、高效、低成本，同时大幅度缩短了育种周期。利用该技术，世界各国学者已经成功制备各种编辑猪、牛、羊、大鼠、小鼠、斑马鱼、猴、犬等农用育种新材料或医用动物模型，为动物转基因育种的产业化奠定了坚实基础。

二、主要产品

权威机构检索表明，我国利用基因工程制备猪、牛、羊等家畜的种类，发表的英文论文数量和申报的相关专利等均居国际前列。

1. 转基因猪

提高瘦肉率：积极推进7种*MSTN*基因修饰猪生产性能测定和生物安全评价，其中*MSTN*基因打靶长白猪完成生产性试验，已提交生物安全证书申请；ZFN技术介导的*MSTN*基因编辑梅山猪已获准生产性试验；

TALEN 技术介导的 *MSTN* 基因编辑梅山猪、大白猪等 5 种获准中间试验，正在申报环境释放；其中的 3 个育种新材料群体已达新品系认定规模，可作为优良的猪育种新材料加速选育推广。获得 *MSTN* 基因修饰长白、大白、梅山、二花脸和湖北白猪的生长、发育、繁殖等相关性能指标。此外，我国科研人员还成功制备了瘦肉率高且抗寒能力强的 *UCP1* 基因定点敲入猪。

提高肉质：利用 CRISPR/Cas9 基因编辑技术成功制备了定点整合的转 *PPARγ* 基因大白猪、转 *sfat-1* 杜洛克猪和转 *fat-1-Fad2* 双转基因猪等一批肉质优良的转基因猪。

环境保护：成功制备了定点整合至 *Rosa 26* 位点、*CEP 112* 位点和猪腮腺分泌蛋白基因 C 末端（*PSP* 位点）的转葡聚糖酶 1-葡聚糖酶 2-木聚糖酶-植酸酶多基因猪 3 种。

高繁殖力：利用基因组编辑技术制备了高产 *BMPR-IB* 和 *BMP15* 基因编辑猪。

抗重大疫病：新获定点整合的 shRNA 抗猪瘟猪、抗仔猪流行性腹泻猪，获得了抗蓝耳病和流行性胃肠炎双基因编辑猪等多种育种新材料，均表现出良好的抗病力。

疾病模型：已成功建立了 60 余种在生物医药领域具有重要用途的基因修饰克隆猪模型，包括：①各种人类疾病模型，如帕金森综合征、肌萎缩侧索硬化症、亨廷顿舞蹈症、白化病、纯发-甲型外胚叶发育不良症猪模型等；②人源化基因修饰猪模型，包括：人源化胰岛素和人源化白蛋白基因修饰猪模型；③异种器官移植相关基因修饰猪模型，包括：*GGTA1* 基因敲除和 *HLA* 转基因、皮肤中特异表达 *CTLA4-Ig* 等基因修饰猪模型；④基因修饰工具猪模型，包括条件性表达 *Cas 9* 基因修饰工具猪模型，*ROSA26-EGFP* 和 *ROSA26-iEGFP* 基因修饰工具猪模型，DOX 诱导外源基因表达工具猪模型。

2. 转基因牛

提高瘦肉率：开展了 *MSTN* 基因编辑牛的 F1 代牛生产及安全评价。F1 代群体达到 207 头，包括鲁西黄牛、西门塔尔杂交 F1 代、蒙古牛杂交 F1 代。对杂交 F1 代牛的屠宰性状分析显示，*MSTN* 基因编辑提高了 F1 代牛的屠宰率。

提高乳品质：培育 *hLF* 高表达转基因奶牛 194 头，获新一代不含标记基

因的 *hLF* 转基因牛 20 头。转基因奶牛的人乳铁蛋白表达量在 1～3g/L，年产奶量 10t/a；转基因牛奶生化组分与非转基因牛奶无显著差异。*hLF* 转基因奶牛已完成了生产性试验的各项安全性评价分析，并已经上报了转基因奶牛生物安全证书申请。人 *α-LA* 转基因奶牛现已达到 80 头，新培育不含标记基因的转基因原代牛 10 头。现已完成生产性试验，正在开展生物安全证书的申报工作。获得 *BLG* 基因敲除奶牛 18 头，对其生长发育、繁殖、泌乳及血常规和血清生理生化分析表明，*BLG* 基因突变，没有对奶牛的健康状况及其生产性能造成不利影响。

抗重大疫病：获得 *Lysostaphin* 抗乳腺炎奶牛 22 头。比普通奶牛提高 80%以上，年均产奶量在 10t 以上。*Lysostaphin* 基因编辑奶牛的抗乳腺炎性能比普通奶牛提高 70%以上，年均产奶量在 10t 左右。利用基因编辑技术，获得 *SP110* 基因编辑抗结核奶牛 26 头。在一个相对封闭的环境里进行活体动物感染试验，随机挑选 9 头转基因牛与 9 头对照组牛、9 头结核病牛，共同饲养 12 周，证明转基因牛可抗结核杆菌。12 周病理学检测评价证明，转基因牛的病理评分为 6.5，肺部表现为较轻的炎症，而对照组牛的病理评分为 32，肺部表现出典型的结核症状。应用创新的 Cas9 切口酶技术，获得 11 头 *NRAMP1* 基因精确插入克隆奶牛。经鉴定，基因插入不影响相邻功能基因表达，只在巨噬细胞特异表达。体内攻菌实验证明：*NRAMP 1* 基因编辑牛的抗结核菌能力显著提高。

3. 转基因羊

提高产毛量：对转 *IGF-Ⅰ* 基因羊，转 *FGF 5s* 基因羊，转 *β-catenin* 基因羊进行扩繁，目前已拥有一定的群体规模，这些转基因和基因编辑个体的平均羊毛长度和产毛量比对照组提高 20%。

提高瘦肉率：成功制备了 *MSTN* 基因编辑羊，其中 *MSTN* 基因编辑羊的纯合子表现为肌细胞数量明显增加，肌肉发育丰满。

高产仔数：成功制备了 *FecB* 基因编辑羊，*FecB* BB 基因型的产羔数可达 3 只羔羊。

抗重大疫病：创制了抗布氏杆菌病、乳房炎转基因羊育种新材料 5 个，培育了 8 个不同家系 *TLR 4* 转基因羊 262 只，群体布氏杆菌病感染率比对照组降低了 37.8%，2 个不同家系 *Lysozyme* 转基因羊 140 只，其中 *TLR4* 转基因羊达到了转基因生物安全评价中间实验阶段，溶菌酶转基因羊达到了生产性实验阶段。

三、市场分析

优良畜禽品种是畜牧业增产增效和长期可持续发展的重要因素。传统的动物育种方法受到种源的限制，其过程需要耗费大量的人力、物力和财力，经历漫长的培育过程。利用分子标记技术辅助筛选，改良的程度依然受限于品种自身已有的基因。而利用转基因技术进行品种改良，可以突破种源的限制及种间杂交的瓶颈，创造新性状或新品种，因此转基因育种更为本质和直接。

目前，转基因动物的制备存在着效率低、费用高等问题，同时，不少人还对转基因技术抱有抵触心理，认为转基因动物具有潜在的危险，这在一定程度上限制了转基因动物育种产业的发展，增加了已有转基因育种新材料的推广难度。但是，随着科研人员的不懈努力及新技术的不断应用，如基因组编辑技术等，转基因动物制备将越来越安全高效，成本将大大降低。同时，转基因生物安全评价管理越来越系统化和规范化。相信在不远的将来，将会有越来越多的转基因动物，如三文鱼一样，推向市场，摆上餐桌。

四、研发动向

开展新型转化系统、多基因聚合等转基因新技术研究；开展基因修饰、基因敲除、基因定点整合、时空高效表达调控等基因表达调控技术研究；探索无选择标记或标记删除等安全转基因技术研究；研发多基因同时编辑技术体系，降低脱靶效应，精准编辑多个基因；在基因编辑体系细胞筛选、动物克隆效率上取得突破；构建高效 CRISPR/Cas9 基因编辑系统介导基因打靶技术平台，为转基因动物生产提供技术保障；利用多组学、遗传学、分子生物学技术高通量挖掘功能、调控元件技术平台，为基因编辑技术培育农业动物新品奠定基础。

五、自主创新情况

1. 定点整合技术

我国学者在动物基因组定点整合技术，如 *ΦC31* 整合酶系统、*β-casein* 基因座、*CEP112* 位点、*PSP* 位点，及 *H11*、*Rosa26* 友好基因座等方面开展了大量的研发工作，并制备了多种转基因动物。

2. 大片段基因转入技术

创建了利用人工染色体方法转入大片段基因的技术体系，攻克大片段基因组 DNA 转染细胞的难题，构建人溶菌酶基因高表达载体，获得人溶菌酶高表达无标记转基因奶牛。

（撰稿专家：李奎）

2018 年度转基因棉花产业发展报告

一、概况

棉花是最早实现转基因商业化种植的作物之一。1994 年，美国批准了第一例转基因棉花商业化种植，到 2018 年全球转基因棉花种植面积达 2421 万公顷，占全球棉花总种植面积的 80%。第一代转基因棉花以抗除草剂和抗虫性为主，孟山都和先正达等公司开发的抗虫性更好的第二代转基因抗虫棉花取代了第一代抗虫棉品种在生产上开始大面积种植。孟山都公司也已研发出了抗棉铃虫、抗蚜虫和抗盲椿象等害虫的新基因，并通过转基因技术获得了相关棉花转基因材料，有望在抗棉铃虫的基础上进一步提高棉花的复合抗虫性。

我国从 1998 年开始种植以美国品种为主的转基因抗虫棉，到 2001 年转基因棉花播种面积首次超过非转基因棉花，2003 年国产转基因抗虫棉品种市场占有率首次超过美国，目前国产转基因棉花种子已经占据我国 99%以上市场份额。2018 年转基因棉花栽培面积已超过 300 万公顷。在转基因生物新品种培育重大专项等支持下，通过开展联合攻关，我国在高产、优质、早熟、抗虫、抗除草剂及抗逆等棉花新材料创制方面取得较大进展；在棉花基因组学和功能基因发掘方面也处于世界领先地位。

二、主要产品

利用中国农科院生物技术所研发的抗虫基因，结合我国各棉区产业需求，我国科学家进行联合攻关，先后培育出适合长江流域的、黄河流域棉区的一系列抗虫棉新品种，以及适于纺织高支纱的中棉所 70、78、96 等优质棉新品种。我国已创制出一大批高产、优质、早熟、抗虫、抗除草剂及抗逆等棉花新材料、新品系。2018 年国家审定棉花新品种 6 个，其中抗虫转基因品种 5 个，均为中熟品种；常规品种 1 个，为非抗虫早熟品种。

三、市场分析

转基因抗虫棉在我国的推广带来了巨大的经济效益、社会效益和生态效益，由于新疆等西北内陆棉区没有完全放开转基因棉花的种植，未来我国转基因棉花推广还具有更广泛的空间。我国目前生产上大面积种植的仍是第一代单基因抗虫棉，随着抗虫棉种植面积和种植时间的增长，棉铃虫会对转 *Bt* 棉花产生抗性，以孟山都和先正达为代表的跨国种业已经开发出第二代抗虫棉，但我国目前尚无成熟的替代产品，还需要进一步加强新一代抗虫棉的研究工作。

另外，由于农药使用的大幅度减少，盲蝽象和蚜虫等次生害虫有逐步发展成棉花主要害虫的趋势，通过对 *Bt* 基因的诱变孟山都已经开发出抗盲蝽象的新型转基因棉花，对中国市场形成新的挑战。人工除草也是造成植棉人工成本高的原因之一，中国农科院生物技术所成功培育出高抗低残留抗草甘膦除草剂棉花新品系，相关产品可望在棉花轻简化生产中发挥作用。随着我国棉区发展呈现出“西进、东移、北上”的趋势，聚合抗虫、抗除草剂，以及抗旱抗盐碱等复合性状转基因棉花是未来新的增长点。

四、研发动向

我国与发达国家在棉花转基因育种技术的差距主要在于有效基因发掘和新型材料创制，为保持持续的国际竞争力，未来我国转基因棉花应主要聚焦以下研究方向。

(1) 有效基因资源深度挖掘和高效利用　加快挖掘并获取更多的具有育种价值和自主知识产权的功能基因将是下一步研究的主要课题。

(2) 高效、安全、规模化转基因技术开发和应用　突破基因型限制，提高转化效率，并实现多基因转化，使多个性状同时得到改良；另外要将定点整合和基因组编辑等技术尽快应用到棉花改良中。

(3) 多基因叠加的复合性状棉花品种的选育　迫切需要选育具有高产、优质、抗虫、抗除草剂和耐旱、耐盐碱、适合机采等农艺性状，以及低酚、高油、彩色纤维等改善品质性状的转基因棉花新品种。

(4) 生物安全保障能力的加强　在转基因产品检测和标识方面，不断发展新的精准和高通量检测技术，加强对复合性状、非法商业化转基因生物的检测和监控。

(5) 先进转基因技术向中亚国家的输出 随着棉花生产“一带一路”的快速发展，先进的棉花转基因和栽培技术的适时输出也提上了日程。为保证棉花“一带一路”发展的可持续性，加强相关技术的程序化输出和适应性培训迫切需要相关的法律法规的支持和制度保证。因此，在相关技术研发和输出中提前谋划，及时布局是未来棉花转基因技术研发中的方向之一。

五、自主创新情况

(1) 无转基因成分的基因编辑抗黄萎病棉花 中科院微生物所和中国农科院棉花研究所利用 CRISPR 技术定向编辑棉花中的*14-3-3* 基因，经过多代筛选，创制了不含转基因成分且遗传稳定的抗黄萎病棉花。

(2) 纤维品质基因 纤维品质是我国棉花改良的主要目标，2018 年中国科学家克隆了 *GhHUB 2*、*GhPRE 1*、*GhFSN 1* 和 *GhMML 4* 等多个与纤维发育相关的基因。西南大学研究发现棉花 *GhTT 2-3A* 基因控制棕色纤维形成，上述研究为棉花纤维品质改良打下了良好的基础。

(3) 棉花株型基因 株型是影响棉花产量和机械化采收的关键指标，浙江大学等克隆了控制棉花零式果枝形成的基因 *SELF-PRUNING*（*GoSP*），可以使棉花突变体表现显著的果枝变短的表型。

(4) 棉籽品质调控基因 棉籽油是我国重要的食用油来源。石河子大学研究通过用 RNAi 下调棉花中的 *GhFAD 2-1* 和 *GhFATB* 两个基因，显著提高了棉籽中的油酸含量和棉籽油的品质，该研究为基因工程改善棉籽油品质提供了基因资源和理论基础。

（撰稿专家：李付广　杨作仁）

生物能源

2018年度生物能源发展态势分析

能源是支撑现代社会经济快速发展的基础，人类社会的发展离不开先进能源技术的开发和优质廉价能源的使用。我国已是世界上最大的能源消费国、生产国和净进口国。2018年我国能源消费延续消费结构清洁化、低碳化、高效化趋势，消费总量呈低速增长，达到约45.7亿吨标准煤，比2017年增长1.8%，非化石能源和天然气仍是拉动能源消费增长的主导力量。其中，煤炭消费约38.5亿吨，同比减少2.3%，占一次能源消费比重首次低于60%，降至59%；原油表观消费量约6.25亿吨，同比增长6.3%，对外依存度升至69.8%，约占能源消费总量的20.0%以上；天然气表观消费量约2766亿立方米，同比增长31.7%，对外依存度达45.3%，约占能源消费总量的7.8%。非化石能源消费量（含核能）约6.5亿吨标煤，仅占能源消费总量的14.3%。

我国正处在工业化、城镇化发展阶段，一次能源消费结构中非化石能源及天然气等清洁能源仅占约22%，过度依赖煤炭及石油等化石能源使我国同时遭遇了生态环境恶化、能源安全等一系列问题。近年来，国内雾霾肆虐，大气污染严峻，尤其是农村散煤消费作为重要的污染源头，严重阻碍了社会的可持续发展，国家和全社会意识到发展清洁可再生能源的重要意义。加快调整能源结构，增加可再生替代能源消费量将成为推动能源消费革命的的重要措施。

为此国家在《能源发展“十三五”规划》中提出“2020年，全国非化石能源消费比重提高到15%以上，天然气消费比重力争达到10%，煤炭消费比重降低到58%以下。”在《可再生能源发展“十三五”规划》中，明确提出“2020年，全国可再生能源（不含核电）年利用量折合7.3亿吨标准煤，其中商品化可再生能源利用量5.8亿吨标准煤。”《生物质能发展“十三五”规划》中提出“2020年，生物质能基本实现商业化和规模化利用，生物质能年利用量约5800万吨标煤”，生物质能约占商品化可再生能源利用量的1/10。然而中国可作为能源利用的生物质资源总量每年约4.6亿吨标煤，利用量仅约 13%，生物质能发展潜力巨大。

生物质能是仅次于煤炭、石油和天然气而居于世界能源消耗总量第四位的能源。生物质能具有绿色、清洁、低碳、可再生等特点，其原料来源和产品具有多样性优势，是唯一可替代化石能源转化成气态、液态和固态燃料以及其他化工原料或者产品的碳资源。生物液体燃料现已被普遍认为是唯一能大规模替代石油燃料的能源产品，生物质固体燃料已成为发电领域的新兴燃料，生物天然气（沼气）也已崭露头角。随着我国经济快速发展，对能源需求急剧增加，环境减排压力巨大，生物质能已成为我国六大重点发展的新能源产业之一，在能源替代、减少温室气体排放、大气污染防治等方面发挥重要作用。该产业经过近十几年的技术进步和政策支持，在产业规模与经济性上都得到了稳步发展。

一、生物能源发展现状

1. 燃料乙醇

据美国可再生燃料协会（RFA）统计，2018 年世界燃料乙醇产量 8511 万吨，比 2017 年增长 4.8%混配出约 6 亿吨乙醇汽油，占同期全球车用汽油消费总量 60%。全球已有八大农业生产基地（阿根廷、澳大利亚、巴西、中国、欧盟 27 国、印度、墨西哥和美国）近 40 个国家在积极推进车用乙醇燃料的生产和替代使用，其中大多数指令要求在汽油中加入 5%～15%的乙醇。表 2-64 为近 5 年来世界燃料乙醇产量分布情况。

表 2-64　2014～2018 年世界燃料乙醇产量　　单位：万吨

国家/地区 \ 年份	2014	2015	2016	2017	2018
美国	4274	4422	4578	4759	4796
巴西	1849	2118	2179	2108	2365
欧洲	432	414	411	423	427
中国	190	243	252	261	314
加拿大	152	130	130	134	143
泰国	93	100	96	118	116
阿根廷	48	63	79	93	99
印度	46	63	67	84	87
其他	258	117	146	139	164
合计	7342	7670	7939	8119	8511

数据来源：美国可再生燃料协会（RFA），http://www.ethanolrfa.org/resources/industry/statistics/。

2018年美国玉米燃料乙醇产量为4796万吨，与2017年持平，占全球总产量的56%。美国98%的区域都使用E10乙醇汽油，2011年美国政府取消了对玉米乙醇的补贴政策，完全实现市场化。对纤维素乙醇则实施1.01美元/gal（1gal=3.785L）的税收减免政策，其中混配销售商为0.55美元/gal，乙醇生产商为0.46美元/gal。

2018年巴西甘蔗燃料乙醇产量达到2365万吨，比2017年增长12.2%，约占全球总产量的28%。巴西是世界上唯一不使用纯汽油作为汽车燃料的国家，其国内加油站可提供纯乙醇、E85和E20乙醇汽油等燃料。2001年巴西政府取消了对燃料乙醇的补贴，完全实现了商业化。

2017年9月，我国政府从优化能源结构、改善生态环境、调控粮食市场、促进农业农村发展等角度出发，确定了加快发展生物燃料乙醇的战略。经国务院批准，国家发展改革委、国家能源局等十五部委联合印发《关于扩大生物燃料乙醇生产和推广使用车用乙醇汽油的实施方案》（下简称《方案》）。2018年8月，国务院常务会议确定了《全国生物燃料乙醇产业总体布局方案》(以下简称《总体布局》)。

《方案》要求，适度发展粮食燃料乙醇，科学合理把握粮食燃料乙醇总量，大力发展纤维素燃料乙醇等先进生物液体燃料，满足持续增长的市场需求。《总体布局》强调，坚持控制总量、有限定点、公平准入，适量利用酒精闲置产能，适度布局粮食燃料乙醇生产，加快建设木薯燃料乙醇项目，开展秸秆、钢铁工业尾气等制燃料乙醇产业化示范。2018年10月起，天津市已推广使用车用乙醇汽油，实现封闭运营，预计2019年要进一步在北京、河北等15个省市推广车用乙醇汽油，2020年后我国燃料乙醇年需求量将超过1000万吨，目前缺口超过700万吨，发展潜力巨大，燃料乙醇产业迎来新的发展机遇。

2018年国内燃料乙醇装置产能新增近100万吨，同比增加近40%。然而国内燃料乙醇价格与汽油价格挂钩，受原油价格下跌及原料价格上涨以及装置改造、封闭运行政策执行滞后等因素影响，国内燃料乙醇生产企业产能负荷不到70%，据不完全统计，产量仅约205万吨，与2017年持平。2018年我国燃料乙醇表观消费量约260万吨，混配E10乙醇汽油约2400万吨，在黑龙江、吉林、辽宁、河南、安徽、广西、天津7省区、直辖市及湖北、山东、河北、江苏、内蒙古五省区的30个市试点车用乙醇汽油，实现了燃料乙醇汽油封闭运行，E10乙醇汽油约占当年汽油消费总量的1/5。表2-65为近年我国主要定点燃料乙醇生产企业的产量情况。

表 2-65 2011～2018 年我国主要燃料乙醇生产企业产量统计

单位：万吨

企业＼年份	2011	2012	2013	2014	2015	2016	2017	2018
中粮生化能源(肇东)有限公司	23	27	28	28.5	29	31	31	32
吉林燃料乙醇公司	55	57	59	62	62.5	65	62	58
中粮生物化学(安徽)股份有限公司	46	49	52	55	58	56	66	55
河南天冠股份有限公司	58	64	70	73	73	32	35	28
广西中粮生物质能源有限公司	12	7	8	8.5	8.5	13	13	13.5
山东龙力生物科技有限公司	—	—	3	3	3	3	1	0.5
中兴能源(内蒙古)有限公司	—	—	3	3	1	0	0	0
国投广东生物能源有限公司	—	—	—	—	—	—	—	8
吉林省辽源市巨峰生化科技有限责任公司	—	—	—	—	—	—	—	5
江苏联海生物科技有限公司	—	—	—	—	—	—	—	5
合计	194	204	223	233	235	200	208	205

2. 生物沼气

生物沼气是微生物群体在厌氧条件下协同发酵可降解有机物的产物，主要由甲烷（50%～60%）、二氧化碳（35%～45%）和少量的硫化氢、水蒸气等组成，净化提纯后甲烷纯度可超过 97%以上，被称为生物天然气，可用来加热、发电，输入天然气管网或者作为车用燃料。欧盟地区的沼气技术处于世界领先水平，德国、丹麦、瑞典等国的沼气工程技术及装备已经达到了标准化、系列化、工业化水平。2018 年全球沼气产量约为 580 亿立方米，其中德国沼气年产量超过 200 亿立方米，瑞典生物天然气满足了全国 30%车用燃气需求。

2018 年我国沼气产量约 170 亿立方米，约为天然气消费量的 5%，替代化石能源 1250 万吨标准煤。其中户用沼气年产量约 140 亿立方米，规模化沼气工程约 11.5 万处，年产气量近 30 亿立方米，沼气正处于转型升级关键阶段。尽管我国大中型沼气工程的发展速度较快，但规模及效益却远远不如德国、丹麦等国，在技术装备上仍然有待进一步突破。“重工艺、轻装备”的开发思路以及“重装置、轻产品”的补贴激励机制是制约我国沼气产业规模化发展的重要因素。我国是沼气工程厌氧发酵工艺路线最多的国家，但与工艺配套的大型装备研究很少，而德国和丹麦等大中型沼气工程发达的国家，多采用技术成熟、设备可靠的传统全混式沼气发酵工艺（CSTR）。沼气工程的规模化是维持其稳定运行的重要因素之一。在德国，沼气工程平均池容约为1000m^3，是中国的3.5倍；在产气率方面，国外CSTR工艺的产气率可达15m^3/m^3，而我国现在的技术水平仅为0.8～5.0m^3/m^3，差距较大；在能耗方面，国外的厌氧反应器热耗较低，利用率较高，发电余热利用率达90%，而国内厌氧反应器热耗大，利用率低，发电余热利用率仅为35%。同时，我国厌氧消化装备制造也未全面推行标准化。

生物沼气直接燃烧替代燃煤，经济性很难过关，沼气经过净化提纯后变为生物天然气进入管网或用作车用燃气，是生物沼气高值化利用的重要方向。沼气净化的关键技术是除去沼气中的CO_2、H_2S、H_2O及其他杂质，以提高生物燃气中的CH_4含量。沼气发电也是提高经济性的一个有效手段。我国能够生产最高达700kW系列的燃气内燃机发电机组，但运行效果不理想，更大规模的燃气内燃机或者燃气轮机发电机组需要从国外进口，这也影响了沼气发电的效益。国际上先进的燃气发电机可将1m^3沼气（标准状态下）（含甲烷55%～60%）转化为2.5kW·h电力，国产沼气发电机仅能转化约1.6kW·h电力。进口发电机组发电效率可超过40%，热效率达40%，而国产机组发电效率约为33%，热效率为35%，国产沼气发电装备有待进一步突破，有较大的发展空间。

3. 生物质发电

生物质直燃发电是指在特定的生物质蒸汽锅炉中通入空气使生物质原料燃烧，产生蒸汽，进而驱动蒸汽轮机，带动发电机发电的过程。单纯的生物质直燃电厂单机容量一般在25～30MW，锅炉的燃烧效率在80%～90%，发电效率较低，一般在20%～30%。国外在生物质直燃发电产业化方面成果显著。2015年，丹麦已建成130多家秸秆直燃发电厂，并将秸秆发电技术成功推广到瑞典、芬兰和西班牙等国家。研究数据表明热电联产可以节约28%的燃料，减少47%的CO_2，能量利用效率可达80%～90%，因此欧美一些国家通常使用热电联产技术来解决生物质发电效率低或供热不经济的问题。

我国自20世纪90年代末开始引进生物质直燃发电技术，通过近10年的消化吸收，关键设备（如锅炉）基本实现国产化。为兼顾生物秸秆的运输收集半径并实现盈利，机组合理的单机容量为25～30MW。2004年以来，我国先后核准批复了200多个秸秆发电示范项目。2010年7月，国家发展和改革委员会统一执行了0.75元/(kW·h)（含税）的标杆上网电价，增加了该产业的盈利空间。目前中国节能投资公司、国家电网公司、国家发电集团等大型国有企业，凯迪电力等民营企业均投资参与了生物质电厂的建设运营。

2018 年生物质发电装机容量激发发电量基本与 2017 年持平。截至 2017 年年底，全国生物质发电新增装机 274 万千瓦，累计装机达到 1488 万千瓦，同比增长 22.6%。全年生物质发电量 794 亿千瓦·时，同比增长 22.7%，继续保持稳步增长势头。2017 年生物质发电量约占三峡全年发电量（976 亿千瓦·时）的 81.4%，占整个可再生能源发电量的 4.67%，占全国年总发电量的 1.23%。我国生物质能发电产业体系已基本形成，无论是农林生物质发电，还是垃圾焚烧发电，规模均居世界首位。但目前在运项目除个别项目外，全为纯烧生物质单独发电，而且其装机容量多为 1 万～3 万千瓦蒸汽参数不高的低效率小机组，供电效率一般低于 30%，这种业务单一、低效、低附加值和完全依靠国家补贴的供能模式已不能满足社会发展和时代进步的需要。

二、生物能源产业发展趋势

1. 燃料乙醇

美国是全球最大的燃料乙醇生产国和消费国，其产业技术代表着世界先进水平。近十几年来美国燃料乙醇厂数量从 2000 年的 48 家增加到 2018 年的 214 家，产量从 680 万吨/年增加至 4760 万吨/年。在此期间，新的工艺技术、生物技术及新产品不断涌现，推动美国玉米乙醇生产技术水平持续提高。表 2-66 为美国目前的玉米燃料乙醇关键效率指标。

表 2-66　美国干法玉米燃料乙醇关键效率指标

工艺指标	单位	1995 年	2015 年	变化/%
玉米出酒率	gal/bus①	2.55	2.83	11
粮单耗②	t/t	3.289	2.964	−10
天然气单耗	Btu/gal	37 000	23 862	−36
标煤单耗③	tce/t	0.44	0.284	
电单耗	kW·h/gal	1.2	0.75	−38
	kW·h/t	396	248	
水单耗	gal/gal	5.5	2.7	−51
	t/t	6.9	3.4	

① 美制单位：1gal＝3.785L，1bus 玉米＝25.401kg。

② 由玉米出酒率换算而来。

③ 由天然气单耗指标换算而来：1Btu＝0.252kcal，1 千克标准煤＝7000kcal。

可以看出，从1995年到2015年，美国干法乙醇工艺的粮单耗下降了10%，标煤单耗下降了36%，电单耗下降了38%，水单耗下降了51%，净能量产出投入比逐渐提高达到2.6～2.8，技术进步显著，成本迅速降低。燃料乙醇关键效率指标的提升得益于工艺技术、装备与生物技术集成，如：①玉米粉碎为大颗粒玉米粉（3mm），降低能耗，且有利于饲料回收；②喷射液化器设备的广泛使用、高温蒸煮（120℃）及高温淀粉酶的应用，采用同步糖化发酵工艺，拌料浓度不断升高，发酵醪液乙醇浓度随之提高，水耗、能耗逐步降低；③卧螺分离机生产DDGS配合清液回配工艺，塔底釜液经卧螺离心机固液分离，清液一部分（30%～70%）蒸发浓缩后与湿糟混合生产DDGS，剩余清液则全部用于玉米粉拌料，显著降低了水耗，降低了污水处理成本；④浓醪发酵技术，开发高效液化酶、糖化酶和高耐受性酵母，结合混料设备使拌料干物浓度从20%提高至30%以上，成熟醪酒精浓度也从10%（体积分数）升高至18%（体积分数）以上，进一步降低了水耗与能耗；⑤2005年部分装置开始采用生料发酵工艺，配合真菌酸性低温淀粉酶，取消了蒸煮工艺，并采取更高干物拌料，乙醇浓度超过20%（体积分数），降低能耗约60%。

近几年一系列新技术的开发应用增强了玉米燃料乙醇产业的盈利能力。如在乙醇干法工艺中引入湿法研磨工序，通过磨盘的剪切作用使玉米蛋白、脂肪、纤维与淀粉分离得更彻底，释放出更多的淀粉颗粒与脂肪，从而提高出酒率与提油率。还有开发从干磨乙醇工厂的发酵醪液中回收高价值的蛋白质和玉米油的技术。该系统通过过滤离心分离将蛋白质和玉米油从醪液中洗出。生产的蛋白质产品纯度约为50%，主要是酵母蛋白和玉米蛋白的混合物，附加值远高于DDGS，可以应用在宠物食品、水产、家禽及猪等动物的日粮中。后端提油技术通过设备与工艺的组合，提油率也由之前的25%提高到70%左右，提取的玉米油脂酸价较高，主要用于生产生物柴油，提高工厂总体效益。据ICM公布数据显示，其SMT（选择性研磨技术）技术能够提高出酒率2%～3%，油脂提取率可提高20%以上。

酶制剂进展主要使淀粉酶能够在酸性条件下高效使用，从而节省了液化与糖化过程中pH值调节的酸碱用量，降低乙醇的生产成本。如诺维信公司在2015年推出的两款酸性淀粉酶——Liquozyme LpHα-淀粉酶和Avantec Amp酶在弱酸性条件下（pH=5.0左右）仍有很高的活性，已经在美国得到了广泛应用。新型酵母技术在降低糖化酶用量、降低甘油产量方面取得突破，比较成熟的产品例如Mascoma公司和Lallemand公司联合推出的

TransFerm 糖化酵母和 TransFerm Yield+低甘油酵母。TransFerm 酵母可自产糖化酶，可降低外加糖化酶用量甚至取消添加糖化酶。TransFerm Yield+低甘油酵母除了能够自产糖化酶外，还改变了甘油代谢途径，工厂使用结果显示甘油量平均降低 27%，出酒率平均提高 2.4%，糖化酶用量平均减少 29%。杜邦公司在 2016 年公布了一种名为“Synerxia”的新型发酵系统，由酵母与海藻糖酶复配而成，可将海藻糖转化为可发酵糖，降低发酵成熟醪的残糖，提高出酒率 2%。综上所述，技术的不断创新与进步，使美国玉米燃料乙醇成本不断降低，年使用量近 4800 万吨，与汽油完全具有成本竞争力，成为全球清洁生物液体燃料替代化石燃料的典范。

纤维素乙醇也称第二代生物液体燃料，利用先进技术从包括玉米秸秆、麦秆、木材等农林业废弃物中获取燃料乙醇。纤维素乙醇研究主要集中在生物酶解发酵路线，关键技术仍然是高效预处理、低成本纤维素酶生产和戊糖发酵菌种技术，为提高经济性木质素副产物综合利用也提上日程。该技术国际上已研究几十年，已先后有近 10 套万吨级示范装置运行，但由于技术难度大进展并不顺利。表 2-67 为世界纤维素乙醇示范装置的情况，主要集中在北美地区和欧洲地区，负荷基本在 30%～40%，均未达到预期的经济目标。纤维素乙醇产业化仍需要进一步在工艺技术、装备及生物技术上集成创新，降低纤维素乙醇成本。

表 2-67　世界纤维素乙醇示范装置一览表

投资方及地点	规模及投资	原料及产品方案	技术方案	投产时间	现状
POET-DSM，美国	7.5 万吨/年，2.50 亿美元	玉米秸秆、玉米芯，乙醇+沼气	稀酸汽爆预处理，纤维素酶解，戊糖/己糖共发酵	2014.09	2017 年 4 月宣布生产能力接近每吨秸秆生产 72gal（216kg）乙醇的目标； 2017 年 2 月 DSM 宣布筹建在线纤维素酶生产线；目前仍使用诺维信的酶制剂； 2018 年，生产负荷达到 80%；
Raizen & Iogen，巴西	3.16 万吨/年，1.0 亿美元	蔗渣、秸秆，乙醇	稀酸汽爆、酶解、共发酵，Raizen 公司甘蔗乙醇厂扩建	2014.12	目前产量 1 万吨/年，生产负荷约 30%，计划到 2024 年再建 7～8 个与一代甘蔗乙醇配套的纤维素乙醇装置

续表

投资方及地点	规模及投资	原料及产品方案	技术方案	投产时间	现状
Dupont，美国	8.3 万吨/年，2.76 亿美元	玉米秸秆、玉米芯，乙醇	氨爆预处理，纤维素酶解，戊糖/己糖共发酵	2015.09	未满负荷生产，经济目标未达到预期。公司放弃该业务。2017 年 11 月宣布计划出售该项目
Abengoa，美国	7.5 万吨/年，3.50 亿美元（DOE 1.34）	玉米秸秆、麦秸，乙醇+18MW 电力	稀酸汽爆预处理，纤维素酶解，戊糖/己糖共发酵	2014.11	未满负荷生产，经济目标未达到预期。公司宣布破产。2016 年 11 月纤维素乙醇业务出售给壳牌公司
Granbio，巴西	6.5 万吨/年，2.65 亿美元	蔗渣、秸秆，乙醇+135GW·h/a 电力	PROESA 弱酸/中性预处理技术，诺维信公司酶制剂，DSM 公司共发酵菌株	2014.09	经济目标未达到预期。处于停产状态
Beta-Renewables，意大利	6.0 万吨/年，2.50 亿美元	芦竹及小麦秸秆，乙醇+电力	PROESA 中性预处理技术，纤维素酶解，戊糖/己糖共发酵	2013.10	未满负荷生产，经济目标未达到预期；2017 年 10 月 MG 集团宣布破产保护，资产清算，出售该技术。2018 年 9 月，意大利油气公司 Eni 集团的 Versalis 公司中标

注：DOE 1.34 指美国能源部（DOE）提供担保的免息贷款额度（亿美元）。

我国企业和研究机构在纤维素乙醇研发及产业化方面做了大量工作，许多成果达到世界先进水平。作为国内燃料乙醇最大的生产企业，中粮集团 2006 年开始加大纤维素乙醇研发力度，并建设 500t/a 纤维素乙醇中试装置，实现了连续稳定运转，形成了成套技术。该工艺纤维素转化率达到 90%，实现了戊糖/己糖共发酵，中粮集团正择机筹建以玉米秸秆为原料的 5 万吨/年规模纤维素乙醇示范工厂。国内已有万吨级装置（如表 2-68 所示），采用国内自主研发技术，并结合副产品建设装置，但基本处于停产状态，技术经济性有待进一步评价。

表 2-68　国内建成的纤维素乙醇示范装置情况

投资方	规模/(万吨/年)	原料/产品方案	技术方案/最新进展
龙力	5	玉米芯废渣/乙醇+木糖醇	稀酸预处理分离出木糖生产木糖醇，残渣酶水解，己糖发酵生产乙醇
天冠	3	麦秸、玉米秸秆/乙醇+沼气	蒸汽爆破，酶水解，己糖发酵生产乙醇，戊糖生产沼气

2. 生物沼气

“十三五”期间，中央进一步加大农村沼气投资力度，在现有基础上进一步提高户用沼气补贴标准，进一步优化投资结构，在继续支持户用沼气和小型沼气建设的同时，加大向农户集中供气的大中型沼气工程支持力度，不断提高沼气发展的综合效益，为改善农民生活和发展农村经济提供优质、清洁可靠的能源保障。2018 年年底国家能源局也在对各省区城乡废弃物资源、天然气市场、有机肥市场、技术经济性等进行全面分析评价的基础上，组织编制生物天然气发展中长期规划，将生物天然气纳入能源发展战略及天然气产供储销体系，支持生物天然气的发展。

《生物质能发展“十三五”规划》中提出生物天然气新增投资约 1200 亿元，生物天然气产量达到 80 亿立方米，替代 960 万吨化石能源。根据《全国农村沼气发展“十三五”规划》，我国可用于沼气生产的废弃物资源总量约 14.04 亿吨，其中，秸秆可利用资源量超过 1 亿吨、畜禽粪便可利用资源量超过 10 亿吨、其他有机废弃物可利用量超过 1 亿吨，沼气生产潜力约为 1227 亿立方米。2015 年全国沼气生产能力为 158 亿立方米，到 2020 年，我国沼气总产量要达到 207 亿立方米，利用率也仅为 16.9%，发展空间巨大。

国内中小型沼气工程数量众多，但整体运行不佳，多数亏损，闲置现象严重。现有沼气工程还面临原料保障难、储运成本高、大量沼液难消化、沼气工程终端产品商品化开发不足等瓶颈，亟待向规模发展、效益拉动、科技支撑等方向转型升级。我国农村沼气事业应以大型沼气和生物天然气为主要处理方向，以就地就近用于农村能源和农用有机肥为主要使用方向，力争在“十三五”时期，基本解决大规模畜禽养殖场粪污处理和资源化问题。

目前我国沼气利用方式仍然以替代原煤直接燃烧为主，只有约 1%的沼气项目进行沼气发电，提纯作为车用燃气的项目更少，工程的经济效益低，也影响了能量的转化效率。未来国内沼气应重视开发标准化和成套化装备，重点解决高干物浓度发酵、多元原料共发酵、中/高温发酵过程中产生的问题。沼气应向高值化利用途径方向发展，如净化后沼气发电，尤其是净化提纯后用作商用燃气、车用燃气，解决自身经济性问题。

3. 生物质发电

生物质发电在美国已成为可再生能源发电下一个重要的利用目标。美国能源情报署（EIA）预计 2020 年以生物质为燃料发电 1880 亿千瓦・时，比 2008 年增加 3 倍。欧盟预计其生物质消费量从 2009 年 130 万吨/年增加到 2020 年 1 亿吨/年。2020 年我国生物质发电装机规模将达到 1500 万千瓦，其中生物质直燃发电装机700万千瓦，垃圾发电装机750万千瓦，沼气发电装机50万千瓦，年发电量超过900亿千瓦·时，约为美国的1/2。

近两年我国垃圾焚烧发电进入快速发展轨道，垃圾焚烧发电装机规模、发电量均居世界第一。2018年年末，我国垃圾焚烧行业从不足100座焚烧厂发展到近240座。2018年垃圾焚烧项目装机容量将达到650万千瓦，年垃圾处理量将达到1.1亿吨。但我国目前建设、运行的生物质发电项目绝大部分都为农林剩余物直燃发电项目。规模小、单位投资高、发电效率低、过度依赖于电价补贴维持等问题一直困扰着产业的发展。要想彻底解决以上问题，生物质发电产业必须通过产业结构的转型升级、技术和商业模式的创新来完成。

近几年国家密集发布的一系列产业政策文件，已经为生物质发电产业结构调整指明了方向，就是引导行业由单纯燃烧生物质向生物质耦合燃煤混燃方向转变，提高发电效率，减少排放；由单纯生物质发电向生物质热电联产方向转变，特别是走绿色低碳、清洁环保、经济可靠的生物质能分布式利用和县域热电联产发展之路，为中小型区域提供清洁供暖和工业蒸汽，直接在用户侧替代燃煤，节约天然气，是治理散煤污染的重要举措。

生物质和煤混燃的电厂单机容量通常在50～1000MW，锅炉热效率可以达到94%，发电效率可以达到49%，约为单纯生物质发电厂效率的2倍，且减排效果显著。因而生物质混燃发电技术在欧洲和美国等地得到广泛应用。根据IEA（International Energy Agency）统计的数据，全球已有200多座混燃示范电站，其中100多套在欧盟国家，60多套在美国，其余在澳大利亚等国。生物质混燃发电在美国生物质发电中占有较大的比重，以木质废弃物与烟煤煤粉混燃居多，混烧生物质燃料的比例占3%～12%。发展农林生物质与燃煤耦合发电是化解煤电产能过剩、加快电力转型升级的有效手段，逐步实现电力生产绿色化低碳化，为国家能源转型作出贡献。2017年年底国家能源局、环保部联合下发《关于开展燃煤耦合生物质发电技改试点工作的通知》，相关试点项目开始落地。随着试点项目的推进，如何界定生物质电量与燃煤发电量、电价补贴额度、发电量替代和规划容量替代等一系列问题将会逐步得到解决。2018年，哈电锅炉承制的国内首个最大国家级燃煤耦合生物质气化发电技术改造示范项目开建，东方锅炉燃煤耦合生物质发电一体化方案也通过了国家审批，实现了燃煤耦合生物质发电效益最大化和节能减排的目标。

目前在运生物质发电高温高压机组热效率为30%左右。生物质热电联产是在生物质发电基础上，在享受国家生物质发电政策上，把汽机排汽热值再利用，采用汽机低真空运行供热到千家万户，室内温度达到 22℃以上。热电联产后能源利用效率超过 80%，以 30MW 高温高压抽凝机组（不含热网投资，厂用电率按 8%计）为例，吨蒸汽发电产生的附加值为 180 元左右。以河北为例，用生物质热电联产的蒸汽供暖价格为 25 元/m^2，虽高于燃煤供暖成本 18 元/m^2，但却远低于天然气采暖（38 元/m^2）和电采暖（48 元/m^2，按居民常规售电电价计）成本，在雾霾肆虐、大气污染防控形势依然严峻的现阶段，生物质热电联产在替代县域燃煤，特别是在替代村镇散煤燃烧方面，具有很好的经济性和市场竞争力。2017 年《国家能源局综合司关于开展生物质热电联产县域清洁供热示范项目建设的通知》中下达的热电联产清洁供热示范项目共 136 个，涉及 20 个省（区、市）及新疆生产建设兵团，装机容量 380 万千瓦，年消耗农林废弃物和城镇生活垃圾约 3600 万吨。示范项目供热部分每年可替代散煤约 660 万吨，相当于每年节约天然气约 40 亿立方米。示范项目的建设将对生物质能发电产业转型升级产生积极的推动作用。

三、结论

1. 燃料乙醇

国际经验表明，发展生物燃料乙醇可以为大宗农产品建立长期、稳定、可控的加工转化渠道，提高国家对粮食市场的调控能力。同时，生物燃料乙醇产业也是处置超期超标等粮食的有效途径。巴西通过甘蔗-糖-乙醇联产，根据国际市场蔗糖价格调节汽油中乙醇掺混比例，同时大力推广乙醇汽车，扩大乙醇消费量，保障了国内甘蔗价格和糖价的稳定，维护了农民利益；美国通过生物燃料乙醇产业需求，保障了能源供给、持续拉动国内玉米生产、提高农民收入和促进农业科技进步，形成了粮食生产和消费的良性循环发展的局面。这些成功经验，值得学习和借鉴。随着 2017 年 9 月十五部委联合下发的《方案》的实施，2020 年将实现在全国范围内推广使用车用乙醇汽油，燃料乙醇年消耗量将超过 1000 万吨，纤维素燃料乙醇 5 万吨级装置实现示范运行，生物燃料乙醇产业发展整体达到国际先进水平。到 2025 年，力争纤维素燃料乙醇实现规模化生产，先进生物液体燃料技术、装备和产业整体达到国际领先水平，形成更加完善的市场化运行机制。由此可见，未来 10 年将是粮食基燃料乙醇适度发展和纤维素乙醇由示范过渡到产业化的关键10年。

乙醇汽油推广在国内已有十几年，在燃料乙醇定价机制与“乙醇汽油封闭运行”两方面各方矛盾最为突出。为此《方案》也明确“将坚持问题导向，以燃料乙醇价格等矛盾较为突出的重点问题为突破口，合理兼顾产业链各方利益诉求，加快推进改革”。同时《方案》明确“车用乙醇汽油推广使用实行属地行政首长负责制”和“将车用乙醇汽油推广目标完成情况纳入企业负责人年度经营业绩考核和任期经营业绩考核”。下一步，将按照国务院要求，适时对各省级政府推广车用乙醇汽油监督管理职责和成品油销售企业车用乙醇汽油目标完成情况进行考核。以上措施为乙醇汽油的全面推广提供了有力保障。

国内生物乙醇生产企业及研究机构应抓住这一历史机遇，在改造及新建粮食基燃料乙醇装置中积极引入新技术与装备，集成创新，节水减排、节能降耗，提高联产品品质与收益，降低燃料乙醇成本。纤维素乙醇产业应以企业牵头组织联合攻关，加大研发投入，统一布局，集中资源，重点突破，建设示范装置并考察其技术经济性，然后进行产业化推广，力争实现《实施规划》的预期目标。

2. 生物沼气

近几年我国沼气产业转型升级过程中，已逐渐从小规模的户用沼气走向了规模化生产，从侧重环保公益逐渐向创造经济效益转变，重点支持规模化大型沼气工程和生物天然气工程。原料方面应以农作物秸秆、畜禽粪便、有机废弃物为主，发挥沼气作为处理畜禽粪便等农业废弃物的主导作用，基本解决大规模畜禽养殖场粪污处理和资源化利用问题。工艺装备方面应针对国内的原料特点重视开发适应大型沼气工程的标准化和成套化装备以及沼气发电装备，提高沼气生产效率。在高值化利用方面政府出台多项政策打破沼气发电上网和生物天然气并入城镇天然气管网等方面的障碍，围绕沼气提纯罐装、车用燃料、发电上网，建设特大型沼气工程，拓展沼渣、沼液有机肥、基质、生物农药等多元化功能，建立可持续的商业化运作模式，实现效益拉动。最后应加强完善规范标准体系及监管制度，改变部分沼气工程的闲置状态，避免对国家投入资金造成浪费。

我国每年可用于沼气生产的农业废弃物资源总量约14.04亿吨，具备生产生物天然气736亿立方米的潜力，可替代约8760万吨标准煤。因此，大力发展农村沼气工程，有利于农村“散煤治理”，符合当前“煤改气”的趋势，可降低煤炭消费比重、填补我国天然气缺口，进一步优化能源供应结构，在大气污染防治过程中发挥重要作用，发展潜力巨大。

3. 生物质发电

目前，生物质直燃发电仍是我国农林剩余物规模化能源利用的最主要方式，垃圾发电虽然发展迅速，但总体生物质发电始终存在能量转化效率低、经济性差等问题。

《生物质能发展“十三五”规划》提出，到2020年生物质发电新增投资约400亿元，装机容量达到1500万千瓦，产业发展潜力巨大。生物质发电产业应重点解决好科学布局问题，优化规模化生物原料收集和储运系统以及成套设备，关键还要自主开发、引进技术，要充分认识到自主开发才是最终的发展之路，同时还要不断完善我国的生产技术，努力将其打造为主导中国市场的品牌。试点推广生物质耦合燃煤发电，使传统火电发电设备制造技术向生物质锅炉方向转化，努力解决混燃发电装置生物质电量确定、生物质电价补贴、发电量替代和规划容量替代等问题，提高生物质发电效率，充分发挥生物减排效用；农林生物质发电全面转向分布式热电联产，推进新建热电联产项目，对原有纯发电项目进行热电联产改造，为县城、大乡镇供暖及为工业园区供热，优化产品组合，提高经济效益，努力实现收支平衡，带动产业持续健康发展。

（撰稿专家：武国庆　郝小明）

生物制造

2018年度生物制造发展态势

生物制造是以生物体为工具进行物质加工与合成的绿色生产方式，代表了第四次工业革命的重要技术特征，有望改变人类的生产生活方式，开创社会财富和福利增长的新纪元。作为现代生物产业的核心，生物制造涵盖了从生物资源到生物技术，再到生物产业的价值链，集中体现了现代生物技术在医药、农业、能源、材料、化工、环保等多个工业领域的应用，对经济社会可持续发展进程有重要推动作用。我国近年积极倡导供给侧结构性改革和推进绿色发展，在《中国制造2025》中明确提出了推动制造业由大变强、全面提升中国制造业发展质量和水平的重大战略部署，强调全面推行绿色制造；在《“十三五”生物技术创新专项规划》中提出加快建设绿色生物制造技术创新中心、专业示范区等重点任务，引领新型生物经济发展的重要目标。党的十九大报告明确把建设生态文明作为中华民族永续发展的千年大计，把坚持节约资源和保护环境作为基本国策，提出了“贯彻新发展理念，建设现代化经济体系”的任务。随着我国新时代中国特色社会主义建设进程的不断推进和国家创新驱动发展战略的深入实施，我国生物制造产业发展面临重要历史机遇。

一、国际生物制造发展态势

1. 生物经济战略不断强化

美国《2020年制造业挑战的展望》将“生物制造技术”列为2020年制造技术挑战的11个主要战略方向之一，并在《生物质技术路线图》等计划任务中设立了“2020年，实现化学工业的原料、水资源及能量的消耗降低30%，污染物排放和污染扩散减少30%；2030年替代25%有机化学品和20%石油燃料”的宏远目标。在《生物学产业化：加速先进化工产品制造路线图》中提出生物学产业化的发展愿景：“在未来十年（2015～2025年），将通过生物学方法合成化工产品的能力逐步改善，提升到与传统化工方法相媲美的程度”。2017 年 3 月 9 日，美国国家科学院发布《为未来生物技术产品做好准备》报告，描述了未来 5～10 年可能出现的新型和先进生物技术产品和用于现有生物技术产品风险分析的系统，确定未来产品是否会对现有产品和生物造成不同类型的风险，并指出哪些科学能力、工具和专业知识可能对监管机构和支持未来生物技术产品的监督有用，以促进生物经济健康发展。2019 年 2 月，美国生物质研发理事会发布《生物经济行动：实施框架》报告，在供应链的优先研发领域内制定了新的持续行动，并根据交叉主题的分组会议反馈情况为实施生物经济行动制定了基本举措。

欧洲《工业生物技术 2025 远景规划》期望完成向基于生物技术型社会的“华丽转身”，力争于 2025 年以生物技术路线实现“化石能源替代 20%；化学品替代 10%～20%，其中化工原料替代 6%～12%，精细化学品替代 30%～60%”。欧洲工业生物技术研究与创新平台（BIO-TIC）发布的《推动生物经济——面向欧洲不断繁荣的工业生物技术工业路线图》确定了工业生物技术的主要研究方向，提出预计到 2030 年，欧盟的工业生物技术产品市场将增长至 500 亿欧元。2018 年 6 月，英国工业生物技术领导论坛（Industrial Biotechnology Leadership Forum，IBLF）与英国生物工业协会（BioIndustry Association，BIA）合作发布了英国《国家工业生物技术战略 2030》报告，旨在将工业生物技术置于英国工业战略和生物经济战略的核心，将工业生物技术产品和工艺放在未来高科技经济的重要位置，推动清洁增长和经济繁荣。

2018 年 12 月，英国商务、能源与工业战略部发布了题为《发展生物经济——改善民生及强化经济：至 2030 年国家生物经济战略》的报告，指出利用生物科学与生物技术的力量建立强有活力的生物经济，有助于转变食物、医药、材料、能源、燃料生产、健康、环境等方面面临的挑战，而随着低碳生物基产品和过程的发展，民生也将获得极大改善。

除了美国和欧盟等主要经济体外，生物制造相关技术在加拿大、巴西、阿根廷、日本、韩国、澳大利亚、俄罗斯等国家也受到了高度重视，被纳入这些国家的生物经济专属战略或生物经济相关战略中，并在科研投入和产业化等方面迅速发展。2018 年 1 月，新加坡国立研究基金会（The National Research Foundation Singapore，NRF）宣布资助国家合成生物学研发计划，在未来五年内投入 2500 万美元，整合和确保新加坡在临床应用和工业应用等的合成生物学研究能力的全面发展。

2. 生物能源发展持续促进

全球气候环境问题日益突出，世界主要经济体在生物能源制造的发展方面提出了更加清晰的战略目标和更加细致的实施方案。2017 年 11 月 27 日，国际能源署（IEA）发布《技术路线图：实施可持续生物能源》报告，明确生物能源至 2060 年的愿景目标，即：至 2060 年生物能源提供 17% 的终端能源需求；其中增幅最大的是交通运输行业，到 2060 年，生物能源对终端运输行业能源需求的贡献比 2015 年的水平增长 10 倍；同时，生物能源在发电和工业中的应用显著增加。

欧盟的生物燃料发展目标是到 2020 年让可再生能源燃料占所有运输燃料的 10%。2018 年，国际可再生能源机构（International Renewable Energy Agency，IRENA）发布《欧盟可再生能源前景》报告指出，欧盟各成员国均有潜力以更具成本效益的方式部署更多可再生能源，2030 年之前生物质能仍然是能源转型的关键，生物能源的整体部署将比现在的水平翻一番。2018 年 6 月 27 日，11 家公司和大学启动欧盟资助的 REWOFUEL 项目，预期在三年内投资 1790 万欧元，用于在全欧洲建立新的生物精炼厂，将木材残留物转化为水解物（RWH），通过发酵将 RWH 转化为生物异丁醇，并进一步转化为生物燃料这整条价值链的性能、可靠性、环境和社会的经济可持续性。

美国多年来一直持续推进生物能源领域的研发和产业化工作。2017 年 7 月 17 日，美国能源部宣布投入 4000 万美元支持四个生物能源研究中心（BRCs），以实现新一代可持续、低成本生物产品和生物能源的科学突破，包括最初成立的由威斯康星大学麦迪逊分校与密歇根州立大学合作领导的大湖生物能源研究中心、由美国能源部橡树岭国家实验室领导的能源创新中心、由美国能源部劳伦斯伯克利国家实验室中心领导的联合生物能源研究所，以及一个新设立的伊利诺伊大学厄本那香槟分校领导的先进生物能源和生物产品创新中心。2017 年，美国能源部投入 800 万美元资助三个藻类生物燃料研发项目，用以生产藻类生物燃料和生物产品；其后，从藻类燃料及设施（Productivity Enhanced Algae and ToolKits）项目中资助四个子项目，投资 880 万美元，开发高效的工具和技术来提高藻类生物质的生产力、降低其成本；9 月，在大型藻类生物燃料计划（Macroalgae Research Inspiring Novel Energy Resources，MARINER）中资助 2200 万美元用于 18 个研发项目，开发关键工具以使美国成为世界领先的海洋生物质生产者。2018 年 5 月，美国能源部宣布投入 7800 万美元支持早期生物质能源研发，致力于解决丰富多样的生物资源所面临的各种技术问题，使包括藻类、非粮食能源作物和各种废弃物在内的各类生物质资源更有效地转化为更具经济性的生物燃料、生物质电力和生物制品。

3. 合成生物技术发展迅速

合成生物学研究推进人类认识自然、利用自然和改造自然的进程，人工合成生物体研究接连取得突破，人工设计操纵生物功能不断提升。2018 年，中国科学院研究团队在国际上首次成功创建出含有单条染色体的酵母细胞，成为合成生物学领域的里程碑；同期，美国纽约大学研究人员也利用类似技术将酵母染色体融合在一起，最终获得拥有两条染色体的酵母细胞。麻省理工学院 Voigt 教授团队使用计算机算法组合标准化组件并在活细胞内构建可编程基因序列逻辑电路，实现可预测和设计的遗传电路；加州理工学院 Elowitz 团队利用工程病毒蛋白酶在哺乳动物细胞中实现各种各样的电路级功能；韩国科学技术研究所研究者开发了一种有助于构建高效微生物细胞工厂的新型生物传感器；赖斯大学和休斯敦大学的研究者创造了可根据需要精确调整基因电路的输入和输出水平的工具包，使研究者可以系统地设计细菌和其他生物来执行自然条件下无法完成的任务；得克萨斯大学达拉斯分校的研究人员利用活细胞材料设计了包含 microRNA 的基因电路模型，来更好地了解基因如何控制蛋白质的功能。英国华威大学和萨里大学的研究者开发出一种方法来有效地控制细胞内核糖体的分布，有效增强合成电路在细胞中生产抗生素和其他有用化合物的潜力。

合成生物技术用于创新产品和过程制造也已成为合成生物学的关键应用领域，在化学品、材料、药物、天然产物等合成方面取得突破性研究进展。美国华盛顿大学等机构合作首次实现了从头设计合成一个蛋白抗癌药物；德国法兰克福大学的研究者成功设计了非核糖体肽合成酶（NRPS），使得其生产出全新的天然产品；英国华威大学等机构研究合作增强了合成电路在细胞中生产抗生素和其他有用化合物的潜力；美国 Synlogic 公司利用合成生物学开发益生菌“活体药物”SYNB1618 和 SYNB1020；加州大学河滨分校和斯坦福大学研究人员在酵母中从头构建了生物碱药物那可丁的生物合成途径；中国科学院研究人员首次实现灯盏花素的生物合成，在乙酰辅酶 A、人参皂苷、维生素 B_{12} 的人工合成研究方面取得进展。

4. 产业创新发展活力旺盛

合成生物学研究与技术应用不断取得突破性进展，合成生物制造在绿色产品与过程创新方面展现巨大潜力和诱人前景，已成为世界主要发达经济体科技产业布局的战略必争之地，合成生物制造产品的门类和用途逐步扩大，越来越多的新材料、新能源、药物中间体、精细化学品和营养品等实现生物路线生产。众多科技创新企业致力于疫苗、抗体、药物、营养品、材料和食品等的生物路线研发，并获得投资关注和市场青睐。

美国杜邦公司和ADM公司合作建设了世界上首个生物基呋喃二羧酸甲酯（FDME）中试生产设施，并正在开发首批基于FDME的呋喃二甲酸聚三亚甲基酯（PTF），后者比传统PET包装材料的二氧化碳阻隔性能更高。2018年10月，可持续化学品公司Genomatica筹集9000万美元的风险投资（Casdin Capital领投），至此，共获得2.27亿美元融资；Genomatica主要致力于研发生物制造工艺，以重构目前被广泛使用的化学品。高性能类丝蛋白材料已经成功引起服饰产品等公司的追捧，美国Bolt Threads公司在2017年年初率先推出了首款人工合成蜘蛛丝制成的限量版领带；德国AMSilk公司研发的合成类丝蛋白聚合物材料Biosteel具备蜘蛛丝的柔韧性和优良的强度性能，且生产过程不需要使用化石燃料和高温条件，继以这种新材料制成的可降解Adidas运动鞋问世之后，该公司正在与法国空客公司合作开发由Biosteel纤维和树脂制成的复合材料原型。

美国Genentech公司与RQx制药公司和中国药明康德公司合作，对大环脂多肽arylomycin分子进行修饰，使其能够有效杀灭多种多药耐药的抗革兰阴性细菌，有望缓解当下的细菌耐药性危机。2018年5月，美国FDA授权Synlogic公司研发的用于治疗苯丙酮尿症的合成生物技术药物SYNB1618获得快速通道地位，进入临床试验阶段。美国Editas Medicine公司在2018年12月宣布获得FDA批准开展使用CRISPR基因编辑手段治疗Leber氏先天性黑朦症患者的临床试验。2018年6月，消费级基因检测公司Helix完成了2亿美元的B轮融资，所得资金将用于开发基于NGS的创新型健康产品，推进个人基因组学的革命。Synthego公司在2017年1月完成了4100万美元的B轮融资；2018年10月，该公司又获得了1.1亿美元的现金融资，用以进一步降低基因工程细胞的成本。

美国Calyxt是一家专注于使用植物基因编辑技术开发更健康的特种食品成分和农业作物的农业生物技术公司，于2017年7月20日IPO登陆纳斯达克，募资5600万美元。2017年11月，Indigo获得了2.03亿美元的D轮融资，2018年9月又获得2.5亿美元的E轮融资；利用人工智能算法和机器学习技术，Indigo创建了全球领先的农业微生物基因组信息数据库，分析出对植物健康最有帮助的微生物，从而获得稳定、可持续的农业产量。2017

年 11 月，杜邦营养与健康事业部成立微生物组创投部门，牵头开发基于微生物组学的新的健康解决方案，新部门还宣布与爱沙尼亚塔林食品和发酵技术中心（TFTAK）合作研发下一代益生菌。2017 年 8 月，以制作素食汉堡、素食芝士为使命的初创公司 Impossible Foods 宣布完成了 7500 万美元的可转换债券融资，2018 年 4 月，公司又获得了 1.14 亿美元的可转换债券融资，融资总额达到 3.96 亿美元。2018 年 3 月，德国拜耳和美国 Ginkgo Bioworks 公司宣布成立合资企业 JoynBio，将合成生物技术引入农业，减少氮肥对环境的影响。

2018 年 2 月，专注 DNA 合成技术的 Evonetix 公司宣布，已经完成了 1230 万美元融资，用来推动开发 DNA 合成创新技术——可扩展和高保真的基因合成新方法；2018 年 7 月，又获得 Innovate UK 投资的 130 万英镑；累计融资 1400 万美元。2018 年 10 月 30 日，Twist Bioscience 宣布在纳斯达克上市，完成总值为 7000 万美元的 IPO；该公司平台的核心是一项专有技术，它通过在硅芯片上“写”DNA 来开创一种制造合成 DNA 的新方法。2018 年 11 月 27 日，全球精准医学领域引领者、一体化基因研发应用和大数据赋能平台药明明码（WuXi NextCODE）宣布成功完成总金额 2 亿美元的 C 轮融资。总部位于华盛顿州温哥华的 AbSci 生物技术公司于 2018 年 5 月 30 日宣布，该公司已经完成了 1200 万美元的 C 轮融资；该项融资将用于进一步发展其合成生物学平台，制造如抗体和胰岛素等复杂的生物分子。2018 年 12 月 13 日，Zymergen 宣布获得 4 亿美元 C 轮投资，完成合成生物创业公司有史以来最大规模的风险投资；该公司主要开发用于工业发酵的基因工程细菌，并结合机器学习，进行自动化分析和生物信息学处理。

二、我国生物制造发展态势

我国《国家中长期科学和技术发展规划纲要（2006—2020 年）》将生物技术作为未来着力发展的战略高技术，先后制定发布了生物产业“十一五”“十二五”“十三五”发展规划，加快促进生物技术与生物产业发展，并针对生物制造、生物基产品、生物质能、轻工业等重要部门制定专项规划，围绕生物制造重大技术需求布局国家重点研发项目，在重大化工产品的先进生物制造、微生物基因组育种、工业酶分子改造等核心技术，以及工业生物催化技术、生物炼制技术、现代发酵工程技术、绿色生物加工技术等关键技术上取得重要突破。2015 年 5 月，国务院发布《中国制造 2025》的通知，提出要全面推行绿色制造，积极引领新兴产业高起点绿色发展，大力促进包括生物产业在内的绿色低碳发展，高度关注颠覆性新材料对传统材料的影响，做好生物基材料等战略前沿材料的提前布局和研制。为贯彻落实《中国制造 2025》，组织实施好绿色制造工程，工业和信息化部于 2016 年 9 月发布了《绿色制造工程实施指南（2016—2020 年）》，提出到 2020 年绿色制造水平明显提升，绿色制造体系初步建立的总体目标，预期与 2015 年相比，传统制造业物耗、能耗、水耗、污染物和碳排放强度显著下降，重点行业主要污染物排放强度下降 20%，工业固体废物综合利用率达到 73%，部分重化工业资源消耗和排放达到峰值。

2017 年 1 月，国家发展改革委发布的《“十三五”生物产业发展规划》中强调，提高生物制造产业创新发展能力，推动生物基材料、生物基化学品、新型发酵产品等的规模化生产与应用，推动绿色生物工艺在化工、医药、轻纺、食品等行业的应用示范，到 2020 年，现代生物制造产业产值超过 1 万亿元，生物基产品在全部化学品产量中的比重达到 25%，与传统路线相比，能量消耗和污染物排放降低 30%，为我国经济社会的绿色、可持续发展做出重大贡献。2017 年 5 月，科技部印发《“十三五”生物技术创新专项规划》，提出生物技术领域到 2020 年实现整体“并跑”、部分“领跑”的宏伟目标，力求在基础研究和核心技术方面取得突破，基本形成生物技术创新体系和初具规模的生物技术产业，并继续将生物制造技术作为发展重点，提出要建设以生物制造等为重点的若干生物技术创新中心、5～10 个产值超过 100 亿元的生物制造专业园区的具体目标，将新一代生物检测技术、基因操作技术、合成生物技术作为前沿关键技术，微生物组技术作为前沿交叉技术，过程工程技术作为共性关键技术，支撑生物医药、生物化工、生物资源、生物能源、生物农业、生物环保和生物安全等重点领域的发展。2017 年 11 月，工业和信息化部围绕制造业创新发展的重大需求，组织研究了对行业有重要影响和瓶颈制约、短期内亟待解决并能够取得突破的产业关键共性技术，通过研判国内外产业发展现状和趋势，在广泛征求意见的基础上，制定了《产业关键共性技术发展指南（2017 年）》，将全生物降解聚丁二酸丁二酯及其共聚物的制备技术作为石油化工关键技术，生物基化学纤维产业化关键技术作为纺织关键技术，生物基原材料工程菌开发及规模化生产工艺技术、食糖绿色加工与副产物高值利用技术、天然产物（食品添加剂与配料）生物制备技术等作为轻工关键技术。

在一系列规划与政策的支持下，我国生物制造产业主要产品的年产值已经达到5500亿元以上，“十二五”以来的年平均增速8%以上，生物制造企业规模不断扩大，产业集中度进一步增强。我国生物制造已经进入产业生命周期中的迅速成长阶段，正在为生物经济发展注入强劲动力。

1. 现代发酵产业

生物发酵产业是我国生物制造产业的重要组成部分。经过“十二五”以来的稳步发展，逐渐形成味精、赖氨酸、柠檬酸、结晶葡萄糖、麦芽糖浆、果葡糖浆等大宗产品为主体，小品种氨基酸、功能糖醇、低聚糖、微生物多糖等高附加值产品为补充的多产品协调发展的产业格局，为食品、医药、化工等相关行业提供了品质优良的原料。其中发酵大宗产品味精、赖氨酸、柠檬酸等产品的产量和贸易量位居世界前列，淀粉糖的产量在美国之后，居世界第二位。“十二五”以来，发酵产业主要产品的产量由2010年的1840万吨增长为2017年的2846万吨，年平均增长率7.8%；产值由1990亿元增长为3290亿元，年平均增长率达到9.3%。总体来说，“十二五”以来，我国发酵产业规模继续扩大，保持稳定发展的态势。主要产品出口从2010年的264万吨增加到2017年的501万吨，年均增长率12.8%。出口额由2010年的27亿美元增长为2017年的42.8亿美元，年均增长率8.4%。随着行业环保要求的提升，企业逐渐走向绿色高效生产转型的关键时期，现代发酵技术的发展需求更为迫切。2018年，我国发酵产业面临较大压力，产量和产值增长态势有所放缓，行业将整体进入新一轮的调整期。

（1）氨基酸　氨基酸产品在饲料、医药、保健、食品和化妆品行业中用途广泛。我国是全球最大的氨基酸生产国，占到世界总产量的一半以上。

谷氨酸是目前全球销量第一的氨基酸，主要加工成谷氨酸钠用于食品行业，少量用于医药行业。当前全球味精产能主要集中于中国。据统计，全球味精生产能力为465万吨，中国产能占全球的73%，2017年我国味精产能、产量分别为336万吨、215万吨，同比2016年分别增长13.51%、下降0.46%。目前味精行业产能的集中度较高，主要厂商包括阜丰集团（产能128万吨）、梅花生物（产能70万吨）、伊品生物（产能42万吨）、山东菱花（产能10万吨）、山东圣花（产能8万吨）。由于味精行业较高的环保壁垒和资金壁垒，近年新增产能不多。目前我国味精消费量平稳，2017年表观消费量约为194万吨，产能已超出国内市场需求，出口成为味精需求的重要拉动因素。2017年我国味精出口量达到21.06万吨，同比增长203.02%。

赖氨酸是全球产量第二大的氨基酸品种，在饲料、营养品和化妆品等生产行业有广泛应用需求。2018 年全球饲用赖氨酸产能规模为 481.5 万吨，国内赖氨酸厂家产能规模为 331 万吨，占全球总产能的 70%。2018 年赖氨酸出口量 61.9 万吨，比 2017 年同比增长 8%。2017 年国内赖氨酸产能最大的生产商包括伊品生物（产能 54 万吨、2017 年产量 43 万吨），梅花生物（2017 年产量 34 万吨）、大成（产能 28 万吨）、希杰（产能 14.6 万吨）、金玉米（产能 14.5 万吨）、东方希望（产能 9.5 万吨）。2018 年扩增产能超百万吨，主要来自丰原生化（产能 15 万吨）、东晓（产能 12 万吨）、阜丰（产能 20 万吨）、梅花（产能 40 万吨）、伊品（产能 30 万吨）等。2017 年 8 月，日本味之素与梅花达成饲用赖氨酸和饲用苏氨酸外包生产协议，在该协议计划下，味之素动物营养事业部从 2018 年起在全球市场销售梅花产品。

苏氨酸是近年来需求增长最快的氨基酸品种之一，产品用于医药、化学试剂、食品强化剂、饲料添加剂等方面。2017 年，全球苏氨酸产能 107.5 万吨，2017 年全球苏氨酸供应量 68.5 万吨；2017 年我国苏氨酸供应量 16.1 万吨，较 2016 年增加 1.9 万吨。至 2018 年，全球苏氨酸产能增加明显至 147.5 万吨，我国的苏氨酸产能达到 91.5 万吨，产能扩大 82%。日本味之素公司是世界上主要的苏氨酸生产企业。苏氨酸行业集中度高，梅花生物（产能 32 万吨）和阜丰生物（产能 26 万吨）两家产能远远超过国内其他企业。

蛋氨酸是氨基酸产品中为数不多的需要全合成生产的品种之一，主要用于饲料、医药和香精行业等。我国是全球最大、需求增长最强劲的蛋氨酸消费国，年消费量 25 万吨左右，其中 80%来自赢创、安迪苏和诺伟司公司。2018 年，我国新增固体蛋氨酸产能 12 万吨，液体蛋氨酸产能 5 万吨。安迪苏将其在中国南京工厂的产量扩建至年产 14 万吨；新和成现已建成年产 5 万吨蛋氨酸生产线 1 条，25 万吨蛋氨酸项目将在 2020 年陆续建成投产；宁夏紫光蛋氨酸产销量连年增长，已形成年产 10 万吨饲料级 DL-蛋氨酸的生产规模，2018 年宁夏紫光年产 1 万吨氰醇法制蛋氨酸项目进展顺利。

此外，国际小品种氨基酸和药用氨基酸的市场需求正在不断增长，将会进一步推动氨基酸行业极大发展。小品种氨基酸生产行业处于行业生命周期的初创至成长期阶段，产品未来市场规模扩容较快，特别是医药级氨基酸正成为未来发展最具潜力的产业。精晶药业是国内第一家、世界第三家利用发酵法生产精氨酸的企业，其自主研发的发酵法精氨酸生产技术，发酵产酸水平较高，发酵周期短。该公司是在生产过程中大批量成熟稳定应用无菌原料药成套结晶技术的氨基酸生产企业，无菌精氨酸、无菌无水碳酸钠国内市场占有率接近100%，无菌丙氨酰谷氨酰胺市场占有率40%以上，均占据主导地位。L-丙氨酸是一种重要的平台化学品，主要用于生产维生素 B_6、氨基酸注射液和表面活性剂，全球市场需求在每年3.5万吨左右。2018年，安徽丰原生化年产3万吨生产线建成投产，可以满足丙氨酸全球超过85%的需求。

近两年，氨基酸发酵产业竞争十分激烈，2018年阜丰、梅花、伊品、象屿、东晓等企业都有新项目投产，预计未来三年还将有万里润达、新和成、安迪苏等企业新项目投产，我国的氨基酸产能将再度提升（表2-69）。

表 2-69　我国主要氨基酸企业新项目投产情况

2018年氨基酸最新项目投产情况	
阜丰生物	年产10万吨苏氨酸和20万吨结晶糖一期投产；年产20万吨赖氨酸、40万吨结晶糖项目二期2018年11月投产
梅花生物	全球单体最大的年产40万吨赖氨酸项目一期2018年12月25日投产
伊品生物	年产30万吨赖氨酸、10万吨苏氨酸项目于2018年11月投产
象屿集团	年产结晶葡萄糖70万吨、28.4万吨发酵用糖的淀粉糖、苏氨酸10万吨、色氨酸1万吨、2000吨支链氨基酸项目于2018年10月投产
东晓生物	10万吨高品质氨基酸提质增效项目2018年10月竣工投产
2019～2021年计划投产产能	
伊品生物	年产30万吨赖氨酸、10万吨尼龙盐，计划于2019年10月末建成投产
万里润达	年产赖氨酸11万吨、菌体蛋白1万吨项目，预计2019年5月建成
新和成	25万吨蛋氨酸项目将在2020年陆续建成投产
安迪苏	南京新建液体蛋氨酸工厂项目，产能18万吨/年液体蛋氨酸，预计2021年投产

（2）有机酸　我国有机酸产业在世界上同样占据着重要地位，是最大的柠檬酸生产国与出口国。目前全球柠檬酸总的生产能力约为200万吨，年产量约为150万吨，全球贸易量约为130万吨。我国柠檬酸年生产能力已达150万吨，约占全球产能的75%；年产量已达110万吨左右，约占世界的73%。据中商产业研究院数据库显示，2013～2017年中国柠檬酸出口量呈上升趋势，2017年中国柠檬酸出口量为92万吨，同比增长8%，主要生产厂家包括潍坊英轩（50万～60万吨）、山东柠檬生化（25万吨）、日照金禾（25万吨）、宜兴协联（20万吨）、莱芜泰禾（15万吨）、中粮生化（15万吨）等。

目前，全球维生素C产量中约90%集中在中国，中国早已成为维生素C的世界工厂。2017年，我国原料维生素C的年产量大概在14万吨，主要厂商包括石药（3.5 万吨）、鲁维（3 万吨）、东北制药（2.5 万吨）、华北制药（2 万吨）、江山（2 万吨）等，仍存在一定产能过剩情况。

我国乳酸及其衍生品行业年产能约 28 万吨，主要生产商包括金丹科技（11.3 万吨）、中粮生化格拉特（4 万吨）、百盛科技（4 万吨）等。河南金丹乳酸科技股份有限公司年产 8 万吨高纯乳酸技术升级综合改造工程项目预计总投资 2.16 亿元，已于 2017 年 6 月开工建设。

(3) 酶制剂　生物酶具有优越的催化性能，广泛应用于食品、饲料、洗涤、纺织、制革、医药、开采、化工等领域。目前，全球酶制剂市场主要被几家跨国企业垄断，尤其是诺维信的市场占有率超过一半。2017 年全球酶制剂市场规模约为 46 亿美元，在过去十年中的复合增长率为 7.34%。按照应用分类，食品和饮料为规模最大的细分市场，占比 26%；生物燃料和洗涤剂次之，分别占比 18%及 14%。21 世纪以来，我国酶制剂产业总体生产和销售形势较好，产品产量保持了持续攀升和高增长的态势，逐步形成了一个较稳定的生产格局和市场格局。2017 年中国的酶制剂产量为 134 万吨。其中，饲用酶制剂总产量 10.7 万吨，同比下降 8.1%。主要生产商包括溢多利、新华扬、挑战集团、北京昕大洋、夏盛等，纤维素酶制剂生产商包括尤特尔、夏盛、江西博兰、高宝、康地恩等；中温淀粉酶主要生产商包括江阴百圣龙、杰诺等。随着我国酶制剂研发水平和发酵工艺水平不断提高，国内许多酶制剂生产企业已经形成相应的自主品牌，出口量总体呈上升趋势，2017 年我国酶制剂出口量达到 9.35 万吨，进口量 1.54 万吨。

(4) 糖醇类　我国糖醇工业在“十五”至“十二五”期间得到了快速发展，已成为我国医药、日化、食品、化工等行业的重要基础。2017 年糖醇总产量约 163 万吨，无论是生产规模、产量还是技术装备水平都处于世界前列。山梨醇、木糖醇、甘露醇生产能力居世界首位，2017 年产量分别占世界总产量的 85%、80%和 50%。目前国内山梨醇生产能力已达 200 万吨，木糖醇总生产能力接近 12 万吨，居世界第一。2017 年木糖醇产量达到 6 万吨，是以玉米芯为主要原料大规模生产木糖醇的唯一国家，也是出口量最多的国家。2017 年我国甘露醇生产能力约 10 万吨，占世界总产量的一半。甘露醇的净出口量从 2007 年的 1900t 提高到 2017 年的 9442t。

我国麦芽糖醇总生产能力已经达到 15 万吨以上。2017 年液体麦芽糖醇已经发展到 12 万吨以上，结晶麦芽糖醇达到 2 万吨级。异麦芽酮糖醇生产稳步发展，总生产能力 0.6 万吨，国内多个研发单位与大专院校掌握了蔗糖异构酶菌种技术，为我国采用自主技术发展异麦芽酮糖醇奠定了基础。2017

年我国赤藓糖醇总生产能力达 2 万吨，山东保龄宝已建成年产 2000 吨的赤藓糖醇规模生产线。

我国乙二醇的总生产能力在 2016 年已达到 950 万吨，聚酯是我国乙二醇的主要消费领域，约占总消费量的 93.0%，其中大部分用于纤维，小部分用于片基、薄膜与包装材料，其余主要用于生产防冻剂、黏合剂、油漆溶剂、耐寒润滑油、表面活性剂和聚酯多元醇等。我国乙二醇的消费量不断增加，表观消费量的年均增长率为 10.8%，当前产品自给率较低，仍有一部分依赖于进口。

2. 生物基化学品产业

化学品的生物制造是生物产业的重要组成部分，当前全球生物基化学品与聚合物的产量估计值已经达到每年 5000 万吨。根据美国农业部的研究报告，2025 年生物基化学品将占据化学品 22%的市场份额，全球生物基产品销售额预期将达到 5000 亿美元以上。近年来，我国完成了乙烯、化工醇等传统石油化工产品的生物质合成路线的开发，实现了生物法 DL-丙氨酸、L-氨基丁酸、琥珀酸、苹果酸、戊二胺/尼龙 5X 盐等产品的中试或小规模商业化，针对一批化学原料药与中间体生产开发了清洁高效的生物工艺，取得了显著的品质提升、节能降耗、减少污染排放的效果。近年来，我国的生物企业和科研工作者在 CO_2 高效合成重要化学品方面也取得了重要突破。

我国主要的丁二酸生产厂家包括山东兰典生物科技股份有限公司、中国石化扬子石油化工有限公司和常茂生物化学工程股份有限公司等，技术合作机构包括中国科学院天津工业生物技术研究所和南京工业大学。山东兰典生物科技股份有限公司是国内唯一一家买断中科院专利技术，以生物发酵法生产生物基丁二酸，及以丁二酸为原料生产生物基 PBS 可降解塑料的高新技术企业。生物基丁二酸 50 万吨/年、生物基 PBS 可降解塑料 20 万吨/年的项目分三期建设。一期投资 10 亿元，建设生物基丁二酸 12 万吨/年、生物基 PBS 产品 5 万吨/年项目，一期首条 6 万吨/年生产线于 2017 年 9 月竣工投产。四川省自贡市政府与中国科学院天津工业生物技术研究所签订协议，共同打造“自贡生物医药产业园”，建设年产 1 万吨肌醇项目生产线、年产 1000t 5-氨基乙酰丙酸生产线、年产 100t 谷胱甘肽项目示范生产线和年产 10t 人参皂苷等项目生产线，目前已具备年产 300t 羟脯氨酸以及 10 万吨生物饲料的生产能力。

甾体激素药物是全球仅次于抗生素的第二大类药物。我国是全球甾体原料药最大的生产和供应基地，目前，我国甾体药物年产量占世界总量的 1/3

左右，生产能力和实际产量均居世界第一位。近年来，国内主要生产要素价格上涨增加了甾体药物生产企业的生产成本，导致行业内的中小企业生存压力增加，行业集中度进一步提高。其中，天津天药药业股份有限公司、浙江仙琚制药股份有限公司、浙江仙居君业药业有限公司、天津市津津药业有限公司、江苏佳尔科药业集团有限公司等作为甾体药物行业内的领军企业，占据大部分的市场份额。

二氧化碳生物转化制备化学品已经成为未来生物制造技术路线的热点之一，这也有助于实现我国在2030年将单位GDP的二氧化碳排放控制在比2005年减少60%～65%的总体目标。中科院长春应化所研究员王献红团队实现了二氧化碳基生物降解塑料的工业化生产，年产5万吨，可用于制备塑料袋、快递包装等，已为全国5000亩农田“穿”上了二氧化碳基生物降解农用地膜。江苏中科金龙环保新材料有限公司已建成年产2.2万吨的PPC（聚碳酸亚丙酯）生产线，技术来自中国科学院广州化学所，主要产品包括PPC多元醇、CO_2基全生物降解塑料、CO_2基高阻燃外墙保温材料、CO_2基高阻隔材料、CO_2基环保涂料等。

3. 生物基材料产业

生物基材料是新材料制造的生力军，其应用市场近年来发展十分迅速。根据欧洲生物塑料协会与德国Nova研究所联合编制的最新市场数据显示：全球生物塑料产能将从2018年的约211万吨增加到2023年的约262万吨。我国生物基材料产业处于实验室研发阶段迈向工业化生产和规模应用阶段，主要品种及单体的生产技术在近年取得了长足发展，已形成以可再生资源为原料的生物材料单体的制备、生物基树脂合成、生物基树脂改性与复合、生物基材料应用为主的生物基材料产业链，形成环渤海、长三角、珠三角三个产业集群。目前，国内生物基材料的研究单位主要有中科院长春应用化学研究所、中科院宁波材料研究所、中科院理化研究所、中科院天津工业生物技术研究所、清华大学等，技术合作企业包括浙江海正生物材料有限公司、宁波天安生物材料有限公司、凯赛生物产业有限公司、江苏允友成生物环保材料有限公司、武汉华丽生物材料有限公司、深圳虹彩新材料有限公司、山东通佳机械有限公司、广州碧佳新材料有限公司、佛山碧嘉高新材料科技有限公司、山东兰典生物科技股份有限公司、山西金晖兆隆新材料有限公司等。

聚乳酸PLA是全球应用最广的可降解生物基材料，具有良好的生物降解性、环境友好性和力学性能，且易于加工成形，在生物医用高分子、纺织、农用地膜和包装等行业应用广泛。2017年全球聚乳酸市场需求约15万吨，近年需求增长快速，目前规划产能已经达到百万吨级别。国际聚丙交酯、聚乳酸产品的市场份额仍被美国 NatureWorks、法国荷兰合资的道达尔-科碧恩等外资企业所占据，国内企业目前受制于技术水平、产品质量、生产规模等方面原因，市场份额仍较小，具有一定发展空间。国内一些玉米深加工企业和生物化工企业正在积极布局聚乳酸行业，总生产能力达到近10万吨，主要生产商包括海正生物（1.5万吨）、同杰良（1.1万吨）、吉林中粮（1万吨）、允友成（1万吨）、恒天长江（1万吨）、光华伟业（1万吨）等。2017年8月，国家重点研发计划所属重点基础材料技术提升与产业化专项《高品质聚乳酸纤维及其纺织品规模化制备与应用》开始启动。2019年1月12日，中国石化联合会在北京组织专家对中国科学院长春应用化学研究所和浙江海正生物材料股份有限公司等单位共同完成的“万吨级聚乳酸产业化成套技术及系列产品开发”项目进行了科技成果鉴定。

我国的淀粉塑料（PSM）是目前技术最成熟、产业化规模最大、市场占有率最高的一种生物降解塑料，也是目前国内消费量最大的生物基材料品种，总产能达到80万～100万吨，年产量约40万吨。我国在淀粉基塑料研发方面正在逐渐缩小与国外发达国家的差距。在淀粉基降解塑料产业化方面，国内市场以包装薄膜、农用薄膜、日用塑料和泡沫塑料等为主，主要生产企业包括武汉华丽（6万吨）、深圳虹彩（3万吨）、烟台阳光（1.5万吨）、广东上九（1万吨）、南京比澳格（1万吨）、广东益德（1万吨）、浙江华发（0.8万吨）、常州龙骏（0.8万吨）等。

在聚酯产品研发与产业化方面，聚羟基脂肪酸酯（PHA）年产能超过2万吨，产品类型和产量均处于国际领先地位，正向着材料的多样性和生产技术的先进性发展。材料的多样性在多种单体及其分布、分子量、聚合方式等方面越来越细化，形成了 PHA 组学的概念。而合成生物技术的应用与蓝水生物技术的出现，有望大幅度降低 PHA 的生产成本，更有经济性和竞争性。PHA 已经有一些商业化的例子，同时，PHA 在医药等领域的高附加值也被不断开发出来。主要的研究单位有清华大学、中国科学院微生物研究所、天津工业生物技术研究所以及深圳先进技术研究院等。2018年5月，清华大学生命科学院合成与系统生物学中心与山东济宁兖州区政府签约共同建设年产10万吨 PHA 项目，该项目由北京蓝晶微生物科技公司和山东百盛生物科技有限公司投资建设，采用世界体积最大的塑料生物反应器，已建成年产5t PHA 中试生产线，具备了无灭菌开放连续发酵低成本 PHA 量产能力。

我国聚丁二酸丁二酯（PBS）、聚丁二酸己二酸丁二酯（PBSA）、聚对苯二甲己二酸丁二酯（PBAT）合计年产能已超过 10 万吨。国内主要研究单位有中国科学院理化所、清华大学、四川大学等，主要企业包括安庆和兴（年产能 1 万吨 PBS）、亿帆鑫富（1.3 万吨 PBS、PBAT）、金发科技（3 万吨 PBSA）、悦泰生物（2.5 万吨 PBS、PBAT）、蓝山屯河聚酯（0.5t 薄膜级 PBS、PBAT，3 万吨生产线待建）和金晖兆隆（2 万吨 PBS、PBAT）等。安徽雪郎生物科技通过联合开发，在聚丁二酸丁二醇酯缩聚及共聚改性工艺方面取得重大突破，聚合物数均分子量在 10 万以上，断裂伸长率 400%～800%，同时在聚合物主链或侧链上引入第四组分，使得聚丁二酸丁二醇酯能作为分子结构设计的公共平台，满足其吹膜、注塑、纤维级生产要求；淀粉改性与共混技术的突破实现了产品的高性能与低成本，首期 2 万吨/年全生物降解树脂（PBS）生产线已建成量产。安徽安庆和兴化工公司采用清华大学技术建成万吨级的 PBS 生产线，是目前世界上最大的生产装置。

4. 生物能源产业

由于石油的不可再生性和石油产区的不稳定性，燃料能源安全问题在全球范围内引起了越来越多的关注，大力发展燃料乙醇、生物柴油及生物航空煤油等生物质能源产业，已经成为国际燃料能源产业的一大亮点。

（1）生物乙醇　目前我国燃料乙醇产能在 283 万吨左右，年供应量约 260 万吨，在全球燃料乙醇产量中占比 3%，位列第三。第一和第二分别为美国（4410 万吨）和巴西（2128 万吨），与之相比，我国生物燃料乙醇发展仍有很大空间。我国新建以及预期投建燃料乙醇的产能为 480 万吨。2020 年国内汽油用量预计达 1.3 亿吨，按照 10%的添加比例计算，燃料乙醇的需求量约为 1300 万吨，相比于目前的年产能 300 万吨，存在 1000 万吨的需求缺口，市场空间巨大。

我国目前共有 8 家燃料乙醇定点生产企业，其中，中粮生物化学（安徽）股份有限公司、吉林燃料乙醇有限责任公司和中粮生化能源（肇东）有限公司主要以玉米、小麦为原料；河南天冠企业集团有限公司同时生产第 1 代和第 2 代乙醇；广西中粮生物质能源有限公司、国投广东生物能源有限公司和内蒙古中兴能源有限公司主要以木薯和甜高粱茎秆为原料发展 1.5 代非粮乙醇，山东龙力生物科技股份有限公司则是较早以玉米芯废渣为原料发展第 2 代纤维素乙醇的企业。2018 年新增生物质燃料乙醇项目包括：国投生物铁岭 30 万吨/年燃料乙醇项目（玉米）、山东龙力年产 10 万吨纤维素燃料乙醇项目（玉米第二代燃料乙醇）、国投生物海伦 30 万吨燃料乙醇项目（玉米）、吉林天成 30 万吨燃料乙醇项目（玉米）、湖北天冠生 10 万吨燃料乙醇项目（木薯干）、江西雨帆 10 万吨燃料乙醇项目（木薯）、内蒙古利晟 35 万吨生物燃料乙醇多联产项目（陈化粮、秸秆、甜高粱）、河北首朗 4.5 万吨项目（钢铁工业煤气生物发酵）等。

（2）生物柴油　2018 年全球生物柴油以及氢化植物油产量预计为 4020 万吨，比 2017 年大幅度增加 440 万吨，而 2017 年的同比增幅只有 170 万吨。产量幅度最大的国家包括印度尼西亚、美国、巴西和马来西亚。目前，我国生物柴油正进入快速发展阶段，各地纷纷投资建厂。2017 年我国生物柴油产量约为 110 万吨，生物柴油进口量 1.5 万吨，出口量 17 万吨，年产 5000t 以上的厂家超过 40 家，向大规模化趋势发展。我国是柴油消费大国，2016 年柴油消费量达 1.65 亿吨，根据对雾霾成因研究，柴油机动车尾气排放是我国雾霾产生的重要因素，如何使用更为清洁的能源来替代石化柴油具有重要现实意义。现阶段我国生物柴油的主要原料是废弃油脂和地沟油。2018 年 11 月，中科院合肥物质科学研究院固体物理研究所在生物质催化转化方面取得新进展，科研人员制备出一种高度分散的铜基催化剂，为实现将生物质资源低成本转化为生物油和化工产品奠定了基础。

我国目前生物柴油生产企业主要为民营企业，约 300 家，但由于受到原料供应的限制，生产装置开工率不足，产量远远达不到预期，无法满足巨大的市场需求。为此，生物柴油企业正在积极寻求木本油料作物和藻类等替代原料，开发和推广生物柴油新技术，加快建设工业装置。按照国家规划，到 2020 年，生物柴油要达到 200 万吨的年生产能力，而在目前，我国生物柴油产能规模远低于规划的产能规模，发展缺口巨大。

（3）生物航煤　生物航空煤油是以动植物油脂为原料生产的航空燃料，目前主要采用加氢技术生产。国际航空运输协会预测，到 2020 年，生物航煤将达到航空燃料总量的 30%。我国年消耗航空燃料超过 2000 多万吨，如生物航煤未来实现 30%替代量即有 600 万吨左右的需求空间。我国在生物航煤生产技术上与美国等处于世界先进水平国家的差距不大，商业化应用的主要障碍来自原料无法实现长期低成本的规模化供应。目前，美国等发达国家主要在军方资助下开展生物航煤应用开发，而在我国，作为尚处于起步阶段的应用技术，生物航煤得到的政策支持力度十分有限。2017 年 3 月，由中国石化集团开展的我国首个自主研发的生物航煤加氢改造项目经可行性研究批复，于 2018 年在镇海炼化开工建设，装置建成投产后每年可处理 10 万吨餐饮废油。2017 年 11 月 22 日，加注了我国自主研发生物航空煤油的一架航班，从北京出发在美国芝加哥平稳降落，这是我国生物航煤首次跨洋商业载客飞行成功。

5. 绿色生物加工

绿色生物制造工艺是清洁生产、零排放工艺，是从化学反应的“始端”着手，控制和防止污染产生的有效手段，主要包括轻工业（皮革、纺织、造纸）绿色生物工艺、食品加工绿色生物工艺、化工制药绿色生物工艺等。近年来，我国工业经济快速发展，但资源和能源消耗是世界平均水平的 2～3 倍。轻化工产业普遍存在高能耗、高物耗、高水耗的问题，迫切需要引入节能减排的绿色工艺来缓解产业压力，而应用基于酶的绿色生物加工技术可以显著降低能耗、物耗和水耗。

目前，我国生物发酵产业在下游加工核心技术水平上与国外仍具有较大差距。在发酵产品的生产过程中，产品从水中分离及精制过程所需费用占总成本的 60%～90%；同时分离纯化过程操作复杂，使用了有毒有机溶剂；随着生物技术产业规模的扩大，废水污染问题越来越突出，研发更加绿色的下游加工及水处理工艺已成为发酵工业发展的新趋势。针对发酵产物分离精制加工成本高的问题，中国科学院青岛生物能源与过程研究所生物基材料组群冯德鑫研究组提出发酵产品水相原位转化技术，不需要对发酵产物进行分离提纯直接进行衍生化制备得到高附加值化学品。该研究组通过合成多种固体酸复合催化剂替代传统高污质子酸催化剂，将发酵液中单糖、酮、长链羧酸等生物基产品原位转化为呋喃类化合物、呋咱类化合物和生物柴油等，原料转化率均可达到 90%以上，从而实现水相条件下高效绿色转化。相关成果已申请专利 10 项，发表论文 5 篇。

山东隆科特酶制剂有限公司参与完成的“半纤维素酶高效生产及应用关键技术”项目，突破了半纤维素酶中高密度发酵的技术瓶颈，解决了工业化高效生产半纤维素酶产量低的难题；开发了半纤维素酶高通量定向筛选技术，创制了 11 种具有自主知识产权的新型半纤维素酶，率先解析 5 个半纤维素酶的晶体结构；发明了基于半纤维素结构的特效预处理技术耦合精准酶解工艺和装备，实现了工业化生产高品质益生元。该项目获得 2018 年度国家技术进步二等奖。

在氨基酸与医药工业上应用生物催化的清洁生产工艺，可以取代一些污染严重的化学合成工艺。所需生物催化酶由于用量少和用途窄而无商品制剂库，需要定制。自行或委托开发产酶菌株、制酶乃至应用工艺沿用的大宗酶开发路线专利和技术诀窍壁垒高、周期数月甚至数年，多数用户难以承受开发成本和技术风险。中科院上海生科院杨晟团队开发了基于基因组探矿和高密度发酵的通用产酶菌株及制酶工艺，开发时间缩短至数周，酶过表达首轮成功率高达 85%。团队依托上海生科院及湖州与浦东两个技术孵化器与企业协同创新，已定制了 200 余种重组酶，形成种类齐全的酶制剂库，其单独或组合应用于 19 条生物催化工艺或酶制剂，促进了我国生物催化相关产业的发展。

三、结语

当前，全球新一轮科技革命和产业变革方兴未艾，生物技术创新加速推进，深度融合、广泛渗透到人类社会的各个方面，成为重塑世界经济格局、创造社会可持续发展未来的重要推动力量。党的十九大报告指出："我国经济已由高速增长阶段转向高质量发展阶段，正处在转变发展方式、优化经济结构、转换增长动力的攻关期，建设现代化经济体系是跨越关口的迫切要求和我国发展的战略目标。"加快推动生物制造产业规模化发展，是我国深入贯彻落实《中国制造 2025》，深化供给侧结构性改革，促进产业结构优化升级，推动经济发展质量变革、效率变革、动力变革，实现中国制造向中国创造转变的迫切需求。随着我国国家创新驱动发展战略的深入实施，创新型国家建设进程加速，创新型企业加快发展，国家科技创新中心、国家实验室、国家技术创新中心建设发展有序推进，以政府主导、金融资本支持的产学研深度融合体系进一步成熟，我国生物制造产业发展面临重要历史机遇。

我国在生物制造领域自主创新能力显著增强，生产技术水平大幅提高，产品与服务国际竞争力明显提升，已经形成加快发展、实现赶超的良好基础。为了更好地迎接即将蓬勃发展的生物经济，未来我国应围绕生物产业发展技术支撑需求，做好生物制造与上游生物农业、下游生物服务产业的融合，推动高效、清洁、低碳、循环的生物制造产业创新体系建设。在研发方面，瞄准生物科技发展前沿，加强颠覆性技术创新和应用的基础科学问题研究，突破合成生物学、微生物基因组育种、工业酶分子改造、工业蛋白质表达、工业微生物高通量筛选等核心技术及生物炼制与生物质转化、生物催化、生物加工、生物过程工程等核心工艺，增强关键环节和重点领域的创新能力。在产业发展方面，按照"创新发展"和"绿色发展"的要求，推进提质增效、加快转型升级，进一步提升发展质量与效益，构建大宗发酵产品、大宗化工产品、功能性材料、先进能源产品等生物制造核心技术体系，构建具有系列化、多元化、智能化、精细化特色的产品体系，持续提升生物基产品的经济性和市场竞争力；构建高效的工业生物催化与转化技术体系，大幅提高工业酶和蛋白质的催化效率、工业应用属性，显著降低生产成本。在行业与市场发展方面，着力解决产业发展中不平衡不充分的问题，提高供给结构对需求变化的适应性和灵活性，推动调整优化产业升级，培育一批具有产业自主创新能力和国际竞争水平的代表性企业，进一步协调加快完善产业集群建设，构建国际合作新机制，抓住“一带一路”建设的历史契机，积极推动国际市场互动，推动产业链全球布局，拓宽原料来源渠道，降低生产成本。加快我国推进创新型工业化建设，满足人民群众在健康、生态方面的新需求，打造经济增长新动能，推进我国生物制造强国建设进程。

（撰稿专家：刘斌　陈方）

2018 年度生物塑料和聚乳酸产业发展状况及展望

一、中国的生物塑料产业概况

“生物塑料”指生物质来源塑料（非石化来源，可减碳及减少石油依赖）或生物可降解塑料（可减少传统塑料的长期固废污染）。我国生物塑料产业的上游聚合产业发展已经形成一定规模，建成了多个千吨和万吨级工厂，按其成分来源、生物质含量及生物可降解性质，主要包括如下几类产品。

（1）聚乳酸（PLA） 由微生物将淀粉或糖发酵成乳酸，提纯后再加工脱水聚合成塑料。100%生物质来源，且 100%生物可降解。高转化率，高纯度。

（2）聚羟基脂肪酸酯（PHA）类高分子，如 PHB，PHVB 等 由微生物将淀粉或糖发酵直接生成塑料，再提纯使用。100%生物质来源，且 100%生物可降解。

（3）二氧化碳共聚物类高分子 由微生物将淀粉或糖发酵成酒精时产生的生物基二氧化碳，与石化来源的环氧丙烷或环氧丁烷等单体分别形成交替共聚物，即 PPC（聚碳酸亚丙酯）与 PBC（聚碳酸亚丁酯）等。部分生物质来源（二氧化碳单体含量可以达到 30%～50%），但 100%生物可降解。

（4）部分脂肪族及芳香族聚酯类高分子，如 PBS（聚丁二酸丁二醇酯）、PBSA（聚丁二酸己二酸丁二醇酯）和 PBAT（聚己二酸/对苯二甲酸丁二酯）等 将石化来源的单体分别共聚成生物可降解塑料。目前主要为石化来源，但 100%生物可降解。现也有厂商（如金发）实现了由微生物将淀粉或糖发酵成丁二酸单体进行聚合，实现部分生物质来源，但 100%生物降解。

（5）淀粉基塑料 以淀粉为填料添加在传统石油基通用塑料（如 PE 或 PP）中，价格便宜。但仅能实现塑料制品的“崩解”，不能实现化学意义上的聚合物分子链断裂成小分子的“降解”，崩解产生的石油基塑料粉尘仍然不可生物降解，继续存在于环境中，成为固废污染物。

(6) 生物来源的不可降解高分子　如生物基PE（聚乙烯），其由糖发酵得来的乙醇脱水得到的乙烯聚合而成，100%生物来源；又如生物基PET（聚对苯二甲酸乙二醇酯）和PTT（聚对苯二甲酸丙二醇酯），是由生物发酵来源的乙二醇和石油基对苯二甲酸聚合而得，可以达到30%左右的生物来源。这类生物塑料从结构上和传统石油基塑料并无区别，因此可以直接切换，但并不可降解。近年来一种100%生物来源的聚酯PEF（聚呋喃二甲酸乙二醇酯）成为研究开发的热点，其单体呋喃二甲酸（FDCA）和乙二醇都能从生物质发酵而得。PEF具有良好的耐热性、机械强度和阻隔性能，因此有可能未来在许多领域代替PET。

在上述生物塑料中，聚乳酸同时具备了100%生物质来源（不依赖石油资源，减碳）和100%生物可降解（在堆肥条件下降解，不带来固废白色污染）两大特性，坚硬透明类似PET和PS，在生物塑料中价格较低，目前含税价为19～21元/kg。其他100%生物质来源且100%生物可降解塑料如PHA，其价格为35～40元/kg。石化来源生物降解塑料（如PBS和PBAT）是软性塑料，类似PE，其价格为22～30元/kg。综合上述生物塑料的性能和价格因素，毫无疑问，聚乳酸和PBAT是目前市场前景和应用前景最为看好的生物塑料。

二、全球聚乳酸合成产业

聚乳酸的合成方法可分为以乳酸单体直接脱水缩聚的一步法，及先将乳酸脱水生成无水的环状物“丙交酯”再将丙交酯开环聚合制得聚乳酸的二步法。目前聚乳酸合成工业生产以二步法为主流。近20年来，我国工业聚乳酸取得了长足发展及创新突破，已形成聚乳酸总产能约5万吨/每年，并将进一步扩大（表2-70）。例如，浙江海正于2017年已有1.5万吨产能，成为聚乳酸合成生产规模中国第一，目前为全球第三的企业，并正在增建3万～5万吨工厂，预计建成后年总产能将达到6.5万吨。江苏长江化纤通过自主创新，研发聚乳酸熔体直纺专利技术，2015年年初已被央企恒天集团收购，其聚乳酸合成及纤维产能现已扩大至1万吨。中粮集团于2015年起在长春附近兴建1万吨级生产线，现采用荷兰道达尔-科碧恩提供的丙交酯生产聚乳酸，已于2018年下半年正式投产；计划兴建10万～30万吨级从淀粉乳酸到聚乳酸的整合生产线，以大幅降低成本。富士康集团于2018年在长春

表 2-70　全球主要聚乳酸合成企业

聚乳酸企业	应用项目	工厂地点	2018 年估计产能/(t/a)	2021 年预计产能/(t/a)	备注
NatureWorks	注塑，包装，纤维，发泡等	美国	150 000	150 000	美国嘉吉和泰国 PTT 合资
Total Corbion（道达尔-科碧恩）	注塑，包装，纤维，发泡等	泰国	75 000＋1000	75 000＋1000	由道达尔与科碧恩 50/50 合资，在泰国的 7.5 万吨级工厂于 2018 年下半年投产
Synbra	发泡	荷兰	5000	5000	使用 Sulzer 设备
Sulzer(苏尔寿)	中试线	瑞士	300	300	聚乳酸合成设备演示工厂
Uhde(伍德)	中试线	德国	500	500	聚乳酸合成设备演示工厂
Futerro	包装及纤维	德国	1500	1500	Total 已退出与格拉特的合资
Teijin(帝人)	汽车内饰	日本	1000	1000	由丰田转移
海正	注塑，包装等	浙江台州	15 000	15 000＋30 000	正扩容 3 万～5 万吨
恒天长江化纤	纤维	江苏常熟	10 000	10 000＋70 000?	熔体直纺，计划在杭州湾建厂
中粮	注塑，包装等	吉林长春	10 000	10 000＋150 000?	已投产，预计扩建 10 万吨以上
丰原格拉特	注塑，包装等	安徽固镇	1000	40 000	建设中，含 8 万吨乳酸厂
光华伟业	3D 打印等	湖北孝感	10 000	10 000	试车中，聚乳酸回收
同杰良	纤维	上海＋安徽马鞍山	1000＋20 000	1000＋20 000	一步法，试车中
龙都天仁	无纺布，农业	河南南乐	5000	5000	一步扩链法
金丹	丙交酯供应商	河南郸城	（仅乳酸厂）	10 000（丙交酯）	有机胍催化法，试车中
富士康	注塑，包装等	吉林长春	10 000	10 000	试车中
江西科院	注塑，包装等	江西南昌	1000	1000＋30 000	宣布要扩容到 3 万吨
新宁	中试线	浙江绍兴	—	300	试车中
南大	注塑，包装等	江苏无锡	—	5000	建设中
允友成	电子产品	江苏宿迁	10 000	10 000	Sulzer 设备，已停工
九鼎	包装及纤维等	江苏南通	3000	3000	已停工

兴建一个1万吨级聚乳酸生产线，已开始生产供货。丰原生化和比利时格拉特公司合作，在安徽固镇县正在兴建8万吨乳酸及4万～5万吨级聚乳酸工厂，计划2019年投产。同时其现拥一个5000t的聚乳酸纤维工厂，即将是中国唯一拥有从乳酸发酵到最终聚乳酸产品的整个产业链的公司。从以上情况可以看出，我国的聚乳酸产业链已成型，聚合技术已不再是国内聚乳酸行业发展的瓶颈，且呈现有集中化、规模化发展的趋势（表2-70）。

聚乳酸工业在国外的发展更早，以美国和荷兰的技术最为深入。美国嘉吉（Cargill）和泰国PPT公司合资控股的NatureWorks，现仍是世界最大的聚乳酸公司，目前在美国以嘉吉转基因玉米来源的乳酸来生产聚乳酸，拥有两条7万吨和一条1万吨专门生产HP（高光纯）规格的生产线，总产能共15万吨，现已开满。

荷兰的科碧恩-普拉克公司生产医用聚乳酸已有30年历史，是全球最大的乳酸（占全球乳酸市场份额的50%～60%）及丙交酯供应商。2017年春，科碧恩将其乳酸生产线从10万吨扩到14万吨，并与法国道达尔公司共同合资成立道达尔-科碧恩聚乳酸公司（Total Corbion PLA JV，投资比各占50%）。目前在泰国拥有10万吨的丙交酯生产线（7.5万吨+2.5万吨），新建的7.5万吨的聚乳酸工厂也在2018年年底投产。该工厂使用科碧恩非转基因蔗糖为来源的乳酸合成丙交酯并进一步生产聚乳酸，现已成为继NatureWorks之后全球第二大的聚乳酸供应商，同时其生产的丙交酯也供应其他聚合厂。

瑞士舒尔寿（Suzler）以科碧恩普拉克聚乳酸合成技术，结合其静态混合反应器技术，先后建设了300t和1000t的聚乳酸合成演示线，用于推广销售其万吨级聚乳酸合成设备，已成为全球聚乳酸合成生产线的主要供应商。荷兰Synbra从瑞士苏尔寿引进5000t聚乳酸合成生产线，使用科碧恩普拉克高光纯非转基因丙交酯为原料，生产聚乳酸发泡塑料（EPLA），并提供D型聚乳酸树脂。日本、德国等在工业聚乳酸产业领域，也进行了不同程度的产业发展。目前全球聚乳酸合成企业已达到十余家（表2-70）。

三、工业级聚乳酸的类别及价格

聚乳酸产品主要分为纯的聚乳酸树脂，及共混改性后的聚乳酸改性料。

聚乳酸的原料单体乳酸是光学活性物质，有 L-乳酸和 D-乳酸两种光学异构体。由 L-或 D-乳酸（或丙交酯）聚合得到的聚乳酸也分为 L 型聚乳酸（PLLA）、D 型聚乳酸（PDLA）和 LD 混合型聚乳酸（PDLLA）。市售聚乳酸树脂一般为 L 型聚乳酸，通常含 96%～99.6%的 L-乳酸单体和 0.4%～4%的 D-乳酸单体。D-乳酸含量越高的聚乳酸，其光学纯度、结晶度及熔点也相对较低。

近年来随着各国环保意识的上升，对包括聚乳酸在内的各类生物降解材料的需求日益增加，而全球聚乳酸产能在过去几年并未显著提高（道达尔-科碧恩在泰国的 7.5 万吨工厂和中粮在长春的 1 万吨工厂虽然都于 2018 年下半年正式投产，但产能还未全部释放），故而全球聚乳酸市场出现供不应求现象。另外 2018 年由于中粮生化格拉特的 4 万吨乳酸生产线进行迁移停产（而丰原格拉特的 8 万吨乳酸生产线还在建设中），也带来全球乳酸市场在 2018～2019 年也出现供应不足的情况。这些因素都推动了聚乳酸价格出现明显上升的趋势。相对于 2014～2017 年进口聚乳酸的到岸价 2.0～2.3 美元/kg（视光纯及规格而定），2018～2019 年其大盘到岸价已涨至 2.1～2.7 美元/kg（表 2-71）。其中道达尔-科碧恩公司在泰国生产的聚乳酸由于享受东盟地区零关税的政策，到厂价仅需加上 13%～16%的增值税，即为 19～22 元/kg（视汇率而定）。而美国进口的转基因 L 型聚乳酸虽然到岸价稍低，但由于中美贸易战的影响，进口关税于 2018 年年底由之前的 3%增加至 8%～10%（中美尚在谈判调整中），到厂价也在相当水平。国产聚乳酸（主要以海正为代表）的含税价格主要在 19～22 元/kg，与进口聚乳酸价格相当。但由于国内生产聚乳酸的单体丙交酯还主要依赖于进口（如海正、恒天和中粮都大量使用道达尔-科碧恩在泰国生产的丙交酯），可以预计随着 2019 年道达尔-科碧恩对丙交酯用量上升带来的丙交酯单体的供应紧缩及涨价，国产聚乳酸的价格也会随之增长。

中粮、金丹和丰原各自计划在国内建设从玉米淀粉—乳酸—丙交酯—聚乳酸的十万吨级整合厂，以玉米淀粉糖生产乳酸及丙交酯，再进而生产 10 万吨级聚乳酸树脂，将来有望将大盘聚乳酸含税出厂价降至 15 元/kg 左右，可以和进口聚乳酸树脂竞争。

D 型聚乳酸树脂（PDLA）已于近年商业化，主要供应商为道达尔-科碧恩。因 D 型乳酸产量较小、价格较高，进口时视产地而定还要加关税及 13%～16%增值税等费用，目前 PDLA 价格为 PLLA 的 2～3 倍，主要用作 PLLA 成核剂，缩短聚乳酸结晶周期，提高生产效率及耐高温性能，在高端市场（如电子3C制品）及纤维上应用（表2-71）。

表2-71 聚乳酸不同规格的价格（视汇率及关税增值税通关费用等而定）

级别	进口料牌号	光学纯度/%	中国港口到岸价/(美元/kg)	中国境内含税价/(元/kg)
挤出级	2003D/LX175	>96	2.1～2.5	17～19
吸塑级	4032D/LX575	>98	2.3～2.6	18～20
注塑级	3001D/LX530	>98	2.3～2.6	18～20
	3100HP/L130,L105	>99.5	2.4～2.7	19～22
纤维级	6201D,6202D/LX530	>98	2.5～2.6	19～20
	L130	>99.5	2.6～2.7	20～22
高光纯	HP系列/L系列	>99.5	2.4～2.7	19～22

四、中国聚乳酸的共混改性企业

传统聚乳酸材料一般应用于低端一次性包装市场，例如低端一次性吸塑食品包装等，聚乳酸性能和一些经典的石油基通用塑料（如聚丙烯、聚苯乙烯等）相比也存在诸如耐热温度较低、抗冲性能较差等缺点，必须经过共混改性提高性能，才能将聚乳酸材料应用于更高端的及更高附加值的领域，例如耐热耐久或增韧增强应用。近年来，随着PDLA均相成核技术的工业化以及其他共混改性及成型加工等技术的发展，聚乳酸的机械强度和耐热耐久性能得到了进一步提高，大大拓宽了其应用领域。目前国内聚乳酸共混改性行业已初步形成一定规模，并涌现出一批具有一定实力的企业，能够提供适合耐热餐饮具、购物袋及包装用薄膜、挤出发泡、3D打印线材，甚至于半耐久的注塑产品（如文具、玩具、婴童餐具、眼镜架、卡片）等多种用途的聚乳酸改性料。

然而目前聚乳酸及其改性料在一些高端应用方面还有很多缺陷有待克服，比如在性能方面，其耐久、耐水解老化性能，阻隔性能、韧性等都有待提高，在工艺方面如注塑加工时的模温要求较高、注塑周期过长，以及挤出加工时的熔体强度偏低等问题都需要进一步改善。另外，聚乳酸本身以及其改性料与传统石油基塑料相比在成本上仍然偏高。在这些方面尚需产、学、研各方加大研发投入，才能改进聚乳酸树脂的一些性能及工艺上的缺点，从而推广聚乳酸在高性能、高附加值领域，如服装、家电、汽车内饰、玩具、耐久餐具商品的应用，及低价大量产品如快递袋、购物袋、地膜、发泡包装材料等的市场（表 2-72）。

表 2-72　国内主要聚乳酸改性企业

企业名称	工厂地点	聚乳酸改性料	聚乳酸制品
海正	浙江台州	挤出级、片材级、注塑级、吹瓶级、耐热级	—
金发	广东广州	流延膜级、吹膜级、注塑级、片材级等	生物可降解膜袋制品等
易生光华伟业	湖北武汉	片材级、注塑级、吹膜级、3D 打印配方	3D 打印耗材、无纺布等
家塑/家联	浙江宁波	注塑级、耐热级等	餐饮具等
光合	湖北荆门	注塑级、片材级、吹瓶级、吹膜级	矿泉水瓶、咖啡胶囊、餐饮具等
碧嘉	广东广州	挤出级、注塑级、吹瓶级、吹膜级、耐热级、发泡级	餐饮具、发泡制品等
恒鑫	安徽合肥	挤出级、注塑级、吹瓶级、吹膜级、耐热级、发泡级	纸杯淋膜、吸塑制品、餐饮具等
曦茂	浙江杭州	耐热级、吹膜级、发泡级、吹瓶级	3D 打印耗材等
聚美	安徽芜湖	吸塑级、吹膜级、注塑级、耐热级等	生物可降解地膜、保鲜膜、包装膜等
华盛/盛达	江苏南通 吉林长春	吹膜级	生物可降解膜袋制品等
天仁	河南濮阳	吹膜级、吸塑级	生物可降解膜袋制品等
禾尔斯	江西萍乡	注塑级、吸塑级	生物可降解餐盒、托盘等
荣晟	山东	吹膜级、流延级	生物可降解膜袋制品等
金晖	山西太原	吹膜级	生物可降解膜袋制品等
华芝路	广东普宁	吹膜级	生物可降解膜袋制品等
南益、南龙	浙江永康	吹膜级	生物可降解膜袋制品、农用地膜等
盛聚	台湾桃园	注塑级、耐热级、耐久级等	道达尔-科碧恩聚乳酸公司 A/B/C 系列共混配方
大川/清新	广东清远	注塑级、耐热级	餐饮具
金旸	福建厦门	注塑级、3D 打印级	3D 打印线材、餐饮具等
金贸	广东珠海	注塑级	餐饮具等
龙骏	江苏常州	注塑级、吸塑级	餐饮具等
桓烯	广东惠州	注塑级	餐饮具等
汉丰	江苏苏州	吹膜级、注塑级	生物可降解膜袋制品、餐饮具等
聚衍	山东威海	注塑级	餐饮具等
纳通/绿程	北京	注塑级、挤出级	餐饮具、卡片、眼镜架、消费品等，可混合降解玻纤增强
开顺	广东阳江	注塑级	餐饮具等
德联	江苏苏州	注塑级	餐饮具等

五、聚乳酸的市场规模及发展

L 型聚乳酸全球市场主要为一次性常温食品餐具及包装工业市场应用，D 型的用量尚小，只作添加剂使用，GMP 级别的聚乳酸医学应用市场更小，不在本文讨论之列。2018 年全球聚乳酸树脂总用量已达到约 16 万～17 万吨，中国大陆聚乳酸树脂用量每年 2 万～3 万吨，占全球约 20%，主要制成聚乳酸成品出口。中国台湾地区每年进口聚乳酸树脂量 1 万～2 万吨，日本年进口量 5000～7000t 做成制品自用，多年市场未见成长。韩国市场也是约 5000t，欧美市场各 4 万～5 万吨。

仿照半导体行业著名的“摩尔定律”，笔者于 2013 年推出“甄氏定律”：“聚乳酸的全球市场需求，每 3～4 年成长一倍”。若以过去全球聚乳酸产能增长历史为参考，即每年 20%～30% 的增长率，此定律大致符合过去聚乳酸的市场增长情况（见图 2-39）。近年来聚乳酸市场呈现快速增长趋势，从 2015 年至 2018 年年底，随着海正新增加产能 1 万吨，再加上中粮在长春的 1 万吨工厂和道达尔-科碧恩在泰国的 7.5 万吨工厂分别投产，2018 年年底全球聚乳酸总产能已经达到 28 万吨。但是如前文所提到的 2018～2020 年全球乳酸和聚乳酸的供货都受到限制，造成涨价及市场迟滞，影响市场发展，因此甄氏定律预估的成长看来会被放缓两年。为了满足全球聚乳酸市场每年 20%～25% 的成长曲线，未来主要聚乳酸供应商包括海正、中粮、恒天长

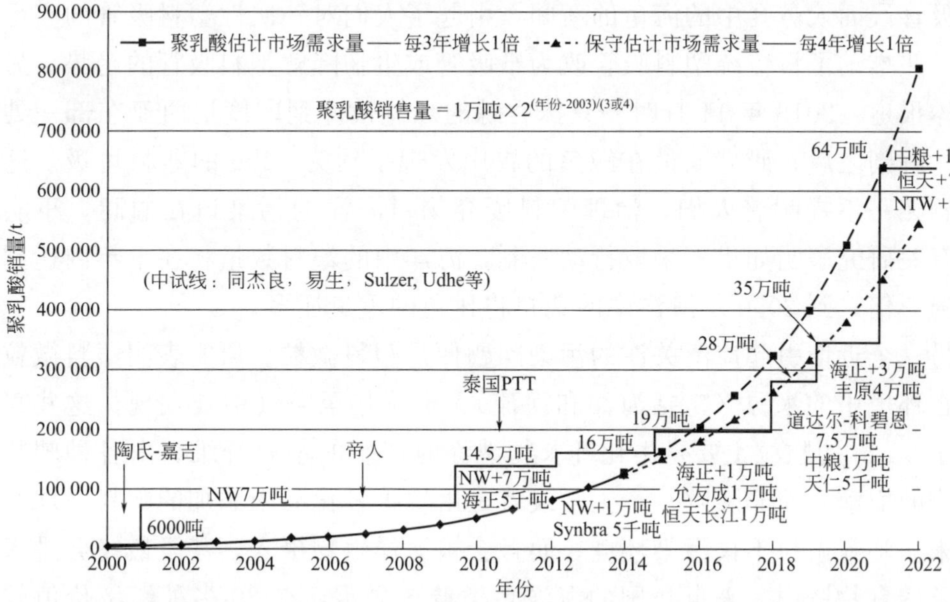

图 2-39 甄氏定律（聚乳酸全球市场每 3～4 年成长一倍）

江、丰原都正在或计划增加产能，未来 3～5 年内全球聚乳酸产能有望达到 30 万～60 万吨，以满足市场需求。

六、聚乳酸的国内外政策及法规推动情况

过去几年（2014～2018 年），国际油价持续下跌，已经降至 50～60 美金/桶；而糖价仍然维持在 16～17 美分/lb 的水平。在此大环境下，石油基塑料如聚酯、聚烯烃的国内大盘含税价维持在 9000～10000 元/t，而聚乳酸随着需求量的上升以及供应的受限，含税价格上升到约 2 万元/t。因此短期内聚乳酸及其他环保生物塑料在价格上竞争力仍然有限。但是全球石油与天然气资源总量毕竟有限，终将开采完毕；另一方面近年来传统塑料固废造成的污染问题以及全球暖化带来气候剧变不断加重，也在全球引起了人们的广泛关注。

全球每年约有 2000 多万吨的塑料包装垃圾被排放到环境中，对土壤和水源都带来巨大的污染。除了过去人们长期关注的土壤的白色污染问题，近年来塑料废弃物对海洋带来的污染问题也日益引起大众的注意。据统计，截至目前全球海洋中塑料垃圾总量约为 1.5 亿吨，且每年还有约 800 万吨塑料垃圾排入海洋。这些塑料垃圾带来了一系列严重的海洋生态问题，直接或间接地影响了海洋生物的生存环境，或被海洋生物误当作食物摄取，造成其疾病甚至死亡。比如 2018 年媒体报道了在哥斯达黎加的海洋专家解救了一只塑料吸管误插入鼻孔中的海龟的新闻，引起了人们对一次性塑料吸管的广泛关注，并推动了将传统塑料吸管改为纸吸管或生物降解塑料吸管的趋势。另有媒体报道，2018 年 11 月时一只抹香鲸的尸体被冲到印度尼西亚东部一处海岸。解剖之后，研究人员在鲸鱼的胃中发现了约为 12kg 的塑料垃圾。这些案例无一不提醒着人们，治理塑料废弃物对海洋的污染迫在眉睫。事实上，有关研究表明如果不采取行动遏制，海洋中的塑料数量将在十年内达到目前的三倍，到 2050 年海洋中的塑料将比鱼的重量还多。

另一个近期引起广泛关注的污染问题便是塑料微粒。研究表明塑料微粒已经在环境中的水源（包括海洋和河流）、土壤甚至空气中被发现。这些直径小于 5mm 的颗粒主要是由化纤衣物洗涤时产生的塑料纤维、由各种塑料废弃物的崩解（而非降解）产生，或者是由洗护日化品中添加的塑料微球磨料而来。塑料微粒不仅污染环境，而且会被海洋生物摄入，甚至最终会进入到人类的食物链中。来自我国的海洋鱼类调查显示，在 20 多种经济价值较高的常见鱼类采样中，90%的鱼类样本中都发现了塑料微球。另外有报道表

明塑料微粒在海盐和饮用水及矿泉水瓶中广泛存在。2018 年秋在欧洲举行的全球胃肠病医学大会公布的研究表明，全球人类的粪便样品里，八成含有 9 种不同的塑料微粒，证明这些塑料微粒已经通过食物链等其他途径进入到人体中。有专家表示：这些微小的塑料对我们的健康有极大的危害，会影响肠道耐受性和免疫反应，且会把有毒化学物质和病原体进行传播；此外继续裂解成的微米及纳米级别的微塑料能够进入血管、淋巴系统甚至肝脏，影响免疫反应。由于塑料微粒还能吸附重金属和其他有毒化学物质，因此其对食物链会造成浓缩性、富集性的污染，可能对人类的生存健康造成不可估量的影响。以上研究都表明，治理塑料微粒污染问题已经迫在眉睫。

因此针对这些日益紧迫的环境污染问题，2018 年联合国环境署也将当年的世界环境日（6 月 5 日）的主题定为“塑战速决”，旨在唤起人们关注一次性塑料废弃物对地球环境的污染问题。同时，近几年来世界已有 127 个国家/地区制定了禁塑法规，对传统塑料的使用呈现了范围更广、要求更严的趋势。一些原来已经有禁塑令的国家/地区如法国和美国的西雅图等，将对非生物降解塑料袋的禁止扩展到对其他一次性塑料产品的限制使用。而欧盟也于 2018 年 10 月通过议案，提议要全面禁止一次性塑料产品，于 2018 年 3 月正式通过。该提案未将石油基塑料和包括聚乳酸在内的生物降解塑料区分开，其对行业的影响还有待验证。许多原来没有相关规定的国家也已意识到塑料废弃物对环境的严重污染，相继推出相应的禁塑令，其中包括发达国家中的英国、西班牙、澳大利亚、新西兰等，甚至发展中国家的印度、肯尼亚、智利等（表 2-73）。从全球范围来看，禁止和限制一次性不可降解塑料制品的使用，寻找相应的替代方案是一个大趋势。

表 2-73　近年 127 个国家/地区颁布的生物降解塑料及限塑政策与法规的部分案例

国家/地区	年份	政策与法规	备注
中国	2017	国务院办公厅《禁止洋垃圾入境推进固体废物进口管理制度改革实施方案》	2017 年年底前，禁止进口来自生活源的废塑料、未经分拣的废纸以及废纺织原料、钒渣等环境危害大、群众反映强烈的固体废物。2019 年年底前，逐步停止进口国内资源可以替代的固体废物
	2018	中共中央国务院关于支持海南全面深化改革开放的指导意见	全面禁止在海南生产、销售和使用一次性不可降解塑料袋、塑料餐具，加快推进快递业绿色包装应用
	2019	海南省全面禁止生产、销售和使用一次性不可降解塑料制品实施方案	2020 年前，全省禁止生产、销售和使用一次性不可降解塑料袋、塑料餐具。2025 年年底前，全省全面禁止生产、销售和使用列入《海南省禁止生产销售使用的一次性不可降解塑料制品名录（试行）》的塑料制品

续表

国家/地区	年份	政策与法规	备注
美国	2016	加利福尼亚州 67 号法案	禁止大型超市和药店免费提供一次性使用的塑料袋,2016 年 11 月 8 日起立即执行
	2018	西雅图禁塑令	7 月 1 日起西雅图市已禁止食品供应商使用一次性塑料吸管和餐具,违反者将罚款 250 美金
欧盟	2018	欧盟议会	提议要全面禁止一次性塑料产品,如吸管、餐具、棉签等。并将清理废物的负担放在制造商身上以减少海洋垃圾
印度	2018	禁塑令	6 月 5 日,印度总理宣布,计划 2022 年前消灭所有一次性塑料产品。6 月 23 日,孟买所在的马哈拉施特拉邦开始正式实施严厉的禁塑令——禁止生产、使用、销售、运输和存储一次性塑料制品,否则将被处以罚款乃至监禁。2019 年 3 月禁止洋垃圾进口
法国	2016	一次性塑料餐具禁令	到 2020 年,半数以上的一次性塑料餐具材料必须是有机材料,到 2025 年该比例将提高到 60%
	2018	保护生物多样性法案	从 2018 年 1 月 1 日起,法国所有含有塑料微珠的化妆品都将下架;2020 年 1 月 1 日起,家用塑料棉花棒也将禁售
英国	2018	女王禁塑令	女王下令,禁止在王室产业内使用塑料吸管和塑料瓶,以减少塑料垃圾
西班牙	2018	王室法令	根据法案,自 2018 年 7 月 1 日起商家将禁止向顾客提供免费塑料袋,塑料袋将按照厚度进行收费
澳大利亚	2017	昆士兰禁塑令	昆士兰政府在 2017 议会上引进了减少废物和回收修正案,规定 2018 年 7 月 1 日起,除了在运输易腐食品中使用的薄膜袋之外,禁止零售商分发塑料袋
新西兰	2018	禁塑令	将在 2019 年内完全禁止使用一次性塑料袋,零售商有 6 个月时间停止供应塑料袋,违反者或将面临约人民币 45 万元的高额罚款
肯尼亚	2017	禁塑令	肯尼亚政府"禁塑令"自 2017 年 8 月 28 日起强制实施,在肯境内禁止使用、制造和进口所有用于商业和家庭用途的手提塑料袋和平底塑料袋,违者将处以最高 4 年监禁,或处以 4 万美元的罚款
智利	2018	禁塑法	2018 年 8 月 3 日正式颁布并施行"禁塑法",规定全国大型超市、购物中心和百货商场将有 6 个月缓冲期,在此期间最多只能向每名购物者提供 2 个塑料袋。2019 年 2 月 3 日起,不得再向购物者提供免费或收费塑料袋,违者将被处以罚款

2014 年起中国政府在河南濮阳、浙江台州、吉林长春和广东深圳等地，分别投入上亿元人民币，扶持地区性聚乳酸产业集群发展。十八大以来，我国在治理塑料污染方面的政策措施也进一步深入。2018 年 1 月国务院颁布《禁止洋垃圾入境推进固体废物进口管理制度改革实施方案》，全面禁止进口包括废塑料在内的对环境危害大的固体废料。长期以来，中国都是全球最大的垃圾进口国，接收了全球（尤其是发达国家）大约 50%的废纸、废塑料等固体废物。改革开放之初，进口洋垃圾确实有效缓解了国内资源短缺的问题，对促进中国经济发展发挥了重要作用。然而，随着时间的推移，洋垃圾对生态环境、居民健康带来的负面影响也越来越突出。因此该洋垃圾进口禁令的实施无疑对控制和治理包括废塑料在内的进口固体废料对我国的环境污染方面有着极大的意义，另一方面也反向推动了欧美等废塑料出口国以更大的力度禁止或限制使用非降解塑料制品。

另外，2018 年 4 月国务院公布了《中共中央国务院关于支持海南全面深化改革开放的指导意见》，明确指出要全面禁止在海南生产、销售和使用一次性不可降解塑料袋、塑料餐具，加快推进快递业绿色包装应用。2019 年年初，海南省委办公厅、省政府办公厅联合印发《海南省全面禁止生产、销售和使用一次性不可降解塑料制品实施方案》，对海南全省施行禁塑给出了时间表，即 2019 年年底前，要建立健全全省禁止生产、销售和使用一次性不可降解塑料制品地方法规及标准体系，完善监管和执法体系，形成替代产品供给能力。2020 年前，全省禁止生产、销售和使用一次性不可降解塑料袋、塑料餐具。2025 年年底前，全省全面禁止生产、销售和使用列入《海南省禁止生产销售使用的一次性不可降解塑料制品名录（试行）》的塑料制品。

该方案若能顺利施行，不光对海南本省解决 7 万吨以上的塑料生产及固废污染问题有着重要意义，并且能对全国形成示范效应。若未来能进一步推广，在全国范围逐步限制乃至禁止一次性传统塑料产品，并鼓励环保、健康的生物基生物降解塑料尤其是聚乳酸的使用，只要能取代我国国内 5000 万～6000 万吨传统石油基塑料市场或及大约等量的化纤市场的一小部分，国内的乳酸及聚乳酸市场就可能达到百万吨级，带动我国生物发酵产业及环保塑料事业不断向前发展。

政府对聚乳酸材料的扶持和保护，也应包括对一些混淆视听的“假降解”概念进行限制和打击。例如添加了光氧降解母粒或变性淀粉的传统石油基塑料，该类添加剂只能导致塑料制品的“崩解”成碎片或“裂解”成塑料微粒，不能实现真正意义上高分子聚合物的完全“生物降解”成堆肥和二氧化碳。美国联邦贸易委员会及欧盟都已对使用此类添加剂（如氧降解“oxo-degradable”）进行环保制品制造的厂商发出警告信，并将此类行为定义为商业欺诈（Staff of the Federal Trade Commission，2014）。淀粉填充石油基塑料如 PE、PP 等，也仅能实现“崩解”而非“降解”，不属于生物可降解材料范畴。对“假降解”的打击，就是对生物可降解材料行业的保护。欧洲权威机构已经基于欧标 EN13432 建立了 OK Bio-based 和 OK Compost 等认证体系，规范相关行业发展。现将生物可降解材料的部分国内外标准总结于表 2-74。

表 2-74　生物基或生物降解塑料部分相关标准范例

标准序号	标准类别	标准名称
ASTM D6002	美国材料测试协会标准	环境降解塑料堆肥性评价的标准准则
ASTM D6400	美国材料测试协会标准	可堆肥塑料的标准规格
ASTM D6866	美国材料测试协会标准	用放射性碳分析法测定固体、液体和气体试样生物含量的试验方法
ISO 14855	国际标准化组织标准	可堆肥条件下塑料最终需氧生物分解能力和崩裂的测定　分析释放的二氧化碳的方法
ISO 16929	国际标准化组织标准	中试规模定义的堆肥条件下塑料材料崩裂的测定
EN 13432	欧洲标准	利于堆肥和生物降解来回收的包装物试验和最终评价的要求
GB/T 29284	中国推荐性国家标准	聚乳酸
GB/T 20197	中国推荐性国家标准	降解塑料的定义、分类、标志和降解性能要求
GB/T 19277	中国推荐性国家标准	受控堆肥条件下材料最终需氧生物分解能力的测定　采用测定释放的二氧化碳的方法
QB/T 2672	中国推荐性国家标准	可堆肥塑料片材定义、标志和可堆肥性能要求
QB/T 2671	中国推荐性国家标准	生物分解塑料片材定义、标志和可堆肥性能要求
GB/T 28018	中国推荐性国家标准	生物分解塑料袋
DB22/T 2106—2018	吉林省地方推荐性标准	聚乳酸制品通用技术要求
DB22/T 2105—2018	吉林省地方推荐性标准	聚乳酸制品中聚乳酸含量测定
DB22/T 2104—2018	吉林省地方推荐性标准	聚乳酸制品快速检测方法

七、工业级聚乳酸的应用研发动向及自主创新

（一）聚乳酸合成技术进展

1. 聚合技术

在工业级聚乳酸的聚合领域，海正和中科院长春应化所合作研发，以丙交酯为原料，实现了两步法聚乳酸开环聚合技术突破，现有的一条5000t生产线和一条1万吨生产线已经满产，并有计划再扩产3万～5万吨，同时还向客户（如富士康）转让其第一代万吨级聚乳酸聚合技术。长江化纤通过自主研发聚乳酸聚合及熔体直纺专利技术，建成2000t生产线，已被央企恒天集团收购并扩产至1万吨，并可能为其他厂家提供聚合设备。中粮购买德国伍德设备，使用道达尔-科碧恩的丙交酯为原料，其1万吨聚乳酸工厂已于2018年年底正式投产。南京大学张全兴院士和李泓教授牵头组织的，以有机胍为催化剂的技术，与河南郸城金丹公司合作，于2018年建成1万吨丙交酯生产线，现正试车中，将来也会考虑建聚乳酸生产线。该技术使用有机胍代替常用的辛酸亚锡催化丙交酯及聚乳酸的合成，是一项原创性新技术，但仍有待验证。综合以上及表2-70所列的各家工厂情况，国内聚乳酸聚合技术已经不再是行业发展瓶颈。

2. 共聚技术

聚乳酸共聚技术主要包括聚乳酸接枝共聚与聚乳酸嵌段共聚等。医用领域如手术缝合线、组织工程和药物控制释放等，不在本文讨论范围。工业领域的聚乳酸共聚物主要包括如下几个方面。第一，聚乳酸接枝共聚物，如聚乳酸接枝天然纤维、聚乳酸接枝淀粉等，在国内外均得到广泛的研究，可分别作为天然纤维或淀粉填充改性聚乳酸的相容剂。第二，聚乳酸嵌段共聚物，如泰国Songkhla大学的Chumeka等研究了聚乳酸与天然橡胶的三嵌段共聚物，该共聚物与聚乳酸有良好的相容性，可应用于聚乳酸增韧改性。再如葡萄牙Aveiro大学的Matos等制备并研究了PEF-*co*-PLA共聚物，生物基PEF是一种具有良好阻隔性的生物质来源非生物可降解高分子，该共聚物同时兼具PEF的良好阻隔性和PLA的生物可降解性，可能成为新一代生物可降解饮料瓶材料。

在国内，目前河南天冠与中山大学正在进行PPC与PLA的共聚研发项目，其他单位也正积极评估或开展PBS或PBAT与PLA的共聚研发项目，如能取代突破，相关共聚物则有望成为PLA/PPC或PLA/PBAT合金的相容剂，甚至直接单独使用于生物可降解膜袋制品，解决聚乳酸膜袋制品的韧

性不足问题。

上海浦景化工和江苏金聚分别开发出煤化工制备乙醇酸，到聚合聚乙醇酸（PGA）的技术路线。聚乙醇酸（PGA）本身是一种具有良好生物降解和生物相容性的合成高分子材料，具有高韧性、高阻隔、降解快等特点，若与聚乳酸共聚得到聚乙醇酸聚乳酸共聚物（PGLA），则可以提高聚乳酸的降解速度等性能，有希望实现家庭可堆肥条件（25℃）或低温海水条件（0～4℃）下的迅速降解，协助解决塑料微粒的污染问题。

（二）聚乳酸高附加值共混改性及制品应用进展

1. 注塑级聚乳酸取代密胺餐具及其在耐热一次性餐具上的应用

密胺餐具（或叫美耐皿餐具、仿瓷餐具）广泛使用于餐饮行业。密胺餐具以三聚氰胺-甲醛树脂（MF）或尿素-甲醛树脂（UF）为原料压塑制成。加工过程中甲醛气体及密胺粉尘对工人伤害极大。密胺餐具使用过程中，随着降解的进行，会缓慢释放三聚氰胺、三聚氰酸和甲醛等有毒有害物质。欧美国家逐步收紧了对密胺餐具的质量标准，导致密胺餐具行业生产与质检成本不断上升，因此出口销售量已逐年下降（从过去的 40 万吨出口量降到 10 万吨以下）。

道达尔-科碧恩基于其 PDLA 均相成核技术，改进 PLLA 结晶性能，开发 A/B/C 系列聚乳酸注塑级改性料配方。在结晶速度，耐热、耐久性等性能上，此系列配方较一般市售聚乳酸改性料配方有显著提高，可用于开发高附加值聚乳酸注塑制品。B 配方测试样条在 100℃水浴 36h 后或在 90℃水浴 72h 后，拉伸强度保留率仍然能维持在 60%～70%，其耐老化及耐久性能较一般市售聚乳酸改性配方有显著提高。此配方目前由我国台湾盛聚生产销售，可让餐具在每天三餐共约 1h、在 70～90℃的使用及热水洗涤处理条件下，使用寿命达到 3～6 个月，避免了对产业工人及消费者的健康威胁，是密胺餐具的理想代用品。

在一批国内高校与研究机构推动下（如中科院北京化学所、长春应化所、宁波材料所、上海交大、同济大学、四川大学等），我国聚乳酸共混改性行业有了较大的发展，尤其在聚乳酸注塑应用领域，纳通（绿程）、大川（清新）、浙江海正、宁波家联、广州碧嘉、广州金发、厦门金旸等等均推出了各自的聚乳酸注塑耐热改性料产品。然而目前市售聚乳酸注塑耐热改性料普遍存在耐久性不足的弱点，仅适用于一次性注塑制品，如一次性餐具应用。仍然需要产、学、研各方密切合作，加大研发投入，取得进一步技术突破，使聚乳酸能在高附加值的耐热耐久领域应用。

2. 立构复合晶聚乳酸

在20世纪80年代，聚乳酸的立构复合晶已经被发现并报道。它是由互为光学异构体的左旋聚乳酸（PLLA）和右旋聚乳酸（PDLA）按照相等（或接近）的摩尔比进行混合所形成，所得到的立构复合晶体与单独的左旋或右旋聚乳酸的α晶型相比具有更高的熔点（220～230℃）。因此立构复合晶聚乳酸与传统聚乳酸相比，能拥有大幅提高的耐热性，以及更强的耐水解性，已经展现优势，有其商业化应用。然而传统方法中的左旋聚乳酸和右旋聚乳酸通过简单熔融混合，往往伴随着α晶型的形成，很难得到100%的完全立构复合晶，同时在加工时也有很多限制，比如在注塑时需要很高的模具温度或者长时间的退火。这些问题都限制了立构复合晶聚乳酸的批量化商业生产。

2018年道达尔-科碧恩首次推出商业化的立构复合晶解决方案，通过创新性的配方技术使得完全立构复合晶聚乳酸制品可以在商业化的加工设备上（如注塑机、薄膜挤出拉伸设备等）规模化生产。现已推出了SC0、SC1及SC2一系列的完全立构复合配方。其中SC0热变形温度HDT-B能达到140℃；而通过添加了玻纤增强（20%～40%）SC1和SC2的热变形温度更是能达到190℃（HDT-A）和200℃（HDT-B）以上，其拉伸模量也是分别能高达8300MPa和13 500MPa，可以和常见的工程塑料如玻纤增强尼龙或PBT相媲美。目前道达尔-科碧恩也在与客户合作尝试将此创新的立构复合晶聚乳酸技术应用于电子电气以及汽车类产品中，以拓展聚乳酸在高性能高附加值产品中的应用。

3. 薄膜级聚乳酸制品取代聚乙烯薄膜产品

聚乳酸薄膜制品主要分为聚乳酸吹膜、聚乳酸流延膜、双向拉伸膜及淋膜产品等。

在聚乳酸吹膜领域，聚乳酸经其他生物可降解塑料（如PBS及PBAT等）增韧改性后，可用于生物可降解膜袋制品，解决传统非可降解膜袋制品带来的白色污染问题。在软质可降解膜袋中，一般聚乳酸含量较低，而以PBAT或PBS为主要成分，并可添加变性淀粉以降低成本并提高生物基的含量。

中国农用地膜年用量已达140万吨，只要生物降解地膜能取代1/3用量，按聚乳酸含量20%～30%计算，聚乳酸用量将可达10万吨以上，加上垃圾袋、购物袋，国内市场的聚乳酸年用量可达20万吨以上。但是，生物降解膜袋制品较传统的聚乙烯、聚丙烯膜袋制品价格高，一般为后者的2～

4 倍左右。原因主要有三：第一，以农用地膜为例，农用地膜国家标准厚度为（8±3）μm，市售聚乙烯农膜厚度一般取标准下限 5μm 甚至更薄，而生物降解地膜厚度一般在 10μm，需要一倍的厚度才能抵消其撕裂强度低等弱点，这导致生物可降解膜袋的原材料用量增加，成本增加；第二，聚乳酸密度约 1.25g/cm^3，PBAT 密度约 1.2g/cm^3，而 LDPE 密度一般约0.9g/cm^3，这导致生物可降解膜袋单重高于聚乙烯膜袋，厚度相同时原料用量增加约 30%；第三，聚乳酸的国内市场大盘含税价格约为 19 000～21 000 元/t，而 PBAT 价格约 21 000～25 000 元/t（比聚乳酸更高）。聚乳酸含量在 35%的吹膜共混料目前价格约 24 000～26 000 元/t，而 2018 年年底聚乙烯价格约 9000 元/t，使含聚乳酸的生物可降解膜袋成本比 PE 吹膜料高约 3 倍。

生物可降解膜袋的高成本，目前由提供购物袋的超市、商场等在政府罚则下吸收或转嫁给消费者。如果禁塑令无法严格执行，生物可降解膜袋市场就无法维持。生物降解地膜的应用，既存在价格过高农户接受程度的问题，也存在降解周期和使用寿命设计问题（牵涉作物生长周期和地域气候差异等因素），如何有效推广，还有待探讨。

在聚乳酸双向拉伸膜领域，道达尔-科碧恩与 Innvoia 合作研发了 sc-PLA（聚乳酸立构复合物）双向拉伸膜，能耐受 140～180℃的高温，性能与双向拉伸 PET 薄膜相当，实现了聚乳酸耐热透明薄膜制品的技术突破。在国内，山东圣和薄膜已实现批量化生产聚乳酸双向拉伸薄膜，并已开发出标签膜、窗口袋、透明胶带、鲜花包装膜等多种应用。

一次性淋膜纸杯及纸餐盒等产品近年来被广泛使用，给人们的生活带来了便捷。但传统的聚乙烯淋膜纸产品在废弃后，由于塑料涂层和纸张无法分离，造成纸张无法被回收。而这样的淋膜纸杯或纸餐盒产品被废弃到环境中后，随着纸张的降解，聚乙烯会碎片化造成塑料污染。近年来该问题逐渐得到公众的重视，许多聚乙烯淋膜纸的生产厂家逐渐在往聚乳酸淋膜纸产品方面转换。国内有安徽恒鑫、江阴润煊、浙江庞度等淋膜厂家已经实现聚乳酸淋膜纸的批量化生产，可以成熟地大量使用在一次性纸杯的应用上。但相对于传统的聚乙烯，聚乳酸淋膜由于其本身的材料特点，还存在淋膜缩颈较大、生产速度较慢（<80m/min）、淋膜克重偏高（一般>20g/m^2）等缺点。因此对聚乳酸淋膜料进行改性或是改进专门的聚乳酸淋膜设备仍是开发的重要方向。

4. 发泡和注塑吸塑级聚乳酸取代一次性餐具

聚苯乙烯发泡餐盒和一次性吸塑（以及注塑）餐饮具广泛应用于高铁、航班、便利店等快餐行业，带来日趋严重的白色污染。而聚苯乙烯（PS）中的苯乙烯残留单体本身，也会提高致癌概率、损伤人体神经系统，对胎儿造成损害。欧洲及美国加州和纽约已经禁止发泡聚苯乙烯（EPS）制品在餐饮具中的使用。中国政府曾在1999年推行禁塑令，禁止发泡聚苯乙烯使用。然而2013年发改委“21号令”又恢复了聚苯乙烯发泡餐具的生产，这与国际食品安全要求趋势背道而驰。荷兰Synbra是欧洲聚乳酸发泡行业代表性企业之一，其产品主要在聚乳酸模压发泡领域，如冷盒、包装及建筑隔热填充及高端运动器材（如冲浪板及头盔）内发泡填充物等。国内的广州碧嘉和山东通佳进行合作，分别对聚乳酸发泡改性料和发泡专用设备上投入开发，近期在对聚乳酸的挤出发泡的研究上取得了具体突破，所制的聚乳酸发泡片材可以作为包装缓冲材料，也可以通过吸塑工艺得到餐盒、托盘等产品，同时通过配方的调整，已经能达到较好的耐热要求。现碧嘉与恒天合作在杭州湾已完成聚乳酸耐热发泡托盘或餐盒的稳定批量生产和商品化出口。

聚乳酸一次性吸塑餐具可以立即取代一次性聚苯乙烯（以及其他塑料，如聚丙烯等）吸塑（以及注塑）餐具，大幅减少白色污染，降低传统塑料餐具带来的健康风险，预计能使聚乳酸及生物降解塑料市场增加到每年10万～20万吨以上。聚乳酸一次性非耐热吸塑注塑餐饮具已经由国内的广东绿地，宁波家联，台湾瑞旗/瑞兴、金元福、安捷等生产。在聚乳酸一次性耐热吸塑餐具领域，芬兰Huhtamaki和中国台湾安捷使用科碧恩-普拉克D配方（耐热吸塑级改性料），生产耐热吸塑杯。D配方通过PDLA均相成核技术，能大幅加快PLLA结晶速度，实现每分钟两模的生产速度，从而使聚乳酸吸塑杯的加工周期与聚苯乙烯吸塑杯接近。国内的海正和大川等也推出了耐热聚乳酸片材及相关吸塑制品。但总体而言，聚乳酸一次性耐热吸塑制品尚需进一步降低成本后进行推广。

（三）聚乳酸纤维取代一次性无纺布制品等

一次性无纺布制品如湿纸巾、面膜、尿布、卫生巾等，目前以聚丙烯或聚酯为材料，其固体废弃物会导致严重的白色污染。国外的主要聚乳酸纤维及制品企业，包括日本的帝人和东丽等，国内企业有嘉兴昌新、查氏集团旗下的海宁新高和新能及台湾远东纺织等。江苏长江化纤以自身熔体直纺生产线为依托，开发出聚乳酸皮芯纤维，其以低光纯低熔点聚乳酸为皮层，高光纯高熔点聚乳酸为芯层，可通过直接热风黏结制备无纺布。目前热风黏结的皮芯纤维技术已取得突破，聚乳酸短纤价位已从过去的 3 万～4 万元/t，大幅下降至 25 000～30 000 元/t。其他国内聚乳酸纤维应用单位包括中纺院江南分院、必可成、昌隆、同杰良、润之缘、龙都、丰原等。2017 年大连华纶无纺设备工程有限公司与东莞美亚合作，自主研发，成功建设了 2.4m 幅宽的 PLA 纺黏热轧生产线，可年产 2400t PLA 纺黏非织造布。

在应用上，聚乳酸长纤维及纱线可以代替传统化纤生产各种纺织品，如服装、床上用品等。短纤维，尤其是高低熔点聚乳酸复合的双组分短纤维可以生产热风复合无纺布用于纸尿裤、湿巾等一次性卫生用品。而将聚乳酸双组分短纤维和木浆纤维一起混合制成热风复合无纺布，可以用于一次性茶包或咖啡包。聚乳酸纺黏无纺布具有强度较高的优点，可以用于生产可降解环保手提袋和包装材料，以及手术衣、口罩等一次性卫生用品。

在技术和成本上，聚乳酸无纺布已初步具备取代传统非生物可降解无纺布的可行性，完全可以经政府颁布法规，逐年逐步将非生物可降解无纺布禁绝，甚至无需为聚乳酸无纺布作财政补贴。当 10 万吨规模以上从乳酸发酵到聚乳酸纤维的整合厂在国内建成并投产后，聚乳酸短纤维价格有望降到约 20 000 元/t。在政府的扶持和全行业的努力下，只要取代部分尿布及卫生巾等传统非降解材料的市场，国内聚乳酸纤维和生物降解无纺布就可能实现十万吨甚至百万吨的规模。

八、结语

如前所述，在聚乳酸原料的生产方面国内已经有多家规模化的企业，包括拥有自主技术的海正、恒天长江、天仁龙都等，以及使用新型机胍催化合成技术的金丹，也有引入国外成熟技术的比如中粮（德国伍德）、允友成（瑞士舒尔寿）、安徽丰原（比利时格拉特）等等。同时在其他主要生物降解塑料方面，国内也已经有许多企业拥有较强的实力，如生产 PBAT 或 PBS 的金发、屯河、金晖等；生产 PPC 的天冠、蒙西、中科金龙等，生产 PHA 的天安、蓝晶等，目前又增加了金聚和浦景的 PGA 厂。可以说我国的生物降解材料的生产已经呈现蓬勃发展的态势。尤其是聚乳酸，可以说是已经跨越了第一阶段的聚乳酸聚合技术问题，但是丙交酯生产和 PDLA 应用等技术瓶颈仍未完全克服。在第二阶段，行业应大力开发聚乳酸的改性料以进一步提高性能、降低成本，并开发更多的、更高附加值的聚乳酸和生物降解塑料的应用。结合我国近年来在环保行业的大力投入和扶持、习近平总书记

"绿水青山就是金山银山"的发展理念，以及新颁布的一系列政策，比如即将在海南推行的禁塑令等，大力推行可降解材料代替传统塑料，以保护环境和人民健康，实现环保产业的发展，实现健康、绿色、长治久安和富强康乐的"中国梦"。

（撰稿专家：甄光明　周宇翔）

植物天然产物的微生物合成

一、概况

植物天然产物主要指具有特殊性质和功能的、结构较为复杂的次级代谢产物，包括萜类、黄酮、甾醇、酚酸、生物碱和皂苷类化合物等。纵观人类历史，植物天然产物作为食品、药品、保健品、香料和化工原料被广泛应用于与人类生活息息相关的各个领域，因而一直受到学术界和产业界的关注。目前植物天然产物的制备主要从植物中提取获得。然而，植物生长周期长，受天气和环境的影响，占用大量土地资源，且大多数的次级代谢产物在植物中的含量极低。因此，从植物中获取这种方式耗时长、提取成本高、能耗较高、资源利用率低，与现代科学提倡的绿色、环保理念相悖，如何改变这种低效、高耗的制备模式是近年来的研究热点。

随着合成生物学的快速发展，微生物制造为解决这一问题提供了新的思路。与植物相比，微生物具有生长快速、可利用廉价碳源、适合大规模自动化发酵、土地占用率低、不受天气和环境影响等优点。利用微生物转化和合成植物天然产物可创造性地变革现有制备模式，具有非常重要的意义。随着合成微生物技术的发展，使按人工设计和优化微生物底盘细胞成为可能。首先将植物天然产物的合成途径构建到微生物宿主细胞中，通过代谢流调控使细胞内的代谢通量流向目标化合物，最后通过发酵过程优化进一步提高植物天然产物在微生物宿主中的产量（图 2-40）。

青蒿素（Artemisinin）是从植物黄花蒿茎叶中提取的倍半萜内酯化合物，是目前最有效的抗疟疾药物，被世界卫生组织称作“世界上唯一有效的疟疾治疗药物”。瑞士诺华、法国赛诺菲以及中国的桂林南药的口服青蒿素类抗疟药已通过世卫组织药品预认证。美国加州大学伯克利分校 Jay Keasling 课题组在酿酒酵母中引入青蒿酸合成途径，得到 24mg/L 青蒿酸，通过合成生物重构、代谢工程和发酵优化使产量达到 25g/L，为变革青蒿酸

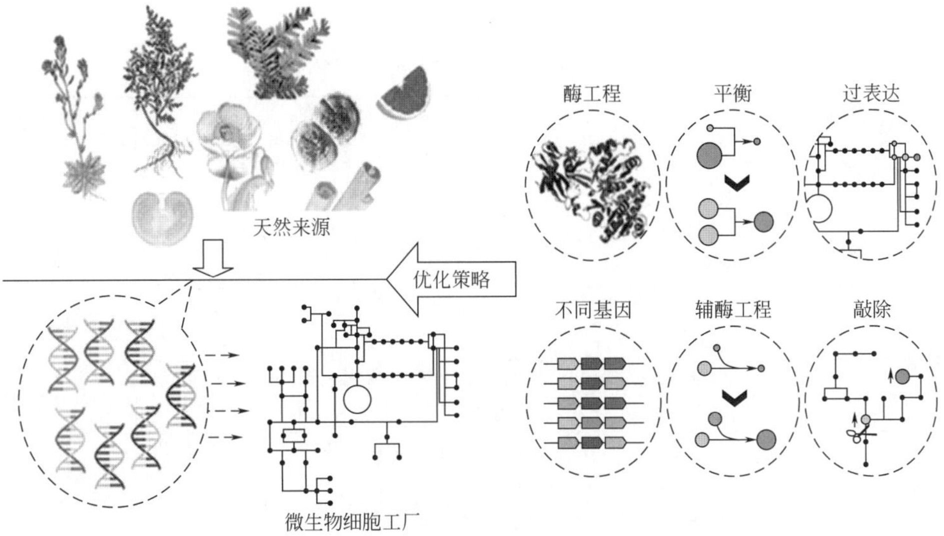

图 2-40　微生物合成植物天然产物的策略

的制备方式进行了有效的探索。紫杉醇（Taxol）是从植物红豆杉树皮中提取的二萜化合物，是国际市场上最热门的抗癌药物，被认为是“人类未来20 年间最有效的抗癌药物之一”，在临床上被广泛用于治疗乳腺癌、卵巢癌和宫颈癌等。近年来，世界人口和癌症发病率呈爆炸性增长趋势，对紫杉醇的需求量明显增大。美国麻省理工学院 George Stephanopoulos 课题组在大肠杆菌中成功合成紫杉醇的前体紫衫二烯，产量达到 1g/L。

2017 年以来，美国斯坦福大学 Christina Smolke 课题组在酿酒酵母中合成阿片类生物碱——那可丁（2.2mg/L）。2019 年中国科学院植物生理与生态研究所周志华课题组在酿酒酵母中合成人参皂苷 Rh2（2.25g/L）。随着合成生物技术的快速发展，越来越多的植物天然产物通过微生物进行成功合成，通过产量的不断提高，为实现其产业化奠定了良好的基础。

二、主要产品

（一）萜类化合物

萜类化合物种类繁多、结构多样，主要是由五碳单元异戊二烯（C_5H_8）以不同方式连接形成单萜、倍半萜、二萜、三萜、四萜等结构不同的萜类化合物，结构的多样性赋予了不同的萜类化合物其独特的生理活性和功能，被广泛地应用在食品、日化、医疗等领域。目前，已经通过合成生物学方法构建出多种高产萜类的微生物细胞工厂，实现了多种目标产物的高效生产，有效提高了萜类的总体生产水平（表 2-75）。

表 2-75　利用微生物合成萜类化合物

萜类		调控优化策略及产量	宿主菌
单萜	芳樟醇	菌株选择，过表达 tHMG1，成功合成芳樟醇；结合下调 ERG9，芳樟醇产量 95μg/L	酿酒酵母
	柠檬烯	过表达异源 MVA 途径；蛋白质组分析，柠檬烯产量为 605mg/L	大肠杆菌
	桧烯	过表达异源合成途径，结合发酵条件优化，桧烯产量 2.65g/L	大肠杆菌
	香叶醇	异源表达来源于罗勒的香叶醇合酶，敲除 *yjgB* 基因，整合异源 MVA 途径，香叶醇产量为 182.5mg/L	大肠杆菌
	月桂烯	过表达异源 MVA 途径，关键酶氧化(GPPS、MS)，发酵优化，月桂烯产量 58.19mg/L	大肠杆菌
	蒎烯	筛选最优组合酶，融合表达，抑制分支途径，蒎烯产量为 32.4mg/L	大肠杆菌
倍半萜	异雪松醇	异源表达合成酶，过表达 tHMG1 与 upc2-1，产量达到 0.37mg/L	酿酒酵母
	青蒿酸	改造 MVA 途径，引入外源合成途径，青蒿酸产量为 32mg/L；整体优化上下游模块，筛选新酶，优化发酵条件，减少分支途径，产量 25g/L	酿酒酵母
	α-檀香烯	MVA 途径优化，增加前体和辅因子供应，增加转录因子的活力；葡萄糖诱导 ERG9 表达，降低分支途径，过表达 tHMGR，敲除 LPP1，最终产量 92mg/L	酿酒酵母
	椒二醇	宿主遗传改造，降低 FPP 分支途径，过表达合成途径，产量为 50mg/L	酿酒酵母
	圆柚酮	异源表达合成途径	酿酒酵母
	紫穗槐-4,11-二烯	密码子优化、模块替换、启动子优化、支架设计改造，两相培养，过表达 HMGS 与 HMGR，最高产量 27.4g/L	大肠杆菌
二萜	次丹参酮二烯	融合表达 SmCPS、SmKSL、BST1、FPPS，结合发酵优化，产量为 365mg/L；过表达 tHMG1、upc2-1，添加新的 GGPP 合酶，分批补料发酵优化后得到产量 488mg/L	酿酒酵母
	铁锈醇	在次丹参酮二烯合成基础上，引入 CYP76AH1，铁锈醇产量 10.5mg/L	酿酒酵母
	泪杉醇	利用 CYP450 氧化酶催化多样性，结合基因挖掘、组合表达、蛋白质结构模拟与改造，产量为 96mg/L	酿酒酵母
	鼠尾草酸	途径解析，酶分子模拟改造，其产量为 2.74mg/L	酿酒酵母
	紫杉二烯	异源表达合成途径，功能模块精确调控，减低毒性，最高产量 1g/L	大肠杆菌
	5α-羟化紫杉二烯醇	模块化优化，酶工程设计改造关键酶，产量为 58mg/L	大肠杆菌

续表

萜类		调控优化策略及产量	宿主菌
二萜	氧化紫杉烷	平衡 CYP450 模块表达，酶 N 端修饰，组学分析，反应器放大，产量为 570mg/L	大肠杆菌
	左旋海松二烯	途径改造与酶定向进化，最高产量 700mg/L	大肠杆菌
	香紫苏醇	异源表达合成途径与功能基因筛选，最高产量 1.5g/L	大肠杆菌
三萜	原人参二醇	异源表达合成路径，MVA 途径优化，密码子优化提高酶的表达，使浓度提高 262 倍，达到 1.189mg/L；提高前体供应，途径调控，产量达到 15.9mg/L	酿酒酵母
	人参皂苷	基因挖掘，途径构建	酿酒酵母
	β-香树脂醇	优化 MVA 途径，提高前体供应，构建合成途径，产量达到 88.6mg/L；在此基础上，利用启动子加强基因表达，发酵优化，使产量达到 138.8mg/L	酿酒酵母
	3-O-葡糖糖集刺囊酸	共表达多个关键基因，途经构建，甲基-β-环糊精使产物分泌到胞外	酿酒酵母
	达玛烯二醇	重构合成途径，产量为 8.6mg/L	大肠杆菌
	甘草次酸	重构合成途径，匹配 CYP450 酶于 P450 还原酶 CPR，产量达到 18.90mg/L	酿酒酵母
四萜	β-胡萝卜素	引入外源 MVA 途径，调控基因表达，途径组合，最高产量 2.1g/L	大肠杆菌
	虾青素	筛选并引入不同物种的叶黄素合成途径，加强 IPP 合成，1.4mg/g	大肠杆菌
	番茄红素	低拷贝质粒与培养条件优化，产量为 260mg/L	大肠杆菌

（二）生物碱

生物碱是一类含氮有机化合物，根据含氮结构特征的不同可分为多种类型，且不同类型的生物碱都有其特定的合成途径，如吲哚生物碱由莽草酸途径合成色氨酸转化进而生成吲哚类生物碱。目前最具有挑战性的那可丁（Noscapine）是一种天然的苯酞喹啉生物碱类药物，其传统来源是从罂粟中提取，是一种安全的非麻醉性镇咳药，在全世界已有 50 多年的使用历史。同时那可丁还被证明具有抗癌活性，但其治疗癌症所需的用量远高于用作咳嗽抑制剂时的用量，因此市场需求量逐渐增大。由于罂粟种植需要极其严格的管控措施且易受到害虫、气候等因素的影响，有较大的不稳定因素。为此，美国斯坦福大学的 Christina Smolke 课题组着眼于微生物从头合成喹啉生物碱，利用酿酒酵母通过过表达 6 个内源基因，引入来源于细菌、植物和哺乳动物的 25 个基因成功在酿酒酵母体内合成了那可丁，整个合成途径中包含 7 个定位于内质网内膜的植物酶和 4 个 P450 氧化酶，最终通过酶工程、代谢途径和发酵条件的优化等手段，使那可丁的浓度达到 2.2mg/L，比初始菌株提高了 18 000 倍。长春碱（vinblastine）和长春新碱（vincristine）是应用最为广泛的 2 种天然植物抗肿瘤药物，广泛应用于何杰金氏病、急性淋巴细胞型白血病、恶性淋巴肿瘤等疾病的治疗。目前长春碱和长春新碱的合成途径已经被解析，是由 3*α*(*S*)-异胡豆苷分别经过多步酶促反应生成文多灵和长春质碱，再由两者缩合生成 *α*-3,4-脱水长春碱，进而生成长春碱和长春新碱。2014 年英国约翰英纳斯中心的 Brown 课题组在酵母中成功重构了 3*α*(*S*)-异胡豆苷合成途径，实现了 3*α*-(*S*)-异胡豆苷在酵母中的从头合成，但目前为止长春碱和长春新碱的微生物合成途径仍在探索中。其他生物碱的具体分类和来源如表 2-76 所示。

表 2-76　部分生物碱类型及其药用成分和来源

化合物类型	化合物名称	生物途径	植物来源
莨菪烷生物碱	莨菪碱 东莨菪碱	鸟氨酸或精氨酸	颠茄、三分三、天仙子、曼陀罗
萜类生物碱	石斛碱 雷公藤碱	2-C-甲基-D-赤藓糖醇-4-磷酸	石斛 雷公藤
吲哚生物碱	长春碱 利血平 靛玉红 喜树碱	色氨酸	长春花 萝芙木、马蓝、 喜树、蛇根草 马比木
异喹啉生物碱	吗啡 小檗碱	酪氨酸	罂粟、黄连 黄柏、三棵针
嘌呤生物碱	咖啡因 茶碱	黄嘌呤	咖啡树 茶树

（三）黄酮类

黄酮类化合物是一类具有 2-苯基色原酮结构的化合物，广泛存在于蕨类植物和高等植物中，其中以黄酮醇和黄酮最为常见，具有抗氧化、抗炎、抗菌、抗肿瘤及降血糖等多种生理活性。如大豆黄酮具有增强免疫调节作用，苦荞黄酮具有较好的抗氧化活性，芦丁具有抗衰老和抗疲劳作用，甘草黄酮具有抗菌、抑菌作用，黄芩茎叶总黄酮具有降血脂作用，芹菜苷配基具有诱导肿瘤细胞凋亡和抗炎的作用，常见的黄酮种类及其植物来源如表 2-77 所示。

表 2-77 常见黄酮类化合物及其植物来源

产物种类	化合物名称	植物来源
黄酮	芹菜素、黄芩素	菊科、唇形科植物
二氢黄酮	橙皮素、柑橘素	柑橘、豆科、桑科植物
黄酮醇	槲皮素、山柰酚、高良姜素、杨梅素	洋葱、甘蓝、绿花椰、苹果
异黄酮	大豆异黄酮、金雀异黄酮	豆科植物
花青素	飞燕草素、锦葵色素	李子、葡萄
黄烷-3-醇	儿茶素、茶黄素、没食子儿茶素	苹果、茶叶
二氢黄酮醇	香橙素、黄杉素	鸢尾科
查尔酮	广豆根酮、乌药萜烯二氢查尔酮	柑橘

目前，对于黄酮类化合物的微生物合成及转化已有较多的研究。柚皮素（Naringenin）属二氢黄酮类化合物，具有抗菌、抗炎、清除自由基、抗氧化、止咳祛痰、降血脂、抗癌抗肿瘤、解痉和利胆、预防和治疗肝病、抑制血小板凝结、抗粥样动脉硬化等作用，可被广泛地应用于医药、食品等领域。江南大学周景文课题组以大肠杆菌作为宿主，异源表达 *RrPAL*、*Sc4CL*、*GeCHS* 基因，在添加前体物质酪氨酸和苯丙氨酸条件下进行发酵成功合成了柚皮素，进一步优化外源基因的表达量，并利用代谢预测工具分析大肠杆菌的中心碳代谢途径，平衡外源途径与宿主菌的代谢流平衡，最终使柚皮素的产量达到 474mg/L。

姜黄素（Curcuminoids）是从姜科、天南星科中的一些植物的根茎中提取的一种橙黄色结晶粉末，在食品生产中主要用于肠类制品、罐头、酱卤制品等产品的着色。在医学方面，姜黄素具有降血脂、抗肿瘤、抗炎、利胆、抗氧化等作用，同时还有助于耐药结核病。但是，植物中姜黄素的含量仅占3%～6%，是植物界很稀少的二酮类化合物。2018 年，来自伦斯勒理工学院的 Mattheos A. G. Koffas 课题组实现了利用大肠杆菌生产姜黄素，其策略是首先通过构建姜黄素合酶过表达菌株和丙二酰辅酶 A 大量积累的菌株，再通过混菌共培养，能够在 22h 内以葡萄糖为碳源生产 6.28mg/L 的姜黄素，将廉价的基质转化为活性较高的增值产品，也体现了微生物合成天然产物的优势。

（四）皂苷类

皂苷（Saponin）又称为皂素，是苷元为三萜或螺旋甾烷类化合物的一类糖苷，主要分布于陆地高等植物中，也少量存在于海星和海参等海洋生物中，是许多中草药如人参、远志、桔梗、甘草、知母和柴胡等的主要有效成分。皂苷根据其配基结构不同可分为两类，一类是甾体皂苷，据不完全统计，目前已经研究近 150 种植物中约 200 多种天然甾体皂苷。另一类为三萜皂苷，其配基是三萜类的衍生物，大多由 30 个碳原子组成，三萜皂苷又分为鲨烯类、四环三萜类、五环三萜类、达玛烷型、葫芦烷型等，这类皂苷多存在于五加科和伞形科等植物中，常见的分类见表 2-78。

表 2-78　常见皂苷类化合物及其植物来源

产物类型	化合物名称	植物来源
甾烷皂苷	薯蓣皂苷 叉蕊皂苷Ⅱ 新甾体皂苷 海柯皂苷	穿龙薯蓣 叉蕊薯蓣 龙舌兰科植物 海参
三萜皂苷	罗汉果甜苷 人参皂苷 甘草酸	罗汉果 人参 甘草

单葡萄糖基甘草次酸（Monoglycosyl glycyrrhetinic acid），是由三萜骨架甘草次酸经过糖基化后生成的皂苷类化合物，具有比甘草次酸更好的溶解性及抗菌活性，其甜度是蔗糖的 218 倍，2017 年北京理工大学李春课题组在欧洲山芥和刺茄中挖掘到两个糖基转移酶能够成功将甘草次酸进行糖基化生成单葡萄糖基甘草次酸。人参皂苷（Ginsenoside）是最著名的三萜皂苷之一，是人参属植物的主要活性成分，具有非常高的药用价值。近年来，对人参皂苷类化合物的研究越来越成熟，中国科学院上海植物生理与生态研究所周志华课题组已经成功利用微生物细胞工程从头合成了两种非天然人参皂苷（化合物 K 和 3β,12β-Di-O-Glc-PPD）和四种天然人参皂苷（Rh2、Rg3、RF1 和 Rh1）。罗汉果甜苷（Mogrosides）来源于多年生植物罗汉果，是一种葫芦型三萜皂苷，也是罗汉果的主要活性成分，其甜度约为蔗糖的 300 倍，是重要的低热量甜饮料中的食品添加剂。中国科学院天津工业生物技术研究所孙媛霞课题组已经通过在酿酒酵母中引入来源于罗汉果皂苷的关键合成基因成功合成了罗汉果皂苷。

三、市场分析

（一）天然产物的需求与供给

随着国民经济的快速发展以及国民生活品质需求的进一步提高，国务院颁布《“健康中国 2030”规划纲要》，确定了国家大健康产业的发展战略。据前瞻产业研究院权威发布的《植物提取物行业产销需求与投资预测分析报告》数据显示，2016 年全球天然产物的销售 333.2 亿美元，天然产物的市场需求将以年均 13％的速度成长，我国由于起步较晚，目前占比仅为 7.16％，年复合增长率为 15.6％。

在医药方面，据中商产业研究院发布的《2016～2020 年中国医药行业投资战略研究咨询报告》指出，在“十三五”期间，我国医药行业将继续高速发展，2020 年市场规模将会达到 17 919 亿元，复合增长率为 8％，其中生物制药将稳步增长，预计 2022 年将占整个医药市场的 32.4％，达 3260 亿美元。同时全球范围内生物医药产业正呈现出新技术驱动创新、数据联通产业上下游的创新态势，并且中国正成为全球生物医药产业增长的最强动力。随着越来越多的天然产物被检测出具有较高的药用价值，在医药行业天然产物已经成为新药研发中一个十分关键的环节。国际知名药企葛兰素史克公司的研究人员从植物样品中同时筛选出 20 多种提取物，用于寻找抗癌、抗病毒以及治疗神经、心血管和肠胃疾病的新药。美国国立癌症研究所每年从 25 个国家搜集到 4500 种植物以及海洋生物、细菌和真菌，筛选出能抗艾滋病病毒感染和对 60 种肿瘤细胞株显示出抑制活性的提取物后，把有开发前途的植物分配给各制药公司。以银杏叶制剂为例，据估计，世界市场上银杏叶制品的年销售额约为 50 亿美元。青蒿素作为一种有效的抗疟疾药物，据 WHO 介绍，全球对青蒿素的需求从 2010 年的 1.87 亿元涨到 3.11 亿元。但是由于微生物的合成能力不断提高，其来源植物黄蒿的采伐量却大幅度降低，收购价格由 2013 年的 3.6 元/kg，降低到 1.4 元/kg，由此可见合成生物学有望替代传统的植物提取模式。

在食品工业方面，2017 年中国的食品制造业销售收入已经达到了 2.3 万亿元，年增长速度为 10％，其中，我国出口美国的产品主要用于膳食补充剂和食品添加剂，出口日本的植物提取物主要用于保健食品与汉方药的生产，对印度出口产品主要是天然色素以及香精香料类产品，对韩国的出口主要是保健用植物提取物产品，对德国的出口主要是芦丁等药用植物成分。

在化妆品、日用品领域，2017 年中国国内的化妆品销售收入为 11 397.8亿元，化妆品中的常用成分人参皂苷、玫瑰精油、番茄红素、花青素等的用量也在不断增加。新型甜味剂罗汉果甜苷和甜菊糖等天然产物以纯天然、零卡路里、热稳定、对血糖无影响而受到广大消费者的青睐，已成为食品中广泛应用的甜味剂。据统计，每年中国出口的甜菊糖在 5000t 以上，而且出口量还在逐年增加。而在农业方面，目前以薯蓣皂素、番麻皂素和剑麻皂素等植物皂素为基础原料的激素类药物，广泛应用于畜牧业，年销售额超过 400 亿美元。另外黄连中的黄连素等生物碱类抗生素在畜牧养殖等农药、兽药领域中广泛应用，已经成为理想的饲用抗生素的替代品。

（二）微生物合成植物天然产物的水平与成本控制

自从自然界分离得到天然产物后，科学家们就一直在尝试利用人工合成的方法合成天然产物。但是由于条件限制，以及天然产物复杂的化学结构和苛刻的反应条件严重限制了天然产物人工化学合成的效率。

目前在天然产物合成方面，除了化学合成外生物合成法也占有举足轻重的地位。利用生物工程将微生物改造为合成植物天然产物的“细胞工厂”，具有广阔的应用前景。利用合成生物技术在微生物细胞中构建天然产物的合成路线，经过发酵可以快速合成结构复杂的天然产物，不仅大大缩短了合成的周期，而且原料便宜易得，整个发酵过程更加可控，同时还能减少对植株的砍伐和耕地的占用。另外，通过基因组编辑调控、酶工程改造、代谢平衡与代谢物转运等手段，可以优化生产菌株，提高工程微生物的产量，实现天然产物的大量生产。比如使用酿酒酵母合成番茄红素的产量达到 2.37g/L，能够实现工业生产。

但是由于微生物合成天然产物尚在研究阶段，大部分天然产物的产量较低，因此所需成本仍然较高。以萜烯类化合物柠檬烯为例，每年柠檬烯的市场需求量约为 2.3 万吨，市场价格平均为 7 美元/kg，而在生产过程中的葡萄糖和其他原料成本以及产物蒸发、分离的成本约为 465 美元/kg，远远高于市场价格，而且不完全的原料利用率和产物残留还会进一步增加生产成本，不能够达到收支平衡。因此，降低微生物生产天然产物的生产成本以及提高产物的产量是几乎所有天然产物都存在的瓶颈问题，亟待解决。

四、研发动向

（一）植物合成天然产物的途径解析

代谢途径解析是实现天然产物异源合成的基础，也是天然产物异源合成中的重要研究方向。基因组和转录组测序是解析天然产物代谢途径的最直接的方式，测序技术的快速发展，大大提高了植物基因组和转录组测序的准确度，并降低了其成本，功能基因组策略逐渐成为解析植物天然产物合成途径的主要策略。目前超过 64 种植物的基因组和转录组被解析并建立了公开的数据库，通过对具有目标产物合成能力与不具备目标产物合成能力的植株或高产和低产植株之间的转录组进行比较，从而成功对目的产物合成途径的关键酶进行定位（图 2-41）。利用这种策略，已经成功鉴定了多种天然产物合成途径，比如已经有包括甘草次酸等在内的十三种植物三萜合成途径被解析。最近，中国科学院天津工业生物技术研究所张学礼课题组鉴定了山楂中催化山楂酸合成的关键 P450 氧化酶。

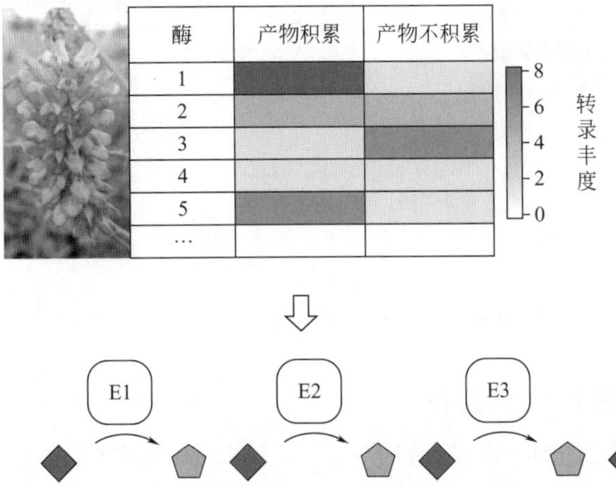

图 2-41　利用转录差异分析解析天然产物合成途径

（二）合成关键酶的设计与改造

目前，在各类植物代谢相关的合成酶的研究中，P450 是出现频率最高、功能最多样、应用最广泛、研究最多的一类酶。增强植物 P450 在微生物宿主细胞内的活性成为微生物宿主高效合成植物天然产物的主要研究方向。由于微生物宿主的胞内环境与植物细胞内环境存在差异，会使植物来源的酶在微生物中表达时存在折叠不正确、表达水平低以及催化效率差等问题。酶的设计和改造可以有效改善酶的催化特性、提高酶的活力，是解决这些问题的有效方式，当前天然产物异源合成中的酶设计和改造的主要研究方向为 N 端改造以及蛋白质的理性设计和随机突变通过将植物 P450 的 N 端替换为酵母内源 P450 或内质网定位的膜蛋白的 N 端可以促进其正确的定位和折叠。为实现阿片类药物的在酵母体内的合成，斯坦福大学 Christina Smolke 课题组用来自不同 P450 的 N 端标签替换沙罗泰里啶合酶的 N 端序列使 (*R*)-牛心果碱到沙罗泰里啶的转化率提高了六倍。马克斯普朗克煤炭研究所 Reetz 课题组通过对 P450BM3 的定向进化，实现了由苯合成苯酚的特异性氧化（图 2-42）。

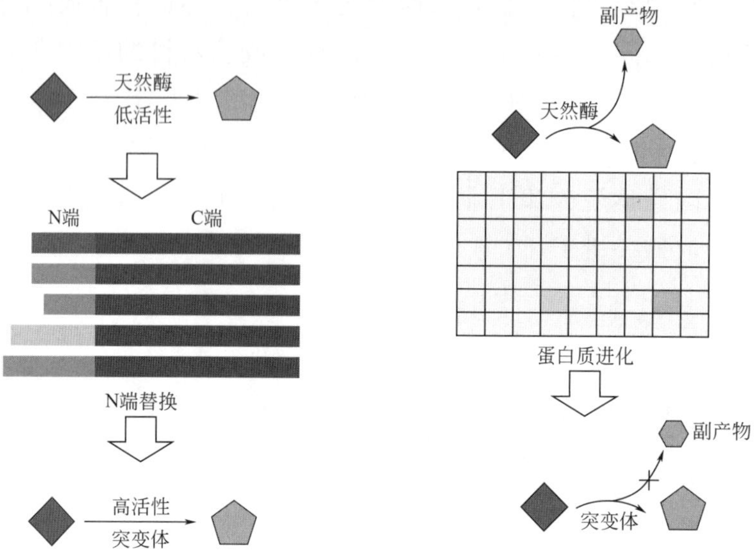

图 2-42　植物天然产物合成关键酶的设计与改造

（三）天然产物的酶转化与改性

大多数植物天然产物如萜烯苷元通常具有较强的疏水性，不利于人体的吸收和利用，为提高其利用效率，研究人员利用糖基的结构新颖性、靶向性好等特点对天然产物的活性基团或先导化合物进行结构修饰，从而提高天然产物的药效、降低毒副作用、增加利用度。北京理工大学李春教授课题组在欧洲山芥中挖掘了一种葡萄糖基转移酶 *UGT73C11*，对甘草次酸进行 *O*-糖基化生成单葡萄糖基甘草次酸，与甘草次酸相比，具有更好的抗炎、抗病毒等生理活性，水溶性的增加进一步提高其生物利用度。此外，通过挖掘新型的糖苷水解酶对天然产物进行精确的修饰，目前已有 152 个糖苷水解酶家族被报道（http：//www. cazy. org/Glycoside-Hydrolases. html），来源非常丰富，通过糖苷水解酶制备新的糖苷与苷元，极大丰富了天然产物的改造和供应，例如从嗜松篮状菌中挖掘的 β-葡萄糖醛酸苷酶 *TpGUS79A*，特异性的水解甘草酸生成单葡萄糖醛酸基甘草次酸，具有适中的生物极性以及更好的生物活性。从红树林土壤的宏基因组中克隆获得的重组 β-葡萄糖苷酶能够转化虎杖苷生成白藜芦醇。利用 *Cellulosimicrobium cellulans* F16 分泌的胞外木糖苷酶将 7-木糖-10-去乙酰紫杉醇转化成 10-去乙酰紫杉醇，再通过一步酰化反应即可生成紫杉醇，对卵巢癌和乳腺癌等具有良好的治疗效果。

（四）微生物底盘细胞的改造与外源途径的组装

植物天然产物多为疏水性化合物，如聚酮类、萜烯类等，利用微生物细胞对这些产物进行异源合成时，由于胞内没有充足的疏水环境，产物无法大量积累，同时会导致产物在膜上聚集，从而影响膜结构导致生长缺陷。为解决这些问题需要对底盘宿主进行改造。当前对底盘宿主的改造主要集中于宿主胞内疏水环境的增加以及生物膜的扩大。武汉大学刘天罡课题组通过提高酿酒酵母体内脂质小体的含量及其不饱和脂肪酸的含量可使番茄红素产量提高 25%。比利时根特大学 Alain Goossens 课题组通过扩大内质网膜的表面积显著促进了多种三萜和三萜皂苷的合成。

微生物合成植物化合物通常涉及多种酶和多步反应。在微生物体内重构天然产物合成途径时可以参照代谢途径直接完成重构，但往往存在产物产量低、关键酶活低等缺陷，因此研究人员对动态调控、区室化重组、蛋白支架、融合蛋白等重组策略进行了研究。加州大学伯克利分校 Jay D. Keasling 课题组通过使用法尼烯焦磷酸响应的启动子成功地降低了毒性中间产物法尼烯焦磷酸的积累，并使紫穗槐二烯的产量由 700mg/L 提高到 1.6g/L（图 2-43）。

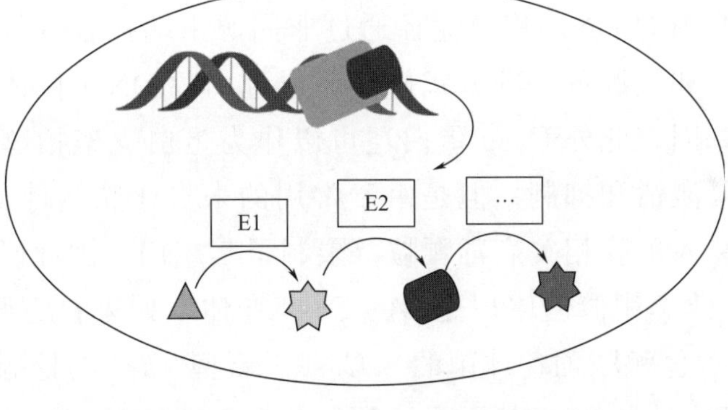

图 2-43　通过动态调控策略重构植物天然产物合成途径

查尔默斯理工大学 Jens Nielsen 课题组通过将不同亚细胞定位的酶组装到同一区室里以提高合成途径的效率并显著提高了鸟氨酸的产量。同样，通过亚细胞定位也可以将副产物的合成反应与底物隔离，提高专一性，在吗啡的合成过程中，斯坦福大学 Christina Smolke 课题组通过将合成途径的酶定位于不同的细胞器，增加了各个反应步骤之间的时空距离，有效降低了副产物的产量，从而增加了反应的效率和特异性。

合成支架也被用来缩短各个反应步骤间的时空距离促进蛋白之间的相互作用以及强化底物通道。例如，蛋白支架将儿茶酸合成的三个酶进行共定位提高了其在大肠杆菌中的合成水平，DNA 和 RNA 支架也被用于不同酶的共定位，提高大肠杆菌中 L-苏氨酸、十五碳二元酸、琥珀酸的产量。此外，蛋白质融合是一种增强底物通道、增加中间产物可及性的更直接的方式，天津大学元英进课题组通过将法尼烯焦磷酸合酶以及长春花香叶醇合酶进行融合，使工程酵母的香叶醇产量相比于未融合时提高了 15%（图 2-44）。

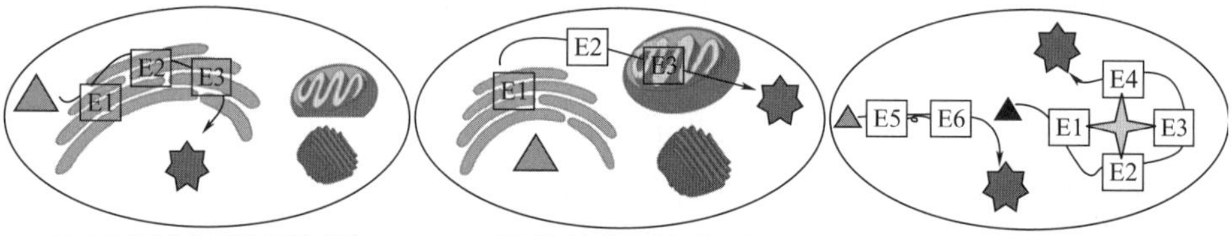

(a) 通过区室化重构天然产物合成途径　(b) 通过区室化分隔不同反应　(c) 通过蛋白支架和融合蛋白重构天然产物合成途径

图 2-44　通过区室化、蛋白支架和融合蛋白策略重构植物天然产物合成途径

（五）基因组编辑技术与代谢流全局调控

由于 CRISPR/Cas 系统的简单性及功能的多样和高效性，其以惊人的速度迅速获得科学界的青睐，广泛应用于药物开发、基因治疗和合成生物学中，在 sgRNA 介导下，Cas9 会在 PAM 序列 3′近端切割 DNA 双链，断裂的双链会被细胞内的 DNA 修复途径通过非同源末端接合（可引入随机的碱基插入或敲除）和同源重组的方式修复，通过同源 DNA 供体可以高效地在基因组上插入基因，此外 Cas9 蛋白还可以作为蛋白支架招募转录调控元件实现基因的转录激活和抑制。但是由于常用的来自化脓链球菌的 SpCas9 体积太大，难以装入单腺相关病毒颗粒，限制了其应用。因此研究人员挖掘了具有与 SpCas9 效率相似但体积更小的 Cas9 变体，如来自空肠弯曲菌的 Cj-Cas9 和来自金黄色酿脓葡萄球菌的 SaCas9。新型 Cas9 的挖掘和鉴定也促进了新型 CRISPR/Cas9 系统的发现，迄今为止已有四种 Cas13 蛋白 Cas13a、Cas13b、Cas13c、Cas13d 能够对 RNA 进行编辑，实现 RNA 的敲除或敲低。CRISPR/Cpf1 可以在一个 sgRNA 阵列的介导下，在多个位点同时对 PAM 序列的 5′远端的 DNA 双链进行切割，形成具有黏性末端的双链断裂，使得研究人员可以通过黏性末端引入外源序列，解决了在非分裂细胞中难以通过同源重组插入基因的难题。在挖掘新型 Cas9 的同时，研究人员通过蛋白质进化的方法降低了限制 Cas9 应用的脱靶效应，提高了编辑精确性，也拓宽了能识别 PAM 序列的范围，进一步提高了其实用性。此外，在人工合成酵母基因组的研究中，在合成基因组上人为地引入 SCRaMbLE 系统，在 Cre 重组酶的作用下会导致大面积的基因组重排，实现对酵母基因组进行大范围的编辑，这些新型基因编辑技术的发展为天然产物的异源合成的研究提

供了强力的编辑工具。

在微生物体内，外源代谢途径可以通过多种方式与底盘宿主的代谢网络发生相互作用，比如前体物质，辅酶以及共同底物的相互竞争，通过全局调控来平衡天然产物合成途径和宿主底盘代谢网络之间的代谢平衡是提高天然产物合成的重要研究方向（图 2-45）。但是由于代谢网络的复杂性，难以对调控位点进行准确定位，化学计量模型在调控靶点的预测中起到了重要作用。Amyris 公司的研究人员通过化学计量模型对工程酵母的法尼烯的理论转化率和代谢流的分配平衡进行计算和预测，重构了酵母中心代谢途径，促进了菌体生长与产物合成之间的代谢平衡，在提高底物转化率的前提下，使法尼烯产量提高了 25%。除了理性设计指导的定点调控，SCRaMbLE 介导的基因组大范围重排可以在黑匣子状态下实现对工程菌基因组的随机编辑，通过定向筛选获得鲁棒性和产物合成高效性的菌株，此外 CRISPR 介导的全基因组基因敲除和干扰也可以通过对基因组的随机编辑获得再平衡菌体生长与产物合成之间代谢流的调控靶点（图 2-45）。

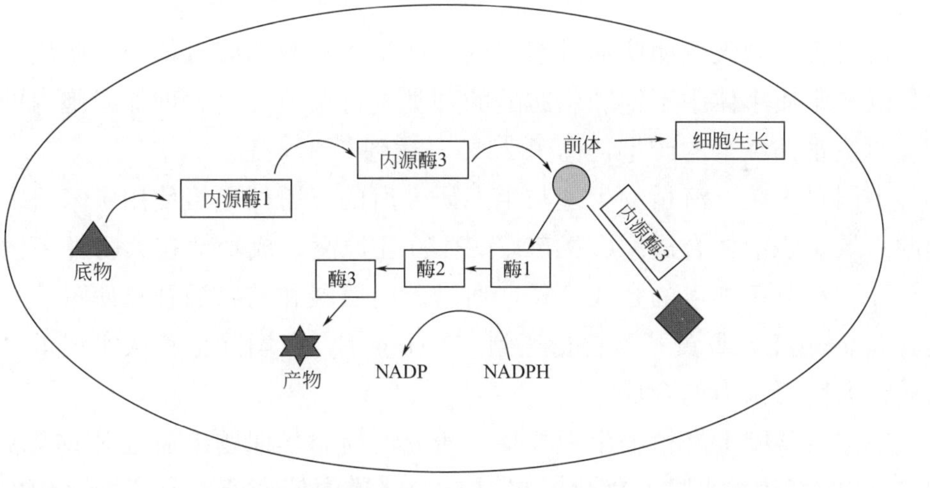

图 2-45　通过全局调控实现代谢流在细胞生长与产物合成中的代谢平衡

五、自主创新情况

目前，天然产物微生物合成的研究在世界范围内受到广泛的关注，我国作为该研究领域中的重要科研力量在 2018 年取得多项创新成果。通过自主科技创新，我国科研人员突破了合成关键酶催化特性差、合成途径关键步骤缺失、微生物胞内疏水环境不足等多个技术瓶颈，取得了一系列坚定发展信心的成绩。北京理工大学李春课题组通过自主挖掘的高效 P450（unigene25647，CYP72A63）和 CYP450 还原酶（GuCPR1），使工程酵母合成甘草次酸产量达到 18.9mg/L，比之前报道提高了近 1000 倍；通过优化 CPR 与 P450 的适配性以及代谢途径的精细调控使工程酵母齐墩果酸的产量超过 606mg/L，为目前国际上报道的最高水平，此外该课题组还从苹果中挖掘到特异性较好的 α-香树脂醇合酶，成功在酿酒酵母体内实现了 α-香树脂醇高特异性的异源合成，α-香树脂醇产量达到 11.9mg/L。

中国科学院天津工业生物技术研究所张学礼团队在国际上首次鉴定了催化三萜骨架 2-C 的 α-羟化的 P450 酶 MAA45，利用其构建的酿酒酵母细胞工厂，可获得 384mg/L 和 141mg/L 的山楂酸和科罗索酸。

中国科学院天津工业生物技术研究所江会锋课题组与云南农业大学合作，首次鉴定了灯盏花素合成途径的两个关键酶，黄酮-6-羟化酶和黄酮 7-*O*-葡萄糖醛酸基转移酶，并在酿酒酵母中重构了灯盏花素的合成途径，通过代谢工程改造与发酵工艺优化，工程酵母的灯盏乙素产量已达到百毫克级。

武汉大学刘天罡团队通过系统的代谢工程和酿酒酵母体内的脂质小体的含量以及脂质小体中不饱和脂肪酸的种类进行调节，大大增加了胞内的疏水环境，使番茄红素的产量提高了 25%，达到 2.37g/L。

中国科学院上海植物生理与生态研究所的王勇课题组使用了来自七个物种的高效黄酮前体合成酶、P450 及 P450 还原酶，成功地在大肠杆菌内重构了黄芩素和野黄芩素的合成途径，通过苯丙氨酸和酪氨酸补料使黄芩素含量达到 8.5mg/L，野黄芩素含量达到 47.1mg/L，在国际上首次实现了这两种物质在大肠杆菌内的合成。

中国科学院上海植物生理与生态研究所周志华课题组通过对 MVA 途径和 P450 的表达水平进行优化，在 10L 发酵罐中使产原人参二醇（PPD）酵母底盘的 PPD 产量达到 11.02g/L，以此为基础，提高经过酶工程改造后活性显著提高的 UGTPg45 的表达水平使人参皂苷 Rh2 的产量达到 2.25g/L，为国际上已报道的三萜皂苷类化合物的最高产量，已经达到中试水平，充分体现出利用微生物合成植物皂苷类化合物的巨大潜力。

（撰稿专家：孙文涛　赵雨佳　薛海洁　吕波　李春）

生物环保

2018年度生物环保产业发展态势分析

环境问题是21世纪人类关注的焦点问题之一。近年来，环保产业的发展越来越迅速。环保产业是指在国民经济结构中，以防治环境污染、改善生态环境、保护自然资源为目的而进行的技术产品开发、商业流通、资源利用、信息服务、工程承包等活动的总称。它在美国称为“环境产业”，在日本称为“生态产业”或“生态商务”。生物环保产业是环保产业的一个分支，是指在环境保护方面运用生物技术达到保护生态环境的目的的产业。以水污染、大气污染、有机废弃物治理和受损生态系统的治理与修复为重点，大力发展高性能生物环保材料和生物制剂，加快高效生物监测、治理、修复及废物利用等成套技术工艺和装备的示范应用，扩大产业规模。组织实施环保用生物制剂发展行动计划，支持开展污水高效处理菌剂、生物膜、污泥减量化菌剂等生物制剂的开发和推广应用，推进污水生物处理高效反应器、废水深度处理和中水回用成套设备研发。加快有机废弃物腐熟剂、堆肥接种剂、微生物添加剂等专用功能菌剂和有机废物处理、复合肥生产配套装备的研制和产业化推广，推动发展有机肥类和生物复合肥。加快生态系统修复专用植物材料、制剂和装备的研发与规模化应用。

《“十三五”生物产业发展规划》将生物产业的重点领域分为七类：生物医药产业、生物医学工程、生物农业、生物制造产业、生物能源产业、生物环保产业以及生物服务产业。生物环保领域主要有生物降解、生物再生、环境检测等。

一、生物环保产业发展概况

（一）全球生物环保产业发展概况

对世界生物环保产业的分布情况进行分析，目前该产业依然是以发达国家/地区为主，包括美国、日本、加拿大和欧洲。总体上，生物环保产业在世界环保产业所占的份额不大，其企业的营业额大约仅占全球生物技术产业的 3%。但是目前环境污染日益严重，生物环保技术由于在治理环境方面，有着不同于物理、化学治理方式的特殊优势，备受世界各国的重视，并积极展开技术研究和市场开发。随着世界各地环保政策的出台和对环保领域投资的加大，环境保护的要求日益严格，生物环保技术也迎来新的发展空间。

目前在全球环保中占巨头的仍是美国，是当今环保市场上占比最大的国家，占全球环保产业总值的 1/3。但随着生物环保产业的比重慢慢增大，中国在生物环保方面会有很大的突破，图 2-46 列举出了一些国家/地区在全球环保市场所占的份额。

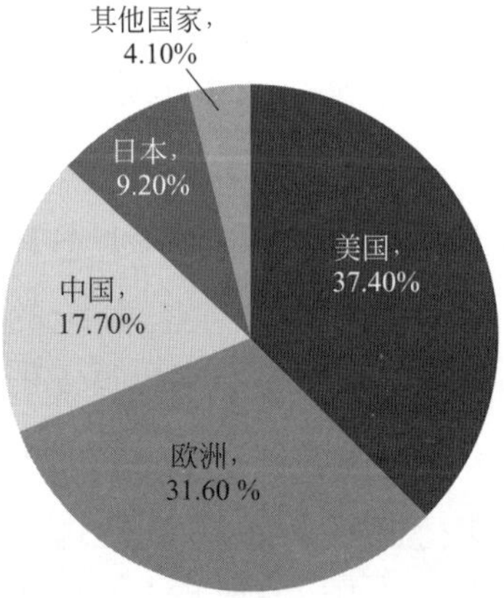

图 2-46　世界主要国家/地区占全球环保市场份额

（二）我国生物环保产业发展概况

我国环保产业是典型的政策驱动型产业，受政策影响显著，环保产业作为国民经济新的支柱性产业，国家对环保产业发展重视程度不断提升。2017 年我国环保产业增速为 17%左右，2018 年环保工程、设备公司的增幅也达到 15%～30%的水平。近年来，全国范围持续推进生态文明建设，大大提高了环保刚性需求。据前瞻产业研究院发布的《中国环保行业发展前景与投资预测分析报告》统计数据显示，2007～2017 年，我国的环境保护财政支出从 995 亿元增加到 5672 亿元，年复合增长率达到 19%以上。“十二五”期间全社会的环保投资合计 4.17 万亿；“十三五”期间，环保产业投资将会突破 16 万亿元，其中水务水环境治理占 50%，固废综合处置占 31%，土壤修复占比 19%。

从国内环保产业结构现状（图 2-47）可以发现，我国“水气固”传统三废治理占比高达 97%，正也反映出我国正处于环境保卫战的攻坚阶段，距

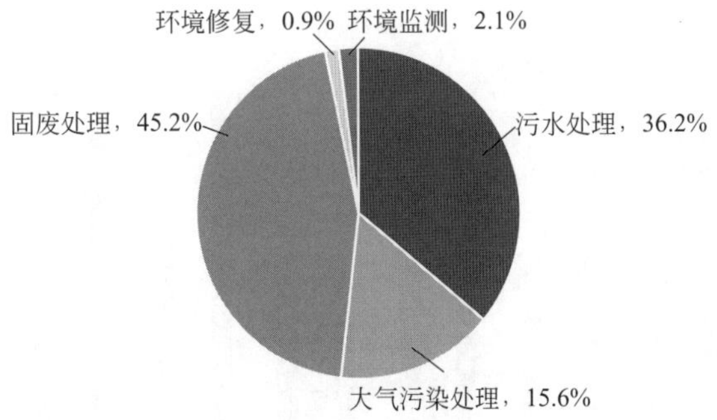

图 2-47 国内环保产业结构

离环境质量改善还有较大差距。随着环保生态治理工作的不断推进，环保产业发展愈加成熟，从长期发展来看，资源回收与利用、污染土地整治及修复、环境咨询及相关服务等细分领域都将有较大的发展空间。

2018 年 12 月 24 日，生态环境部召开相关会议，研究部署 2019 年生态环境工作。未来将进一步推进污染防治攻坚战各项工作，加大投入力度，同时协同推动经济发展和环境保护。下一步将帮助企业制定环境治理解决方案，重视并解决企业对环境监管的合理诉求。

二、生物环保产业现状

（一）生物环保技术的应用

1. 废水生物处理技术

从废水的排放量来看，2017 年，全国废水排放量 777.4 亿吨，比 2016 年增加 2.03%。其中工业废水排放量 182.9 亿吨，比 2016 年减少 4.26%，占废水排放总量的 23.52%；城镇生活污水排放量 588.1 亿吨，比 2016 年增加 5.07%，占废水排放总量的 76.48%（图 2-48）。

可以看出，在工业领域，废水排放量得到了有效控制，2010 年以来工业废水的排放量持续下降，从 237.5 万吨下降到 2017 年的 182.9 万吨。生态环境部公开数据显示，截至 2018 年 9 月底，全国 2411 家涉及废水排放的经济技术开发区、高新技术产业开发区、出口加工区等工业集聚区，污水集中处理设施建成率达 97%；自动在线监控装置安装完成率达 96%，均比《水十条》实施前提高 40 多个百分点，推动 950 余个工业集聚区建成污水集中处理设施，新增废水处理规模 2858 万吨/日。

截至 2018 年 6 月底，全国设市城市累计建成污水处理厂 5000 多座，污

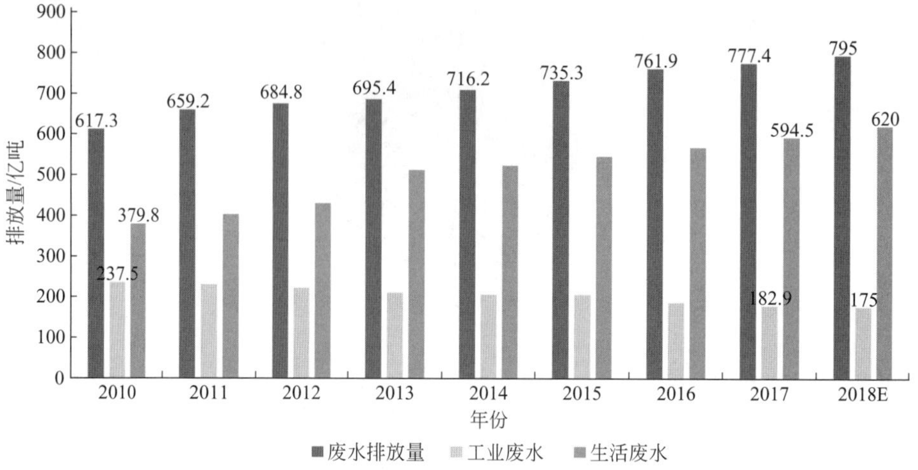

图 2-48 中国废水排放量及分布情况

数据来源：前瞻产业研究院

水处理能力达 1.90 亿立方米/日，这其中有统计数据的污水处理工艺大约 30 种。各类技术工艺前十排名及占比见表 2-79。

表 2-79 各类技术工艺前十排名及占比

技术工艺	占比/%
氧化沟	20.0
A^2/O 工艺	16.3
传统活性污泥法	11.9
SBR	8.2
A/O	3.8
生物膜法	2.0
其他物理化学法	1.7
生物接触氧化法	1.7
普通生物滤池	1.2
沉淀分离	0.8

废水生物处理技术主要是利用微生物的代谢作用除去废水中有机污染物的一种方法，亦称废水生物化学处理法，分好氧生物处理法和厌氧生物处理法两种。目前废水处理主要方法有生物膜法、活性污泥法、厌氧生物处理法、生物脱氮除磷等方法。

生物膜法作为一种新型污水处理技术应运而生，该技术在现代污水处理领域中具有非常强大的发展潜力，能够有效缓解环境污染，促进水资源保护与再开发。目前膜生物反应器（MBR）在废水处理领域受到广泛的重视，随着膜材料和制膜技术的发展，其应用领域也不断扩大，已经涉及化工、电子、轻工、纺织、冶金、食品、石油化工等领域。20 世纪 70 年代后期，MBR 开始在北美大规模应用，随后是在 80 年代的日本，90 年代的欧洲以及 90 年代末期的中国。膜生物反应器在日本得到了快速的发展，截至目前，在日本已经投入使用以及正在建设的膜生物反应器占全球总量的 66%。

MBR 工艺初次应用于污水处理时因外置膜过滤系统能耗过高而不适用于大型市政污水处理项目，仅应用于小型工业或家庭污水处理（$<500\ m^3/d$）。随着低能耗内置的浸没式 MBR 工艺出现，MBR 运行能耗降低，致其处理规模逐渐增大，超过 $1000m^3/d$ 的工程应用在 1995～2000 年已开始出现。日本于 2005 年建成第一个大型 MBR 市政污水处理工程，处理规模达 $4200m^3/d$；2008 年西班牙建成当时欧洲规模最大的 MBR 工程（San Pedro del Pinatar）污水处理厂，规模为 $4.8\times10^4m^3/d$；美国弗吉尼亚州 Broad Run 污水处理厂为北美最大 MBR 工程应用，规模达 $7.3\times10^4m^3/d$；北京温榆河污水处理厂规模更高达 $10\times10^4m^3/d$（表 2-80）。

表 2-80　世界范围大型 MBR 应用项目

项目	地区	规模/($\times10^4m^3/d$)	投运时间	建设目的
Henriksdal 污水处理厂	瑞典斯德哥尔摩	86.4	2018	升级
Tuas 污水再生水厂	新加坡	80	2025	新建
武汉北湖污水厂	中国湖北	80	2019	新建
槐房污水再生处理厂	中国北京	60	2016	新建
深圳罗芳污水处理厂	中国广东	40	2018	升级
Seine Aval 污水处理厂	法国巴黎	35.7	2016	升级
Euclid 污水处理厂	美国俄亥俄州	25	2018	升级
昆明第九/十污水处理厂	中国云南	25	2013	升级
顺义污水处理厂	中国北京	23.4	2016	升级
澳门污水处理厂	中国澳门	21	2017	升级

目前国际权威 MBR 应用网对世界范围内近 20 年来 700 余座大型 MBR 污水处理厂应用情况进行了逐年统计，并绘制了如图 2-49 所示的 MBR 工程应用趋势图。

进入 21 世纪，MBR 技术首先在北美和欧洲盛行，新增项目也都集中在

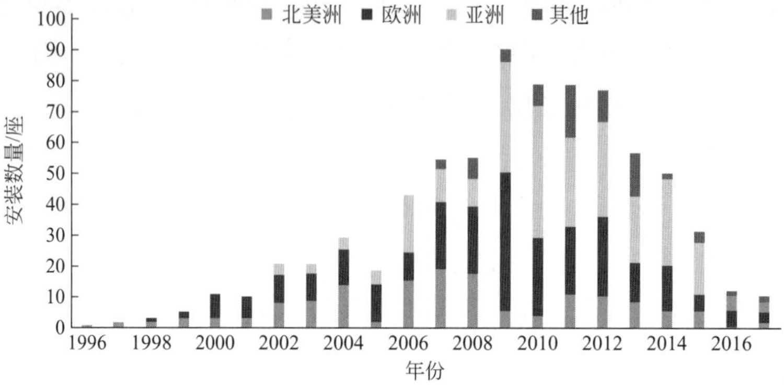

图 2-49　1996～2017 年世界范围 MBR 工程应用趋势

这两个区域。随后，亚洲和其他地区（主要为澳洲、北非）迅速跟进。从图中可以看出 MBR 工程应用在 2009～2012 年达到鼎盛时期；随后便开始回落，直至近两年应用数量只有鼎盛时期的 10％。MBR 应用增长衰落是全球范围内的，新增项目数量锐减，以至于 2009 年后亚洲成为 MBR 技术应用的主力，2012 年后全球大型 MBR 项目主要集中在中国境内。

活性污泥法目前是处理城市污水最广泛使用的方法，能从污水中去除溶解性和胶体状态的可生化有机物以及能被活性污泥吸附的悬浮固体和其他一些物质，同时也能去除一部分磷素和氮素，是废水生物处理悬浮在水中的微生物的各种方法的统称。活性污泥法有多种形式，应用最广泛的主要有以下三种：传统活性污泥法、厌氧-缺氧-好氧活性污泥法（A^2O 法）、氧化沟法、序批式活性污泥法（SBR 法）。

生物脱氮除磷法中目前 ICEAS 工艺是我们国家用得比较多的工艺，近几年一种新型的生物脱氮除磷技术（厌氧氨氧化法）在国内外污水处理中被广泛应用，其特点在于不需曝气和有机碳源的参与，这对污水脱氮有着非常重要的发展意义。例如在奥地利 Strass 污水处理厂，它的处理方式是将污水处理的主流工艺与新型厌氧氨氧化技术相结合，以实现更好的处理效果，使剩余污泥的产量达到了最大化。

2. 有机固体废弃物的处理

近日，生态环境部发布《2018 年全国大、中城市固体废物污染环境防治年报》，显示 2018 年全国共有 202 个大、中城市向社会发布了 2017 年固体废物污染环境防治信息。其中，应开展信息发布工作的 47 个环境保护重点城市和 57 个环境保护模范城市均已按照规定发布信息，另外还有 98 个城市自愿开展了信息发布工作。

经统计，此次发布信息的大、中城市一般工业固体废物产生量为 13.1 亿吨，综合利用量 7.7 亿吨，处置量 3.1 亿吨，储存量 7.3 亿吨，倾倒丢弃量 9.0 万吨。工业危险废物产生量为 4010.1 万吨，医疗废物产生量为 78.1 万吨，生活垃圾产生量为 20 194.4 万吨。一般工业固体废物综合利用量占利用处置总量的 42.5%，处置和储存分别占比 17.1%和 40.3%，综合利用仍然是处理一般工业固体废物的主要途径，部分城市对历史堆存的固体废物进行了有效的利用和处置。一般工业固体废物利用、处置等情况见图 2-50。

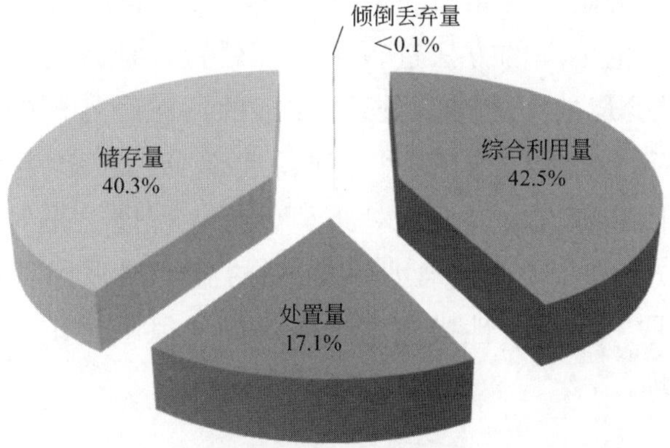

图 2-50　一般工业固体废物利用、处置等情况

（1）污泥生物处理技术　近年来，随着我国污水处理能力的快速提高，污泥量也同步大幅增加。截至 2018 年 6 月底，全国每年产生含水量 80%的污泥 5000 多万吨（不含工业污泥 4000 多万吨）。

“水十条”规定，地级及以上城市污泥无害化处理处置率应于 2020 年年底前达到 90%以上。而根据调研结果显示，我国污水处理厂所产生的污泥，有 70%没有得到妥善处理，污泥随意堆放及所造成的污染与再污染问题已经凸显出来，并且引起了社会的关注。住建部明确要求：各地要按照“绿色、环保、循环、低碳”的污泥处置技术路线，各级排水主管部门要依法加强监督检查，督促污泥处理处置单位严格按照《城镇排水与污水处理条例》要求，对污泥的去向、用途、用量等进行跟踪、记录和报告；对非法污泥堆放点要一律予以取缔，不满足防护要求的污泥临时堆放点要限期完成达标改造；对违反相关法律法规转移、倾倒、处置污泥的，要严格依法处罚。要打通污泥无害化产物的出路，“以资源化带动产业化”，吸引社会资本参与污泥处理处置设施建设和运营。

根据 E20 研究院发布的报告测算，2017 年，污泥（80%含水率）产量 4328 万吨/年，日产 11.86 万吨。预计到 2020 年，我国湿污泥（80%含水率）年产生量可达 5075 万吨，日产生湿污泥（80％含水率）量达到 13.90 万吨。污泥快速增长的同时，却面临处理处置能力的不足。根据 E20 研究院的数据显示，“十二五”末，我国城镇污泥无害化处理率仅为 31％～35％，不到“十二五”所设定的无害化处理率目标 70％～80％的一半；“十三五”“水十条”再定下 75％～90％无害化处理处置率目标，时间行至一半，目标依然相差甚远。2017 年年底，我国污泥无害化处置率的目标完成率不足 45％。

E20 研究院数据显示（如图 2-51 所示），当前全国污水处理厂产生的污泥，50％以上以卫生填埋的方法进行了处理处置，15％的污泥进行了土地利用，6％的污泥以焚烧的方式进行处理，8％的污泥经处理处置后进行了建筑材料利用，约 18％的污泥去向不明（注：此部分污泥产生量的单位在处置方式上选择了其他处置方式的污水处理厂，很大程度上是对污泥进行了不当处置，去向不明）。一半以上的含水率 80％的湿污泥采用了填埋的简易处置方式，这种方式是一种过渡性措施，二次污染的风险严重，而且，目前很多地方已经没地可埋。

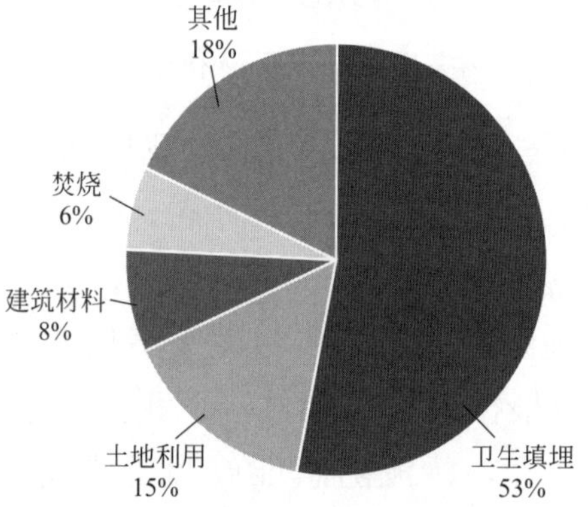

图 2-51　污泥处理方式占比

厌氧发酵技术主要用于有机固废的处理处置与资源化利用，在城市污泥、工业企业的有机固体废弃物，城市生活垃圾、餐厨垃圾、农业有机废弃物等领域具有广泛的用途。

值得关注的是，近年来有机固体废弃物的高含固厌氧发酵技术有逐渐增加的趋势。高含固厌氧发酵技术是指发酵时有机固废中总固体含量高于 20％（200g/L）的发酵技术，而传统发酵技术一般物料中总固体的含量为 4％～6％（40～60g/L），造成设备体积庞大，固定资产投资较高，厌氧能耗大，厌氧发酵产生的沼气满足自身的加热能源后，往往所剩无几，造成厌氧发酵的能量回收优势并不明显。高含固发酵技术最大的好处是大大减少了发酵罐的体积，节省占地面积；提高厌氧发酵罐有机容积负荷；厌氧发酵罐缓冲能力提高，系统更加稳定，便于运行管理；降低厌氧罐物料加热能耗，节约运行成本；减少固定资产投资；而且由于采用干法发酵，后续的沼渣、沼液问题也得到缓解，减轻了后续处理的成本，因而逐渐得到推广应用。

（2）餐厨垃圾　从生活垃圾的产生量来看，我国餐厨垃圾占城市生活垃圾比重在45%左右，2017年规模已增长至9972万吨。此外，由于我国目前垃圾分类尚不完善，生活垃圾含水量一般都在50%以上，因此垃圾填埋场产生的渗滤液一般占垃圾填埋量的35%～50%（重量比）。2017年我国垃圾填埋场渗滤液的产量在7000万吨左右（图2-52）。

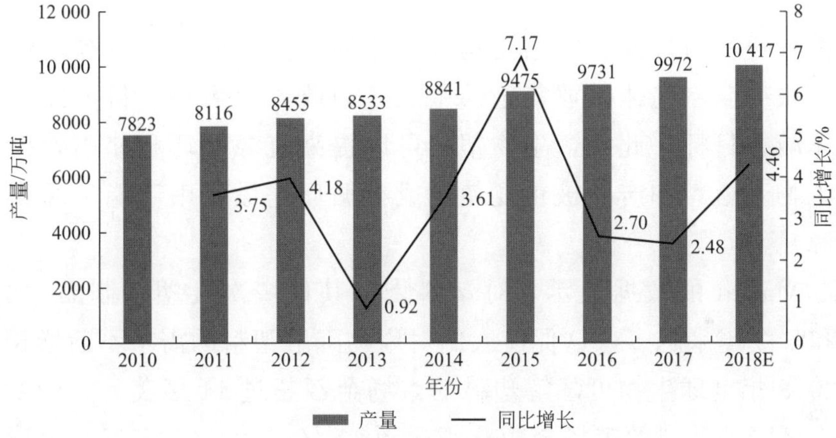

图2-52　中国餐厨垃圾排放量及增长情况

资料来源：前瞻产业研究院

餐厨垃圾处理技术主要包括填埋、焚烧和资源化处理三种方式，其中资源化处理是目前行业发展的必然选择。从环境效益角度出发，填埋处理经发酵产生的填埋气和渗滤液会对环境造成二次污染；采用焚烧法，较为充分的焚烧效率90%，年排放CO_2、SO_2分别可达86 000t和295t；而通过资源化处理技术（生物发酵制肥等）每天可回收利用7000t的CO_2，同时还能通过综合处理提炼的生物柴油在使用中每年将可减少CO_2排放量达110 000t。而从经济效益角度出发，以日处理规模为500t计算，虽然资源化处理所需费用较高，但其总收益也最大，综合来看年均收益能达到1435万元。资源化处理方式又可分为厌氧发酵、好氧堆肥、直接烘干做饲料（2018非洲猪瘟爆发，饲料工艺已禁止）等（表2-81）。

表 2-81　我国餐厨垃圾处理技术要点

技术名称	技术要点
厌氧发酵	用垃圾生产沼气并将其转化为电能和燃气，对厌氧消化罐中产出的残渣进行二次发酵堆肥处理。该技术是主流技术，因技术成熟而推崇者众多，但其对预处理技术和调试要求较高
好氧堆肥	在通气条件好、氧气充足的条件下，好氧菌对废物进行吸收、氧化以及分解的过程。最大的劣势是存在投资成本过大和产品销售渠道不畅等问题
饲料化	目前因同源性等安全问题而发展受阻

(二) 生物环保产品

目前生物环保产品受到各个国家及相关机构的重视，得到大力地研发和推广，包括可生物降解材料、酶制剂及微生物制剂等多种生物环保产品。

1. 可生物降解材料

生物基塑料与传统塑料相比具有独特的优势，可减少对有限化石资源的依赖，减少温室气体排放甚至碳中和。因此，生物基塑料可以帮助达到温室气体减排目标。此外，生物塑料可以提高资源循环和使用效率，特别是如果生物基材料和产品被重复使用或再循环并最终用于能量回收（即可再生能源）。

IHS Markit 的数据显示，对塑料袋和其他一次性塑料制品（如吸管）的法规和禁令越来越多，这促使人们对生物降解塑料的需求不断增长。根据报告，2018 年全球生物可降解塑料的市场金额超过 11 亿美元，到 2023 年，全球生物可降解塑料的市场金额有望达到 17 亿美元。2018 年，全球对生物可降解聚合物的需求量是 360 000t，到 2023 年，预计全球生物可降解聚合物的消耗量可增加超过 50%，达 550 000t，这意味着 2018～2023 年，全球生物可降解聚合物消耗量的年平均增长率可达到 9%。

生物降解材料多种多样，可以分为直接从生物技术中制取的和经过制取后再加工的材料。包括目前常见的聚羟基脂肪酸酯（PHA）、聚丁二酸丁二醇酯（PBS）、聚乳酸（PLA）、二氧化碳基塑料、淀粉基生物降解塑料（PSM）等。其中在国际中属于目前较为主流的生物降解塑料有 PHA、PBS、PLA、淀粉基及二氧化碳基塑料。其技术较为成熟，市场规模较大。

低密度聚乙烯（LDPE）、线性低密聚乙烯（LLDPE）、聚丙烯（PP）、聚苯乙烯（PS）和聚氯乙烯（PVC）等等，这些塑料在自然条件下两百年都不会分解。现在世界各地很多国家都在禁塑或者限塑行动，所以新型的生物降解塑料技术成为了世界各国争相研发的方向和发展趋势，其中走在最前列的有日本住友商事公司、美国 Wanlerlambet 公司和意大利 Ferruzzi 公司，他们的全淀粉塑料产品能在一年内完全生物降解而不留任何痕迹，无污染。

我国的生物降解塑料研发和生产工艺同样走得较靠前，比如广州金发科技、天津国韵生物材料有限公司、宁波天安集团、武汉华丽生物科技有限公司等等（表 2-82）。

表 2-82　我国生物降解塑料主要生产商及产能统计

生产单位	主要产品	生产能力/(万吨/年)
广州金发科技发展有限公司	PBSA	25
浙江杭州鑫富药业股份有限公司	PBS	2
宁波天安生物材料有限公司	PHB,PHBV	1
天津国韵生物	PHA,PLA	1
长东上九生物降解塑料有限公司	生物树脂各类型产品	5
武汉华丽生物科技有限公司	PSM	4
江苏天仁生物材料有限公司	PLA,PBAT	4.8
东莞鑫海环保材料有限公司	PBAT,PSM,PLA	9.6

2. 酶制剂

酶工程是生物工程的重要组成部分，包括酶的研制与生产、酶的固定化技术、酶分子的修饰与改造以及酶反应器等方面。酶制剂作为酶工程的产物，它可以用于改进产品工艺、降低劳动力度、提高产品质量、节约能源和保护环境等，由此产生巨大的经济效益和社会效益。目前已广泛应用于食品、皮革、纺织、造纸、洗涤剂等领域的工业酶制剂由于其高效和环保，将有望取代传统化学制剂。

我国酶制剂工业每年以将近 10%的速度递增。世界范围内开发出的酶制剂品种越来越多，应用技术也越来越广泛，但是国内生产的酶制剂品种相对比较单一，与国外相比还有很大差距，随着国外酶制剂的进入，酶制剂的品种逐渐丰富，应用技术不断成熟，带动了中国酶制剂向“高档次、高活力、多品种”的方向进展，使中国酶制剂形成了一个独立行业，在国民经济地位中占了重要一席。

目前，全球已发现并鉴定的酶至少有 8000 多种，其中已经开发生产的酶制剂至少有 5000 多种，已经工业化生产的酶制剂约 200 种，常见的 30 多种。蛋白酶、淀粉酶、脂肪酶和纤维素酶等各类水解酶的市场最大，且该类酶制剂的需求仍在不断增加。我国生产的主要酶制剂品种仅九大系列，即糖化酶、淀粉酶、纤维素酶、蛋白酶、植酸酶、木聚糖酶、果胶酶、饲用聚合酶、啤酒复合酶等，且主要集中在淀粉酶、糖化酶、蛋白酶、植酸酶等少数品种中，约占我国酶制剂产品市场销售的90%以上。

表2-83列出了我国部分酶制剂企业生产情况，主要产品运用于环保、食品、纺织、化工等行业。

表 2-83　我国部分酶制剂企业

生产企业	主要产品	适用范围
青岛蔚蓝生物集团有限公司	植酸酶、能量蛋白酶、非淀粉多糖酶、纺织酶、造纸酶、皮革酶、洗涤酶、果酱酶、木聚糖酶、葡聚糖酶、中性蛋白酶、复合木聚糖酶、葡萄糖转苷酶、半纤维素酶、真菌淀粉酶、脂肪酶、葡萄糖氧化酶	饲料、纺织、造纸、洗涤、皮革、果汁、啤酒、功能糖、烘焙等行业
广东溢多利生物科技股份有限公司	植酸酶、脂肪酶、复合酶、木聚糖酶、小麦酶、β-甘露聚糖酶、β-葡聚糖酶、木聚糖酶、蛋白酶、淀粉酶、生物打浆酶、生物施胶酶、生物脱墨酶、生物蒸煮酶、生物助漂酶、纤维素酶	饲料、酿造、造纸、纺织等行业
武汉新华扬生物股份有限公司	植酸酶、木聚糖酶、β-葡聚糖酶、β-甘露聚糖酶、复合酶、纤维素酶、淀粉酶、过氧化氢酶、浴酶、果胶酶、酵素粉、玉米淀粉提取酶、小麦淀粉提取酶	饲料、纺织、食品
湖南尤特尔生化有限公司	纤维素酶、退浆酶、中性原酶粉、木聚糖酶、蛋白酶、β-葡聚糖酶、α-半乳糖苷酶、β-甘露聚糖酶、植酸酶、脂肪酶、复合酶、组合酶、果胶酶、淀粉酶、复配酶制剂、葡萄糖氧化酶、植物提取复合酶、植物水解复合酶、打浆酶、施胶酶、溶解浆专用酶、滤水酶、胶黏物控制酶、树脂控制酶、助漂酶	纺织、饲料、果蔬、面粉、酿造、造纸
江苏奕农生物工程有限公司	植酸酶、木聚糖酶、β-甘露聚糖酶、α-半乳糖苷酶、纤维素酶、β-葡聚糖酶、脂肪酶、淀粉酶、葡萄糖氧化酶、α-乙酰乳酸脱羧酶、糖化酶、蛋白酶	饲料、烘焙、啤酒
北京昕大洋科技发展有限公司	植酸酶、复合酶、蛋白酶、β-葡聚糖酶、α-半乳糖苷酶、纤维素酶、木聚糖酶、甘露聚糖酶	饲料

3. 微生物菌剂

微生物菌剂技术已是环境保护中应用最广、最为重要的一项技术。其在水污染控制、大气污染治理、有毒有害物质的降解、清洁可再生能源的开发、废物资源化、环境监测、环境污染的修复和污染严重的工业的清洁生产等环境保护的各个方面，发挥着极为重要的作用。

“2018年度中国微生物菌剂十大品牌总评榜”评选出了中国优秀品牌的

微生物菌剂企业。

第一名：北京中农富源生物工程技术有限公司；

第二名：北京世纪阿姆斯生物技术有限公司；

第三名：福建三炬生物科技股份有限公司；

第四名：河北灵光生物科技有限公司；

第五名：保罗蒂姆汉（潍坊）生物科技有限公司；

第六名：中农绿康（北京）生物科技有限公司；

第七名：河南捷尔丰化工有限公司；

第八名：佛山碧沃丰生物科技股份有限公司；

第九名：山东盛高肥业有限公司；

第十名：甘肃米亚生物科技有限公司。

三、市场分析

我国的生物技术发展方兴未艾，大力开展以污染控制生物技术为主体的环境生物技术的研究，将有力推进生物技术在环境保护中的应用。生物技术的发展将带动整个环保产业的发展，解决我国目前和未来所面临的环境保护问题，并为环保市场提供高品质的环境保护技术。

（一）废水和有机固废领域市场分析

2017 年中国从事水污染治理行业的单位总计超过 1.5 万个，行业实现销售收入约 4000 亿元，同比 2016 年增长 14.5%左右。2015 年开始 PPP 项目迎来爆发式增长，其中，生活污水处理领域、供水与自来水处理领域、水环境综合治理领域的投资额均已突破千亿元，但整体风险依然较高。而目前工业废水处理市场规模稳定增长，细分市场格局尤为重要。根据 GEP Research 最新的工业废水处理研究报告，2017 年中国工业废水处理行业市场规模为 889 亿元，同比增长 5.44%，预计未来 3 年复合增长率将保持在 5%左右，2018 年达到 929.3 亿元，工业园区等聚集区仍是发展重点。

目前，工业废水处理行业的企业数量较多，但大部分企业规模偏小，CR10（前 10 家份额）低于 10%，未来随着行业的发展，行业集中度有望提高。未来工业废水企业竞争将由项目延伸至细分市场整合，细分市场的治理格局尤为重要。在统计的 41 个细分行业中，工业废水治理运营服务市场规模超过 10 亿元/年的有 19 个行业、占细分行业数量的 46.3%。

近年来，中国城镇污水处理厂数量、处理能力快速增长。截至 2017 年，中国累计建成城镇污水处理厂 4119 座，污水处理能力达 1.82 亿吨/日，预计到 2020 年中国城镇污水处理能力有望达到 2.05 亿吨/日。随着环保要求的提高，很多地方政府推进污水处理达到地表水四类标准，目前，中国城镇污水处理厂的提标改造完成率不足 50%。故市政污水处理提标改造仍是重点。

2017 年年底中国农村污水厂处理能力约 1600 万吨/日，分散式污水处理能力约 1200 万吨/日。预计到 2020 年中国农村污水处理能力有望达到 2000 万吨/日，分散式污水处理装置能力有望达到 1500 万吨/日。而中国农村污水处理率仅为 22%，远低于城市和县城的污水处理率（分别为 93% 和 88%），且区域发展不平衡，待建设污水处理厂站数量多。目前，中国仍有 70%以上的建制镇、90%以上的乡、80%的行政村尚未进行生活污水处理，存在巨大的提升空间，但农村污水处理能力年复合增速 8%左右，推进速度较慢。

2018 年是改革开放 40 周年，固废产业也随着国家的发展取得了前所未有的进步。到 2018 年年底我国建成投入运行的生活垃圾焚烧厂超过 350 座，能力达到 36 万吨/日，无论焚烧发电厂的数量还是处理能力都居全球第一。我国生活垃圾焚烧发电快速发展，同时也培育了相应的产业和企业。与发达国家相比，我国生活垃圾焚烧发电厂建设周期缩短到 1/2，建设投资缩短到 1/3，中国已经具备走出去的条件和优势。不过由于科研投入不足、市场无序发展，固废领域也面临更多问题和挑战。作为环保产业的重要一环，与污水处理和大气处理相比，中国目前固废处理行业仍处于起步阶段。存在固废处理产能不足，环境排放高、管理体系粗放、科研体系弱等问题。

未来中国固废处理行业将呈现以下四大方面发展趋势。

① 研发适配技术，以适应全过程减量化和资源化要求；

② 提升二次污染防控水平，使“邻避”矛盾向“邻利”效应转变；

③ 发展智能管控技术，实现全程一体化管理；

④ 推进科技实证平台建设，完善全产业链体系。

（二）可生物降解聚合物产业

根据经济合作与发展组织（OECD）发布的报告显示，自 2015 年以来，全球塑料垃圾的产生量持续增加，每年超过 3 亿吨流入环境中，预测到 2050 年将达到约 120 亿吨。欧洲、亚洲等地区正在实行越来越严格的“禁塑令”以遏制塑料垃圾的蔓延。以“绿色、环保、可再生、易降解”著称的生物基材料显得尤为重要，迎来发展的黄金期。目前，全球塑料产量约为

3.35亿吨，其中生物塑料约占百分之一。随着需求的增长、生物聚合物新产品的出现，市场将不断增长。根据欧洲生物塑料协会与nova-Institute研究机构联合编制的最新市场数据显示：全球生物塑料产能将从2018年的约211万吨增加到2023年的约262万吨。

生物塑料如PLA（聚乳酸）和PHA（聚羟基链烷酸酯）是可生物降解的生物塑料领域增长的主要驱动力。PHA是一种典型的生物塑料，研究开发已经数十年，现在最终以商业规模进入市场，预计在未来五年的产能将翻两番。这类聚酯100%可生物降解，原材料都是可再生的，并具有多种良好的物理和机械性能，具体取决于其化学成分。与2018年相比，预计到2023年PLA的产能将增长60%。PLA是一种应用广泛的材料，具有优异的阻隔性能，高性能的PLA是PS（聚苯乙烯）、PP（聚丙烯）的绝佳替代品。

生物塑料用于越来越多的市场，从包装、餐饮产品、消费电子产品、汽车、农业/园艺和玩具到纺织品和其他领域。包装行业仍然是生物塑料的最大应用领域，占据2018年生物塑料市场总量的近65%（120万吨）。

欧洲是整个生物塑料行业的主要枢纽，它在研发领域排名最高，是全球最大的行业市场。为了实际生产生物塑料和区域能力的发展，亚洲是主要的生产中心。2018年，超过50%的生物塑料在亚洲生产，约20%的生物塑料产能位于欧洲。

用于生产生物塑料的可再生原料的土地在2018年达到约81万公顷，占全球农业面积49亿公顷的不到0.02%，其中97%用于牧场、饲料和餐饮。尽管预测未来五年市场增长，但生物塑料的土地使用份额仍将保持在0.02%左右。这清楚地表明，用于食品、饲料和生物塑料生产的可再生原料之间没有竞争。

（三）酶制剂产业

酶制剂应用领域广泛，可以降低下游行业的生产成本，有效化解各类原材料价格上涨的压力，同时可以提高下游行业的产品生产效率，减少环境污染。近年来，全球酶制剂市场规模逐年增加，根据相关数据显示，2017年中国的酶制剂产量已达134万标准吨，年复合增长率为9.04%。根据数据，2017年中国酶制剂市场消费规模占全球的9.4%以上（数据来源：观研天下），未来发展空间广阔。

全世界上百个有名的酶制剂企业中，丹麦NOVO公司牢牢把持着龙头地位，占有50%市场份额，杰能科则其次，占25%左右市场份额，其他各国酶制剂生产企业分享余下的25%市场份额。工业上使用的酶制剂基本上分为两类：一类是水解酶类，包括淀粉酶、纤维素酶、脂肪酶、果胶酶、蛋白酶、乳糖酶等，占有市场销售额的75%以上。目前约有60%以上已用基因改良菌株生产，NOVO公司使用的菌种有80%是基因重组菌株。第二类是非水解酶，占市场销售额10%左右，并有逐年增大的倾向，主要是分析试剂用酶和医药工业用酶。食品工业中，用于淀粉加工用酶所占比例仍是最大，为15%；其次是乳制品工业，占14%。酶在食品、纺织、制革工业等传统的应用虽然已相当广泛，技术上也已很成熟，但是仍在不断发展。

（四）微生物菌剂产业

以微生物菌剂为代表的微生物肥料被列入国家“十三五”生物产业发展重点产品。在国家宏观层面“减肥减药”“化肥零增长”“农业可持续发展”和“生态农业”等国家需求，离不开微生物肥料产业的发展，可以说市场发展前景看好。但微生物菌剂产品田间效果稳定性需要提高，由于土壤环境的复杂，微生物菌剂在根际的存活与竞争定植规律以及与植物根系分泌物互作过程等还需要进一步研究，微生物菌剂产品实际应用过程中会出现各种问题，甚至给农业生产造成损失。

微生物菌剂发展趋势分析认为，以后的发展，随着国内农业种植结构不断调整变化，消费群体在变化，消费者越来越重视农产品质量和安全，所以以后绿色农业、生态农业、有机农业越来越受市场欢迎，这是整体趋势。以后既要发展现代高效环保农业，微生物菌剂在增产提质、改良修复土壤、降低环境污染，保持农业高效可持续发展，肯定会发挥出其巨大的价值和贡献，这将是一块巨大的市场。

四、研发动向

探索高效、安全的生物环保产业一直是广大环保工作者着力研究的问题，而如何切实有效地利用这一产业技术来处理环境领域众多的问题亦是人们所普遍关注的热点方向，并且，这一发展方向对可持续发展具有促进作用和重大意义。生物环保产业未来主要的研发方向应主要集中在以下几个方面。

（一）废水生物处理技术

在生物处理技术方面，活性污泥法及各类变形工艺以及膜生物反应器仍广泛应用于各类城镇和工业园区综合污水处理系统中；物化处理技术与生物处理技术相比，因其能更为有效地去除种类更多的污染物，因此在工业废水、城镇污水提标改造以及一些工业循环用水等方面得到更多的应用，比如：短程硝化技术、A^2O-BAF 同步脱氮除磷（反硝化除磷技术）、厌氧氨氧化脱氮技术等；生态处理技术，在区域或流域的水生态系统治理和修复方面具有较强的优势。此外，一些新兴技术，如纳米技术、催化氧化技术、辐射技术等，也逐渐被市场接受和采纳。

近年来厌氧氨氧化技术成为污水处理的热点技术，目前正处于中试阶段，未来将有可能和目前正逐步推广的侧流厌氧氨氧化技术一样，具有广阔的前景。目前和厌氧氨氧化相关的工艺主要有：ANAMMOX 工艺、SHARON-ANAMMOX 工艺、CANON（完全自养脱氮）工艺、OLAND（限制自养硝化反硝化）工艺以及 DEMON（好氧反氨化）工艺。从污水处理工程应用角度看，厌氧氨氧化方法和传统的脱氮方法相比不需外加碳源，可以节省 60%以上的能量。同时，厌氧氨氧化过程产生的剩余污泥产量低，可节省大量的污泥处置费用。厌氧氨氧化工艺作为新型的生物脱氮工艺，具有很大的发展前景。目前正在对其过程中的影响因素进行深入探索，为实现厌氧氨氧化技术在工程上的广泛应用。

（二）固体废弃物生物处理技术

污泥处理四条主流技术路线的发展现状：深度脱水＋填埋技术，由于其存在二次污染、占地大等问题，正在逐渐被越来越多的城市所禁止；干化焚烧＋填埋/再利用，我国污泥有机质低、含水率高，焚烧成本高，缺乏技术衔接标准，邻避效应严重，只能消纳一少部分污泥；好氧发酵＋土地利用、厌氧消化＋干化＋土地利用，均为土地利用路线，由于部门间没有切实可行的衔接标准，上下游配合不到位，最终符合土地利用标准的污泥未得到真正有效的资源化利用。无论是哪种技术，最终都没有走通，因为污泥没有融入产业链中。所以污泥的处理处置问题归根结底不是技术的问题，是技术路线没有走通，产业没有融通，政策缺乏贯通。

就当前的现状而言，我国的餐厨垃圾处理技术仍然处于初级阶段，还没有形成一体化的处理模式，并且多数引进国外技术未能很好适应国内餐厨垃圾特性，不能实现对于餐厨垃圾的有效处理。受到我国居民的餐饮消费习惯的影响，我国的餐厨垃圾中汤汤水水比较多、成分较为复杂，要完全资源化处理还有一定的技术难度。其中资源化处理的基本方式主要有三种：①堆肥处理，也就是将收集到的有机餐厨垃圾收集起来，将其中的有机物转化为有机肥料；②饲料化处理，就是将餐厨垃圾经过杀毒灭菌处理后将有机物转化为有机饲料；③厌氧发酵处理，就是将餐厨垃圾中的有机物通过厌氧发酵制成沼气。

（三）生物环保产品

目前生物环保产品主要包括可生物降解材料、酶制剂和微生物菌剂。可生物降解材料包括用生物几乎直接制取的高分子材料，其中较为主流的有聚羟基脂肪酸酯（PHA）等；用生物技术制取的原料再经聚合得到的一类材料，如聚丁二酸丁二醇酯（PBS）、聚乳酸（PLA）、聚氨基酸等；此外还有淀粉基（PSM）及二氧化碳共聚物脂肪族聚碳酸酯（APC）等。在中国生物降解材料中，PLA、PHA、PBS是近几年生物材料研究的热点，连同淀粉基生物降解材料一起成为当前国际生物降解塑料的主流技术，目前技术相对成熟、产业化规模较大，也是市场消费的主要品种。

酶制剂重点发展的产品是植酸酶、葡聚糖酶、甘露聚糖酶、果胶酶、木聚糖酶、纤维素酶、漆酶、转谷氨酰胺酶、蛋白酶、真菌淀粉酶以及碱性脂肪酶等。并根据市场需求，大力开发专用酶、复合酶，逐步形成多品种、多用途、比例合理、协调发展的产品格式。

微生物菌剂是通过将功能性好、共生性强的多种微生物，以适当的配比及适宜的发酵条件制成的活菌制剂，它能够促进有机质的分解，加速去除有毒物质或难分解物质。因其经济效益高、使用方便、效果佳等特点，已被广泛应用于种植、养殖、食品、环保等领域。其中，生物环保产业领域的环保微生物菌剂中的菌株大都是从污染的环境中筛选分离出来的，筛选过程比较复杂，所以其安全性和环保性等需要得到保证。近年来微生态制剂以其安全可靠、无毒无副作用、不污染环境等优点而受到世人的关注，在环保产业中得到广泛的应用。

（撰稿专家：刘和　何璐）

生物服务

2018 年度 CRO 产业发展报告

一、基本概况

CRO（contract research organization，医药研发合同外包）服务内容涉及新药研发及试验各个环节： CRO 负责实施药物开发过程所涉及的全部或部分活动，代表制药企业进行科学或医学研究，主要提供包括新药发现、研发、开发等临床前研究及临床试验方案设计、临床数据管理、新药注册申请等专业技术服务支持。

CRO 根据覆盖的新药研发环节不同分为药物发现、临床前和临床试验 CRO： 药物发现 CRO 主要从事新药发现、药物筛选工作，临床前 CRO 主要从事化合物生物学分析、药物代谢及药代动力学研究等临床前的研发工作；临床 CRO 主要为药企提供Ⅰ～Ⅳ期临床试验设计及技术服务、临床数据管理及分析服务、新药注册申报及新药上市后的持续研究跟踪服务。

CRO 可大幅提高企业研发效率，降低企业研发成本。 Barnett Intenational Benchma-king Group 报告显示，凭借着高度专业化的团队，CRO 承担的项目较之申办者单独承担大约可节省 1/3～1/4 的时间，节约 30%～70%的费用。全球 CRO 渗透率从 2013 年的 32.2%提升至 2017 年的 36.5%左右（图 2-53）。

根据 CRO 与药企间的合作方式，其商业模式可分为四种："一手交钱，一手交货"的传统模式；"里程碑"付费的创新型模式；"赏罚分明"的结果导向模式；"共担风险，共享收益"的风险共担模式（图 2-54）。

（1）传统模式　CRO 与药企间建立一次性交易的初级订单合同模式，为 CRO 成立初期采用的传统模式，CRO 企业承担风险低，收益较低。代表企业有国外的昆泰（IQVIA）、精鼎医药（PAREXEL）、爱科恩（ICON）、科文斯（COVANCE）、医药产品开发公司（PPD），国内的药明康德、泰格

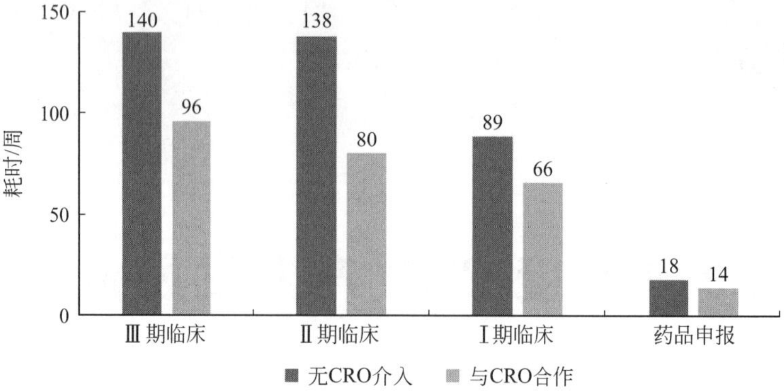

图 2-53　CRO 介入将缩短新药研发时长

数据来源：Barnett Intenational Benchma-king Group

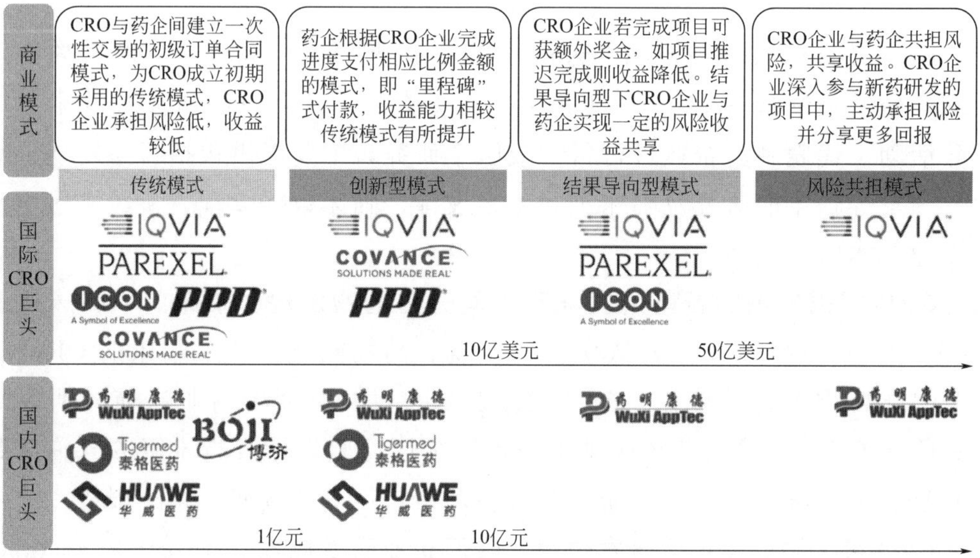

图 2-54　CRO 的四种商业模式

数据来源：公开资料、火石创造研究院

医药、华威医药、博济医药。

（2）创新型模式　药企根据 CRO 企业完成进度支付相应比例金额的模式，即“里程碑”式付款，收益能力相较传统模式有所提升。代表企业有国外的昆泰（IQVIA）、科文斯（COVANCE）、医药产品开发公司（PPD），国内的药明康德、泰格医药、华威医药。

（3）结果导向模式　CRO 企业若完成项目可获额外奖金，如项目推迟完成则收益降低。结果导向型下 CRO 企业与药企实现一定的风险收益共享。代表企业有国外的昆泰（IQVIA）、精鼎医药（PAREXEL）、爱科恩

(ICON)，国内的药明康德。

(4) 风险共担模式　CRO企业与药企共担风险，共享收益。CRO企业深入参与新药研发的项目中，主动承担风险并分享更多回报。代表企业有国外的昆泰(IQVIA)，国内的药明康德。

二、发展历程

政策环境与竞争环境推动国内CRO行业发展。国内外包服务行业与全球有着相似的发展轨迹，受政策环境与行业环境发展影响，经历了萌芽、发展、成熟、整合等阶段。

萌芽期(1990～2000年)：20世纪90年代末，国外医药企业进入中国，国内出现代理国外企业审批的相关机构，即中国CRO的雏形，此后随跨国CRO如MDS、昆泰、科文斯等纷纷在中国设立分公司，国内CRO行业逐渐崭露头角，但这一时期CRO行业的主要客户以外资企业为主，内资企业主要以仿制药研发为主，对CRO的需求较少。

发展期(2000～2010年)：进入21世纪，随着我国药品研发相关法律法规不断完善以及制药行业整体竞争环境的加剧，尤其是随着2003年《药物临床试验质量管理规范》，对CRO做出了明确定义，并规定申办者可以委托合同研究组织执行临床试验中的某些工作和任务，国内CRO逐步发展壮大。另外，此时随国家千人计划实施，大批海归人才归国创业等因素，国内众多小型创新型公司崛起，这些公司更加依靠CRO，驱动我国CRO行业高速发展，CRO临床和临床前业务也开始出现分化，涌现了药明康德、泰格医药、康龙化成、睿智化学等一批国内优秀CRO企业。

成熟期(2010～2015年)：2007年，药明康德赴美上市，国内CRO行业发展驶入快车道，随后泰格医药、博济医药、华威医药相继踏入上市之路。

整合期(2015年以后)：2015年后，随国内鼓励创新以及仿制药一致性评价的推进，国内药企研发投入不断加大。随监管要求的提高，头部CRO企业开始成为研发外包的首选，其龙头地位进一步强化。与此同时，2015年，药明康德私有化，国内CRO行业进入整合期，开始通过收购等手段纷纷扩大公司规模和谋求多元化发展(表2-84)。

表 2-84 国内 CRO 行业发展时间轴

时间	事件
1996 年	MDS Pharma Service 在我国投资设立了中国第一家真正意义上的 CRO,从事新药的临床试验业务,标志着我国 CRO 行业正式开启
1997 年	全球 CRO 巨头昆泰、科文斯纷纷进入中国,构成中国外商独资性质的 CRO 群体。同年,首家中美合资 CRO 凯维斯成立,随后涌现出一大批国产或合资 CRO 公司
1998 年	国家药品监督管理局正式挂牌成立,开启了中国药品安全现代意义上的监管,SDA 成立后制定颁布了一系列药品管理法规,强化药品审查制度,我国的药品监督管理体系逐步完善,我国 CRO 行业发展步入快车道
2000 年	药明康德成立
2003 年	《药物临床试验质量管理规范》,对 CRO 做出了明确定义,并规定申办者可以委托合同研究组织执行临床试验中的某些工作和任务,直接激活了 CRO 市场的迅速发展,统计显示,到 2004 年年底,国内开展 CRO 业务的大大小小各类机构在 300 家左右,由跨国 CRO 的分支机构、合资公司和本土 CRO 公司构成
2007 年	药明康德赴美上市
2012 年	泰格医药成为首个在国内上市的 CRO 企业,随后多家国内企业纷纷步入上市之路
2015 年	药明康德私有化,谋求自身多元化发展。之后药明康德进行业务拆分
2017 年	药明生物于港交所上市
2018 年	药明康德 A 股上市

资料来源:公开资料、火石创造研究院。

三、发展现状及趋势

与欧美等发达国家相比,我国医药外包行业相对起步较晚,20 多年前才由跨国药企在中国播下医药外包产业的种子。但我国拥有庞大的患者和丰富的疾病谱,在临床试验方面拥有得天独厚的资源;同时我国医药研发成本较发达国家具有非常大的竞争优势,中国临床前试验费用、临床试验费用及生产成本费用仅为发达国家的 30%~60%。伴随着国内医药外包企业研发水平及内部管理水平的提高,我国正逐渐成为国际药企研发转移的首选地。此外随我国药品监管环境的净化,仿制药一致性评价推进,创新药研发加速,MAH 制度加速医药行业市场分工,国内企业医药外包需求不断提升,推动我国医药外包行业市场规模不断扩大。

我国 CRO 行业起步较晚但成长迅速,年均复合增长率远超国际水平。 2012~2017 年,我国 CRO 行业销售额由 188 亿元上升至 559 亿元,年复合增长率达到 24.4%,远超同期国际水平(11.0%)。预计未来国内 CRO 行业仍将在现有基础上继续保持高速增长态势，2021 年销售额将达 1165 亿元，复合增长率为 20.32%。

国内医药外包行业呈现“一超多强、两极分化”格局。根据 Igeahub 发布的《2018 年全球 10 大合同研究组织》报告，国内企业药明康德以 10.11 亿美元营收位列全球 CRO 排行榜第 9 位。药明康德 2015 年私有化后在国内分拆上市，负责生物药 CRO/C(D)MO 业务的药物生物、负责小分子 CMO 业务的合全药业分别在港股、新三板上市，及负责临床前和临床 CRO 的药明康德则在 A+H 股两地上市，其业务范围涵盖新药研发从发现到临床前研究到临床研究到生产整个生命周期，覆盖小分子药物及大分子药物两大领域，其业绩远超国内其他外包企业，在国内占据绝对主导地位。

除药明康德外，专注于新药发现的睿智化学、主营临床业务的泰格医药，专注于临床前研究的昭衍新药，专注于生物药服务的金斯瑞及专注于分子砌块服务的药石科技在国内外市场中也享有较高声誉，在各自的细分领域独具优势。但我国医药外包企业上千家，根据统计，营收 500 万元以下的企业占 65%，这些企业多承接一些技术需求较低、门槛不高的服务内容，同质化竞争激烈，我国外包行业整体呈现“一超多强，两极分化”的行业格局（表 2-85）。

表 2-85　我国 CRO 各细分行业市场与竞争情况

子行业		竞争格局	代表企业
非临床	创新药	寡头竞争	药物发现：药明康德、康龙化成、睿智化学 药理毒理：药明康德、昭衍新药、中美冠科
	仿制药	极度分散	博济医药、华威医药、新领先、蓝贝望、先路医药等
临床	国际多中心	外资主导	昆泰、科文斯、精鼎等外资 CRO 泰格医药、方恩医药等
	创新药国内临床	多强并举	外资 CRO、泰格医药、方恩、沈阳亿灵、博诺威、赛德盛等
	仿制药	较为分散	泰格医药、博济医药、万全阳光、安徽万邦医药等

数据来源：公开资料、火石创造研究院。

国内医药外包企业通过收购合并进行资本和业务扩张。不论是以国际巨头 CRO 公司的发展路径为例，还是行业发展的必然趋势，行业的重组兼并都为国内医药外包行业的快速发展奠定了坚实的基础。国内行业龙头企业利用资本优势大肆扩张业务范围及服务规模，逐渐实现全方位的一站式服务布局并将业务拓宽至国际市场范围内（表 2-86）。

表 2-86 近年国内医药外包企业收购合并案例

公司	时间	备注	收购/合并公司类型
量子高科	2018-1-1	收购睿智化学	本土临床前 CRO 公司
药明康德	2017-5-1	收购辉源生物科技	本土 CRO 公司
方恩医药	2016-10-1	并购 iMEDGlobal	国际药物注册、研究公司
药明康德	2016-4-1	收购 Crelux	德国药物发现服务商
药明康德	2016-4-1	和 JUNO 建立合资公司，研究细胞疗法	生物制药企业
泰格医药	2016-3-1	收购捷通泰瑞	中国本土医疗器械 CRO
博济医药	2016-2-1	并购 Humphries	美国 CRO 公司
亚太药业	2015-11-1	并购新生源	中国本土 CRO 公司
泰格医药	2015-9-1	收购 CreamCIS	韩国 CRO 公司
泰格药业	2015-1-1	收购北医仁智	中国本土 CRO 公司
药明康德	2015-1-1	收购 NextCODE	美国基因分析和生物信息公司
泰格医药	2014-5-1	收购方达医药	美国临床 CRO
药明康德	2012-12-1	与 RPA 建立合资公司，进行临床 CRO	跨国 CRO 公司
药明康德	2012-9-1	与阿斯利康建立合资公司，进行 R&D	跨国制药企业
睿智化学	2011-10-1	收购查尔斯河上海实验室	跨国 CRO 公司中国实验室
康龙化成	2010-1-1	并购维通博际	中国本土 CRO 公司

数据来源：公开资料、火石创造研究院。

生物制剂市场增长态势强劲，生物制剂 CRO 行业市场规模不断扩大。生物制剂包括单克隆抗体、疫苗、基因疗法和细胞疗法等，它们的出现在某种意义上能够弥补传统小分子药物的局限性与缺陷。生物制剂在商业临床用药市场上的成功提升了制药企业对 CRO 企业的需求。药企对生物制剂 CRO 服务的迫切需求主要归因于生物制剂开发的高资本需求及技术复杂性，多数国内药企在生物领域相对缺乏经验。

全球生物制剂市场规模在 2011～2016 年增长了 70%，销售额已达到 2320 亿美元。未来生物制剂市场将持续其强劲的增长态势，预计在 2016～2021 年生物制剂市场将以 9.7%的年复合增长率远超出非生物制剂市场 3.8%的年复合增长率。同时，中国生物制剂市场规模增速全球第一，在 2012～2016 年，已由 52.7 亿元增长至 152.7 亿元，年复合增长率高达 24.9%。

2013～2017 年，全球生物制剂 CRO 市场以 13.8%的年复合增长率增长至 87 亿美元。随着生物制剂市场的增长、生物制剂企业研发投入的加大及生物制剂的高技术壁垒，生物制剂外包服务市场未来将持续保持高速增长模式，预计将以 16.8%的年复合增长率于 2022 年增长至 189 亿美元。

中国是全球增长最快的生物制剂 CRO 市场，其市场增长速度远超全球其他区域生物制剂 CRO 市场，预计未来将维持其强劲增长的势头。中国生物制剂 CRO 市场规模已由 2012 年的 7 亿元增长至 2016 年的 21 亿元，复合增长率 30.5%。预计未来将以 34.8%的年复合增长率增长至 2021 年的 92 亿元。

四、展望

研发成功率下降，研发投入加大，CRO 行业市场前景可观。随着可筛选的化合物减少，知识劳动力成本增加，法规标准的逐渐提高，尤其是临床试验费用的攀升，全球新药研发成本越来越高。从 20 世纪 50 年代至今，每投入 10 亿美元可获得上市新药的数目，每十年向下翻一番，即“反摩尔定律”，根据“反摩尔定律”，新药开发的成本呈几何式增长。德勤数据显示，目前从头开发一个新药需要耗费 21.8 亿美元，相比于 2010 年（11.8 亿美元）几乎增长了 1 倍。

另一方面，为维持市场规模的持续增长，制药企业不断加大研发投入，根据 Informa 数据显示，2001～2017 年，全球 R&D 在研药物（包括临床前、临床、注册阶段及新增适应证已上市药物）数量仍在稳步增长，为医药外包行业市场注入强劲动力。

国内生物医药上市公司中恒瑞医药以 17.6 亿元的研发投入费用在 2017 年 A 股生物医药上市企业中排名第一，研发投入强度为 12.7%。相较于跨国企业的研发投入水平，国内 A 股生物医药上市企业研发投入 TOP15 中生物医药公司的投入强度偏低，均值仅为 9.5%。未来我国生物医药上市公司在研发费用投入上存在较大的提升空间，为 CRO 行业市场的高速增长提供充足动力。

CRO 行业得到资本青睐，未来将持续维持高速增长模式。根据公开数据统计，中国医药外包相关企业共获得 68 笔 VC/PE 融资，明确披露投资金额的仅 41 笔，披露融资金额超 62 亿元人民币。其中单笔过亿的融资主要发生在 2015～2017 年，其中最大的一笔是康龙化成在 2015 年获得的一笔 2.8 亿美元融资（表 2-87 和图 2-55）。

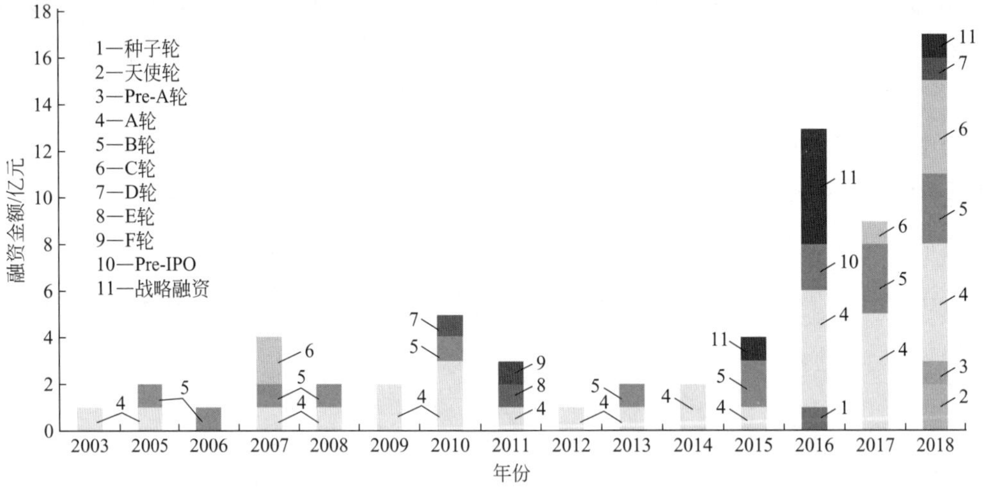

图 2-55　2003～2018 年国内医药外包企业融资数据

数据来源：火石创造研究院

表 2-87　国内医药外包行业单笔过亿融资数据

公司名称	轮次	融资时间	融资金额	投资方
康龙化成	战略投资	2015-12-16	2.8 亿美元	中信产业基金；君联资本
东曜药业	B 轮	2018-8-8	1.02 亿美元	汇添富（领投）；元大创投；国泰创投；成为资本；晟德集团；维梧资本
奥塞图基因	C 轮	2018-4-10	4.1 亿元	元禾原点创投；同创伟业；国投创业；招银国际；本草资本
嘉和生物	战略融资	2018-6-22	3.7 亿元	盈科资本；观由基金
药明康德	C 轮	2007-2-1	0.55 亿美元	斯道资本（富达亚洲）；General Atlantic 泛大西洋投资
泰美医疗	D 轮	2018-4-9	3 亿元	凯风创投；常春藤资本；晨兴资本；浙商创投；赛富基金；软银中国
欧米尼	C 轮	2017-11-18	2.6 亿元	Vivo Capital；国投创业
六合宁远	B 轮	2017-9-22	2.5 亿元	JJ 比赛（竞技创投）；歌斐钥韧；达晨创联；君联益康；中金启辰
奕安济世	B+轮	2018-6-6	0.35 亿美元	Arch Venture Partners；Temasek 淡马锡；中银浙商；泰康资产；礼来亚洲基金；高瓴资本
博威生物	A 轮	2016-8-25	2.26 亿元	景旭创投
北海康成	B 轮	2017-5-24	1.66 亿元	龙磐基金领投；启明创投；元明资本；中岭燕园；崇德英盛；药明康德

续表

公司名称	轮次	融资时间	融资金额	投资方
诺康达	A 轮	2017-2-14	1.6 亿元	险峰旗云基金；华盖资本
药明康德	B 轮	2006-11-9	0.19 亿美元	天地基金；斯道资本(富达亚洲)；大华创投管理
六合宁远	C 轮	2018-9-27	数亿元	君联益康；夏尔巴；招银母基金；杏泽资本；中金启辰

数据来源：火石创造研究院。

从融资次数和融资金额的年代分布来看，在 2003～2014 年，医药外包企业相对融资金额较小。自 2015 年以后，医药外包市场投融资笔数逐渐增多，成为资本较为青睐的领域，2018 年投融资笔数已达 17 笔。同时，在 2015～2018 年，共完成了 11 笔过亿融资，总体融资金额开始逐步上升。

（撰稿专家：周航）

2018年度基因编辑最新进展及前景展望

2018年是基因编辑技术及其应用快速发展的一年。应用基因编辑技术治疗疾病已成为全球研发重点，有的已进入临床试验；应用基因编辑技术培育动植物新品种取得重要进展；面对基因编辑技术加速走向应用，美日欧等纷纷出台针对基因治疗或农作物育种等应用领域的监管措施。方法学研究也取得许多重要成果，越来越多功能不同的Cas蛋白不断被发现，基因编辑工具箱不断扩大，编辑技术更趋精准。“基因编辑婴儿”这一震动生命科学界的事件以及新近一些有关基因编辑安全性的研究结果，促使人们更加重视这一技术的安全风险，制定相关的安全监管法律法规已迫在眉睫。

一、重要进展

1. 基因编辑工具箱不断扩大，编辑技术更趋精准

自2012年出现CRISPR技术以来，由于其高效和更易操作，很快被世界上许多生物学实验室和研究机构所采用，但随着脱靶等问题的发生，表明这一技术仍须改进和完善。方法学研究对于创建更加可靠和安全的基因编辑技术至关重要。

2018年2月，美国哈佛大学David Liu教授利用PACE定向进化技术获得升级版Cas9酶——xCas9。该酶能识别多种PAM序列，使基因组的可编辑范围增加4倍。同时，该酶具有更高的编辑准确率，降低了CRISPR/Cas9系统的脱靶风险。

2018年3月，美国索尔克研究所科学家发现可靶向切割RNA的Cas13d酶，进而开发出针对RNA的基因编辑工具“CRISPR/CasRx”。该成果使研究人员利用基因编辑工具解决与RNA表达相关的疾病成为可能。

2018年3月，上海科技大学和中国科学院科学家构建出基于CRISPR/Cpf1的新型碱基编辑器“Cpf1-BE”。Cpf1-BE能够在富含A/T的区域进行碱基编辑操作，与现有的Cas9单碱基编辑工具实现了有效互补，为碱基编辑系统的研究发展及临床应用提供了新思路。

2018 年 5 月，美国斯克利普斯研究所科学家开发出一种新型 RNA 编辑工具“核糖核酸酶靶向嵌合体（RIBOTAC）”。该工具可精确编辑 RNA 分子，选择性地剔除某些导致疾病发生的基因产物，为设计 RNA 靶向药物和调控人体防御机制提供了新途径。

2018 年 10 月，美国加州大学伯克利分校科学家 Jennifer Doudna 发现已知最小版的 CRISPR 系统。该系统的 Cas14 蛋白含有 400～700 个氨基酸，仅为当前常用的 spCas9 蛋白的一半，有望在小细胞或某些病毒中发挥基因编辑功能。此外，Cas14 蛋白具有切割单链 DNA 活性，未来或可应用于传染病、基因突变和癌症等的快速诊断。

2018 年 11 月，美国莱斯大学科学家将磁性纳米颗粒（MNP）与重组病毒载体（BV）结合，开发出 CRISPR/Cas9 系统的磁导向运送载体 MNP-BV。研究人员通过施加局部磁场，可定向且高效地将 CRISPR/Cas9 系统运送到特定细胞，从而实现对特定组织或器官的精准基因修饰。

2018 年 12 月，美国 Arbor 生物技术公司研究人员鉴定出功能多样的以 *Cas12* 为标志基因的 V 型 CRISPR-Cas 系统。其中 Cas12c、Cas12h 和 Cas12i 具有双链 DNA 干扰活性；Cas12i 因对互补链和非互补链不同的切割效率，主要产生双链 DNA 切口；Cas12g 具有切割 RNA 活性和非特异性地反式切割单链 DNA 活性。该研究扩展了基因编辑工具箱，将推动基因编辑技术应用于更多不同场景。

2. 基因编辑技术在动植物育种领域取得重要进展

基因编辑技术是新一代基因修饰或基因操作技术，为动植物优良品种培育提供了更加精准的、有助于大大缩短育种周期的手段。应用基因编辑技术培育动植物新品种是极为重要的一个领域，关系到粮食和食品安全。

2018 年 6 月，美国康涅狄格大学和南京农业大学科学家利用农杆菌在植物细胞内瞬时表达 Cas9 蛋白和 sgRNA 序列，造成植物基因组突变的同时，对突变进行高效快速筛选。CRISPR 瞬时表达体系和快速高效的筛选方法将在无性繁殖的多年生植物上有广泛的应用前景。

2018 年 10 月，中国科学院遗传与发育生物学研究所科学家利用多靶点 CRISPR/Cas9 技术，将控制产量与品质性状的相关基因精准导入野生番茄，使其消除了开花的光周期敏感性和栽种的地理范围限制，促进了人工驯化速度。该研究首次通过基因编辑技术实现了野生植物的快速驯化，为精准设计和创造全新农作物品质提供了新策略。

2018 年 10 月，澳大利亚科学家利用基因编辑技术，使玉米叶绿体中的

生物技术发展前沿与热点分析

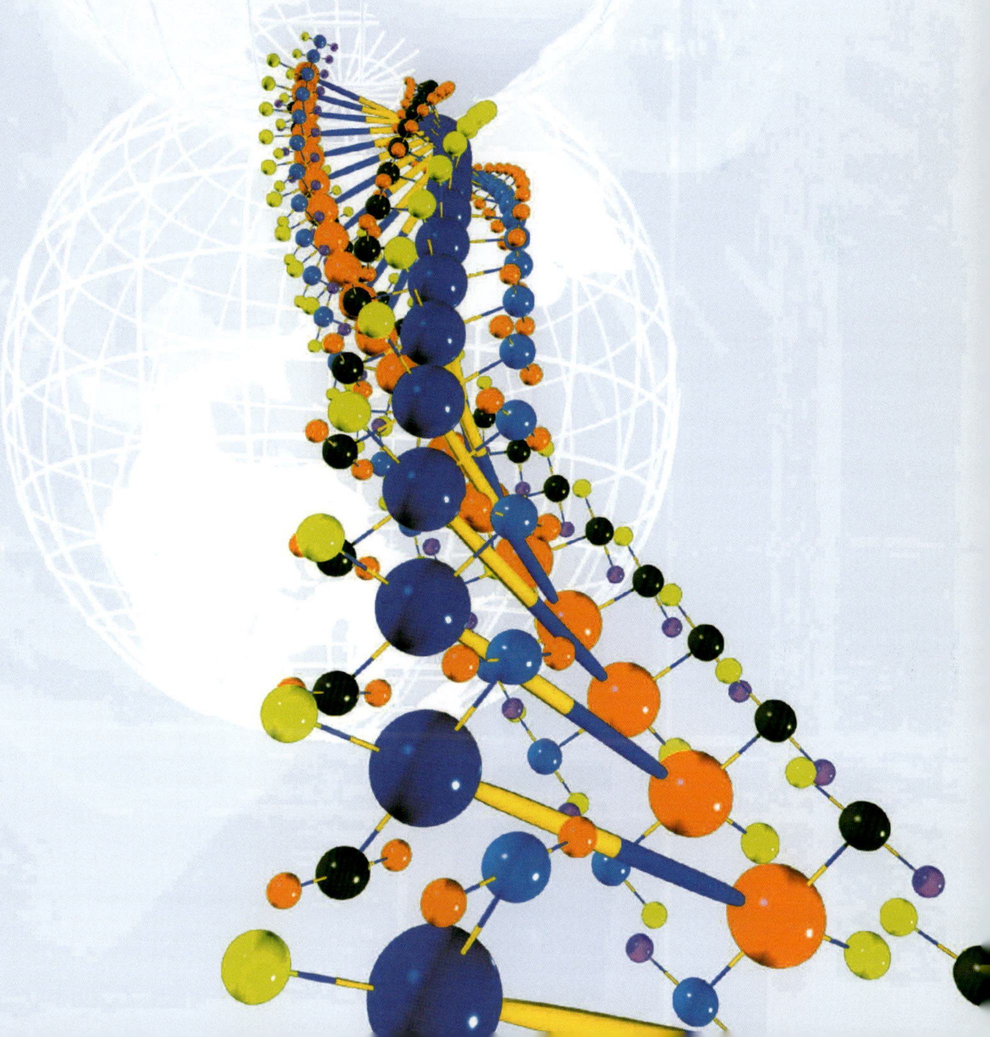

Rubisco 酶表达量增加 30%，使玉米光合效率大幅提升，碳同化量增加 15%。该研究可大幅提高玉米产量及其应对气候变化的能力，有助于缓解全球气候变化和人口增长造成的粮食短缺问题。

2018 年 12 月，美国加州大学戴维斯分校科学家利用 CRISPR/Cas9 技术修改水稻基因，使卵细胞只能进行“有丝分裂”，无需受精即可发育成胚胎，从而实现无性繁殖。该研究有助于解决杂交水稻有性繁殖过程中后代性状衰减的难题。

2018 年 12 月，中国农科院水稻研究所科学家利用 CRISPR/Cas9 基因编辑技术敲除了杂交水稻 4 个生殖相关基因，建立了水稻无融合生殖体系，成功克隆出杂交稻种子，实现杂交稻优良性状稳定遗传到下一代。

2018 年 8 月，英国爱丁堡大学科学家利用 CRISPR/Cas9 技术培育出可有效抵抗猪繁殖与呼吸障碍综合征（PRRS）的基因编辑猪。研究人员将与 PRRS 病毒相互作用的部分 *CD163* 基因敲除，以便在保持蛋白质表达和生物学功能的同时去除病毒相互作用结构域，最大限度地减少副作用的发生。该研究或将为养猪行业带来巨大益处。

2018 年 9 月，中国科学院动物研究所科学家利用 CRISPR/Cas9 技术构建了胰岛素样生长因子 2（Insulin-like growth factor，IGF2）三号内含子编辑的巴马猪，从而提高了内源 *IGF2* 基因在肌肉组织中的表达。与野生型巴马猪相比，*IGF2* 修饰猪在体重、胴体重和瘦肉率等方面都显著提高。该项研究是世界上首次证明在不引入外源 DNA 序列和改变内源基因编码序列的前提下，通过编辑基因组非编码区域可以显著提高牲畜的生产经济性状。

2018 年 12 月，中国吉林大学研究团队利用 CRISPR/Cas9 基因编辑技术与 RNA 干扰（RNAi）相结合，沉默了猪体内与猪瘟病毒（classical swine fever virus，CSFV）复制相关的基因，产生了免受 CSFV 感染的抗性猪。该项研究将能有效降低 CSFV 相关的临床症状和死亡率，从而降低与猪瘟相关的经济损失。

3. 基因编辑技术用于疾病研究和治疗进展显著

基因编辑技术尤其是 CRISPR/Cas9 技术的出现和不断优化，使人们能够对难治愈的遗传疾病、罕见疾病和癌症进行更加深入的研究，促进了相关疗法的开发，并取得一些突破性成果，为治愈这些疾病带来了希望。

2018 年 3 月，中国和美国多家研究机构利用 CRISPR/Cas9 基因编辑技术开发出世界首例亨廷顿舞蹈病基因敲入猪。研究表明，该模型猪不但能表现亨廷顿疾病患者的典型大脑病理特征，而且能表现出亨廷顿疾病的“舞蹈样”异常行为。该项研究是神经退行性疾病研究领域的突破性进展。

2018 年 4 月，美国斯坦福大学科学家利用 CRISPR/Cas9 技术把具有“遗传条码”功能的特定 DNA 序列插入到小鼠肺部肿瘤细胞内，“遗传条码”的数量会随癌细胞扩增而增加。研究人员通过统计“遗传条码”出现的频率，可有效追踪遗传多样性肿瘤的生长和转移情况。

2018 年 5 月，日本神户大学科学家利用改进的 CRISPR/Cas9 系统靶向 HIV 病毒增殖所必需的两种基因 *Tat* 和 *Rev*，成功抑制了受感染细胞内 HIV-1 的增殖。该项研究为艾滋病治疗提供了新的靶点。

2018 年 6 月，美国西北大学、犹他大学以及英国伦敦大学研究人员使用 CRISPR/Cas9 技术沉默了小鼠受精卵中控制性别的 *SOX9* 基因，使含有 XY 型染色体的小鼠发育出完整的卵巢、输卵管以及子宫，完成了“性别转换”。该项研究为性发育紊乱患者的治疗提供了新方向。

2018 年 8 月，中国科学院干细胞与再生创新研究院等研究团队首次在非人灵长类动物中实现了 *SIRT6* 基因的全身敲除，获得了世界首例特定长寿基因敲除的食蟹猴模型。该研究揭示了可调控灵长类动物出生前发育程序的关键分子开关，为研究人类出生前发育迟缓综合征提供了重要疾病模型。

2018 年 10 月，美国宾夕法尼亚大学和瑞士苏黎世联邦理工学院使用 CRISPR 单碱基编辑系统，首次对小鼠进行产前基因编辑，预防了产后酪氨酸血症和苯丙酮尿症的发病。该研究或将开创产前治疗人类先天性疾病的新领域。

2018 年 11 月，美国加州大学旧金山分校研究人员设计出一种基于电穿孔技术和病毒载体的 SLICE 系统，可使 CRISPR 基因编辑单元快速进入免疫细胞，实现快速筛选免疫细胞全基因组并评估基因功能，从而指导研究人员重编程免疫细胞，促进癌症免疫疗法的研发。

4. 基因编辑技术促进工业微生物的高效工程化改造

基因编辑技术的快速发展不断扩充工业微生物菌种改良的工具箱，利用基因编辑技术将会创造出更多的可以生产生物基材料、生物燃料和生物药物等产品的工业微生物优良新菌种，促进新型工业生物制造的发展。

2018 年 4 月，中国清华大学科学家在盐单胞菌中建立了高效的 CRISPR/Cas9 基因组编辑系统。由于嗜盐菌株可大规模连续培养且无需灭菌的发酵条件中生长，该项研究为开发下一代工业生物技术开辟了广阔领域。

2018 年 7 月，中国科学院研究团队利用 CRISPR/Cas9 高效敲除待融合染色体多余的着丝粒和端粒，并通过酿酒酵母的同源重组机制来实现染色体的逐轮融合。在保持基因含量基本不变的情况下，将酵母细胞内的16条染色体整合成1条。该项工作对于重新认知基因组结构的鲁棒性以及染色体结构和功能对真核生物进化的影响有极其重要的价值。

2018年5月，美国伊利诺伊大学厄巴纳香槟分校的科学家结合CRISPR/Cas9基因编辑技术和同源修复技术，开发出对基因单个碱基进行删除的CHAnGE技术，有效解决了酿酒酵母中因基因重叠导致难以编辑的难题，加速了利用酿酒酵母生产工业化学品的改造进程。

2018年10月，中国科学院微生物研究所科学家在汉逊酵母中建立了一套CRISPR/Cas9介导的多基因编辑技术（CMGE），能够应用于多基因一步敲除和多位点、多拷贝目标基因的同时插入。该项研究将加速汉逊酵母等工业微生物的工程化改造，促进生物产品的高效生产。

5. 基因编辑技术仍存在安全性风险

随着基因编辑技术尤其是CRISPR/Cas9技术在难治愈疾病方面不断取得突破，基因疗法的安全性引起人们的高度关注。只有全面且深入地研究清楚基因编辑技术存在的安全性风险，才能推动基因疗法的持续发展和临床应用。

2018年1月，美国斯坦福大学研究人员通过分析22名婴儿和12名健康成年人的血液样品与两种常用的Cas9酶（SaCas9和SpCas9）的免疫反应，发现79%的研究参与者对SaCas9产生抗体，65%的研究参与者对SpCas9产生抗体。该研究揭示了人体内或存在针对Cas9蛋白的天然免疫，使CRISPR/Cas9系统在人体中的医学应用面临挑战。

2018年6月，瑞士卡罗林斯卡研究所科学家发现，CRISPR/Cas9技术编辑细胞基因组时会造成*p53*基因突变，从而影响细胞启动免受DNA损伤的自我保护机制。据统计，*p53*突变可导致近50%的卵巢癌、43%的结直肠癌和38%的肺癌等。

2018年6月，美国诺华生物医学研究所科学家在多能干细胞中发现，p53蛋白启动的细胞修复机制可使CRISPR/Cas9的基因编辑效率降低17倍。而经CRISPR/Cas9技术编辑后存活的细胞，其p53蛋白功能存在缺陷。功能性不全的p53蛋白为细胞的癌变埋下了隐患。

2018年7月，美国伊利诺伊大学芝加哥分校的研究人员在小鼠胚胎干细胞、造血祖细胞和人分化细胞系中发现，利用CRISPR/Cas9技术进行基因编辑时，会在靶点附近造成几千碱基的大片段NDA缺失和更复杂的

DNA 重排。该研究使 CRISPR/Cas9 技术暴露出潜在的致病风险，使该技术在人体中的应用前景受到质疑。

二、前景展望

1. 市场预期

基因编辑市场前景广阔。美国 2018 年 1 月宣布将在未来 6 年出资 1.9 亿美元，支持体细胞基因编辑研究，以开发安全有效的基因编辑工具，治疗更多人类疾病。基因编辑作为精准医疗的分支，目前产业链尚不完整，更多是技术的突破与更新迭代。新的基因组编辑技术，如 CRISPR/Cas9 的出现给精准医疗领域开辟了新途径，精准医疗迎来快速发展阶段。据中商产业研究院最新报告，未来几年全球精准医疗市场规模将以每年 15%的速率增长。预计 2020 年全球精准医疗市场规模将破千亿，达到 1050 亿美元。

2. 专利竞争

据科睿唯安公司（Clarivate）对 *CRISPR* 相关技术的专利统计，截至 2018 年 10 月，全球已有超过 18 000 项 *CRISPR* 技术的相关专利申请。*CRISPR* 技术的专利申请态势具有以下特点：一是 *CRISPR* 发明专利数量迅速增加；二是相对其他技术来说，*CRISPR* 技术研发中学术和政府机构参与程度更高；三是当前 *CRISPR* 专利申请的目的主要用于保护创新，全球布局较少，后期可提供大量的许可机会；四是增长最快的 3 个技术主题是“Mediator-Cas9”“Use-Diagnosis”“Mediator-gRNA”。

2018 年，欧美对 CRISPR/Cas9 技术做出不同的专利裁定，CRISPR/Cas9 技术的专利之争或将告一段落，市场化应用将加快步伐。2018 年 3 月，欧洲专利局（EPO）将 CRISPR/Cas9 应用专利授予法国生物化学家 Emmanuelle Charpentier 以及美国加州大学和奥地利维也纳大学。该专利具有广泛保护范围的权利要求，包括利用该基因编辑技术的改进版本 CRISPRi 和 CRISPRa 进行基因表达调节，以及在细菌、植物、动物和人类等细胞环境和非细胞环境中的使用等。2018 年 9 月，美国联邦巡回上诉法院支持美国专利商标局（USPTO）将 CRISPR/Cas9 专利授予美国布罗德研究所，并确认这份在真核生物中使用 CRISPR/Cas9 技术进行基因编辑的专利授权并不侵犯美国加州大学伯克利分校和维也纳大学早些时候提交的 CRISPR/Cas9 专利申请。

3. 重要趋势

一是基因编辑方法将持续改进。蛋白质工程可重新设计并改进现有的碱基编辑器，甚至创造出新的编辑器。例如，将重组酶结合到灭活的 Cas9 上可开发出不造成 DNA 双链断裂的单碱基编辑器；改造 Cas9 蛋白可降低脱靶效率、提高准确性和扩大编辑范围等。此外，新的基因编辑工具也将被不断发现，2018 年 1 月《科学》杂志刊文称，科学家发现了超 10 种的细菌免疫机制，通过深入研究或可成为 *CRISPR* 技术有效补充甚至是替代性的新型基因编辑技术。

二是将进一步促进作物育种和动物新品种选育，基因编辑作物将加速进入市场。基因编辑技术的不断完善和丰富，使其能满足更多的应用场景，有助于开发出更多优良性状的动植物新品种。例如，我国正在利用 *CRISPR* 技术培养出免受结核病影响的奶牛，将减少动物抗生素的使用；瑞典科学家也在尝试用 *CRISPR* 技术来培育防虫害蔬菜等。2018 年，美国和日本政府相关部门均明确表示，将不对基因编辑作物进行特殊监管，并将其区别于转基因作物。这为基因编辑作物走向市场扫清了道路，推动基因编辑农业产品的快速发展。

三是基于 CRISPR/Cas9 技术的基因疗法将陆续进入临床试验。2018 年 7 月，美国食品药品监督管理局（FDA）发布 6 个新指南，旨在为基因疗法的开发、审查、批准和医疗报销等建立完整的政策监管框架，促进基因疗法的有序和良性发展。2018 年 8 月，美国国立卫生研究院（NIH）宣布取消对基因疗法的特殊监管和审议，未来将由 FDA 独立审查基因治疗产品和临床方案。此次改革将加快基因疗法相关产品的审批流程和上市速度。2018 年 12 月，美国科学家张锋创立的基因编辑公司 Editas Medicine 宣布，美国 FDA 已批准该公司为“EDIT-101”疗法递交的临床试验申请，允许该公司开展使用 CRISPR 基因编辑手段治疗 Leber 先天性黑朦 10 型患者（LCA10）的临床试验。EDIT-101 有望成为世界上第一款在人体内使用的 CRISPR 疗法。未来将有更多基于 CRISPR/Cas9 技术的基因疗法涌现并加速走入临床应用。

四是安全监管进一步加强。2018 年 11 月，中国科学家贺建奎利用 CRISPR/Cas9 技术制造了全球首例“基因编辑婴儿”。该项研究的安全性遭到学术界广泛质疑，并且违背了国际社会关于人类遗传基因编辑的共识，严重冲击了社会伦理，引发巨大社会舆论风波。2018 年 12 月，美国哈佛大学医学院宣布将开展基因编辑人类精子的研究，虽然研究团队声称该研究将仅限于体外层面，但仍引发国际社会的广泛关注和担忧。随着基因编辑技术的快速发展，基因编辑安全性研究、安全评估和安全监管亟待加强和完善，相关临床试验和转化途径的规范和标准的制定也已迫在眉睫。在此方面，国际学界和各国政府都在高度关注和积极调整相关的监管措施，在最大范围控制所存在的技术和伦理风险的同时，推动技术的快速发展。

（撰稿专家：刘发鹏　周永春）

脑机接口

一、概述

脑机接口（Brain-Computer Interface，BCI）是目前全球关注的热点前沿，因其具有开创性的民用医疗用途和颠覆性的军事用途，已成为各国的“兵家必争之地”。所谓脑机接口，基本是指在人或动物大脑与外界设备间建立的直接连接通路，允许大脑与外界机械设备进行交互的硬件设备。其基本原理和过程是通过探测提取脑电信号，经过放大、去噪、滤波等一系列预处理后，利用在线分类算法进行解码来控制外部设备，或与外接设备间产生双向反馈。

脑机接口是一项融合了脑科学、神经科学、材料科学、物理学、心理学、机械工程、电气工程、信息工程及自动化等多个学科百余项技术的新兴交叉技术。从应用形式来看，脑机接口分为侵入式脑机接口和非侵入式脑机接口两大类。侵入式脑机接口是将电极阵列直接植入脑内探测神经元活动，并对神经元电信号进行编码、传输、解码等实现与外部设备的交互。该类设备具有较高的时间分辨率和空间分辨率，目前主要应用于医疗健康领域，如帮助瘫痪患者通过“意念”控制假肢实现站立、帮助残疾患者控制假肢恢复感官功能等。非侵入式脑机接口主要利用连接脑皮层的外部探测设备，探测慢皮层电位（SCP）、感觉运动节律（Sensorimotor Rhythms）等脑电信号，并进行解码控制。与侵入式脑机接口相比，非侵入式脑机接口不会对机体造成损伤且具备便携易用等特点，这类脑机接口主要应用于游戏娱乐、消费电子、商业分析等领域，尤其在军事国防领域拥有极大的应用潜力。

自 1924 年德国科学家汉斯·伯格（Hans Berger）首次发现并记录了人类脑电波信号以来，脑机接口领域的探索便以此为起源逐步展开。1973 年，在美国国防高级研究计划局（DARPA）的支持推动下，美国加州大学洛杉矶分校科学家贾可·维达尔（Jacques Vidal）团队首次完成了通过视觉刺激脑电波操作电脑光标移动方向的实验，并首次提出了脑机接口的定义，此后脑机接口发展成为一门独立的交叉学科。1999 年，科学家首次展示了身患肌萎缩性侧索硬化症（ALS）的病人利用脑机接口控制光标选择字母，与外界进行交流的突破性成果。21 世纪后，随着信息技术、工程技术，特别是纳米技术的快速发展，以及各国相继开展脑计划加强对大脑运行机制的探索，脑机接口的研究也迎来高潮期。2004 年，Cyberkinetics 公司为 4 名四肢瘫痪患者脑中植入“BrainGate”芯片，使其仅通过意识便能完成控制电脑光标、打开邮件、操作电视等操作。2006 年，科学家在两名 ALS 患者大脑的运动皮层植入了 100 个微电极，使其能够通过脑机接口控制光标和机械手臂。2016～2018 年，DARPA 的脑机接口研究取得突破性进展，在与模拟飞机的交互实验中，DARPA 研究人员利用植入人脑的微型芯片，完成了通过脑控控制无人机机群、单架 F-35 战机和 3 架大型喷气式飞机的模拟实验。

二、研发重要进展

2018 年 1 月，日产公司在 2018 年 CES 展会上发布了其最新研究成果——“脑控车（Brain-to-Vehicle，简称 B2V）”技术。该技术只需驾驶员佩戴一个可以监测大脑电波活动并自动进行系统分析的设备，它能够利用大脑解码技术来预测驾驶员行为，并将驾驶员的反应更加快速地传达给车辆，使车辆根据驾驶情况的变化不断做出相应的调整。此外，通过检测和评估驾驶员的不适感，该“脑控”技术还可以在自动驾驶模式下调整驾驶配置和驾驶方式。

2018 年 1 月，瑞士洛桑联邦理工学院（EPFL）科学家开发出一种轻巧、便携且适应性强的脑控手外骨骼。当受试者被要求用他们的脑波来控制手外骨骼时，脑波数据中出现了一致的同侧模式。目前，手外骨骼已经对因中风和脊髓损伤而残疾的患者进行了测试，随着逐渐改进，这种脑控外骨骼将被用于辅助目的，在家中执行任务，甚至作为康复工具。

2018 年 3 月，加利福尼亚大学旧金山分校的研究人员发明了一种可以解读人类思想的机器，该机器可解析人类思想，并将其立刻转换为文本。研究人员声称它具有 90％或更高的准确率。机器记录并分析我们在大脑中构造句子时使用的元音和辅音的组合，基于神经信号解释这些句子，并实时将它们翻译成文本。研究人员认为，该机器有朝一日可以帮助那些不能说话或瘫痪在床的患者。

2018 年 3 月，DARPA 启动下一代非侵入性神经技术（Next-Generation Nonsurgical Neurotechnology，N^3）项目。该项目旨在开发新一代的高分辨率非侵入式脑机接口，可一次写入和读取多个脑位点的信息，最终用于无人机、网络防御以及其他国防军事领域。N^3项目经理表示，“智能系统将对未来部队的作战方式产生巨大影响，现在是时候考虑如何实现人机协同了。”

2018 年 6 月，美国麻省理工学院计算机科学和人工智能实验室（CSAIL）的研究人员开发出了一个新系统，意图只通过大脑信号与手指的轻弹就能让用户立即纠正机器人的错误。该系统采用脑电图与肌电图结合的方式监测人类大脑活动，将电极连接在头皮上检测人类大脑中的电活动，肌电图则用于测量运动神经元产生的信号，最终实现对机器人更为精准的控制，对有语言障碍和行动不便的人或许能产生更显著的效果。

2018 年 9 月，DARPA 脑机接口研究又取得重大进展。在与模拟飞机的交互实验中，研究人员利用植入人脑的微型芯片，可以使人类利用脑电波直接控制多架大型喷气式飞机。DARPA 此前对脑机接口芯片的研究，已经可以使人类控制无人机机群和单架 F-35 战机，最新的技术突破使得人类可以同时控制 3 架喷气式战机，且实现了飞机信号回传大脑。

2018 年 9 月，美国巴特尔纪念研究所科学家通过分析四肢瘫痪患者的大脑活动数据，开发出深度学习算法“脑机接口解码器”，可向患者前臂肌肉直接传递电刺激，从而恢复瘫痪肢体的运动功能。研究人员向患者大脑运动皮层植入微电极阵列，可高时空分辨率直接采样神经元活动。基于神经活动大数据库开发的脑机接口解码器可准确、快速、持久地控制电刺激设备，实时恢复患者瘫痪的前臂活动，且会自发学习新功能等。

2018 年 11 月，韩国电子巨头三星与瑞士洛桑联邦理工学院神经修复中心合作开发一种电视系统，让用户用大脑思考即可选择频道和调节音量。系统使用脑机接口将观看者与电视机连接，其原型依靠配备 64 个传感器和眼动追踪器的耳机，系统使用来自脑波的提示进行预测，然后进行眼球运动以确认。它可以让患有四肢瘫痪等严重身体残疾的人在没有他人帮助的情况下享受喜欢的节目。

2018 年 11 月，美国国立卫生研究院（NIH）宣布进一步加大对“大脑倡议”研究项目的投资，将为超过 200 个新项目投资 2.2 亿美元，这使得 2018 年对该计划的支持总额超过 4 亿美元，比 2017 年支出高 50%。新项目包括各类脑部疾病检测和治疗的“无线光学层析成像帽”“无创脑机接口”

和“无创脑刺激装置”，以及帮助解决疼痛和阿片类药物依赖的创新研究等。这些项目将为最困难的神经及精神疾病研究提供新工具和新理论知识。

2018 年 12 月，俄罗斯圣彼得堡理工大学科学家利用人工智能技术创建了一个数字系统，可通过建模来对声音进行编码，从而模拟人类的听觉系统对真实环境中的声音进行处理。研究人员的这套方法有助于创建新一代的脑机接口，也可用于提升机器的听觉系统，提供更好的人机交互，在人工耳蜗植入、声源分离、基于机器听觉原理的语音处理等方面也有很大的实际应用潜力。

三、产业态势

随着脑机接口技术的不断进步，脑机接口设备的创新研制，一个新兴的 BT/IT 产业细分领域业已出现。以健康医疗为主的脑机接口产品市场正在快速成长。

脑机接口设备市场按其设备的应用领域，主要可分为健康医疗、智能家居控制、通信控制及娱乐游戏四大方面。据市场调查公司 Grand View Research 于 2018 年发布的《2012～2022 年脑机接口市场调查》报告预测，2016～2022 年，全球脑机接口设备市场将以 12%的年均复合增长率持续增长。至 2022 年，全球脑机接口设备市场有望达到 17 亿美元，由脑机接口设备带动的全产业广义市场规模将达数千亿美元。其中，用于健康医疗的脑机接口产品仍将占据主要份额，而通信控制和游戏娱乐市场的急剧增长也将成为全球脑机接口市场规模继续扩大的重要驱动力（图 3-1）。

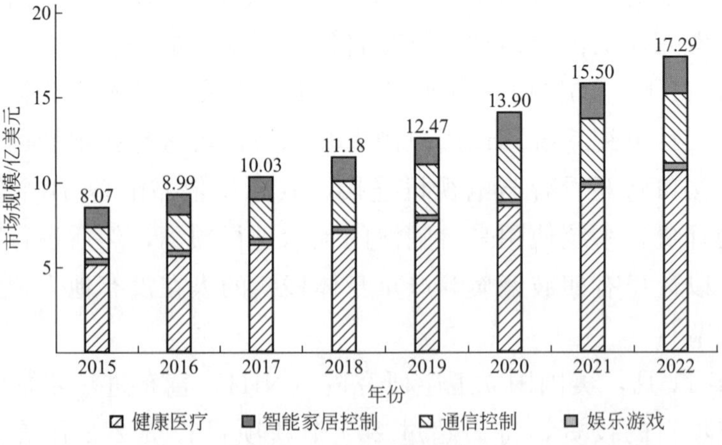

图 3-1　2015～2022 年全球脑机接口市场规模预测

数据来源：Grand View Research

21 世纪以来，随着脑机接口研究不断取得突破以及市场潜力的逐步显现，脑机接口创业公司不断涌现，Facebook 等一些极富创新精神的创始人也都投入巨资创立脑机接口公司，推进脑机接口产业发展。2001 年，瑞士日内瓦 Wyss 生物和神经工程中心约翰·多诺霍（John Donoghue）与布朗大学、芝加哥大学共同成立了 Cyberkinetics，研发植入型脑机接口 BrainGate。2009 年，日本本田投资的研究中心展示脑机接口项目成果，开启了脑机接口迈向市场化的大门。2016 年，Braintree 公司创始人布莱恩·约翰逊（Bryan Johnson）投资 1 亿美元成立脑机接口公司 Kernel，探索开发非侵入性脑机接口，通过操作“神经代码”来改变神经元间的信号传递，帮助提高大脑记忆能力、治疗阿尔茨海默症及修复痴呆等认知缺陷。2016 年 7 月，埃隆马斯克（Elon Musk）联合本·拉波波特（Ben Rapoport）、马克斯·霍达克（Max Hodak）等一批生物学、神经科学和计算机科学家成立脑机接口公司 Neuralink，推动脑机融合，帮助治疗人类脑部疾病和智力增强。2017 年 4 月，Facebook 宣布投入大量资本及人才建立脑机接口技术团队，其 Building8 实验室正式启动“意念打字”和“通过皮肤触摸进行通信”等技术项目（表 3-1）。

表 3-1　全球知名脑机接口公司

序号	名称	融资情况	技术路线	国家	简介
1	NeuraLink		侵入式	美国	致力于开发高带宽且安全可靠的脑机接口系统
2	Kernel	1 亿美元	侵入式	美国	致力于研发神经义肢技术，在人脑中植入相关设备，解锁人脑潜力，改善认知功能
3	Mindmaze	1.06 亿美元	非侵入式	瑞士	治理如构建结合 VR、脑成像、计算机图形学和神经科学的脑机接口，用于医疗、游戏等领域
4	InteraXon	1900 万美元	非侵入式	加拿大	其开发的 Muse 脑波检测头环可通过实时音频反馈帮助用户进行冥想、放松
5	NeuroSky	2790 万美元	非侵入式	美国	致力于开发脑电波控制的可穿戴设备，并提供 ECG、EEG 芯片
6	BrainCo	550 万美元	非侵入式	美国	致力于研发基于脑电波的可穿戴设备，达到注意力训练、半瘫患者功能恢复等
7	Emotiv	1820 万美元	非侵入式	美国	致力于研发简单易用的移动可穿戴 EEG 设备，用于监测用户的认知和情绪状态

续表

序号	名称	融资情况	技术路线	国家	简介
8	BrainGate		侵入式	美国	致力于利用侵入式脑机接口监测瘫痪患者的脑活动,并将用户意识转化为电脑指令
9	g. tec		非侵入式	奥地利	致力于研发高精度脑电测量设备
10	Brain-Master		非侵入式	美国	致力于开发临床级脑机接口系统

资料来源：硅谷密探。

目前，全球知名的脑机接口公司 10 余家（表 3-1），大多在美国，而且大多是采用非侵入式的技术路线，研发医疗健康为主的脑机接口设备。

总体来看，脑机接口技术尚未臻完善，作为新兴的 BT/IT 产业的一个细分领域，也还只是处在初起阶段，但潜力不小，前景可期。

（撰稿专家：肖尧　周永春）

合成生物学

一、概述

1. 合成生物学追求工程化目标

合成生物学诞生于2000年左右，是近年来发展迅猛的前沿交叉学科。数十年来，生物学界一直致力于描述生命科学的全局复杂性；而合成生物学将生命科学同工程学联系起来，首先设立工程目标，并将设计同制造相分离，在设计过程中引入正交性、抽象层级等概念，在制造过程中引入标准化流程、零件和组装等概念，最终获得全新的合成生命体，来实现目标。在“造物致用”的同时，合成生物学还能实现“造物致知”，即利用人工设计的生物学通路与人工合成的生命体来研究基础生物学问题。随着数理科学“定量概念”、工程科学“设计概念”、合成化学“合成认识概念”等思路和策略的引入，合成生物学正在开启以系统化、定量化和工程化为特征的“多学科会聚”研究范式。它的工程设计核心与数学工具支撑，正在促使生命科学从观测性、描述性、经验性的科学，跃升为可定量、可预测、可工程化的科学。因此，合成生物学被认为将带来继分子生物学革命和基因组学革命之后的第三次生命科学革命，推动人们实现从“认识生命”到“设计生命”的伟大跨越。

2. 合成生物学是战略性、颠覆性技术领域

习近平总书记早在2013年7月考察中国科学院时曾指出：**人造生命**不仅对人类认识生命本质具有重要意义，而且在医药、能源、材料、农业、环境等方面展现出巨大的潜力和应用前景。在2018年5月的中国院士大会上，习近平总书记再次指出：“**以合成生物学**、基因编辑、脑科学、再生医学等为代表的生命科学领域孕育新的变革……科学技术从来没有像今天这样深刻影响着国家的前途命运，从来没有像今天这样深刻影响着人民生活福祉。”

在国际上，合成生物学已成为世界强国新一轮博弈的制高点之一。联合

国贸易和发展会议 UNCTAD 的《2018 技术与创新报告：利用前沿技术进行可持续发展》报告、联合国千年项目 2015 年的《未来展望》、世界经合组织（OECD）2014 年的《合成生物学的新政策问题》报告、2016 年的世界经济论坛（达沃斯论坛）、美国 2012 年的《生物经济蓝图》、2014 年的《加快美国先进制造业发展》总统报告、2015 年的《国防 2045：为国防政策制定者评估未来的安全环境及影响》评估报告、英国 2010 年发布的第三轮技术预见报告——《技术与创新未来：英国 2030 年的增长机会》等等，都将**合成生物学评价为未来的颠覆性技术或作为重要内容**。美国、英国等发达国家纷纷投入巨资争抢先机。我国科技部、基金委、发改委、中科院和中央军委科技委等均着力布局合成生物学相关领域方向。

从未来国民经济、社会发展和国防安全的战略目标分析，合成生物技术和产品未来将深刻影响人们的工作和生活方式。在经济方面，合成生物学具有在低碳经济中支撑经济增长和创造就业机会的巨大潜力；在人口健康方面，人工合成的活体药物可实现对人体生理状态的监测，以及对肿瘤、代谢疾病、耐药菌感染等典型疾病的诊断与治疗；在农业方面，合成生物学可用于研发高产、抗病、耐旱、耐涝和环保的植物原料；在能源方面，人工合成微生物可将糖类直接转化成与常规燃油兼容的生物燃油，甚至直接从太阳获取能量，或将二氧化碳转化为甲烷，替代以石油为中心的能源工业体系；在环境方面，人工合成微生物可用于污染物监测、消除水污染、清除垃圾、处理核废料等；在军事方面，合成生物学可帮助我国提高军事战斗力、提高军用药物的治疗成效并保障军用物资充裕。

二、国内外研发现状与趋势

世界多国已在合成生物学领域内进行了全面战略规划与布局，主要集中于前瞻性基础研究、关键核心技术、应用转化、大型基础设施支撑，乃至颠覆性技术专门研究机构。与以往的基因工程技术相比，合成生物学对合理设计的需求更大、对标准化流程的要求更高，具有自己的学科特殊性。

1. 国外学术界的现状与趋势

伴随着激烈竞争态势，世界各国对合成生物学的投入屡创新高。美国自 2005 年以来，对合成生物学的投入远超其他国家，仅政府投入累计已超 10 亿美元。仅以美国国防高级研究计划局（DARPA）部署的生命铸造厂计划为例，自 2011 年启动以来已累计投入经费近 4 亿美元。而据英国发布的

《2017年英国合成生物学初创调查》报告显示，英国在2000～2016年对合成生物学的政府公共投资达5600万英镑，来自私人的投资更是高达5.64亿英镑。荷兰的BE-Basic拥有超过1.2亿欧元的研发经费预算，致力于提供工业的生物式解决方案。新加坡国立研究基金会2018年也先期投入了2500万美元启动国家合成生物学研发计划。

高强度的投入，催生了合成生物学的大批成果。最具代表性的成果包括：J Craig Venter研究所2003年以来先后实现了对phiX174噬菌体、生殖支原体、丝状支原体等基因组的从头合成与缩减，以及细胞间的染色体移植，并研发了可远程接收DNA序列信息，制备寡核苷酸并植入细胞而创造生命体的“数字生物转换器”；由纽约大学和约翰霍普金斯大学领导的国际联盟成功从头合成了酿酒酵母16条染色体中的5条染色体，这是“合成酵母基因组计划”（Sc2.0）国际合作项目的里程碑；加州Scripps研究所将人工碱基X及Y、人工非天然氨基酸加入大肠杆菌的DNA与蛋白质中，成功获得稳定的半合成有机体；加州理工学院独创了能生产硅碳键、硼碳键的细菌；哈佛大学通过合成细胞膜，尝试模拟第一个原始细胞的形成、生长与分裂；哈佛大学与西北大学成功获得有功能活性的半人工合成的大肠杆菌核糖体；加州大学圣地亚哥分校发展了数学模型，阐述了微生物细胞的全局资源再分配策略；华盛顿大学蛋白质设计研究所通过从头设计并合成非天然的蛋白质，在医药到材料各领域发挥作用；普林斯顿大学通过大肠杆菌中调控元件的互相抑制来实现振荡器功能；麻省理工学院通过设计遗传线路令大肠杆菌根据所接触的光的种类，将化学物质转化成染料并形成特定图案；哥伦比亚大学研发了肠道活细菌“记录仪”，在肠道内传感生态和微生物信息；加州大学圣地亚哥分校和麻省理工学院研发的细菌可在肿瘤位点生成癌症药物，然后自限、自毁并释放药物；伊利诺伊大学对于光合作用代谢途径的改造，带来了增产40%的超级农作物；利哈伊大学利用细菌直接合成带有不同功能特性的量子点；杜克大学研发了细菌与纳米金颗粒构成的新型自组装材料系统等等。在2018年十大国际科技新闻中，也有合成生物学成果上榜：美国格莱斯顿研究所创造了区别于细胞因子处理或化学品添加的、制造诱导多能干细胞的第三种方法——使用CRISPR基因调控技术，直接操纵细胞的基因组，将老鼠的皮肤细胞变成了诱导多能干细胞。这一新方法能为治疗多种疾病提供巨大助力，还能以合成生物学手段进一步解析细胞的重编程过程。

在人才培养方面，全球范围内已有100余家提供合成生物学研究生教育的机构。各类研究生、本科生甚至高中生竞赛活动在多国如火如荼地举办，包括国际基因工程机器大赛（iGEM）、国际生物分子设计大赛（BIOMOD）、基因工程网络评估大赛（CAGEN）、Gen9 公司的 G-Prize 大赛等等，不断吸引着各方加入这一新兴学科的创新网络。

2. 国内学术界的现状与趋势

合成生物学在我国的发展可追溯至 2008 年，香山科学会议第一次专题讨论了合成生物学。十年来，国内合成生物学研究力量发展迅猛，研究硕果累累。2012～2016 年，共启动了 10 个“973”项目和 1 个“863”项目，主要涉及微生物制造、肿瘤治疗和植物改造等。据统计，中国在合成生物学领域的论文数量已位居全球第二，仅次于美国，占全球论文总量的 10.61%。在 2017 年十大国内科技新闻中，合成生物学成果独占 2 条：天津大学、清华大学和华大基因合作完成了真核生物酵母 4 条染色体的从头设计与人工合成；广州医科大学附属第三医院首次验证了用 CRISPR/Cas9 基因编辑技术修复人类胚胎的有效性。2018 年十大国内科技新闻中，合成生物学成果再次上榜：中科院植物生理生态研究所在国际上首次人工创建了单染色体的真核细胞，回答了“单一染色体的真核细胞能否存活”这一生命科学领域的基础而重大的问题。

近几年我国取得的合成生物学代表性成果，还包括中科院生物物理所对光催化二氧化碳还原酶的理性设计；中科院化学所成功人工模拟光合作用水裂解催化中心；北京大学在大肠杆菌中实现了巴普洛夫条件反射的线路编程；中科院微生物所和北京大学开发了一套普适于原核生物转录调控元件的绝缘化设计原则；清华大学利用 TALEN 转录抑制子模块化构建了哺乳动物基因电路，并通过合理拆分 Cas9/dCas9 蛋白感知不同分子信号；香港大学将细胞密度感应与运动能力相耦合，编码大肠杆菌自发形成周期性条纹；中科院深圳先进院揭示了细菌细胞个体尺寸与细胞周期控制的法则；上海科技大学与中科院上海营养与健康研究院在哺乳动物细胞中实现了高效碱基编辑；中科院遗传与发育生物学研究所率先在植物中实现基因编辑；中科院上海有机化学研究所阐明了两个小分子硫醇在林可霉素的生物合成中的决定性作用；北京大学将病毒改造为不能复制的安全活疫苗；中科院深圳先进院改造的人工细菌治疗实体瘤，已进入临床前研究阶段并取得理想疗效；深圳市第二人民医院利用 CRISPR/Cas9 系统成功构建了携带逻辑“与门”的基因线路，并将发挥内源蛋白识别功能的核酸适配体 RNA 与发挥靶点 mRNA 识别功能的引导 gRNA 连接作为新型“信号连接器”；华东师范大学构建了智能胰岛素传感器，并进一步开发了糖尿病诊疗一体化智能控制系统；天津大学提高了电能微生物细胞的胞外电子传递效率；上海科技大学研发了可编程生物被膜；中科院植物生理生态研究所利用转基因家蚕大量获取蜘蛛丝蛋白；中科院天津工业生物技术研究所研发了丙氨酸高产菌株并转化应用；中科院植物生理生态研究所研发了纤维素乙醇生产工艺并转化应用；南京工业大学生物法制备二十二碳六烯酸油脂（DHA）并转化应用，等等。

在人才培养方面，我国也逐渐形成了培养新兴力量的土壤。近年的国际基因工程机器大赛 iGEM 上，来自中国的参赛队伍超过百支，占总数 1/3，且奖牌数已连续三年位居世界第一。在国内已举办四届的合成生物学青年学者论坛，参会人数已超千人。年轻一辈的新星层出不穷：在 2018 年的《麻省理工科技评论》“35 岁以下科技创新 35 人”中国区榜单中，可以看到 3 位来自合成生物学领域的获奖人，分别包括：中科院植物生理生态研究所的邵洋洋，她参与创建了世界首例单染色体的真核细胞，实现了“人造生命”里程碑式的重大突破；北京蓝晶微生物的李腾，他大大降低了可降解生物塑料聚羟基脂肪酸酯（PHA）的生产成本，为解决白色污染问题提供了新思路；武汉大学的胥国勇，他利用自然界及人工合成调控元件实现精准作物改良，有效解决了农业生产中抗病性增强与产量受损的矛盾。

顺应国内合成生物学学科及产业迅速发展的新形势，2018 年 11 月 11 日中国生物工程学会指导下的合成生物学专业委员会（筹）正式揭牌成立，其宗旨和职能是探讨我国合成生物学研究发展方向、学科建设等关键问题，推动合成生物学研究及产业化应用的相关标准、规范、法律、法规的建立出台和实施，提供学术交流和技术转化平台等。在此之前，上海、深圳等地已先后成立了合成生物学的地方性专业协会。合成生物学专业委员会（筹）这一全国性的交流平台的成立，有利于广泛吸引各方，携手推动合成生物学在我国的蓬勃发展。

3. 国外产业界的现状与趋势

合成生物学可以被看作是一种平台技术，横跨能源、化工、医药、环境和农业等几个关键市场领域，传统植物源化学品、石化产品、新材料、新燃料等都可通过合成生物技术实现人工合成。在麦肯锡预测的决定 2025 年经济的 12 大颠覆性技术中，合成生物技术的经济影响力排在移动互联网、人工智能、物联网、云计算、先进机器人和自动化交通工具之后，位居第 7；至 2025 年的市场规模将达到 7000 亿～16 000 亿美元。已经或即将上市的合成生物技术产品有 116 种，包括对农业种植、石油化工、有机化工等传统路线的颠覆性新产品，将创造千亿美元的市场。合成生物产业应用的最著名案例，是美国合成生物学家 Jay Keasling（Amyris 公司）设计构建了能够生产抗疟药物青蒿素的人工酵母细胞，其技术能力已能够以 $100m^3$ 工业发酵罐替代 5 万亩的农业种植，青蒿素的生产成本因而显著降低。法国制药业巨头赛诺菲以这一技术在 2014 年产出 35t 青蒿素原料药，可供 7000 万治疗人份用药。

合成生物学市场可以根据产品、技术和应用三个方面进行细分。在产品层面，市场被分割成酶、寡核苷酸、底盘生物和异种核酸等领域。在技术层面，市场被分割为基因合成、基因组工程、测量和建模、克隆和测序、纳米技术等。在应用层面，分为工业应用、食品应用、农业应用、医疗应用以及环境应用等。值得指出的是，在生物技术领域内，自然存在的生命体及其 DNA 序列在许多国家是不能授予专利的；而在合成生物学中，DNA 序列和人工生命体是由人类设计得到的，因此可以获得著作权或专利保护，这一点对于吸引风险投资，乃至产业的发展尤为有利。据 CB Insights 数据显示，2012～2016 年，合成生物领域风险投资平均交易规模为 2800 万美元，有 10 家公司完成了 1 亿美元以上的融资。据 SynBioBeta 数据显示，2018 年全球合成生物产业募资额已接近 30 亿美元。

在美国，合成生物学初创企业超过 200 家，还催生了以 Intrexon、Amyris 等为代表的一批上市公司。这些企业的特点是年轻、增长快、以科学为基础、技术含量高、复杂程度高。企业所在行业涵盖医疗、制药、DNA 合成、生物化工、云自动化实验室、生物燃料、食品、材料、软件、农业、酶制剂、环境、快速消费品、教育、香料等。代表性初创企业包括从事微生物工程的 Zymergen（市值 5.74 亿美元）和 Ginkgo Bioworks（市值 4.29 亿美元），从事微生物新农业的 Indigo（市值 3.2 亿美元），开发生物燃料产品的 LanzaTech（市值 2 亿美元），从事 DNA 合成的 Twist Bioscience（市值 1.43 亿美元），开发癌症和自身免疫疾病疗法的 Synthorx（市值 1.31 亿美元），从事农业酶工程的 Agrivida（市值 6430 万美元），从事基因组工程的 Caribou Biosciences（市值 4446 万美元），从事云自动化实验室的 Transcriptic（市值 2770 万美元），替代传统肉类产品的 Memphis Meats（市值 2000 万美元），开发生物 CAD 工具的 Benchling（市值 1290 万美元）等。

在英国，据《2017 年英国合成生物学初创调查》显示，英国在 2000～2016 年共成立 146 家合成生物企业；企业在 2015～2017 年仅 3 年就募集超过4亿英镑投资。合成生物学代表企业有生产可再生化学品的Green Biologics、Colorifix、Celbius公司，生产工业酶与香精的Oxford Biotrans、Enzbond、Absynth Biologics、Prokarium、Ingenza、Biocatalysts公司，研发微流控的Fluidic Analysis、Sphere Fluidics公司，DNA合成公司Helixworks Technology，基因编辑公司Horizon Discovery、Oxford Genetics、Synpromics，从事药物研发的Autolus、Nemesis、Linear Diagnostics、CHAIN biotech、Mission Therapeutics、Bicycle Therapeutics、Iksuda Therapeutics、Quethera公司，环保产业的CustoMem、Entomics公司，农业的Biotangents、MIAlgae、Microsynbiotix、MillsBio、Tropic Bioscience、3F Bio公司，软件与AI行业的Synthace、Lab Genius、Desktop Genetics公司，等等。

在法国，合成生物学代表企业有研发功能微生物的Glowee、Denoive、Biomillenia、Eligo Bioscience、Unibiome公司，改良碳代谢的EnobraQ、Global Bioenergies公司，合成DNA的DNA Script、Heurisko公司，生产可再生化学品的Arkema、PILI、Metabolic Explorer公司等。

在德国、瑞士、比利时、荷兰、丹麦、芬兰、瑞典、加拿大等国，也有一批知名合成生物学企业，包括Evonik Industries、Isobionics、Firmenich、Evolva、Succinicity、Reverdia、Corbion、Symrise、Lanxess、Wacker Chemie、Mosa Meat、Q-gel、Biosyntia、Chr Hansen、Neste、Spiber Technologies、Concentric Ag、Hyasynth Bio、Iogen、Ontario Genomics公司等。除此之外，美国的杜邦、埃克森美孚、陶氏化学，德国的拜尔、巴斯夫、瑞士的诺华，荷兰的皇家帝斯曼、联合利华，丹麦的诺维信等大型企业，都已进入合成生物学领域。

4. 国内产业界的现状与趋势

在我国，合成生物学代表企业有：从事生物塑料聚羟基脂肪酸酯（PHA）生产的蓝晶微生物（天使＋PreA轮融资1560万元），从事天然产物异源合成的嘉兴欣贝莱，生产聚酮化合物的南京枫杨生物，从事合成生物技术服务的南京金斯瑞与北京合生基因，从事基因编辑的博雅辑因（PreB轮融资1亿元），布局微生态药物的知易生物（A轮融资5000万元）、奕景生物、慕恩生物（PreA轮融资6700万元）、绥中神箭神舟，从事微生物检测的锐翌生物（PreA＋A轮融资近1亿元）、量化健康（PreA＋A轮融资5000万元）、赛哲生物、微基生物、弘睿康（PreA轮融资1000万元）、微健康基因等等。值得一提的是，肿瘤免疫治疗领域是合成生物学与肿瘤学、免疫学的交叉研究热点，2018 年，君实生物子公司苏州众合生物医药股份有限公司研制开发的国产 PD-1 单抗——特瑞普利单抗注射液（商品名：拓益）、信达生物与礼来制药共同开发的 PD-1 单抗——信迪利单抗注射液（商品名：达伯舒）先后获得批准上市，相比已在中国上市的进口药——百时美施贵宝的 Opdivo（简称“O 药”）以及默沙东的 Keytruda（简称“K 药”），国产研发药物上市仅仅落后几个月的时间。

三、前景与展望

1. 合成生物学是难得的历史机遇

合成生物学可以用于应对社会发展所面临的一系列重大挑战，包括减缓气候变化，保障能源安全，解决水、土壤和粮食安全的农业应用，改善人口健康以及保护环境等等，与我国的科技强国、健康中国、美丽中国、平安中国等重大战略需求相符。可以预见，合成生物学将日益成为全球科技创新的竞争核心与热点领域之一。我国既面临赶超跨越的难得历史机遇，也面临差距进一步拉大的风险，必须紧紧抓住新一轮科技革命和产业变革的重大机遇，牢牢把握合成生物技术发展的战略主动权。

2. 合成生物学将迎来大爆发

我国已经制定了合成生物学战略路线图，规划了技术、工业、农业、医学应用等方面的中长期目标。在此基础上，我国应持续加强对该领域的顶层设计和前瞻部署，包括加强基础研究及科技计划布局，加强创新基地建设，加强人才队伍建设，发挥科研院校与企业的技术创新主体作用等。可喜的是，国家重点研发计划——“合成生物学”重点专项已在 2018 年正式启动，并由科技部与深圳市联动投入 23 亿元实施。重大创新载体方面，深圳市已正式立项建设合成生物研究重大科技基础设施及合成生物学创新研究院，总投资 22 亿元；天津市策划建设国家合成生物技术创新中心；教育部立项建设合成生物学前沿科学中心（天津大学）；中科院已在上海建有合成生物学重点实验室、在天津建有生物设计中心、在深圳建有合成生物学研究所。可以预见，几年后合成生物学领域将迎来一轮基础科研、人才队伍、产业实业的大爆发。

3. 合成生物学需加强监管体系建设

但应当看到，合成生物学尚处在发展初期，其研发资助、技术转化、知识产权、公众科普等涉及方方面面的政策和法律法规问题。其中，工业方面的应用（包括燃料、化学品和材料的生物生产）一般是对现有的、源于石油的化学品的替代，并不需要制定全新的政策或监管措施；而新型活体药物以及农业方面的应用，则分别涉及人体健康和环境排放，需要对现有的政策及监管措施进行延伸，乃至大幅修改。面对合成生物学这一前沿热点，我国亟需建立一个有效的监管体系，并充分发挥协会的协助作用，在政府、学术界、产业界、公众用户之间实现管理互作，肩负起国际责任，确保生物安全，维护人类命运共同体的和谐发展。

（撰稿专家：崔金明）

下一代工业生物技术

一、概述

正在发展的“下一代工业生物技术”（Next Generation Industrial Biotechnology，NGIB）需要解决现阶段生物制造固有耗能、耗水、过程操作复杂、产物最终浓度低、产物纯化复杂、过程不能连续、设备投资昂贵以及与人争粮等缺点，以在不燃不爆、无污染、少耗水的情况下，部分代替化学工业提供大量材料、燃料、药品、炸药和其他衣食住行必需品满足人类需求。我国有世界规模最大的工业生物制造产业（产值近万亿元），迫切需要产业升级。以极端微生物合成生物学为基础的工业生物制造，可以克服现有生物制造的缺点，促进我国生物制造的全面升级换代，解决面临的生态、资源和可持续发展危机。目前我国已经初步研制成功了“下一代工业生物技术”，体现在以下几个方面。①节能：发酵过程无需高温高压灭菌；②节水：可以用海水替代淡水，而且过程产生的水可以多次循环利用；③连续发酵制造：由于染菌概率减少了，生产过程可以连续起来；④过程操作简单：由于无需灭菌和可连续的发酵，操作过程简单了许多；⑤设备投资大幅度减少：由于发酵过程无需高温高压灭菌，就不需要使用昂贵的不锈钢发酵罐和不锈钢管道系统，转而使用便宜的塑料、陶瓷甚至水泥罐体或管道等；⑥不与人争粮：合成生物学改造的嗜盐细菌可以利用淀粉、蛋白、脂肪甚至纤维素和脂肪酸等生长，这些都是食物的组分，我们用餐厨废料也能使嗜盐细菌生长，制造我们所需的产品；⑦产物最终浓度大幅度提高：通过分子操作，使嗜盐细菌在高密度情况下仍然能继续生长，使产品最终浓度大幅提高；⑧产物纯化简单：通过表达细菌分离遏制基因，使细菌形态发生变化，能产生自凝絮作用，使菌体与发酵液自然分离；⑨一个菌种，多个产品：已经开发成功的分子操作技术，可以通过代谢工程使嗜盐细菌生产多种材料、化学品和燃料；⑩多个产品，相同的发酵条件：由于嗜盐细菌菌种一样，发酵工艺也能保持一致，使工艺开发简单化。“下一代工业生物技术”能够大量廉价地生产各种材料、燃料、药品、炸药和其他衣食住行必需品满足社会需求。

1. 背景介绍

由于石油价格的降低以及新能源的开发，包括太阳能、页岩气、风能和天然气水合物，传统工业生物技术的产品如小分子化学品，聚合物材料和生物燃料在与基于石油的产品竞争过程中始终处于不利地位。因此，迫切需要开发新技术，即“下一代工业生物技术”（next generation industrial biotechnology，NGIB），以克服当前工业生物技术的缺点。

NGIB应该避免造成当前工业生物技术低竞争力的问题，包括淡水和能源的大量消耗（用于灭菌、氧气供应和搅拌），频繁的微生物污染，不连续的生产过程，难以回收和处理发酵废液，较难和较昂贵的产品分离和纯化过程，一种菌株只能用于生产一种产品（缺乏可以生产多种产品的平台菌株），生产菌株的生长缓慢，难以开发全自动生产工艺，底物到产品转化效率低，以及需要投入较多资金用于抗污染的设施和设备。

当前工业生物技术的所有困难都可归因于发酵生产所用的微生物，这些微生物易被其他微生物污染。例如，常见的工业菌株：大肠杆菌、芽孢杆菌属、谷氨酸棒杆菌、假单胞菌属和酵母，这些微生物需要在温和的条件下［弱酸性或中性（pH为5～7），温度为30～37℃，并且需要补充酵母提取物］生长，但同时温和的条件允许空气、水和土壤中的大多数微生物生长。生产设施必须密封并完全消毒以防止任何其他微生物的污染，这一过程大大增加了生物过程的复杂性，导致较高生产成本。因此，具有鲁棒性和抗污染性的平台微生物是非常重要的。

2. 挑战

除人工成本外，生物产品的生产成本主要包括上游和下游两部分：上游部分的成本包括底物消耗（底物预处理）和能源消耗（灭菌、搅拌、通风、冷却和加热）。下游部分的成本主要来源于需要特定的分离设备经过漫长的过程将微小的微生物细胞与其生长培养基分离，提取和纯化细胞内或细胞外产物。任何降低能耗的尝试都有利于降低生产成本。此外，大多数微生物发酵过程在长时间的培养过程中易于被污染，从而使得更有效的连续发酵过程的推广使用受到限制。因此，具有鲁棒性并且抗污染的微生物的应用是降低生产成本的关键，而且是构成NGIB降低生物生产成本的基础。

具有鲁棒性和抗污染性的菌株是NGIB发展的最重要因素。必须具备以下特性的菌株才能满足作为NGIB平台菌株的要求：①在极低温或高温，低

pH 或高 pH 和/或低渗透压或高渗透压下快速生长；②在一些非常规碳源上快速生长，如长链脂肪酸、甲醇、纤维素、几丁质、橡胶甚至气态底物 H_2、CO_2 或甲烷；③在高浓度或者毒性底物上快速生长，如短链醇（C_1～C_4）、短链脂肪酸（C_1～C_6）、重金属（Cu，Zn，Pd 和 Hg 等）或有毒化合物（不饱和脂肪酸或醛等）；④在没有足够的水的情况下快速生长；⑤具有分子生物学方法和工具，以利于提高性能和生产多种产品。作为平台生产菌株，它还应该有完整的基因组信息。具有两种或三种或更多特性组合的菌株甚至比单一特性的菌株更好，因为这种特性组合将使平台菌株具有更强的耐污染特性。

许多古生菌具有上述一些特性，但是它们生长缓慢。此外，它们很难进行基因工程改造，因此古生菌不适合作为 NGIB 的平台菌株。虽然有些嗜极细菌、藻类或真菌满足上述特性，但也需利用分子生物学方法和工具来改善其性能，尤其是原核细菌的性能。当下面临的主要挑战是鉴定和开发具有上述特性组合的 NGIB 平台菌株。

3. 机遇

幸运的是，一些原核生物具有上述一些特性，包括嗜酸菌、嗜碱菌、嗜冷菌、嗜热菌、嗜旱菌、甲烷氧化菌、嗜盐菌和一些可利用气态底物或纤维素等的细菌。从这些生物体中分离出来的生物催化剂被称为极端酶，极端酶具有耐盐、热稳定性和冷适应性等特殊性质。可以将如下所述细菌中的一些开发为 NGIB 的平台菌株。

二、国内外研发现状与趋势

1. NGIB 基于嗜酸菌和嗜碱菌

嗜酸菌具有调节自身细胞内 pH 值的细胞适应性，可以在酸性天然火山口或硫酸池以及人工环境中成长，已知从嗜酸菌中获得的几种细胞外酶可以在 pH 远低于细胞质 pH 时发挥作用。它们能产生淀粉酶、蛋白酶、连接酶、纤维素酶、木聚糖酶、α-葡萄糖苷酶、内切葡聚糖酶和在低 pH 下稳定的酯酶。嗜酸菌可以通过遗传工程改造，以进一步促进其工业应用。为了防止污染，改善纤维素水解并加速乙醇蒸发以避免终产物反馈抑制，人们尝试利用嗜酸菌以木质纤维素为底物生产生物燃料。来自嗜酸菌的酶主要用于淀粉、蛋白质和纤维素等生物聚合物底物降解。在较低的生长 pH 下，以生物聚合物为底物生长增加了防止其他微生物污染的可能性，因为很少竞争者可以同时在非常低的pH和生物聚合物底物上生长。

嗜碱的 *Bacillus marmarensis* 已被作为应对微生物污染的新生物过程的平台菌。利用新开发的转化方法和遗传工具，以及优化的RBS和反义RNA，*B. marmarensis* 能够在未经过灭菌处理的培养基中利用葡萄糖以65%的产率生产38g/L的乙醇，在未经灭菌处理的海水和藻类污染的废水中利用纤维二糖和木糖以50%的产率生产12g/L的乙醇。嗜碱菌在未经灭菌处理的、不可饮用的海水中生产各种碳水化合物提供了一种很有前景的生物生产方法。

2. NGIB基于嗜冷菌和嗜热菌

冷适应海洋细菌产生的细胞外水解酶在工业应用中具有重要意义，而且在自然环境中，对于颗粒状有机物质的降解起关键作用。在尽可能减少能源消耗的大背景下，从嗜冷生物中提取的酶已经成为工业应用的热点。现代生物技术产业需要能够在极端条件下发挥作用的生物大分子。嗜冷和耐冷微生物及其冷适应蛋白和酶在生物技术上有广泛的应用，比如在较低温度下具有更高催化效率的脂肪酶、苹果酸脱氢酶、磷酸三酯异构酶、DNA连接酶、木聚糖酶、柠檬酸合酶、金属蛋白酶、多聚半乳糖醛酸酶、纤维素酶和木聚糖酶、几丁质酶、果胶酶和蛋白酶。一些食品加工应用也将受益于低温酶的可用性。

极端嗜热微生物生产生物基燃料和化学品使得极端嗜热生物的优点被大家认知，越来越多的研究致力于改造嗜热微生物。最近的研究进展扩展了嗜热微生物的可用遗传操作工具，为改造这些微生物成为代谢工程底盘菌成为了可能。嗜热微生物不仅增加为生物生产提供了不同的温度选择，还为无污染的生物生产过程提供了新的机会。由于嗜热生物的相对较小的基因组，它们是最先被测序的生物之一，并且开发了基于系统生物学的方法的应用，以研究它们独特的生理、代谢和生物技术特征。嗜热菌细菌属 *Caldicellulosiruptor*、*Thermotoga* 和 *Thermus*，是迄今为止研究最多的嗜热菌。最近开发了很多针对这些微生物的遗传操作工具，为改善其性能提供了可能。

嗜热菌通常对诸如化学变性剂、较大的pH变化和/或非水溶剂的苛刻条件具有较高的耐受性。此外，来自嗜热生物的热酶具有良好的性能和广泛的应用可能。此类酶包括纤维素酶、木聚糖酶、果胶酶、几丁质酶、淀粉酶、支链淀粉酶、蛋白酶、脂肪酶、葡萄糖异构酶、醇脱氢酶和酯酶。来自 *Thermus brockianus* 和 *Thermotoga thermarum* 的木聚糖酶能够适合工业应用，因为它具有95℃的最佳反应温度、热稳定性和对可溶性和不溶性木聚糖的高比活性。来自 *Archaeon Pyrococcus furiosus* 的超热稳定的β-甘露糖苷酶具有转糖基活性和 100℃的最佳反应温度，在食品和制药工业具有很大的应用潜能。

3. NGIB 基于嗜旱菌、甲烷氧化菌和气态底物利用菌

干旱地区的嗜旱菌在许多工业应用方面都有很大潜能，但是对于嗜旱菌的多样性很少有研究报道，这些细菌通常与相对较高的温度、盐浓度和辐射有关。*Streptomyces*、*Micrornonospora*、*Saccharothrix*、*Streptosporangium*、*Cellulomonas*、*Amycolatopsis*、*Geodermatophilus*、*Lechevalieria*、*Nocardia* 和 *Actinomadura* 生活在干旱地区。已经从旱生细菌中鉴定了具有保护活性的分子，例如在工业和农业中具有潜在应用价值的外蛋白和羟基鞘氨醇。Xerophilic 细菌具有开发成无污染生物生产过程的潜能。此外，许多水解酶如淀粉酶、木聚糖酶和来自耐热放线菌的纤维素酶即使在高温（50～65℃）下也能保持其酶活性。从这些菌株中提取的热稳定酶可以在工业上用于更高温度下的酶的催化反应。

甲烷氧化细菌能除去大量甲烷。一些甲烷氧化菌已被发现并应用于环境生物工程，用于垃圾填埋场和煤矿中产生的甲烷的去除和有毒化合物的生物降解。近年来，已经开发出用于生物修复的甲烷氧化菌生物反应器。

利用合成气（$CO+H_2$）直接合成醇，是近些年发展的一种更环保、更全面和更经济的方向。这一方向的研究起始于 20 世纪 30 年代，并且随着石油价格波动而波动，并且在过去十年中，随着人们对开采页岩气和可再生资源以获得气态原料的兴趣的增加，这一方向的研究也大幅增加。钢铁工业是温室气体排放的主要来源。利用产乙酸细菌对富含一氧化碳的废气进行发酵来生产乙醇、乙酸盐和 2,3-丁二醇。因为发酵过程只有合成气作为底物，所以只有能利用气态底物的微生物可以生长，所以这样的发酵条件下也可以预防污染。

4. NGIB 基于嗜盐菌

嗜盐微生物通常生活在高盐环境或海洋中。它们是一些生物活性化合物的来源，包括抗氧化剂、防晒剂和抗生素以及可用作生物分子或应激保护剂的亲和性溶质。最近研究表明，已经针对碱性嗜盐菌成功开发了基于海水的发酵过程，可用于在开放和连续过程中生产聚羟基脂肪酸酯（PHA）。最近已经开发出可以用于盐单胞菌（*Halomonas* spp.）的遗传操作工具。而且 *Halomonas* spp. 已被改造成可以生产多种产品的菌株。所以 *Halomonas* spp. 有潜力被开发成适合 NGIB 的平台菌。由于大多数嗜盐细菌都具有嗜

碱性，它们的最适培养条件为避免微生物污染提供双重保障。*Halomonas bluphagenesis* TD（简称 *H. bluephagenesis*）已成功开发为 NGIB 的平台菌，已经成功在 1000L 发酵罐的中试规模生产多种产品。*H. bluephagenesis* 从中国新疆的艾丁湖分离获得，2011 年完成了全基因组测序。该菌株利用海水进行非灭菌连续发酵条件下生产聚羟基丁酸酯（PHB），可以达到 80g/L 细胞干重，并且合成占细胞干重 80% 的 PHB。另一株盐单胞菌 *Halomonas campaniensis* LS21 能够以海水为介质进行无灭菌的连续开放发酵，并且发酵过程维持数月都没有检测到污染。并且已经开发出用于盐单胞菌的遗传操作工具，包括结合转化、质粒表达系统、染色体工程和 CRISPR/Cas9 在内的技术。此外，还开发了针对 *H. bluephagenesis* 平台菌株的可诱导 T7-like 启动子。由于避免了灭菌操作，极大地节省了能动成本。

合成生物学和代谢工程方法已被应用于改造 *H. bluephagenesis* 生产聚-3-羟基丁酸酯（PHB），改造后的重组菌可以合成占细胞干重 92% 的 PHB。并且在盐单胞菌中实现了 3-羟基丁酸和 3-羟基戊酸（PHBV）的共聚物，3-羟基丁酸和 4-羟基丁酸（P34HB）的共聚物，生物表面活性蛋白 PhaP 和 5-氨基乙酰丙酸（ALA）的生产。

野生型和合成生物学改造后的 *H. bluephagenesis* 已经实现从 1L 发酵罐扩大到 5000L 工业发酵罐的工业放大，用于生产聚羟基脂肪酸酯（PHA）的生产。在 5000L 的中试放大生产中，发酵干重最高达到 100g/L，PHA 质量百分含量最高超过 70%。连续的批次发酵生产过程中，平均单罐每批次产量高达 188kg，且产品已经被加工成农膜、一次性购物袋、纤维、布料等终端产品。基于以上的结果，*H. bluephagenesis* 是一种适用于工业生产的平台菌株。通过改造 *H. bluephagenesis* 细胞的大小和形状，以增加细胞的体积，发酵后期只需通过简单的静置即可分离菌体和培养液。因此，基于节水节能的 *H. bluephagenesis* 的 NGIB 已经成功被开发，可以进行连续的、非灭菌开放发酵生产。

三、前景

碱性嗜盐单胞菌（*Halomonas* spp.）已被用于 NGIB 的研究。由于低 pH 和高温将加速底物的降解，因此极端嗜酸菌与嗜热菌的特性相结合有望成为利用淀粉、纤维素或脂肪等生物聚合物底物合成大宗化学品的底盘菌。同时，可以利用多种底物的代谢通路的整合有利于实现利用混合碳源生产多种产品，这将进一步降低生产成本。同样适用于 NGIB 的其他生物如嗜旱微生物尚未被开发。在含有较少水分的培养条件下可以生长的 Xerophiles，如高浓度底物（糖蜜、浓缩葡萄糖或其他糖）也有助于节约淡水和降低工艺复杂性。亟需开发可用于改造这些极端微生物的分子生物学工具。将会有更多极端细菌及其相关酶成为 NGIB 的底盘菌或催化剂，用于生产更具竞争力的大宗化学品。由于 NGIB 不需要高温和高压蒸汽进行灭菌，因此生物反应器具有更多选择，比如塑料或陶瓷生物反应器。由于避免了灭菌，发酵操作变得更加简单，可能不需要训练有素的微生物发酵工程师。由于极端微生物具有鲁棒性，它们在不断变化的动态生长条件下更稳定，自动化过程将比较适用于 NGIB，可以预期基于 NGIB 的全自动生物加工厂。

我国生物制造（发酵）产业全球第一，但由于目前的技术落后，加上严峻的环保形势，大部分发酵产业设备闲置。同时我们的生物质供应过剩，影响了农民的收益，造成了社会的负担。通过“下一代工业生物技术”的发展，可以使大量的生物制造产业升级，盘活整个产业，实现节能、节水和环保的生物制造，从而带来社会的健康发展，以及国防产品的绿色制造。

（撰稿专家：蒋笑然　叶健文　陈国强）

生物产业投融资分析

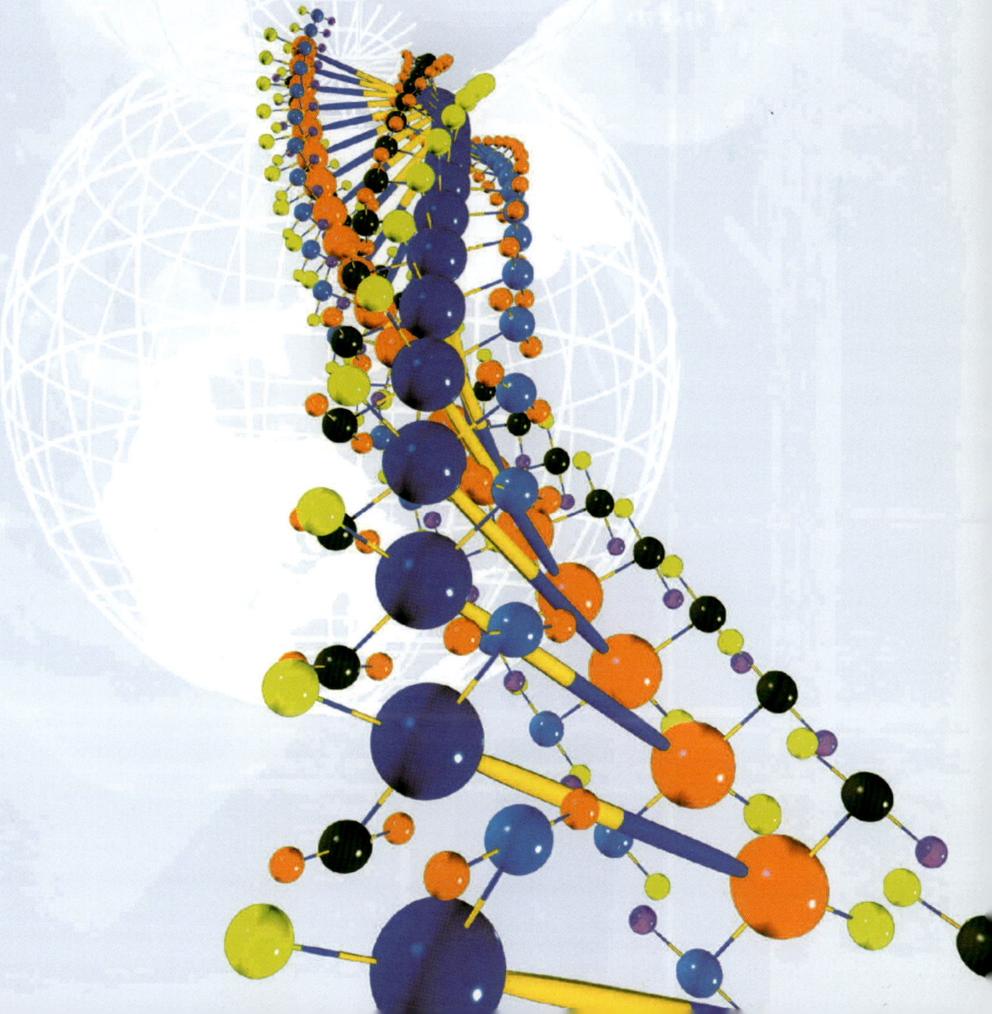

2018 年生物产业投融资报告

一、国际篇

2018 年对于引领全球生物产业发展的美国生物科技行业来说，难以说是一个丰收年，2017 年比较惨淡的数据给资本市场带来了压力，但纵观全行业市场经营数据发现，压力主要来自龙头公司。

2017 年美国纳斯达克可统计生物科技公司共实现收入 1776.40 亿美元，同比增长 5.25%，可统计利润合计 16.57 亿美元，同比下降 89.67%。在 382 家可比较利润公司中，利润增长的 167 家，利润下降的 215 家，但相比 2016 年，下降的 215 家公司合计减少利润 240.2 亿美元，而增长的部分仅 100 亿美元，因此拖累全年利润相比 2016 年大幅下降。行业龙头企业的利润减少是拖累行业的主要原因，吉利德、安进和生物基因公司分别减少 88.4 亿美元、57.4 亿美元和 10.25 亿美元，合计减少利润 156 亿美元，占到了 2017 年利润下滑总额的 65%（表 4-1）。

表 4-1　美国 NASDA 生物上市公司经营数据

年度	统计公司	盈利公司	亏损公司	收入合计/亿美元	亏损合计/亿美元	盈利合计/亿美元	统计利润合计/亿美元
2005 年							
2006 年	157			459.06			0.04
2007 年	145	29	136	560.08	−51.02	89.68	38.65
2008 年	163	36	177	664.65	−79.55	113.07	33.51
2009 年	171	49	152	680.04	−51.71	135.86	84.15
2010 年	199	54	190	778.34	−62.43	148.42	85.99
2011 年	224	56	230	889.67	−63.47	148.39	86.39
2012 年	338	59	279	995.11	−73.39	169.61	96.22
2013 年	363	52	311	1075.32	−105.06	179.39	178.62

续表

年度	统计公司	盈利公司	亏损公司	收入合计/亿美元	亏损合计/亿美元	盈利合计/亿美元	统计利润合计/亿美元
2014 年	377	54	323	1407.99	－131.33	306.68	175.35
2015 年	387	60	327	1570.24	－169.51	399.86	230.34
2016 年	410	59	351	1687.78	－207.30	367.72	160.42
2017 年	425	52	324	1776.40	－226.88	243.44	16.57

数据来源：WIND 资讯，西南证券整理。

1. *龙头公司拖累市场表现*

龙头公司不佳的经营业绩，也拖累了 NBI 指数 2018 年的表现，全年回落 9.32％，指数成分股市值合计也从 2017 年的次高点 7804.02 亿美元回落至 7224.46 亿美元，市场表现仅好于 2016 年。其中吉利德跌幅 9.92％，生物基因下降 21.34％，而安进公司则因为良好的 2018 年业绩预期增长了 15.23％，最新披露的安进公司 2018 年利润达 83.94 亿美元，同比增长 324.15％。

2018 年 NBI 指数进行了较大调整，62 家公司被计入指数，34 家公司被指数剔除，其中包括沙尔制药（Shire），一家英属的专注治疗多动症、胃肠道疾病、人类基因疗法及再生医学的生物制药公司。沙尔制药一度是市场的龙头，但 2018 年被武田公司收购而失去上市地位。沙尔制药的退市也使板块营收损失巨大，2017 年沙尔制药贡献了 151.6 亿美元的收入和 42.7 亿美元的净利润。因此 2018 年的行业年度报告数据预计也不会乐观（表 4-2）。

表 4-2　NBI 指数表现与纳斯达克 IPO

年度	NBI 市值/亿美元	指数涨跌/％	IPO 数量	募资额/万美元
2010 年	1682.23	5.62	1	350
2011 年	1945.53	11.81	4	8420.698
2012 年	2977.16	31.91	8	253 847.1
2013 年	5390.7	65.61	55	351 563.1
2014 年	7349.23	34.10	96	618 819.8
2015 年	8069.01	11.42	74	576 699.9
2016 年	6508.8	－21.68	41	242 924.9
2017 年	7804.02	21.06	44	340 707.3
2018 年	7224.46	－9.32	71	673 498.1

数据来源：WIND 资讯，西南证券整理。

尽管市场整体表现偏弱，但仍然有为数不少的公司市场表现优秀。2018年共有9家公司获得100%以上的涨幅，其中属于荷兰的PROQR THERAPEUTICS公司以389.3%位居涨幅榜之首，该公司是一家基于RNA疗法的发现和发展的严重遗传性疾病的治疗的生物科技公司，利用该公司独特的、专有的RNA修复技术，该公司将能够用来治疗因为基因异常而导致蛋白质缺陷的罕见遗传性疾病；紧随其后的是英国的阿玛琳公司，一家后期阶段专注于心血管疾病的生物制药公司，年涨幅为239.4%；涨幅第三的是ARROWHEAD PHARMACEUTICALS公司（涨幅为237.5%），该公司重点为遗传基础疾病开发创新药物，利用其专有的动态多共轭平台开发基于RNA干扰机制的靶向药物，使致病基因沉默。

此外还有6家公司市场表现良好，年涨幅在100%～200%。6家公司除一家来自加拿大外，其余都是来自美国。有23家公司的年度涨幅在50%～99%，其中包括致力于埃博拉病毒治疗药物开发的SAREPTA THERAPEUTICS，该公司2018年累计涨幅96.14%。在龙头公司榜单中，百济神州（43.53%）、ILLUMINA（37.27%）、BIO-TECHNE CORP（12.6%）、福泰制药（VERTEX）（10.58%）等，都对NBI指数形成了正贡献（表4-3）。

表4-3　纳斯达克2018年市值最大的20家公司

代码	公司名称	收盘/美元	总市值/亿美元
AMGN. O	安进(AMGEN)	194.67	1240.47
GILD. O	吉利德科学	62.55	809.16
BIIB. O	生物基因(BIOGEN)	300.92	606.3
CELG. O	新基医药(CELGENE)	64.09	448.15
ILMN. O	ILLUMINA	299.93	440.9
VRTX. O	福泰制药(VERTEX)	165.71	423.49
REGN. O	再生元制药(REGENERON)	373.5	404.26
ALXN. O	亚力兄制药(ALEXION)	97.36	217.21
BMRN. O	拜玛林制药	85.15	151.62
INCY. O	因塞特医疗	63.59	135.32
GRFS. O	基立福	18.36	126.24
SGEN. O	SEATTLE GENETICS	56.66	90.74
BGNE. O	百济神州	140.26	83.49

续表

代码	公司名称	收盘/美元	总市值/亿美元
IONS. O	IONIS PHARMACEUTICALS	54.06	74.37
ALNY. O	阿里拉姆制药	72.91	73.66
SRPT. O	SAREPTA THERAPEUTICS	109.13	72.92
NBIX. O	神经分泌生物科学	71.41	64.76
PRAH. O	PRA HEALTH SCIENCES INC	91.96	59.75
EXEL. O	伊克力西斯	19.67	58.81
TECH. O	BIO-TECHNE CORP	144.72	54.65

数据来源：WIND 资讯，西南证券整理。

安进公司尽管以 1240 亿美元市值雄踞第一，继续保持千亿美元市值公司宝座，但总市值相比 2017 年却减少了 15.44 亿美元，降幅为 1.2%。导致股价上涨而市值下降的主要因素是股权回购，针对 2017 年业绩大幅下降，为了对冲资本市场压力，2018 年安进公司依靠减税政策，耗资 150 亿美元实施了较大规模的股权回购，使公司总股本从 7.22 亿股下降到 6.296 亿股。回购规模远超传统制药公司辉瑞、默克和礼来。除了安进公司，位居第四的新基医药股票回购规模也在 6000 万以上，耗资超过 50 亿美元。生物基因（BIOGEN）股票回购规模位居第三，耗资也在 30 亿美元之上。

除了 82 家公司市场表现出正增长，其余 142 家公司均是下降的，跌幅最大的是爱克龙药业，一家专注于眼科的制药公司，全年下跌了 89.48%。相比涨幅的个股，全指数个股跌幅更加迅猛，有 30 家公司股价跌幅在 50% 以上，和涨幅 50%的个股相当。但跌幅 70%以上的个股有 12 家，多于涨幅 100%以上的公司数。除了前面所述三巨头外，往日明星如再生元制药、爵士制药（JAZZ）、亚力兄制药（ALEXION）、新基医药（CELGENE）等，都表现为小幅下跌，跌幅分别为 0.65%、7.94%、18.59%和 38.59%。

2. 市场融资再创纪录

尽管市场压力不小，但丝毫没有影响 2018 年的生物科技公司上市。整个市场相对较高的估值以及对新技术的追捧，给了市场更多的接受科技新贵的理由。可统计 68 家公司公告募集资金 83.04 亿美元，刷新了历史纪录，实际募集资金净额 67.35 亿美元。均高于 2014 年创造的纪录（图 4-1）。但 71 家 IPO 数量逊于 2014 年（96 家）和 2015 年（74 家）。

盘点 IPO 公司，发现 2018 年 IPO 最大赢家是处于研发阶段的生物技术

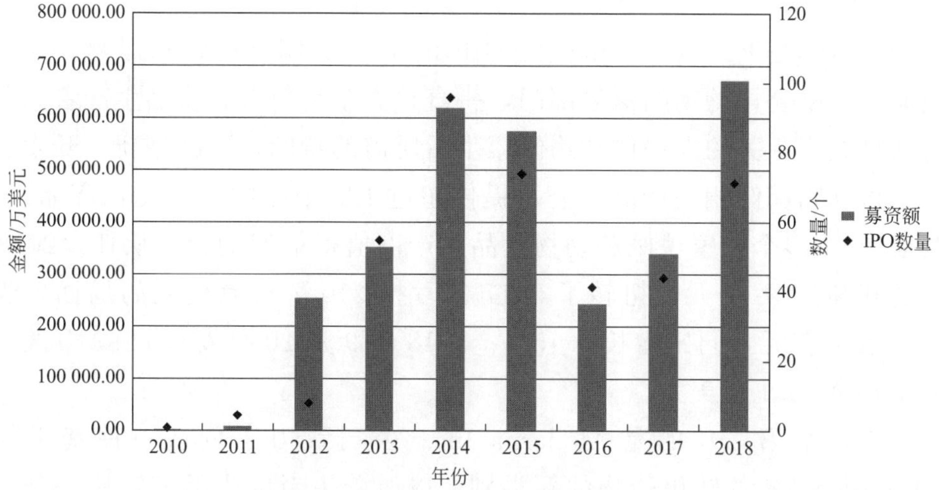

图 4-1 纳斯达克 IPO 年度分析

数据来源：WIND 资讯，西南证券整理

公司，首发公司除募资最大的 Elanco Animal Health Inc 公司和募资排名第七的 TILRAY 公司外，其余都属于研发中晚期的具有自主知识产权平台的公司，其中占比最大的是与癌症治疗相关的公司，无论是免疫细胞治疗还是单抗，都更多的聚焦癌症，28 家与癌症治疗相关的公司上市，占比达 39%（图 4-2）。

图 4-2 纳斯达克生物科技公司 2018 年 IPO 领域分布

数据来源：WIND 资讯，西南证券整理

其次是非肿瘤相关病症的生物药物开发，17 家公司占比达 24%。与基因相关的技术如基因编辑、基因治疗也是 2018 年 IPO 的赢家，10 家的纪录和其他治疗手段相等。动物相关药物、种子以及食品合计有 4 家。从地域分布看，除印度一家、爱尔兰两家、以色列一家、英属维尔京群岛一家外，其余 66 家在美国纳斯达克 IPO 公司均是美国企业。

IPO 冠军是 Elanco Animal Health Inc，一家印度的动物保健公司。该公司原为礼来公司的动物保健部门，一直致力于为兽医、食品生产者以及所有与动物健康相关的人提供动物健康生活所需的帮助，不断创新、开发、生产和销售动物保健相关产品。公司提供超过 125 个品牌的多元化产品组合，使其成为 90 多个国家兽医和动物食品生产商值得信赖的合作伙伴。2018 年预计盈利 8650 万美元，扭转了 2017 年亏损 310.7 百万美元的局面，收入 3066.8 百万美元，同比增长 6.15%。2018 年 9 月 20 日发行 6290 万股，合计募集资金 15.1 亿美元。

募集资金第二位的是 Moderna Inc。公司致力于创造一种基于信使 RNA（mRNA）的转化药物的新类别，以改善患者的生活。它从一开始就决定它们的战略和行动，以长期实现 mRNA 在人类广泛的疾病中的全部潜在价值和影响。2018 年 12 月 8 日发行 2627.6 万股，募集资金总额 6.04 亿美元。

募集资金第三的是 Allogene Therapeutics Inc 公司，是一家临床阶段免疫肿瘤学公司，致力于开发和商业化基因工程同种异体 T 细胞疗法，用于治疗癌症。Allogene Therapeutics Inc 正在开发一种现成的 T 细胞候选产品系列，旨在靶向和杀死癌细胞。其工程化的 T 细胞是同种异体的，这意味着它们来自健康供体，用于任何患者，而不是来自患病的个体患者，如自体 T 细胞的情况。Allogene Therapeutics Inc 相信这一关键差异将使它们能够更快、更可靠、更大规模地向更多患者提供现成的治疗方法。公司发行 1800 万股，募集资金总额 3.24 亿美元。

完成募资排名第四的公司是 Rubius Therapeutics Inc。一家致力于显著改善严重疾病患者生活的公司。它开创了新一类药物 Red Cell Therapeutics (RCTs)。基于其认为人类红细胞是医学下一个重大创新的基础，它已经设计了一个专有平台，用于基因工程和培养具有选择性、有效和即用型细胞疗法的随机对照试验。它相信其 RCT 将为多个治疗领域的严重疾病患者提供改变生活或挽救生命的益处。2018 年 7 月 18 日以 23 美元的价格发行 1048.3 万股，募集资金 2.41 亿美元。

第五位的是 Guardant Health Inc。一家领先的精密肿瘤学公司，致力于通过使用其专有的血液测试、大量数据集和高级分析来帮助全球征服癌症。征服癌症的关键是在疾病的所有阶段前所未有地获取其分子信息，这可通过常规抽血或液体活检来实现。Guardant Health 肿瘤学平台旨在利用公司在技术、临床开发、监管、报销和商业采用方面的能力，以改善患者临床结果，降低医疗成本并加速生物制药药物开发。2018 年 10 月 4 日募资 2.375 亿美元。

排名第六的是 Tricida。公司是一家面向临床阶段的生物制药公司，致力于发现及临床开发肾病、代谢疾病和心血管疾病的治疗方法。Tricida 的主要研究候选药物 TRC101 用于治疗慢性肾脏疾病（CKD）。这种药物不会被人体吸收，能够在胃肠道中清除掉患者体内多余的电解质，这样就可能帮助患者免除透析的痛苦。2016 年 1 月，FDA 接受了 Tricida 的 TRC101 新药研究申请（IND）。该公司此后成功完成了 1/2 期双盲，安慰剂对照研究，其中对患有 CKD 和低血清碳酸氢盐的受试者评估了 TRC101 的安全性、耐受性和疗效。2018 年 6 月 28 日募集资金 2.223 亿美元。

接下来的融资规模都低于 2 亿美元，Tilray Inc 是一家垂直一体化和联邦许可的大麻种植者、加工商和分销商。该公司通过在澳大利亚、加拿大和德国的子公司在五个大陆上的 10 个国家向成千上万的病人提供优质的大麻产品。通过与已建立的药品分销商的协议，该公司在加拿大和欧洲生产医用大麻。7 月 19 日在市场募集资金总额 1.53 亿美元。相比发行价格 17 美元，该公司创造了 2018 年 IPO 上市后的涨幅纪录，最高摸高到 300 美元，最高涨幅为 1764.7%，年内收盘涨幅为 489.12%。

另一个募集资金达到 1.5 亿美元的 Kiniksa Pharmaceuticals Ltd 是一家临床阶段的生物制药公司，致力于发现、获取、开发和商业化治疗药物，以满足患有严重衰弱性疾病的患者的需求。该公司拥有一个跨越不同开发阶段的候选产品管道，专注于自体炎症和自体免疫疾病。公司选择性地识别和获得具有生物学原理或有效作用机制的产品候选。

募集资金排名第九的是 Homology Medicines Inc。一家致力于推广基因编辑专利技术转化应用于罕见病治疗，已经在基于人体腺相关病毒载体的基因编辑和基因治疗方面，构建了诸多的基本技术专利的基因药物公司。其中，核心基因编辑技术平台 AMEnDR，不同于其他基因编辑方法，无需使用外源性的核酸酶和增强子，而是基于宿主本身自然发生的同源重组效应，高效精准地矫正致病基因或插入基因治疗序列。其专有技术独树一帜，有潜力突破现有基因治疗和基因编辑（如 CRISPR）的技术瓶颈。3 月 28 日以 16 美元的价格发行了 900 万股，融资 1.44 亿美元，年内涨幅为 48.56%。

位居第十的 Urovant Sciences Ltd 是一家临床阶段的生物制药公司，致力于为泌尿系统疾病开发和商业化创新疗法。其候选产品 vibegron 是一种口服，每日一次的小分子 β-3 激动剂。9 月 27 日公司以 14 美元的价格发行了 1000 万股。

2018 年纳斯达克生物科技 IPO 融资前 20 位名单见表 4-4。

表 4-4　2018 年纳斯达克生物科技 IPO 融资前 20 位名单

代码	名称	上市日期	发行价格/(美元/股)	上市至今涨幅/%	实际发行总数/万股	首发募资总额/万美元
ELAN. N	ELANCO ANIMAL HEALTH	9-20	24.00	31.50	6290.00	150 960.00
MRNA. O	MODERNA	12-7	23.00	−27.22	2627.60	60 434.78
ALLO. O	ALLOGENE THERAPEUTICS	10-11	18.00	58.11	1800.00	32 400.00
RUBY. O	RUBIUS THERAPEUTICS	7-18	23.00	−36.91	1048.30	24 110.90
GH. O	GUARDANT HEALTH	10-4	19.00	108.05	1250.00	23 750.00
TCDA. O	TRICIDA	6-28	19.00	16.00	1170.00	22 230.00
TLRY. O	TILRAY	7-19	17.00	489.12	900.00	15 300.00
KNSA. O	KINIKSA PHARMACEUTICALS	5-24	18.00	15.17	847.78	15 260.00
FIXX. O	HOMOLOGY MEDICINES	3-28	16.00	48.56	900.00	14 400.00
UROV. O	UROVANT SCIENCES	9-27	14.00	−36.57	1000.00	14 000.00
THOR. O	SYNTHORX	12-7	11.00	26.00	1191.27	13 104.00
ALLK. O	ALLAKOS	7-19	18.00	156.39	713.33	12 840.00
TBIO. O	TRANSLATE BIO	6-28	13.00	−55.38	935.00	12 155.00
ARVN. O	ARVINAS	9-27	16.00	1.63	750.00	12 000.00
RCUS. N	ARCUS BIOSCIENCES	3-15	15.00	−39.53	800.00	12 000.00
FTSV. O	FORTY SEVEN	6-28	16.00	−1.50	703.50	11 256.00
SURF. O	SURFACE ONCOLOGY	4-19	15.00	−66.47	720.00	10 800.00
EIDX. O	EIDOS THERAPEUTICS	6-20	17.00	−24.06	625.00	10 625.00
PRNB. O	PRINCIPIA BIOPHARMA	9-14	17.00	81.88	625.00	10 625.00
APTX. O	APTINYX	6-21	16.00	8.94	640.00	10 240.00

数据来源：WIND 资讯，西南证券整理。

除了 IPO 的丰收，2018 年投资美国生物科技领域的 PE/VC 一样可圈可点。据普华永道联合发布的 2018 年度风险投资行业报告显示，美国创企 VC 融资总额高达 995 亿美元，占据全球金额近 50%。美国风险投资交易笔数为 5536 笔，是 2013 年以来的最低水平。但健康领域表现依然强势，健康科技投资金额从 2017 年开始进入快速增长期，2017 年融资金额从 115.46

亿美元增长到 163.47 亿美元，2018 年再度增长到 203.37 亿美元，年度增幅 21%，再次创下历史纪录；但 793 个投资案例低于 2017 年的 845 个，与 2014、2015 年的水平相当（图 4-3）。

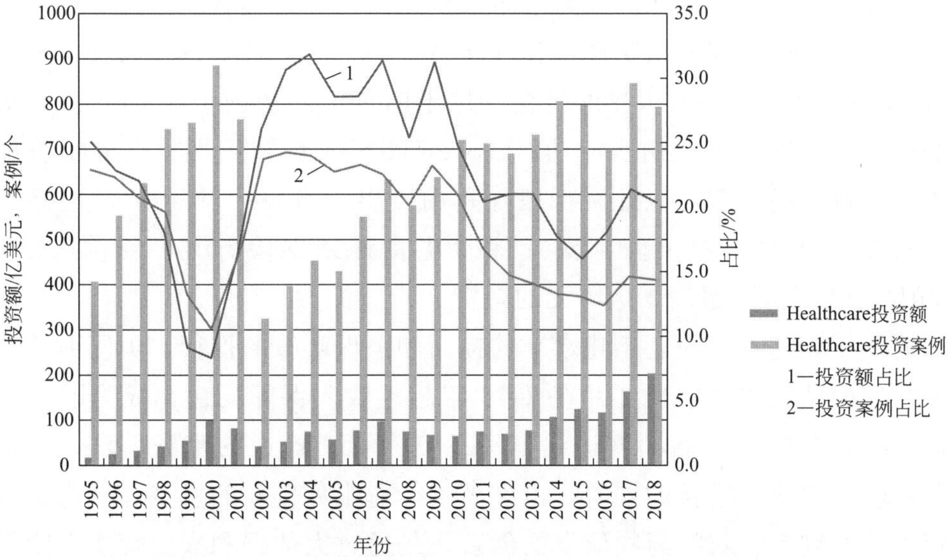

图 4-3　美国风险投资在健康领域的投资及占比分析

数据来源：普华永道 2018 年风险投资报告，西南证券整理

Relay Therapeutics 公司继 2016 年获得 5700 万美元的 A 轮融资、2017 年获得 6300 万美元的 B 轮融资后，2018 年 12 月 20 日再次获得 4 亿美元 C 轮融资。该轮融资由 SoftBank Vision Fund（软银）领投，新投资者 Foresite Capital、Perceptive Advisors 和 Tavistock Group 跟投，现有投资者 GV、Casdin Capital、BVF Partners、EcoR1 Capital、Alexandria Venture Investments 以及 D. E. Shaw Research 的附属公司也参与其中。作为一家专注于药物发现中的蛋白质运动，旨在通过建立一个独特的开发平台，创造对患者具有变革性影响药物的初创公司，近几年几乎年年上榜，2018 年以 4 亿美元融资跻身 2018 年风投案例第五位。

同样跻身 TOP 榜的还有 Devoted Health，是一家专门面向老年人提供服务的健康管理公司，其目前正在申请联邦医疗保险优良计划（Medicare Advantage）保险经营资质，计划于 2019 年发布相关产品。Devoted Health 的经营理念是将每一位会员当做自己的父母一样对待 "every member should be treated like Mom (or Dad)"，希望为他们提供更好的健康管理解决方案，包括提供个性化就诊指导、提供世界级的技术简化就诊流程、与顶级医疗机构合作建立医疗网络。2018 年公司同样完成了第三轮融资计划，融资额达 3 亿美元，位居 TOP 榜的第十二位。

在传统的健康险模式中，老年人群体意味着更高的慢性病发病率和更高的医疗费用，因此不是保险公司最希望承保的人群。随着技术的发展，为老年人提供慢性病管理和预防性医疗存在更大的空间，越来越多的公司意识到了 Medicare Advantage 市场的机会。位于旧金山的初创企业 Clover Health 已经在这一领域获得了初步成功，Clover Health 希望应用数据分析技术对老年人进行慢病管理，以此降低医疗费用支出。Clover Health 成立于 2014 年，其在新泽西州提供联邦医疗保险优良计划保险计划。目前，Clover Health 已经获得了超过 4 亿美元的融资。

近几年，随着美国老年化水平的提高和医保政策的推行，美国财政支出用于医疗的费用快速增长，并在 2016 年超越收入保障支出，成为财政支出的最大项，2017 年支出额度达到 15 323 亿美元。极大的市场需求，在推升公共财政支出快速增长的同时，也推高了行业服务创新的发展。无论是新的治疗手段的创新、新的药物研发的创新还是通过大数据和人工智能手段服务于健康的管理，在美国的资本市场中，都得到了极大的体现。

3. 并购交易依然火热

2018 年全球生物医药领域与 IPO、风险投资一样火热的还有并购。截至 12 月 5 日，全球生物医药领域的并购事件共有 267 起，金额高达 1415 亿美元（表 4-5）。2018 年 5 月 8 日，日本武田制药（Takeda）同意以约 460 亿英镑（约合人民币 4050 亿元，621 亿美元）的现金和股票交易收购爱尔兰制药巨头夏尔（Shire），这笔交易不仅成为日本企业迄今为止最大的海外收购，也是 2000 年以来制药业最大的一笔收购。

表 4-5　2018 年全球生物医药并购案例

日期	被并购方	并购方	金额/亿美元	领域
4-25	Shire	Takeda	620	罕见病
1-22	Bioverativ	Sanofi	116	血液疾病，血友病
1-22	Juno Therapeutics	Celgene	90	细胞疗法
4-9	AveXis	Novartis	87	基因疗法
1-7	Impact Biomedicines	Celgene	70	血液癌症，肿瘤学
12-3	TESARO	GSK	51	肿瘤靶向疗法
1-29	Ablynx	Sanofi	48	肿瘤学，纳米抗体

续表

日期	被并购方	并购方	金额/亿美元	领域
11-20	BTG	Boston Scientific	42	手术设备，介入医学
6-20	Foundation Medicine	Roche	24	基因检测，精准医学
10-18	Endocyte	Novartis	21	肿瘤靶向疗法
2-15	Flatiron Health	Roche	19	医学数据
5-10	ARMO BioSciences	Eli Lilly	16	肿瘤免疫疗法
11-1	Pacific Biosciences	Illumina	12	基因检测，精准医学
9-26	Syntimmune	Alexion	12	罕见病
6-28	PillPack	Amazon	10	医药电商，网上药店
5-2	BeneVir Biopnarm	Janssen Biotecn	10	肿瘤免疫疗法，溶瘤病毒

数据来源：WIND资讯，西南证券整理。

武田制药是日本最大的制药商，此前在全球制药50强排名中排名18，而夏尔则是在罕见病领域最负盛名的生物制药企业。此次并购完成后，双方合计销售额将超过3万亿日元，超过美国吉利德科学（Gilead Sciences，销售额为260亿美元）跃居至全球第9。

与武田相媲美的是赛诺菲，2018年1月22日，赛诺菲以116亿美元收购美国公司Bioverativ，以此来增厚公司利润，强化公司在罕见病治疗领域的业务。这笔交易是赛诺菲2011年以200亿美元收购美国生物科技公司Genzyme以来的最大收购。随后赛诺菲又击败了竞争对手丹麦制药商Novo Nordisk，同意以39亿欧元（合48亿美元）收购比利时生物技术公司Ablynx。Ablynx正在开发一种珍贵的实验性药物，用于治疗罕见的血液疾病，这笔交易也将继续扩大赛诺菲在罕见病领域的市场占有率。

2018年并购明星铜牌非新基药业（CELGENE）莫属，1月7日，新基药业以70亿美元收购了Impact Biomedicines，获得后者的在研骨髓纤维化和真性红细胞增多症新药fedratinib。fedratinib是一个高选择性的JAK2抑制剂，目前正在877例患者（涉及18项临床研究）中开展临床试验。fedratinib的开发历程可谓好事多磨，其发明人是John Hood博士，开发权利归TargeGen公司所有。2010年，赛诺菲5.6亿美元收购了TargeGen，将fedratinib收入囊中，但是由于临床试验中出现了罕见的韦尼克脑病并发症，FDA在2013年11月叫停了fedratinib的临床研究，赛诺菲随后宣布放弃开发fedratinib。在听闻赛诺菲放弃开发fedratinib之后，John Hood新成立了

Impact Biomedicines 公司，几乎没付什么代价便从赛诺菲那里取回了 fedratinib 的开发权利。Impact Biomedicines 对患者出现韦尼克脑病的数据进行了详细检查，并分析了其中的原因，发现这种副作用可能与患者的维生素 B_1 缺乏有关。FDA 在 2017 年 8 月撤销了 fedratinib 的临床暂停指令。

新基药业（CELGENE）的第二笔并购是 90 亿美元价格收购 CAR-T 疗法领军公司朱诺医疗（Juno Therapeutics）。这次收购还包括增设新的科研平台和扩展制造能力。这将为新基医药在血液学和肿瘤学领域的领导地位奠定基础。Juno Therapeutics 公司还曾在 2016 年 4 月和国内 CRO 企业药明康德在上海宣布成立合资公司药明巨诺，共同开展 CAR-T 和 TCR 疗法的研发和生产。

诺华药业 87 亿美元收购 Avexis 可以入选 2018 年并购第四，4 月 9 日诺华公告以每股 AveXis 股票支付 218 美元的价格收购 Avexis，使得该股较上周五收盘价溢价 88%。诺华通过此项收购可以扩大其在基因治疗和神经科学方面的领导作用。

4. FDA 功不可没

当然，推动全球生物医药产业资本繁荣的除了市场的需求、财政支出的快速增长和技术创新外，FDA 也功不可没。2018 年美国 FDA 批准了 42 种新分子药物和 23 种生物药（图 4-4）。已经打破了过去 20 多年来的最高纪录（1996 年为 53 个）。

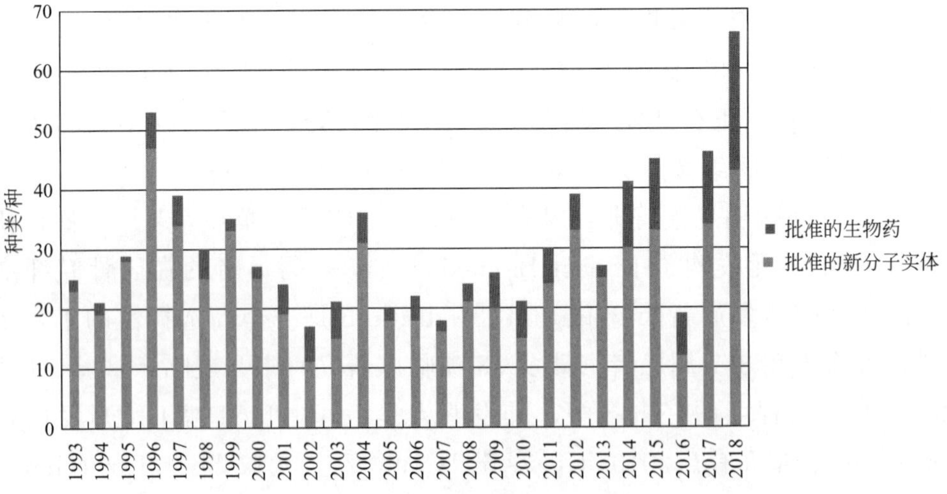

图 4-4　FDA 批准的生物药与新分子实体

数据来源：FDA，西南证券整理

2018 年 FDA 批准的最具商业潜力的新药是来自吉利德的三合一 HIV 复方药 Biktarvy，该药的预期成功在很大程度上将依赖于吉利德现有的 HIV 专营权，市场预计在今后五年能够给吉利德带来 43 亿美元的收入。该药的获批，也缓解了吉利德公司在资本市场的压力，该公司从资本市场宝座上跌落已近两年。但凭此药想重回宝座似乎有难度，对手安进公司同样斩获新药。2018 年 5 月 17 日，安进/诺华偏头痛药物 Aimovig（erenumab）如期获批上市，领先 Teva 成为同类首款获批的 CGRP 单克隆抗体药物，这是 2018 年备受关注的药物之一。随后 Teva（Ajovy）、礼来（Emgality）的两款 CGRP 抗体药物上市，缓解了近 20 年无偏头痛新药可用的局面，为超过千万例偏头痛患者带来了福音。市场预计 5 年内有 15 亿美元的销售。被收购的夏尔公司（SHIRE）也有用于遗传性血管水肿的药物 TAKHZYRO 获批，预计五年内有 11 亿美元的市场。

PD-1 市场再获突破，2018 年 10 月 28 日，FDA 预计批准赛诺菲 cemiplimab，适应证为转移性/局部晚期皮肤鳞状细胞癌。全球已有 5 款PD-(L)1 抗体获 FDA 批准上市。2018 年也有一项里程碑式的新药获批。批准首款小干扰 RNA 药物，用于治疗患有遗传性转甲状腺素蛋白淀粉样变性的成年患者。Alnylam Pharmaceuticals 带来了史上第一款 RNAi 疗法 Onpattro。这也是 RNAi 技术在 2006 年斩获诺贝尔生理学或医学奖之后，等待 12 年所取得的另一项荣光。

2018 年，FDA 批准的新药中有 34 个是用于治疗罕见病或孤儿病的药物，占比 58%，大量的新药获批解决了患者的问题，提高了患者的健康质量，这些新药的快速获批除了药企研发能力提升的因素外，也得益于 FDA 的各种快速审评审批的政策，包括“快速通道”“突破性疗法”“优先审评”和“加速审批”等。2017 年 6 月，在新任局长 Scott Gottlieb 博士的推动下，FDA 宣布实施一项名为《孤儿药现代化计划》（Orphan Drug Modernization Plan）的战略计划，提出要在 90 天内处理所有提交时间超过 120 天的孤儿药资格申请，且此后所有新申请须在 90 天内给予回应。

此外，生物类似药也是 2018 年的赢家。2015 年 3 月 6 日，Novartis 的 Neupogen 生物类似药 Zarxio（ lgrastim-sndz）获批，这是 FDA 批准的第一款生物类似药。此后，生物类似药逐年增长，2016 年 3 个，2017 年 5 个，2018 年有 7 个生物类似药获批。虽然，16 款生物类似药已在美国获批，但统计显示，仅有 6 款类似药成功上市，其他药物或与原研药在专利纠纷中，或放弃美国市场，或是在 2023 年可能上市（如 3 款修美乐生物类似药）。

2019 年，仍有多款生物类似药的审评值得期待，例如 Samsung Bioepis 的 Humira 和 Herceptin 生物类似药，辉瑞的 Avastin、Rituxan 和 Herceptin 生物类似药，Tanvex Biologics 的 Neupogen 生物类似药，安进的 Remicade 生物类似药等。

在 2018 年批准的 59 种新药和生物制剂中，有 19 个（32%）是首创类（first-in-class）新药物，并且绝大部分率先在美国获得批准。

强大的基础研究、完整的资本市场、便捷的审批通道和政府与私人对健康服务的需求，成就了美国生物科技的持续繁荣，并将继续引领全球生物产业增长。

二、国内篇

1. 支付压力影响行业发展

2018 年国内医药产业迎来了诸多政策。首先，大病统筹扩大报销范围，22 种农村居民重大疾病纳入医保范围，扩大了市场的保障支付；其次，为了进一步统筹支付能力，国家将新农合和城镇居民医疗保障体系统筹管理，进一步夯实了覆盖全社会的医疗保障制度。但扩大保障范围相应的也带来了支付压力，国家财政用于医疗卫生与计划生育的费用 2018 年首次超过 1.5 万亿元人民币，达到 1.57 万亿元，同比增长 8.5%，财政支出占比达到 7.1%。美国奥巴马政府推行医改政策以后，也带来了医改财政支出的快速增长，2017 年 1.53 万亿美元，财政支出占比达到 23.8%。中美财政医疗保障支付双双超过 1.5 万亿，这是一个时代的里程碑。

财政支出的压力带给医药行业的主要是价格。以改革化解压力是 2018 年医药领域的变化。5 月 31 日，在国家机构改革方案公布之后，新组建国家医保局正式揭牌。整合了原来分散于人社、卫健、发改、民政等部门的相关职能，理顺了医疗保障制度在“三医联动”中的定位和基本功能，有利于充分释放医疗保障制度对医疗资源配置结构和配置方式的调节作用。医保局针对支付压力出台的第一个政策就是科学控费。

4 月 12 日国务院常务会议决定：从 2018 年 5 月 1 日起，将包括抗癌药在内的所有普通药品、具有抗癌作用的生物碱类药品及有实际进口的中成药进口关税降至零，并较大幅度降低抗癌药生产、进口环节增值税税负。医保局还和国际制药巨头洽谈协商进口价格，进一步降低了用药成本。

8 月 17 日，国家医保局发布 2018 年抗癌药医保准入专项谈判药品范围，确定将18个品种（16个进口品种，2个国产品种），涉及非小细胞肺癌、结直肠癌、肾细胞癌、黑色素瘤、慢性粒细胞白血病、淋巴癌、多发性骨髓瘤等多个癌症急需用药纳入谈判。最终17个药品谈判成功，其中绝大多数是肿瘤靶向药。在全球药品市场肿瘤药市场规模已经多年高居各治疗领域的榜首，在我国，肿瘤药市场也在千亿元以上，位居各疾病治疗领域的前列，近半数却依赖进口。

11月15日，《4+7城市药品集中采购文件》在上海阳光医药采购网正式公布，采购目录共31个品种，多为慢病用药和常见用药。组织药品集中采购试点的范围包括了4个直辖市（北京、天津、上海、重庆）和7个城市（沈阳、大连、厦门、广州、深圳、成都、西安），共11个城市，因此简称为“4+7”。

带量采购从通过了一致性评价的仿制药对应的通用名药品中筛选试点品种入手，开展药品集中采购试点，以此降低药价，减少企业交易成本，引导医院规范用药。

以上政策的出台，扩大了市场的产品供给，但给国内企业带来了一定的竞争压力。在数据上最直接的就是行业增速的回落，特别是盈利的增速。2018年医药行业收入依然保持了12.6%的增长速度，年销售收入23 986.3亿元，实现利润总额3094.2亿元，同比增长9.5%，相比2017年的17.8%

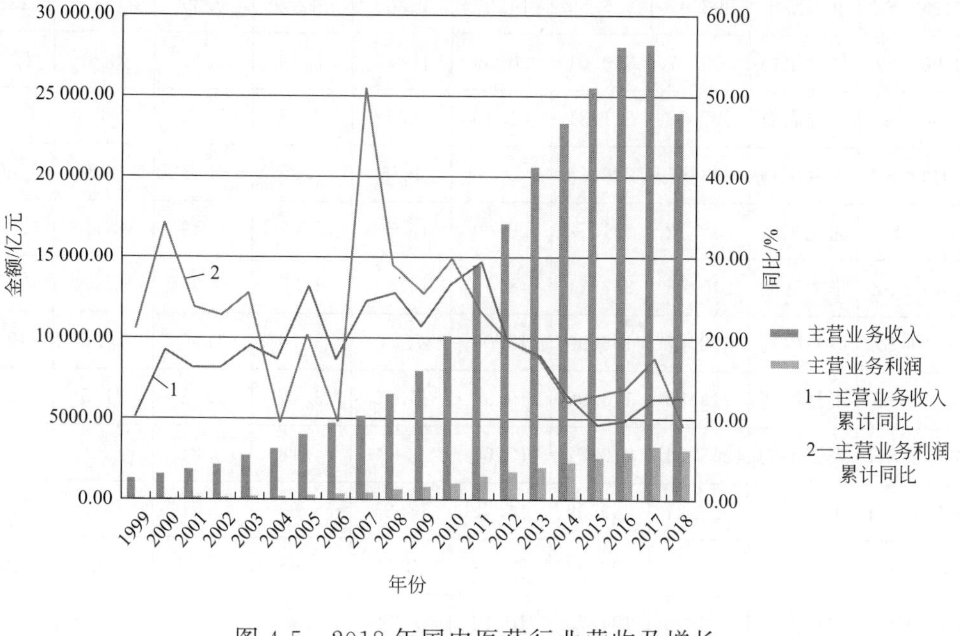

图4-5　2018年国内医药行业营收及增长

数据来源：WIND资讯，西南证券整理

的增速，已是大幅回落（图 4-5）。

同时，企业亏损面也由 2017 年的 10.5%攀升至 14.4%，亏损额达 147.8 亿元，同比增长 83.4%。创下了行业的亏损新纪录。

2. 资本市场表现面临双重压力

2018 年生物上市公司受到了金融去杠杆和行业价格管制的双重压力，行业压力在资本市场最直接的反映就是市值的缩水，2018 年沪深市场生物与生命科技板块 55 家公司年末市值 5676.11 亿元，和 2017 年同期相比下降 27.68%。而可比三季度收入和利润分别增长 31.94%和－3.76%。同期沪深 300 指数下跌 25.31%，CSWD 生物科技指数下降 25.11%，市值下跌幅度略大于市场和行业指数，说明除了市场和行业问题，公司盈利的下行，也是拖累市值缩水的因素之一（表 4-6）。

表 4-6　2018 年沪深市场生物技术公司融资情况

证券代码	证券简称	总市值（2018-12-31）/亿元	总市值（2017-12-31）/亿元	总收入（2018 三季）/亿元	总收入（2017 三季）/亿元	净利润（2018 三季）/亿元	净利润（2017 三季）/亿元	市值增长/%	利润增长/%
603259.SH	药明康德	854.13		69.21	56.78	19.79	11.15		77.5
300122.SZ	智飞生物	620.16	449.12	34.95	7.69	10.87	2.85	38.1	280.9
002252.SZ	上海莱士	398.47	986.59	14.09	14.68	－12.95	9.39	－59.6	－238.0
002007.SZ	华兰生物	305.07	250.01	20.36	16.66	7.63	6.10	22.0	25.2
000661.SZ	长春高新	297.70	311.31	41.40	26.48	12.36	7.36	－4.4	67.9
300142.SZ	沃森生物	293.65	280.58	5.73	4.35	1.09	－0.52	4.7	－309.3
600867.SH	通化东宝	282.72	391.72	20.09	18.53	6.86	6.49	－27.8	5.8
300676.SZ	华大基因	240.06	832.21	18.14	14.47	3.37	3.35	－71.2	0.7
300601.SZ	康泰生物	228.47	198.99	15.00	7.94	3.76	1.56	14.8	140.6
300347.SZ	泰格医药	213.83	175.96	15.94	11.75	3.42	2.32	21.5	47.4
603658.SH	安图生物	205.34	223.52	13.60	9.83	4.18	3.24	－8.1	28.7
600201.SH	生物股份	194.31	285.39	14.32	13.25	6.83	6.81	－31.9	0.2
600161.SH	天坛生物	185.12	192.92	20.57	12.98	5.68	10.95	－4.0	－48.1
300009.SZ	安科生物	133.25	184.75	10.18	7.32	2.33	1.92	－27.9	21.0
300294.SZ	博雅生物	116.95	120.12	16.87	8.40	2.98	2.29	－2.6	30.4

续表

证券代码	证券简称	总市值（2018-12-31）/亿元	总市值（2017-12-31）/亿元	总收入（2018三季）/亿元	总收入（2017三季）/亿元	净利润（2018三季）/亿元	净利润（2017三季）/亿元	市值增长/%	利润增长/%
000710.SZ	贝瑞基因	113.12	199.89	10.28	8.12	2.38	1.71	−43.4	39.2
300357.SZ	我武生物	107.60	79.52	3.86	2.94	1.89	1.48	35.3	27.4
300482.SZ	万孚生物	87.14	130.76	11.53	7.57	2.42	1.56	−33.4	55.3
300199.SZ	翰宇药业	86.71	152.17	9.05	7.14	2.94	2.34	−43.0	25.3
603718.SH	海利生物	81.53	71.10	1.96	2.39	0.34	0.74	14.7	−53.9

数据来源：WIND资讯，西南证券整理。

除了市值位居第一的药明康德外，排名前20位的公司都有可比数据。位居第二的智飞生物市值增长38.1%成为2018年市场最大的赢家，公司市值增长的主要动力来自营收的显著改善。公司AC-Hib三联疫苗推向市场后，显著改善了公司2018年的业绩，受到了市场资金的追捧，在市场和行业整体低迷的背景下，保持了较高的增长。接下来保持市值增长的有我武生物（35.3%）和华兰生物（22.0%）。作为国内过敏领域唯一的专业产品生产商，我武生物的市场稳步拓展，业绩一直保持稳定的增长速度，上市前2013年利润仅0.7亿元，2018年利润预期达2.4亿元，是市场少有的持续上行的公司。而华兰生物作为国内血液制品领域的龙头和疫苗领域的新贵，2012年以后也进入了较快的长周期增长通道，并一直受到市场资本的青睐。

2018年跌幅较大的除走向退市的长生生物外，华大基因和上海莱士位居跌幅榜前列。2017年的上市新贵华大基因2018年陷入了投资舆论纠纷，为了公司多中心发展而进行的“圈地”成为公司脱不开的标签，加上业绩低于市场预期，2018年公司市值下降了71.2%，市值损失达592亿元，其次是一度高居市场第一的上海莱士，因为业绩的下滑，市值跌去了588亿元。市值损失达到百亿的还有长生生物和通化东宝，前者因为产品质量问题已经步入退市程序，而后者因为业绩小幅回落，受到市场的减持，市值损失了109亿元。

市场的低迷，直接影响了企业在2018年从资本市场的融资，2018年融资规模创下了近五年的低点，23家公司完成了230.64亿元的融资，相比2017年下降了62.25%，其中IPO融资5家融资合计45.09亿元，融资总额同比去年下降了70.6%，增发13家融资125.72亿元，同比去年融资额下降

66.3%，配股和可转债各两家，分别融资 24.14 亿元和 27.69 亿元，配股和可转债是 2018 年唯一表现增长的融资方式，因为较低的市场价格进行权益融资，投资者还是很欢迎的（图 4-6）。

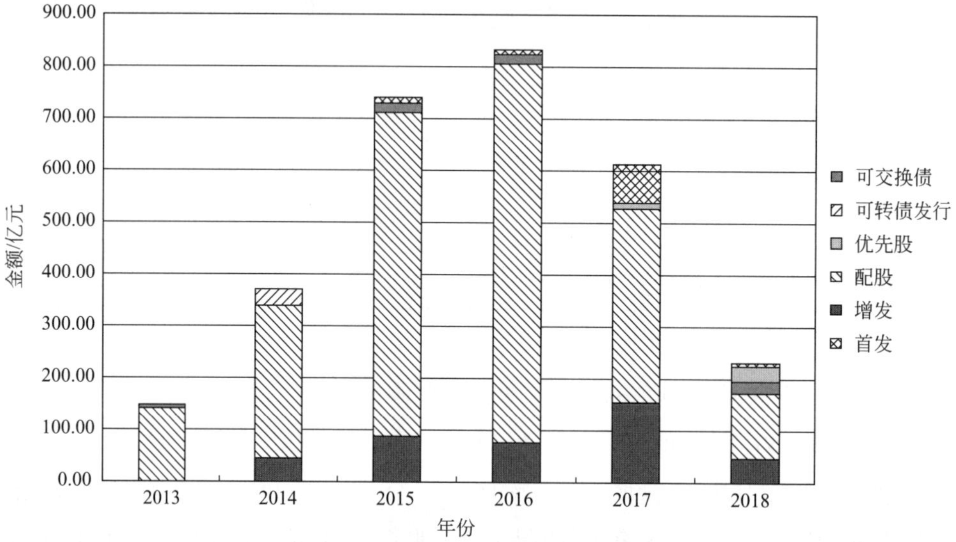

图 4-6　沪深市场生物科技融资年度分析

数据来源：WIND 资讯，西南证券整理

内地市场 IPO 案例可圈可点的不多，除了药明康德 IPO 融资 22.5 亿元成为生物技术领域有影响的案例外，其余专注于生物技术的公司不多。但香港市场的 IPO 融资潮弥补了 A 股的不足，成为国内生物医疗健康企业的首发融资场所。14 家医疗健康企业融资总额超过 375 亿港元，其中生物制药公司如药明康德、百济神州、君实生物、信达生物、歌礼制药等，都受到市场的追捧，这几家企业都是国内抗体领域的领军企业，对于快速发展中的国内抗体技术行业，2018 年香港市场的认可可谓雪中送炭（表 4-7）。

表 4-7　2018 年香港市场 IPO 融资情况

代码	证券名称	上市日期	发行价格/港元	实际发行总数/百万股	首发募资总额/百万港元
8372.HK	君百延集团	2018-03-29	0.34	168.000 0	56.280 0
1763.HK	中国同辐	2018-07-06	21.60	79.968 8	1 727.326 1
2359.HK	药明康德	2018-12-13	68.00	121.795 4	8 282.087 2
6160.HK	百济神州-B	2018-08-08	108.00	65.600 0	7 084.800 0
1726.HK	HKE HOLDINGS	2018-04-18	0.55	200.000 0	110.000 0

续表

代码	证券名称	上市日期	发行价格/港元	实际发行总数/百万股	首发募资总额/百万港元
8622.HK	华康生物医学	2018-12-13	0.50	100.000 0	50.000 0
1877.HK	君实生物-B	2018-12-24	19.38	158.910 0	3 079.675 8
1801.HK	信达生物-B	2018-10-31	13.98	271.802 0	3 799.792 0
2552.HK	华领医药-B	2018-09-14	8.28	107.736 5	892.058 2
1672.HK	歌礼制药-B	2018-08-01	14.00	224.137 0	3 137.918 0
1652.HK	福森药业	2018-07-11	2.08	200.000 0	416.000 0
8357.HK	REPUBLIC HC	2018-06-15	0.60	130.000 0	78.000 0
8603.HK	亮晴控股	2018-10-15	0.28	200.000 0	56.000 0
1833.HK	平安好医生	2018-05-04	54.80	160.094 2	8 773.162 2

数据来源：WIND资讯，西南证券整理。

整个IPO市场的外热内冷，也给并购市场带来了压力，并购金额和并购案例均略低于2017年，但总体还是比较活跃的。并购完成案例139个，可统计64个并购案例合计105亿元的并购金额，稍低于2017年（图4-7）。

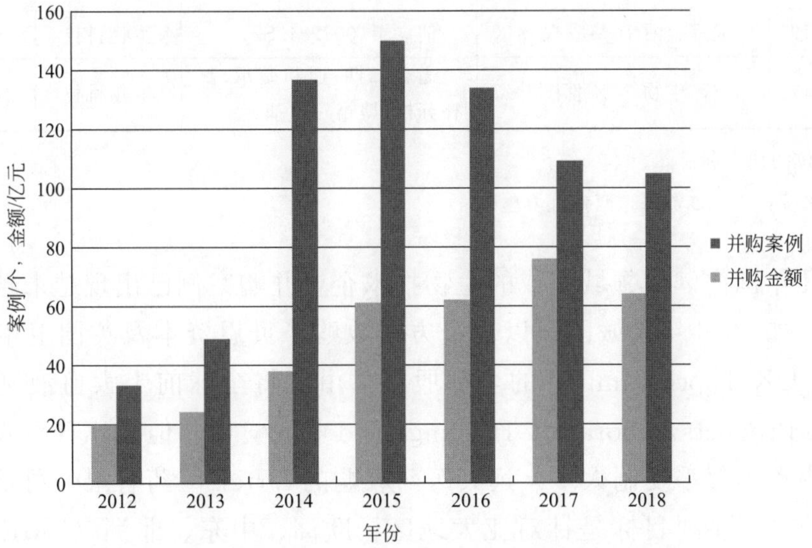

图4-7　2018年生物技术并购可统计案例及金额

数据来源：WIND资讯，西南证券整理

交易金额巨大的案例很少，10亿元的交易案例仅有两个，5亿～10亿元的有3个，3亿元的交易金额即可位居年度前十（表4-8）。可见2018的并购是相对比较低迷的。除了资本市场整体的低迷外，金融去杠杆也是影响因素之一。

表 4-8　2018 年国内企业完成的十大生物科技并购案例

首次披露日	交易标的	交易买方	标的方所在行业	交易总价值/万元
2018-06-14	Sirtex100%股份	远大医药(0512.HK)；CDH Genetech Limited	生物科技	190 020.44①
2018-04-09	冠昊生物部分股权	广州永金源	生物科技	106 000.00
2018-12-07	振兴生化部分股权	史跃武	生物科技	98 660.00
2018-11-10	利德曼 29.71%股权	广州高新区科技控股集团有限公司	生物科技	98 000.00
2018-06-11	西安天隆和苏州天隆各62%股权	科华生物(002022.SZ)	生物科技	55 375.00
2018-08-01	汉康医药 100%股权	海特生物(300683.SZ)	生物科技	45 000.00
2018-01-02	导明医药 45.45%股权	Growth River；Empire Gateway;松禾成长一号投资基金	生物科技	40 000.00
2018-04-27	美因基因 33.42%股权	美年健康(002044.SZ)	生物科技	38 767.20
2018-05-19	成都金凯 10%股权	信立泰(002294.SZ)	生物科技	38 000.00
2018-08-17	誉衡生物 51%股权	通和二期;通和毓承;翼朴苏榆;博裕三期基金	生物科技	31 224.49

① 单位为澳大利亚元。

数据来源：WIND 资讯，西南证券整理。

近几年国内健康领域完成的生物技术企业并购案例已出现越来越多的国际并购，如 2016 年天诚国际以现金方式收购了贝恩资本及英国卫生部持有的 Naga UK Topco Limited 的全部股权，由此将全球前十大血液制品生产企业 Bio Products Laboratory Holdings Ltd 收入囊中。但相比日本武田的行为，国内资本似乎受制太多。远大医药收购的 Sirtex 医药有限公司是一家医疗器械公司，主要目标是针对亚太地区、欧洲、中东、非洲（EMEA）、美洲北部和南部市场生产和销售利用小颗粒技术治疗肝癌的方法。该公司还从事其他的研究，包括治疗肝移植的 SIRFLOX and FOXFIRE Global 和治疗原发性肾细胞癌的 RESIRT。

除了远大医疗的跨国收购，国内冠昊生物的部分股权以 10.6 亿元人民币被广州永金源收购位居并购案例次席。列第三的是振兴生化的部分股权被个人投资者以 9.86 亿元的价格收购。此外，广州高新区科技控股集团有限公司以 9.8 亿元价格收购利德曼 29.71%股权也居并购榜前列。

国内的行业并购，随着上市渠道越来越多，大的行业并购已经不多，主要专注于一些小规模的企业股权并购，单一并购金额一般在 5 亿元之内。

3. 风险投资创出新高

相比 IPO 和并购的不温不火，PE/VC 市场却是热火朝天，随着整个创投市场的繁荣，2018 年生物领域的投资案例和投资金额均双双创下了历史新高，346.05 亿元的投资额相比 2017 年增长了 115%，投资案例 244 个，比 2017 年增加了 137 个，投资金额在整个创投市场占比攀升到 2.9%，比 2017 年提高了 0.6 个百分点。案例占比从 2017 年的 2.9%劲升到 4.4%（表 4-9）。

表 4-9　2018 年国内生物科技股权与风险投资数据

时间	PE/VC 投资金额/亿元	PE/VC 投资案例数/个	其中医疗健康投资金额/亿元	其中医疗健康投资案例数/个	其中生物投资金额/亿元	其中生物投资案例数/个
2008 年	1299.54	933	51.72	77	15.1	29
2009 年	1768.75	865	56.5	78	5.18	27
2010 年	1962.33	1476	106.61	150	14.302 5	36
2011 年	1896.72	1601	134.86	107	14.11	25
2012 年	1327.76	1219	71.6	101	4.140 6	22
2013 年	892.74	1276	38.03	86	11.69	17
2014 年	2564.27	2517	180.76	157	29.5	43
2015 年	3981.39	3982	276.71	227	43.38	52
2016 年	4378.36	3763	252.21	288	74.64	88
2017 年	6824.4	3654	409.85	315	160.68	107
2018 年	11 787.47	5510	974.46	597	346.05	244

数据来源：WIND 资讯，西南证券整理。

大的投资案例不少，排名前十五的投资案例金额均接近或超过 3 亿元人民币，合计投资额近 75.6 亿元，单克隆抗体和细胞治疗成为资本追逐的热点。丽珠单抗以 10 亿元的 A 轮融资额高居榜首，零氪科技和利德曼的 D 轮和战略融资均在 10 亿元左右。二季度，腾盛博药的融资一度成为市场的热点，Brii Biosciences（腾盛博药）从 Arch Venture Partners、通和毓承、博裕资本、云峰资本、红杉资本和蓝池资本共获得了 2.6 亿美元的战略投资资金。这家总部位于上海的公司将专注于开发针对中国患者的突破性药物，涉及传染病、肝病和肺病等领域。在融资的同时，Brii 与 VirBiotechnology Inc. 签署了一项协议，获得了在中国的四个传染病项目授权。可见巨大的中国药品与医疗服务市场，已经获得国际资本的追捧（表 4-10）。

表 4-10　2018 年国内 PE/VC 生物科技投资重大案例

融资轮次	披露日期	融资企业	行业	PE/VC 投资机构	投资金额/万元	地域
A	2018-06-26	丽珠单抗	生物科技	—	100 640.00	珠海
D	2018-07-04	零氪科技	生命科学工具和服务	中投公司	100 000.00	北京
Strategy	2018-08-20	利德曼	生物科技	—	99 000.00	北京
Strategy	2018-05-05	中优精准医疗	生物科技	鱼跃医疗	53 700.00	上海
B	2018-07-19	复宏汉霖	生物科技	—	53 380.00	上海
B	2018-07-19	复宏汉霖	生物科技	中金公司	53 380.00	上海
C+	2018-12-17	上海细胞治疗	生物科技	—	32 500.00	上海
C+	2018-12-17	上海细胞治疗	生物科技	海尔资本	32 500.00	上海
Pre-A	2018-09-25	泰诺麦博	生物科技	—	30 000.00	珠海
Strategy	2018-05-24	Brii Biosciences	生物科技	蓝驰创投	29 466.64	上海
Strategy	2018-05-24	Brii Biosciences	生物科技	红杉资本中国	29 466.64	上海
Strategy	2018-05-24	Brii Biosciences	生物科技	云锋基金	29 466.64	上海
Strategy	2018-05-24	Brii Biosciences	生物科技	博裕资本	29 466.64	上海
Strategy	2018-05-24	Brii Biosciences	生物科技	Arch Venture Partners	29 466.64	上海
Strategy	2018-05-24	Brii Biosciences	生物科技	通和毓承	29 466.64	上海
C	2018-01-04	泛生子生物	生物科技	—	26 666.67	北京

数据来源：WIND 资讯，西南证券整理。

从近几年的投资轮次看，投资资本越来越前移，从 2013 年以前少见的天使投资到 2018 年天使投资案例占据了整个行业 12%的投资案例比，不能不说是生物科技产业领域投资的进步。2018 年天使投资以及 Pre-Angel 投资合计案例 54 个，也创下了国内生物科技领域风险投资的新高（图 4-8）。当然，投资案例最多的还是 A 轮，说明新兴生物公司还是有吸引资本的实力。其次，战略投资也比较活跃，大的资本在上市公司处于股权质押的困境之际，及时伸出来了援手（图 4-9）。

纵观 2018 年国内生物科技的投融资，总体表现冷热不均，有亮点，但

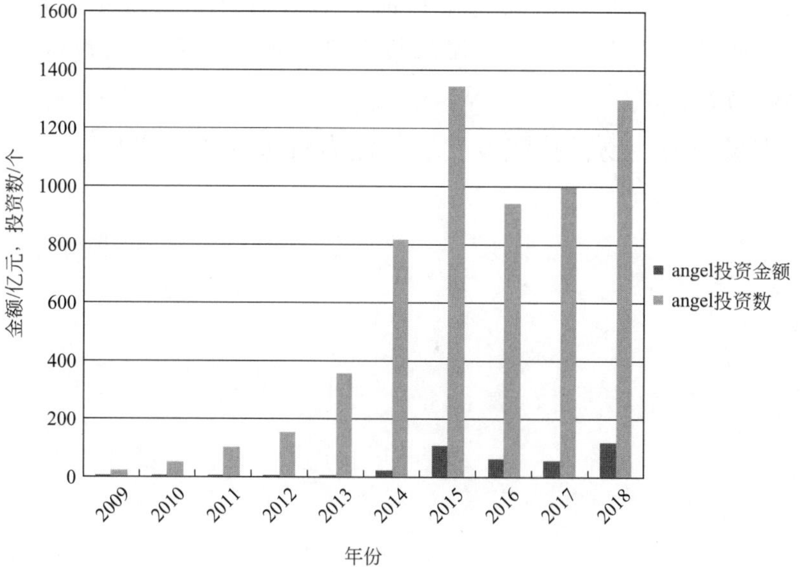

图 4-8　全市场全行业天使投资案例与金额

数据来源：wind，西南证券

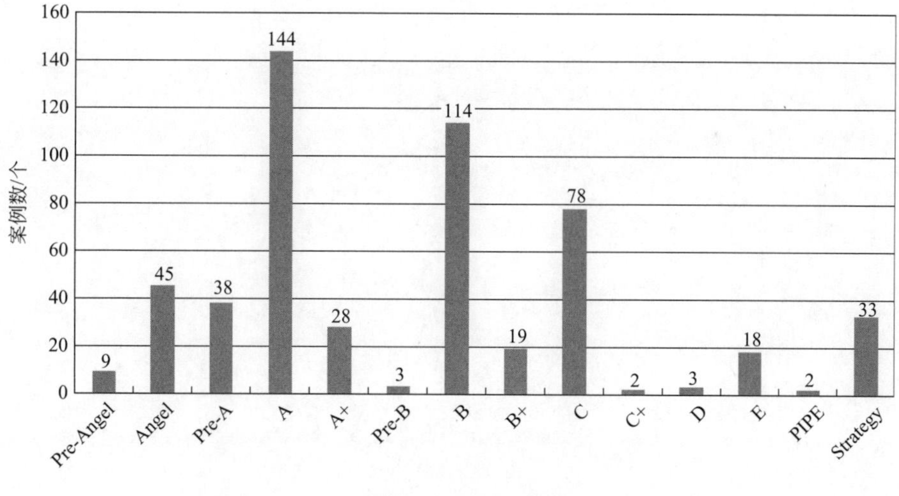

图 4-9　2018 年生物科技投资轮次案例数

数据来源：wind，西南证券

资本市场的压力还是给行业的龙头公司带来了不少的压力。值得欣慰的是随着生物技术的快速繁荣，追逐新经济的资本脚步并没有放慢，这将给国内生物产业发展以极大的支持。

展望 2019 年，在资本市场整体回暖的背景下，有望获得更好的收成，特别是国内资本市场建设加快步伐，上海科创板将在上海设立，一批有核心技术创新能力的生物科技公司将不再需要远赴海外就可以走向资本市场了，这将进一步激活国内生物科技领域的投资和并购，而资本市场的公开融资活动也有望恢复性增长。

资本市场助力生物科技产业发展的能力将进一步夯实！

（撰稿专家：张仕元）

生物专利分析

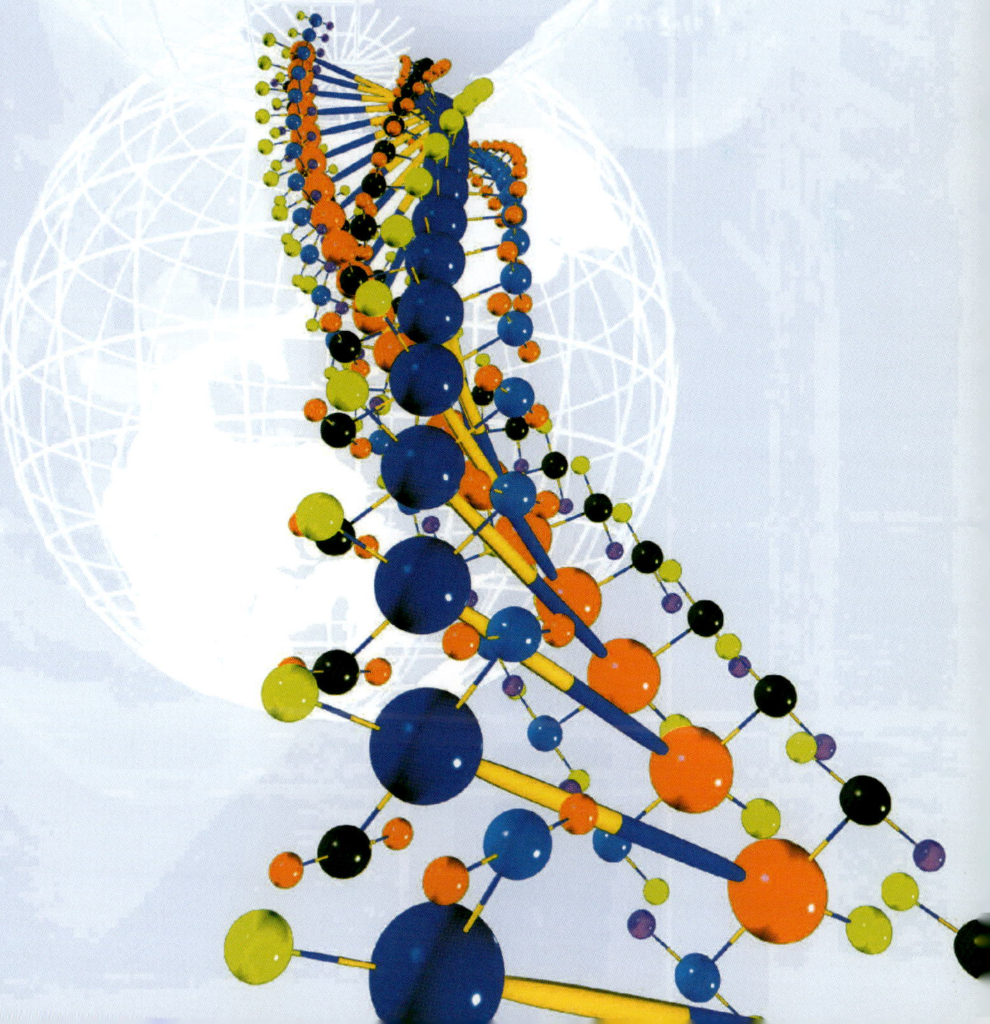

抗体药物领域专利分析

抗体是生物体受到抗原物质刺激后，由 B 淋巴细胞转化为浆细胞产生的、能与相应抗原发生特异性结合反应的免疫球蛋白。抗体一般可以分为多克隆抗体和单克隆抗体，其中单克隆抗体具有高特异性、高有效性和高安全性的特点，现有的抗体药物大多属于此类。

根据人源化程度的不同，单克隆抗体药物可以分为鼠源抗体药物、人源化抗体药物和全人抗体药物三类。由于鼠源抗体的体内半衰期短且具有后续临床风险，逐渐完成了鼠源抗体药物的人源化过程。近年来人源化及全人抗体药物已在美国 FDA 批准的抗体药物中占据 80%以上。嵌合抗体属于第一代人源化抗体，是从鼠源抗体中分离和鉴别出功能性可变区基因，与人免疫球蛋白的恒定区基因拼接，构建人合适的表达载体后转染宿主细胞制得的。为了进一步降低抗体中鼠源成分，发展出了 CDR 移植技术，将鼠源抗体的六个互补决定区（CDR）的氨基酸序列插入到人免疫球蛋白的框架区，这样人源化程度可达 90%以上，这也是当今抗体药物的主流制备技术。全人抗体技术的形成始于 20 世纪 90 年代，主要获取方法包括抗体库技术和转基因鼠技术，这也标志着抗体的研制进入了基因组时代。

2018 年前三季度在销量排名全球前十位的药物中，抗体药物占了六席，居于榜首仍是针对自身免疫性疾病的抗体药物修美乐，其销售额持续遥遥领先，达到 150.18 亿美元，年销售额突破 200 亿美元并无悬念。而 PD-1 单抗双雄 Keytruda 和 Opdivo 竞争激烈，销售额分列第 8 和第 10 位。抗体药物已经成为全球医药产业中发展速度最快、最具发展前景的领域之一。

本报告针对抗体药物技术主题的专利申请进行分析，进而了解抗体领域的发展特点和趋势。

如未特别说明，统计的专利申请相关信息均来自国家知识产权局专利检索与服务系统（下文简称 S 系统）中已公开的数据，统计数据截至 2018 年 12 月 31 日。由于专利申请存在延迟公开的特点，近 3 年提交的专利申请中的部分申请存在尚未公开的情况，因此这段时间的专利申请数量将存在一定的低估现象。

一、抗体药物专利申请全景分析

本章节以上述全球范围内抗体药物的专利申请总量为基础，通过统计分析研究抗体药物的发展趋势和特点，内容主要包括对申请量年度变化趋势、主要申请国的申请量以及专利布局目的地的国家和地区分布、主要申请人和主要适应证等方面进行分析比较。

1. 抗体药物发展历程及趋势

1975 年 B 淋巴细胞杂交瘤技术的建立，单克隆抗体技术迅速发展，免疫学迎来了一场革命，有力地促进了诊断和治疗性抗体的发展。截至 2018 年年底，全球涉及抗体药物技术的专利申请共计 88 162 项。从 1996 年开始，全球抗体药物申请量爆发性增长，到 2000 年达到顶峰，超过 5000 项，这其中存在一些基因组科学研究的泡沫，但也不容否认生物医药技术的迅猛发展。随着技术发展，抗体药物的研发进入了一个相对稳定的时期，2002～2016 年，抗体药物的专利年申请量维持在每年约 3000 项的较高水平。基于目前的趋势和抗体药物的市场占有率，可以预期未来抗体药物相关专利申请还将维持一段稳定的增长期，未来将会有更多的抗体药物进入市场，而这些新药物也必将受到更严密的专利保护（图 5-1）。

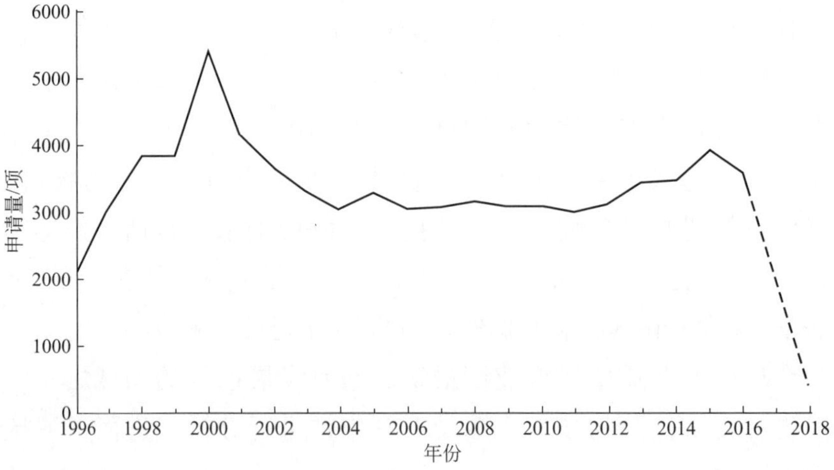

图 5-1　抗体药物全球申请量态势

2. 抗体药物专利技术区域分布

本小节考察了抗体药物技术的原创国家/地区和目标地国家/地区抗体药物专利申请量分布及发展变化趋势，进而分析各国在该技术领域的研发实力和变化，以期能够预估抗体药物的市场布局和商业前景。

图 5-2 显示了抗体药物领域相关专利的全球主要申请国家/地区的首次申请量情况。从历年申请量可以看出，美国一直是抗体技术专利申请量最大的国家，为 50 586 项，占全球申请总量的一半以上，其领先优势巨大，短时间内还没有国家和地区可以与之比肩。排名第二位的是欧洲，为 14 562 项，日本、中国、澳大利亚、韩国、俄罗斯、加拿大、以色列、印度和新加坡分列第 3～11 位。我国在抗体药物领域的专利申请量为 8660 项，排名第四，这体现出我国在抗体领域的研发与投入上都比较重视，也具有一定的技术储备。

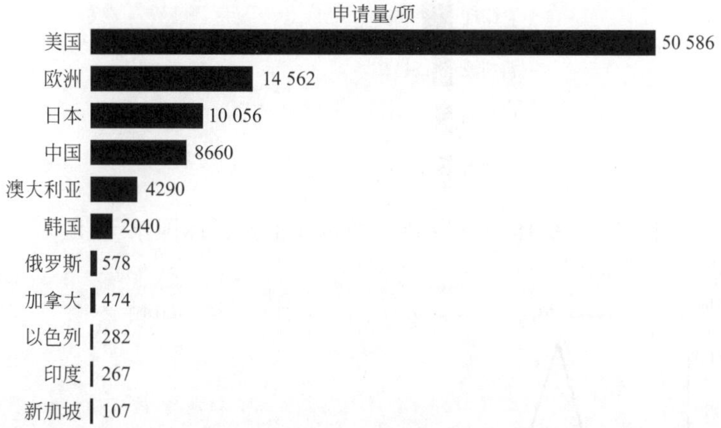

图 5-2 抗体药物主要来源国家/地区申请量排名

全球申请人以某个国家或地区作为目标申请国家/地区有两个重要的考虑因素：一是该国家、地区存在足够的市场需求；二是该国民众整体具备相当的经济承受能力。图 5-3 显示了全球抗体药物技术专利申请在不同国家的布局情况。从图 5-3 中可以看出，美国、欧洲、日本、中国、澳大利亚这五个抗体药物专利申请主要来源地国家/地区，也是抗体药物专利的主要布局国家。这表明研发的投入是与本国市场相关的，只有大量的药物需求才会有相应的研发动力。加拿大、韩国、印度、新加坡、以色列、俄罗斯作为研发大国同时也是专利布局大国，这一方面体现了各国的经济实力，也与各国的人口数量和患病人数密切相关。

3. 重点申请国家/地区申请量及专利布局分析

本小节对美国、欧洲、日本、中国这四个抗体药物专利申请主要来源地国家/地区的申请量和专利布局情况进行分析，进而分析各国在该技术领域的研发实力和变化，以期预估市场布局和商业前景。

通过比较美国、欧洲、中国、日本在抗体领域首次申请的年申请量变化

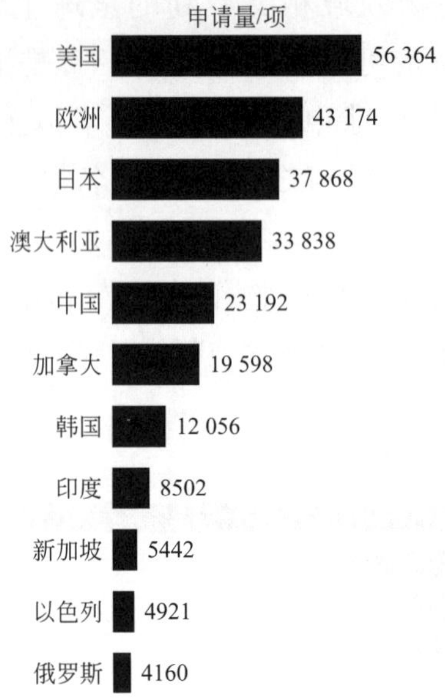

图 5-3　抗体药物专利市场布局主要目标国家/地区

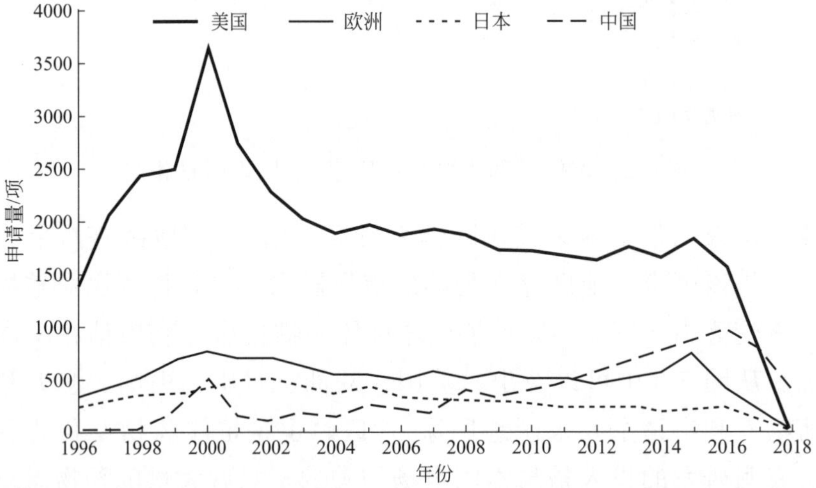

图 5-4　美国、欧洲、日本、中国申请量年度变化

趋势（图 5-4），从历年申请量可以看出，美国一直是抗体技术专利申请量最大的国家，其年申请量一直维持在 2000 项左右这一较高的水平。相对于美国，其他几个国家和地区的年申请量较少。欧洲、日本和韩国的申请量都趋于稳定。而中国的申请量，除 2000 年以外，其他年份基本呈现增长态势，并在 2011 年申请量超过了欧洲，位居第二，这说明我国研发主体对抗体技术的重视程度和对专利权益的需求在稳步提高。

从表 5-1 和表 5-2 可以看出，美国、欧洲、日本、中国这四个抗体药物专利申请主要来源地国家/地区中，在本国/地区的布局数量均为最大，表明这些国家/地区的申请人都把本国/地区市场放在首位。美国和欧洲除在本国/地区布局之外，在其他各国/地区的布局情况都比较均衡，且布局数量也较大，说明美国和欧洲对海外市场和本土市场都比较重视，在其他四国/地区也具有相当的技术优势。相对而言，日本和中国的海外布局数量和百分比都比较低，一方面体现了这两国申请人对本国市场的重视，另一方面也需要这两国申请人在技术上增强信心，加大拓展国际市场的力度。

表 5-1　抗体药物技术专利主要来源国家/地区在五国家/地区布局数量对比

单位：项

目标国家/地区 \ 来源国家/地区	美国	欧洲	日本	中国
美国	42 037	9731	3420	419
欧洲	26 790	12 792	3515	353
日本	20 544	7833	9654	287
中国	9723	3739	1228	8577
韩国	6883	2518	1046	163

表 5-2　抗体药物技术专利主要来源国家/地区在五国家/地区布局数量比例对比

单位：%

目标国家/地区 \ 来源国家/地区	美国	欧洲	日本	中国
美国	74.6	17.3	6.1	0.7
欧洲	62.1	29.6	8.1	0.8
日本	54.3	20.7	25.5	0.8
中国	41.9	16.1	5.3	37.0
韩国	57.1	20.9	8.7	1.4

4. 主要申请人分析

申请人申请的专利总量排名显示了申请人的技术实力和技术垄断情况，也反映了申请人的行业竞争力。图 5-5 列出了全球申请量前 10 位的申请人。其中包括企业 8 家，均为跨国药企巨头；大学和科研机构 2 家。该排名凸显了企业是抗体药物研发和专利申请的主体，对于医药企业，专利就是生命线，想要占领全球市场，第一步就是在全球主要市场进行专利布局。

排名前十位申请人的申请总量达到了 20 103 项，占抗体药物全球申请

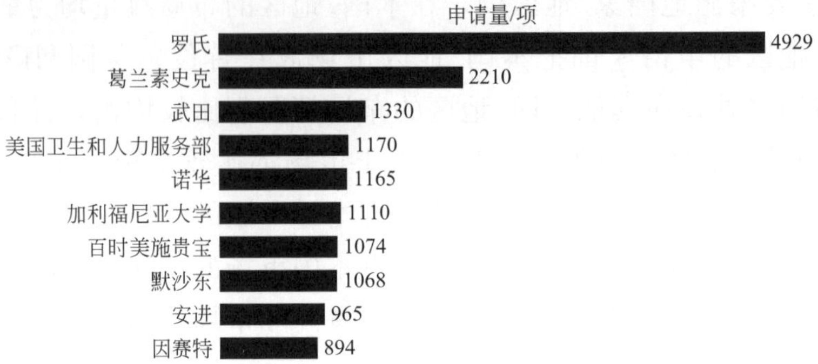

图 5-5　抗体药物全球申请量前 10 位的申请人

总量的 22.8%，这样的数量优势使其他申请人难以望其项背。收购了基因泰克和中外制药的罗氏，在抗体药物领域的技术上占有绝对优势，总申请达到 4929 项，申请量达到第二名葛兰素史克的 2210 项的两倍还多，这主要得益于基因泰克在抗体药物技术研发及专利申请方面长达数十年的积累。美国卫生与人类服务部和加州大学是非医药企业重点申请人，科研机构和大学在技术创新方面的支持和作用不可小觑。

5. 主要适应证分析

由于各种疾病发病率、发病机理、研究透彻程度均存在差异，相应的抗体药物的研发情况也有不同，在专利方面则体现为申请数量的不同。通过对抗体药物专利申请在不同疾病类型中的分布，能够发现抗体药物的研发热点，甚至预测未来的研发方向，从而为相关企业和科研机构有针对性地制定研发策略提供参考。

整体来看，全部抗体药物专利申请中，抗肿瘤药物申请量最高，占比 17%；治疗免疫系统疾病或过敏性疾病以及抗感染类疾病的相关专利分别占比 10%和 9%。治疗神经系统疾病的药物、非中枢性止痛剂和治疗心血管疾病的药物均占比 6%，治疗其他类型的疾病的抗体药物专利申请一共占比 46%。可见，抗体药物的研发重点与传统化学药物部分重叠，均集中于发病率逐年提升的病症，所述病症都具有分子生物学研究深入、靶标明确、靶标可选择性多的特点（图 5-6）。

进一步对针对上述六种主要适应证的抗体药物申请量进行分析，从图 5-7 可见，除抗肿瘤药物之外，针对其他五类疾病的抗体药物专利申请的峰值都在 2000 年左右，这与基因组学研究的泡沫有关。抗肿瘤抗体药物专利申请量基本上呈现逐年上升的态势，这与近二十年来对于抗肿瘤药物研发的持续高需求、高热情相关。而针对免疫系统疾病、感染类疾病、神经系统疾

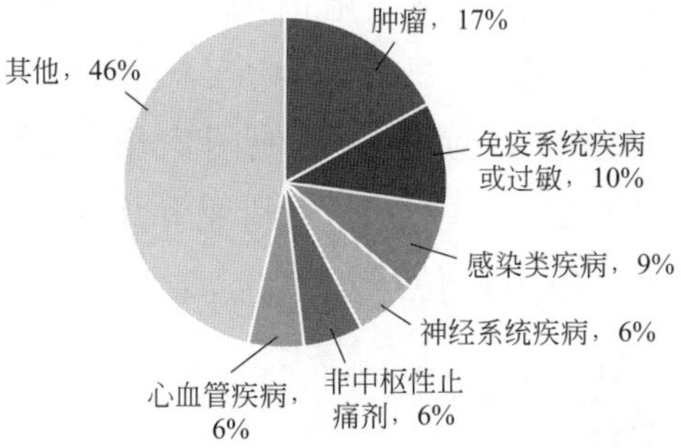

图 5-6　抗体药物主要适应证

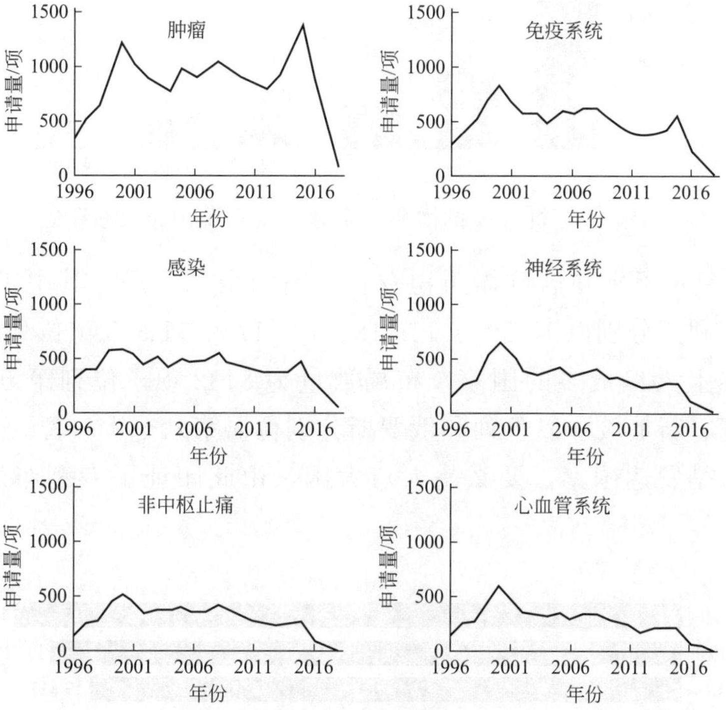

图 5-7　主要适应证申请量分布

病、非中枢止痛类药物和心血管系统疾病的药物则整体上呈现出申请数量保持稳定的态势，这与上述几种疾病的发病率和治愈率都趋于稳定，即市场需求趋于稳定有直接的关系。

6. 抗肿瘤抗体药物专利技术分析

随着全球癌症患者的增多，传统治疗效果不佳，对于肿瘤致病机理和治疗药物的研发一直是全世界医药企业和科研机构的研发热点。对抗肿瘤抗体药物专利进行分析，有利于了解全球研发态势，指导我国企业追踪技术热点。

抗肿瘤抗体药物专利的主要首次申请国/地区分别是美国、欧洲、日本、澳大利亚、中国和韩国，参见图 5-8。其中美国作为全球最具实力的研发主体国，其申请量为 13 243 项，远超过其他国家申请量。欧洲和日本分别以 3690 项和 2050 项位列第二、三位。澳大利亚和中国的申请量非常接近，分列四、五位，韩国以 323 项申请位居第六位。

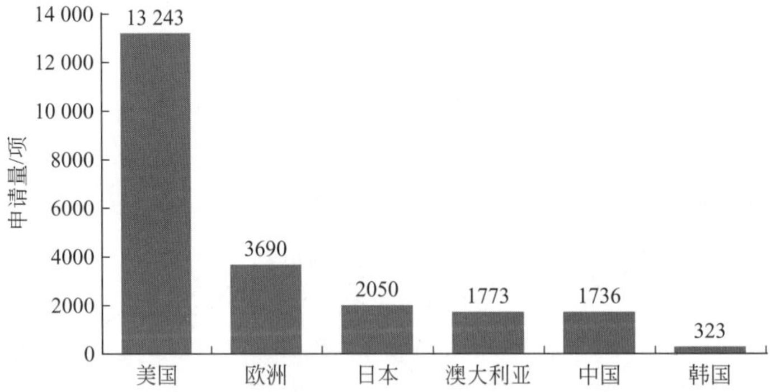

图 5-8　抗肿瘤抗体药物全球主要来源国家/地区

图 5-9 显示了抗肿瘤抗体药物专利申请的全球布局。其中美国、欧洲、日本、澳大利亚分别以 15 595、14 718、13 817 和 11 515 项位列前四位，中国作为世界上人口最多的国家，布局数量为 8432 项，位列第五。加拿大、韩国、印度、新加坡、以色列和俄罗斯分别位居第六～十一位。上述十一个国家，要么是发达国家，要么是人口大国，由此印证了专利布局与市场的关系。

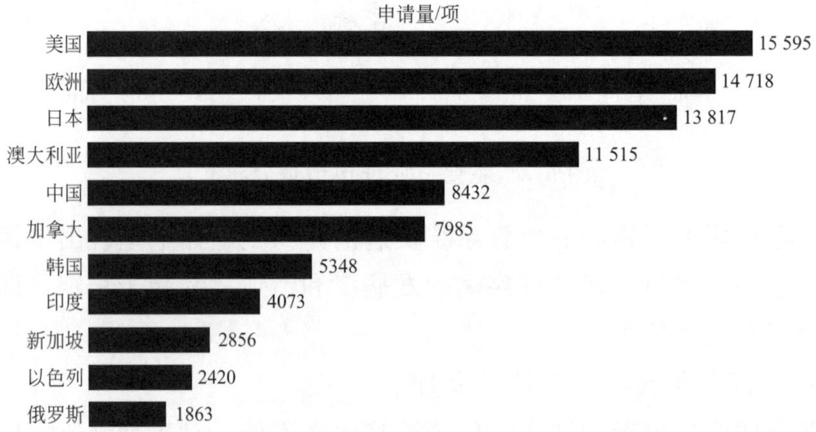

图 5-9　抗肿瘤抗体药物专利市场全球布局主要目标国家/地区

抗肿瘤抗体药物全球主要申请人中，跨国药企占据了 9 个席位，其中抗体药物领域研发的“龙头老大”罗氏位居首位，紧随其后的是葛兰素史克、诺华、因赛特、阿斯利康、武田制药、百时美施贵宝和安进。美国卫生和人力服务部作为唯一一家科研机构以 290 项申请位居第九名。辉瑞制药排名第十。可见，抗肿瘤抗体药物的主要研发力量与抗体药物的主要申请人大部分重叠，各研发力量都能紧跟热点药物，投入并有相应的产出（图 5-10）。

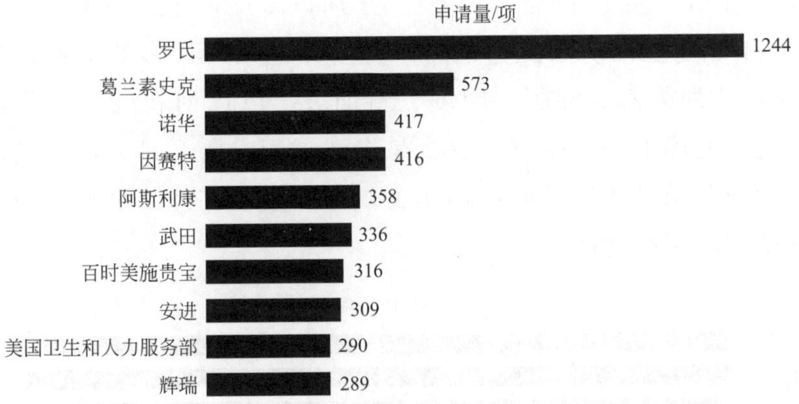

图 5-10　抗肿瘤抗体药物专利全球主要申请人排名

7. *治疗免疫系统类疾病抗体药物专利分析*

自身免疫性疾病的传统疗法往往都有严重的不良反应。近十年来，单克隆抗体治疗自身免疫性疾病已成为研究热点。这些单克隆抗体通过不同的机制发挥作用，包括结合可溶性细胞因子和生长因子，调节受体和受体信号，以及通过抗体介导的细胞依赖的细胞毒作用、抗体介导的细胞吞噬作用、补体依赖的细胞毒作用耗竭异常的免疫细胞及介导细胞信号等。

从专利申请角度分析，图 5-11 显示了治疗免疫系统疾病的抗体药物专利的主要首次申请量最大的国家/地区分别是美国、欧洲、澳大利亚、日本、中国和韩国。其中美国作为全球最具实力的研发主体国，其申请量为 7917

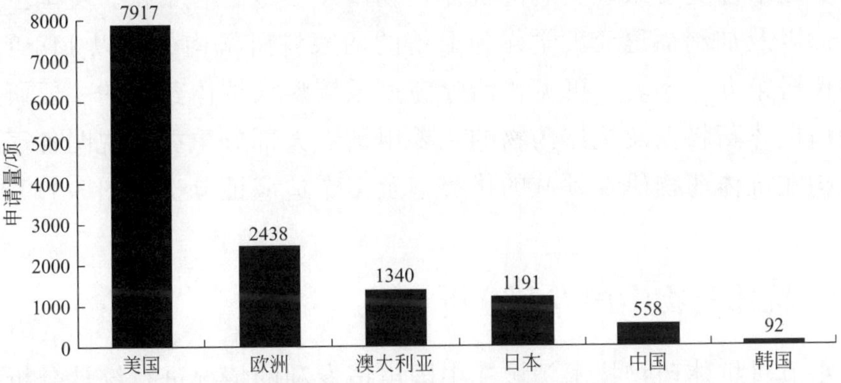

图 5-11　治疗免疫系统类疾病抗体药物专利的全球主要来源国家/地区

项，超过其他五个国家/地区申请量的总和。欧洲、澳大利亚和日本分别以 2438 项、1340 项和 1191 项位列第二、三、四位。中国和韩国申请量都没有超过 1000 项。

图 5-12 显示了治疗免疫系统疾病的抗体药物专利的全球布局。其中美国、欧洲、日本、澳大利亚、加拿大分别以 9533 项、9531 项、9010 项、7681 项和 5165 项位列前五位，中国作为世界上人口最多的国家，布局数量为 4755 项，位列第六。韩国、印度、新加坡、以色列和俄罗斯分别位居第七～十一位。上述十一个国家，要么是发达国家，要么是人口大国，可见药物专利申请的布局往往与目标市场相关，往往集中在经济水平较为发达或患病人数更多的国家或地区。

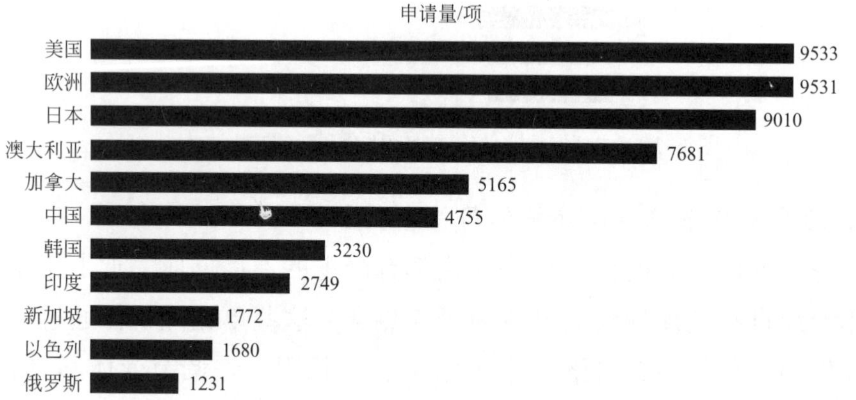

图 5-12　治疗免疫系统类疾病抗体药物专利市场全球布局主要目标国家/地区

治疗免疫系统疾病抗体药物全球主要申请人中，跨国药企占据了 8 个席位，其中抗体药物领域研发的“龙头老大”罗氏位居首位，紧随其后的是葛兰素史克、因赛特、诺华、安进、百时美施贵宝、阿斯利康、武田制药。这八家药企在治疗免疫系统疾病的抗体药物研发领域各有千秋。美国卫生和人力服务部以及加利福尼亚大学作为上榜的两家科研机构分别以 148 项和 136 项申请位居第九、十名。可见，治疗免疫系统疾病抗体药物的主要研发力量与抗肿瘤抗体药物以及抗体药物的主要申请人大部分重叠，说明各家药企或科研机构在抗体药物研发领域的优势遍及多个适应证分支（图 5-13）。

二、抗体药物中国专利分析

本小节对抗体药物技术领域在中国申请专利的情况进行统计分析，主要从专利申请的总体趋势、抗肿瘤抗体药物的申请情况以及治疗免疫系统类疾

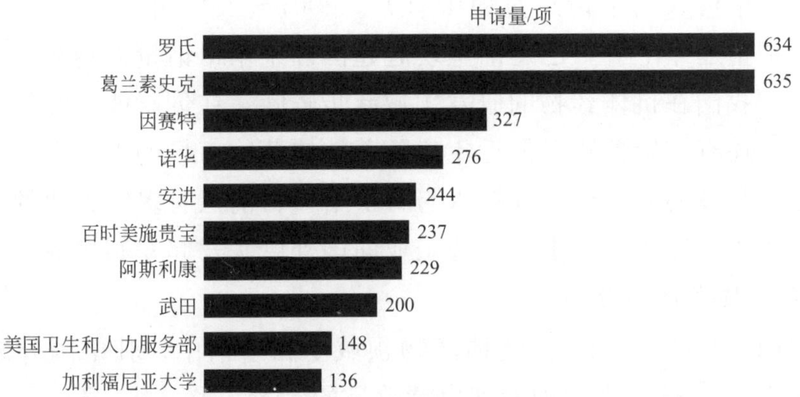

图 5-13　治疗免疫系统类疾病抗体药物专利全球主要申请人排名

病抗体药物的申请情况等方面进行分析梳理。

1. 专利技术发展趋势

1996 年以来，抗体药物领域的中国专利申请共 27 481 件，其中国内申请人申请了 9824 件，占中国专利申请总量的 36%，在总量上并不占据优势。纵观申请量变化趋势，从图 5-14 中可以看出，从 1996 年至今的二十多年，抗体药物领域的中国专利申请总量大致呈上升趋势，国内申请量和国外来华申请的申请量都在逐年递增。1995～1998 年，中国的抗体药物申请量主要由国外来华申请人贡献，国外来华的申请量保持了较快的增长速度，而国内申请人的年申请量少于 100 件，远低于国外来华申请数量。1999～2007

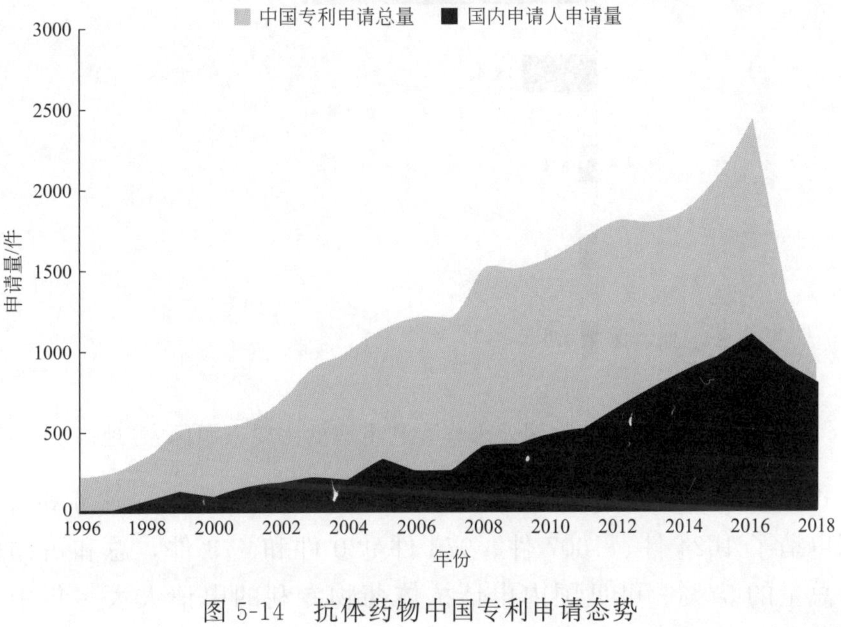

图 5-14　抗体药物中国专利申请态势

年，国内外申请人的申请总量稳中有升。2007～2017 年，国内申请人开始发力，申请量逐年上升，已逐渐呈现赶超国外来华申请量的趋势。

可见，我国在抗体药物的研发领域起步较晚，在创新能力和技术水平上与国外巨头还有一定差距，但近年来随着抗体药物市场的火热发展，国内申请人在这一领域的研发热情和投入与日俱增，目前已有多家企业的产品被批准或即将进入临床试验，也有一些企业向国外巨头发起专利挑战。

2. 专利技术区域分布

在中国提交的 27 481 件抗体药物领域专利申请中，其中国外来华申请人申请了 17 657 件，占中国专利申请总量的 64%。图 5-15 显示了国外来华申请中，该领域申请的主要来源国家/地区的申请总量的分布情况。来自美国、欧洲和日本的申请量分别以 8106 件、6060 件和 1534 件位列国外来华申请量前三位，分别占国外来华申请总量的 46%、34%和 9%。这显示了美、欧、日对中国药物市场的重视程度很高，也反映了这三个国家/地区在抗体药物研发领域的雄厚实力。而三甲之外的加拿大、韩国和澳大利亚的申请量则明显少于排名前三的国家/地区。可见，来华申请抗体药物相关专利的主要是发达国家和地区。

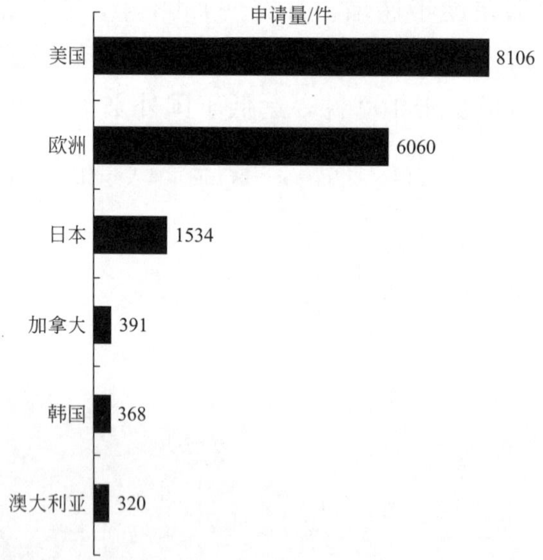

图 5-15 抗体药物国外来华专利申请的主要来源国家/地区

对我国本国申请人进行分析，来自上海、北京、广东、江苏和天津申请人分别申请了 1624 件、1607 件、978 件 920 件和 473 件，总和占国内申请人申请总量的 57%。可见国内申请抗体药物专利的申请人大多集中在一线城市以及东部沿海地区，这与这些地区的经济发展水平和科研力量集中不无相关（图 5-16）。

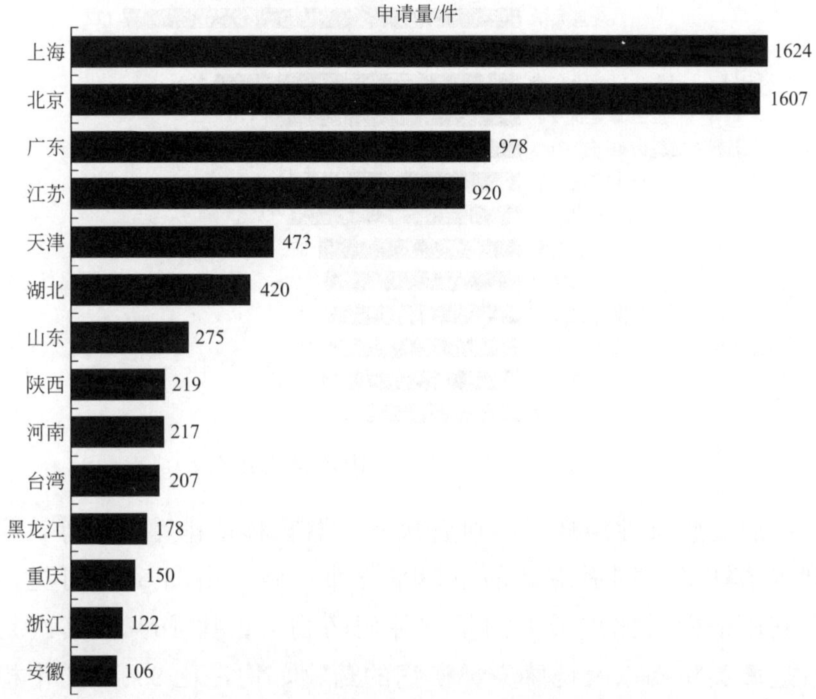

图 5-16　抗体药物国内申请量分布

3. 主要国内申请人分析

申请人的专利申请总量排名反映了这些申请人的技术垄断情况以及技术竞争力。从图 5-17 可以看出，除了以 153 件的申请量排名第四的盘古基因科学发展有限公司是公司外，其他主要国内申请人都是大学或研究院所，其中浙江大学、江南大学和复旦大学分别以 202 件、175 件和 172 件的申请量位居前三甲。盘古基因科学发展有限公司是一家以基因技术、生物制品研发、技术转让、咨询和服务、药品研发等为主要业务的公司，其较高的申请量可能与技术开发与转让相关。由此可见，国内抗体药物的技术主要还是集中在高校或科研院所中，我国在该领域科研成果的市场化程度有待提高，国内企业在创新能力、专利保护能力、对抗体药物技术的产业化、市场化能力方面明显弱于国外企业。国内企业可以考虑采取从这些机构获得技术转让或者合作研发的方式进一步抢占市场。

4. 主要适应证分析

单克隆抗体在疾病的诊断治疗中，应用最多的领域为癌症，其次为自身

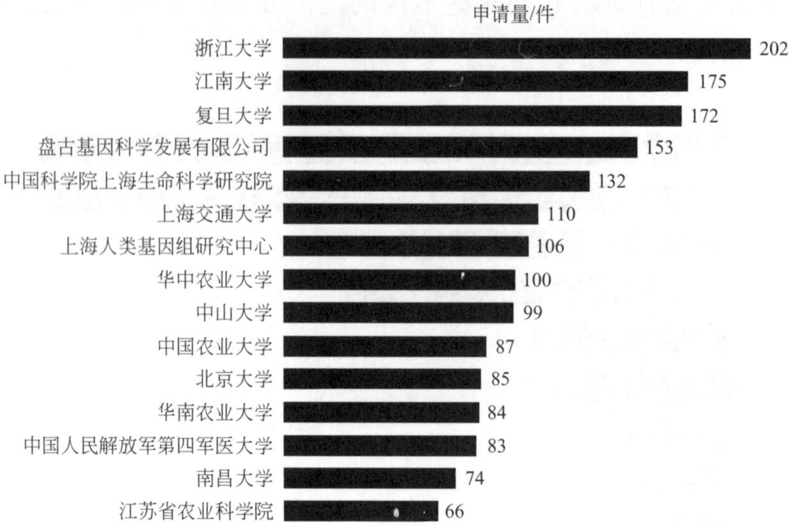

图 5-17 抗体药物国内申请人排名

免疫病，然后是感染性疾病、心血管疾病、器官移植排斥反应等，这与抗体药物专利申请针对不同适应证的申请量分布一致。由图 5-18 可见，国内抗体药物专利申请中占比重最大的是抗肿瘤药物，占比 16%；其次是治疗免疫系统或过敏类疾病以及抗感染类疾病的药物，均占比 9%；非中枢止痛剂类药物占比 6%；神经系统疾病类和心血管疾病类药物分别占比 5%，其他各类药物共占比 44%。

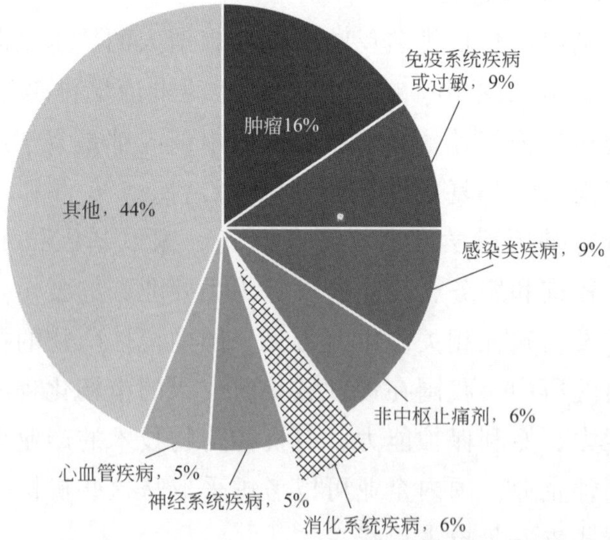

图 5-18 国内抗体药物主要适应证分析

5. 国内抗肿瘤抗体药物专利分析

针对适应证中申请量最大的抗肿瘤抗体药物专利进一步从申请量、国外来华申请主要国家/地区，国内主要来源地区和主要申请人等方面进行分析，以期了解该领域的技术发展情况。

从图 5-19 中可以看出，1996～2018 年，抗肿瘤抗体药物在国内的申请总量整体呈现持续上升的增长态势。从 1996 年的 76 件到 2005 年的 595 件，抗肿瘤抗体药物专利申请量快速增长；2006～2014 年，申请总量处于平台期，基本维持在每年 600 件左右。2015 年开始，国内申请总量又呈现快速增长趋势，可见，近五年内，随着多种肿瘤抗体药物的专利到期以及如 PD-1/PD-L1类抗体药物的兴起，抗肿瘤药物再次进入了快速发展期。相比国内申请总量，国内申请人申请量 1996～1998 年数量很少；1999～2010 年一直维在年申请量 60 件左右的水平，从 2011 开始，国内申请人申请量逐渐开始上升，这与国内药企和研发机构逐渐关注抗肿瘤抗体市场密切相关。由于国内申请人申请的数量远不及国外来华申请量，可见我国在这一领域还有较长的路要走。

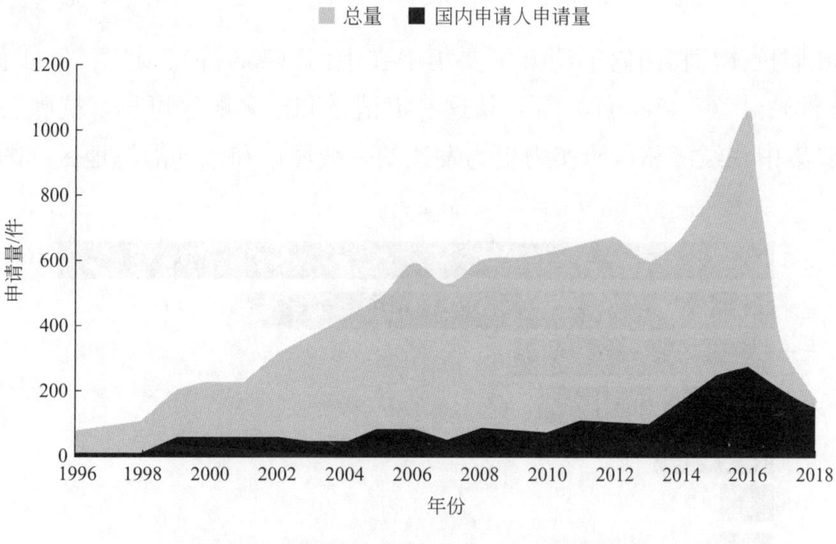

图 5-19　抗肿瘤抗体药物中国申请态势

进一步分析占据国内申请量绝大多数的国外来华申请，美国以 4299 件独占鳌头，这与美国作为世界上最主要的技术输出国直接相关。欧洲以 2806 件申请位居第二，日本、加拿大、韩国、澳大利亚等传统技术强国分别以 616 件、197 件、138 件和 136 件位居 3～6 位。可见，国外来华申请抗肿瘤抗体药物专利的申请人主要集中在发达国家或地区，以跨国药企的所在国家/地区为主（图 5-20）。

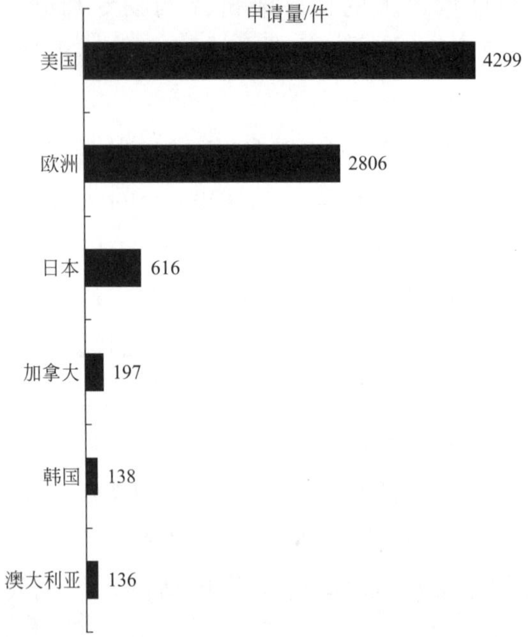

图 5-20　抗肿瘤抗体药物国外来华专利申请的主要来源国家/地区

抗肿瘤抗体药物国内申请人主要集中在上海（558 件）、北京（411 件）、江苏（204 件）、广东（186 件）等，从这一申请量和排名顺序可见，抗肿瘤药物的研发主要集中在经济和科研实力更为发达的一线城市和东部沿海地区（图 5-21）。

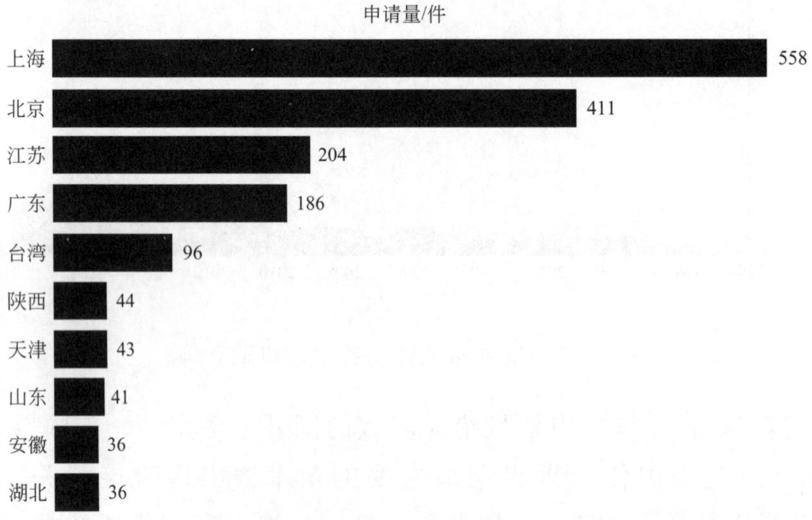

图 5-21　抗肿瘤抗体药物国内申请量分布

统计国内申请量排名前十位的申请人，高校和科研院所占据了八个席位，北京大学以 51 件位居第一位，其次是上海生元基因开发有限公司和上海市肿瘤研究所，申请量均为 43 件，江苏恒瑞医药股份有限公司申请了 42 件，复旦大学申请了 37 件，中国科学院上海生命科学研究院、中国药科大学、中国人民解放军第四军医大学和浙江大学分别都申请了 31 件，中央研究院以 27 件位居第十。其中上海生元基因开发有限公司是一家致力于人类基因及相关生物技术领域的研究开发及商业化的公司。江苏恒瑞医药股份有限公司是国内最大的抗肿瘤药物研究和生产基地，抗肿瘤药物销售在国内排名第一，市场份额达 12%以上。可见，在国内研发力量中，除了高校和科研院所之外，不乏国内的行业领军企业。我国企业可以进一步采用合作或专利许可、转让的方式掌握技术、开拓市场（图 5-22）。

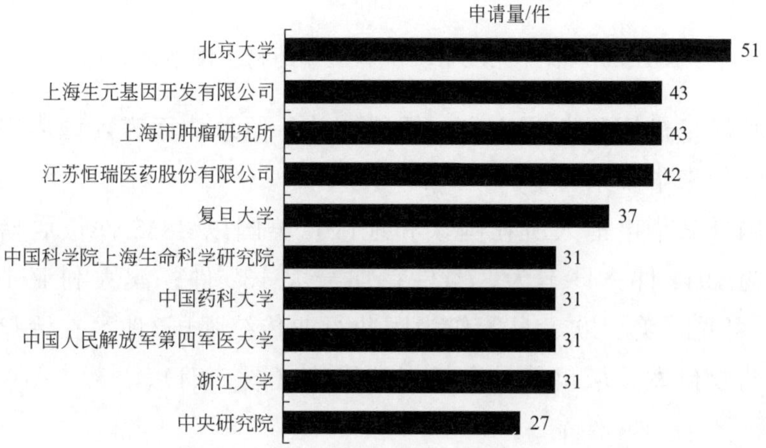

图 5-22　抗肿瘤抗体药物国内主要申请人排名

6. 国内治疗免疫系统疾病抗体药物专利分析

针对适应证中申请量第二的治疗免疫系统类疾病抗体药物专利进一步从申请量、国外来华申请主要国家/地区，国内主要来源地区和主要申请人等方面进行分析，以期了解该领域的技术发展情况。

统计从 1996～2018 年治疗免疫系统类疾病抗体药物专利的年申请量显示于图 5-23 中，可以看出，从 1996 年的 59 件到 2008 年的 431 件，治疗免疫系统类疾病抗体药物专利申请量快速增长；2008～2016 年，申请总量处于平台期，基本维持在每年 350～400 件，除了 2013 年仅有 284 件。可见治疗免疫系统类疾病抗体药物的快速发展期已经结束，进入稳定期。相比国内申请总量，国内申请人的申请量从 1996～2009 年一直维持在年申请量在 30 件以下的水平，从 2010 开始，申请量稳中有升，这与生物药市场逐渐扩大，

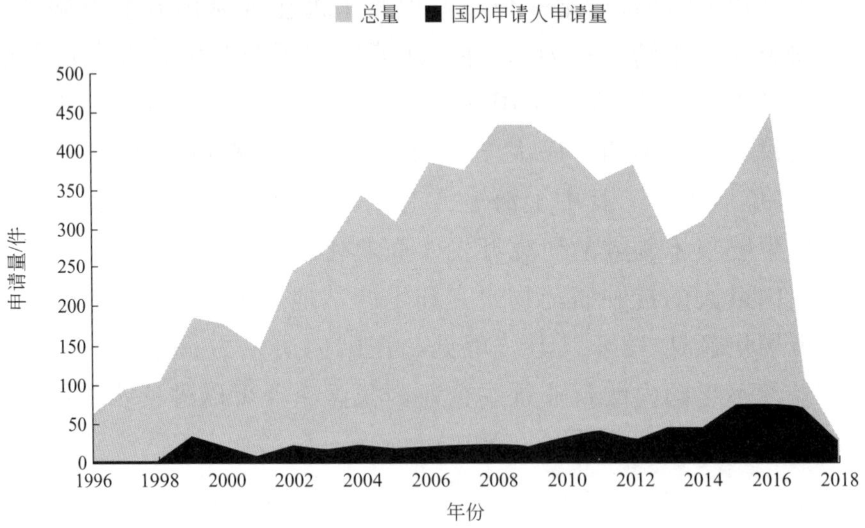

图 5-23　治疗免疫系统疾病抗体药物中国申请态势

国内药企和研发机构逐渐关注这一领域有关。但总体而言，国内申请人申请量远低于国外来华申请量。

分析国外来华申请人所在国家和地区，美国以 2838 件位居榜首；其次是欧洲，为 1911 件；日本为 374 件；加拿大 132 件；澳大利亚 107 件；韩国 59 件。可见，美、欧、日等作为医药行业传统强国/地区在治疗免疫系统疾病抗体药物研发领域仍然具有相当的优势（图 5-24）。

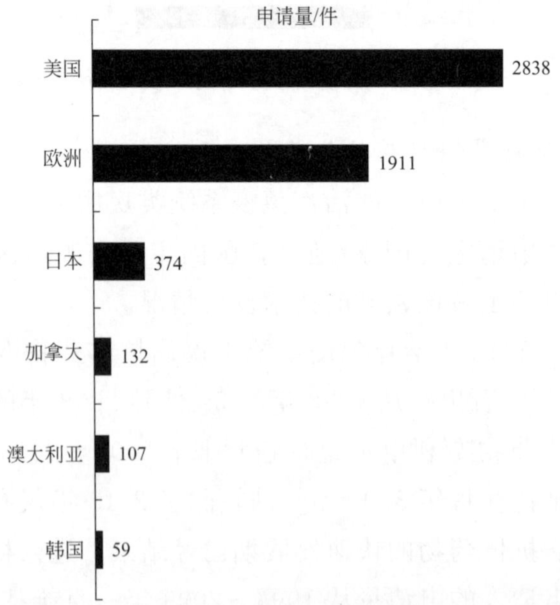

图 5-24　治疗免疫系统疾病抗体药物国外来华专利申请的主要来源国家/地区

在逐渐增长的本国申请中，来自上海的申请量最大，为195件；其次为北京，132件；广东、江苏、台湾、天津、山东、陕西、河南、香港、辽宁和湖北分列第3～12位。排名前10位的省/市共申请了559件专利，其中上海和北京占比58%，申请量也远高于排名第3～12位。可见这两市作为经济和科研的中心，在新药研发领域独占鳌头（图5-25）。

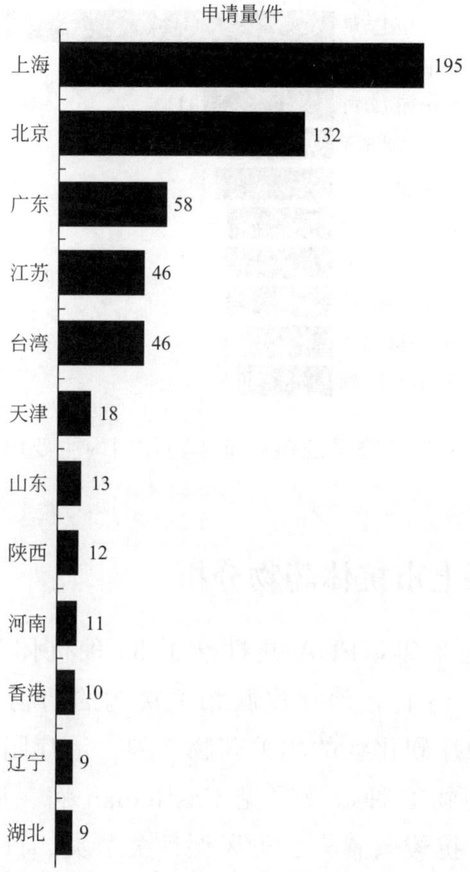

图5-25　治疗免疫系统疾病抗体药物国内申请量分布

对国内申请人的申请量进行分析统计，上海生元基因开发有限公司以40件位居第一，其次是北京大学16件，江苏恒瑞医药股份有限公司以11件位居第三。在排名前十位的申请人中，还有百奥泰生物科技有限公司，上海中信国健药业有限公司，北京诺赛基因组研究中心有限公司三家企业。百奥泰生物科技有限公司是一家生物制药企业，致力于研发新一代完全人源抗体和肽类药物。上海中信国健药业有限公司是由中信集团公司和上海兰生国健药业有限公司共同投资的生物医药高新技术企业，是国内最大的抗体药物生产企业，主要从事人源化单克隆抗体基因工程药物的研发、中试、生产和销售。北京诺赛基因组研究中心有限公司是一家基于基因组学研究的生物高科技企业。从排名前十位的申请人来看，在治疗免疫系统疾病抗体药物领域，国内的生物医药企业占据了五席，表明这一领域的市场化程度较高，市场和研发都相对稳定（图 5-26）。

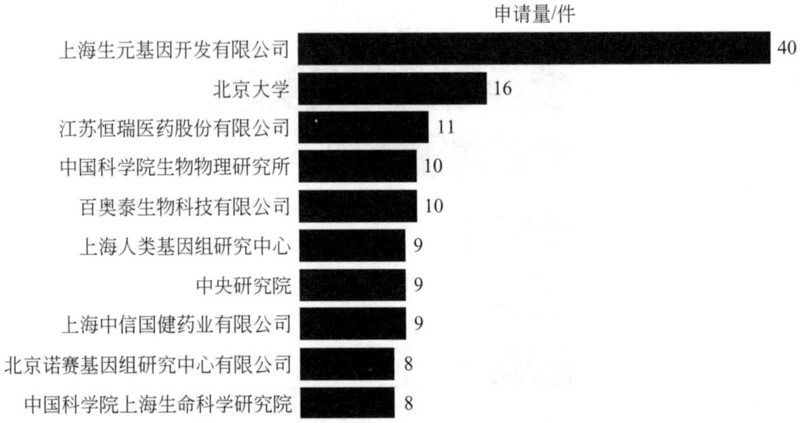

图 5-26　治疗免疫系统疾病抗体药物国内主要申请人排名

三、近五年新上市抗体药物分析

2014～2018 年上半年，FDA 共批准了 36 种抗体类药物，其中治疗肿瘤、癌症相关的抗体 13 种，治疗皮肤相关疾病的药物 6 种，治疗呼吸系统疾病的药物 3 种，治疗硬化症的相关药物 2 种，治疗脂肪代谢相关疾病的药物 2 种，凝血相关药物 2 种，及罕见 Castleman 病、溃疡结肠炎或克罗恩病、吸入性炭疽病、抗梭菌感染、类风湿性关节炎、HIV、偏头痛、低磷血症相关药物各 1 种。

1. 2014 年批准药品

ramucirumab（商品名 Cyramza）是开发用于治疗实体瘤的完全人单克隆抗体（IgG1）。该药物由 ImClone Systems Inc 开发。它是从 Dyax 的天然噬菌体展示文库中分离的。于 1995 年 2 月 10 日，ImClone Systems Inc 提出了要求保护特异性结合血管内皮生长因子（VEGF）受体的细胞外结构域的单克隆抗体的 PCT 申请（PCT/US95/01678，无中文同族）。ramucirumab 是直接的 VEGFR2 拮抗剂，其以高亲和力结合 VEGFR2 的细胞外结构域并阻断天然 VEGFR 配体（VEGF-A，VEGF-C 和 VEGF-D）的结合。这些配体由实体肿瘤分泌，以促进血管生成（从预先存在的血管形成新血管）并增强肿瘤血液供应。ramucirumab 与 VEGFR2 的结合导致抑制 VEGF 介导的肿瘤血管生成。Cyramza 由 Eli Lilly 公司研发，获“优先审评”和“孤儿药”地位，于 2014 年 4 月 21 日被 FDA 批准。

siltuximab（商品名 Sylvant），也称为 CNTO 328，抗 IL-6 嵌合单克隆抗体或 cCLB8，是嵌合（人和小鼠）单克隆抗体。Sylvant 获“优先审评”和“孤儿药”地位，于 2014 年 4 月 23 日，获得 FDA 批准用于治疗特发性多中心 Castleman 病（iMCD）患者，这些患者没有感染人类免疫缺陷病毒（HIV）或人类疱疹病毒-8（HHV-8）。siltuximab 是一种嵌合单克隆抗体，可与白细胞介素-6（IL-6）结合，阻止与可溶性和膜结合白细胞介素-6 受体的结合。siltuximab 干扰 IL-6 介导的 B 淋巴细胞和浆细胞的生长，血管内皮生长因子（VEGF）的分泌和自身免疫现象。siltuximab 可能增加 CYP450 活性，导致 CYP450 底物药物代谢增加。其美国专利（US7612182）于 2009 年 11 月 3 日获得授权，其中文同族（CN100374457C）于 2008 年 3 月 12 日获得授权。该药品有效成分：siltuximab；非活性成分：L-组氨酸和 L-组氨酸单盐酸盐一水合物，聚山梨醇酯 80，蔗糖。

vedolizumab（商品名 Entyvio）是由 Millennium Pharmaceuticals Inc（Takeda Pharmaceuticals 的子公司）开发的用于治疗溃疡性结肠炎和克罗恩病的单克隆抗体。该公司最早于 1996 年 2 月 12 日对该种抗体进行申请（PCT/US96/02153，无中文同族）。它与整合素 α4β7（LPAM-1）结合，阻断 α4β7 整合素会减少肠道炎症。Entyvio 获“优先审评”地位，于 2014 年 5 月 20 日获得 FDA 批准。2014 年 5 月 27 日，Entyvio 在 28 个欧盟国家以及挪威、冰岛和列支敦士登被批准用于治疗溃疡性结肠炎和克罗恩病。2015 年 4 月 28 日，加拿大卫生部批准了 Entyvio。该药含有有效成分：vedolizumab；非活性成分：L-精氨酸盐酸盐、L-组氨酸、L-组氨酸单盐酸盐、聚山梨醇酯 80 和蔗糖。

pembrolizumab（以前称为 MK-3475 和 lambrolizumab，商品名 Keytruda）是用于癌症免疫疗法的人源化抗体。该药物的 PCT 申请于 1989 年被提出，当时该抗体被应用于结合到人体 IL-2 受体上。在 2010 年 1 月 12 日被提出的 PCT 申请中（PCT/US10/20764，无中文同族），它是 IgG4 同种型抗体，其阻断癌细胞的保护机制，从而允许免疫系统破坏它们。它针对淋巴细胞的程序性细胞死亡 1（PD-1）受体。获 FDA 加速审批后，于 2014 年 9 月 4 日，FDA 最初批准它治疗转移性黑色素瘤。对新适应证肺癌的治疗被授予突破性治疗认定及优先审评和加快批准资格。2016 年 8 月 5 日和 10 月 25 日连续增加适应证说明书，增加适应证为非小细胞肺癌（NSCLC）和头颈部鳞癌（HNSCC）。2017 年，FDA 批准它用于任何不可切除或转移性实体肿瘤，并伴有某些遗传异常（错配修复缺陷或微卫星不稳定性）。这是 FDA 首次批准基于肿瘤遗传而非组织类型或肿瘤部位的抗癌药物。该药物含有活性成分：pembrolizumab；非活性成分：L-组氨酸、聚山梨醇酯-80、蔗糖；可能含有盐酸/氢氧化钠。

blinatumomab（商品名 Blincyto）是一种生物制药药物，用于费城染色体阴性复发或难治性急性淋巴细胞白血病的二线治疗。它属于一类构建的单克隆抗体，是一种双特异性 T 细胞接合者（BiTE）。该抗体的专利申请最早于 1998 年 4 月 21 日被提出（WO1999/054440，中国同族 CN99805240. X）。随后又有一系列相关申请分别于：2003 年 12 月 22 提出申请，已于 2007 年 6 月 26 日获得授权（US7235641B2），2006 年 5 月 5 日申请，2009 年 8 月 18 日获得授权（US7575923B2）；2004 年 5 月 26 日提出 PCT 申请，于 2009 年 12 月 22 日获得授权（US7635472B2）；2005 年 5 月 4 日提出 PCT 申请，于 2012 年 8 月 21 日（US8247194B2）获得相关授权；于 2009 年 11 月 6 日提出的 PCT 申请（PCT/EP2009/007970，中国同族 CN200980144399. 8，及其分案 CN201710366308. 1）；于 2010 年提出 PCT 申请（PCT/EP2010/066207，中国同族 CN201080048898. X）。blinatumomab 分子结合了两个结合位点：T 细胞的 CD3 位点和靶 B 细胞的 CD19 位点。该药物通过连接这两种细胞类型并激活 T 细胞以对靶细胞发挥细胞毒活性起作用，使患者的 T 细胞能够识别恶性 B 细胞。该药获得“突破性治疗”和“孤儿药”地位，2014 年 12 月 3 日，FDA 根据加速审批计划批准了该药物。该药物含有活性成分：blinatumomab；非活性成分：柠檬酸一水合物、赖氨酸盐酸盐、聚山梨醇酯 80、脱水海藻糖、氢氧化钠和注射用水。

nivolumab，作为 Opdivo 销售，是一种用于治疗癌症的药物。它是人 IgG4 抗 PD-1 单克隆抗体。nivolumab 可作为检查点抑制剂，阻断阻止活化 T 细胞攻击癌症的信号，从而使免疫系统能够清除癌症。它是由 Medarex 公司发现的，由 Medarex 和 Ono Pharmaceutical 开发，并由 Bristol-Myers Squibb（2009 年收购 Medarex）和 Ono 推向市场。该药物最早由 Ono Pharmaceutical 于 2003 年 7 月 2 日提出（PCT/JP2003/008420，无中文同族）。该药物含有有效成分：nivolumab；非活性成分：甘露醇、戊烯酸、聚山梨醇酯 80、氯化钠、柠檬酸钠二水合物和注射用水；可含有盐酸和/或氢氧化钠。nivolumab 于 2014 年 12 月 22 日被批准用于治疗小细胞肺癌。2015 年 3 月，美国 FDA 批准它用于治疗鳞状细胞肺癌。2015 年 6 月 19 日，欧盟委员会批准了在整个欧盟范围内有效的上市许可。2015 年 11 月，FDA 批准 nivolumab 作为肾细胞癌的二线治疗药物，获得了应用突破性治疗指定，快速通道指定和优先审查状态。2016 年 5 月，FDA 批准 nivolumab 用于治疗自体造血干细胞移植（自体 HSCT）和移植后，用 brentuximab vedotin 治疗复发或进展的经典霍奇金淋巴瘤（cHL）患者。2017 年 12 月 20 日，FDA 批准 nivolumab 用于淋巴结受累的黑色素瘤的辅助治疗或完全切除的转移性疾病。2018 年 4 月 16 日，FDA 批准 nivolumab 联合 ipilimumab 用于中风和低风险晚期肾细胞癌患者的一线治疗。2018 年 6 月 15 日，中国药品监督管理局批准了 nivolumab，这是该国首个免疫肿瘤学和第一个 PD-1 疗法。

2. 2015 年批准药品

secukinumab，商品名 Cosentyx，是一种人 IgG1κ 单克隆抗体，与白细胞介素（IL)-17A 结合。IL17A 在牛皮癣患者的血清和银屑病关节炎患者的滑液中上调，当它与白细胞介素-17 受体结合时会促进炎症，白细胞介素-17 受体在皮肤中的角质形成细胞等各种类型的细胞中表达。因此 secukinumab 可以抑制斑块性银屑病发展中起作用的炎症反应。Genentech 公司于 2004 年 6 月 2 日就该药物提出申请（WO2004US17581）。2015 年 1 月 21 日，FDA 批准 secukinumab 治疗患有中度至重度斑块状银屑病的成人。这是第一种被批准的 IL17A 抑制药物。2016 年 1 月，FDA 批准它治疗成人强直性脊柱炎和银屑病关节炎，并于 2018 年 2 月批准更新标签，包括治疗中度至重度头皮银屑病。该药品在中国进入申请临床阶段。该药物含有有效成分：secukinumab；非活性成分：L-组氨酸/组氨酸盐酸盐一水合物、L-蛋氨酸、聚山梨醇酯 80、海藻糖二水合物和无菌注射用水。

dinutuximab（商品名 Unituxin）是一种嵌合单克隆抗体，用于高危神经母细胞瘤患儿的二线治疗。每种抗体由小鼠和人组分制成并靶向糖脂 GD2，在神经母细胞瘤细胞和神经外胚层来源的正常细胞上表达，包括中枢神经系统和外周神经。该药物最早于 2005 年 1 月 18 日提出专利申请（WO2005EP00428）。于 2015 年 3 月 10 日获得美国 FDA 批准。

alirocumab（商品名 Praluent）是 FDA 于 2015 年 7 月 24 日批准的生物制药药物，作为胆固醇不受饮食和他汀类药物治疗控制的成人高胆固醇的二线治疗。它是一种人类单克隆抗体，属于一类新的抗胆固醇药物，被称为

PCSK9 抑制剂。该药物于 2009 年 12 月 15 日进行专利申请（WO2009US68013），中国同族最早失效日为 2029 年 12 月 25 日。该药物含有活性成分：alirocumab；非活性成分：组氨酸、聚山梨醇酯 20、蔗糖和注射用水。该药物 2015 年的成本估计为每年 14 300 美元。由 Sanofi & Regeneron 销售。

evolocumab（商品名 Repatha）是一种用于治疗高脂血症的单克隆抗体，是一种完全人单克隆抗体，可抑制 PCSK9。PCSK9 是一种靶向 LDL 受体降解的蛋白质，从而降低肝脏从血液中去除 LDL-C 或“坏”胆固醇的能力。该药物于 2008 年 8 月 22 日进行专利申请（WO2008US74097），中国同族最早失效日为 2028 年 8 月 22 日。FDA 于 2015 年 8 月 27 日批准。该药物含有活性成分：evolocumab；非活性成分：脯氨酸、冰醋酸、聚山梨醇酯 80、注射用水和氢氧化钠。该药物由 Amgen 销售。Regeneron 和 Amgen 各自申请了针对 PCSK9 的单克隆抗体的专利保护，导致最终在美国进行了专利诉讼。2016 年 3 月，地方法院认定 Regeneron 的药物 alirocumab 侵犯了 Amgen 的专利。Amgen 随后要求禁止 Regeneron 和 Sanofi 销售 alirocumab 的禁令，该禁令于 2017 年 1 月授予。

idarucizumab，以 Praxbind 品牌销售，是一种单克隆抗体，用于逆转达比加群的抗凝血作用。一项研究发现，idarucizumab 在几分钟内有效地逆转了达比加群的抗凝作用。该药物由 Boehringer Ingelheim Pharmaceuticals 开发。该药物于 1998 年 2 月 16 日进行专利申请（WO1998EP00865，无中国同族）。它于 2015 年 10 月 16 日获得 FDA 批准。

mepolizumab（商品名 Nucala）是用于治疗严重嗜酸性粒细胞性哮喘的人源化单克隆抗体。通过 DNA 重组技术于中国仓鼠卵巢细胞中产生。它识别并阻断白细胞介素-5（IL-5）与嗜酸性粒细胞白细胞表面上的受体白细胞介素 5 受体 α 亚基结合。虽然嗜酸性粒细胞在与哮喘相关的炎症中起作用，但 mepolizumab 的确切机制尚不清楚。该药物于 1995 年 12 月 22 日进行专利申请（WO1995US17082），中国同族最早失效日为 2015 年 12 月 22 日。随后该药品还进行了一系列的申请，但均无中国同族。该药物由 FDA 于 2015 年 11 月 4 日批准。该药物中含有活性成分：mepolizumab；非活性成分：聚山梨醇酯 80、磷酸氢二钠七水合物和蔗糖。

daratumumab（商品名 Darzalex）是一种抗癌药物。它与多发性骨髓瘤细胞过度表达的 CD38 结合。daratumumab 最初由 Genmab 开发，但现在由 Genmab 与强生公司 Janssen Biotech 联合开发，后者从 Genmab 获得了该药物的全球商业化权利。daratumumab 于 2013 年获得多发性骨髓瘤的突破性治疗药物地位。它还被授予多发性骨髓瘤、弥漫性大B细胞淋巴瘤、滤泡性淋巴瘤和套细胞淋巴瘤的孤儿药物地位。该药物于2006年3月23日进行专利申请（WO2006DK00166），中国同族最早失效日为2026年3月23日。该药物于2015年11月16日被FDA批准。该药物中含有有效成分：daratumumab；非活性成分：冰醋酸、甘露醇、聚山梨醇酯20、三水醋酸钠、氯化钠和注射用水。

necitumumab（商品名Portrazza）是用于抗肿瘤药的重组人IgG1单克隆抗体。它与表皮生长因子受体（EGFR）结合。用于吉西他滨和顺铂治疗先前未治疗的转移性鳞状非小细胞肺癌（NSCLC），在非鳞状非小细胞肺癌中效果适得其反。该药物于2005年3月21日进行专利申请（WO2005US09583），中国同族最早失效日为2025年3月21日。FDA于2015年11月24日批准。中国目前处于申请临床阶段。

elotuzumab（商标名Empliciti）是一种用于复发性多发性骨髓瘤的人源化单克隆抗体。Empliciti靶向SLAMF7。2014年5月，它获得了FDA多发性骨髓瘤的“突破性进展”地位。该药物于2004年5月10日进行专利申请（WO2004US14866，没有中国同族）。2015年11月30日，FDA批准elotuzumab作为多发性骨髓瘤的治疗方法。该药物中含有有效成分：elotuzumab；非活性成分：柠檬酸一水合物、聚山梨醇酯80、柠檬酸钠、蔗糖。

3. 2016年批准药品

obiltoxaximab（商品名Anthim）是一种单克隆抗体，设计用于治疗炭疽芽孢杆菌孢子（炭疽病的病原体）。Anthim于2016年3月18日被批准与抗菌药联用治疗吸入性炭疽病，还被批准当其他治疗不适当时预防吸入性炭疽病。研发公司为Elusys Therapeutics公司。该公司于2003年9月16日进行专利申请（WO2003US29065，没有中国同族）。该药物含有活性成分：obiltoxaximab；非活性成分：L-组氨酸、山梨糖醇和聚山梨醇酯80。

ixekizumab（商品名Taltz）是用于治疗自身免疫疾病的可注射药物。从化学上讲，它是一种人源化单克隆抗体，由两条轻链和两条通过二硫键连接的重链组成。两个重链在位置296的天冬酰胺处被糖基化。在铰链区中，丝氨酸被脯氨酸取代，以减少制造过程中半抗体和异二聚体的形成。去除野生型IgG4中发现的末端赖氨酸。这种抗体是在中国仓鼠卵巢细胞中产生的。ixekizumab与促炎细胞因子白细胞介素17（IL-17）结合，并阻断其作用。除其他外，IL-17刺激皮肤中角质形成细胞的增殖和活化。这种机制类似于另一种抗银屑病抗体brodalumab，它与白细胞介素-17受体结合。ixekizumab 对同源二聚体 IL-17A 和异二聚体 IL-17A/F 具有亲和力，但对白细胞介素 17 家族的其他成员不具有亲和力。该药物由礼来公司于 2006 年 12 月 5 日进行专利申请（WO2006US61586），中国同族最早失效日为 2026 年 12 月 5 日。该药于 2016 年 3 月 22 日经 FDA 批准。该药含有活性成分：ixekizumab；非活性成分：无水柠檬酸、聚山梨醇酯 80、氯化钠、柠檬酸钠二水合物和注射用水。

reslizumab 是一种抗人白细胞介素-5（IL-5）的人源化单克隆抗体。reslizumab 特异性结合 IL-5，IL-5 是负责人嗜酸性粒细胞分化、成熟、募集和激活的关键细胞因子。嗜酸性粒细胞在呼吸道炎症的调节中发挥作用。嗜酸性粒细胞性哮喘是哮喘的表型，其特征在于肺和痰中存在高于正常的嗜酸性粒细胞。已知血液和支气管液中的嗜酸性粒细胞数量与哮喘严重程度相关。reslizumab 以 81pM 的解离常数与 IL-5 结合并抑制 IL-5 信号传导，这降低了嗜酸性粒细胞的产生和存活。reslizumab 最初由 Chuan-Chu Chou 于 Schering-Plough 开发，以前称为 SCH-55700。1993 年 2 月 4 日，Chou 和他的团队申请了 reslizumab 药物的设计、克隆和表达专利（WO1993US00759）。Ception Therapeutics 以 CTx 55700 的名义获得该药并继续开发。2010 年，Ceep Therapeutics 被 Cephalon 以 2.5 亿美元收购，该药物继续在代号 CEP-38072 下开发。2011 年，Teva Pharmaceuticals 以 68 亿美元的价格收购了 Cephalon 并继续开发 reslizumab。2016 年 3 月 23 日，FDA 批准 reslizumab 与其他哮喘药物一起用于 18 岁及以上患者的重症哮喘维持治疗。

atezolizumab（商品名 Tecentriq）是针对 PD-L1 的 IgG1 同种型的完全人源化工程化单克隆抗体。该药物由基因泰克公司于 2000 年 8 月 23 日进行专利申请（WO2000US23256，无中国同族）。Tecentriq 获“突破性治疗药物”及“优先审评”地位，通过加速审批程序于 2016 年 10 月 18 获得了 FDA 批准，被批准用于局部晚期或转移性尿路上皮癌。但在 2017 年 5 月，它未能通过第二线膀胱癌的 3 期试验。

daclizumab（商品名 Zinbryta）是人源化单克隆抗体，通过人源化小鼠 mAb 发明，其用于治疗患有复发型多发性硬化症（MS）的成人。daclizumab 通过与 CD25（T 细胞的 IL-2 受体的 α 亚基）结合起作用，它阻断 IL-2 与 IL-2 受体的相互作用，并阻止 T 细胞的活化。2008 年，PDL 拆分出的 Facet Biotech 的公司开发了 daclizumab 治疗多发性硬化症（WO2009US55294，申请日 2009 年 8 月 28 日）。2009 年，Biogen 试图以 3.5 亿美元的价格恶意收购 Facet，Facet 拒绝了这一要约，并于 2010 年以

4.5亿美元的现金被Abbvie收购。2016年5月27日，FDA批准了daclizumab治疗成人复发性多发性硬化症，并要求进行上市后研究，并提交正式的风险评估和缓解策略。2018年3月，在欧洲报告脑炎后，Biogen和Abbvie自愿退出市场。

olaratumab（商品名Lartruvo）是由Eli Lilly开发的用于治疗实体瘤的单克隆抗体。该药物由imclone systems公司于2006年6月19日进行专利申请（WO2006US23856），中国同族最早失效日为2026年6月19日。olaratumab通过阻断血小板衍生生长因子受体的亚基α来抑制肿瘤细胞的生长。Lartruvo获“突破性治疗药物”和“孤儿药”指定，以及“优先审评”和“快速通道”地位，通过加速审批程序于2016年10月19日被批准与多柔比星联合治疗某些类型的成人软组织肉瘤（soft tissues sarcomas，STS）。该药第三阶段试验于2015年9月开始，预计将于2020年9月完成。

bezlotoxumab（商品名Zinplava）是一种人单克隆抗体，于2016年10月21日被批准用于预防艰难梭菌感染的复发。该药与actoxumab一起，是由Medarex公司与马萨诸塞大学医学院MassBiologics合作开展的Ⅱ期疗效试验，并于2005年2月4日申请了专利（WO2005US03725）。该项目随后被许可给Merck Sharp&Dohme Corp进行进一步开发和商业化。actoxumab和bezlotoxumab是完全人单克隆抗体，分别结合艰难梭菌毒素A和B。三期试验中，仅bezlotoxumab展现出了益处；与单独使用bezlotoxumab相比，actoxumab和bezlotoxumab的组合对预防艰难梭菌相关性腹泻的复发效果不佳。

4. 2017年批准药品

brodalumab（美国商品名Siliq，欧洲商品名Kyntheum）是一种用于治疗炎性疾病的人单克隆抗体，已被用于研究治疗哮喘、牛皮癣、克罗恩病、银屑病关节炎和类风湿性关节炎的试验中。该药物于2007年10月1日被申请专利（WO2007US21174），中国同族最早失效日为2027年10月1日。在该药的研究历史中，2014年11月，Amgen和AstraZeneca报告了该化合物的令人鼓舞的结果。两家公司表示，与ustekinumab和安慰剂相比，该化合物在Ⅲ期试验中符合主要终点，显示出更高的皮肤清除率。然而，2015年5月，Amgen宣布由于报告患者有“自杀意念和行为发生的事件”而终止参与该化合物的共同开发。AstraZeneca将全权负责除了某些亚洲地区（如日本等）外所有地区的布罗达单抗的未来开发和营销。2015年9月，AstraZeneca宣布与Valeant Pharmaceuticals建立合作伙伴关系，其中Valeant

接管了开发和商业化 brodalumab 的专有权。2016 年 7 月，欧洲将 brodalumab 商业化的权利出售给 LEO Pharma。brodalumab 于 2017 年 2 月 15 日被 FDA 批准为 Siliq，处方药，可用于治疗中度至重度斑块状银屑病的成人，目前尚不清楚 SILIQ 对儿童是否安全有效。brodalumab 与白细胞介素-17 受体结合，因此可防止白细胞介素 17（IL-17）激活受体，从而抑制 IL-17 家族的几种促炎细胞因子。这种机制类似于另一种抗牛皮癣抗体，即 ixekizumab，但 ixekizumab 是与 IL-17 本身结合。

avelumab（商品名 Bavencio）是由 Merck KGaA 和 Pfizer 开发的一种完全人 IgG1 单克隆抗体，用作免疫疗法的药物，最初用于治疗非小细胞肺癌（NSCLC）。该药物于 2000 年 8 月 23 日被申请专利（WO2000US23256，无中国同族）。PD-1/PD-L1 受体/配体复合物的形成导致 $CD8^+$ T 细胞的抑制，并因此抑制免疫反应。免疫疗法旨在通过阻断这些受体配体对来停止这种免疫阻断。avelumab 靶向 PD-L1，抑制 PD-1 与其受体结合。Bavencio 获“孤儿药”和“突破性治疗药物”指定以及“优先审评”地位，美国 FDA 于 2017 年 3 月 23 日批准了其用于 Merkel 细胞癌，一种侵袭性的皮肤癌。该药物含有活性成分：avelumab；非活性成分：D-甘露醇、冰醋酸、聚山梨醇酯 20、氢氧化钠、注射用水。

ocrelizumab（商品名 Ocrevus）是人源化抗 CD20 单克隆抗体适用于治疗复发或原发进展形式的多发性硬化症患者。它是第二代重组人源化单克隆 IgG1 抗体，针对 B 淋巴细胞上的 CD20 标记物。ocrelizumab 与 rituximab 结合的表位重叠。由 Genentech/Roche 开发的 ocrelizumab，于 2003 年 12 月 11 日申请专利（WO2003US39686），获“突破性治疗药物”指定和“优先审评”地位，于 2017 年 3 月 28 日由 FDA 批准，用于静脉注射。在推出时，这种药物的定价为 65 000 美元（每年两次输液的年费）。它于 2017 年 8 月被加拿大卫生部（Ocrevus）批准，使该药成为美国和加拿大首个 PPMS 治疗药物。该药含有活性成分：ocrelizumab；非活性成分：冰醋酸、聚山梨醇酯 20、三水合乙酸钠、海藻糖二水合物。

dupilumab，以商品名 Dupixent 销售，是一种单克隆抗体，用于治疗过敏性疾病，如湿疹（特应性皮炎）。它由 Regeneron Pharmaceuticals 和 Sanofi Genzyme 开发。该药物于 2007 年 10 月 2 日被申请专利（WO2007US21210，无中文同族）。它于 2017 年 3 月 28 日获得 FDA 批准用于中度至重度特应性皮炎。截至 2017 年，每年的成本约为 37 000 美元。Dupixent 获“突破性治疗药物”指定和“优先审评”地位。dupilumab 与白细胞介素-4 受体（IL-4Rα）的

α 亚基结合，使其成为受体拮抗剂。通过阻断 IL-4Rα，dupilumab 调节白细胞介素 4 和白细胞介素 13 途径的信号传导。该药含有活性成分：dupilumab；非活性成分：L-精氨酸盐酸盐、L-组氨酸、聚山梨醇酯 80、醋酸钠、蔗糖和注射用水。

durvalumab（商品名 Imfinzi）是由 FDA 于 2017 年 5 月 1 日批准的癌症免疫疗法，由 Medimmune/AstraZeneca 开发，并于 2010 年 11 月 24 日申请了专利（WO2010US58007）。它是人免疫球蛋白 G1κ（IgG1κ）单克隆抗体，其阻断程序性细胞死亡配体 1（PD-L1）与 PD-1 和 CD80（B7. 1）分子的相互作用。durvalumab 被批准用于治疗患有局部晚期或转移性尿路上皮癌的患者，这些患者在含铂化疗期间或之后具有疾病进展，或者在新辅助治疗或含铂化疗的辅助治疗的 12 个月内具有疾病进展。Imfinzi 获“突破性治疗药物”指定和“优先审评”地位。durvalumab 被称为检查点抑制剂药物，AstraZeneca 的定价为每年 180 000 美元。该药物含有有效成分：durvalumab；非活性成分：L-组氨酸、L-组氨酸盐酸盐一水合物、α,α-海藻糖二水合物、聚山梨醇酯 80、注射用水、USP。

sarilumab（商品名 Kevzara）是一种针对白细胞介素-6 受体的人 IgG1 单克隆抗体，用于治疗类风湿性关节炎（RA）。该药可与膜结合和可溶性白细胞介素 6（IL-6）受体形式结合，从而阻断 IL-6 的顺式和反式炎症信号级联反应。已知 IL-6 是活化免疫细胞（T 细胞和 B 细胞）的多效细胞因子，以及用于释放急性期蛋白如 CRP，血清淀粉样蛋白 A 和纤维蛋白原（其是 RA 活性的生物标志物）的肝细胞。IL-6 也存在于滑液中，并且在 RA 的病理性炎症和关节破坏特征中起主要作用。因此，由于其抑制关节内和全身 IL-6 信号传导的能力，它被用于治疗 RA。该药为 Regeneron 和 Sanofi 开发，于 2007 年 6 月 1 日申请专利（WO2007US13062）。2016 年 10 月，由于 GMP 违规，美国 FDA 拒绝批准该药物。最终于 2017 年 5 月 22 日获得美国 FDA 批准，并于 2017 年 6 月 23 日获得欧洲药品管理局批准。该药物中含有有效成分：sarilumab；非活性成分：精氨酸、组氨酸、聚山梨醇酯 20、蔗糖和注射用水、USP。

guselkumab，以商品名 Tremfya 出售，是一种用于治疗斑块状银屑病的人免疫球蛋白 G1λ（IgG1λ）单克隆抗体。guselkumab 靶向 IL-23 亚基 α（p19 亚基），从而阻止它结合细胞受体。IL-23 是一种炎性细胞因子，可激活 $CD4^+$ T 辅助细胞（Th17）细胞通路，介导诱导银屑病斑块形成的炎症级联反应。guselkumab 由 Janssen Global Services，LLC 开发。该药物于 2006

年 6 月 30 日被申请专利（WO2006US26174，无中文同族）。2017 年 7 月 13 获得美国 FDA 批准。自 2019 年 4 月起，日本也批准了其在银屑病关节炎的使用。guselkumab 每 100mg 剂量（每两个月一次）的定价约为 10 000 美元。

inotuzumab ozogamicin（商品名 Besponsa）是一种抗体-药物偶联物，用于治疗复发或难治性 B 细胞前体急性淋巴细胞白血病（ALL）。该药物由针对 CD22（inotuzumab）的人源化单克隆抗体组成，与来自加利车霉素类的细胞毒性剂（称为 ozogamicin）相连。抗体成分与主要在 B 细胞上表达的 CD22 受体结合，然后整个缀合物被吸入细胞中，通过溶酶体的酸性环境将 ozogamicin 从抗体切割下来。ozogamicin 最终进入细胞核，在细胞核中分解 DNA，导致细胞死亡。该药物是由 Celltech 和 Wyeth 的科学家合作发现的，Celltech 和 Wyeth 于 1991 年开始合作开发抗体-药物偶联物。人源化抗体部分在 Celltech 产生，编码它的 DNA 被转染到 CHO 细胞中，CHO 细胞被送到 Wyeth，化学家在那里表达并纯化抗体并将它们与接头偶联到细胞毒素上。生物制品和加利车霉素衍生物由 Celltech 和 Wyeth 于 2003 年 5 月 2 日分别申请专利（WO2003GB01934、WO2003US13910），这项工作于 2004 年发表。Celltech 于 2004 年被 UCB 收购，Wyeth 于 2009 年被辉瑞公司收购。Besponsa 获“突破性治疗药物”和“孤儿药”指定，以及“优先审评”地位，这是首款获得美国 FDA 批准的靶向 CD22 的抗体药物偶联物。2017 年 8 月 17 日，FDA 批准了 inotuzumab ozogamicin。

benralizumab（商品名 Fasenra）是由 MedImmune 开发的用于治疗哮喘的单克隆抗体，是同种型 IgG1k 免疫球蛋白的人源化重组单克隆抗体。它针对白细胞介素-5 受体（CD125、IL-5R）的 α 链，它抑制 IL-5 的结合以及 IL-5R 的 α 和 β 亚基的异源寡聚化，从而阻断信号转导。此外，它是一种非岩藻糖基化 IgG，使其对天然杀伤细胞、巨噬细胞和中性粒细胞中的 FcγRIIIα 受体具有高亲和力。该抗体于 1996 年 9 月 11 日被申请专利（WO1996JP02588，无中文同族）。2017 年 11 月 14 日 FDA 批准 benralizumab 由 AstraZeneca 全球生物研究和开发部门 MedImmune 开发。该药物中含有活性成分：benralizumab；非活性成分：L-组氨酸、L-组氨酸盐酸盐一水合物、聚山梨醇酯 20、α,α-海藻糖二水合物和注射用水。

emicizumab（商品名 Hemlibra）是一种人源化双特异性抗体，用于治疗 A 型血友病。emicizumab 与活化的凝血因子 IX 和因子 X 结合，介导后者的活化。这通常是凝血因子Ⅷ行使的功能，而在 A 型血友病患者中缺失。

该药由 Chugai（Roche 的子公司）发明，于 2003 年 10 月 10 日申请专利（WO2003JP13062，无中文同族），并与 Roche 和 Genentech 共同开发。2017 年 11 月 16 日，它被美国 FDA 批准用于治疗那些对其他治疗产生耐药性的人的 A 型血友病。随后，FDA 于 2018 年 4 月批准了一项突破性治疗指定，用于治疗那些对其他治疗没有产生耐药性的人的 A 型血友病。该药含有有效成分：emicizumab-kxwh；非活性成分：L-精氨酸、L-组氨酸、泊洛沙姆 188 和 L-天冬氨酸。

5. 2018 年批准药品

ibalizumab（商品名 Trogarzo）是一种非免疫抑制的人源化单克隆抗体，可以结合 HIV 的主要受体 CD4 并抑制 HIV 进入细胞。它是一种后附着抑制剂，在 HIV 结合 CD4 细胞表面的 CD4 受体后阻止 HIV 与 CCR5 和 CXCR4 共受体结合。ibalizumab 最初由 Biogen 于 1991 年 5 月 23 日申请专利（WO1991US03460），后授权 Tanox 开发（现在是 Genentech 的一部分），ibalizumab 的专利被出售给 TaiMed Biologics。该药获得“突破性治疗药物”和“孤儿药”指定以及“优先审评”地位，通过快速审批程序于 2018 年 3 月 6 日被 FDA 批准。该药品中含有有效成分：ibalizumab-uiyk；非活性成分：L-组氨酸、聚山梨醇酯 80、氯化钠和蔗糖。TROGARZO 不含任何防腐剂。

Ilumya 是一种处方药，最初于 2008 年 2 月 21 日被申请专利（WO2008US02394，没有中文同族）。2014 年 9 月默沙东独家转让给印度太阳制药，以换取 8000 万美元的预付款，2018 年 3 月 20 日被 FDA 批准。其药品中含有活性成分：tildrakizumab-asmn；非活性成分：L-组氨酸、L-组氨酸盐酸盐一水合物、聚山梨醇酯 80、蔗糖和注射用水、USP。tildrakizumab 是一种高亲和力的人源化 IgG1κ 抗体，靶向白介素 IL-23 的 p19 亚基，抑制其与 IL-23 受体作用，从而达到抑制促炎细胞因子和趋化因子释放的效果。该药可用于治疗患有中度至重度斑块状银屑病的成年人，目前尚不清楚对 18 岁以下儿童是否安全有效。

被称为 KRN23 的 burosumab（商品名 Crysvita）是一种用于治疗 X 连锁低磷血症的人 IgG1 单克隆抗体。最初于 2009 年 4 月 28 日被申请专利（WO2009JP58403，无中文同族）。burosumab 获“突破性治疗药物”和“孤儿药”指定，于 2018 年 4 月 17 日被 FDA 批准用于 1 岁及以上患者。burosumab 是成纤维细胞生长因子 23（FGF23）阻断抗体，其结合并抑制成纤维细胞生长因子 23（FGF23）的作用。通过抑制这种生长因子，burosumab 增加了肾脏肾小管的重吸收，从而增加了 1,25 二羟基维生素 D 的血清浓度。这种形式的维生素 D 可增强肠道对磷酸盐和钙的吸收，从而支持骨矿化。

Aimovig 是一种用于预防成人偏头痛治疗的处方药，其中含有有效成分：erenumab-aooe；非活性成分：醋酸盐、聚山梨醇酯 80 和蔗糖。该药靶向降钙素基因相关肽受体（CGRPR），它是 2018 年批准的第一批 CGRPR 拮抗剂。erenumab-aooe 是人免疫球蛋白 G2 单克隆抗体，其与 CGRP 受体具有高亲和力结合。该抗体是在中国仓鼠卵巢细胞中利用重组 DNA 技术生产的。它由 2 条重链和 2 条 λ 亚类轻链组成，每条重链含有 456 个氨基酸，每条轻链含有 216 个氨基酸，分子量约为 150kDa。Amgen 公司于 2006 年 10 月 20 日申请专利（WO2006US41220，无中文同族）。Aimovig 于 2018 年 5 月 17 日被 FDA 批准，据报道，每年的定价为 6900 美元。并于 2018 年 7 月 31 日获得了欧洲药品管理局的许可。

四、小结

（1）抗体药物领域技术发展迅速，目前已经进入了一个较为稳定的发展阶段，全球申请量较为稳定，基于目前的趋势和抗体药物的市场占有率，这样的稳定增长还将维持一段时间；中国申请快速增长，国内申请人在该领域的研究热情持续增长。美国在技术上占有巨大优势，中国力量势头强劲，但缺乏海外布局，技术主要集中在一线城市或经济较为发达地区。以罗氏为代表的跨国公司在技术上领跑，我国抗体药物的技术主要还是集中在高校或科研院所中，我国在该领域科研成果的市场化程度有待提高。

（2）抗体药物中，抗肿瘤药专利申请量最大，国内外的专利申请量都呈上升态势，美国作为最大的技术输出国在该领域占有巨大优势。跨国药企，特别是罗氏公司在技术上遥遥领先。国内抗肿瘤药物的研发主要集中在经济和科研实力更为发达的一线城市和东部沿海地区，以高校和科研院所为主要研发力量。我国企业可以进一步采用合作或专利许可、转让的方式掌握技术、开拓市场。

（3）治疗免疫系统疾病的抗体药物的专利申请量在所有抗体药物中排名第二，专利申请数量保持稳定的态势，国内申请人近几年对该领域的关注逐渐增加。美国仍然是治疗免疫系统疾病的抗体药物领域最大的技术输出国和布局国，经济发达和人口众多的国家和地区在该领域具有技术和专利布局上的优势。跨国药企掌握该领域的先进技术，国内企业、高校和科研院所在这一领域具有相当的研发实力，表明研发和市场都相对稳定。

（4）2014年至2018年上半年，FDA新批准的涉及单克隆抗体的药物共36个，年平均8个，最少年份为2014年共6个，最多为2017年共10个。其中获孤儿罕见药物认定的药物有9种，13种为优先审评，15种获得突破性治疗认定。从获得新药批准的企业来看，礼来公司有4种新药获得审批；安进、基因泰克、强生、默沙东各有3种新药获得审批；百时美施贵宝（一种与艾伯维合作研发）、阿斯利康、赛诺菲（一种与再生元合作研发）、再生元（一种与赛诺菲合作研发）、艾伯维（分别与百时美施贵宝、百健合作研发）各有两种新药获得审批；武田制药、百健（与艾伯维合作研发）、诺华、联合制药公司、柏林格殷格翰、葛兰素史克、Elusys治疗、梯瓦、EMD Serono、惠氏、Valeant Luxembourg、Ultragenyx制药等各有1种新药获得审批。这些药物的现状也各不相同，有因为专利纠纷停止销售的，有退出市场的，有还在进行进一步试验的，多种多样。

附录

附表　名词解释

全球专利申请	世界各国家/地区专利局受理并公开的全部专利申请
项	在进行专利申请量统计时，对于数据库中以一族（这里的“族”是指具有相同优先权的一系列专利申请）数据的形式出现的一组专利文献，记为1“项”；本报告中“全球专利申请分析”各项目（除涉及国家/地区申请量分布的趋势分析外）均以“项”计算
件	在进行专利申请量统计时，将同族的专利申请分开进行统计，得到的结果对应于申请的件数；本报告中“中国专利申请分析”各项目及“全球专利申请分析”中涉及国家/地区申请量分布的各类分析均以“件”计算
欧洲	本报告中涉及欧洲的数据不仅包括涉及欧洲专利局自身的数据，还包括涉及欧洲专利局38个成员国各自国家局的数据，它们均并入欧洲专利局的数据以欧洲地区作为一个整体进行统计
中国	在本报告中涉及中国的数据包括香港、澳门和台湾地区的数据

（撰稿专家：李肖蕖　邵旭倩　张弛）

国家生物产业基地
年度发展报告

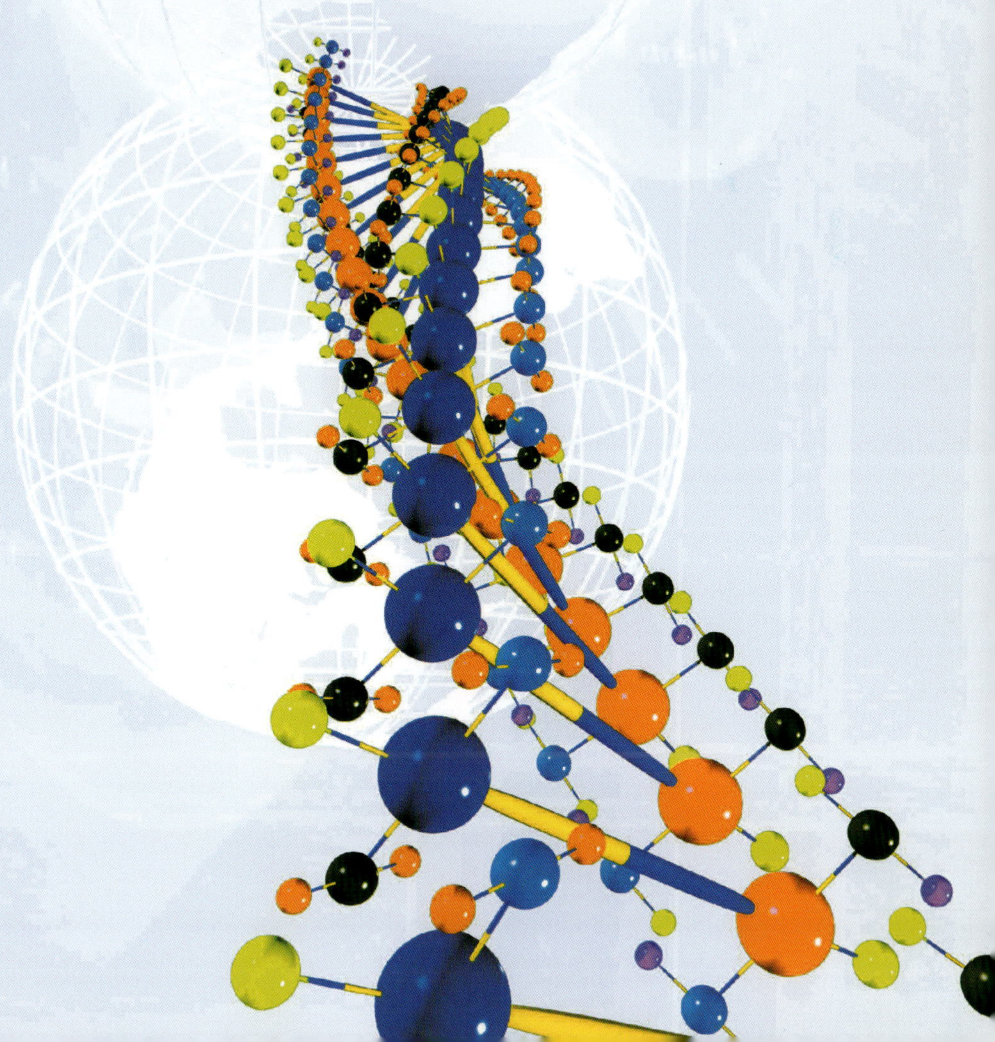

石家庄国家生物产业基地 2018年度发展报告

一、2018年生物产业基地发展基本情况

石家庄市是国家发展改革委认定的首批国家生物产业基地之一、2014年国家高端生物医药区域集聚发展试点。2018年全市生物产业规模以上工业增加值增速为18.5%。石药、华药、以岭、神威、四药、常山生化、威远生化、奥星制药8家企业先后在境内外上市，石药、华药、以岭、神威、四药5家企业进入中国制药企业百强，石药连续三年跻身中国企业500强。

（一）拥有一批知名品牌

拥有华北、石药、以岭、欧意、恩必普、果维康、石门、藏诺等中国驰名商标，恩必普、玄宁、欧来宁、通心络胶囊、芪苈强心胶囊、参松养心胶囊等众多知名产品品牌。其中，石药集团的“恩必普”是世界上第一个专用于治疗缺血性脑卒中的国家一类新药，2018年销售收入已突破48亿元，未来年销售收入预计可达100亿元，成为世界级“重磅新药”，阿奇霉素片、盐酸曲马多片、卡托普利片、盐酸雷尼替丁胶囊、阿莫西林胶囊通过一致性评价审批；华药金坦生物的重点品种乙肝疫苗凭借良好的品质，实现翻番式增长；神威药业中药创新品种配方颗粒，作为省内唯一获得配方颗粒工艺、质量标准及临床应用许可企业，2018年销售保持三位数增长；以岭药业的“连花清瘟胶囊”成为国家抗流感推荐用药；常山生化拥有完整肝素产品产业链，形成了以肝素系列产品为核心，治疗糖尿病和肿瘤的药物为两翼的战略发展布局；智同集团的“注射用脑蛋白水解物（Ⅰ）”获得国家最高质量标准认证。石药玄宁、欧来宁、常山生化低分子肝素钙注射液、以岭药业参松养心胶囊、通心络胶囊、神威药业清开灵注射液等单品种销售收入超过或接近10亿元。

（二）技术研发支撑能力强

一是实施京津冀协同发展战略。以京津冀产学研联盟为依托，与京津冀高等院校、科研院所及企业开展联合攻关，加强研发合作，实现资源共享。近年来，石药、华药、以岭等企业与北京、天津等大专院校科研院所在新产品合作开发方面取得了显著成效。二是技术支撑能力不断增强。石家庄市是国家抗生素联盟、国家维生素联盟的牵头单位，现有生物医药领域两院院士5人、“千人计划”专家3人、6个诺贝尔奖工作站。拥有157个市级以上创新平台，其中6个国家企业技术中心、1个国家工程研究中心、3个国家重点实验室、6个国家地方联合工程实验室。三是加强关键技术的突破与应用。鼓励生物医药企业积极承担国家和省科技研发、产业化专项，着力突破一批增强企业竞争力的关键、核心、共性技术，提升技术创新和集成创新能力，带动产业优化升级。

（三）产业结构进一步优化

石家庄市生物医药产业结构和产品结构不断完善，原料药与制剂的比重由2014年的6∶4已调整到目前的3∶7，抗生素、维生素原料药、软胶囊、中药颗粒剂、中药注射液、大输液等产品继续保持全国领先地位。华北制药的微生物与生物工程药物、石药集团的新型制剂与辅料和心脑血管药物与维生素药物、以岭药业和神威药业的现代中药、石家庄四药的大容量注射剂、智同集团的生化药物，形成了从原材料供应—研发生产—外包服务—医药商业—医疗服务—产业服务等为一体的完整的产业链条。涵盖药品、开发、生产、销售各个环节，生物医药体系日趋完善。原材料供应端以医药中间体、原料药供应企业居多，研发生产端以化学药、生物药、中药产品生产为主，尤其是在维生素原料生产能力方面位居全球领先地位。

二、开展的主要工作及发展亮点

（一）制定三年行动计划加快产业发展

为落实《河北省战略性新兴产业发展三年行动计划》，研究制定了《石家庄市战略性新兴产业发展三年行动计划》，同时制定生物医药等3个专项行动计划。一是依托石家庄高新区生物医药产业园、石家庄经济技术开发区生物医药制造核心区、栾城生物产业园、赵县生物产业园、深泽生物产业园、井陉矿区康复辅助器械产业园及海外留学人员（晋州）创业基地等，打造产业区域增长极。二是通过石家庄高新区生物医药产业示范基地建设，提升医药核心技术研发和成果转化能力，提高医药产品开发层次，推进产业提质增效；支持企业建立基于信息化集成的研发平台，开展计算机辅助药物设计、模拟筛选、成药性评价、结构分析和对比研究，提升企业智能化水平；支持企业利用基因工程、生物催化等生物替代技术改进传统生产工艺，采用生物发酵方法生产药用活性物质，推进企业绿色化发展。三是重点实施龙头企业跨越、重点骨干企业提升、中小企业培育、创新能力提升、技术研发及产业化、产业链延伸六大工程，打造创新引领、机制完善、要素集中、人才集聚的战略性新兴产业体系。

（二）创新平台建设再上新台阶

2017～2018 年度，石家庄四药有限公司、河北威远生物化工有限公司企业技术中心认定为国家企业技术中心，至此，石家庄市生物医药领域国家级企业技术中心达到 6 个。2018 年，新增合佳医药 1 个省级企业技术中心，石药控股集团有限公司抗肿瘤药物开发、河北龙泽制药股份有限公司新型抗病毒药物、河北佑仁生物科技有限公司细胞制备 3 个省级工程研究中心，省级以上创新平台达到 79 个，数量居全省首位。石家庄市生物医药企业加快结构调整步伐，正在研发国家 1 类新药 33 个，其中常山药业达肝素钠、爱尔海泰首仿抗心衰新药盐酸奥普力农等产品获得生产批件。智同医药控股集团生物医药研发创新平台建成投用。通过生物医药研发创新平台的建设，将吸引国内外高水平生物医药领域研发机构和高端人才在石家庄市集聚，将形成包括缓控制制剂技术、硬胶囊液体填充技术等配套较完整的制剂研发与产业化的技术体系；通过技术服务、技术转让、产品合作开发、产业化等多种途径，提升石家庄市生物医药创新能力。

（三）示范基地取得实质性进展

石家庄高新区 2016 年列入河北省战略性新兴产业示范基地（生物医药产业）以来，以国家级创新型产业集群建设为重点，全力推进生物医药产业发展，基本形成了以高端化学制剂为核心的化学制剂产业链、以微生物发酵类和基因工程为核心的生物制药产业链、以新型中药制剂为核心的现代中药产业链以及以营养保健品为核心的保健品产业链四大产业链条。示范基地的实施，为加快石家庄市结构调整和优化升级，着力打造高端生物医药产业集群，促进石家庄市生物医药产业持续健康快速发展起到了积极的促进作用。

（四）高新区成为石家庄市生物医药创新发展、集聚发展高地

2017 年以来，石家庄高新区出台重磅政策，“对三类医疗器械在高新区生产结算，每个支持 500 万元”“对新药临床研究，分阶段给予 1100 万元经

费支持”“对掌握世界领先技术团队在石家庄高新区实施科技成果转化的给予最高 5000 万元支持”“对国家大品种一类新药，给予 12 000 万元的支持”；召开生物医药产业集群协同创新联盟大会，搭建高端合作平台，签约 55 个重大项目，引进 20 位高端人才；引进知名药企和服务机构，形成了创新—孵化—金融—服务—产业化完整的产业链条，与药明康德集团签署项目投资合作协议，构建创新研发—临床试验—检验检测—产业化生产—精准医疗和健康服务完整的生物医药产业链条；与河北桑迪亚公司、河北迈科科技公司、方恩医药发展有限公司合作，共建生物医药公共服务平台 4 个；吸引一大批生物医药企业集聚，2017 年以来新注册生物医药企业 600 余家。

（五）重点项目建设取得新突破

2018 年度，共实施了总投资 20 亿元的石药抗肿瘤高科技产业园、总投资 15.2 亿元的华药生物发酵基地等 32 个重点项目，其中，续建项目 11 个，总投资 113.3 亿元，新开工项目 11 个，总投资 91.9 亿元，前期项目 10 个，总投资 144.3 亿元。目前，石药抗肿瘤高科技产业园、瑞鹤医疗心血管医疗器械研发生产一期等 8 个项目竣工或部分竣工投产，华药金坦 EPO 扩产、国械堂高端医疗器械产业等项目建设进展顺利。

（六）战略性新兴产业工作获得国务院办公厅通报表彰

由石家庄市承担的“石家庄市高端生物医药战略性新兴产业区域集聚发展试点”经过三年的实施，圆满完成了国家发展改革委批复的建设任务，并于 2018 年 4 月获得国务院办公厅“大力培育发展战略性新兴产业、推动特色优势产业转型升级成效明显的市”荣誉表彰。国务院决定，2018 年对试点建设先进地市在促进战略性新兴产业发展重大政策先行先试、重大产业布局和重大项目落地上予以倾斜，在全面创新改革试验、创新创业、“互联网＋”试点示范、发展数字经济及对接战略性新兴产业政银企合作等相关工作中予以优先支持，同时，在国务院大督查实地督查中予以“免督查”。

三、存在的问题

一是产品结构需进一步优化。石家庄市生物医药产业原料药和一般性治疗药物占比较大，创新药物少，生物技术产品如疫苗、基因工程药物等高端产品少，建设期短、效益高的医疗器械更是短板，产品结构需加快调整。**二是**创新能力不足。研发投入不够，企业自主创新能力薄弱，自主创新能力不适应新形势需要，缺少具有自主知识产权的产品。**三是**领军人才缺乏。人才选拔和培养机制不健全，高水平的研发人员、技术人员等高技术人才匮乏，具有前瞻意识和创新意识的企业家队伍没有形成，使得技术创新缺乏最基本的主体，技术创新无法得以顺利进行。

四、下一步工作思路

石家庄市生物医药产业持续健康发展，但仍然存在创新能力不足、规模不大、开放度不够等问题。下一步，石家庄市将全面贯彻党的十九大精神，围绕国家“十三五”规划对战略性新兴产业的战略部署，根据河北省、石家庄市生物医药产业相关布局，以“创新、协调、绿色、开放、共享”五大发展理念为引领，紧抓京津冀协同发展重大机遇，以石家庄国家生物产业基地为载体，充分利用北京市、天津市的创新资源和市场优势，按照“以市场为导向、聚焦创新能力、带动创业活力、产业关联紧密、产品价值高端、契合政策引导”的产业选取原则，着力构筑以生物医药研制为主导，生物医学工程与健康服务业并行发展的高质量生物医药产业集群。**一是**总量规模再上新台阶。到 2020 年石家庄市生物医药产业主营业务收入达到 1000 亿元左右，力争突破 1200 亿元，继续保持石家庄市战略性新兴产业领头羊以及全国生物医药城市第一方阵的地位。**二是**创新能力显著提升。打造 2～3 个全国知名的生物医药孵化器，引进 20～30 名生物医药领域的院士、国家千人计划人才、掌握核心技术的归国创业人才等领军人才，培养 1000 名左右的高技能专业技术人才。**三是**产业结构持续优化。力争到 2020 年，制剂药与原料药的比例调整到 8∶2，生物制药、医疗器械占生物医药总产值的比重进一步提升。**四是**国际化、绿色化、集聚化发展取得重大突破。坚持开放发展，培育一批市场化意识强、技术水平高、具有国际视野的生物医药企业。坚持绿色发展，制剂高端化、原料药绿色化取得突破性进展。坚持集约发展，全市生物医药企业进一步向园区集聚。**五是**实施全面创新改革试验工程。以京津冀、石保廊全面创新改革试验为契机，争取国家部委支持，在石家庄高新区开展生物医药领域改革试验。

（撰稿：河北省发展改革委）

深圳生物产业国家高技术产业基地 2018 年度发展报告

2018 年，在国家发展改革委的正确领导下，深圳紧扣生命科学纵深发展、生物技术与信息技术融合的主题，创新发展精准医疗、数字生命等前沿交叉领域，提升生物医药、生物医学工程等优势领域发展水平，稳步推进深圳国家生物产业基地建设。

一、基地发展基本情况

（一）产业规模保持平稳较快增长

在全国生物产业增速放缓的大环境下，深圳市通过一系列规划引导和政策扶持，2018 年深圳生物产业保持了平稳较快增长，产业增加值 298.58 亿元，同比增长 22.3%，增速居七大战略性新兴产业之首。从细分行业来看，以生物基因为主的新兴领域保持了迅猛的增长态势，推动了深圳生物产业新一轮的快速增长，医疗器械转型升级步伐加快，生物医药不断实现突破，服务流通稳步增长。

（二）生物医药稳步发展，自主创新能力提升

生物医药产业经过多年的发展，产业规模不断扩大、产业结构日趋合理，形成行业龙头企业带头发展、各企业自主创新争优的生物医药产业特色。国药一致、海王生物、信立泰、海普瑞等一批企业迅速成长为深圳市生物医药领域龙头，引领医药产业发展。微芯生物原创新药西达本胺填补我国 T 细胞淋巴瘤治疗药物的空白。深圳市已基本形成了以企业为主体、产学研资紧密结合的技术创新体系。

（三）生物医学工程全国居前，国际影响力加强

近几年来，深圳市生物医学工程产业总产值在国内一直名列前茅，医疗器械出口占广东省出口总量的一半，其中在大型先进医学影像设备领域，占据我国 40%以上的市场份额、80%以上的出口份额。在生命信息监护和支持设备领域，占据我国 80%以上的市场份额、60%以上的出口份额。深圳

市高端医疗器械企业正逐步向国际化、高端化转型升级。迈瑞已成为全球监护仪行业继飞利浦、美国通用之后的第三大厂商；普门科技研发的创面治疗产品荣获国家科学进步一等奖，是我国医疗器械领域首个荣获该奖项的企业；新产业首次实现了全自动化学发光免疫分析仪器的批量生产；贝斯达自主研发的 SPECT 和伽马相机，打破了国外品牌长期垄断的局面。

（四）基因测序全球领先，发展潜力巨大

深圳市作为全国首批基因检测应用示范中心试点城市，目前已成为全球最大的基因组研究中心和国内基因测序应用龙头城市，率先实现了产业链上下游贯通。华大基因贡献了全球 40%的基因测序数据，华因康牵头制定了我国基因测序领域第一项国家标准。海普洛斯启动万人肺癌基因序列研究。

（五）BT/IT 融合发展，促进产业智能化转型

深圳市积极推进 BT/IT 融合发展，促进产业智能化转型。在移动医疗领域，翰宇药业与腾讯公司签约共同开展糖尿病等慢病全时监控干预；在健康大数据领域，华大基因联手阿里打造 BGI Online beta，用户可以随时获取、分享个性化的健康数据及分析结果。碳云智能收购了以色列 Imagu Vision Technologies 人工智能公司，建立 iCarbonX-Israel 人工智能研发中心，开发数字生命生态系统。华为与药明康德共建“明码云”，打造覆盖全国、标准统一、安全可靠的精准医学大数据云平台；在医药互联网领域，国药一致、海王药业、健康元等龙头企业纷纷建设了医药电商平台，为用户提供 B2B、B2C 及 O2O 健康服务。

二、基地建设主要举措

（一）贯彻落实规划政策

2018 年 3 月，习近平总书记在参加全国人大广东代表团审议时发表重要讲话，赋予广东“四个走在全国前列”的新使命新担当，明确指出深圳高新技术产业发展成为全国的一面旗帜。近年来，深圳陆续出台了《深圳市战略性新兴产业发展“十三五”规划》《深圳国际科技产业创新中心建设总体方案》《深圳市关于进一步加快发展战略性新兴产业的实施方案》等一系列规划方案，不断加快高新技术产业高质量发展，奋力向竞争力、影响力卓著的创新引领型全球城市迈进，努力在落实“四个走在全国前列”上走在最前列。

（二）加强创新载体建设

近年来，深圳市超常规布局创新载体，不断提升源头创新能力。截至目前，在生物医药领域组建了重点实验室、工程研究中心、企业技术中心等各类创新载体 155 家，其中国家级创新载体 22 家。2018 年，成功获批肿瘤化学基因组学国家重点实验室，加快建设国家基因库、脑解析与脑模拟、合成生物研究等一批重大科技基础设施，组建了格拉布斯研究院、瓦谢尔计算生物研究院等 4 家诺贝尔奖科学家实验室。

（三）规划建设重点区域

目前，深圳市形成了以南山生物产业基地、坪山国家生物产业基地、深圳国际生物谷为核心，福田、罗湖、光明等各区协同发展的产业布局。其中，福田、罗湖重点发展健康管理、照护康复等领域；南山重点发展高端医疗设备、健康大数据、个体化治疗服务等领域；宝安、龙岗、光明、龙华积极探索健康旅游、养生农业等发展模式；盐田、坪山、大鹏加快传统产业园区转型升级；深汕合作区规划建设滨海生命健康城和高端旅游度假区。

（四）加快组建创新人才团队

目前，深圳市实施的海外高层次人才和团队“孔雀计划”，正努力打造全球智库。已在基因检测、医用材料、液体活检、神经科学等重点领域引进孔雀团队 40 余家，在免疫治疗、基因治疗、新药开发等领域引进千人专家 30 余名，在心脑血管疾病、血液肿瘤、传染病等领域引进高层次医学团队 73 个，其中两院院士团队 22 个，海外团队 11 个。同时，市政府也在主导投资建设核心技术攻关项目，突出人才、项目和基地的有机结合，培养一批世界水平的科学家、科技领军人才和工程师，带动造就一批创新创业高端人才队伍。

（五）举办 BT 领袖峰会

自 2014 年以来，深圳市已连续举办了五届深圳国家 BT 领袖峰会。2018 年峰会以“引领精准医疗，共享健康生态”为主题，组织主题演讲、高端对话和专业论坛等各种活动共计 10 余场，80 余名海内外业界知名嘉宾应邀出席，参会参展人数超过 3 万人次，近百家境内外主流媒体对峰会展会进行深入报道和转载。加速了生物医药资源、科技、产业、资本大融合、大发展，进一步推动深圳市乃至全国生物医药产业的长远发展。

三、存在问题和下一步工作计划

深圳市生物医药产业创新能力不断提升，产业规模稳步扩大，但仍然存在一些制约产业发展的瓶颈，一是现有产业政策与产业发展不匹配，先行先试力度有待加强；二是产业应用平台缺失，缺乏医药合同研发机构（CRO）、医药合同外包生产机构（CMO）、临床前药物评价机构等生物医药领域的重大产业应用基础平台；三是企业运营成本不断攀升，企业生存压力加大，产业持续创新发展面临挑战。下一步，将着力推进以下方面工作。

（一）突出体制机制创新，加大政策扶持

积极争取先行先试政策。充分利用国家自主创新示范区优势，努力争取在国家政策层面上改革创新、先行先试。重点在医疗新技术、新药品、新器械审批准入、研究应用和健康产业对外开放、监管体制改革等方面实现重大突破，为加快破解瓶颈和培育新的经济增长点提供有力支撑。

争取建设深港医疗科技创新政策试验区。扩大合作区审批权限，在深港科技创新特别合作区设立国家药品审评分中心、国家医疗器械技术审评分中心。试行生物医药特殊监管制度、医疗器械监管审批制度等。深化研发活动的国际合作，准许外资在区内设立合资、独资的医学实验医院等研发临床试验机构。

（二）推进创新载体建设，提升原始创新能力

加快重大科技基础设施建设，形成“一城多园”的科学城格局，打造多类型、多层次、高度集聚。积极推动国家基因库（二期）项目开工建设，加快多模态跨尺度生物医学成像设施、脑科学与脑解析、人造生命设计合成测试、生物医学大数据等重大基础设施落地。优化深圳重点实验室、工程研究中心、企业技术中心布局，整合现有分散于企业、高校、科研机构的资源，探索协同创新新机制，形成产业创新合力。推动深圳格拉布斯研究院、香港中文大学（深圳）瓦谢尔计算生物研究院等诺贝尔奖科学家实验室建设。加快建设深圳华大生命科学研究院、罗兹曼转化医学研究院等基础研究机构。鼓励新型研究机构加强产学研协同创新，加快创新创业与孵化育成相结合，提升深圳原始科学创新水平及国际影响力。

（三）完善公共平台搭建，优化服务体系

加快推进市药品检验研究院仿制药质量和疗效一致性评价技术研究平台建设，为企业药品通过一致性评价提供技术支持和专业指导，推动医疗卫生机构、科研院所等提升仿制药研发能力，支持建立高端生物医学工程技术开发公共服务平台。积极推进深圳市药品检验研究院光明分院启动建设，加快深圳市医疗器械检测中心、深圳市生物医药安全评价中心的建设。

（四）促进产业化进程，扩大市场规模

加快药品上市进度，促进医药高品质发展，以临床用药需求为导向，重点开发具有靶向性、高选择性、新作用机理的治疗药物。大力支持药物质量和疗效一致性评价，全面提高基本药物质量，推动制药企业和产品通过相关国家或国际组织认证，拓展国际发展空间。贯彻落实药品上市许可持有人试点政策，鼓励深圳科研机构、企业、科研人员申报新药上市许可批件，吸引国内新药上市许可持有人落户深圳。支持具有独立自主知识产权的产品与设备研发，提升分子检测设备国产化率。开展第二代以及第三代基因测序仪、体外诊断试剂盒等设备研发、升级和应用，研发具有独立自主知识产权、高性能、低成本的基因测序仪、体外诊断试剂盒及配套试剂耗材。

（撰稿：深圳市发展改革委）

长春国家生物产业基地
2018 年度发展报告

为加快长春生物产业基地建设，推进长春医药健康产业健康发展，实现医药健康产业产值超千亿元目标。2018 年，在医药健康产业推进工作中坚持以“调结构、转方式、促升级”为导向，以科技创新支撑产业发展为引领，以“大品种、大项目、大企业和大集聚区”为抓手，围绕中药、生物制药、化学药、医疗器械、医药流通、医疗与健康服务等产业板块，建设“优势互补、错位发展、各具特色”的医药健康产业集群，全市医药健康产业规模稳步提高，创新能力显著增强，政策环境日益优化，经济效益不断提高。

一、产业发展现状

长春市共有 11 800 户医药健康企业，其中现代中药、化学药、生物药生产企业 66 户（中药 6 户、化药 8 户、中化药 36 户、生药 11 户）；生物健康材料和保健食品 14 户；医疗器械企业 1430 户；制药检测仪器与装备 3 户；医药流通企业 3843 户（批发企业 276 户，零售企业 3567 户）；医疗与健康服务机构 6410 户（医疗机构 5826 户，残疾康复机构 34 户，健康旅游 65 户，健康养老 519 户）。

2018 年长春市医药健康产业保持增长势头，产业规模不断壮大。今年前 11 个月，61 家规模以上医药企业工业总产值 184.2 亿元，同比增长 21.91%；销售产值 169.83 亿元，同比增长 21.12%；利润 22.78 亿元，同比增长 31%。

以金赛药业、百克药业为代表的生物疫苗企业，以迪瑞医疗、科英激光为标杆的医疗器械企业，以国药控股、九州通为骨干的医药物流企业均实现爆发式增长。

二、开展的主要工作

医药健康产业推进工作以着力打造千亿级产业为目标，实施了 12345 工程，即制定1个详细工作计划（2018年长春市医药健康产业工作计划）、确定发展2级（服务存量打基础、招商引资引增量）、重点发展3类产品（重大创新药物、高端医疗器械、新型健康产品）、引领发展4类服务（以精准化为重点方向的新型诊疗服务、以数字化为方向的协同医疗服务、以智能化为方向的智慧医疗服务、以主动健康为方向的医疗健康一体化服务）。

（一）超前规划，明确产业发展方向

在对当前形势科学研判基础上，从本地优势和短板出发，着眼当前和长远，确定要紧跟国内以下产业发展趋势：以创新药物、高端医疗器械为主体的医药产业持续增长和快速发展，新一代信息、生物、工程技术与医疗健康领域的深度融合日趋紧密，远程医疗、移动医疗、精准医疗、智慧医疗等技术蓬勃发展，以主动健康为方向的营养、运动、行为、环境、心理健康技术和产品正推动健康管理、健康养老、全民健身、健康食品、“互联网＋”健康、健康旅游等健康产业新业态、新模式蓬勃兴起，健康产业整体发展呈现跨界融合、集群发展、快速放大、强劲增长之势，成为新一轮国际科技和产业竞争的前沿焦点。

为实现工作目标，制定了长达2万字的《2018年长春市医药健康产业工作计划》，重点发展三类产品：重大创新药物、高端医疗器械、新型健康产品。引领发展四类服务：以精准化为重点方向的新型诊疗服务、以数字化为方向的协同医疗服务、以智能化为方向的智慧医疗服务、以主动健康为方向的医疗健康一体化服务。

（二）培育医药健康产业新业态，奠定产业未来高地

（1）启动医药健康生产服务业技术研发与应用示范工程，不断催生新技术、新产业、新业态、新模式，提升医药健康产业的质量和效益。吉大医院与苏州厚朴生物联合开展的干细胞研究项目、亚泰与苏州医工所合作开展的医疗器械项目等将对所处产业领域产生深远影响，北湖科技园、亚泰医药园等园区建设不断取得新进展，绿园区大力打造皓月大路医药健康特色街区极具示范效应、摆渡创新工场等在医药健康产业孵化上做了成功尝试。

（2）发展以大数据、云平台为基础，标准化、智能化为导向的健康医疗服务业。2018年3月与阿里健康事业部相关负责人进行了深入的交流，初步达成阿里健康在长春构建互联网分级医疗服务网络，并在远程医疗服务和医药健康电子商务方面开展进一步合作意向。确定引入杭州火石创造企业为长春市医药健康产业大数据赋能，并在科大讯飞的智能技术在吉大一院成功运用基础上，推进该技术向圣心医院等医疗机构的推广。

(3) 发展以保险为支撑，智能化和标准化为导向的养老服务业。2018年3月份，孙国庆局长亲自带队到杭州绿城颐居投资管理有限公司和杭州余杭绿城颐居养老服务有限公司考察对接，长春国信投资集团有限公司、长春仁大养老服务有限公司、长春市长发养老综合项目管理有限公司与绿城新型医养结合养老服务达成合作意向。

(4) 支持采用人工智能、机器人等技术开展导盲、助听、助残等器具的开发，引入中国科学院苏州生物医学工程技术研究所等资源，发挥长春市罡恒电子有限公司等优势，补足产业短板。

(5) 建设医药健康区域和行业综合科技服务平台。针对区域经济和产业发展需求，集成精准服务与科技大数据、资源集成、智能服务交易等技术成果，整合研究开发、技术转移、检验检测认证、创业孵化、知识产权、科技咨询、科技金融等区域内优势科技服务资源，形成医药健康科技服务资源池，探索建立医药健康产业研究院。

(6) 加强生物医药产业的调研工作，研究评估长生疫苗事件对长春医药产业影响。对长春市疫苗企业发展情况进行了调研，组织有关专家对长生疫苗事件后续风险提出风险预测和应对建议。组织完成省政府政研室对长春地区生物制药产业调研工作，并就产业发展的人才引进、产业推进政策等方面进行了深入的交流。

(三) 建设医药健康园区，促进产业和项目集聚

按照吉林省“一主六双”战略发展规划，谋划长春市医药产业推进工作。推动医药健康产业龙头企业围绕企业上下游，打造产业链，向环境承载能力强、生产配套条件好的园区集聚，构建医药健康产业的空间布局。2018年，争取了吉林省财政厅下达的“2018年度吉林省医药健康产业发展专项资金（切块下达部分）”815万元，重点用于“长春新区医药健康产业创新发展战略及规划研究、产业公共服务平台建设以及产业体系搭建等”，将有助于其发挥在长辽梅通地区医药健康产业的引领和带动作用。

目前，全市现有两个国家级基地（生物产业基地、科技兴贸创新基地）和新区、九台区医药健康产业集中区建设进展顺利。

九台中古（长春）生物技术国际合作区的整体规划已经通过论证，详规和城市规划基本完成。吉林省医药规划设计院完成中古（长春）生物产业园区的产业发展规划。合作区内已经入住工业项目16户，研发项目2户，三产（医院）项目1户，总投资84.6亿元。康宁杰瑞（吉林）生物科技有限公司、长春爱康医疗器械有限公司投产。长春钻智制造有限公司研发部分投入使用、吉林省单抗药物中试中心投入使用，计划 2019 年公共服务平台——双创中心正式启动建设。

北湖科技园二期生物和医药产业园工程正式建成投入使用。一期进驻医药健康产业总计 28 家，二期生物和医药产业园将主要针对医药健康产业进行招商，计划引进 100 余户医药健康产业进驻，形成产业集聚。

亚泰医药园区建设封顶。除了亚泰集团内部的四家医药健康企业进驻外，还设计建设了医药健康交易中心、医药产品监测中心，还对符合条件的产业项目进行招商。

（四）完善产业基础，搭建服务平台

打造健康产业综合示范区，加强健康技术、产品、服务的融合创新，提升金融、人才等公共服务平台建设。以长春国家生物产业基地建设为载体，鼓励健康产业相关的企业、高等学校、科研院所等机构建立产学研协同的创新平台，构建健康产业创新产品评价平台。依托国家临床医学研究中心、检验检测机构等平台，开展基础临床紧密结合的健康科技转化研究，健康产品与服务的评价研究，加强规范评价，引领推动健康产业发展。搭建健康大数据公共服务云平台。应用物联网、大数据和云计算技术，构建健康大数据公共服务云平台，加快推动健康、医疗、医保等信息的互联互通，为基于专业指导的医疗健康管理和定制化服务提供全过程的健康大数据支撑。2018 年 3 月组织市统计局、卫计委到杭州市统计局开展考察对接，建立完善医药健康产业统计服务平台。

（五）围绕产业招商，开展合作洽谈

一是组织长春圣心医疗集团、吉林省太阳鸟再生医学工程有限公司、吉林大学第一医院与香港生命科学技术集团、苏州厚朴生物有限公司围绕再生医学干细胞临床与试验研究开展合作洽谈，吉林大学第一医院与苏州厚朴生物有限公司签订合作协议。

二是在长春瓦萨冰雪节期间，组织协调杭州绿城养老颐居公司、杭州蓝熙健康管理集团有限公司与长春国信集团养老机构及健康管理机构及长春仁大养老服务有限公司围绕健康养老和健康管理开展合作洽谈。

三是组织协调广州奥咨达医疗器械技术股份有限公司与吉林省安思特瑞医疗科技咨询有限公司围绕企业并购开展合作洽谈。

四是与上海交大生命科学院就微生物领域健康产品开发推广达成意向。

五是与华润集团在医药、养老等领域达成合作意向。

六是参加第四届浙江国际健康产业博览会，并组织吉林省国色天莲文化产业集团有限公司与浙江绿城集团就健康养老产业开展了深入洽谈，双方将着力打造文化生态养生养老示范项目。

七是绘制医药健康产业招商地图。医药健康产业招商工作组利用两个月的时间搜集了大量资料，主要绘制了以环渤海、长三角、珠三角为医药健康产业招商重点区域的上市公司区域分布图，医药健康产业重点产品链条结构图，中国医药工业百强企业区域分布图，中科院医药领域研究院所和部分高校分布图，以及企业外资板块——世界500强医药企业的分布情况图，旨在为各县（市）区、开发区开展招商引资提供一些参考和帮助。

八是服务基层、强化保障。全年着力推进各县市区、开发区医药健康领导小组建设，在分管领导赵平带领下，医药健康办明确了内部分工，全面实施区域和领导小组包保和联系制度，协助各单位开展好工作。孙国庆局长亲自带队到基层调研，帮助基层和企业解决存在的问题。

三、发展的特点和亮点

全市已基本形成以天然药物为重点的中药材种植加工、生物医药及保健品研发生产、医疗保健服务、商贸流通等构成的生物医药和大健康产业体系，成为国家重要的国家生物产业基地。

（一）梅花鹿养殖与深加工具备一定规模和影响

目前，全市梅花鹿存栏量23.5万头，占全国的30％、全省的50％，双阳区被誉为“中国梅花鹿之乡”，全区鲜鹿茸年产量约180t，占全国25％，梅花鹿副产品年产量约5000t，占全国12％。全区鹿产品加工企业50余家、鹿产品经销企业达320家，生产加工六大类130余个产品，鹿业总产值达22亿元，年交易额18亿元，实现了鹿产品制药、保健品、饮品深加工等多个方面的新突破。

（二）工业生产初具规模

全市医药工业规模以上企业61户，其中，产值超亿元的企业33户，5亿元以上企业11户，10亿元以上企业6户，超20亿元企业3户。长春金赛药业有限责任公司、吉林省都邦药业股份有限公司、修正药业集团长春高新制药有限公司、长春普华制药股份有限公司、吉林省吴太感康药业有限公司、长春百克生物科技股份公司、长春迪瑞医疗科技股份有限公司、吉林真元制药有限公司等一批龙头企业快速发展。

全市药品生产批准文号3596个（其中，中药1402个，化学药2111个，生物制品 83 个），药品生产批准文号主要以化学药品和中药产品批准文号为主，数量超过全省的 1/4，生物制品生产批准文号占全省 87%，拥有全省 81%的国产医疗器械有效注册证（获批Ⅱ类及Ⅲ类）。对重组人生长激素、流感疫苗、水痘疫苗等已上市药品大品种实施技术升级、产品换代，为长春生物医药产业快速发展发挥了重要作用。培育了重组人生长激素注射液、聚乙二醇重组人生长激素注射液、流感病毒裂解疫苗、参一胶囊、复方金银花颗粒等一批知名药品，全市药品单品种销售额超 1 亿元 14 个。生物疫苗研发和生产达到国内先进水平。

（三）医疗保健服务业特色明显

长春拥有全省最富集优质的医疗资源，吉林大学附属医院等在东北区域医疗综合实力位于前列，也涌现出一批特色诊断、治疗、康复、保健、养生等企业和健康服务机构。世济医院、爱尔眼科、百合口腔、国建妇产医院、尚医堂等医疗机构规模和社会影响力迅速扩大。形成了以省、市、县、区医疗机构为骨干的覆盖全市乡村的医疗服务网络。吉林亚泰（集团）股份有限公司在美国休斯敦创建了亚泰医疗创新中心，将为吉林省借助国际顶级医疗专家发展远程医疗技术创造了条件。基因检测、干细胞诊疗服务快速发展，长春博奥医学检验所有限公司与吉大一院联合申报的国家基因检测技术应用示范中心落户长春。长春市休闲旅游、温泉养生、冰雪文化等产业融合发展的保健养生服务业在省内异军突起。

（四）商贸流通业发展迅速

长春市现有药店 3400 家左右，吉林大药房和益和大药房是本地连锁药店中实力较强、市场占有率较高的前两家。吉林大药房连锁的门店数已超过 500 家，是全国药品零售连锁企业 50 强企业，2017 年通过收购北京永安复星医药股份有限公司，已经进入北京医药市场。华润、国药等医药商业龙头企业扩大规模，建设国际化的医药物流园区，加强与信息、金融、交通运输、设备制造等行业的跨界融合。全国医药商业流通企业九州通集团在长春新区建设医药健康产业园项目，主要从事药品、医疗器械的批发和零售、电子商务、技术研发、网店孵化等，将加速推动医药健康产业集聚发展，做大做强产业链条。

（五）创新能力不断增强

目前已基本形成由中科院长春应化所、中国农业科学院特产研究所，中国人民解放军军事医学科学院军事兽医研究所等中央驻长科研机构，吉林大学及附属医院、东北师范大学、长春中医药大学及附属医院、吉林省中医药科学院及附属医院、吉林农业大学、长春生物制品研究所有限公司等高校、科研院所、企业、医疗机构等组成的较为完善的生物医药和大健康科技创新体系。目前，全市在国家药品审评中心申报受理各类新药审评 230 项，其中化学药品 107 项、中药 87 项、预防用生物制品 25 项、治疗用生物制品 7 项、体外诊断试剂 7 项，受理药品数量超过全省的 40%，其中全省申报预防用生物制品、体外诊断试剂的受理产品均来自长春市。

四、发展面临的主要问题

一是生物医药和大健康产业与医疗、养生、保健等产业融合度差，缺乏整体规划，涉及生物医药和大健康产业发展的各部门之间尚未形成全市协同推进产业发展的合力。

二是产业整体规模偏小，产品科技含量较低，知名企业、龙头企业少，智慧医疗、冰雪运动装备等产业发展滞后。

三是研发投入不足，金融创新能力有待提升，“政产学研金用”结合不紧密，资源优势没有得到很好的转化。

四是支撑生物医药和大健康产业发展的高学历、高技术人才缺乏，人才引进、培养机制不健全。

五是产业发展与金融资本投入的结合不够，吸引产业投资、风险投资，开展企业兼并重组，做大做强产业链龙头企业的能力不足，新企业培育成长的环境条件有待改善。

六是鼓励生物医药和大健康产业发展的政策不配套、不健全、支持不到位；招商引资力度不够，缺乏专业性招商。

七是对梅花鹿、人参市场推广和品牌培育力度不够，对吉林长白山医药的文化挖掘、宣传及市场拓展不够，缺乏系统、持续的宣传战略。

五、下步开展工作的思路与设想

打造基因工程药物、基因测序设备、现代中药、健康服务等具有长春市特色的产业集群，进一步推动长春新区、经开区、九台区三个医药健康产业集中区建设，重点培育吉林省东北亚智慧健康自主创新示范园、吉林省摆渡中医药健康产业园、长春新区北湖生物与医药健康产业园、长春新区北湖科技园生物医药创新园、长春亚泰国际医药健康产业园、吉林省吴太医药产业园、中古（长春）生物技术国际合作区、吉林医药健康产业园、长春健德生命科学产业园、中国吉林梅花鹿产业园等特色产业园区发展，推进生物医药健康产业进一步发展壮大。

（撰稿：长春市发展改革委）

北京国家生物产业基地 2018 年度发展报告

2018 年，在国家发展改革委等国家部委的高度重视和指导下，北京市深入贯彻落实《“十三五”生物产业发展规划》紧抓国家培育和发展战略性新兴产业的机遇，加强顶层设计，积极推动重点项目落地，持续推进国家级平台建设，及时出台配套支持政策，大力推动北京国家生物产业基地发展。在此背景下，北京市生物产业高速增长，创新能力全国领先，基因检测等细分领域优势突出。但同时，北京市也还存在创新成果本地转化率较低、产业配套服务相对不足等现实问题。下一步，北京市将继续保持高度重视，加强统筹，狠抓落实，补足短板，加速生物产业发展，加快推进北京国家生物产业基地建设。

一、2018 年生物产业发展基本情况

北京市生物产业创新资源高度集聚，创新能力全国领先，以生物医药产业为核心，以中关村生命园、大兴生物医药基地、亦庄生物医药产业园为主要承载地，近几年持续夯实一南一北产业发展格局，产业规模高速增长。

产业规模高速增长。2018 年北京市医药制造业完成工业总产值 1129.6 亿元，同比增长 15.3%，实现营业收入 1137.1 亿元，同比增长 16.6%，高出全市工业企业营业收入增速 10.8 个百分点，实现利润总额 196.4 亿元，同比增长 4.6%，高出全市工业企业利润总额增速 27.9 个百分点，工业增加值同比增速为 16.2%，高出全市工业企业增加值同比增速 10.6 个百分点（表 6-1）。

表 6-1　2018 年北京市医药制造业及全市工业经济指标对比情况

项目	工业总产值/亿元	同比增速/%	营业收入/亿元	同比增速/%	利润总额/亿元	同比增速/%	工业增加值同比增速/%
医药制造业	1129.6	15.3	1137.1	16.6	196.4	4.6	16.2
全市工业	19 212.9	4.4	21 958.8	5.8	1530.0	−23.3	4.6

创新资源高度集聚。高校院所方面，北京市聚集了生物医药领域 70 多家国内知名的高校院所，6 个国家工程实验室（占全国 1/3），13 个国家级重点实验室（占比超过 1/3），3 个国家重大科技基础设施，数量均为全国第一；此外，拥有 4 家市级工程研究中心和 34 家市级工程实验室，并建立了中国生物技术创新服务联盟、中关村生物医药研发外包联盟等为代表的新型产业组织，为北京市医药产业研发创新提供了源源不断的技术支持。**临床资源方面，**北京的临床医疗资源和水平在全国处于领先水平，拥有三级医院 86 家，国家药物临床试验基地 57 家，均居全国前列；国家临床医学研究中心 16 家，占全国的 50%，承担的国际多中心临床试验和创新药临床试验数量最多，研究者经验丰富。**高层次人才方面，**截至 2017 年年底，北京市拥有生物医药领域中国科学院院士 75 名（占全国 51.7%），中国工程院院士 55 名（占全国 45.1%）；还依托“海聚工程”“高聚工程”等项目，集聚了一批如王晓东、施一公等世界级科学家领军的国际顶尖研究团队，全市高校院所研究人员近 6 万人，专业人才队伍总体水平和密度居全国首位。

“一南一北”产业格局持续夯实。北京市已基本形成北研发、南制造的发展格局，高精尖产业资源和环节进一步向海淀、昌平、亦庄、大兴四个重点区域集聚。**南部高端制造业基地**以北京经济技术开发区和大兴生物医药基地为核心，在北京生物医药制造业中所占比重超过 50%，在高端化药、抗体、疫苗、影像诊疗设备、骨科植（介）入物等细分行业领域引领全国高端，在北京生物医药产业中占据绝对地位。经过长期的培育与积累，亦庄开发区集聚了一批如拜耳、赛诺菲、第一三共等世界百强生物医药跨国企业，大兴生物医药基地集聚了如华润、同仁堂、以岭药业、费森尤斯等一批中外生物医药知名企业。**北部生物技术研发创新中心**以中关村生命科学园为核心，现已形成完备的项目申请—筛选—孵化—毕业机制，入园企业 484 家，以国家生物领域重大项目为主要依托，已成为国家级生命科学和新医药高科技产业的创新基地。

二、开展的主要工作

2018 年，深入贯彻落实《“十三五”生物产业发展规划》紧抓国家培育和发展战略性新兴产业的机遇，北京市进一步加强顶层设计，积极推动“高精尖”重点项目落地和国家级示范中心建设，同时，及时出台配套政策促进产业发展，不断推动生物产业发展壮大。

加强完善顶层设计。落实《“十三五”生物产业发展规划》及北京市相关战略部署，2018年，市政府办公厅印发《北京市加快医药健康协同创新行动计划（2018～2020年）》（京政办发〔2018〕37号），从加强基础研究和成果转化、提高临床研究水平、培育重点企业、完善产业发展要素等方面提出了20条重点任务，推动医药健康产业发展。同时，北京市印发《北京市人民政府对＜北京市创新型企业服务行动工作方案＞的批复》（京政字〔2018〕11号），强化对包括生物产业在内的重点创新型企业精准服务。

积极推动高精尖重点项目落地。2018年，北京市推动生物产业10余个重点项目落地，总投资超80亿元，总面积500余亩，其中，腾盛博药公司全球研发总部落户海淀区，康弘药业国际生产及研发中心、神州细胞高端生物药产业化基地项目落户北京经济技术开发区。

持续推进国家级示范中心建设。自2016年获批北京市基因检测技术应用示范中心（下称“北京示范中心”）以来，北京市依托北京博奥医学检验所有限公司和安诺优达基因科技（北京）有限公司两家单位，积极推进北京示范中心各项建设任务落地，截至目前已完成遗传性耳聋基因检测平台、产前筛查和诊断基因检测平台、植入前胚胎遗传学等其他遗传病基因检测平台、肿瘤疾病基因检测平台、慢性非传染性疾病基因检测平台、感染性疾病基因检测平台、基因身份证应用平台、个人全基因组检测平台、关键技术创新平台、仪器试剂研发平台、大数据平台等的建设任务，对提高北京市基因检测技术发展起到了至关重要的推动作用。

及时出台配套支持政策。为进一步推动产业发展，及时解决产业发展痛点、难点问题，各主管部门及重点区制定了一系列配套支持政策。**市卫生健康委**印发《关于调整本市公立医疗机构新增医疗服务项目价格管理方式的实施意见》（京卫财〔2018〕84号），经医院提出、专家评审和政府部门审核，核定并公布了北京市2018年首批重点新增医疗服务价格项目规范，明确了机器人辅助骨科手术等23个品种成为首批重点新增医疗服务价格项目范围。另外，**重点区**针对本区产业发展定位，也制定了专项政策扶持生物产业发展，如大兴区发布了《大兴区促进医药健康产业发展暂行办法》（京兴政发〔2018〕29号），对包含生物产业在内的医药健康产业内企业，根据不同项目类型，采取奖励、贷款贴息、房租补贴等方式给予支持，吸引重大项目落地，扶持已落地项目做大做强，支持创新和成果转化等。

三、发展的特色和主要亮点

在北京市大力发展“高精尖”产业的背景下，北京市生物产业呈现“高端、高质、高效”的特点。近年来，北京市生物产业始终保持快速增长态势，医药制造业连续多年利润率达 19%，居全国第一；企业增加值率保持在 40%以上，是工业企业增加值率的两倍。同时生物制药现已成为推动生物医药产业发展的主要驱动力量之一。

（一）创新能力全国领先

依托北京市优质创新资源，2018 年北京市创新成果不断涌现。**创新药品方面**，涌现出珐博进罗沙司他胶囊“爱瑞卓”等创新价值高、临床需求强、市场潜力大的创新品种；**医疗器械方面**，全年进入国家医疗器械创新审批通道的品种 37 个，占全国 19%，居全国第一，其中获批上市品种 19 个（上海 10 个、广东 10 个、江苏 8 个），占全国 1/3，居全国第一。同时，还有一批创新药和高端医疗器械进入**临床研究**，为未来产业规模贡献增量奠定扎实基础。

（二）基因检测技术飞速发展

依托北京示范中心建设，北京市基因检测技术飞速发展，基因检测服务能力初具规模，可提供检测的病种数量大幅提升，成为推动生物产业发展的重点细分领域。

基因检测服务能力初具规模。示范中心建成之后第一年可承担全国各地区的遗传性肿瘤、生育生殖以及基因体检等大规模筛查任务，达到 25 万例以上的检测能力；第二年在循环肿瘤 DNA（ctDNA）分离及检测成熟的基础上，可开展对肿瘤分型、预后、复发等检测服务，开展个人基因组检测、基因身份证等检测产品的应用与推广，形成每年 55 万例以上的检测能力。其中，在产前诊断领域的可检测能力约占应受检人群 15.6%。

基因检测病种数量大幅提升。通过北京示范中心建设，北京市可提供的病种检测数量从 2016 年年初的约 120 余项增长至 2019 年年初的 940 种以上，涵盖北京市四大类常见病种，其中，遗传性疾病 500 种以上、心血管及其他慢性疾病 50 种以上、肿瘤 90 种以上、染色体异常类疾病 300 种以上。

四、发展面临的主要问题

虽然北京市生物产业近几年取得了一定发展，但也还存在创新成果本地转化率低、产业发展服务配套相对不足等现实问题。

（一）创新成果本地转化率较低

高校院所及医疗机构创新资源优势未转化。北京地区（含中央在京单位）医药健康领域的研发投入占全国总投入的一半，但创新溢出效应还远远不够。高校院所方面由于涉及成果转化的税收减免、新技术应用、风险免责等方面的缺乏实质性的制度突破，医疗机构方面由于缺乏对成果完成人或转化贡献人的大尺度激励、建立科研型医疗机构的制度尚未健全等原因，医疗机构创新溢出效应尚不明显。

科技成果本地产业化率亟待提高。近10年获批的35个Ⅰ类新药中北京地区的有11个（北京市企业5个，高校院所6个），一半以上项目都是在外地实施转化和产业化；近两年企业研制开发的17个创新药物品种中，本地产业化的仅7个，其余10个全部转让给外地企业。**一批企业选择在京外建立生产基地，**如，2017年，王晓东院士百济神州20亿元规模单抗项目落地广州开发区。

（二）产业发展服务配套相对不足

研发环节临床试验资源相对紧张。产品上市前需经临床前研发、Ⅰ～Ⅳ期临床试验等试验环节，随着近几年新产品研发需求的快速增长，临床资源相对短缺。同时，由于北京大型三甲医院通常日门诊量上万人次、日手术量近百台，临床试验的空间和床位被挤压，进一步加剧临床试验资源短缺。

产业配套服务尚需加强。一是CRO、中试等环节不具备大规模、国际化的承接能力，致使创新企业或品种向京外具备平台条件的地区转移落地。**二是**孵化服务能力仍需加强。目前全市投入运营孵化器仅11家，难以满足日益增长的双创企业需求。

投融资环境仍需进一步优化。相较互联网等热点领域，生物产业研发周期长、投入大、风险高，目前专注于生物产业的风险投资还较少，主要依赖“高精尖”普惠性资金和基金支持，尚难以满足生物产业快速发展的需求。

五、下一步工作思路与设想

为继续深入贯彻落实《“十三五”生物产业发展规划》，加快推进北京国家生物产业基地建设，基于北京市生物产业发展现状，针对当前存在的问题，下一步北京市将高度重视和统筹生物产业发展，同时，不断加强园区专业能力建设，发挥溢出效应，补足平台服务短板，加速北京市生物产业发展。

（一）工作思路

高度重视，加强统筹。生物产业作为未来科技创新的战略方向，有良好的发展前景，是北京建设全国科技创新中心的重要抓手，北京市下一步将高度重视，加强统筹，进一步提高产业发展规模和发展水平。

狠抓落实，责任到区。以《北京市加快医药健康协同创新行动计划（2018～2020 年）》（京政办发〔2018〕37 号）落实为契机，四个重点区域加快推进生物产业发展。**海淀区**应抓紧落实新型创新平台，重点发展一批孵化器、加速器。**昌平区**应发挥自身要素资源优势，充分盘活中关村生命科学园存量空间，促进产业集聚发展；**经济技术开发区**应做好成果转移转化的主阵地，布局一批转化项目，承接一批成熟项目。**大兴区**应不断强化专业化服务能力。

（二）具体举措

加强专业园区建设。依托中关村生命科学园、大兴生物医药基地及亦庄生物医药产业园现有基础，加大引导和支持力度，进一步提升园区创新活力、科研实力和专业化服务能力。在园区内或园区周边布局支持一批专业孵化器，推进重大急需产业服务平台的基础硬件能力建设，进一步提升成果转化和孵化的支撑能力。

加快推进研究型医院建设。加快推进研究型医院及研究型病房建设，尽快明确若干家试点单位，形成建设方案并启动建设，补足临床资源短板，推动北京市临床资源更快更好地发挥溢出效应。

补齐产业平台短板。积极推动在大兴区、昌平区建设千升规模的生物药 CMO 代工平台，明确建设主体和空间保障，市区两级加大资金投入，加快建设，补足北京市对高端制造平台的需求短板。

（撰稿：北京市发展改革委）

上海国家生物产业基地 2018年度发展报告

在国家发展改革委的关心支持下，上海市围绕生物医药产业创新发展各个环节，扎实推进生物医药产业高质量发展。2018年，上海市生物产业基地规模持续扩大，创新能力稳步提升、政策环境进一步优化。

一、产业发展基本情况

1. 产业规模逐步扩大

上海市生物医药产业坚持生产制造、商业流通和研发服务外包“三业并重”的发展格局。2018年，上海市生物医药产业实现经济总量3433.88亿元，增长4.49%。其中，生物医药制造业实现主营业务收入1198.27亿元，增长13.9%，年度增速位列上海市战略性新兴产业之首。生物医药研发服务外包实现年收入260.75亿元，增长10.94%。受两票制等政策影响，上海市医药商业实现商品销售总额1974.86亿元，出现小幅下滑，增长为－1.22%。

2. 重点企业快速发展

2018年，纳入上海市统计局主营业务收入过1亿元的医药工业企业有176家，比2017年增加10家。其中，10亿元以上的企业25家，比2017年增加5家。上药集团、复星医药、罗氏制药3家企业营收规模超过百亿。前10位企业的主营业务收入占全市医药工业主营业务收入的35.1%。跨国企业中的罗氏制药、施贵宝、西门子、帝斯曼、勃林格殷格翰等依然是拉动上海市生物医药制造业增长的支柱企业。内资（或合资）骨干企业发展势头保持良性态势，包括化学药品领域的扬子江海尼药业、上药第一生化、合全药业，中药领域的和黄药业、凯宝药业、绿谷制药，生物药品领域的三生国健、上药信谊、上海生物制品研究所，医疗器械领域的联影医疗、微创医疗，制药专用设备领域的东富龙等。

3. 创新产品不断涌现

上海已培育了益赛普、丹参多酚酸盐、麝香保心丸等10多个年销售额过 10 亿元的生物医药创新大产品。2018 年，君实生物的 PD-1 单抗特瑞普利、和记黄埔的呋喹替尼、迪赛诺的奈韦拉平齐多拉米夫定片，第一三共制药的奥美沙坦酯氨氯地平片、联影的国产首台一体化 PET-MR 等创新产品获批上市。由中科院上海药物所和绿谷制药联合开发的创新药“甘露寡糖二酸（GV-971）”，成功完成三期临床并已递交新药上市申请，进入快速审批通道，有望打破老年痴呆疾病领域常年无新药可用的局面。

4. 集群效应持续提升

上海市生物产业基地包括浦东、闵行、奉贤、金山、嘉定、青浦、松江 7 个生物医药制造业基地，浦东、徐汇 2 个研发外包服务业基地，以及浦东、黄浦、普陀 3 个商业基地，形成了“聚焦张江、一核多点”的生物医药产业空间格局。2018 年，上海市通过出台存量用地、产业用地高质量利用的相关政策，进一步明确低效产业用地的处置措施，盘活存量工业用地，提升土地利用效率。在此背景下，张江生物医药研发中心（原名张江总部园）、合庆工业区规划提升，新增生物医药产业土地资源供给。

二、支持产业发展的主要工作

1. 制定出台发展行动方案

2018 年，上海市出台《促进上海市生物医药产业高质量发展行动方案（2018～2020）》（沪府办发〔2018〕39 号）。该方案对上海市生物医药产业发展进行了顶层设计，明确了总体思路，设定了具体发展目标，围绕三个方面，布置了十二项重点任务，并在保障措施、组织实施等方面提出了具体要求，确定了未来三年上海生物医药产业高质量发展的路线图。

2. 加快提升自主创新和成果转化能力

加大生物医药领域基础研究支持力度，强化产业发展源头创新能力。启动了“人类表型组”“脑与类脑智能”“分子机器”和“脑图谱与克隆猴模型”4 个市级科技重大专项。支持建设了“生物医药产业技术”和“类脑芯片与片上智能系统”研发与转化功能型平台。加快建设转化医学研究中心、活细胞成像平台、国家肝癌科学中心等重大科技基础设施。启动实施生物医学大数据基础设施预研项目。张江药物实验室于 2018 年 7 月揭牌，进入正式筹建阶段。

3. 深化制度改革，鼓励药品医疗器械创新

2018 年，上海市印发《关于深化审评审批制度改革鼓励药品医疗器械

创新的实施意见》，提出了改革临床试验、加快药品医疗器械上市、建设全球领先的生物医药创新研发高地、加强药品医疗器械全生命周期管理和服务、提升技术支撑能力和强化保障措施6方面32项改革措施。争取国外已上市抗肿瘤新药在沪先行定点使用试点，成立了上海市临床研究伦理委员会，建立了传统中药制剂备案管理平台。

4. 构建产业梯次转移机制

2018年，上海市编制形成生物医药领域产业地图，加强产业和空间信息对接，加速项目精准落地；推进位于金山区的上海国家生物医药产业基地建设，指导金山工业区与张江生物医药基地，协同打造“研发在张江、生产在金山”的联合发展格局，将金山发展成为张江高端绿色生物医药产业研发创新成果产业化的承接地。加快奉贤区规划制造业基地建设，协调建立“张江药谷”生物医药溢出项目与“东方美谷”对接机制。

5. 开展上市许可持有人制度

根据上海市《关于开展药品上市许可持有人制度试点工作实施方案》，持续深入推进药品上市许可持有人制度（MAH）试点。截至2018年年底，已有34个品种获得国家药监局批准成为药品上市许可持有人试点品种，其中9个品种已获批上市。已有47家申请人申报的123件MAH试点申请(74个品种)，其中，申请人约七成为研发机构，试点品种中有31个品种是具有自主知识产权、尚未在国内外上市的一类新药。另一方面，积极推进医疗器械注册人制度的在全市范围内的试点，允许上海市范围内的医疗器械注册申请人委托上海市医疗器械生产企业生产产品。截至2018年12月底，已有远心医疗等4家企业7个产品按照试点方案获准注册；有10家企业17个产品已同意纳入试点范围（其中4家企业的6个产品已经提交注册申请)，约57家企业有参与试点意向。目前医疗器械注册人制度已经在全市和广东、天津推广。

6. 支持仿制药一致性评价工作

根据上海市《推进仿制药质量和疗效一致性评价工作的实施意见》和《市战略性新兴产业专项资金支持仿制药一致性评价的实施细则》，上海市积极支持企业开展一致性评价工作。同时，研究制定了一致性评价相关品种带量采购工作方案，优化质量评价指标体系，对体外溶出度试验已符合一致性评价要求的品种，允许提前纳入带量采购。截至2018年年底，上海市共39家药品生产企业130个品种（197个批准文号）已启动一致性评价工作，递交一致性评价申请38个。现有21个品种规格通过一致性评价，其中13个品种规格还被国家药监局批准为仿制药参比制剂。

7. 推进现代药品和高端医疗器械流通体系建设

2018 年，将 17 种国家医保谈判准入的抗癌药纳入上海市医保药品目录，配套医保支付办法，并确保医疗机构采购和使用。发挥上海国际医药供应链联盟作用，推动基于上海国际贸易单一窗口的国际医药供应链信息平台建设，推动行业企业通过国际贸易单一窗口对接中博会医药板块。举办 2018 上海首届国际医药供应链论坛，宣贯推进国际医药供应链建设。正式投入使用“上海市医药采购服务与监管信息系统”，实现了上海市范围内定点医疗机构和配送企业的全面覆盖。

8. 设立生物医药产业投资基金

2018 年 5 月，上海市政府批复设立“上海生物医药产业股权投资基金”，基金总规模 300 亿～500 亿元，首期规模 100 亿元。目前，首期基金境内成功募资 70 亿元。2018 年，华领医药、君实生物正式在港交所 IPO。截至 2018 年年底，上海股交中心 N 板挂牌企业达 223 家，其中有 19 家生物医药企业挂牌，有效地利用社会资本做大做强。

三、2019 年工作打算

2019 年，上海市将继续全力推进生物医药产业高质量发展。充分依托已有基础和优势，突出全产业链整体布局，坚持研发、转化与制造并重，聚焦重点方向和重大项目，前瞻布局、精准发力，打响上海生物医药品牌。

一是进一步抓好《行动方案》的推进落实。根据《行动方案》分工和要求，指导上海市各区结合实际出台相关政策措施和工作方案。强化上海市现代生物与医药产业办公室的职能定位，切实加强对各项工作的统筹推进力度。组建市生物医药产业咨询专家委员会，对上海市的生物医药产业发展的重点方向、重点任务、战略规划和政策制定等决策提供支撑。全力推进“鼓励药械创新 32 条”贯彻落实，继续推进药品上市许可持有人制度以及器械注册人制度试点。

二是进一步提升产业源头创新能力。聚焦细胞治疗、基因治疗、抗体药物、小核酸药物等学术前沿和热点方向，布局实施一批重大项目。同时，积极组织并支持申请生物医药领域的“重点研发计划”和“重大新药创制”等国家科技重大专项，发挥产学研医联盟的协同创新作用，进一步增强上海生物医药产业发展的创新能力。积极推进张江药物实验室建设及 GV-971 的上市和产业化工作。持续加大生物医药领域市级科技重大专项布局，积极支持中科院药物所、复旦大学等单位争取国家“十四五”重大科技基础设施落户上海。

三是进一步抓好临床研究转化应用。 大力支持现有国家临床医学研究中心开展高水平临床研究，启动上海市临床医学研究中心建设。积极推进生物医药产业技术等研发与转化功能型平台和张江药物实验室建设。筹建市级医院临床研究院，统筹优质临床资源深度参与生物医药产业从研发到转化应用的全产业链布局，加快推动数据向临床研究等领域开放。加强临床研究人才队伍建设，在上海市高校中试点设立临床研究或转化医学专业，将临床研究的工作业绩纳入职称评定和职务晋升的考核内容。继续推进上海市临床研究伦理委员会筹建工作。

四是进一步抓好产业发展空间布局。 建立全市园区间产业转移承接机制，统筹优化全市生物医药产业空间布局和公共配套。推进张江药谷提质扩容，推进张江创新药产业化基地、合庆现代医疗器械产业园等建设。支持奉贤、金山、临港、闵行等重点区域生物医药制造业优化发展空间和功能布局，推动一批生物医药产业项目开工建设或验收。结合各园区实际，一次性配强园区环保设施和危化品处置设施，有针对性地完善公共设施配套，精准有效地满足项目产业化需求，整体提升园区管理服务水平和竞争力。

五是进一步强化体制机制保障。 支持创新产品优先纳入医保，简化创新药品和高端医疗器械进入医院的招投标流程，及时将通过仿制药一致性评价的品种纳入带量采购遴选范围。深入推进医疗机构配置使用国产乙类大型医用设备试点工作。做实国家“医疗器械创新上海服务站”，推动国产创新医疗器械临床应用示范与协同创新。进一步完善生物医药进口研发样品便利化监管制度。建设生物医药公用型保税仓库，提高办理效率，降低企业成本。根据各园区的不同定位，加强分类指导，制订相应的环境容量评价政策。支持符合条件的生物医药企业利用多层次资本市场发行股票和债券，将上海市打造成为国内外生物医药产权交易和成果转移的新高地。

以上情况，特此报告。

（撰稿：上海市发展改革委）

广州国家生物产业基地 2018年度发展报告

一、基本情况

（一）产业增长态势良好

2018年全市生物医药与健康产业实现增加值587.81亿元，近三年年均增长9.5%。全市119家药品生产企业、592家医疗器械生产企业、超过1000家高新技术企业，约有七成集中在广州开发区，形成了集群化发展格局。同时，作为中国三大医疗中心之一，广州市医疗市场资源丰富，现有各类卫生机构4000多个，其中三甲医院38家，拥有一批国家标准的临床研究基地，有力支撑生物医药产业链下游的临床研究和转化研究。

（二）重点领域实力增强

围绕产业链、资金链、创新链，充分发挥资源丰富、市场广阔的优势，大力发展生物制药、现代中药、医疗器械、体外诊断等重点行业，生物高新技术在医药行业广泛引用，产业竞争力不断增强。拥有国内唯一的呼吸疾病国家重点实验室，省内第一家区域细胞制备中心，自主研发了国内首个可单次给药的溶血栓生物技术国家一类新药；目前全市正在开展的30多个“全球新”一类新药研制，已分别进入临床Ⅰ～Ⅳ期试验；医疗器械方面，全市有8个产品进入国家创新特别审批程序、5个产品进入优先审批程序；体外诊断领域，形成了包括上游的技术产品研发及孵化，中游的诊断试剂和仪器制造，下游的体检中心、医院检验科和基因测序实验室等完整产业链条，涌现出一批行业龙头企业，在国内同行中处于优势地位。

（三）产业集聚趋势明显

按照广州国家生物产业基地发展规划，打造“一核多点”产业布局，构建从技术研究、中试到产业化的完整产业链。以现代中药和化学药为主体，发展干细胞与再生医学、体外诊断产品及检验服务等优势产业，培育生物制药、生物医用材料、精准医疗等特色产业。东部核心区的辐射带动作用加速释放，广州科学城、广州国际生物岛和中新广州知识城等三大集聚区引领效应进一步显现，已集聚生物医药企业超千家，建成了生物医药孵化器面积64万平方米，打造了达安床谷、冠昊科技园等由上市公司创建的国家级生物医药专业孵化器和众创空间。

（四）领军人才加快汇聚

借助“广交会”“海交会”“创交会”等具有国际影响力的平台，建立海外高层次人才数据库和社会化引才育才工作网络，围绕生物医药、健康医疗等重点领域发展，集聚了5名诺贝尔奖获得者、12名两院院士、50名中央“千人计划”专家、20名中央“万人计划”专家、24个广东省“珠江人才计划”创新创业团队和27名广东省“珠江人才计划”领军人才。钟南山、施一公、王晓东、裴钢、刘昌孝等院士专家领衔的产业项目纷纷落户。

（五）龙头企业不断涌现

多年来，广州市培育了广药集团、香雪制药、达安基因、万孚生物、金域检验、博济医药、百奥泰等各领域龙头企业。目前广州市生物产业上市企业（含新三板）68家，17家主板上市公司累计募资金额约200亿元。建立协同招商工作机制，围绕香雪制药与GE医疗细胞治疗产业化项目、中新广州莱恩生物医药公司等龙头企业和项目开展产业链招商，吸引产业链上下游企业和配套项目入驻。目前，GE生物科技园、百济神州生物药、百奥泰研发中心等重大枢纽型企业项目相继动工建设，德国默克、牛津大学科研创新中心、国家人体组织器官移植和医疗大数据中心、龙沙药业、恒瑞医药、康方生物等项目已经签约。

（六）创新体系不断完善

加大生物医药创新平台建设力度，已建成生物医药领域国家级工程中心（实验室）13家、专业孵化器13个，各级重点实验室153家、工程技术中心115家、企业技术中心51家；拥有35家药物临床试验机构（GCP），4家药物非临床安全性评价机构（GLP），组建广州再生医学与健康广东省实验室，建设广东省首个区域细胞制备中心，形成了较完整、高端化的技术研究和创新发展平台。2017年设立冷泉港（广州）研究院、科技成果转化中心，2018年3月，联合广东检验检疫局、广州海关、金域集团建设了华南第一家生物材料出入境公共服务平台，生物材料通关仅需 1 天、出入境许可审批最多 7 个工作日。

二、主要工作开展情况

（一）制定生物医药产业专项政策

2018 年，市政府印发《广州市加快生物医药产业发展实施意见》和全市首个生物医药产业专项政策《广州市加快生物医药产业发展若干规定及操作指南》。通过加强市区部门联动，打造再生医学与健康实验室、健康医疗大数据中心、基因检测技术应用示范中心等重大创新平台；聚焦产业链薄弱环节，实施名企名品培育、人才开放创新、国际化引资引技引智等工程，加速推动成果转化；探索体制机制创新，力争在新药和创新医疗器械进入医保和基药目录、仿制药一致性评价、生物材料快速通关等领域取得突破。《若干规定》以企业为中心，从研发、中试、认证、产业化等全产业链各环节切入，出台 17 条政策，完善土地、环保、通关、技术引进、海外并购、产业投资等配套环境建设。10 多个市有关部门联合召开了政策宣讲解读会议，明确各项政策申报范围、标准及材料等要求，通过部门强服务，让企业少跑路。

（二）举办高端论坛营造良好发展氛围

通过邀请国内外生物医药领域顶级专家学者和知名企业家参加座谈会、圆桌会，高规格举办第十届中国生物产业大会暨首届官洲国际生物论坛、小蛮腰生物科技论坛等，营造广州市生物医药产业发展的良好氛围。尤其是成功举办第十届中国生物产业大会暨首届官洲国际生物论坛，有力推动了与国际生物产业的创新合作，深化了与先进国家高端链接，大大提升了我国生物产业在全球的知名度和影响力。大会创造了十个“首次”，形成了多个特色亮点，获得国家发展改革委充分肯定，批复同意大会永久落户广州和武汉轮流举办。

（三）加快构建生物产业生态圈

围绕“核心在产业、关键在功能、支撑在园区、机制是保障”，深入推进产业生态圈建设，强化产业链、创新链、供应链和金融链，努力建设具有全球影响力的生物医药产业重镇。成立广州市生物产业联盟，集聚了广州市生物医药领域“政产学研用”全链条的领军企业、大专院校、科研机构、医疗机构、投融资机构和行业协会等120多家单位。成立“全国创新生物医药创业投资服务联盟”“广州粤港澳大湾区生物医药产业促进会”“广州粤港澳大湾区精准医疗产业促进会”。组建总规模100亿元的广州生物医药产业投资基金、50亿元的广州市科技成果产业化引导基金、6.6亿元中以生物产业投资基金等，引导社会资本聚焦投资广州市生物医药产业领域，引进优质生物医药项目来穗集聚。出台实施广州市产业领军人才“1+4”人才政策，共评选出两批创业领军团队21个，其中生物医药领域10个，占47.6%；创新领军团队21个，其中生物医药领域8个，占38.1%；创新领军人才38名，其中生物医药领域11名，占28.9%；吸引了一批年富力强的优秀人才来穗，为广州市生物医药产业长远发展提供了有力支撑。

（四）开放合作引资引技引智

利用广州对外开放优势，推进与美国、日本、以色列、英国、古巴等国家在生物领域的交流合作，推动广州市生物医药技术发展与国际同步。主动与美国麻省理工学院生物技术创新中心、哈佛-麻省理工博德研究所、全球生物技术创新协会、美国华人生物科技协会、日本医疗卓越协会（MEJ）等世界生物产业界知名机构和国际组织开展交流合作。促成广州市中日生物医药产业园项目成为中日两国领导人见证的第一届中日第三方市场合作论坛重点项目；建成4800m^2中以生物产业孵化基地，广州中以生物产业投资基金首期2.02亿元支持以色列无创性美容器械等5个项目的科技成果在广州落地转化。

三、主要存在问题

一是缺乏提升原始创新能力的国家大科学装置。生物医药产业原始创新能力与大科学装置的支撑能力密切相关。当前广州市的重大科技基础设施规划建设较弱，没有大科学装置等国家级重大科技基础设施，与国内先进城市的差距较大。

二是创新资源未能有效整合利用。科技资源方面，企业、高校、科研机构、医院之间的实质性合作不多，部分已建技术平台散布在各个大学、科研院所和企业中，缺乏有效的集中管理和开放运营机制，对科技成果转化的支撑作用较弱。

三是行业管理体制与部分政策设计尚待完善。据反映，虽然国家不断深化改革，鼓励药品医疗器械企业创新，但在医保、价格、流通等方面的政策却没有充分衔接，医保控费、压低药占比等政策影响了高价药和高端医疗设备的使用，一定程度上制约了高投入的新药研发和大型医疗设备制造的创新发展。

四是企业竞争力亟待提高。虽然在生物医药细分领域有一批领先企业，但缺乏综合性龙头企业，生物医药上市公司数量少且影响力低，仅有广药集团上榜中国医药工业百强。同时，药企整体效益还存在“大销售额，低利润率”情况，拥有关键核心技术的创新品种不多。

四、下一步工作思路

（一）规划国家科学中心和重大科技基础设施群建设

抓紧规划广州市国家生物科学中心的空间布局，尽快确定一批重大科技基础设施项目选址，加快开展预研，落地启动建设。在用地保障、专项投入、人员激励等方面给予制度保障。全力争取国家和省支持，努力建成国家生物科学中心。

（二）携手大湾区核心城市建设国家级生物创新平台

发挥各方优势，与港澳携手共建国际健康产业城。在大湾区协调机制下，向国家争取先行先试政策，在大湾区内的“一区多园”试点范围内一律通行，实现人流、物流、信息流、资金流等创新要素自由流动，打造世界一流的创新型湾区和国际科技创新中心。

（三）凝聚在穗各级教育、科研、医疗力量形成合力

落实研发机构＋医院＋企业全链条对接机制，切实加强在穗各级高校、科研院所、医疗机构的产学研协同创新。积极探索共建新模式、新机制，充分运用好在穗各级科教医疗资源，整合跨学科、跨领域、跨部门创新要素，参与更高层次的生命科技竞争与合作。

（四）加速扩大筹办生物产业大会的国际影响力

集中省市的优质资源和力量，办好中国生物产业大会，组建一支有国际化视野的专业团队来运营，吸引全球高端资源集聚，全力打造成为国际领先的生物医药产业高端论坛品牌及会展平台。

（五）加大对生物医药临床研发的财政支持力度

针对生物医药产业研发投入大、收益回报慢的特点，以及大部分药企研发力量薄弱、融资渠道短缺、高端人才不足的现实需求，加大财政资金对临床研发的奖补力度，探索设立新药研发风险保障资金。

（撰稿：广州市发展改革委）

长沙国家生物产业基地 2018 年度发展报告

一、情况简介

浏阳经济技术开发区（长沙国家生物产业基地）地处长沙东郊，319 国道穿园而过，距长沙黄花国际机场 18km、距长沙高铁站 35km，地处承接沿海产业转移和长株潭城市承载的黄金节点，交通便捷、青山绿水、空间广阔。浏阳经济技术开发区系 1998 年 1 月设立的工业小区，1999 年 11 月，经省委省政府批准，成为湖南唯一的医药专业园区；2002 年，园区被认定为火炬计划特色产业基地；2006 年 12 月，获批国家级生物产业基地；2011 年 9 月，经科技部批准为中西部地区唯一的国家创新药物孵化基地；2012 年 3 月，经国务院批准升格为国家级经济技术开发区。

园区现共注册各类企业 880 余家，其中，规模工业企业 105 家，拥有蓝思科技、尔康制药、盐津铺子、永清环保、欧智通等一批重点企业，A 股上市企业 5 家、新三板上市企业 5 家，形成了生物医药、电子信息和健康食品三大产业集群。2018 年，浏阳经开区实现规模工业总产值 790 亿元，实现规模工业增加值 281.6 亿元，实现财政收入 40.1 亿元，其中，生物医药产业实现产值 171.45 亿元，占园区总产值的 21.7%；实现税收 9.26 亿元。

目前，浏阳经开区生物医药产业形成了以药用原辅料、通用名化学药、现代中药为主导，生物制品与健康产品快速发展的产业格局。注册生物医药类企业 153 家，其中，医药科研类企业 78 家，规模以上企业 46 家，通过 GMP 认证医药企业 68 家，通过新版 GMP 认证医药企业 35 家。产业发展获得高度认可，2018 年获评中国生物医药最具特色、最具潜力园区。

二、主要开展的工作

2018 年浏阳经开区主要围绕生物医药产业进行精准招商、大力推进项目建设和努力营造良好的营商环境，这三个方面来开展工作。

1. 着力精准招商

2018年，浏阳经开区引进生物医药产业项目13个，其中，投资50亿元以上项目1个，为长沙（国际）健康生态科技产业园项目；投资5亿元以上项目1个，为早晨纳米机器人研发生产基地项目；投资2亿元以上项目4个，分别是敬和堂制药生产基地项目、心诺国际智能医疗产业园项目、普济生物氨基酸表面活性剂日化产业项目、春光九汇中药配方颗粒提取制剂生产线与在线控制系统项目。在谈重点生物医药产业项目12个，其中，包括投资78亿元的大参林健康产业园、投资15亿元的益生源医药生产研发基地、拥有两个国家一类新药的尚华医药；九典制药上市总部、天地恒一拟上市基地以及威尔曼、斯奇生物等一批生“二胎”招商项目。

2. 加快项目建设

贯彻落实“产业项目建设年”的工作要求，2018年铺排生物医药类项目16个，其中今汉制药新药创制重大转化项目一期、加农正和生物制品及中药制剂生产基地项目一期、启正生物、金海医疗等7个项目完成建设并投入生产；继蒙中草药肝病研究所项目已完成装饰装修；天地恒一全智能数字化中药提取车间项目完成主体封顶；威特药业原料合成车间及精烘包车间项目正在进行主体建设；敬和堂制药生产基地项目一期土地已平整；长沙（国际）健康生态科技产业园保健食品研发中试及GMP生产基地样板区项目临建工程已完成，已启动土地平整，片区设计正在委托编制。

3. 优化营商环境

一方面，浏阳经开区大力推行“最多跑一次”“无费政务大厅”“先建后验”等改革创新，用好用足农村土地制度改革试点、省市审批权限下放等机遇，着力在产业投资、项目建设、税费减免、技术研发等方面给予生物医药产业链发展全方位支持。另一方面，发挥领导联点和帮扶机制，认真抓好“重企帮扶”“调研走访”“定期走访”，了解企业需求，听取企业意见和建议，及时协调解决制约发展的困难和问题，竭诚为企业提供精准化、保姆式服务，全面提升政务、投融资、创新创业环境，切实解决企业用地、用工、用汽等要素保障问题，为企业健康发展营造良好环境，确保企业无后顾之忧，让企业和项目引得来、留得住、建得好。

三、发展的特色和亮点

1. 产业基础扎实

浏阳经开区专注生物医药产业发展近20年，产业聚集度高，产品覆盖面广，技术工艺先进，具备了产业先发优势。**一是构建了龙头企业方阵。**生物医药产业拥有A股上市企业2家（尔康制药、九典制药），新三板挂牌企业1家（永和阳光），上市后备企业8家（威尔曼、华纳大、天地恒一、安邦制药、迪诺制药、春光九汇、豫园生物、兴嘉生物），集结了一批优势企业。**二是打造了拳头产品矩阵。**生产产品覆盖抗生素、抗感染药、妇科用药、肿瘤用药、高血压用药等多个方面，涵盖药用辅料、化药原料药及制剂、中药、基因与蛋白质、诊断试剂、生物制品等多个领域，品种达800多个，销售过亿元以上的拳头品种达11个。其中，药用辅料国内市场份额第一，尔康制药的木薯淀粉胶囊开创世界植物淀粉胶囊量产先河，药用甘油、丙二醇、奥硝唑等23个主要品种进入全国销量前三强。**三是树立了智能制造标杆。**生物医药企业在流程性制造、智能装备和产品、智能化管理等智能化领域全面升级，建设了技术领先的智能化车间、智能化生产线，智能化管理运营模式广泛应用。园区有11家生物医药企业获批长沙市智能制造试点示范企业，如湖南华纳大药厂股份有限公司原有厂房小容量注射剂生产线改造为智能化生产线后，综合产品合格率超过99%，年产能增至2亿支，相对传统生产线产品不良品率降低3%～5%，生产效率提高50%以上，运营成本降低50%以上；湖南天地恒一制药有限公司全自动数字化中药提取车间项目完成后，将实现关键生产工序数控化率达95%以上，生产效率提高20%以上，产品生产周期缩短10%以上，将成为省内中药智能制造的新名片。

2. 技术优势领先

园区历来将科技服务平台建设作为促进生物医药产业创新发展的重点工作，形成了领先的技术平台和丰富的人才资源。**一是公共服务平台支撑有力。**目前，园区牵头组建了湖南省实验动物中心、湖南新药发现服务平台、基因合成与蛋白质药物研发平台、多肽及核酸药物研究平台、医药文献检索平台等公共服务平台，形成了较为完善的生物医药产业公共服务链。其中，湖南省实验动物中心被科技部认定为中部地区首批国家创新药物孵化基地，2012年获得国家GLP（药物非临床研究质量管理规范）证书，在省内率先建成符合国际AAALAC（国际实验动物评估和认可委员会）标准的动物实验设施，具备创新药物从发现→合成制备→质量标准→药理药效→毒理安评整个临床前研发服务体系。2018年，实验动物中心累计为90余家企业完成委托项目150多个，完成样品检测3000余批次，直接减少企业新药研发投入30%以上。此外，园区积极搭建生物医药孵化平台，生物医药众创空间获批国家级众创空间，新增入驻企业和团队 12 个。**二是企业研发力度持续加大。**园区医药企业和科研单位累计共开发、在研国家级新药 206 个，其中在研一类新药 33 个，拥有全省仅有的 5 个国家一类新药。获得专利 780 件，其中发明专利 191 件，中药超微饮片技术获得国家科技进步二等奖。企业建有国家级工程技术中心 3 个（湖南尔康制药股份有限公司技术中心、国家药用辅料工程技术研究中心、新药组合生物合成国家地方工程研究中心）、省级工程技术中心和重点实验室 21 个、市级工程技术中心 20 个。其中，尔康制药牵头建设的“国家药用辅料工程技术研究中心”顺利通过国家科技部验收。**三是众多高科技人才汇聚园区。**园区先后引进中国工程院院士 3 人、国家“千人计划”专家 5 人、省“百人计划” 3 人、长沙市“313 计划”人才 5 人、海外留学人员 100 人以上，硕士、博士以上专业技术人才 120 多人，为产业发展提供了最重要的智力资源。

四、存在的主要问题

虽然生物医药产业建设取得了一定成绩，但由于生物医药产业投资大、获批难、监管严等行业特点，浏阳经开区在推进产业发展过程中还存在不少困难和问题亟待解决。

1. 新政实施冲击大，部分政策落实难

国家实施“两票制”“仿制药一致性评价”等政策以来，生物医药企业税费大幅增加，引发企业盈利空间被压缩、新的合规风险增加、经营可持续性受影响等诸多问题，企业生存处境艰难。医药企业普遍认为上级和园区的政策制定、宣讲比较到位，但很多政策缺乏实施细则，同时当前化解政府债务风险压力较大，各级财政对部分上级和园区配套政策的及时兑现存在困难。

2. 企业规模偏小，高端人才短缺

园区医药企业大部分为中小型企业，规模最大的工业企业年销售收入为 20 亿元，与医药产业发达地区相比存在较大差距。由于医药企业对研发、管理等人才的要求高，而园区远离长沙和浏阳城区，交通设施、城市配套相对不足，造成医药企业难以招到合适的高端人才且流失严重，亟需加强城市交通和名校、三甲医院、五星级酒店等配套设施建设，着力破解园区药企研发管理人才紧张、流失频繁等难题。

五、下一步工作思路

下一步，浏阳经开区将按照长沙市、浏阳市对生物医药产业建设的战略部署，坚持落小落细、精准发力，大力培育产业生态圈，突出龙头企业、产业集群和产业平台的打造，完善产品产业链，构建产业价值链。着力在以下几个方面开展工作。

1. 实现招商大突破，加大延链强链补链力度

一是依托“园中园”助推产业链延伸。大力推进园区首个“园中园”平台项目——长沙（国际）健康生态科技产业园建设，利用中铁昊天这一龙头企业的影响力，充分发挥平台产业承接作用，力争接触一批、引进一批、孵化一批优质健康保健项目，推进生物医药产业链拓展延伸，推动生物医药产业与国际接轨，向高端迈进。**二是转变方式提升产业链质量。**深入探索以泛投资方式参与项目引进，将园区政策、土地、资金等政府资源转化为投资资本，以实现从招商引资向招商选资的转变。针对医药产业高科技、高门槛、高投入的特点，通过股权投资、代建租赁、债权投资等模式，减轻项目前期资金压力，提升项目落地、建成、达产效率。**三是接轨国际提高产业链活力。**结合国家鼓励抗癌药物进口、创新药物研发、引进的相关政策，积极对接美国硅谷海湾资本等国际组织，在引进高、精、尖种子项目的同时，引进一批具有国际一流水平的生物医药创新力量，使园区生物医药产业研发、创新水平得到进一步提升。**四是研究政策打造产业生态链。**紧盯广州大参林药业等重大医药产业项目，量身定制有针对性的产业政策，争取项目尽早落户园区。**五是借力平台瞄准产业价值链。**积极与中科院深圳先进院等专业平台公司对接，利用专业平台丰富的项目资源优势，有针对性地遴选一批生物医药产业项目，积极跟踪洽谈，实现精准招商。

2. 激发内生新动能，不断做大做强产业体量

一是狠抓项目建设。加大力度促进长沙（国际）健康生态科技产业园、加农正和生物制药基地二三期、纳米机器人研发生产基地、敬和堂制药生产基地等生物医药重大项目建设，力争早投产、早见效。**二是助力企业上市。**充分发挥龙头企业的带头示范效应和重点企业的产业集群效应，制定生物医药龙头企业、重点企业清单，按照“一企一策”思路，通过召开上市和拟上市生物医药企业座谈会、银企对接会、上市辅导会，制订企业培育与服务计划，抓住目前港交所鼓励生物医药企业上市的机遇，助推相关企业赴港上市。**三是鼓励扩大投资。**在推动现有医药企业做大做强的同时，着力化解企

业融资难、融资贵问题，引导企业实施智能化改造，加快兼并重组、转型升级，持续做大做优增量。积极对接九典制药、威尔曼制药、天地恒一、斯奇生物、欧亚生物等企业，鼓励企业在园区二次投资。

3. 营造发展好环境，积极兑现各项扶持政策

利用和落实好国家、湖南省、长沙市有关生物医药产业扶持、税费减免等政策，促进长沙“工业30条”“人才新政22条”“1＋N科技创新体系”“仿制药一致性评价”等政策在园区落地落实。围绕产业发展需求，积极协调长沙市食药监、人社、卫计等相关部门，加快推动长沙市出台针对“两票制”的扶持政策，力争将浏阳经开区药企生产的药品更多地纳入省市药品目录，进一步优化市场环境、做大市场空间。

4. 培育医养大产业，抢占战略性新兴产业高地

随着国内医疗服务能力和居民健康意识不断提升，医养健康产业发展面临重大机遇。浏阳经开区医养健康资源丰富，自然生态环境良好，发展医养健康产业具有得天独厚的优势。今后，将围绕九龙山养生旅游度假区开发，打造以养生休闲、文化旅游、山地运动、现代农业体验、养老度假、生态居住等为主要功能，具有山、水、田、园、林特色的自然生态型现代旅游度假区。以度假区为承载体和引爆点，结合园区生物医药产业优势，打造符合现代民众需求的高端医养产业，打通医药研发、药物生产、产品销售、康养服务产业链条。

（撰稿：湖南省发展改革委）

武汉国家生物产业基地
2018 年度发展报告

2018 年是中国改革开放 40 周年，东湖高新区成立 30 周年，也是光谷生物城开工建设 10 周年。过去的一年，在省、市、区各级领导的关心和支持下，光谷生物城招商引资、产业发展和园区建设等各项工作顺利推进，在科技部中国生物技术发展中心发布的国家高新区生物医药产业综合竞争力 50 强榜单中，东湖高新区排名第三，其中人才竞争力位列第一。

一、主要经济绩效目标基本完成

主要经济指标全面完成。1～12 月，光谷生物城完成规模以上工业总产值 228.7 亿元，同比增长 15.1%，完成固定资产投资 23.37 亿元，其中工业投资 18.6 亿元；完成规模以上服务业收入 34.31 亿元，同比增长 21.3%，完成其他营利性服务业收入 7.76 亿元，同比增长 12.3%；纳税百万以上企业 152 户，纳税百万以上企业完成税收 17.91 亿元，同比增长 23.37%。招商引资实际到位资金 127.8 亿元，其中外资 2.35 亿美元。签约引进 30 亿元以上项目 1 个、1 亿～30 亿元项目 14 个，亿元项目签约投资总额 135 亿元。新引进世界 500 强项目 2 个、大型央企投资项目 2 个，世界 500 强、中国 500 强及跨国公司投资的研发机构 3 个、中国民营企业 500 强投资项目 2 个。31 个入库项目实现开工开业，完成投资额 57.7 亿元。

重点企业发展迅速。全年，光谷生物城新增工业“小进规”企业 13 户、服务业“小进规”企业 43 户，新认定高新技术企业 54 家、“瞪羚”企业 64 家，安翰光电入选科技部“独角兽”企业，禾元生物、友芝友医疗等 17 家企业成为湖北省“双创战略团队”。华大基因智能制造生产基地项目、华大吉诺因免疫细胞治疗研发生产基地项目等相继投产运营，华大基因武汉板块完成收入 12 亿元；药明康德完成收入 6.2 亿元。纳税千万以上生物企业 27 户，税收总额 14.4 亿元；纳税过亿元企业 2 家，其中人福医药集团完成税收 5.57 亿元，同比增长 166%；国药集团光谷板块完成税收 3.35 亿元，同比增长41.5%。

本土培育企业上市实现零突破。明德生物成功登陆深圳中小企业板，成为光谷生物城自主培育的首家上市企业。安翰光电、科前生物等被省金融办推荐为湖北省首批登陆上海科创板的后备企业。建立了港股上市后备企业库。全年，新增4家四板挂牌企业，有7家生物企业进入省“金种子”计划、30家生物企业进入省“银种子”计划、5家生物企业进入高新区“金种子”计划，形成了“储备一批、辅导一批、报会一批、上市一批”的良好开局。石药集团联合其他投资方，投资友芝友生物5.14亿元，用于合作发展双特异性抗体药物、肿瘤免疫疗法等项目，创造园区内企业在一级市场股权融资单笔最高纪录。

企业发展国际化进程加快。人福医药集团与美国技术领先的无菌制剂生产企业Ritedose已成立合资公司，将吹灌封技术引入到高新区落地；人福普克7个药品获得美国仿制药批准文号。亚洲生物稀土磁材料创面修复产品获得美国FDA注册认证，喜康生物阿法链道酶生物类似药在欧洲获批进行临床试验，凯瑞康宁新型嗜睡症药物XW10172在澳大利亚获批进行临床试验。华大制造在拉脱维亚投资建设的生命科技创新中心项目进展顺利。爱博泰克在美国波士顿、法国巴黎、日本东京等建立研发中心。

科技创新成果持续涌现。友芝友、滨会生物和人福医药的4个国际首创一类新药获得临床批件。喜康生物的2个单抗生物类似药获批开展Ⅰ+Ⅲ期临床。新增28个二类以上医疗器械注册证，其中武汉华大智造的MGISEQ-200、MGISEQ-2000两款最新高通量基因测序仪，唐济科技硬性电凝切割内窥镜通过国家优先审批通道注册上市。新获批4项新兽药证书、4项农业登记证书、16项国审作物新品种和12项省级作物品种审定。

二、2018年主要工作

（一）将狠抓“双招双引”作为“一号工程”

狠抓招商引资“一号工程”。全年赴外出差招商120余次，拜访企业、机构超过210家（次），拜访企业高管达350余人。举办第十一届中国生物产业大会暨第三届“生博会”、2018年中国中部国际产能合作论坛生物专场、2018年华创会生物专场、华创会德国专场等重大招商活动近十次，推动国际先进技术成果转移转化和高端人才交流合作。参加“百万校友资智回汉工程”湖北大学、中南民族大学、武汉科技大学三场专场活动。

积极推进重点项目落地。全年新注册亿元项目公司 16 个。产业规模超过 300 亿元的央企中国医疗器械有限公司总部注册落户光谷生物城，这是湖北省近年来新增的首个“中字头”央企产业总部项目；中国中药控股增资 2.6 亿元控股国药中联，投资 10 亿元建设中国中药华中产业园项目，并获得首批两个国家基药目录独家大品种。国药（武汉）医学实验室、国药工程流体系统研发设计中心、光声医学成像成果转化中心及生产基地、妇科肿瘤诊疗创新成果研发中心及生产基地、唐济科技创新医疗器械医学转化中心、亚太药业全国研发中心、明理医疗病理诊断服务平台等一批项目落地。

高端人才引进有新突破。全年新增 3 名国家“千人计划”、5 名湖北省“百人计划”、52 名“3551”高层次人才。2001 年度诺贝尔奖获得者卡尔·巴里·夏普莱斯，2013 年度诺贝尔奖获得者兰迪·谢克曼教授，Mark Slevin、汪立宏、马丁、张英泽、叶朝辉、陈孝平、刘耀光等一批国内外院士携项目落户或受聘为院士工作站驻站院士，或成为省生物产业发展暨武汉国家生物产业基地高级顾问。借助中国科学院院士、清华大学生命科学学院李蓬教授在代谢性疾病领域的权威，依托中国科学技术大学田长麟教授在多肽类药物研发领域的先进技术，依托瑞邦生物在生物活性肽细胞营养素等方面的优势，搭建光谷生物城与清华大学、复旦大学、中国科技大学、中科院等国内顶尖生物科研机构的联系渠道，推动更多的科技成果转化和项目合作。

稳步推进重点项目。现有在谈亿元项目 24 个，涉及生物医药、医疗器械、生物农业、精准医疗、医药电商等多个领域。密切跟踪国内医疗龙头企业威高集团和迈瑞医疗，争取能够在光谷设立研发中心或生产基地。正在全力推进韩国赛尔群抗体药物生产基地项目，已就落户事宜进行多次沟通和考察。积极推动药明康德国际医药研究创新基地、亚洲医疗武汉总部基地、颐昂生物华中区域基因与细胞免疫治疗基地等项目加快建设步伐。

国际项目合作有新进展。加强与深圳中以国际创新中心合作，推动以色列生物产业项目整体落户光谷生物城。与巴黎基因谷、英国等合作不断加深，与基因谷建立了每月一次的交流机制，与英国建立了定期交流机制。

（二）将狠抓营商环境建设作为主要任务

聚焦产品谋出路。配合市卫计委举办 4 场在汉医疗机构走进光谷生物城系列对接活动，搭建院企对接平台；编制光谷生物城创新产品清单，配合市科技局将 90 余项产品纳入市级创新产品名录；配合市发改委对接 8 个贫困市县对医疗器械需求进行摸排，争取利用武汉市健康扶贫惠民资金给予支持。

聚焦融资谋上市。策划设立50亿元规模的武汉光谷生命健康产业母基金，促进产业与资本的深度融合。新增注册基金及管理机构5家，共聚集基金79家，管理资金总规模403亿元。举办40场投融资活动，实现科技资源与金融资源的有效对接。光谷生物城挂牌成为深交所、上交所湖北服务基地，与深交所联合举办两场共400多人的培训和路演活动。

聚焦上下游谋合作。定期举办国药器械服务对接会，促进国药与致众、一海、康录等园区企业的合作，依托国药器械在全国物流网店、资本实力，推动园区企业快速发展；推动国药器械与高科集团合作，共建国药器械产业园，助推光谷医疗器械产业发展。积极配合做好第四次全国经济普查工作，对园区企业进行了一次系统梳理，方便更好为园区企业服务。加强园区企业联系，推动景川诊断与普健生物、珈源量子点和保丽量彩等之间的合作，形成你中有我我中有你的生态格局。

聚焦放管服促开工。进一步深化“放管服”改革，以工程建设项目审批服务“马上办、网上办、一次办”为目标，简化流程、切实提高工程项目审批效率。总投资100亿元的位于医学健康园的华中科技大学生物医学中心项目地块完成高压线迁改，已正式入场施工；总投资50亿元的联影医疗武汉总部基地项目已于9月份正式开工建设；实质性开工一批用地项目，包括瑞合医药物流、腾飞高科、科前生物二期、同泰生物等项目。

（三）将不断完善创新创业体系作为主要支撑

园区建设步伐加快。生物创新园D1-3A栋土建工程完工，D1-3B、D2-2研发楼建设工程启动建设，中国医药技术交易市场土建工程基本完成。国际生物医药企业加速器3.2期已完成主体结构施工；武汉光谷精准医疗产业基地项目已取得工程规划许可证。生命健康园先导区490亩用地控规方案已通过市规划局审查，生物创新园二期即将开展土地挂牌工作，设计概念方案已完成。

谋划细分领域园区。获国务院四部委联合批复“海峡两岸产业合作区武汉产业园”，推动两岸生技产业合作与交流。现已推动法拉玛生物植物特性药理复方研究中心在生物创新园注册公司，促进佳和生物绿色农业技术中心和固态生物制剂、液体肥料生产基地等项目与园区初步达成落户意向。策划建设光谷牙科及再生医学产业园，明确建设区域和主要建设内容，目前已与哈佛（武汉）牙科中心项目、华西牙科武汉口腔医院项目等一批项目积极洽谈当中。

推动创新平台建设。完成武汉国家人类遗传资源样本库建设方案编制、公司成立工作。致众科技医疗器械创新技术转化服务平台建成，可为医疗器械产品提供研发、检测、注册申报、生产一体化服务；依托奥绿新生物，建成了医疗企业创新成果转化产业发展中心；天勤生物获得 CNAS 认证，可更广泛参与国际合作交流。人福利康抗癌药物 CMO 平台、亚太药业创新药物成果转化平台等创新平台正在加紧建设，即将投入使用。摩洛哥 OCP-湖北富邦亚太磷肥联合研发中心、挪威生命科技大学小龙虾分子育种工程中心、隆平高科虾稻研究院、启辰肺癌免疫治疗中心等创新平台在加紧申报建设。

（四）将安全生产和环保工作作为主要保障

强化安全生产管理。全年新增“两化”注册企业 19 家，累计 250 家企业完成湖北省隐患排查数字化、标准化“两化”体系注册，企业对标排查隐患 7026 条，排查隐患数量 4086 条。组织开展节假日安全生产大检查、危化品方面专项检查、职业卫生安全专项检查、“打非治违”专项整治、地下空间安全生产专项治理等专项活动 116 次，下达检查文书 140 条。积极开展“职业卫生法”宣传周和“安全生产月”活动，发放各类安全书籍、画册、挂图 2100 余份，逐步建立起光谷生物城独具特色的安全文化活动，提高员工安全意识。

创新环保工作举措。召开 4 场危废处置专项培训，向园区小微企业专项讲解危险废物处置相关环节等问题。对工业地产、孵化器、加速器内危险废物的暂存、外运及处置等环节，制定有效管理制度，指导企业合法合规进行危废管理及处置。与华新环保签订战略合作协议，帮助小微企业打通外运处置通道，确保小微企业合法合规处置危险废物。聘请第三方开展企业环保信息调查工作，对企业基本情况、污染源数量及排放情况建立台账，并动态跟踪，建立长效管理机制。

（五）将狠抓党建工作作为促进中心工作发展的前提

不断加强学习教育。充分利用“支部主题党日”、书记讲党课等活动，及时传达学习党的最新理论成果、习近平总书记视察湖北武汉重要讲话精神等，全面深化党内教育。组织园区党组织观看红色教育电影片 4 次，组织基层党员骨干开展“不忘初心·缅怀革命先烈”“红色 CEO 讲党课”、纪念建党 97 周年暨 2018 年“七一”表彰大会等学习教育活动，进一步提升全体党员的政治理论水平和党性觉悟。

加强基层党组织建设。成立生物办综合党委办公室和纪委办公室，抽调专人，具体负责日常工作。组建了4支纪检监督小组，对各园区公司所辖基层党组织进行执纪监督，推动全面从严治党向下延伸。全年，共培养入党积极分子73名，发展党员48名，转正预备党员27名，壮大基层党组织干部队伍。建立综合党委领导班子党风廉政责任制工作联系点，推动园区公司及企业落实党风廉政建设责任制工作深入开展。以“互联网+党建”思维为指导，打造智慧党建V3.0版本，提升园区党建服务水平。

认真做好意识形态工作。成立意识形态工作协调领导小组，定期分析研判意识形态领域情况，对重大事件、重要情况、重要民意中的苗头倾向性的问题，有针对性地进行引导。通过专家授课等形式，在园区基层党组织书记、纪检委员、员工中分层次开展了17次大型宣讲活动，提高广大党员和青年员工对政治站位的认识。召开光谷生物城网络意识形态工作部署会议，对园区企业网站、APP进行摸排，对当前意识形态领域形势政策进行分析。

（撰稿：武汉市发展改革委）

成都国家生物产业基地 2018 年度发展报告

一、成都市生物产业总体情况

2007 年 6 月，国家发改委批复成都建设国家生物产业基地（简称“成都基地”）。成都基地重点发展生物医药和生物技术服务，加快发展资源技术主导型的生物农业、生物能源和生物材料，是国内生物产业发展最密集的地区之一。

目前，成都市已形成以成都医学城和成都国际生物产业城为“双城共兴”的发展格局。现有规模以上企业 209 家，其中科伦药业、倍特药业、康弘药业等跻身全国医药工业百强，拥有十亿以上企业 10 户，亿元以上 124 户，以及心血康、康柏西普眼用注射液等 75 种年销售过亿元的单品种产品。已拥有中国科学院成都生物研究所、中国医学院输血研究所、成都中医药大学等重点科研机构 200 余家；拥有四川大学华西医院、省人民医院、省中医院等一批国家级和省级医疗中心，优质医疗资源居西部第 1；拥有四川省 85%以上医药研发资源，4 个国家 GLP 中心、12 个国家 GCP 基地；转化医学国家重大科技基础设施（四川）项目落地建设；医疗器械产业、生物医药外包服务、中医药等产业技术创新战略联盟陆续组建；中药研发及中试、药物评价产业、新药临床前研究产业等产业技术平台先后建立。国家生物治疗转化医学重大科技基础设施（四川）、成都前沿医学中心、成都国际生物医药创新研究院加快实施。已引进诺奖团队、两院院士团队、海外高层次人才团队 40 余个，高端人才近 200 人。2017 年度，科伦药业、好医生药业、倍特药业、康弘药业 4 家川企进入中国医药工业百强榜。

二、成都市 2018 年生物产业基地建设情况

2018 年，全市生物产业基地建设有序推进。2018 年 1～12 月，全市规

模以上生物医药工业企业完成主营收入596亿元，同比增长21.6%；实现利税138.7亿元，同比增长9.7%；全市完成医药工业投资143.2亿元，同比增长20.1%；新签约引进60个医药健康重大项目，协议总投资860.7亿元。

（一）聚焦招引促建，狠抓重大项目推进

一是多措并举开展投资促进。围绕生物医药、医疗美容等重点领域，会同相关区县主动上门招商，赴日本、北京、上海、深圳、广州、天津、杭州、东莞、佛山等地开展走访活动180余次，拜访国际国内知名企业100余户，促成了美国艾尔建、日本自由之丘、莎蔓莉莎等一批项目签约落户；大力推进以会招商，利用四川国际医药产业投资推进会等18余个行业盛会举办契机，与礼来、辉瑞、赛雷纳等100余户参会企业进行对接洽谈；创新方式借力招商，加强与张江平台经济研究院、先导药物等知名咨询机构、行业协会、重点企业合作，拓宽项目引进渠道，促成了维亚生物、Scripps研究所中国中心等项目落户成都。**二是加快建设重大项目。**1～12月，全市重点促建的112个医药健康重点项目完成投资173亿元，占全年计划108.2%，药明康德生命健康产业园等一批项目开工，希氏人工智能医疗等一批项目竣工投产，远大蜀阳生物医药产业化基地等项目正加快建设；国药中生、百裕制药、药明康德、北科生物项目相继作为省、市重大项目集中开工活动主会场。

（二）聚焦全面落实，狠抓医美之都建设

一是制定产业规划政策。出台了《成都医疗美容产业发展规划》和《成都市加快医疗美容产业发展支持政策》，制定了《关于进一步加强成都医疗美容行业监管服务工作的意见》，积极推动成都医美行业标准体系建设。**二是打造医美发展平台。**举办了第一届成都国际医美产业大会暨“医美之都”高峰论坛，设置了22个分论坛，参会人数达3000余人，中整协授予成都“中国医美之都”称号，聘请了医美产业发展顾问，发布了成都宣言和6.18爱美日倡议；支持举办了2018中韩医疗美容合作交流会、第七届全国微创医学美容大会；会同四川省医学会举办成都“医美之都”学术大会暨四川省医学会第十二届美容学术年会，不断提升医美之都影响力。**三是加强医美项目引进。**上门拜访对接了中国医学科学院整形外科医院、华熙集团、美立方医美集团等一批高端医美机构，医美大会共计签约20个项目，总投资440.6亿元，其中：成都八大处医疗美容医院开院运营、艾尔建中国创新中心开业，日本自由之丘整形美容医院已与武侯区签约落地。**四是营造医美产

业发展环境。组织相关部门、各区（市）县和成都市医美机构召开了全市医疗美容行业监管及行业自律工作会议。指导省整协评选发布了2017年度成都“十强”医美医院（门诊部、诊所），成立了成都医美产业协会并指导协会举办了“2018首届成都医疗美容节”。积极参与医美小镇打造和医美杂志创办。截至12月，成都市医美机构达407家，较2017年增加131家。

（三）聚焦协调服务，狠抓重点企业发展

一是培育行业领军企业。实施领军企业培育计划，落实定期走访、召开座谈会等工作制度，赴77户企业调研，帮助解决困难问题，省市共安排7324.6万元生物医药产业资金用于支持企业新药研发、技改升级等，支持80户医药企业570余个产品进入成都市地方名优产品推荐目录，科伦、倍特、康弘荣膺2017年度中国医药工业百强，科伦排名从第24位提升至第18位，百裕、倍特分别荣获中国医药工业最具投资价值企业（非上市）10强、最具成长力企业10强，科伦、百利荣获中国医药研发产品线最佳企业。**二是培育高成长企业。**实施潜力企业培育计划，每月召开座谈会，组织相关部门和区县与企业面对面沟通，现场协调解决问题，1～12月，百裕制药、苑东生物等42户规上生物医药企业主营业务收入增速超过40%。**三是积极应对重大事件影响。**针对中美贸易摩擦、长生生物疫苗案件等重大事件，近期我们深入调研成都市生物医药企业，分析研判现实及潜在影响，制定相关对策措施，不断提升服务企业的针对性和有效性。近期会同市卫计委组织全市疫苗生产企业与疫苗采购单位进行了对接，帮助企业拓展本地市场。

（四）聚焦统筹推进，狠抓产业生态构建

一是加强产业生态圈研究。对标国内外先进地区，分析成都市优势及问题，制定总体推进方案，全力打造世界级医药健康产业，力争产业规模2020年达到5000亿元、2025年突破万亿元；指导高新区、温江区、彭州市等区县按错位协同发展要求，编制了生物医药产业链全景图、产业招商地图、产业生态发展路径图；制定了《2018年成都医药健康产业推进方案》，推动主要目标、重点工作和重大项目落地落实。**二是加强产业功能区规划建设。**指导生物城、医学城与国际国内知名咨询机构合作，分别编制完善了生物产业功能区规划、健康产业功能区规划，1～12月，生物城、医学城共完成基础设施投资51.2亿元，能源、道路、污水处理等基础配套设施、三医创新中心等专业载体正加快建。**三是构建创新生态链。**积极推进重大新药创制国家科技重大专项成果转移转化试点示范基地、转化医学国家重大科技基础设施、华西GLP、海枫生物药效评价等重大创新平台建设，不断提升产业创新能力。**四是营造产业发展良好氛围。**支持生物城开展了生物医药供应链课题研究，积极推进医疗健康产业基金、医美产业基金设立，支持举办了第八届中美健康论坛、2018 年中国药学大会、第十六次中国暨国际生物物理大会、2018 创新药物发现的前沿与实践国际高峰论坛、第三届医学免疫 BTB 国际学术大会、中国化学制药工业协会第九届三次会长会等活动，正会同川抗所积极筹备中国仿制药产业高峰论坛。

三、面临的问题和困难

由于生物及生物医药产业投资大，见效慢，以及生物产业发展的不确定性，成都市生物产业基地仍然面临着创新驱动缺失、资本力量及供应链配套缺乏导致产业无法快速壮大等诸多困难。建议国家应在生物产业发展的重点方向上持续给予支持，特别是希望国家进一步加大对重大生物医药项目、重大生物能源项目，特别是联合工程技术研究中心的支持力度。

四、下一步工作思路和设想

围绕构建生物产业生态圈和打造生物产业功能区，推动生物产业高质量发展，建设有国际竞争力和区域带动力的现代化生物产业体系。

（一）以高质量发展为指引，推动产业结构提质升级

围绕 4 大主攻方向，聚焦 6 大细分领域，瞄准 23 个突破点，继续坚持学习提能、深化产业研究，实现生物产业上规模、经济优结构、行业凸地位三大突破，推动区域经济高质量发展。

（二）以高质量项目为抓手，加快生态圈建设日趋完善

围绕“4＋1＋1”体系，加强高质量项目策划包装、立项、促建，加快建设体现成都高新区“一核引领、两区支撑、四园互动、多点繁荣”的生物产业总体格局。

（1）产业链筑基：形成产业生态圈的基础支撑。

实施“引龙”计划，引进医药健康龙头企业；实施“育兽”计划，聚集优势资源大力扶持本土优质企业；实施“孵金蛋”计划，挖掘国际国内先进性的重磅品种，从政策扶持、技术支持等方面给予大力支持。

（2）创新链赋能：整合全球创新资源，转移转化创新成果。

一是大力推动国家新药创制转移转化试点示范基地建设。二是进一步促进校院企地深度融合发展。三是建设新药创制公共技术平台。四是构建GCP联盟。五是启动生物医药产业创新交易中心建设。

（3）供应链通路：融入“一带一路”，将成都建设成为全球生物医药供应链节点城市。

对标新加坡和上海，加强供应链建设顶层规划设计，形成《成都建设全球生物医药供应链节点城市课题研究》报告。完善口岸服务功能，实现海关口岸药检商检功能集成，建立与蓉欧快铁、双机场的无缝连接的口岸窗口和医药专业保税服务平台。

（4）金融链助力：建立全生命周期、多元化、多层次投融资服务体系。

与太平洋保险实现全面战略合作，创建“政府＋保险＋企业”的创新驱动和产业培育新模式。创新推出专业化保险产品。成立100亿规模的成都生物医学材料产业基金等生物医药专项产业引导基金。

（5）国际社区融入：依据社区现状和发展规划不断优化空间布局。

南区做“加法”，导入优质健康新经济聚集企业；西区做“减法”，减少低质量品种，创新高附加值品种，提高企业单位用地产出；国际生物城做“乘法”，全力建设适合生物产业发展和有利于人才落地的城市形态和功能，全面打造国际化花园城市；东区做“储法”，提前做好区域生物产业功能规划及空间布局，为适时引入生物医药企业奠定基础。

（6）专业配套体系催化：建立专业化、精准化基础配套服务体系。

一是推动健康天府e谷、污水处理厂、试剂超市、保税孵化研发平台等7个项目建设不断完善基础配套设施，建设专业化承载体系；二是组建专业运营团队，形成专业化服务能力。

（三）以高标准规划为保障，加快生物城功能区承载能力呈现

（1）高标准推进生物城功能区规划。借智波士顿和上海张江一流规划团队加快完成《生物产业功能区规划》，按照产业规划和城市规划协同融合的逻辑，确定了“一核、一环、东西两翼、多组团综合发展”的空间结构。

（2）加大项目招引力度。一是加快已签约项目落地建设。促进国药集团中生血液制品总部及产业基地、京东方成都健康产业园等一批创新研发及平台项目投入运营。二是促进赛诺菲中西部运营及创新中心、绿叶健康产业园等一批拟签约项目。

（3）加快项目建设落地。通过强化用地保障、开通绿色通道、加强项目帮扶等多维手段，加大项目促建力度。

（4）加快生活城市建设。以“10分钟生活圈”为目标，按照“一核两心多点”的模式，差异化的布局学校、医院、商业、文体、住宅等生活及配套设施；通过便捷的轨道及公共交通网络实现高效的人流传送及空间转换；为公共空间注入“知识＋艺术＋健康”的文化特质，赋予休闲、健身、茶歇等功能，促进社会交往，激发创新萌芽；绵延贯通的各级绿道和慢行系统，尺度宜人的滨水空间和生态公园，也为“慢生活”提供更多选择和可能。

（撰稿：成都市发展改革委）

青岛国家生物产业基地 2018年度发展报告

一、生物产业发展情况

(一) 重点生物企业发展迅速

杰华生物研发重组细胞因子基因衍生蛋白注射液（乐福能），在基因技术改造人类蛋白质领域达到国际领先水平，目前该企业估值26亿美元，是山东首家独角兽企业、中国首家原创生物新药独角兽企业，将于2019年上市；东海药业重点突破新药创研和产业化，由于国内微生态医学的快速发展，企业进入快速发展期，2018年1～11月份产值增长134.7%；明月海藻集团深挖海藻加工产业潜力，加快研发海藻新产品，是目前全球最大的海藻生物制品企业，2018年1～11月份完成产值24.07亿元；青岛博益特公司主打新型海洋生物医用材料，是我国壳聚糖类海洋生物医用材料产业领军企业，企业保持高速增长；华仁药业专注医药健康服务产业，生产的腹膜透析液在业内具有重要影响力，市场占有率居全国前列；海信医疗设备加快在计算机辅助手术系统领域的自主研发，依托人工智能诊断、病人个体化三维重建、术前规划技术以及网络云平台技术，成功建设智能诊疗云服务平台，销售收入连续三年实现100%增长；青岛华睿能源科技有限责任公司投资6.5亿元建设利用秸秆、尾菜等农业有机废弃物生产生物天然气项目，主要从事秸秆发电、固态有机肥及沼液肥生产。项目达产后，计划生物质发电量近5300万千瓦·时/年、固态有机肥产量约6.8万吨/年、液态有机肥产量超6万吨/年。

(二) 生物产业集群建设加快推进

青岛国家生物产业基地是全国唯一海洋特色国家生物产业基地，崂山海洋生物产业园、高新区蓝色生物医药产业园、黄岛海洋生物产业园三个特色产业园区逐步形成集聚效应。2018年，青岛市对全市战略性新兴产业集群情况进行摸底调查分析，对照《战略性新兴产业重点产品和服务指导目录》，提出将生物产业作为青岛市发展战略性新兴产业的先导产业集群，重点推进和发展。

（三）生物产业创新平台加快建设

2018 年，青岛市新增生物产业省级工程研究中心 3 家，市级工程研究中心 17 家。截至目前，青岛市生物产业共有国家地方联合工程研究中心（工程实验室）13 家，另有生物产业省级工程研究中心（工程实验室）18 家，市级工程研究中心约 60 家，在生物产业领域形成了较为完善的国家、省、市三级创新能力体系，对全市生物产业发展形成了较好的带动作用。

（四）生物产业支持政策体系进一步完善

2017 年以来，青岛市加快实施新旧动能转换重大工程，将生物医药产业作为打造新旧动能转换产业体系的重点新兴未来产业，重点推进和发展。同时，研究出台了青岛市“双百千”工程行动方案，提出了青岛市医药制造业“一业一策”行动计划，制定了产业发展的时间表和路线图，出台了相应的扶持政策。

二、存在的主要问题

（一）生物医药产业基础仍然薄弱

现有的生物医药产业园区尚处于建设初中期，产业配套、政策配套、服务配套还未形成体系，招商引资、引智没有重大突破，入驻的企业少、产业关联低，尚未形成产业集群优势，没有形成很好的产业链，几乎全部生物医药相关项目都处于建设期，发挥园区产业集聚效应还需要较长时间。同时，全市生物医药企业总体规模较小，龙头带动作用不强，很难形成有竞争力的产品品牌。

（二）企业融资压力较大

生物企业研发周期长，产生效益慢，面临较大的资金压力。而由于生物企业有较多资金投入到科技创新“无形资产”中，多数金融机构对此持保守态度，不愿意给予资金支持，导致其始终面临融资难、融资成本高等问题。

（三）尚有部分制约企业发展的问题未得到解决

目前的国家医保药品目录是人社部依据临床医生、药师和医保管理专家推荐意见制定形成的。而企业研发的新药不在医保目录里，难以进入医院，临床的医生、药师接触不到，自然不会予以推荐，所以新药就更难以进入医保目录，形成了恶性循环。以青岛市东海药业公司为例，该公司研发的系列微生态药品获得多项国家认证，潜在市场容量巨大，但至今没有机会进入国家医保和基药目录，明显制约了新药的推广和销售，也影响了企业开发新药的积极性。

三、促进生物产业发展的建议

（1）建议国家在高新技术企业所得税减免、研发费用加计扣除等政策基础上，进一步研究出台普惠性优惠政策，支持生物医药企业加大研发投入比重，提升自主创新能力。

（2）建议国家引导金融机构、基金等加强对生物产业的资金支持，进一步鼓励社会资本投资生物产业，形成多元化的融资体系，推动生物产业集群发展。

（3）建议国家进一步完善医保目录评估机制，优先支持临床急需的新药进入国家医保目录，允许企业自主申报纳入药品目录，降低药品市场准入门槛。缩短医疗卫生产品目录更新时间，使达到要求的创新产品可以快速进入医疗卫生领域推广应用。

（撰稿：青岛市发展改革委）

通化国家生物产业基地 2018年度发展报告

2008年，通化市被国家发改委批准认定为生物产业国家高技术产业基地，成为全国22个国家高技术产业基地之一，也是全国仅有的3个地级市被批准建设国家级生物产业基地城市之一。通化市是全国第一个“中国医药城”，通化医药产业集群被评为“中国百佳产业集群”，通化国家医药高新区是全国仅有的两个以医药冠名的高新区之一，通化制药企业数量、上市制药企业数量、国家级医药技术中心数量和制药企业销售人员数量在全国地级市中均位居前列。

一、主要做法及成效

一是抓发展，产业集聚规模迅速壮大。通化市生物医药产业集群已成为国内领先型的医药产业集群，近年来医药产业相关投资达200亿元，年均增长率达到32.1%，长海药业、海通药业等44个项目开工建设，修正医药科技产业园、紫鑫药业异地新建等16个续建项目竣工，23户医药企业通过GMP再认证，是具有全省代表性的医药产业创新集群。2018年，全市规模以上医药制造业总产值同比增长18.9%，工业增加值同比增长10.8%，在全市经济增长速度放缓的情况下，医药产业依旧保持着快速增长。通化作为吉林省医药健康产业“一区一基地”双核心发展构架的重要组成部分，经过20多年的建设与发展，基本形成了医药工业、医药商贸、医药科研、医药教育、中药材基地、医药康复、医药文化这种“七位一体”的协调发展格局。

二是抓经营，企业发展实力不断提升。通化市现有药品文号4144个，占吉林省1/3。另有空心胶囊文号3个、医用氧文号2个。常年生产的文号1384个；独家品种210个；中药保护品种23个；进入国家基本药物文号有926个；进入国家医保目录1481个；进入省医保目录1166个；自主研发文号185个；拥有自主知识产权的99个。全市现有规模以上医药企业98户，修正、东宝、华夏等 11 户医药企业发展成为集团公司，成为通化市医药企业的骨干群体。东宝、金马、长龙、紫鑫、吉药控股、益盛 6 户企业发展成为上市公司；正和、天强、玉仁、爱心、荣欣、三生农林 6 户企业实现场外挂牌交易。制药领域拥有修正、东宝、万通、紫鑫、益盛、通药、王振国、斯达舒、甘舒霖、茂祥、唯达宁、新开河、元和、长龙、欧迪美 15 个中国驰名商标。

三是抓创新，科技支撑能力显著增强。通化市建有医药类省级以上企业技术中心 28 家（国家级 3 家，省级 25 家），占通化市 45 家的 62.2%，占吉林省医药健康领域 81 家的 34.6%。其中：修正、东宝、万通 3 家企业为国家级企业技术中心，占全省 15 家的 20%，占全省 5 家医药健康领域国家级企业技术中心的 60%，通化市是国内拥有医药类国家级企业技术中心最多的地级市。同时，还建设了国家科技企业孵化器 1 家（通化市科技创业服务中心），省级重点实验室 2 家、省医药专业中试中心 2 家、省级技术创新战略联盟 1 家、省级科技创新中心 3 家、省级公共研发中心 1 家（吉林人参产业公共技术研发中心）。成功引进中国工程院张伯礼院士，建设了省内唯一旨在推动区域科技创新的通化医药高新区院士工作站。近五年，全市医药健康产业专利申请量 1127 件，专利授权量 658 件，分别占全市专利申请量（2053 件）和专利授权量（1155 件）的 54.9%和 56.9%。

四是抓协作，对外交流合作日益广泛。先后与中国农业大学、吉林大学、中科院长春应化所等“十四校、两所”签订科技战略合作协议。推动长春中医药大学、吉林大学等高校与万通药业、东宝集团等企业开展“秘宝胶囊”“碟脉心通胶囊”等产品研发和技术攻关等创新协作。推动通化国家农业科技园区与吉林农业大学共建通化国家农业科技园集安核心区产学研合作基地，依托通化医药高新区与沈阳药科大学共建产学研实习基地，依托万通药业的通化医药中试中心与中科院长春应化所建设了万通医药研发基地，依托通化东宝生物科技园与长春中医药大学共建了中药新药研发与检测实验室。

五是抓政策，产业发展环境不断优化。加强政策引领，优化医药产业发展环境。制定出台了《中共通化市委 通化市人民政府关于深化体制改革加快实施创新驱动发展战略的实施意见》（通发〔2016〕9 号）、《通化市人民政府关于促进民营经济加快发展若干措施的通知》（通市政发〔2017〕11 号）、《通化市人民政府关于扶持培育“巨人”企业的意见》（通市政发〔2015〕5 号）、《通化市人民政府关于鼓励高新技术产业发展的实施意见》

（通市政发〔2015〕15 号）、《关于激发人才活力服务创新驱动发展的意见》、《通化市高层次人才引进（医谷药城汇才）计划实施方案》等一系列文件方案，进一步加大对生物医药企业的政策扶持力度，为企业发展提供了坚实的政策保障。

二、基地发展存在的问题

通化医药健康产业经过了原始发展、规范发展，目前已进入创新引领和绿色转型发展的关键时期，特别是在经济下行压力大环境下，结构性和深层次矛盾和问题日益显现。

一是通化国家医药高新区整体承载能力有待提升。由于通化市医药高新区起步较晚，享受的国家高新区建设的优惠政策较少，机制不活、总量不大、结构不优，创新引领和产业集聚的能力明显不足，医药高新区辐射带动作用远未形成。

二是医药健康产业各行业板块发展不均衡，产业结构不尽合理。产业层次还比较低，拥有自主知识产权、科技含量高、带动能力强的产品不多，医药工业一枝独秀，健康服务业“短板”明显，发展相对滞后。成药生产企业多，医药物流等配套企业较少，产业链不完整，产业性相互关联不紧密，没有形成高效的专业化分工协作体系。

三是创新发展资金投入已显不足。一方面，目前医药企业大量资金重点投入新版 GMP 认证，资金缺口较大，新药创制与重大产业化项目实施进度有所放缓。另一方面，通化市医药企业销售一半以上采用底价回款方式，企业利润空间很小，大量税收流失在外，从而使得通化市财政投入资金力度明显放缓。

四是医药健康产业综合创新能力亟待提高。从整体看，通化市医药企业在整个高技术创新等级中处于低端，为科技创新、技术产业化、产品市场推广等专业配套服务机构还不健全，企业研发实力整体偏弱，专业创新平台和公共服务中心数量较少，特别是国家级的高端研发机构和权威专业检验检测平台还没有。

三、工作思路

坚持自主创新与国际合作相结合、市场主导与政府推动相结合的原则，发挥产业、科技、人才等比较优势，加快产业链条紧密集聚发展，立足区域优势和发展潜力，按照资源共享、龙头带动、企业集群协作的要求，以产业园区、大型企业和重大项目为龙头，优化产业布局，延长产业链条，引导产业向园区集中，形成结构均衡、组织合理、布局优化、技术先进的生物医药高技术产业基地，加强区域间园区产业布局统筹协调，实施优势产业集群化发展战略，形成产业规模效益和集聚功能，提升通化市生物医药产业核心竞争力，最终推动通化市生物医药产业全面、健康、快速发展，努力将通化市建成国家级重要生物医药高技术产业基地。

四、工作任务

一是构建现代生物医药产业发展体系。为主动融入国家“一带一路”建设，全面对接东北振兴战略及国家相关重大规划，落实吉林省“一主六双”区域协调发展空间布局，统筹规划建设“长辽梅通白敦医药健康产业走廊”，谋划推动大企业培育和重大产业化项目发展，促进通化市医药产业拓展领域、整合提升、互促共进、融合发展，着力打造集医药工业、医药商贸、医药科研、医药教育、药材种植、医疗康复、医药文化“七位一体”的健康医药产业体系，构建具有通化特色的生物医药产业集群产业体系。

二是提高自主创新能力，完善生物医药产业关键基础支撑体系。加快企业技术中心建设，加大资金、技术、人才的投入，鼓励企业加强与科研院所、高等院校的合作，大力开发拥有自主知识产权的国家一、二类新药。选择有发展前景的本地药材品种，进行二次开发，促进产品升级。依托国家级通化医药高新区建设，快速推进国家高技术产业基地中试平台、生物产业国家高技术产业基地公共实验中心、人参研发中心等重大创新能力建设项目实施，争取生物类国家重点实验室、国家工程实验室等重大科技平台落户通化。

三是优化产业布局，完善产业发展的政策环境。优化政务服务。深化行政审批体制改革，明确权力责任清单，简化审批程序，提高服务质量。全面清理、调整与创新创业相关的收费、评奖事项，将保留事项向社会公布。全面落实工商注册登记全程电子化改革，主动落实国家和省对企业技术创新的支持政策，优化企业研发费用税前加计扣除、研发设备加速折旧等优惠政策办理流程。定期组织针对科技型中小微企业、科技服务机构的科技政策宣讲培训，切实将各项扶持政策落实到位。借助传统媒体和云服务、微信平台等新媒体，及时传递科技创新政策，推广科技成果，宣传创新典型，营造良好的创新环境。

四是培育优势产业链和产业集群，壮大产业规模。利用多年积累形成的产业优势和核心企业优势，积极吸引组团式投入，吸引配套企业投资落户，促进产业集聚，按照“龙头项目—产业链—产业集群—产业基地”的思路，形成产业集中、企业扎堆、生产配套、规模经营、信息互通、资源共享的产业集群化发展格局。实施定向招商，做大做长产业链。鼓励通化市生物医药重点企业整合行业资源，推动生物医药企业间、生物医药企业与科研机构间的合作与重组，扩大企业规模，增强企业实力，推动形成一批拥有自主知识产权、创新能力强、发展潜力大的龙头企业。支持企业加大对市场需求量大、产品市场前景好、附加值高的生物医药品种进行二次开发，提高优势产品的技术水平和质量标准，打造品牌优势，加大品牌推广力度，提高产品市场占有率。

五是发展“互联网＋”医药产业，带动新一轮产业升级。“互联网＋”是把互联网的创新成果与经济社会各领域深度融合，推动技术进步、效率提升和组织变革，提升实体经济创新力和生产力，形成更广泛的以互联网为基础设施和创新要素的经济社会发展新形态。通化生物医药产业集群的创建要顺应时代潮流，把握机遇，增强信心，加快推进“互联网＋”医药产业发展，带动新一轮产业升级。鼓励医药企业利用物联网、云计算、大数据等技术，整合产品全生命周期数据，形成面向生产组织全过程的决策服务信息，为产品优化升级提供数据支撑。鼓励企业基于互联网开展故障预警、质量诊断、远程过程优化等在线增值服务，拓展产品价值空间。

五、保障措施

一是优化产业发展环境。加大市场开放力度，全面清理和修改不利于医药产业领域发展的政策规定，生物医药领域向国内外各类社会资本全面开放；进一步简化审批程序，全面落实“先照后证”“五证合一”工商登记制度，推行工商登记前置审批事项目录化管理；进一步梳理医药、食品、医药商贸、医药流动等行业的行政审批事项，优化审批程序，压缩项目审批时限，提高审批效率；规范和下放行政审批权限，逐步依法下放食品生产许可和保健用品审批权限，依法取消食品委托加工需要备案的规定。

二是做好要素配置。加大资金支持，主要支持具有发展潜力的生物医药及相关拓展产业项目做大做强；加大金融支持，支持符合条件的生物医药企业通过在主板、创业板、境外上市及场外挂牌交易等形式吸引社会资本参与全市生物医药产业发展；落实税收价格优惠政策，对生物医药产业基地配套发展项目及行业实行最优税收优惠政策，全面清理涉及生物医药产业的收费项目，取消不合法、不合理收费；满足用地供给，做好通化生物医药产业基地发展与土地利用总体规划、城乡规划的联动协调；加强人才建设，全面实施“人才强市、人才兴业”战略，畅通生物医药产业高层次人才引进渠道，经认定符合条件的，可参照《通化市人才引进暂行办法》等文件规定，享受相关优惠政策。

三是强化创新科技支撑。实施重大科技专项，围绕中药材种植、新药创制、生物制剂研究、保健食品开发、医疗仪器设备研制等领域开展以应用研究为主的科研攻关，取得一批重大突破性成果；支持科技成果转化，对围绕生物医药产业的重大共性关键技术攻关、重点工程建设项目以及明显提升大健康产业技术创新能力和水平，实施后形成规模化生产能力，产生明显的经济效益、社会效益和生态效益的重大科技成果转化项目给予最高300万元资金支持；对企业技术中心、工程研发中心等国家级自主创新平台项目给予政策扶持，并优先向国家和省争取专项资金支持。

（撰稿：通化市发展改革委）

德州国家生物产业基地 2018年度发展报告

一、基本情况

德州市生物产业起步早、基础好、技术水平领先，已初步形成生物制造为主体，涵盖生物医药、生物农业、生物技术服务等领域的产业体系。德州是工信部“第一批国家新型工业化示范基地”，是首批62个示范基地中唯一的生物产业基地，也是全国22个“国家高技术产业（生物产业）基地”中唯一以生物制造为主体的产业基地。

（一）产业规模不断壮大，骨干企业支撑作用明显

2018年，全市规模以上生物技术企业主营业务收入增长3.0%，占全市比重6.4%，利润总额增长18.3%，占全市比重5.9%。60%以上企业集中在生物制造业，产业规模位居全国前列。多家企业列入国家级高新技术企业、农业产业化国家级重点企业、中国保健食品50强企业、中国轻工业500强企业等国字号名单。形成了以保龄宝生物、龙力生物、福田药业、禹王集团、谷神集团、德药制药、齐鲁制药、信立泰药业等生物制造企业群体。福田药业和保龄宝生物进入2017年“首批山东省制造业单项冠军企业”名单。

（二）科技创新能力增强，集群效应初见成效

与中科院、农科院、北京大学、清华大学、山东大学等40多家国内外高等院校、科研院所及知名企业建立技术合作关系，拥有省级以上高新技术企业31家、技术创新平台16个、企业技术中心22个，省级工程实验室14个，院士工作站4个，博士后科研工作站6个。形成了玉米深加工、大豆深加工、生物棉籽蛋白、生物医药、生物农业、生物技术服务等多个产业集群。

（三）技改投入不断加大，主导产品市场占有率高

19个重点项目，总投资83.06亿元，当年完成投资46.83亿元，全部

完工达产后可新增销售收入 203.87 亿元。功能性糖醇综合生产能力 110 万吨，占国内市场 80%、国际市场 35%，低聚木糖、木糖醇生产能力世界第一，低聚异麦芽糖生产能力亚洲第一。大豆加工能力 220 万吨，其中高蛋白非转基因大豆加工能力 150 万吨，年产低变性脱脂豆粕 80 万吨、大豆蛋白 25 万吨，是全国最大的大豆高蛋白加工基地和亚洲质量最好、规模最大的低温豆粕生产基地。

二、开展的主要工作

（一）加强领导和组织协调

成立生物技术产业新旧动能转换领导和组织协调机构，完善协调机制，明确市、县两级各部门职责，各负其责，协调配合，形成合力。建立生物技术产业咨询制度，聘请国家、省行业知名专家设立专家咨询委员会，对产业发展、重点项目建设等相关重大问题开展咨询研究。发挥德州市生物技术产业联盟和德州市现代医药产业联盟的专业优势，在规划编制、咨询评估、信息发布、行业自律等方面为企业做好服务、为政府当好参谋。

（二）加大政策落实力度

充分研究并利用好国家、省出台的关于生物技术产业及基地建设等方面相关政策，大力支持营造有利于产业发展的政策氛围，依据德州市实际，制定有效措施，加大政策落实力度，确保政策的严肃性，形成加快生物企业成长的外部激励机制。

（三）完善技术创新体制和机制

运用市场机制，支持建立高层次研发机构，鼓励建立产学研技术创新联盟和以产业链为纽带的产业发展联盟，加强公共创新及服务平台建设，形成以企业为主体的技术创新体系，构建和完善技术创新链，建立高效运作的创新成果产业化渠道和机制，吸引重点科研机构以专利许可等多种形式，将成果转移到德州进行产业化，提高德州市创新成果产业化能力。

（四）完善投融资体系和机制

根据生物技术产业投资大、风险高、回报期长的特点，按照市场化运作、多元化投资主体的思路，通过争取国家和省政策支持、设立产业专项基金、扩大银企合作、吸引民间资本、推动企业上市等多渠道、多方式，构筑以政府基金为引导，企业投入为主体，风险投资、银行信贷及社会融资为补充的多元化投资体系。

（五）加强人才引进和培养

多渠道、多层次、多形式的培养和吸引人才。加大高层次人才引进，加强高技能人才队伍建设，注重现有技术人员培养，借助国内外著名高校和科研院所，培养造就一批比较稳定的、高层次的科研人才。依托本地教育资源，为产业基地培养初、中级技术与管理人才。加大对有突出贡献的企业家、科技人员奖励，支持技术作为生产要素参与分配，充分调动广大技术和管理人才的积极性。

三、发展的特色和亮点

（一）发展思路

全面贯彻十九大精神，按照创新、协调、绿色、开放、共享的发展理念，全面实施创新驱动发展战略，按照供给侧结构性改革的要求，以推动新旧动能转换为主线，以打造全国生物技术产业高地为目标，以“四新”促“四化”，夯实产业基础，加大战略投入，优化产业布局，促进生物技术产业向规模化、绿色化、集聚化、国际化、服务化发展。走精致、高端、创新和大工程、大项目、大变化的路子，打造全国生物技术产业研发创新及成果产业化示范基地，建设成为产业规模大、创新能力强、集聚程度高、国内外知名的中高端生物技术产业集聚区。

（二）重点产业

1. 生物制造

以禹城市为核心区，依托保龄宝、龙力、禹王等龙头企业，围绕糖工程、酶工程、基因工程、蛋白工程、生物发酵等重点领域创新前沿和关键技术，实施产业链提升工程，提高玉米、小麦、大豆、棉籽、红枣、椹果等产品的综合利用水平，大力发展营养补充剂和功能性保健品，支持发展功能糖、植物蛋白、膳食纤维、多肽等功能性食品。重点围绕增强免疫功能、营养素补充、缓解体力疲劳、辅助降血脂等功能类型，开发新一代功能保健食品。积极开发功能性果蔬产品、天然果汁酸乳制品、多肽类功能性食品等生物技术食品。大力推动绿色生物工艺在农业、食品、化工、医药、轻纺、能源等领域关键工艺环节的推广应用，加快运用生物技术改造传统工艺，减少工业生产能耗物耗与污染物排放。

（1）玉米深加工　以糖工程为主体，以龙力、福田、保龄宝等企业为依托，发展药物糖和能源糖，完善聚葡萄糖、海藻糖、壳寡糖、异麦芽酮糖醇、赤藓糖醇、甘露醇、结晶乳果糖等产品的工业化生产技术，推进规模化生产，提高产品品质。从糖工程原材料入手，不断拓宽生物糖醇原材料适用范围，在现有以玉米淀粉、玉米芯为主要原料的基础上，开发甜高粱、蔗糖、麸皮、马铃薯等替代性原材料，逐步实现原料多元化、产品多样化。加快糖工程产品在人类健康、畜牧养殖等方面的应用研究，开发新型营养健康产品，发展终端消费品。到 2022 年，功能糖以及衍生品综合生产能力均达到 170 万吨，产品质量、档次明显提高。推进保龄宝生物公司年产 10 万吨高果糖、百龙创园公司 120t 虾青素乳油等项目建设，提升禹城市“中国功能糖城”影响力。

（2）大豆深加工　以谷神集团、禹王集团等企业为依托，围绕大豆深加工，利用现代生物技术和信息技术改造传统工艺，研发大豆蛋白的高效分离和提取技术，生产高品质非转基因大豆食用蛋白、药用蛋白、大豆异黄酮、膳食纤维、大豆磷脂、维生素 E、大豆肽、大豆多糖、植物甾醇、乳酸链球菌素、食品专用油深加工、高蛋白豆粉保健、大豆素食食品、生物饲料等产品。延伸产业链，产品向药品和绿色营养健康食品方向发展，逐步实现由提供生产原料向提供终端消费品的转化。

（3）微生物制造　以禹城市为核心区，重点发展工业酶制剂和新型食品防腐剂，提高酶工程、发酵工程等生物技术水平，大幅度提高纤维素酶、半纤维素酶的酶活水平和产量，加快高活性淀粉酶、糖化酶、蛋白酶、纤维素酶、金属蛋白酶、乳糖酶、转苷酶、异构酶、植酸酶等工业用酶的研发与产业化生产。利用丰富的动植物及微生物的代谢产物等资源，采用提取、酶法转化或发酵等微生物技术，加快乳酸链球菌素、纳他霉素、纳豆、ε-聚赖氨酸等新型食品防腐剂的研发和产业化生产，走新型生物防腐剂产业化之路。

2. 生物医药

以临邑县、平原县和德州经济技术开发区为核心区，大力发展新型保健药品、抗感染药物、诊断试剂等，加强开发新型基因工程药物、生物基化学药物等具有重大临床需求的创新药物，推进生物芯片、人造血管等生物医学工程产业化，创建国家综合性新药研发技术平台、国家创新药物孵化基地。延伸开展药物中间体、新型制剂和新型给药系统药物的开发。重点发展：①生物技术性药品。主要有多糖与寡糖类、蛋白质类、多肽类、核酸类等；②小分子药物。瞄准新结构、新靶点、新机制的源头创新实体药物、品牌通用名药物等小分子药物，把握国内外生物医药产业分工转移、大批畅销药物专利到期后非专利药快速发展、国内药品市场加速发展的大好时机，利用国内外两个市场，高起点、分层次、有选择性发展小分子药物，加快融入国际小分子药物产业价值链。

（1）临邑县生物医药产业　头孢类抗生素无菌原料药、医药中间体向成品药延伸扩产，建设化学制药研发及成果转化小试、中试、产业化生产线，承接先进小分子药物产品转移，设立生物制药产品研发生产、先进小分子药物转移服务中心，加快生物制药研发、生产，扩大抗微生物药种类和规模，发展生物制药。推进齐鲁安替（临邑）制药美罗培南合成项目、信立泰药业400t/a无菌原料药项目（三期）建设，建成全省重要的生物医药产业基地。

（2）平原县新型药品产业　以信谊制药、福洋生物为龙头，艾康生物、谛爱生物为重点，中抗药业、四环药业等企业为群体。通过设立新特药产品研发、先进化学制药转移公共服务平台，药品检测、安全评价服务平台，承接新型化学制药产品生产和技术转移，将生物发酵产品向小品种氨基酸、海藻糖、核糖、酶制剂、生物制药延伸，加强基地内企业之间供应链、创新链等方面有机结合。推进福洋生物淀粉系统升级改造及配套产品产业链条提升延伸项目、诚汇双达药业新型高端制药项目、谛爱公司创新药物高端生产基地项目等，争创“山东省生物医药产业基地”。

（3）德州经济技术开发区健康产业园　规划建设健康产业园，打造科技研发平台、创新孵化平台、中试及产业化平台、检测与认证服务中心、生物产品专业物流配送中心、投融资服务中心六大公共平台。以德药制药为龙头企业，以研发和技术创新为先导、专利为主导，以“专、精、特、新”为发展方向，构建单品销售过亿的产品群，打造技术领先、定价能力强、可持续赢利的核心竞争力，领先国内医药市场。通过加大投入、内引外联，聚焦心血管药物、抗肿瘤药物、三高产品（高科技、高附加值、高市场占有率），继续保持缓控释、冻干技术在行业内的领先优势。在立足化药的基础上，向生物制药领域延伸发展，实现产品转型升级。推进德药制药对现有生产设备的升级改造、鲁盛制药公司生物制药基地项目建设。建立国家级研发中心，力争“研发平台建设和成果转化”达到省内和医药行业领先水平。

同时，推进齐鲁天和惠世（乐陵）制药有限公司年产200t他唑巴坦、1500t哌拉西林项目，庆云沃森生物科技有限公司铁皮石斛中药含片生产项目等一批重点项目建设。

3. 生物农业

依托良星种业等骨干企业，加强优质粮油、畜禽、水产、有机蔬菜、食用菌、水果、棉花等农作物的生物技术育种，建设一批规模化、标准化、智能化的育种基地和生产示范基地，打造一批育、繁、推一体化的现代生物种业企业，加快农业动植物新品种产业化和市场化推广。发展新型生物农药、有机复合肥、兽用疫苗、土壤改良剂、生物饲料添加剂等绿色农用生物制品。支持杀虫、防病、促生的新型高效多功能生物药肥、农药、杀菌剂、防菌剂的研发推广及产业化。利用生物技术发展食用菌等系列产品。支持乐陵市希森集团马铃薯新品种选育项目、宁津县良星种业育种项目等。

4. 生物技术服务

进一步提升生物技术服务能力，引进培育生物技术服务类机构及企业，构建从实验室研究、中试研究、中试生产到注册申报的全方位技术服务体系。大力实施生物技术产业创新发展平台建设工程，建设一批重点实验室、工程实验室、工程（技术）研究中心等创新平台，打造公共技术平台、专业创业孵化平台、生物产业信息平台、科技成果转化平台。以禹城广博生物孵化器、德州应用技术研究院、德州科技职业学院、德州农科所等为依托，加快生物技术孵化、生物制品检测、生物科技人才培训等生物服务业发展。建设国家级和省级公共研发平台，为产业发展提供人才培养和研发公共服务。加快生物环保技术产业化，鼓励生物技术在水污染治理、大气污染治理、废物资源化利用、生态系统治理修复等领域的应用。

四、存在的主要问题

一是产业链条较短，产业配套体系不尽完善；二是创新能力相对薄弱，研发投入和动力不足；三是项目建设后续动力不足，人才资源亟需充实。

五、下一步工作计划

（一）培植产业集聚区

按照“高端化、高效化、品牌化、生态化、集约化、集群化”的发展思路，根据区域产业特色，重点培植：禹城市功能糖产业、陵城区大豆深加工产业、临邑县生物医药产业、平原县新型药品产业、德州经济技术开发区生物医药产业、庆云县中药产业等产业集聚区。走出一条以龙头企业带动产业集群、以产业集群支撑产业发展，高点定位、重点带动、多点支撑、可持续发展的新路子。

（二）加大优质投入

以新旧动能转换为契机，以项目建设为抓手，加大优质投入，做到投速、投向、投效相统一，通过投入调整优化存量，做大做优增量，延伸产业链条，实现企业提质增效、产业集群横向拓展。建立项目筛选储备常态工作机制，推动项目按时开工建设与投产达效。

（三）加强对外合作

加大招商引资，补充和延伸产业链条，完善产业集群配套体系。加强与世界500强和国内外知名企业的合资合作，鼓励企业以参股、控股、并购、租赁、上市、设立研发中心等多种方式拓展国内市场及进入国际市场。加强招才引智，通过引进生物技术研发团队及创业团队、引进一批高层次人才，带来一批科研成果，促进科研成果就地转化，为产业发展提供新动能。

（四）推进两化融合

推进信息化与研发、生产、资源配置、销售服务深度融合，以两化融合助推产业新旧动能转换。利用大数据、云计算、互联网、人工智能等信息化工程，建设创新研发、综合管理、检验检测、物流配送、电子商务等服务平台。加快利用信息技术对生产工艺、设备的提升改造，建设自动化车间和智能工厂，培育一批两化融合示范企业。

（撰稿：德州市发展改革委）

郑州国家高技术生物产业基地 2018年度发展报告

郑州国家高技术生物产业基地经过几年发展，取得了显著成效，在生物医药产业领域的产业基础明显增强，基本构建了相对完善的产业体系，其中水针剂、中成药制剂、体外诊断试剂等领域实力雄厚；疫苗、医疗电子等领域形成了较强优势；小麦等农作物育种领域处于国内领先水平。近年来，以航空港生物产业基地为依托，聚焦生物技术药、化学创新药、高端医疗设备、新型医疗器械等高附加值产业，规划建设了 $8km^2$ 生物医药核心园，重点培育特色医药制造产业集群，积极开展医药物流、医药 CRO 和生命健康服务。郑州临空生物医药园首批厂房于 2018 年 10 月份正式投用，新药筛选检测平台、动物药物评价平台、小分子 CMC 制剂研究平台、大分子中试及大规模生产服务平台、细胞技术服务平台五大平台建成并投入使用，鸿运华宁、泰基鸿诺、美泰宝、河南衡谱、苏州鼎实、郑州百桥等为首的一批行业内领军企业入驻园区。优势突出、特色鲜明、具有竞争力的产业体系日趋完善，生物产业基地已成为郑州市经济增长和高新技术产业发展的新动能。

一、基本情况

生物医药产业具有附加值高、体量小、实效要求高等特点，郑州生物产业基地特殊的区位交通优势对于生物医药产品快速覆盖市场极为有力。生物医药是郑州市产业发展规划的一个重点方向，郑州市充分发挥区位优势，努力将生物医药产业打造成为生物产业基地经济发展新的增长点。郑州市将规划建设一批生物医药产业园和产业公共服务平台，重点发展附加值、技术含量较高的生物技术药物、化学创新药物、现代中药等，积极引进高端医疗设备、新兴医疗器械等生物医学工程技术和产品，力争形成百亿级生物医药产业集群。2018 年 1～11 月，郑州市生物医药产业工业增加值增长 2.0%，全年销售收入实现约 220 亿元，增长 3%，保持平稳发展。

（一）产业发展机遇

在国家持续鼓励新药创制的政策指引下，仿制药质量和疗效一致性评价、加快化学仿制药网上申报、优化药品审评审批流程、建立上市药品目录集（“橙皮书”）、加强临床试验机构管理、推动药品上市许可持有人制度等重点工作已对新药创制产生重大影响。生物医药产业迎来新的发展机遇，结合生物产业基地当前良好的发展态势和开创新增量的迫切需求，加快推进现有产业平台和项目建设任务重、时间紧。产业研究表明，发展生物医药对于科研资源、教育资源、国际交流平台等软硬件条件有很高要求。郑州地处中原腹地，是我国七大城市群之一中原城市群的核心、米字形高铁交汇处，高速公路网络发达，人流、物流、信息流交通辐射优势独一无二。同时，河南是中国人口第一大省，成本优势显著，市场吸引力巨大。因此，基地结合本地实际，与发达地区形成产业互补，通过政策和平台优势，着力吸引在生物医药领域完成基础研究、相对成熟且具有核心技术产品的企业建立生产型研发基地。

（二）产业发展定位

伴随着郑州城市整体发展，以及 2013 年郑州航空港经济综合实验区规划批复，建设“国家高技术生物产业基地”成为郑州市产业建设的重点。**郑州国家高技术生物产业基地聚焦于：**进入生产研发阶段加速期创新企业。该类企业一般持有进入临床或申报临床药品品种，其大部分资金用于临床前和临床研究，大规模投资生产设施对企业发展形成负担。由产业园区主导建设生产型研发公共服务平台，通过公司合营等方式引入核心工艺技术和运营团队，构建国内工艺开发和中试生产平台，帮助企业解决发展的核心瓶颈，大幅缩短产品上市周期。

二、主要工作和发展特色

郑州市高度重视国家高技术生物产业基地发展，在平台搭建、人才引进、金融支持等方面采取积极举措，产业发展特色、亮点突出，取得明显成效。

（一）搭建平台帮扶企业解决关键问题

建设高值设备共享和专业化服务公共平台，促进高端产业集聚，有效降低创新企业运营成本。市区两级共投资 7.5 亿元建设了新药筛选检测平台、大分子中试生产服务平台、小分子 CMC 制剂研究平台、小动物创新药预评价平台、细胞技术服务平台共五大公共技术服务平台，聚焦创新企业痛点，加大生产要素供给。解决已进入临床研究阶段，企业面临的生产研究、生产工艺开发、中试规模生产等问题，帮助医药创新企业在成果转化过程中迈出关键一步。

（二）紧抓人才引进，推动产业布局

项目跟着人才走的特点在生物医药领域尤其显著。围绕创新药、细胞技术、IVD/第三方检测、高端医疗设备等领域，重点引进一批有项目、有团队、有资金的高层次人才，并在“智汇郑州·1125 聚才计划”的基础上出台了航空港生物产业基地人才强区系列政策（航空港生物产业基地人才十条），在住房保障、场租补贴、个税奖补、配偶就业、子女入学等方面给予大力支持。截至目前，生物产业基地已申报获批国家“千人计划”1 人，引进院士 1 人、国家“千人计划”3 人，引进生物医药人才（团队）项目 27 个，聘请 25 名国家“千人计划”高端人才为生物产业基地生物医药产业顾问。

（三）加强金融服务保障，促进产业提速

生物产业基地参考长三角成熟“VIC”研发孵化模式（VC＋IP＋CRO 即：风险投资＋知识产权＋研发外包服务），即拥有核心知识产权的中小型医药研发企业（IPC）将自持新药推荐到新药产业化平台，获专家评审通过后，可以得到政府引导资金和风险投资（VC）支持；此外，研发企业还可以通过专业研发外包公司（CRO）的研发人员和实验室设备，降低成本、提高效率。园区拟组建市场化运营母基金（FOF，fund of funds），吸引商业风险资本，结合政府引导资金，形成立体的资金支撑体系，为高投入、高成长和高附加值的创新型生物医药企业发展提供强力保障。

（四）出台产业扶持政策，营造良好生态环境

生物医药具有高投入、高风险、高回报的特点。近年来上海市、北京市、安徽省、深圳市、武汉市、成都市、苏州市等生物医药产业发展较好的地区均陆续出台了相关扶持政策。在参考全国其他地区成功经验的基础上，出台了航空港生物产业基地生物医药产业支持政策，力争到 2023 年生物医药相关产业营收突破 300 亿元。**一是**目前河南省拟出台的**《关于新一轮支持郑州航空港经济综合生物产业基地发展的若干政策》**中对在航空港生物产业基地生产的创新药、高端医疗器械准备给予纳入河南省医保和优先采购目录等相关支持，并对在航空港生物产业基地进行大院大所建设给予办公用房、启动资金和人事编制等方面的支持。**二是**航空港生物产业基地马上出台**《郑州航空港经济综合生物产业基地关于支持生物医药产业发展的政策》**，给予航空港生物产业基地内生物医药企业在**技术示范项目**（重大专项配套）、**科**

技成果创新（对申报地和生产地均在航空港生物产业基地的一类创新药和具有自主知识产权的三类医疗器械，按照里程碑分阶段给予资金奖励）、**行业资格认证**（对获得 GMP、GLP、GCP、GSP 等认证的生物医药企业给予资金奖励）、**自主创新平台补贴**等方面给予支持。**三是**航空港生物产业基地与省直部门已经建立了直通车机制，航空港生物产业基地内生物医药企业及产品的监管和注册等相关工作，均可由航空港生物产业基地相关部门直接上报省局办理。

（五）郑州临空生物医药产业园加快建设

产业园毗邻生物产业基地南部核心商务区“双鹤湖”和商登高速，一期规划约 384 亩，地上建筑面积约 40 万平方米，总投资约 25.2 亿元，是河南省首个由政府投资建设的专业生物医药产业园区。2018 年 12 月 28 日，嘉宝仁和、泰基鸿诺等首批 21 家企业签约入园，现已有意向入园企业 56 家，涉及创新药、IVD/第三方检测、医疗器械等多个领域；在新药研发项目取得突破性进展，鸿运华宁目前在研 19 个抗体新药，其中治疗肺动脉高压抗体药已完成多国临床研究，治疗Ⅱ型糖尿病和肥胖症新药已获得国家临床试验批件，美泰宝 2019 年也将有 4 项在研新药进入临床试验。园区包括公共服务平台、孵化器平台、加速器群组、大规模生产群组和生活配套群组五大功能。项目旨在形成生物医药全流程支撑平台，通过平台对项目资源、科技信息、投融资渠道、专业技术服务、支撑条件和上下游供应链进行系统整合，从根本上解决医药产业基础薄弱和合作共享产业氛围不足两大问题，解决生物产业基地产业发展欠缺的人才、环境等软件问题，为保障生物产业基地生物医药产业高速发展提供动力。

（六）产业发展方式进一步丰富

资本招商已常规化运作，航空港生物产业基地已与省现代服务业基金、省战略新兴产业基金、中融创投资、兴港融创等多家本省产业基金以及晨兴资本、千峰资本、元禾原点、新浚资本等多家知名产业基金建立合作关系，进一步拓宽项目来源渠道。目前已经成立生物医药产业专项基金 1 个，2019 年还将有 2～3 个生物医药产业专项基金成立。郑州国控产业发展投资有限公司和河南兴港融创创业投资发展基金（有限合伙）共出资 4 亿元，联合元明资本及其关联企业、建业集团以 1.5 亿美元价格收购美国迈胜美方股份、知识产权、合同团队等，并与原有厚朴、光大、元明等中方股东共持有了美国迈胜 100%股权。此次收购是在中美贸易摩擦背景下，仅有的一个中资高科技重大装备成功投资案例，有利于推动国际领先的质子设备国产化落地郑州，对航空港生物产业基地乃至郑州市产业结构调整有重要意义。

三、产业基础和项目进驻情况

郑州国家高技术生物产业基地整合要素资源，已初步汇聚了一批优秀生物医药项目，原有产业主要集中在农业、化药、兽药等行业，基础薄弱、结构单一、缺乏创新等问题更加凸显，产业升级需求急迫。

（一）现有征地自建项目情况

生物产业基地建设初期，为了落实已签约投资项目，落户了一批前期洽谈的省内医药项目，总投资 9.2 亿元，总规划用地 195 亩，行业涉及药品流通、中成药生产、添加剂生产、干细胞服务等。项目在进驻生物产业基地前均已经营多年，业务网络覆盖全省，企业效益有稳定保障，入区项目有序建设。但产业形态依然面临种类单一、市场竞争力有限、创新能力有限、与当前行业热点趋势脱节等问题。

（二）近期平台建设及产业项目情况

2016 年起，为确保引进的专家（团队）项目顺利实施，生物产业基地先后投资了生物医药技术研发公共服务平台和郑州临空生物医药产业园。当前已汇聚一批涉及癌症、心脑血管病、艾滋病、阿尔茨海默症、糖尿病等多个重大疾病的新药创制项目，多项新药研发已进入一期、二期临床试验阶段；涉及诊断试剂、生物芯片等医疗器械类产品，多家企业已经获批或正在申请产品批号；涉及基因组分析、细胞免疫疗法、干细胞应用等临床医疗服务行业，多家企业已取得或申请相关服务资质，有序开展医疗服务。

四、存在的主要问题

（一）一类创新药研发动力不足

国家一类新药具有非常高的创新性，代表了我国药品注册分类中药物创新的最高水平，且将对相关疾病患者带来明显的生存效益。但是一类创新药还存在研发周期长、资金投入大、风险高等特点，因此上市初期往往售价较高，若能纳入省、市医保将会大大减轻患者负担，同时也有利于企业降低营销风险，鼓励企业创新投入，形成持续创新滚动发展的循环机制。

（二）高层次人才引进难度大

由于生物医药人才层次高，学历高，大部分是从海外归来的学者，对城市环境、人文环境、住宿环境、生活配套都要求较高，目前子女教育及医疗配套水平和层次尚无法满足高层次人才的需求。

（三）科技创新转化能力不足

郑州市乃至河南省高校科研院所资源相对匮乏，高校、科研院所与企业结合不够紧密，产业链上下游配套能力不强，科技成果转化率较低。

（四）融资瓶颈制约突出

生物医药产品由最新科研成果向产业化推进所经过的不同发展阶段，需要不同类型、不同性质的资金支持。创业风险投资机制缺失，天使资金、资本市场、担保体系都不够健全，生物医药企业在初始阶段难以得到相应的资金支持。国内绝大多数生物医药企业规模较小，由于缺乏信用、资产抵押等条件，很难从银行获得贷款，在产业化阶段也面临较大资金压力。

五、下一步工作谋划

（一）工作思路

围绕国家"一带一路"、郑州市中心城市建设等战略发展机遇，紧抓项目建设，充分发挥政府引导和市场主导作用，培育引进生物医药类企业，加快建设大分子中试公共服务平台、小分子 CMC 制剂平台等生物医药产业公共服务平台和临空生物医药产业孵化平台等。成立生物医药产业投资基金，吸引早期项目入园，打造生物医药产业创新高地。

（二）重点工作谋划

（1）依托专业会议带动产业发展，将航空港生物产业基地打造为"抗体药之都" 2019 年 4 月，以生物产业基地管委会名义主办第一届国际抗体医药发展高峰论坛暨《世界新药概览——单克隆抗体卷》发布会，并将其作为第十三届中国（河南）投资贸易洽谈会的专题活动。此次会议将邀请陈列平、王晓东、施一公等中外科学院院士、领军企业负责人、知名投资人等国内外抗体药重量级专家，并利用会议汇聚生物医药项目与资本，通过对接会落地航空港生物产业基地。会议将引发国内外抗体药领域企业、专家、资本的广泛关注，为下步助推航空港生物产业基地打造国内最大的抗体药基地、创立国内抗体药集聚区品牌，引领生物产业基地及周边生物医药产业升级，实现行业领军地位创造有利条件。

（2）加快产业平台建设，打造中部生物产业发展新坐标。加快园区建设进度 加快园区一期 B 地块建设进度，力争企业总部、孵化大楼、专家公寓于 2019 年年底建成投用。尽快完成 A 地块土地清表、招拍挂等工作，力争于 2020 年全部建成投用。加快五大公共服务平台建设，力争大分子中试及大规模生产平台于 2019 年 8 月建成投用，启动动物药物评价平台、小分子 CMC 制剂研究平台和细胞技术服务平台建设。**坚持自主创新，推进“产学研”结合。**与中科院苏州医工所对接力争尽快在航空港生物产业基地设立苏州医工所分所；协调推进港区乃至郑州与苏州医工所和辖区医院合作。

（3）以重点企业为抓手，强化行业监测 **一是**依托重点工业企业数据报送平台，做好处室分管行业发展情况数据的采集分析工作。**二是**完善处室监测重点企业及项目目录库，按照重点企业每月上报生产经营情况、重点项目每季度上报建设进度情况的要求，加强监测分析。**三是**定期到新郑、经开、中牟、航空港等重点县区、重点企业调研，了解企业经济运行、项目建设等情况，及时掌握存在的问题困难及苗头性趋势。

（4）紧盯龙头促集聚，形成集群兴产业 重点推进药明康德奥测检测、迈胜质子治疗设备、鸿运华宁、河南省肿瘤医院、博济生物等重大项目的推进及落地工作，打造新药研发、诊断试剂和 IVD/第三方检测产业集群。

（5）创新招商模式，增强引资实效 设立专项产业基金，拓展初创企业的融资渠道，优化企业股权结构，增强企业现代管理意识和理念。通过产业引导投资基金，有效吸收社会资本，集中优势资本投入到生物医药产业。通过产业引导投资基金有效扶持生物医药相关企业，促进生物医药产业快速发展。下一步拟加强和元禾原点、千峰资本、新浚资本、晨兴资本的对接，提出方案，尽快设立 2～3 家生物医药产业专项基金。

（撰稿：河南省发展改革委）

哈尔滨国家生物产业基地 2018年度发展报告

2018年，哈尔滨市围绕全市发展战略和产业布局，大力推进国家高技术生物产业基地建设，着力抓好生物医药集聚试点区域发展工作，培育专业园区和骨干企业，提高企业自主创新能力，激发产业发展内在活力，营造生物产业发展的良好环境，全市生物产业取得长足发展，生物医药已成为全市重点发展的战略性新兴产业之一，在全省发挥着重要的示范引领作用。经过多年培育，哈尔滨市形成了以利民医药园区为核心，相关区县为支撑的产业发展格局，以及以化学药与生物技术药为主导、现代中药为特色的产品发展格局，产业集聚效应日益显著。

一、基本情况

哈尔滨市的生物产业以生物医药为主导，产值约占生物产业80%，生物农业比重占10%～15%，生物制造、生物环保、生物能源合计占5%～10%。因此，生物医药产业可以代表哈尔滨市生物产业整体发展状况。2018年，哈尔滨市医药制造业规上工业企业数量56户，主要以基因工程药物、疫苗和诊断试剂、创新药物、现代中药和生物医学工程等为产业发展方向，在技术、品牌、品种、效益、市场占有率等方面均处于全国领先地位，拥有一批优势骨干企业，初步形成了以哈药集团为龙头、利民开发区医药园为核心的产业发展格局。2018年，医药制造业规上工业企业主营业务收入234.4亿元，占黑龙江省生物医药产业的70%以上。其中利民生物医药园区规上工业企业（未含哈药集团工业企业，哈药集团2018年营业收入预计在100亿元以上，正在迁入园区）实现产值63.8亿元，同比增长了29.6%；规上工业（未含哈药工业）、限上商业（未含哈药商业）及服务业实现营业收入85.2亿元，同比增长了43.4%。

二、主要工作

哈尔滨市是第二批国家生物医药产业区域集聚发展试点城市，哈尔滨市紧紧围绕生物医药产业区域集聚发展，积极落实省委省政府关于生物医药产业的指导意见和支持政策，高效构建生物医药全产业链协同发展的产业结构，努力实现生物医药产业健康快速发展。

1. 积极落实生物产业支持政策

哈尔滨市积极围绕黑龙江省政府先后颁布实施的《黑龙江省生物产业发展规划》《加快黑龙江省生物产业发展的若干政策》《黑龙江省培育和发展新兴产业三年行动计划》及《推进全省医药产业发展行动计划（2018～2020年)》等各类指导意见和支持政策，抓住黑龙江省政府将生物医药产业列入黑龙江“一带一路”和黑龙江省八大经济区产业发展规划的战略机遇，先后制定了一系列产业扶持政策，特别是结合国家实施“两票制”，于 2017 年 6 月出台了《哈尔滨市关于促进生物医药产业健康发展的若干政策》，在生物医药产业发展基金、省市重点产业项目贷款担保、符合要求的产品纳入医保目录、规上（限上）企业新增销售收入地方留成奖励扶持、药品一致性评价奖励、药品上市许可人引入奖励、国家级技术创新平台和公共服务平台奖励、2016 年后取得临床批件或生产批件的创新药奖励、2017 年后获得国家给予资金支持的产业化项目配套资金补助、纳入黑龙江省优先发展产业目录且用地集约的生物医药产业项目土地出让金优惠 10 个方面，给予连续五年的产业扶持政策，形成了良好的“洼地效应”，促进了生物医药产业快速发展。

2. 构建生物产业协同发展格局

围绕生物医药纵向产业链和横向协作链，抓招商，建项目，从药品生产到终端销售的各个环节企业，在全市范围内形成了一定规模，初步构建了五大协同板块，特别是基于黑龙江省独特的生物资源优势，原材料本地采购率占比较高，形成了较好的上中下游产业链条，有效解决了企业生产经营配套问题。即：以哈医大研发中心、哈药集团药物研究院为龙头，以圣泰药业等近 20 户企业技术中心为骨干，形成了集药物创新、成果转化、企业孵化、人才培养于一体的医药研发板块；以世界 500 强中国医药集团、国内 500 强哈药集团和上市公司誉衡药业等企业为龙头，集聚大中小型工业企业 57 户，形成了涵盖化药、生物药、中药、医疗器械和保健品五大加工板块的生产加工板块；依托符合 GSP 国际标准的哈药物流等 4 家物流企业和正大龙祥、上药科园信海等14家大型药品销售企业，形成了覆盖全国30个省市、300个二级城市、2000家商业公司、1万家医院、10万家药店及诊所的物流营销板块；依托哈尔滨市食品药品检验检测中心、中国GLP机构产业联盟分中心、健迪科技药品一致性评价平台、通平科技药物临床试验等平台，为新药研发和产品检测提供快速便捷通道；引进新三力包装、国环医疗等11家配套企业，为生产型企业提供包装印刷、医疗垃圾处理等专业化配套服务，形成了产业配套板块；依托乐活养老、森海医养结合和荣军医院等，构建了集疾病预防、诊断、治疗、康复和休闲疗养于一体的健康服务区；依托富佳新天地，构建了集教育、金融、商贸、医疗、交通、吃住于一体的综合配套区，形成能够满足企业职工生活需求的健康服务板块。

3. 全力招商引资，促进产业集聚

围绕“调结构、保增长”，发挥哈尔滨新区的区位、政策等优势，全力推进招商引资。一是推动洽谈项目尽快签约落地。目前，哈尔滨新区利民医药园区共有哈尔滨三联药业大输液生产基地、珍宝岛药业中药产业园、珍宝岛药业商业公司、江西三鑫医疗三类器械透析液产业化、黑龙江省亿通医药有限责任公司医疗器械生产基地、润禾中药饮片新厂建设6个项目已具备签约条件。二是通过二次招商盘活不良资产。为促进经济高质量发展，根据企业的意向和需求，大力开展“二次招商”，引进域外企业与区内企业兼并重组、租赁转让，盘活区内企业。园区已有顺丰医药物流租用新时代胶带厂房，已投入运营；上市公司三鑫医疗租用成功药业厂房（占地约2000m^2），建设浓缩透析液产业化项目，厂房改造工程已完成，正在进行设备安装调试，预计2019年将正式投入生产；黑龙江奥贝泰医药有限公司投资3200万元收购果菜市场闲置房屋1.5万平方米，已投入运营；厦门象屿国际收购园区黑龙江辰能生物科技有限公司，协议正在起草中。三是广泛收集信息，扩充园区洽谈储备项目。目前已有哈药集团制药六厂保健品基地、哈尔滨洪源广商贸有限公司干细胞、哈药集团制药总厂利民厂区异地升级改造、上海复兴医药儿童药物基地、修正药业黑龙江中药产业基地、北京世纪元亨兽用疫苗产业化等多个项目正在跟踪洽谈。

4. 完善公共平台，提升服务功能

哈尔滨新区利民医药园区着力完善研发中心硬件配套，已启动研发中心电力增容以及中试车间环路配套工程，工程计划总投资1038万元，目前工程已基本完工。同时，进一步完善生物医药研发中心的服务平台功能，服务企业科技创新。一是完善公共服务平台。针对研发中心GLP实验大楼建设滞后的实际，成功引入中国GLP机构产业联盟设立分中心，并与其投资方上市公司上海新生源医药集团、黑龙江中医药大学开展实质性合作，成立了厚博生物科技有限公司，搭建了园区药品安全性评价平台；针对国家食药监局要求医药企业开展仿制药一致性评价的实际，为填补园区服务领域的空白，支持在孵企业培优健迪医药拓展服务范围，开展仿制药BE检测业务，搭建了全省目前唯一符合要求的仿制药一致性评价平台；针对园区在药物临床试验方面的短板，引入哈尔滨医科大学合作企业黑龙江通平医药科技有限责任公司，搭建了园区药物临床试验平台。这些平台的建立，使园区企业的临床前毒理分析、安全评价、仿制药一致性评价等得以就近解决。二是入孵企业数量不断增加。新增哈尔滨亚信普科技开发有限公司、哈尔滨沅尔科技有限公司等4户医药企业，在孵企业数量由2017年的28户增长至32户，孵化企业不断增加，为园区后续发展积蓄了后劲。三是孵化项目进展顺利。杨宝峰院士的发明专利大明胶囊以及医大药业斥资6000万元购买的专利产品葛兰香口服液两条生产线已经在中试基地通过了GMP认证，并向国家提请药品上市许可，有望年内正式投产；黑龙江力海鑫生物科技有限公司胶原基质蛋白、免拆手术缝合线等系列产品产业化项目已经完成工程设计，并在中试基地开工建设，年底可投产进行成果转化；哈尔滨诺华生物制药有限公司正在与医大洽谈中，准备在中试基地投资建设进行成果转化。这些科研成果实现产业化后，可为园区带来新的经济效益，壮大产业规模。

三、发展的特色和亮点

1. 生物资源丰富

哈尔滨市地处黑龙江省南部，省内的大小兴安岭、完达山等山脉盛产近千种中药材，独特的温带、寒温带气候孕育出鹿茸、熊胆、蛤蟆油、人参、刺五加、五味子等20多种道地、名贵野生药材，而且品位高、产量大、质量好，畅销国内外。黑龙江省丰富的生物资源为生物医药产业发展提供了优质原料，更为开发“北药”提供了充足的要素资源。

2. 创新实力雄厚

哈尔滨市拥有哈尔滨医科大学、黑龙江中医药大学、黑龙江省中医研究院等一大批从事医药研发的高等院校、科研院所，形成了从药物发现、药物合成、药理、药代、安全评价、临床研究等系统的医药创新体系，具有较强的科技创新能力，科技创新对产业发展的驱动作用进一步增强。

3. 市场前景广阔

哈尔滨市已形成了一批国内占主导地位的生物品种。哈药集团可生产30多种原料药和18种剂型的产品，主导产品青霉素类、头孢菌素类原粉、粉针剂、囊剂、片剂均通过国家新版GMP认证，特别是青霉素工业钾盐通过美国FDA认证，产品远销世界20多个国家和地区。拥有“哈药”“三精”“盖中盖”“葵花”“护彤”及“世一堂”等中国著名商标品牌。

4. 对俄潜力巨大

哈尔滨市与俄罗斯具有良好的合作基础和地理、人文优势，哈尔滨新区是全国唯一一个以对俄合作为主题的国家级新区，通过中俄博览会等平台，中俄合作领域不断扩大。2014年7月，由哈尔滨医科大学、莫斯科第一国立医科大学共同发起，北京大学、清华大学、复旦大学、太平洋国立医科大学、圣彼得堡国立大学等106所中俄高水平院校加入，成立了中俄医科大学联盟，联盟的中方活动基地设在利民生物医药研发中心院士工作站。目前，联盟已在院士工作站设立中俄口腔疾病、眼科疾病、慢病研究所，为开展对俄医药领域更深入、更广泛的科技交流合作搭建了平台。

四、发展面临的主要问题

一是国家医保控费力度持续加大，企业业绩承压。目前，全国已有近2/3的省份已实施或正在试点实施按病种收费，即从患者入院、接受规范化诊疗、达到临床疗效标准后出院，全过程发生费用，实行一次性打包收费，医保基金和参保患者按规定比例付费。在此背景下，医院为保持原有利润，导致药品降价，制约企业销售额的增长，同时限辅限抗等改革措施，都促使企业加快转型升级。**二是中小企业发展活力不足。**一些中小型企业受技术、人才、融资、市场等方面制约，生产经营困难，竞争力不足，影响产业集群建设。**三是高端人才供给不足。**哈尔滨市地处边疆省份，因区位、政策、环境等因素制约，导致高端人才引进难、领军人才占比较小、专业人才比较紧缺，一定程度上影响了企业自主研发和创新能力的提升。

五、下步工作计划

紧紧围绕省委省政府关于生物产业的指导意见和政策支持，积极推动哈尔滨市生物医药产业发展，着力打造哈尔滨新区利民生物医药产业园集聚区，以“增品种、提品质、创品牌”为主攻方向，进一步加快“中国北方药谷”建设。

1. 完善现代产业体系

以《哈尔滨市促进生物医药产业健康发展的若干政策》为引领，充分发挥政策优势、区位优势，重点围绕化学药、生物药、现代中药、医疗器械、保健食品五大加工板块以及“补链”“强链”环节，重点面向跨国医药企业100强、国内医药企业100强和省内外知名医药企业开展招商引资，进一步做大做优做强产业集群。

2. 提升科技创新能力

发挥利民生物医药研发中心、哈药集团药物研究院两大研发机构的技术优势，联合园区内3个院士工作站、7个国家级博士后工作站、8个国家及省级工程中心，完善生物医药科技研发体系，提升科技研发水平。

3. 加速研发成果转化

发挥新搭建的药品安全性评价平台、仿制药一致性评价平台、药物临床试验平台的服务功能，加速推进研发成果转化并实现产业化。

4. 推进深哈产业合作

抓住深哈合作的机遇，围绕生物医药产业建设进行对接，力争在飞地招商、共建园区、科研合作、成果转化、孵化器建设、药品研发外包、医药电商平台等方面建立起常态化的合作关系，推动两地生物医药产业互补发展。

5. 拓展对俄医药合作

依托对俄地缘优势和良好合作基础，发挥中俄博览会、中俄医科大学联盟的平台作用，整合对俄合作资源，建立多层面合作平台，推动中俄地方政府、医药企业、研发机构的多点对接，积极引进俄罗斯生物医药企业、科研机构和高新技术成果。支持有条件的区内企业到俄罗斯并购、合资、参股创新性企业和研发机构，加强跨境医药领域投资合作。在条件成熟的情况下，结合中俄医药产业和产业链发展的互补性，合作建设符合国际标准的中俄生物医药产业基地。

6. 引进高端领军人才

深化科技体制改革，开展科技成果转化激励政策试点，完善技术研发、成果转化、产业化激励机制，以更加积极、更加开放、更加有效的人才政策，在研发、管理、金融等领域，引进一批具有国际水准的科技领军人才和高水平创新创业人才，进一步增强生物医药产业发展的内生动力和活力。

7. 优化营商发展环境

创新体制机制，实施清单化管理，推行互联网＋政务，全面实施“最多跑一次”改革。持续推进作风整顿、环境整治，按照规范高效便捷的原则推动放管结合，为产业发展创造更加优良的环境。

（撰稿：哈尔滨市发展改革委）

南宁国家生物产业基地 2018 年度发展报告

2008 年 2 月国家授予南宁市国家高技术产业（生物产业）基地牌匾，南宁市生物产业发展迎来了新的重大机遇。根据《中共南宁市委、南宁市人民政府关于加快建设国家高技术生物产业基地的决定》（南发〔2009〕25 号）文件精神，生物基地的规划布局根据南宁市生物资源、产业分布现状及发展潜力，分为产业核心区、专业园区、产业示范区、重大产业化示范工程等。2018 年，南宁市积极推动生物产业发展，并取得了一定的成绩。

一、总体情况

（一）生物产业规模

南宁高新区生物医药及工程产业规模以上工业企业共 51 家，2018 年实现产值 87.14 亿元，占高新区规模工业总产值的 18.54%，实现税收 2.81 亿元。生物医药产业聚集了培力（南宁）药业、田园生化、巨星医疗等企业，技术创新能力强，具备较强的核心竞争力；拥有国家重点实验室的灵康赛诺科、凯普医学检验、金域检测等一批专业性研发检测企业。南宁经开区 2018 年生物医药、生物农业、医疗器械等生物产业规模以上工业企业共 23 家，实现工业总产值 74.21 亿元，占辖区规模以上工业总产值的 22.24%。隆安华侨管理区、宝塔医药产业园区累计引进项目 182 个，已投产 126 家工业企业，其中亿元工业企业 12 家，规模以上工业企业 27 家，2018 年园区总产值 33.35 亿元。

（二）重点园区（项目）建设情况

1. 宝塔医药产业园区

宝塔园区将构建南宁生物医药核心区成果转化基地，加强用现代生物技术改造提升传统制药业，重点打造生物医药产业加工制造高技术平台、新药研发平台、成果转化平台、国际合作交流平台、投融资服务平台等服务体系。园区先后引进广西药园中药材种苗有限公司、广西千年健药业有限公司、广西华夏本草医药有限公司、广西宝塔之光生物科技有限公司等20多家生物医药产业类生产加工企业。园区正向集资源保护、种植养殖、科研开发、生产制造、物流营销、对外交流、养生旅游等功能于一体的生物医药核心区稳步推进。

2. 南宁生态产业园

作为南宁高新区重点引进的生命健康产业平台，重点发展以节能环保产业为主的生态产业，协同有序发展生物技术等生态型战略性新兴产业，产业园核心区分两期建设，规划工业用地面积163亩，总投资约12.85亿元，总建筑面积28.8万平方米，规划建设研发中心、孵化基地和标准厂房等载体，搭建公共服务平台和公共支撑体系，形成引领生态产业快速发展的创新驱动引擎。产业园一期已建成投入使用，总建筑面积11.56万平方米，目前有广西标佳生物科技有限公司、广西湾昊生物科技有限公司、广西净水先生水处理设备有限公司等生物技术企业入驻。

3. 生物工程技术中心

该中心总投资4.2亿元，占地面积52.52亩，总建筑面积约8.06万平方米，已于2017年8月竣工投入使用。作为南宁高新区生命健康产业规划区的核心区域，重点构建科技研发和成果转化、公共技术服务、重点产业培育三大功能；形成科技项目孵化体系、生命健康产业科技服务体系、生命健康产业骨干企业培育体系。该项目生物工程中试车间已安装并投入使用。已有南宁新科健生物技术公司、南宁市净雪皇生物工程有限公司等一批生物医药高技术企业入驻。

4. 南宁·中关村创新示范基地（相思湖区）

作为南宁·中关村创新示范基地的延伸区，创新示范基地（相思湖区）于2018年7月24日揭牌运营，将在更大范围、更深程度持续导入中关村的优势创新资源，强化科技信息交流、技术成果转化应用、创新人才培养、国际合作研发等创新创业服务功能，建设成为以生命健康、新一代信息技术为主导产业的创新中心和孵化加速中心。基地现已成功入驻“华中科技大学-广西肽王”活性肽研发技术中心、分子生物技术服务中心、拜欧生物南宁高新产业园生命科技研究中心等生物技术公共服务平台。

5. 非粮生物质酶解国家重点实验室

非粮生物质酶解国家重点实验室以广西农垦明阳生化集团股份有限公司为依托单位，广西科学院为技术支撑单位，位于南宁市明阳工业区。2010年年底获科技部批准建设，2011年1月实验室开始实施，2016年1月通过建设验收，2018 年 5 月获评估为良好类企业国家重点实验室。其总体目标围绕世界非粮生物质酶解技术的前瞻性、前沿性研究现状和今后发展方向，本着“立足基础、服务行业”的宗旨，针对国内生物质产业重大需求，开展与生物质资源开发、环境保护等相关的新酶发现、挖掘，酶分子改造，产酶菌株分子改造，酶基因对工业微生物菌株的分子改造，以及酶基因表达、酶分离纯化等科学和技术问题研究。现设有能源植物技术研究室、燃料乙醇技术研究室、生物柴油技术研究室、生物能源综合利用技术研究室、生物能源环保技术研究室和酶分子改造研究室六个研究单元。

6. 绿城健康产业园项目

项目业主为广西绿城健康产业有限公司，计划总投资 5.3 亿元，占地 24 亩，建筑面积约 6.63 万平方米，建成后计划年产胶囊剂 2 亿粒，片剂 3 亿粒，保健酒 1500t，其他剂型 500t，绿城健康产业园项目定位以中药、民族药（壮药）、健康产品的研发、生产及检测中心、孵化器为主，该园区建成将促进中医壮医药制剂的研发应用，带动高新区乃至南宁市中药材种植、加工、销售等产业的发展。

7. 大参林西南生产基地项目

项目业主为大参林医药集团有限公司，位于南宁高新区，计划总投资 3.5 亿元，作为在西南地区成立的重要医药生产基地，其主要生产小儿退热贴、灵芝氨基酸口服液、鳕鱼肝油软胶囊等保健品和医疗器械产品，业务覆盖云南、贵州、四川等地。目前已完成意向选址，下一步将商谈入区细节。

8. 广西九州通大健康产业总部基地暨西南现代中药生产基地项目

项目业主为九州通医药集团股份有限公司，计划总投资 3 亿元，占地 60 亩，拟建设具备总部采销、医药电商、远程医疗、中药饮片生产、智慧煎药、医药物流、创新孵化等一体化、功能化、智能化的大健康产业总部基地。目前已完成意向选址，下一步将商榷落地细节。

9. 年产 4.8 亿袋非 PVC 高科技医用软装输液生产线项目

项目业主为广西昆泽药业有限公司，计划总投资 3 亿元，项目计划用地 100 亩，总建筑面积约 9.22 万平方米，主要建设年产 4.8 亿袋非 PVC 医用软装输液生产线、仓库、行政生活配套设施等。目前项目已完成消防设备安装，正在开展验收工作。

10. 金红制药生产基地项目

项目业主为广西恒拓医药投资集团有限公司，计划总投资 2 亿元，项目计划用地25亩，主要建设8层1#制剂车间，5层2#软胶囊制剂车间，7层实验楼，13层3#综合制剂车间。项目已于2018年7月参加全市重大项目开竣工活动。

二、发展特点及亮点

（一）着力优化营商环境

2018年，南宁市不断优化营商环境，营造良好营商氛围。**一是**审议通过《关于南宁市进一步优化营商环境的实施意见》等重要改革文件，精准实施各项改革工作，打造公平营商环境的高地，持续激发市场活力和社会创造力。**二是**持续深化行政审批制度改革，推进相关办理事项归并整合，进一步压缩办理时限，扩大“一窗受理”范围，发布“一次性告知”“最多跑一次”“一次不用跑”3张本级“一事通办”事项清单，进一步提升审批服务效能。**三是**扎实推进“证照分离”改革试点工作，通过“多证合一”优化服务，强化涉企信息统一归集公示，加强事中事后监管，深化“多证合一”登记制度改革。南宁经开区作为改革试点，新增企业746户，同比增长25.59%。**四是**优化企业服务，加大产业项目扶持力度。同时，贯彻落实自治区领导联系重大项目、服务重点企业制度，畅通企业言路，利用政策红利减轻企业负担，激发企业活力。

（二）招商引资增强发展后劲

一是大力开展招商引资“突破年”活动。创新招商引资激励机制，充分利用“南宁渠道”影响力，着力引进2亿元以上生物产业重大项目。积极参加“两会”期间各项经贸活动，围绕主导产业，紧盯龙头企业和知名企业实施精准招商。2018年，南宁经开区引进一力制药、庞博生物等总投资达2亿元以上重大项目，有效促进了园区产业聚集和转型升级。**二是**盘活招商载体，充分发挥标准厂房“短平快”作用。针对中心区土地资金紧张情况，充分发挥广西医疗器械检测中心一站式审批服务优势，以广西投资集团大健康产业园等项目为载体，重点围绕生物医药、医疗器械企业开展标准厂房招商，集聚一批生物医药、医疗器械企业，持续推动生物医药产业做大做强。2018年引进康华医药、埃韦迪生物、道纪兽用CT、康仕源医疗、园丁医疗器械、福莱明生物、美盾立医疗等一批生物产业项目落户，有效提高了产业科技水平和整体层次，优化了产业结构，增强了南宁市生物产业发展后劲。

（三）科技创新成果不断涌现

南宁市继续大力支持科技创新，鼓励企业通过科技创新，改进生产工艺，提高生产效率，提升经济效益。以南宁经开区为例，2018 年，高新技术企业共有 68 家，较 2017 年净增 23 家，同比增长 51.1%，其中，经开区高新技术企业中生物产业占比达到 14.7%。充分发挥广西首家国家级重点实验室（广西农垦明阳生化集团股份有限公司的非粮生物质酶解国家重点实验室）技术优势，打造非粮生物质酶解技术高地；帮助南宁维尔凯生物科技有限公司获得广西中央引导地方科技发展专项资金项目——广西生物技术研发公共技术服务平台，发挥华银医学检验所基因检测技术优势，推动生物产业科技创新发展。

（四）不断优化生物产业结构

2018 年，南宁市不断优化生物产业结构，加快实施生物产业转型升级，重点发展生物医药、生物医疗设备制造、生物技术应用等生物产业，推进生物农业、生物食品等传统产业技术改造，推进南宁市生物产业转型升级。

三、存在问题

（一）研发经费不足，科技人才稀缺

部分企业由于研发经费不足和人才缺乏的双重困难，导致企业研发实力偏弱，无法进行技术研发和创新，难以建立自身技术优势与核心竞争力，企业发展后劲与竞争力不足。

（二）产业链层次不高，缺乏龙头企业

南宁市生物医药企业主要集中在生产销售环节，部分企业在药物原料种植上走出南宁区域、在自治区范围内选址进行 GAP 或养殖基地建设，个别企业在药物开发及商业发展与服务环节上有所涉及，整体而言，药物研发仍为当前薄弱环节，且缺乏大型龙头企业。

（三）医疗器械产品注册资料互认问题

按照现行政策，不少引进的二类医疗器械产品虽在外省发展成熟且上市多年，但引入我区仍需全部进行临床、检测及专家审评后才获批注册证，从项目落地到投产见效耗时过长，制约引进医疗器械企业项目。

（四）协调服务仍需加强

在企业密切关注的融资、投资综合成本、项目申报及土地征收等方面协

调服务仍需进一步加强。

四、下一步工作计划

根据《南宁市加快生物医药产业发展的若干意见》提出的发展目标，到2020年，南宁市生物医药产业力争生产总值达到300亿元，年均增速19%。南宁市将紧紧围绕这一目标，重点开展以下工作。

（一）加大统筹发展力度

紧紧抓住生物产业发展的重大机遇，以扩总量、优结构为主线，按照特色发展、创新发展、聚集发展的原则，通过机制创新、重点聚焦、政策引导和要素支撑，鼓励龙头企业和骨干企业做大做强，加快构建特色鲜明、结构优化、竞争力强的生物产业体系，推进生物产业规模化、集聚化发展。积极发挥已投产的海王、葫芦娃、医大仙晟等重点企业的引领作用，鼓励龙头骨干企业在优势领域开展企业间、渠道间的合作发展，发挥其在产品研发、生产制造、市场渠道、服务模式的优势，提升产业创新能力和竞争能力，推动企业满产达产，发展壮大。

（二）继续推进营商环境建设

加强资金调度，加快基础设施建设，不断完善园区发展环境硬件配套。加强作风建设，以问题为导向，对企业和群众关注的突出问题、突出项目，逐一解决，持续推进南宁市“一事通办”各项改革工作，努力营造稳定、公平、透明、可预期的营商环境。

（三）加快推进项目建设

大力实施“重大项目建设攻坚突破年”活动，抓好修正、百会、诺博、一力制药等入区重点企业项目建设工作，坚持创新服务理念，强化职能作用发挥，跟踪做好服务企业的各项工作，协助企业做好项目审批、生产要素、GMP认证等工作，解决企业在建设和发展中遇到的实际难题，确保在建项目按时竣工投产，形成增量。

（四）落实政策支持

进一步落实《南宁市加快生物医药产业发展的若干意见》等政策文件，对生物医药企业租赁标准厂房、项目建设、主营业务收入、获得新药证书、收购药品发明专利并产业化等，根据相关政策规定给予补助，支持生物医药强优企业发展。同时，继续把人才工作作为一项重要工作任务，强化责任，狠抓落实，全力促进人才工作开展。加大宣传力度，细化实施方案，推动

《南宁市深化人才发展体制机制改革 打造面向东盟的区域性国际人才高地行动计划》为主的“1+6”人才政策各项措施落地见效。

（五）加大招商引资力度

继续实施“产业大招商攻坚突破年”活动，围绕生物产业链上空缺的企业和项目，全力推进以产业链培育为核心的产业招商，按照“招引一批、建设一批、储备一批”的要求，坚持抓好生物医药产业链招商工作，不断引进和培育生物医药及配套企业，增强发展后劲，逐步形成以现代中药、保健食品、医疗器械为重点的生物医药制造业产业集群。

（六）加强服务保障工作

全力做好新签约项目用地保障工作，确保项目如期开工建设；加强续建项目协调服务工作，加快项目建设进度，确保续建项目如期竣工投产；加强服务企业工作，加强各部门间协调推进，确保投产企业达产达效。

（撰稿：南宁市发展改革委）

南昌国家生物产业基地 2018年度发展报告

生物产业是江西省优势特色产业之一，南昌国家生物产业基地核心区包括南昌高新区、南昌小蓝经济开发区、桑海医药产业园、樟树药都、袁州医药工业园、进贤医疗器械产业园等，是江西省重点发展的战略性新兴产业基地，在国家的大力支持下，得到快速发展。

一、发展基本情况

产业集群显著显现。南昌国家生物产业基地，已呈现空间聚集向集群发展的态势。目前生物产业相关企业超过500家，比2017年增加20%，占全省生物产业企业的七成以上，2018年基地生物产业主营业务收入超过了1100亿元，增长15%，生物产业基地占全省的比重由2007年国家基地批准建设时的50%上升到目前超过70%。基地已经形成了医药产品、医疗器械、健康保健品的研发、生产、营销、物流及中药材的种植加工等完整的产业链。

重点企业稳步壮大。基地内济民可信集团、正邦集团销售收入超过100亿元，汇仁、仁和、江中、青峰等企业销售收入超过20亿元，益康、洪达、天济堂、百神等年销售收入10亿元以上的企业已达15家，年销售收入1亿元以上的企业超过50家，比上年都有所增加，济民可信、仁和、青峰入选全国医药企业百强，济民可信进入百强前十名。江西省发布了“2018江西民营企业100强”，共有济民可信、青峰、天新药业、仁翔药业、博雅生物等7家医药企业入围。

优势品种数量不断增加。生物医药领域年销售额过亿元的优势品种共有50多个，其中：年销售额超过10亿元的核心品种有喜炎平注射液、金水宝胶囊、康莱特注射液、肾宝片、醒脑静注射液、健胃消食片6个，销售额过亿元的优势品种中，中成药品种有40多个，占七成以上。

产业特色更加鲜明。基地核心园区按规划实行差别化发展，中医药科创城建设涵盖研发设计到中间的生产制造，再到后端的物流销售完整的生物医药产业链，现已积累专利 104 项、国家级孵化器 1 个（生物医药孵化器）、国家级检测中心 1 个、高新药企 4 家（济生、杏林白马、济顺和杏林药包），有医药品种 300 多个，其中国家级新药 30 个、国家级保护中药 14 个、国家级基本药物 40 个。樟树园区充分发挥传统中药文化优势，重点发展中药饮片、中药材繁育种植、药品及医药材料交易，基地拥有中医药企业超过 200 家，从业人员达到 26 500 多人，医药产业经济总量突破 330 亿元，中药材专业市场实现销售收入 91 亿元，全行业上缴税收 4.86 亿元，成为国内越来越有影响的药都。南昌进贤医疗器械产业园已聚集一次性使用医疗器械制造厂 122 家，销售企业 500 家，从业人员近 3 万人，其中出口企业 10 家，主营业务收入超过 100 亿元，已成为全国最具影响力的一次性使用医疗器械产业园区。

创新能力稳步加强。基地集聚了江西 4/5 以上生物领域的科研机构、2/3的大中专院校和 80%以上的科研工作人员，拥有 18 个国家级和 220 个省级重点实验室、工程（技术）研究中心、企业技术中心，基地核心区有中药固体制剂制造技术国家工程研究中心、现代中药制剂教育部重点实验室、江西创新药物与高效节能制药设备协同创新中心、创新药物与高效节能降耗制药设备国家重点实验室等国家级平台 4 个，中国中医科学院江西分院、道地药材认证标准检测中心、南昌市卫生理化分析重点实验室、南昌市中药质量控制与安全性评价重点实验室等省级平台 46 家，近两年又组建了基因检测示范中心、中药材产业技术中心、生物医药联合研究院、分子影像研究院等以企业为主体的研发中心，中药固体制剂制造技术国家工程研究中心、水稻国家工程实验室、食品科学与技术重点实验室、现代中药制剂教育部重点实验室、国家地方联合种猪繁育工程研究中心等国家级创新平台的创新能力得到进一步加强，在药材及制剂质量评价、中药新药和保健产品开发、药物新剂型研究、化学原料药及其中间体制备技术研究、拥有自主知识产权的化学创新药物研究等方面取得了较好的成绩。传统中药企业仁和集团、济民可信、天齐堂中药饮片、德上药业等都建立了企业自己的研发机构，形成了一批自主知识产权的科技成果，并及时在生产中推广应用。

二、推动生物产业基地发展的主要措施

加强规划指导。江西省 2009 年就编制《江西省战略性新兴产业（生物）

发展规划》，并在2013年根据国家《生物产业发展规划》对该规划进行了修编，近两年我们拟定了《关于加快中医药发展的若干意见》《中国（南昌）中医药科创城建设方案》并以省政府名义印发，编制并以省政府办公厅名义印发了《江西省中医药发展“十三五”规划》《国家中医药综合改革试验区（江西）建设行动计划（2018～2020年）》，还编制印发了《江西省中医药健康发展规划》《江西省十三五大健康产业规划》，制定的政策和规划中都突出南昌国家生物产业基地对全省生物产业的引领作用，明确了生物产业、中医药产业发展的阶段目标、任务，提出了推进产业发展的具体措施。各核心园区先后出台相关规划和政策，如：《南昌高新区生物医药产业若干扶持措施》《进贤医疗器械产业三年强攻计划》《江西樟树“中国药都”振兴工程实施方案》及《江西樟树“中国药都”振兴工程发展规划》等。

建立推动机制。江西省成立了由常务副省长为组长、分管副省长为副组长的省级领导小组，办公室设在省发展改革委，下设省中医药事业发展推进小组和省产业发展推进小组，建立了省直相关部门参加的联席会议制度，印发明确工作重点任务和要求的年度工作要点，推动工作落实。核心园区所在地政府和园区管委会也都相应建立了推动生物产业发展的机制和机构。成立了在基地核心区建设的中国（南昌）中医药科创城推进工作协调小组和江西樟树“中国药都”振兴工程协调小组，并建立了相应的协调推进机制。

支持重大项目。充分利用江西省重大项目建设调度机制和战略性新兴产业引导资金扶持机制，将济民可信、仁和、江中等龙头企业的新建、扩建项目列入省级调度，解决企业发展中遇到的土地、规划、电力、资金等方面的问题，通过竞争，择优支持天然植物有效成分提取、抗菌化学新药、蛋白质药物、新药创新平台等重大项目建设。南昌高新区组织总投资13亿元的重点创新工程生物医药联合研究院项目建设，中央、省、市财政已支持1.5亿元，第一期工程将于2018年投入使用。进贤医疗器械产业园引进支持企业建设一次性医疗用品公共灭菌中心，即有利于监管保证产品质量，又减轻企业投入降低成本。桑海园区重点打造生物医药产业孵化器，在引进创新团队和孵化项目上已取得明显成效。组织国家中药标准化专项项目建设，共有6个项目列入国家计划，总投资23 000万元，获得国家计划补助资金5400万元，项目单位正按照任务书确定的建设内容抓紧组织实施。

推进园区建设。在土地利用指标比较紧张的情况下优先安排生物产业项目建设用地，在园区的道路、管线、污水处理、电力、标准厂房等基础设施建设上优先规划，并安排财政资金给予一定支持，推进生物园区服务能力提升。袁州医药园细化生物产业发展规划，提前整理并报批生物产业用地2000亩，投资2.3亿元启动园区基础设施项目。小蓝园区推进总投资20亿元的尚荣医疗健康产业综合体项目，为大健康产业提供公共创业平台。樟树医药园规划建设占地4000亩的药都医药物流园，建设18栋标准厂房，为入驻企业提供低成本发展空间。

建设中医药科创城。建设中国（南昌）中医药科创城是江西省政府发展生物产业的重大举措，主要在南昌生物产业基地桑海产业园建设中医药创新中心、创新驱动先行区、高端人才集聚区、产业发展引领区、文化交流传承典范区、健康智慧新城区。一年内基本完成规划布局和启动建设，两年内基本完成各功能区块主体工程建设，三年内科技成果开始转化为产业成果，五年内基本完成整体建设、各功能区块全面发展、全力推进，到2030年，将科创城打造成具有国际影响力的中医药高端资源集聚区，聚集一批行业高端人才和创新创业团队，建设一批行业领先的创新平台载体，生成一批具有国际竞争力的中医药创新成果，突破一批中医药领域关键问题，成为国际有影响、国内领先的中国药谷。目前中心区块4km^2道路施工迅速，干道已具通车条件，近10万平方米的标准厂房进展顺利，一期已进入收尾阶段，4.6万平方米的会展中心基础施工已基本完成，江中研发中心已投入使用。

三、存在的主要问题

虽然南昌生物产业基地发展较快，但从总体看仍处于初起发展阶段，与先进省市及发达国家相比还存在较大差距，产业发展中的矛盾与问题依然较多。

整体竞争力仍不强。企业规模普遍偏小，盈利模式单一，同质化现象比较严重，围绕产业链的专业分工不够明确、上下游合作不够紧密，设备研制、检验检测、应用试验等产业链关键环节支撑配套能力不足，生物园区基础设施建设相对滞后，公共服务平台不健全，园区的整体竞争潜力没有得到充分发挥。

自主创新能力仍较弱。目前基地生物产业发展仍未摆脱资源依赖，高技术产品比例、企业研发投入比例偏低，研发投入总量不足，创新驱动不强，技术创新公共服务比较薄弱，以企业为主体的产业协同创新体系尚未形成，国家级工程研究中心和重点实验室的数量和水平有待进一步提高，与国家级科研院所的合作需进一步加强。

产业高端人才比较缺乏。具有国际视野的高级经营管理人才和掌握最新前沿技术的产品开发人才不足，部分企业对高端人才在产业发展中的重要作用认识不足，吸引和留住人才的优惠条件偏低，长期激励机制不健全，省内高校相关专业的学科建设与人才培养尚不能完全满足全省生物和新医药产业快速发展的需求。

扶持政策配套不足。一些园区和政府部门对生物产业发展重要性认识有待加强，扶持政策落实不到位。生物产业的投融资体系仍不完善，风险投资机制不健全，新药证书、专利技术等知识产权资本化未得到充分认可，众多小微企业融资仍比较困难。

四、下一步发展思路

到 2020 年，生物产业形成特色鲜明的产业发展格局，产业规模进入中部地区前列、全国先进行列，现代中药保持国内领先的竞争优势。

提升产业规模质量。到“十三五”末南昌生物产业基地保持年均 15% 以上的发展速度，到 2020 年，主营业务收入达到 1600 亿元以上，发展速度与竞争力处于国内领先地位。培育 5 家国内领先、国际有一定影响力、年收入达到 100 亿元以上的企业集团，20 家左右特色鲜明、国内有较大影响、年收入超过 10 亿元的龙头企业和一大批富有创新活力的中小企业。

错位发展特色园区。生物产业园区集聚能力进一步加强、产业结构明显优化，形成产业特色更加鲜明的集中发展区和优势产业带。建成国内一流的以现代中药、医疗器械为特色的生物医药产业集聚区，实现上下游产业的协调发展；打造具有较大影响力的依托优势中药资源和农业资源特色的生物农业、生物制造（生物发酵、生物纺织和生物质能源等）、大健康服务产业集聚带。

健全生物产业链。从生物资源繁育种植、贮运加工、有效成分分离提取、生物转化、医药中间体及原料药开发生产，到药品制剂、功能食品、应用材料等终端产品的创新推广及市场服务，培育完整的产业体系，形成生物医药、生物农业、生物制造及生物服务同步快速发展的良好局面。继续扩大以中成药和一次性医疗器械为特色的生物医药产业规模，进一步推动生物制造、生物农业、生物环保等子行业的发展。结合绿色食品产业发展需求，围绕特色种植业和养殖业的生物育种、绿色农用生物制品等重点领域，发展生物农业；依托江西特色农业资源优势，发展生物纺织和生物能源。

增强自主创新能力。以企业为主体、市场为导向、产学研相结合的协同创新体系更加完善，新增5个国家级创新平台和50个省级创新平台和公共服务平台。生物产业研发投入和知识产权申请保护激励政策更加完善，企业的研发投入占销售额比重明显提高，获得突破的关键核心技术大幅增加，发明专利申请量年均增长20%，境外授权专利数量实现突破，一批具有自主知识产权的创新产品得到规模化应用。形成鼓励高等院校、科研院所和企业之间人才流动、国内外人才引进的机制体制，每年培养或引进生物产业高层次创新创业人才及其团队100个以上。

建设重大创新平台。在南昌国家生物产业基地建设中医药科创城，打造中医药创新中心、创新驱动先行区、高端人才集聚区、产业发展引领区、文化交流传承典范区、健康智慧新城区“一中心、五区”为功能定位，着力构建融合开放、要素集聚、功能完善的中医药创新综合体。在桑海产业园重点布局创新研发、展示交易、金融服务、高端人才公寓、成果转化等主要功能区块。在南昌江中药谷重点布局高端智库服务、高端平台研发、成果转化等主要功能区块，同时加强科创城与南昌高新区、樟树、袁州、进贤、小蓝等重点医药产业集群对接协调、功能辐射。江西省将积极推动中医药研发机构向科创城集中，加强前沿性、关键性和共性技术研究，推进创业、转化基地等载体建设，促进创新链、技术链和产业链的融合，到2020年，推动中医药领域科技成果转化超过100项，培育中医药领域创新型初创企业超过100家。

推动重大项目建设。围绕中医药科创城建设，充分发挥已建立的中医药协调推进领导小组和中医药科创城领导小组的协调作用，加快土地供应和道路及水、电、气等配套建设，着力推进本草天工、济民可信、金开、中药控股、中科医药、海济、纯菁等30个已确定的项目建设，尽快形成生产能力。

发展环境更加完善。进一步加强生物和新医药产业创业、投资鼓励措施，形成较完善的生物新产品、新技术市场准入、价格形成、市场监管等政策管理体系和鼓励创新的供给侧和需求侧双向激励政策体系，完善行业公共服务、生物安全保障和产业统计等服务体系。形成“政府引导、多元化投入、市场化运行、企业化管理”的生物和新医药产业多元创新和融资体系，建成10个以上的种子基金、天使投资和创业投资基金。

（撰稿：江西省发展改革委）

天津国家生物产业基地 2018年度发展报告

为推动国家生物产业基地发展，天津市出台了《天津市生物医药产业发展三年行动计划（2018～2020年）》（津政办发〔2018〕41号），着力巩固化学药和中药产业优势，加快发展生物制药和医疗器械新兴产业，大力发展健康产业，实施一批产业化重大项目，引育一批龙头企业，推动生物医药产业智能化、服务化、生态化、高端化、集聚化、国际化发展，最终建设成为全国重要的生物医药产业创新基地、具有全球影响力的生物制药研发转化基地。

一、产业体系日趋完善

经过多年发展，天津生物产业已逐渐形成滨海新区核心区和武清医疗健康产业集群、北辰现代中药产业集群、西青现代医药产业集群、东丽医疗器械产业集群以及静海医药研发产业集群5个地区产业集群构成产业发展“1+5”总体布局，形成了涵盖化学药、生物药、医疗器械、医疗外包（研发、生产）、医药流通、数字医疗、中药等主要门类的完整产业体系，成为全市发展速度较快、创新能力较强的产业之一，医药制造业产值增长15.8%。充分发挥海河产业基金作用，研究发布海河产业基金生物医药产业投向目录，为海河基金生物产业母基金的成立提供依法合规、简捷高效的制度保障，撬动社会资本投向生物产业，签署了天津中科海河生物产业基金合作框架协议，基金规模为20亿元。加快推动科技和金融结合工作，搭建了科技金融服务平台，设立了天士力基金、天以红日基金、银宏基金、瑞普基金4支生物领域专业风险投资基金，有效引导金融机构、创业风险投资、担保机构等社会资本对生物企业的融资支持。

二、重点领域加快发展

（一）化学药领域

1. 高端原料药和制剂产业化

凯莱英生命科学技术有限公司建设有“天津市原料药开发生产技术工程

中心”，实现了QbD理念原料药工艺路线设计、cGMP原料药生产关键技术等多项突破，自主设计的连续性重氮甲烷反应器可用于医药和医药中间体精细化工领域，实现了传统大化工领域技术向精细化工领域的转移和高危险性工艺的批量商业化生产，该项专利荣获第十九届中国专利优秀奖。

天津药业研究院在原料药开发领域，通过“甾体创新药物”“无菌原料药”“化学创新药物”和“制剂中试”等研究平台的建设，培育了一系列的核心技术；在药物制剂领域，通过引进国际先进技术，培育“缓控释技术”“药物吸入释放技术”等技术，实现了高端产品的国际化，甲泼尼龙片已通过美国FDA现场认证，即将取得在美国上市许可。

2. 抗癌创新药物研发与应用

天津艾赛博生物技术有限公司建设有“天津市药用植物细胞规模培养企业重点实验室”，运用植物细胞大规模培养技术在国内首次实现中试规模植物细胞培养生产紫杉醇，项目已进入产业化生产，将填补国内生物技术规模化生产紫杉醇的空白，有望降低抗癌药物价格，让患者买到低价优质的抗癌药。

3. 新药国际临床和产品国际认证

尚德药缘公司开发的第一代抗癌症干细胞的创新药物ACT001为胶质母细胞瘤提供了新的治疗手段，已在澳洲进行临床试用，是天津在澳洲开展临床试验的首个原创西药，也是我国原创的、罕见地进入发达国家临床试验的候选新药；并获得美国食品药品管理局罕见病药物（孤儿药）的资格认定，是天津市首个获得美国“孤儿药”认定的准药品。

（二）现代中药

1. 创新中药研究

天士力集团的“创新中药关键技术国家重点实验室”确立了中药质量标准研究、过程实时质量控制研究、批次一致性评价及创新中药研发三个研究方向，以多个中药国际化研究项目为基础，解析和构架中药质量可控性技术，为国内外创新中药研发创建了一套新的研发模式和评价方法，致力于解决中药创新和国际化的共性问题。

2. 传统中药二次开发

天津中医药大学“天津市现代中药重点实验室”研究人员从临床疗效确切的经方、验方、中成药、民间植物药入手，建立适合中药复杂体系的组分中药发现与评价技术体系，推动现代中药研发、二次开发和中药产业工艺优化。张伯礼院士团队的“中成药二次开发核心技术体系创研及其产业化”项目获得国家科学技术进步一等奖，创立了基于系统工程学的中成药二次开发模式；朱彦教授团队研究了复方中药丹红注射液对心脑血管疾病治疗的共同分子机制，明确了其现代药理，为脑心同治理论提供了新的科学内涵，荣获中华中医药学会科学技术奖一等奖。

(三) 生物制品

1. 生物制品的研发

天津和泽干细胞科技有限公司建设有“天津市干细胞再生医学转化企业重点实验室”，开发了先进的干细胞分离方法，高效高质地分离脐带间充质干细胞及脂肪干细胞，成功建立了国家首家脂肪干细胞库，为我国自体干细胞储存开辟了新的市场。同时加大了产业化转化研究，成功研发出“脐带间充质干细胞抗肝纤维化注射液”等产品。

康希诺生物技术有限公司建设有“天津市呼吸道细菌重组及结合疫苗企业重点实验室”，从事创新疫苗研发，拥有多个重组技术改造的菌株，可实现超高疫苗产量和生产工艺的简化。公司投资的疫苗产业化基地也在开发区落成，将生产自主研发的高端疫苗，有望成为国内工业转化价值最大的人用疫苗生产基地。与军事医学科学院生物工程研究所联合开发的康希诺公司研发的一类新药重组肺炎球菌蛋白疫苗打破国外垄断，获得国家食药总局新药临床试验批准。

2. 生物检测产品的研发

天津生物芯片技术有限公司引进 Pacbio RS Ⅱ 和 PacBio Sequel 系统，已成功利用第三代测序技术完成细菌、真菌、昆虫、动植物、人类等数百个物种的基因组、全长转录组测序及分析工作，可提供包括基因组学、蛋白组学、生物芯片、生物信息学、微生物鉴定、多克隆抗体定制 6 大项服务。

3. 医疗器械

天津九安医疗电子股份有限公司建设有“天津市移动健康监测医疗电子设备企业重点实验室”，是全球家用医疗健康电子产品提供商，主要产品为血压测量产品、血糖测试产品和其他高附加值的家用健康产品，是国内第一、全球第二的电子血压计生产商，产品占据国内 30% 的市场份额。

天津瑞奇外科机械股份有限公司有“天津市微创外科手术器械技术工程中心”，是专业化的自动缝吻合器系列产品和微创外科产品的供应商，为普外、胸外、妇产科手术提供国际一流的开放式手术器械和腔镜下手术器械。是中国第一家获得吻合器 FDA 注册证、中国第一家研发和生产腔镜下吻合器产品、电动吻合器产品，全球第二家研发、量产超声切割止血刀手术系统且可与跨国垄断者直接竞争的公司。

4. 海洋生物医药

天津中盛生物工程有限公司有“天津市海洋生物基功能纤维开发与应用技术工程中心”，利用海洋生物为原料生产的生物元壳聚糖纤维，因其抗菌作用应用于纺织领域，因其自身强吸附作用应用于空气净化器滤芯等材料领域，因其良好的生物相容性应用在口罩、止血布等医用产品中，防治伤口感染并止血促愈。

5. 工业生物

中国科学院天津工业生物技术研究所与天津瑞普生物、春发食品等企业成立多个企业联合研发机构，促进工业生物在工业化学品、生物医药、健康食品等领域的科技成果转化，近年来，取得了大量的科技进展，包括：田朝光研究团队对嗜热毁丝霉纤维素酶分泌途径进行多基因编辑，获得的工程菌株可将纤维素酶蛋白分泌提高 5 倍，该技术体系在其他嗜热真菌中也有通用性；宋诙研究团队开发的生物纺织酶技术，可在印染材料前处理过程中代替烧碱，将退浆和精炼合成一步完成，在提高前处理效率的同时减少污水排放，该技术于 2016 年在河北宁纺集团完成了应用示范，预计将在未来 3 年内推广到 20 余家企业。

三、重点企业产品保持国内领先

诺和诺德胰岛素生产规模亚洲最大，诺维信酶制剂生产规模国内最大，金耀集团皮质激素生产规模和产量全国第一，中维药业 VB1 产量世界第一，石药信汇 GCLE 产量国内最大，尖峰葡萄籽提取物生产规模国内最大，中科新炬艾滋病快速诊断试剂第一个获得药品文号，国韵生物 PHA 产量全国第一，药明康德作为亚洲最大临床前 CRO 公司，凯莱英作为中国十大 CMO 企业。2017 年，医药集团、诺和诺德、天士力、红日药业 4 家企业进入全国医药工业百强。

四、高端人才齐聚

天津拥有两院院士 8 名；拥有以张伯礼院士为代表的 10 余名参与国家发展战略研究和指南编制的专家；41 人入选国家“千人计划”，约占全市国家“千人计划”总数的 29.5%；161 人入选天津市“千人计划”，约占全部天津市“千人计划”总数的 40%。英国皇家工程院院士、牛津大学崔占峰教授等一批海外高层次人才先后来津创业和合作，为我市生物技术与健康产业发展奠定了坚实的人才基础。特别是为推动天津生物产业高质量发展，充分发挥国内在生物产业有重要影响力的专家学者为天津发展群策群力，成立了天津市生物医药产业专家咨询委员会，共有 21 位专家组成，其中中国科学院院士饶子和任主任委员，有两院院士 10 名，有 9 名专家来自外省市。

五、创新体系日趋完善

拥有天津国际生物医药联合研究院、中国科学院天津工业生物技术研究所、中国医学科学院血液学研究所、军事科学院科研及成果转化基地、天津药物研究院有限公司等国内一流的研发平台。天津市正在与中国科学院合作申请建立国家合成生物技术创新中心，并支持推动天津大学申请建立合成生物技术国家重点实验室，力争使天津市成为国家乃至全世界合成生物技术的高地。目前建有 20 个国家级（包括部委级）重点实验室，7 个国家级工程（技术）研究中心和 7 个国家级企业技术中心、1 个国家临床医学研究中心，以及市级工程中心、重点实验室等各类创新平台合计 163 个，涉及产业各重点领域。

下一步，天津将以“坚持创新引领，融合发展；坚持质量为行，注重安全；坚持特色鲜明，集聚发展；坚持国际视野，合作开放”为原则，实施生物产业发展八大工程，提升天津国家生物产业基地的发展质量和水平。

（1）实施化学药转型升级工程。加强关键药物中间体和高端原料药的研发与制造，突破高附加值化学药物剂型改造技术，提高通用名药物研发效率和质量，加大药用先导化合物库的研究力度。

（2）实施中药现代化国际化工程。推动一批创新中药的临床研究和产业化，推进传统中药产品的二次开发。突破中药材有效成分提取、分离与纯化技术，加强组分中药研究，加快研究中药制剂技术，实现中药产品剂型多样化。开展名贵中药材人工替代品的研究，积极扶持优质饮片发展，加快中药国际化步伐。

（3）实施生物制药研发转化产业化工程。加快推进单克隆抗体、干细胞等生物制品的研发和产业化，研发肿瘤疫苗、艾滋病疫苗等先进疫苗，以及抗肿瘤、抗类风湿等单克隆抗体药物，开发以检测传染病、血液病、肿瘤为主的特异性诊断试剂。支持基因测序产品、生物检测产品以及与仪器配套使用检测品的研发和产业化。

（4）实施医疗器械培育成长工程。充分发挥天津医疗器械企业在临床诊疗、家用医疗器械、高端耗材、植入物、诊断试剂等细分领域的既有优势，大力发展具有自主知识产权的高端医疗器械，鼓励发展以云计算、物联网、人工智能等现代信息智能技术为特色的健康信息服务产品。

（5）实施健康产业精深化工程。研发具有自主知识产权的系列化医用食品，构建基于天然食用资源的新型临床营养制剂功能性组件及其产业化体系，建立医用食品原料深加工基地，利用高新技术对具有保健功能的原料进行深加工、精加工，提取其中的功能因子，开发保健（功能）食品，做好医用食品技术开发与产品储备。

（6）实施公共服务平台建设工程。构建产学研协同创新模式，形成优势互补、利益共享、风险共担的机制，释放人才、技术等创新要素活力。运用数据库、互联网等信息技术，建设医药产品技术研发、产业化、安全评价、临床评价、成果展示等公共服务平台，加快科研成果孵化、转化、产业化。鼓励龙头企业发起建立专业联盟，组织专业会议，搭建天津市生物医药行业交流平台。

（7）实施生物医药质量品牌提升工程。引导企业增强质量品牌意识，加强质量管理，加大智能制造软硬件投入，提高创新水平，培育重大产品，开发具有重大临床价值的创新药物和生物新产品，创造高价值专利，提升核心竞争力，形成品牌效应。

（8）实施产业一体化发展工程。构建一二三产协同发展模式，推进中药种植和研制一体化发展，建立现代药品流通体系，发展多业态混合经营。鼓励企业建立研发生产一体化新模式，提高研发效率，降低研发风险，降低企业生产成本。

（撰稿：天津市发展改革委）

兰州国家生物产业基地 2018年度发展报告

按照《"十三五"生物产业发展规划》《甘肃省"十三五"陇药产业发展规划》《甘肃省建设国家中医药产业发展综合实验区总体方案》要求，2018年，兰州生物产业基地继续围绕做大做强生物医药、巩固发展现代中（藏）药的发展方向，立足兰州周边地区丰富的中药材资源，不断优化产业布局，深入贯彻落实《甘肃省中医中药产业发展专项行动计划》，制定了《兰州市中医中药产业发展专项行动方案》，着力加强生物医药产业重点项目建设，推动生物医药产业不断发展壮大。

一、生物产业基地发展情况

2018年，甘肃省已经基本形成了以生物制药、现代中药为重点的产业体系，聚集了兰州大学、甘肃中医药大学和中科院化学物理研究所、中科院近代物理研究所、中国农科院兰州兽医研究所等与生物医药产业密切相关的高等院校和科研院所。培育了兰州生物制品研究所有限责任公司、中农威特生物科技股份有限公司、中牧实业兰州生物药厂等生物制品骨干企业和兰州佛慈制药股份有限公司、甘肃陇神戎发药业股份有限公司、兰州和盛堂制药有限公司、甘肃奇正藏药有限公司等现代中药企业。兰州生物制品研究所是全国生物制品6大所之一、国家科技部"863"计划产业基地，承担着国家生物安全产品的储备任务，以及疫苗等产品的研发与生产。中农威特生物科技股份有限公司，是集动物生物制品研发、生产、经营与技术服务为一体的高新技术企业，是国内唯一经农业部批准生产全部品种口蹄疫灭活疫苗的企业。中牧股份兰州生物药厂是全国家畜疫苗品种最齐全、生产能力最大、生产线最多的生物制品生产企业之一。兰州佛慈制药股份有限公司是一家具有90年制药历史的市属国有控股上市公司和"中华老字号"企业，出口品种数长期位居同行业前列，多年来名列中国中成药出口企业十强，被商务部、国家中医药管理局评定为国家首批中医药服务贸易先行先试骨干企业。截至

2018年年底，兰州市拥有规模以上生物医药企业20户，全年实现工业增加值24.3亿元。

二、主要工作措施

（一）产业发展基础不断筑牢

一是建设兰州新区现代中药产业精深加工园。一方面通过“出城入园”及招商引资，引进佛慈、兰药、和盛堂、普安康、禾仁、尚方堂、安泰堂、九州通等中药企业落户新区。另一方面，投资23.44亿元建设兰州西部药谷产业园，“筑巢引凤”，目前已完成标准化厂房、库房、办公楼等32栋单体建设任务，引进佳加净生物科技有限公司、国药集团甘肃医疗器械有限公司等企业入驻。**二是**建设兰州高新技术开发区中医药产业创新研发孵化园。项目一期孵化中心、中试厂房、科技研发楼及产品展厅已建设完成。陇神戎发药业年产100亿粒滴丸剂生产基地建设项目已建成投产。中农威特生物科技股份有限公司、中牧股份兰州生物药厂、西脉等企业陆续入驻。

（二）骨干龙头企业不断发展壮大

通过近几年的大力扶持引导，培育了兰州生物制品研究所、中农威特生物科技股份有限公司、佛慈制药、和盛堂制药、陇神戎发等骨干企业。通过积极鼓励企业加大研发投入、优化工艺、提升质量标准、临床评价等研究，有力推动注射用A型肉毒毒素、口服轮状病毒活疫苗、口蹄疫疫苗等生物制品进一步开拓市场，有效促进元胡止痛滴丸、六味地黄浓缩丸、当归腹痛宁滴丸、奇正消痛贴膏等一批传统特色优势中药提升市场知名度、提高市场份额。A型肉毒毒素、口服轮状病毒活疫苗、口蹄疫疫苗、元胡止痛滴丸、六味地黄浓缩丸2018年销售收入分别达到10亿元、8亿元、5亿元、2亿元、1亿元。同时，复方黄芪健脾口服液、福康片、氢溴酸高乌甲素等一批特色优势创新产品发展良好，为甘肃省大品种大品牌培育工作稳步推进和促进生物医药产业持续平稳健康发展提供了有效动力。

（三）重点建设项目稳步推进

2018年，重点实施的14个生物医药产业项目中，已建成7个，当年完成投资10.38亿元。其中，兰州新区佛慈制药科技工业园项目一期6月22日建成投产；兰州凯博药业股份有限公司的生物医药及医用生物材料建设项目拿到生产许可证；禾仁甘肃中药现代化产业基地项目一期8月7日投产；兰州西部药谷产业园项目标准化厂房、库房、办公楼等32栋单体已建设完毕，开展招商引资工作；旭康药业年产 2350t 标准中药饮片提取物生产线项目一期、康乐药业年产 5000t 精致中药饮片加工及直接口服饮片生产线项目和阿敏生物基于清真明胶的生物医药及健康产业发展项目建成投产。兰州生物制品研究所新建Ⅲ价轮状病毒疫苗车间项目主体建设和室内安装工程基本完成，部分设备已开始安装；中农威特生物医药基地项目主体建设进展顺利，部分单体已封顶；中牧兽用疫苗生产基地项目暨兰州生物药厂生产区整体搬迁项目 11 月 28 日开工奠基；尚方堂现代中药与大健康产业园项目 6 个单体全部封顶，正在安装调试设备；西脉新材料产业园项目一期正在进行厂房主体建设；甘肃兰药药业有限公司的抗肿瘤化药原料合成车间及口服固体制剂车间项目已完成主要设备采购工作，正在进行公用工程设备设施的采购及安装工作。

（四）生物医药创新研发能力不断增强

鼓励中药企业建立创新平台，目前兰州生物制品研究所技术中心被认定为国家级企业技术中心，中农威特、陇神戎发、佛慈、和盛堂、兰药、泛植、太宝、亚兰、大得利 9 户企业技术中心被认定为省级企业技术中心，兰州生物制品研究所、和盛堂 2 户企业被认定为国家级技术创新示范企业，中农威特、佛慈、陇神戎发、兰药 4 户企业被认定为省级技术创新示范企业。佛慈制药与瑞典斯德哥尔摩大学联合成立“中瑞天然植物药和保健品研究中心”，甘肃奇正与江西中医药大学联合成立甘肃现代中药制剂工程研究院。近几年，兰州生物制品研究所、佛慈制药、陇神戎发、兰药药业、和盛堂、奇正藏药等重点企业科技研发能力不断增强。兰州生物制品研究所在口服轮状病毒活疫苗基础上研发了Ⅲ价轮状病毒疫苗，新研发的 13 价肺炎结合疫苗、4 价流脑结合疫苗已进入三期临床试验阶段，正在加快产业化进程；中农威特公司的猪口蹄疫 O 型、A 型二价灭活疫苗研发成功并于 2018 年 3 月份上市，创新了口蹄疫疫苗种毒制备技术，填补了国家口蹄疫防控的技术空白，保障了国家口蹄疫防控计划的按部推进；佛慈制药正在进行大黄等六种道地药材中药饮片标准化建设及中药配方颗粒产业化示范研究、内消瘰疬丸等大品种培育；陇神戎发与天津药物研究院合作，进行元胡止痛滴丸二次开发和深度研究，促进元胡止痛滴丸年销售额在 2 亿元基础上进一步提升。和盛堂药业正在进行国家一类“丹参酚酸 A”注射液、中药六类新药“芎归止痛滴丸”临床前研究；奇正药业进行消痛气雾剂等产品开发。

（五）大健康产业加快发展

积极支持中药企业开展以当归、党参、黄芪、红芪等优势中药材等特色资源为原料的大健康产品研发，加快推进大健康产业发展。佛慈制药“肖助理”本草植物饮品、阿胶、陇神戎发黄芪当归胶囊已注册，新资源藤茶解酒保健食品研发正在进行。佛慈制药被确定为甘肃省首批中药配方颗粒科研项目单位，与天津红日药业股份有限公司达成合作，共同开展中药配方颗粒生产、销售业务。

（六）加大“走出去”力度

兰州生物制品研究所A群C群脑膜炎球菌多糖双价疫苗产量占全国市场80%以上，并成功销往非洲。兰州佛慈制药股份有限公司为首批中医药服务贸易先行先试骨干企业，产品出口到美国、澳大利亚、日本等28个国家和地区，产品国外认证数、海外商标注册数、出口覆盖面、出口品种数长期位居同行业前列；兰州和盛堂制药有限公司小柴胡颗粒在匈牙利注册和获批，并上市销售，同时，企业也在新加坡完成注册，并将当归腹痛宁滴丸、新生化颗粒、独一味滴丸多个产品在新加坡陆续注册成功，并获得销售许可；陇神戎发药业与吉尔吉斯斯坦国立医学检测中心在比什凯克筹备共建医学检测中心。甘肃新丝路产业投资有限公司在吉尔吉斯创建中医药合作项目，投资建立了中国-吉尔吉斯中医中心。陇神戎发药业消栓通络片、七味温阳胶囊、小儿清肺止咳片、舒心宁片、小儿清感灵片、当归黄芪胶囊6个药品获得俄罗斯联邦国家注册证书，这6个药品可以正式出口销售至俄罗斯、白俄罗斯、哈萨克斯坦关税同盟境内；甘肃亚兰药业公司在哈萨克斯坦成立甘草酸生产厂并建成投产，实现了对中亚地区野生甘草资源的开发利用。甘肃泛植生物科技有限公司与哈萨克斯坦、土库曼斯坦等中亚5国开展甘草采购贸易，向俄罗斯出口甘草酸铵、甘草次酸；甘肃美迩康进出口有限公司与俄罗斯、乌克兰、捷克、日本、意大利、泰国等国家发展贸易往来。

三、特色和亮点

（一）兰州高新区“生物医药·兰州高新技术产业开发区”特色基地入选“国家新型工业化产业示范基地”

国家新型工业化产业示范基地由国家工信部评定授牌，按照新型工业化要求改造提升，经省级示范基地培育创建，形成的主导产业特色鲜明、发展水平和规模效益居行业领先地位，在协同创新、集群集约、智能融合、绿色安全等方面具有示范作用，走在全国前列的产业集聚集群区。年初，工信部公布了国家新型工业化产业示范基地（第八批）公示名单，兰州高新区“生物医药·兰州高新技术产业开发区”特色基地成功入选，成为甘肃省唯一获得生物医药类的“国家新型工业化产业示范基地”，为甘肃省又增添一项国家级金字招牌。

（二）兰州佛慈制药股份有限公司厂区整体搬迁工作初步完成

兰州佛慈制药科技工业园一期项目建设已完工，共投资 13.4 亿元，建成了制药板块和甘肃省现代中药制剂工程技术研究中心。2018 年 5 月 22 日第一批药品从新厂区生产车间正式下线并于 6 月顺利通过甘肃省药监局 GMP 现场认证，并获得药品 GMP 证书，标志着佛慈制药厂区整体搬迁工作初步完成。

四、存在的困难和问题

一是甘肃省大部分生物医药企业规模偏小，产业整体规模效应不明显，年销售收入 10 亿元以上的大型龙头企业和年销售额 5 亿元以上的大品种偏少。**二是**企业创新能力有待进一步加强，部分生物医药企业科技研发投入偏小，一定程度上制约了企业开发新产品，提升生产经营能力的步伐。**三是**生物医药专业技术人才缺乏，智力支撑不足，特别是领军型、管理型、复合型的人才十分匮乏。

五、下一步工作计划

下一步，我们将以省委省政府《关于构建生态产业体系推进绿色发展崛起的决定》为行动指南，继续将生物医药、中医中药产业作为发展重点，着力增强兰州新区、高新区产业园承接产业能力，实施一批重大项目、培育一批骨干企业、形成一批知名品牌，力争中医中药产业成为带动全省经济社会发展的新亮点。

（一）加快生物医药产业园区建设

加快建设兰州新区现代中药产业精深加工园、兰州高新技术开发区中医药产业创新研发孵化园和兰州高新区国家生物医药产业基地，加强对龙头项目和产业链缺失环节的招商引资和项目引进。促使兰州新区成为全省生物医药制造及物流配送集聚区，兰州高新区成为生物医药新产品研发、中试、孵化培育和技术会展基地。

（二）培育骨干企业及优势品种

围绕兰州生物制品研究所、中农威特、佛慈、陇神戎发、和盛堂、奇正等现有重点生物医药企业，促进资源向优势企业集中，培育生物医药大企业、大品种。支持佛慈中药配方颗粒产业化。

（三）不断强化重点项目建设

及时跟踪掌握项目进展情况，协调解决项目建设中存在的困难和问题，促进项目按计划实施，以项目建设带动全省生物医药产业发展。

（四）不断增强企业创新能力

鼓励企业运用新技术、新工艺、新材料，重点发展技术含量高、有明显创新性、质量稳定可控、与甘肃省道地及大宗药材资源结合紧密的现代创新中药和生物制品。指导企业紧盯中药促进人体增强免疫力、调整神经、调理胃肠功能以及抗衰老、抗疲劳等方面的保健作用，帮助企业研发、生产以甘肃道地药材为主要原料的保健食品、保健餐饮等系列产品。

（五）继续加强生物医药产业“走出去”步伐

把推动全省生物医药产业走出去作为工作重点，精心谋划，力争取得实质性进展。积极组织市内生物医药企业“抱团”参加“兰洽会”“药博会”等国内外展会，宣传、推介甘肃省生物医药产业。

（撰稿：甘肃省发展改革委）

昆明国家生物产业基地 2018年度发展报告

一、发展基本情况

“生物多样性可持续利用——昆明国家生物产业基地”2007年6月被国家发改委批复认定为云南省唯一的国家级生物产业基地，其核心区设在昆明高新技术产业开发区。

2011年10月28日，昆明国家生物产业基地高新区新城产业园正式揭牌启用。按照《昆明国家生物产业基地核心区规划》的工作发展思路，打造以云南特色三七、天麻、灯盏花、青蒿、云木香、当归等道地药材为主要原料的医药产业集群。

2011年12月“云药”产业集群被科技部认定为国家火炬计划创新型产业集群试点（培育）。

基地核心区规划面积10 000亩，聚集生物产业类企业277家（含销售流通类企业），其中：生物制造类企业85家，生物资源开发类企业105家，流通类企业76家，基因科技类企业11家。包括德国拜耳药业、香港积大药业、云南白药集团、昆明制药集团、沃森生物、龙津药业、国药集团云南医疗器械、中国医科院医学生物所、华大基因、达安医学检验、新生命干细胞等龙头企业。建有国家级、省市级企业技术、联合工程研究中心、创新型企业及创新型试点企业等60余家。截至2018年年底，生物产业主营业务收入480.1亿元，聚集规模以上生物医药企业的工业总产值占全省的80%。

二、开展的主要工作

（一）建好1个基地

基地核心区目前一期5000亩已基本建设完成，培育4家上市企业（云南白药、昆明制药、沃森生物、龙津药业），1家完成股改上市企业（积大制药），2家新三板挂牌企业（云南蓝钻生物科技股份有限公司、云南生物谷药业股份有限公司）。到2020年，昆明国家生物产业基地核心区整体实力将得到明显提升，科技创新能力增强，产值规模扩大，成为在国内有一定影响力的特色园区。

（二）树立1个品牌

“云药”品牌——以传统中医药、民族药为基础，用现代医药技术推进包括中药、民族药、植物药、天然药的开发利用。在已形成特色的三七系列、白药系列、灯台叶系列、青蒿素系列等知名品种基础上，加强道地药材的开发，改进传统剂型，提高质量控制水平，培育云药新品种；针对市场需求，研制开发有自主知识产权的新药产品，形成一批知名度和市场占有率较高的“云药”品牌。

（三）发展3大领域

生物医药——重点以云南天然药、植物药、民族药等道地药材优势，发展特色鲜明的医药产业。**生物工程**——重点推进基因技术、细胞技术、生物技术药等领域的发展。**健康服务**——重点推进第三方医学检测、精准医疗、远程医疗服务、大数据分析领域的发展。

（四）建设4大产业园

1. 医药产业园

全区以德国拜耳集团、以色列贝克诺顿药业、香港积大制药、国药集团、云南白药集团、昆明制药集团、沃森生物、龙津药业、中国医科院医学生物所、生物谷药业、云南理想药业、云南植物药业、龙润药业等为代表的生物医药企业及研发机构在基地聚集，医药产业园已初具规模。

2. 基因科技创新园

基因科技创新园已聚集了全省90%以上基因科技公司，深圳华大基因、成都新基因格、上海同济大学、北京博奥生物、广东达安医学检测、江苏舜喜医学、成都新生命干细胞、云南沃森、云南昊邦迪安医学、云南省科学技术院、云南寰基生物芯片、云南赫斯提雅生物科技、昆明医学院快速生物等多家有影响力的高科技企业入驻园区，实施基因科技、基因检测及科研试验平台等项目。

3. 新型疫苗产业园

以云南沃森生物研发中心、中国医学科学院医学生物学研究所等项目，建设新型疫苗产业园。开展以医学病毒学、免疫学、分子生物学技术、医学遗传学、分子流行病学及以灵长类动物为主的实验动物及动物实验技术的基础和应用研究，进行重大传染病疫苗、免疫制品和基因工程产品的规模化生产，形成具有自主知识产权、市场占有率较高的疫苗品种，成为我国传染病、流行病疫苗的重点研发及生产基地。

4. 医疗器械产业园

为促进云南省医疗器械产业结构的转型升级，以有自主知识产权的科技型企业为重点，围绕新型医疗耗材及设备，推动创新型医疗器械产业聚集发展，形成集研发、生产、销售为一体的科技型产业园区。现园区内已聚集了国药集团（云南）医疗器械、昊戎生物、江西汇贤达等一批医疗器械企业。

（五）搭建5大平台

科技服务平台——以国家重点实验室、工程技术（研究）中心为重点，构建科技创新、资源共享、人才培养等服务平台；**电商服务平台**——以高新区现有的电子商务公司及省内专项商贸公司为基础，借助因特网开放的网络环境，搭建买卖双方互利互惠的电商平台；**信息服务平台**——以省市相关部门、行业协会及园区企业为重点，对分散在不同载体上的信息进行收集、评价、选择、组织、存储，使之有序化，为区内企业和创新主体提供全方位信息服务，建立信息共享的服务体系；**金融服务平台**——依托区内、外银行、保险和其他金融服务机构及社会资本等，以政府资金及政策引导，培育产业基金，为支持企业融资搭建服务平台；**项目服务平台**——以行业协会、商会、产业联盟等机构，推进研发成果、发明专利、技术创新等知识产权实现产业化，搭建服务平台。

三、发展的特色和亮点

昆明国家生物产业基地重点培育特色产业，实现产业规模倍增。建设具有生物医药、生物工程、健康服务及相关配套产业为一体的特色园区，提升生物产业基地竞争力。

（一）中药（民族药）

以现代中药标准体系建设和推广应用为核心，以云南道地药材、天然植物药、动物药、微生物药用资源为基础，借助云南特色医药产业已经形成的优势，在医改对传统中药产品的拉动下，积极开发与生物技术药、化学药治疗相结合的中药新产品，打造从原料药到药品的中药标准化产业链。以三

七、灯盏花、滇龙胆、铁皮石斛、天麻、茯苓等云南道地药材为主体，加大中药制药过程的关键技术开发和推广。以市场需求为导向，加强对名优中成药的二次开发，在中成药注射液、中药提取纯化、饮片生产和质量控制中形成标准化；推进昆药集团、植物药业在昆明高新区新城产业基地建设“昆药集团产业园”“云南植物药业工业园”项目，打造以云南生物谷灯盏花公司、云南理想药业、昆明龙津药业等一批拥有知名品牌和自主知识产权、核心竞争力强、带动作用明显的重点企业，为云南省中药（民族药）向现代中药标准化发展起到积极带动作用。

（二）生物制品、基因科技和化学药

我国医药市场结构总体上是以化学药为主，中药为辅，而化学药（含化学原料药）生产一直是云南生物医药产业结构中最薄弱的环节之一。“十二五”以来，专利到期化学药物的仿制、仿创报批已成为国内制药企业争夺的制高点，也是云南制药企业化学药实现突破性发展的大好机遇。拜耳成功收购滇虹后，未来5年内，拜耳将全球顶尖的化药技术引入滇虹，力求将滇虹集团在昆明高新区新城产业基地建设的项目打造成西南最大的化学药物生产基地；积大制药、贝克诺顿的化药制品，在国内化药制剂领域占有一席之地。

生物制品是医药行业发展最快的领域，新型疫苗、基因工程、干细胞治疗将是昆明高新区生物医药产业后续发展新的亮点和经济增长点。中国医学科学院医学生物学研究所和沃森生物都有一批进入临床试验的新产品；云南新生命干细胞有限公司与成都军区总医院合作开发的干细胞治疗免疫系统、心血管系统、神经系统疾病及干细胞对慢性病介入治疗、医疗保健等都取得突破性进展。昆明高新区建立的“基因科技创新园”已成功引入深圳华大基因、北京博奥、广东达安、四川新生命干细胞、昆明寰基基因芯片、昊邦迪安医学检验中心等13家有影响力的高科技企业入驻基因科技园，实施基因科技、基因检测及科研试验平台等项目，为高新区基因科技发展奠定基础。

（三）植物提取物、天然香精香料、药妆品

依托云南得天独厚的植物、动物、香料资源以及周边国家作为世界天然香料主产区的优势，进一步挖掘云南特色资源，以东方生物公司为主体，打造植物提取、天然香精香料产业龙头企业；以贝泰妮生物制造的云南本土品牌“薇诺娜”为突破口，带动一批药妆品、日化产品的研发生产，做大做强本土品牌，推动植物提取、天然香精香料产业、药妆品、日化品产业发展。

四、存在的问题和困难

（一）产业规模小

2018 年昆明高新区生物产业主营业务收入虽达到 469.1 亿元，但仍存在产业规模较小、单位产值较低等问题，产业总量较周边地区有一定差距。

（二）资源优势未完全转化为产业优势

在资源利用方面，对丰富的生物资源开发利用程度还远远不够，对中成药、民族药的研发和经典名方的二次开发及应用不够，原研药、首仿药、中药的研发没有依托现有产品形成系列产品；在产品开发上，没有沿优势资源、疗效确切、功效精准、新功效开发及国际化的主线，深度开发生物医药，并向国内一流、国际知名的目标迈进。

（三）创新能力不足

一是国家级、省级技术中心和研究中心数量不够，尚未形成有效的科研支撑体系。园区企业自主创新能力和知识产权保护意识不足，投入科研资金占比较小，没有沿优势医药产品在细分市场上深度开发系列化产品，延伸产品链，导致一些低水平重复研究和重复投资，产品结构单一，且企业间相互合作，资源共享、协同创新等还有待提升。二是人才集聚不足。省内高层次人才匮乏，特别是科研人才、行业领军人才、专业技术人才聚集不足。

（四）临床应用困难

一是仿制药一致性评价的时间短，工作量大，投入高。但临床试验中心在跨区域的选择上特别困难，企业的项目想要寻找北京、上海、广州、深圳等地的研究机构基本不被接纳。二是临床试验费用高。单个品种完成一致性评价约需要 1200 万～1500 万元，若企业仿制药品种批文数量较多，将对企业运行造成巨大负担。同时云南省符合临床试验的机构很少，企业在临床工作开展方面面临巨大困难。

五、下一步发展思路与设想

（一）总体发展思路

基于昆明高新区现有的生物医药制造业基础，拓展生物医药和大健康融合发展方向的系列产品，充分发挥政府的财政资金引导和监督规则制定的作用，以现代生物医药为支撑，以企业和市场为载体，以云南的生物医药产品和气候优势为核心竞争力，着重开发生物医药产品、生物日化产品、生物制造产品。

通过发展生物医药和大健康产业，带动云南高端医疗旅游、健康养生农业、大健康食品制造业的快速融合和发展；到2020年，形成覆盖人类生命周期、内涵丰富、特色鲜明、布局合理的生物医药和大健康产业体系，打造云南生物医药和大健康产业发展的新增长极，使昆明高新区成为云南生物医药和大健康产业发展的航标灯、中国心脑血管大健康产品科技创新的航标灯、中国高新区生物医药创新发展的航标灯。

（二）产业发展设想

“十三五”期间，昆明国家生物产业基地将大力推进生物医药产业的快速发展，重点围绕生物医药、生物工程、健康服务领域开展产业建设，形成全省生物医药产业的示范基地，具有影响力的特色产业聚集区、科研创新的中心区、产业配套的示范区。发挥辐射带动作用的核心区，实行规模扩张和内培外引并举的方式，以生物医药为重点，确保昆明高新区生物产业各项主要经济指标保持10%以上的增长幅度，到2020年营业总收入力争实现550亿元。

（三）基地建设目标

到2020年，完成昆明国家生物产业基地在新城产业区10 000亩开发建设任务及水、电、路、天然气、蒸汽、通信、光纤、污水处理、中水回用等基础设施配套建设，为“昆明国家生物产业基地”技术创新体系建设、产业化项目实施提供良好的硬件条件。目标引进、聚集生物工业、科研企业100家以上；规模以上生物工业企业达40家；产值或销售收入过亿元的企业达到30个以上。

（撰稿：云南省发展改革委）

杭州生物产业国家高技术产业基地 2018年度发展报告

自2008年被国家发改委授予“生物产业国家高技术产业基地”以来，在省、市政府的高度重视下，在国家、省发改委的关心指导下，杭州生物产业规模不断扩大、集聚效应不断显现、创新能力不断提高，逐步形成以生物技术药物为核心，现代中药为基础，现代化学药物与新型医疗器械协同发展的产业格局，总体呈现平稳较快发展态势，部分领域居国内领先水平。

一、2018年发展情况与主要工作

1. 产业规模不断壮大

2018年，全市医药制造业规上企业数95家，实现主营业务收入518亿元，同比增长15.8%；实现工业增加值224亿元，同比增长10.7%，高于全市规模以上工业增加值增速4.4个百分点。其中，杭州经济技术开发区作为国家生物高技术产业基地核心区，截至2018年年底全区累计设立生物医药企业798家，2018年以来新增企业245家，全年规上生物医药企业实现主营业务收入305亿元，同比增长15.3%。以生物医药产业为核心的生物产业已经成为全市经济发展的一支重要力量，规上工业总产值、销售产值、主营业务收入、利税总额等均占全省总额的35%以上，均居全省第一位。

2. 重大平台集聚带动

构建了以杭州经济技术开发区为核心，以余杭区、大江东、杭州高新区为特色集聚园区，以东部医药港小镇、富春药谷小镇等特色小镇为支撑点的“一核三园多点”产业格局。其中，**杭州经济技术开发区**吸引了辉瑞、雅培、默沙东、拜耳、礼来等全球医药巨头投资，积极推进国家级高科技企业孵化器、杭州东部医药港小镇等平台建设。**余杭区**依托生物医药高新技术产业园和杭州未来科技城（海创园）健康产业示范基地，集聚了葛兰素史克、赛诺菲、礼来等世界500强企业以及贝达、民生、胡庆余堂等“医药航母”企业，在创新药物、可穿戴设备、植入介入材料、基因诊断（生物芯片）、基因检测、干细胞及再生医学等领域形成优势聚集。**杭州高新区**全面推进“互联网+医疗”战略以及区域智慧医疗产业建设，形成了以智慧医疗为核心，高端医疗器械、健康医疗服务、药品制剂为特色的生物医药智慧创新高地。**大江东产业集聚区**推进“生物医药、健康食品”二合一的智慧健康产业发展，集聚了华东医药、苏泊尔南洋药业、泰华医药、百草味休闲食品、统一食品等企业集聚。

3. 重大项目引领发展

加大招商引资力度，推进生物重大项目建设。自2018年5月21日杭州市政府授牌“杭州医药港”后不到半年内，杭州经济技术开发区已招引生物医药项目52个，总投资298.75亿元，产业项目计划用地724亩、利用厂房22.52万平方米，达产后可实现产值302亿元。辉瑞全球生物技术中心、生物医药加速器二期项目竣工投用，华海药业、科惠医疗、捷诺飞3D打印、圣石科技等项目加快建设；天境生物、信达生物、澳亚生物、药明康德、歌礼生物等一批“152”工程重点项目加快谋划招引。2018年，杭州医药港小镇完成固定资产投资20.3亿元，完成年度目标的119.4%。其中产业项目投资18.7亿元、占比92.1%，政府投资项目1.61亿元、占比7.9%。

4. 创新资源加快集聚

全市集聚了包括浙江大学、西湖大学等生物医药相关专业的高等院校16所，与帝国理工大学、奥克兰大学等世界百强高校以及中国科学院、清华大学、中国药科大学等国内顶尖院所共建创新中心，建成了浙江大学杭州创新医药研究院、中国药科大学创新研究院、帝国理工先进技术研究院等科研机构。生物经济领域PE/VC投资活跃，截至2018年10月底，生物医药产业累计发生融资事件54起，融资金额高达62.85亿元，过亿融资案例11起。同时，产业领军人才不断集聚，引进了西湖大学校长施一公、哈佛大学教授乔治丘奇、诺贝尔奖获得者阿龙·切哈诺沃等国际知名生命科学家；核心区杭州经济技术开发区累计引进生物医药各类高层次人才共93名，其中国千31名、省千39名。截至2018年12月底，全市累计获批国产药品1550件、医疗器械4541件。

5. 产业生态更加完善

围绕从药物发现、成药性分析、安全性评价、临床试验、注册审批、药品生产、上市销售等关键环节，公共服务体系建设进一步优化完善。杭州经济技术开发区与清华大学、浙江大学、帝国理工大学、奥克兰大学等国内外知名高校合作共建创新医药研究院，加快推进国家新药安评中心浙江分中心、实验动物中心、浙大一院临床试验中心等公共服务平台建设，引进了浙江省医疗器械检验院、省药学会生物医药创新服务中心等专业机构，建成了澳亚生物 CMO 平台、华东医药供应链平台等综合性服务载体，初步构建了全链式生物医药产业生态圈。余杭生物医药高新技术产业园区先后引进省医疗器械审评服务中心、省医疗器械检验院余杭分院、省药监局行政审批受理分中心、创新药物早期成药性评价公共服务平台。浙江健康产业联合会与迪安诊断共同发起建设“基因小镇”，支持海外高级人才归国创业。

6. 发展环境更加优化

强化政策支撑，出台《杭州市关于深化“最多跑一次”改革 建设一流营商环境的实施意见》（市委〔2018〕23 号），提出 28 条具体措施，以深化“最多跑一次”改革为引领，持续推动减环节、简流程、压时限、提效率、优服务，着力破解不适宜激发企业活力的体制机制障碍，打造国际一流营商环境；出台《杭州市人民政府办公厅关于促进杭州市生物医药产业创新发展的实施意见》（杭政办函〔2018〕66 号），围绕生物制药、化学制药、现代中药、医疗器械四大领域，进一步强化财政金融支持。营造发展氛围，2018 年共举办各类生物医药论坛活动百余场，成功举办了第三届中国临床研究质量管理（GCP）暨 ICH 大会、2018 年中欧药品工作组会议、2018 侨界精英创新创业峰会等各类综合性论坛峰会，鼓励捷诺飞、中肽生化、奕安济世等生物医药企业每月举办专业性的学术交流活动，产业发展氛围日益浓厚。

二、存在问题和 2019 年工作思路

近年来，在生物产业国家高技术产业基地支撑下，杭州生物产业集聚发展、创新发展、融合发展的势头良好，形势喜人，但未来几年保持持续快速发展也存在一些短板和不足：**一是**产业总体规模偏小，杭州市生物医药产业总体规模仅为北京的 50%、苏州的 45%、武汉的 38%，从企业单体规模看，尚未有进入全国年销售额前 10 强企业；**二是**企业发展还不均衡，规上企业主要集中在体外检测试剂、医疗器械、药物生产等领域，在肿瘤、心血管、基因治疗、细胞治疗等创新药方面新引进的企业仍处在研发阶段，产品上市销售仍需较长时间；**三是**产业生态还需进一步完善，缺少国家级的创新平台，产业链各项环节的专业服务体系仍有所欠缺，行业内领先的、具有影响力的公共服务机构还不够多。

2019 年，杭州将认真贯彻落实党的十九大精神，以创新驱动、龙头带

动、协作联动为导向，以大众创业、万众创新为主抓手，着力“补链强链延链”，着力完善配套支撑体系，争创具有重要影响力的生物医药产业集群，为杭州加快构建现代化经济体系提供支撑。重点抓好以下工作：

1. 推进重大项目建设

一是强化协调服务。加快推进东部医药港生物医药加速器三期、华东医药百令二期、华海生物园区制药及研发中心、歌礼生物高端制剂制造中心和肝炎研究中心项目、养生堂生物医药杭州产业化项目、中肽生化合同研发（CRO）平台、澳亚生物合同生产（CMO）平台等项目建设。**二是加强谋划盯引。**全力推动生物医药产业上下游企业快速集聚，围绕生物技术制药、生物医学工程、高端医疗器械等重点领域，在肿瘤、免疫治疗、精准治疗、创新药等方面加大优质项目的跟踪力度，紧盯天境生物、信达生物、再鼎生物、富达基金、礼来基金等行业发展前端的龙头企业，加快推进项目招引落地。**三是及时掌握企业创新动态、项目信息。**加强生物领域重大项目储备，用足用好各级各类产业扶持政策，全力推进重大项目建设，进一步扩大生物产业有效投资，为“十三五”时期杭州生物产业国家高技术产业基地发展注入强大动力。

2. 加快优势企业培育

一是加快培育大型企业集团。围绕“去产能、降成本”，鼓励生物骨干企业进行行业资源整合，推动生物制造企业、商业流通企业、科研机构之间的重组，扩大企业规模，增强企业实力，形成若干资本雄厚、创新能力强、带动作用大、科工贸一体的大型生物产业集团。**二是加快培育创新企业。**围绕“大众创业、万众创新”，大力支持拥有生物先进技术成果的创业团队，通过创投引导、产业孵化等方式培育一批创新型企业。培育扶持一批研发能力强、成长性高的中小企业通过成果产业化、创业投资、上市融资和发行债券等方式做大做强，加快形成特色优势。

3. 着力完善产业生态

一是构建创新研发体系。充分发挥龙头企业引领作用，突破高端生物医药技术瓶颈，鼓励企业建设工程研究中心，加强生物医药领域重大关键技术研发攻关，提高产业核心竞争力。依托浙江大学、西湖大学等科研机构及阿里云等行业龙头，谋划建设国家生物产业创新中心和国际标准的生物医药大数据平台。进一步加强与国际国内知名院校、机构的创新转化合作，推动成立省级临床创新转化中心，加快产学研转化和创新药开发。**二是加强公共服务平台建设。**紧盯药明康德、方恩医药等项目，加强与浙大一院、国家新药安评中心战略合作，加快推进中试服务平台、动物中心、临床试验中心等各类公共服务平台建设。加快推动全省首个药品上市许可持有人（MAH）转化平台建设，扎实推进国家检验检测高技术服务业集聚区杭州园区建设，积极引进和大力培育各类生物医药研发及服务外包机构，鼓励研发外包企业与国际标准全面接轨。

4. 强化各类要素支撑

一是加强财政金融支持。积极推动引导产业基金、社会资本加大对生物领域投资力度，进一步培育发展生物经济。进一步完善上市培育机制，推动奥泰生物向证监会提交首次公开发行股票并上市申请，助力九源基因等企业加快科创板挂牌进程，积极争取落地港交所生物医药上市培育基地，建成投用省股权交易中心浙江生物医药专板。**二是推动国际合作与交流。**瞄准国际技术前沿，继续吸引国际一流的生物医药企业和研发机构落户。充分发挥高校、协会、企业资源集聚优势，进一步加强国际国内生物领域交流合作，举办一批生物医药高端论坛活动，谋划国际、全国性的重量级生物医药专业学术论坛落户杭州，进一步打响“杭州医药港”品牌知名度和影响力。**三是加强人才支撑。**充分利用“人才新政 27 条”“人才 22 条”等政策红利，进一步完善吸引、培养和使用三个环节相关政策待遇，积极引进国内外生物医药创新团队和领军人才。依托高校和科研机构，加强企业、院校所联动，与海内外知名大学、研究机构合作，重点培养生物产业急需的高层次复合型人才。推动建立高校、科研机构创新人才向生物医药企业流动的机制，提高科研人员创新动力和活力。

（撰稿：浙江省发展改革委）

陕西生物产业基地
2018年度发展报告

陕西省生物产业基地建设和管理相关部门认真贯彻落实国家发改委《"十三五"生物产业发展规划》、科技部《"十三五"生物技术创新专项规划》《"十三五"健康产业科技创新专项规划》，积极落实各项工业稳增长措施，促进生物医药加快发展，产业规模逐步扩大，企业数量不断增加，医药工业保持了平稳较快的发展势头。陕西省生物产业基地主要由位于西安市和杨凌示范区的生物医药相关企业组成。产业基地以创新生物医药和精准医疗为核心，加快"医＋药联动发展"，有力推进产业结构调整和优化升级，使生物技术产业成为增长速度快、质量效益好、带动效应强的战略性高技术产业。

一、生物医药产业发展基本情况、特色亮点及主要工作

1. 生物技术产业规模具有了一定基础

经过多年的发展，西安市已有生物医药类企业380余家，基本形成了以高新区、经开区等开发区为主要载体的生物技术产业发展格局。形成了以力邦制药和万隆制药为代表的化学与制剂生产集群，以步长制药和金花药业为代表的中成药生产集群，以皓天生物和嘉禾生物为代表的天然植物提取生产集群，以佰美基因为代表的基因检测集群，以天隆科技和金磁纳米为代表的医疗器械生产销售集群，吸引了一批以强生、杨森为代表的世界500强生物技术企业落户西安，生物技术产业呈现规模发展态势，2018年的生物医药产业营业收入达583.66亿元，同比增长7.2%。

杨凌现有规模以上医药工业企业15家，以中药生产企业为主，医药产业集中度和产业规模位居全省前列。2018年的生物医药产业总产值为17.6亿元，同比增长10.7%。

2. 研发实力逐渐加强

陕西省拥有全国领先的科技资源和人才资源，在生物技术领域已建成一

定的技术创新体系。空军军医大学（原第四军医大学）、西北大学、西安交通大学、西北农林科技大学、陕西师范大学等单位在生物医药、精准医疗、现代中药和医疗器械等方面具有深厚的研究积累，抗体药物研究突破了一批核心技术，若干高新技术领域实现了产业化，可降解生物高分子材料研究均居国内领先水平，综合科技实力位居全国第 3 位，每年诞生的科技成果约是西部总量的 30%，生物医药科技成果在其中占有相当比重。生物医药从业人员达 2 万多人，其中国家级人才 180 余人（享受国务院特殊津贴专家 20 人，两院院士 9 人，长江学者 8 人，国家杰出青年基金获得者 11 人，国家 863/973 科学家 49 人，国家科技部科技创新领军人才 2 人，国医大师 3 人）、高级职称 3360 人，中级职称 7900 人，生物医药领域初步形成了以企业为主体，高校和科研机构为中坚，产学研相结合的创新体系。2018 年以来，杨凌示范区生物产业领域共引进高层次人才 7 名，其中“长江学者”特聘教授 1 人，国家青年人才项目专家入选者 2 人，引进博士 129 人、“双创”团队 77 家。

3. 创新成果明显提升

药品优先审评品种数量显著增长。2018 年，西安市有 6 个药品被纳入国家药品优先审评品种名单，其中 2 个为生物制品（表 6-2）。

表 6-2　西安市 2018 年新公示纳入药品优先审评品种名单情况

药品名称	注册申请人	公示日期	药品类型	进口/国产	新药/仿制药	申请类型
达雷木单抗注射液	西安杨森制药有限公司	2018-12-24	生物制品	进口	新药	生产
醋酸阿比特龙片	西安杨森制药有限公司	2018-4-23	化学药品	进口	新药	生产
美法仑	西安力邦制药有限公司	2018-1-29	化学药品	国产	仿制药	生产
注射用美法仑	西安力邦制药有限公司	2018-1-29	化学药品	国产	仿制药	生产
达雷木单抗注射液	西安杨森制药有限公司	2018-12-24	生物制品	进口	新药	生产
伊布替尼胶囊	西安杨森制药有限公司	2018-4-23	化学药品	进口	仿制药	补充申请

杨凌现有生物医药企业以中药生产企业为主，其中，郝其军制药有限公司自主研发生产的治疗再生障碍性贫血中药制剂复方皂矾丸属国内独创，已获得国家保密局技术秘密保护；陕西东科制药有限公司产品齐全，共有 16 项产品纳入药品采购目录；杨凌绿方制药公司自主研发生产的抗禽流感（H9 型）已获得国家药品批号，狂犬病疫苗开始生产；陕西金海生物技术有限公司生物口蹄疫疫苗生产基地已建成投产，年口蹄疫疫苗生产达到 6 亿

份。陕西嘉禾生物有限公司植物活性成分提取生产项目现已投产，产值超过6亿元。同时，陕西步长医药生产基地、东科制药中药生产基地等一批项目即将建成投产，预计年可累计新增工业产能60亿元，进一步加快示范区生物医药产业的发展步伐。

4. 生物医药产业服务体系建设日益完善

生物产业基地重视产业服务体系建设，现已形成较为完整的产业服务体系。在创新服务方面，依托大学院校及大型龙头企业建设了多个共享技术研发服务平台。在创新创业企业孵化培育方面，成立有专业孵化机构培育孵化生物技术类中心，协调和促进人才引进、劳动力资源、投融资服务，完善生物产业发展体系。

二、生物产业存在的问题和制约

(1) 产业发展不均衡。陕西省生物技术领域在国内具有一批领先水平的创新技术和成果尚未转化或处于转化初期，众多创新生物技术企业尚处培育期或发展初期，未形成一定的产业规模，拉动能力较弱，生物产业龙头引领和骨干支撑企业作用明显不足。规模以上企业大多集中在传统制药行业，缺乏技术先进性和竞争性，生物技术产业格局有待调整和提升。

(2) 创新成果转化路径不畅。空军军医大学、西安交通大学、西北大学等高校和科研院所已积累了一大批国内领先水平的生物医药、精准医疗、医疗器械等方面的研发成果，由于生物技术产业的特殊性，行业具有高准入、高投入、高风险、高时长和高回报、低成功率的特点，加之长期缺乏支撑国家重点实验室、工程（技术）研究中心开展新技术研发的有效措施，缺乏系统的以政府为主导、以市场为导向、以企业为主体、“政产学研用”相结合的创新生物技术转化和产业孵化体系，缺乏企业自主研发和引进新技术、新成果的支持引导政策，生物技术领域科研成果的转化率有待提高，尚未形成生物技术产业以企业为创新主体、以市场为导向的产业良性发展新生态。

(3) 产业规模承载力与高校人才培养规模不匹配。陕西生物产业基地高校聚集，在生物技术领域各专业方向每年都培养一大批专业人才，由于产业规模偏小，承载能力偏弱，加之缺乏系统有效的政策支撑和专业领域人才引进、培育和发展规划，大批生物技术人才外流。国外高层次人才引进后，未能在本土建立团队，人才进得来，却留不住，对产业发展造成重大损失。

(4) 创新技术研发支持力度不够。近几年陕西的高校及科研院所在精准医疗、生物医药等新兴领域，虽具有一定的技术优势，但由于缺乏政府长期稳定的创新技术研发支持政策和系统，特别是对生物技术领域创新技术平台建设的强力支持，加之缺乏对以市场为导向的创新成果的评价体系，使一批原创性技术成果没能落地陕西转化。

（5）缺少合理的行业制度支持与标准。一些高新生物技术在临床应用上尚没有法定的标准，相关的法规也还有缺失。如何对技术应用结果进行标准化描述、评估和溯源，是当下体制的瓶颈。

（6）目前基于高新生物技术产品缺乏认证或注册证，在规范的临床及实验室应用方面，国家应给予正确的法规界定，鼓励高新生物技术产品推广应用。

（7）一些高新生物技术产品及服务缺乏物价标准，制约了相关产品与服务的推广应用和工作任务落实。

（8）对外交流合作不足，先进技术引进率不高。参与国内、国际资源化配置层次不高，引进外来资本和先进技术发展新兴产业能力不强，特别是从国外引进先进技术、装备等方面与先进地区还存在较大差距。

三、下一步工作思路与设想及工作措施

1. 总体思路

以服务民生为根本，加速生物技术与人工智能、信息技术和新材料等技术融合，提升生物医药、生物医学工程、中医药现代化等优势领域发展水平，打造国际领先的生物技术科创中心、产业孵化中心，力争陕西生物技术产业实现跨越式发展。

2. 基本设想

着力推动重点项目建设，实施重大项目引领，加强招商引资工作力度，形成若干规模大、实力强、技术硬、产品特、优势明显的产业集群。依托陕药集团、杨森制药、力邦制药、利君制药、金花制药、远大德天制药、北美药业等企业，重点围绕人血液代用品、新型免疫细胞/干细胞治疗制剂、新型单抗药物、新型无毒高生物活性益生菌、新型多肽药物、心脑血管药物、纳米脂质体给药等创新技术，打造千亿级产品系列，形成生物创新药产业集群；依托陕药集团、幸福制药、步长制药、天美生物等企业，重点围绕分子中药、分子配伍、组分中药、天然提取物、中药大品种二次开发和产业化升级关键技术，形成引领西部、面向中国的创新中药产业集群；依托天隆科

技、金磁生物、佰美基因等企业，重点围绕个体化用药基因检测、病原微生物及其耐药菌的检测、出生缺陷预防、重大遗传病筛查等伴随诊断类快速检测技术，开发分子诊断试剂和高端全自动核酸检测系统、多功能高通量实时定量芯片系统，打造引领西部、面向中国的百亿级产业集群；依托佰美医学检验、天博医学检验等企业，重点围绕个体化用药检测、遗传病检测、分子病理诊断等精准医疗领域和食品药品检验领域，开发及引入高端检验检测项目和技术，落地实施检验试剂及设备新产品的本地化应用，打造服务西部、辐射全国的百亿级产业集群；依托巨子生物、康拓医疗等企业，重点围绕高性能生物医用材料、可降解生物医用材料、生物增材制造，加强医用3D打印高精尖产品的规模化制造能力，开发不同应用场景的生物相容性生物材料，形成国内领先、面向世界的千亿级产业集群。

3. 工作措施

（1）强化顶层设计，加强产业领导机构，及时发现生物技术产业发展重大问题，提供咨询论证、项目评审、实施监督、结题验收、成果转化。

（2）设立产业基金，做好资金支持，通过市场化方式引导社会资本投入，设立各类生物技术产业领域投资基金，重点在创新药物、精准医疗核心技术攻关项目建设、关键技术创新及产业化、服务平台建设上，给予一定配套经费支持。

（3）实施人才引领，组建专业团队。充分利用陕西教育资源优势，发挥空军军医大学、西北大学、西安交通大学、西北农林科技大学、陕西师范大学、西安医学院等院校的作用，建立生物技术产业人才库，整合现有的生物医药技术人才培训基地教育资源，优化学科设置，扩大培训规模，加强校企合作，为企业输送符合需要的工程技术人才、经营管理人才和高级技能人才。

（4）完善产业布局，加大招商力度。完善生物技术知识产权保护机制，依法保障知识产权所有者的权益，充分运用行业学会、协会、产业联盟等第三方机构的组织协调作用，多渠道、多层次地开展技术、标准、产品、人才、资本等方面的交流与合作。依托投资委开展生物技术招商引资，将招商引资作为“一号工程”，瞄准国内外领军企业开展精准招商引资，提高招商的针对性、有效性和成功率。

（5）制定专项政策，优化营商环境。围绕生物硬科技产业，出台最新的科技成果转化、科技活动开展、高新技术企业发展、上市奖励、军民融合发展政策体系的基础上，加速统筹现行政策落地，提升资金使用效益，形成长期稳定的刚性支持机制。鼓励企业规模化、集团化发展；鼓励支持在生物产业基地举办年度全球性生物技术展会、高峰论坛和创新大赛。进一步优化和提升生物医药产业基地基础配套条件，重点推进解决制约企业发展的工业用热、工业用天然气、工业用地、市政设施、公交出行、商贸配套、物流服务、企业用工、子女教育和检验检测等多项工作，改善企业发展的经营环境。

（撰稿：陕西省发展改革委）

重点行业协（学）会发展报告

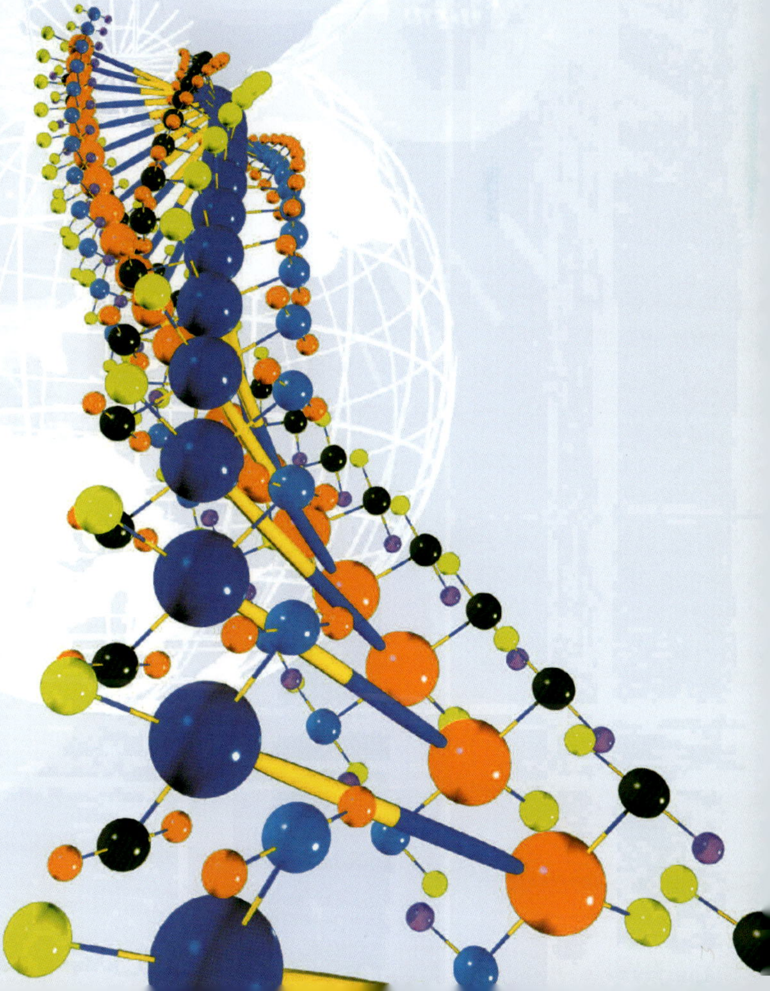

2018 年生物发酵行业经济运行状况

一、2018 年行业经济运行状况

1. 整体经济形势发展稳中有升

2018 年生物发酵行业整体经济运行稳中有升，主要行业产品产量约 2961.6 万吨，与 2017 年相比增长约 4.1%；总产值 2472 亿元，同比增长 3.4%（详见表 7-1）。其中，氨基酸增长幅度在 10%以上，主要增长贡献为赖氨酸及苏氨酸产品；有机酸增长率 9.4%，主要增长贡献为葡萄糖酸产品；淀粉糖、多元醇、酶制剂、酵母、功能发酵制保持了小幅稳定增长；食用酵素行业处于稳定发展阶段，2018 年协会会员单位本年度食用酵素设计产能、产值基本保持在 2017 年水平。

表 7-1　2018 年生物发酵主要行业产品产量

序号	分类	产量/万吨	同比增长/%	产值/亿元	同比增长/%
1	氨基酸	600.0	10.7	545	22.5
2	有机酸	245.0	9.4	200	33.3
3	淀粉糖	1397.0	1.6	423	0.7
4	多元醇	163.0	1.2	133	2.3
5	酶制剂	145.0(标)	4.3	33	10.0
6	酵母	36.6	4.5	78	4.0
7	功能发酵制品	360.0	1.4	760	1.3
8	食用酵素	15.0	—	300	—
合计		2961.6	4.1	2472	3.4

数据来源：根据行业协会统计数据。

2. 产品进口小幅增长

根据海关 2018 年进口数据统计，生物发酵主要行业、主要产品进口量 92.28 万吨，较 2017 年同期增长 9.7%（见表 7-2），其中淀粉糖产品、多元醇产品的进口量占总进口量的 97%；进口额 14.03 亿美元，同比增长 16.4%。在进口产品中，赖氨酸产品、柠檬酸产品、酵母产品进口量为负增长，其余产品进口量均有不同幅度的增长，其中乳酸产品、谷氨酸产品、葡萄糖酸产品增加幅度较大，超过 50%，特别是乳酸产品进口增幅达到 91.2%。

表 7-2　2018 年生物发酵主要行业、主要产品进口量、进口额

序号	分类	进口量/t	同比增长/%	进口额/万美元	同比增长/%
1	谷氨酸产品	2091	66.3	600	30.4
2	赖氨酸产品	1335	−36.4	438	−15.5
3	柠檬酸产品	2992	−6.4	1373	18.1
4	乳酸产品	16 578	91.2	2926	62.9
5	葡萄糖酸产品	1263	57.7	305	34.4
6	淀粉糖产品	457 223	8.38	46 711	18.55
7	多元醇产品	442 783	14.72	61 445	18.85
8	酶制剂产品	16 612	8.1	24 963	4.1
9	酵母产品	1467	−8.7	1542	14.3
总计		942 344	9.7	140 303	16.4

数据来源：根据 2018 年海关统计数据。

3. 产品出口量、出口额继续保持增长趋势

根据海关 2018 年进出口数据统计，生物发酵主要行业、主要产品出口量 491.09 万吨，较 2017 年同期下降 2.1%；出口额 53.53 亿美元，较 2017 年同期增长 25.1%。详见表 7-3。

表 7-3　2018 年生物发酵主要行业、主要产品出口量、出口额

序号	分类	出口量/万吨	同比增长/%	出口额/亿美元	同比增长/%
1	谷氨酸产品	59.69	−3.9	6.09	5.0
2	赖氨酸产品	40.54	9.0	4.50	12.5
3	其他氨基酸产品	26.78	10.1	9.53	18.5
4	柠檬酸产品	115.57	6.0	8.88	−5.2
5	乳酸产品	5.88	10.0	0.70	27.2
6	葡萄糖酸产品	18.11	2.8	1.27	20.7
7	淀粉糖产品	165.64	−8.3	9.55	1.1
8	多元醇产品	36.69	16.7	6.50	8.1

续表

序号	分类	出口量/万吨	同比增长/%	出口额/亿美元	同比增长/%
9	酶制剂产品	9.31	-0.4	3.71	3.7
10	酵母产品	12.88	-7.0	2.80	-4.6
总计		491.09	3.9	53.53	25.1

数据来源：根据2018年海关统计数据（将2017年苏氨酸出口估算数修正为海关“未列名氨基酸”与“其他氨基酸酯及盐”之和）。

出口量方面，除谷氨酸产品、淀粉糖产品、酶制剂产品和酵母产品出口量小幅下降之外，其余产品出口均保持上涨趋势，其中其他氨基酸产品、乳酸产品、多元醇产品出口量增幅在10%及以上，其余产品保持在个位的增长速率。淀粉糖产品出口下降幅度最大的是果葡糖浆，减少24.4万吨的出口量，同比下降44.69%，受菲律宾政府征收糖税的影响，在一定程度上对我国果葡糖浆的出口带来较大的影响。

出口额方面，赖氨酸产品、其他氨基酸产品、乳酸产品、葡萄糖酸产品出口额增幅较大，增幅达两位数，其中乳酸产品、葡萄糖酸产品增幅达到20%以上；柠檬酸产品和酵母产品出口额出现负增长。

在出口平均价格方面，谷氨酸产品、赖氨酸产品、其他氨基酸产品、乳酸产品、葡萄糖酸产品、淀粉糖产品、酶制剂产品、酵母产品比2017年同期都有不同程度的增长，其中乳酸产品、葡萄糖酸产品价格增长幅度较大，侧面反映出我国发酵产品国际议价能力增强。

二、行业发展特点

1. 新兴行业逐步规范

酵素行业作为生物发酵产业的新兴行业，自分会成立以来，为规范酵素行业，协会制定了《食用酵素良好生产规范》等三项团体标准，《酵素分类导则》等两项行标，正在开展《番茄酵素》等4项团体标准起草工作，布局制定酵素产业发展规划，同时加强行业营养师、分析检测人员的培训，使得行业从无标可依、市场混乱的局面逐步扭转为依标生产、规范发展的朝阳行业。

2. 调结构势头强劲

发酵行业近几年在大宗产品结构性过剩、竞争激烈的态势下，各行业在调整产品结构、供给侧改革方面投入更多的关注度和精力，提高企业的抗风险能力和创造新的经济增长点，新产品更新快速。如小品种氨基酸、新型功能发酵制品等，企业根据市场需求，及时调整产品结构，行业整体发展呈现开拓创新的发展趋势。

3. 绿色制造持续推进

绿色发展持续引领行业发展。企业在技术改造、节能降耗减排方面每年都投入大量的资金，同时国家在绿色制造方面也给予政策、项目、资金支持，使得行业绿色发展取得了显著进步。以柠檬酸行业为例，近年来柠檬酸的技术指标每年都在持续的进步，资源消耗逐年降低。2018 年，柠檬酸行业的平均产酸率为 16.88%，上升了 0.21%；2018 年行业平均发酵周期为 60.42h，缩短了 0.53h；平均成品粮耗为 1.69t/t，较 2017 年节粮 1.74%；平均汽耗为 2.48t/t，较 2017 年节约 10.79%；平均耗电 616kW・h/t，较 2017 年节电 5.95%；平均水耗 15.59t/t，较 2017 年节水 3.17%。

4. 产学研用合作日趋紧密

生物发酵行业技术创新活跃，企业技术创新水平不断提高，陆续出现一批新的国家级和省级的技术中心，截至 2018 年年底生物发酵行业已认定 22 家国家级企业技术中心。企业越来越认识到产学研用合作的重要性，合作越来越紧密，研究与改造提升越来越有目标性和针对性，紧跟市场需求。

5. 标准成为质量基础支撑

标准是行业发展的规范，是引领行业提升的指南，是质量安全的保证，是创新成果产业化的关键环节，更是推进产业转型升级的重要要素。标准工作越来越得到行业企业的重视，已成为企业自主创新、实现跨越发展的法宝，是企业核心竞争力的基础工程。2018 年协会 20 余项团体标准、10 余项行业标准、6 项国家标准的制定，涉及产品、方法及基础通用标准，参与面涵盖各分行业重点企业、高校、科研院所和检测机构，保证了标准的全面性和科学性，极大地解决了因标准缺失带来的产业发展难题。

三、行业发展面临的形势

1. 新扩建产能的陆续释放，必将带来更加激烈的行业竞争

国家放开玉米深加工政策以来，加上玉米主产区政策优惠扶持及国家玉米去库存的压力下，很多企业存在扩产及新建玉米深加工项目的趋势，主要集中在燃料乙醇、淀粉糖、氨基酸等行业。2018 年大部分项目处在建设期

及试生产期，对原有市场未造成实质影响。2019年，新的产能将陆续进入市场，对已饱和的淀粉糖、赖氨酸等行业将带来较大的冲击，行业竞争必将更加激烈，或将面临新一轮的洗牌。

2. 环保压力不断加大，推动新技术的应用

国家对环境保护、资源能源消耗的要求逐年提高，部分地区限期实施更严格的排放标准，设定COD、总氮、磷等排放指标最低限值。行业企业在解决污染物排放问题方面持续投入，推动清洁生产、末端治理和资源综合利用新技术在行业内推广应用，全行业资源、能源利用效率和清洁生产水平将得到广泛提升。

3. 法规标准实施问题，使生物合成新产品“入市”难

现代生物技术的快速发展和应用，为生物发酵产业转型升级，实现高质量发展提供支持。工业微生物及酶的理性改造、细胞工厂设计及应用等新技术的研发成果已经可以进入生产应用，并将对发酵生产成本的显著降低、实现绿色制造、节能减排产生颠覆性影响。按照现行国家对转基因微生物来源的生物发酵产品如酶制剂、氨基酸和功能糖等产品的行政审批要求，会延长产品入市时间，加大企业在审批环节的资金压力，影响企业的持续创新动力。

（撰稿专家：王洁　李建军）